KB042244

국제
범죄론

Transnational Organized Crime
and Human Security

신상철

박영사

머리말

    21세기에 들어 정보통신의 발달과 국가 간 인적·물적 교류의 확대 등 국제사회의 변화는 정치·경제적인 면에서 유익한 영향을 주기도 하지만, 중국을 비롯한 우리나라 주변 초국가범죄조직의 활동은 범죄의 물리적·공간적 제약 붕괴, 범죄수법 공유 등 범죄의 탈국경화 경향을 불러왔다.

    특히 중국본토 및 중화권의 흑사회, 일본 야쿠자, 러시아 마피야, 베트남을 비롯한 동남아 범죄조직 등 한반도 주변 국제범죄조직은 마약·총기밀매, 통화·여권 위조, 외화밀반출, 도박, 매춘, 보이스피싱, 청부폭력 등 각종 범죄에 관여하고 있다. 또한 국내 범죄조직도 국제화 바람을 타고 해외를 수시로 드나들면서 외국계 범죄조직과 연대를 도모하거나 중국, 일본, 동남아, 미국 등 해외교포 밀집거주 지역에 세력을 확장하려는 움직임까지 보이고 있다. 따라서 초국가범죄조직의 활동과 인간안보에 대한 학문적 이론의 중요성이 재삼 강조되고 있다.

    저자는 30여 년의 오랜 경찰생활 가운데 많은 시간을 국제범죄 분야에서 실무자로 일해 왔다. 본 교재는 저자가 오랫동안 실무에 종사하면서 다루었던 사건 및 사례들과 대학에서 강의하면서 학문적으로 정립한 이론을 바탕으로 구성하였다. 저자의 강의수강 대상이 경찰대학 재학생과 간부후보생들이기에 이들을 위주로 교재를 구성하였지만, 국제범죄조직에 대한 깊이 있는 서적이 아직까지 국내에 많지 않다보니 현장 동료들의 요청을 반영하여 현장 실무자들도 참고하여 수사에 접목할 수 있는 내용으로 집필하였다.

    본 교재는 저자가 수십 년 동안 연구한 자료들 중 박사학위 논문인 '중국 흑사회성질 범죄조직 연구'와 학술등재지에 게재된 다수의 국제범죄 논문을 중심으로 집필하였다. 각국의 국제범죄조직에 대한 설명은 다음과 같은 방식으로 구성하였다.

    첫째, 중국 흑사회나 삼합회 자료는 저자가 부산대학교 중국연구소 전임연구원 시절 중국 현지 법학자 및 공안관계자 등과 학술적 논의과정에서 수집한 자료들을 참고하였다.

    둘째, 일본 야쿠자의 경우 일본 경찰백서와 야쿠자 관련 단행본 및 언론보도 내용을 중심으로 저자가 공항분실에 근무할 당시 알게 된 재일 한국인 야쿠자와의 대담과정에서 지득한 자료들도 일부 수록하였다.

셋째, 러시아 마피야는 저자가 항만분실에 근무할 당시 부산항 현장에서 수집한 각종 정보자료와 러시아 극동 범죄연구소에서 펴낸 마피야 범죄관련 자료를 중심으로 서술하였다.

넷째, 베트남 범죄조직은 저자가 부산의 월남 난민보호소 치안담당자로 근무할 당시 상황을 떠올리며 미국, 캐나다, 호주 등 베트남 전쟁 이민자들이 정착한 국가들의 해당 자료들과 국내 단행 범죄사례를 모아 비교분석하였다.

하지만 아쉬운 부분도 없지 않다. 그것은 남미의 마약조직이나 나이지리아 사기조직, 태국 등 여타 동남아 범죄조직 등에 대해서는 아직 구체적 연구성과가 없어 본 교재에 수록하지 못했다. 하지만 이 부분은 저자가 더욱 연구하고 발굴하여 개정판을 통해 소개할 것을 약속드린다.

그리고 본 교재에서 소개하는 국제범죄 특수수사기법은 국내 여타 교재에는 아직 소개되지 않은 부분들이다. 이러한 내용들은 경찰, 검찰, 국가정보원 등 국제범죄와 관련된 실무에 종사하는 수사관들도 읽으면 도움이나 참고가 될 만한 내용이 있을 거라 생각된다.

그렇지만 본 교재가 경찰대학 재학생이나 간부후보생들을 위한 교재로만 서술된 것은 아니다. 경찰의 뜻을 품고 입교한 중앙경찰학교 신임 순경과정과 전국 각 대학의 경찰행정학과를 비롯해 법학, 행정학, 정치외교학, 사회학, 공공정책학 등 국제범죄와 관련된 학문분야는 모두가 본 교재의 대상이 되며 국제범죄에 더욱 흥미나 관심을 가지고 충분히 재미있게 이해 할 수 있을 거라 생각된다.

이 책을 출간하면서 많은 사람들이 저자를 도와주었다. 항상 남편을 믿고 지지해준 아내와 가족들에게 가장 먼저 감사를 드리고, 본 저서가 출판되기까지 편집과정에서 많은 수고를 아끼지 않으신 박영사 우석진 선생님에게도 감사의 말씀을 전하며, 그 외 본 교재를 위해 많은 사례와 자료를 제공해 주고 격려해 주신 동료경찰관 여러분들께 진심으로 감사의 말씀을 전한다.

마지막으로 저자는 이 세상이 다하는 그날까지 나를 기억하는 모든 사람들로부터 국제범죄전문가로 기억되고 싶다.

2019년 2월
경찰대학 연구강의동 510호에서
신상철 씀

차 례

PART 1 초국가범죄조직론

CHAPTER 03 러시아 마피야 / 250

CHAPTER 04 베트남 범죄조직 / 280

PART 2 국제범죄조직 수사와 인간안보

PART 1

초국가범죄조직론

중국계 범죄조직
(중국 및 중화권 범죄조직)

제 1 절   중국 범죄조직 기원과 발전과정

중국은 2천여 년의 봉건사회 동안 농민봉기가 끊임없이 출현하였다. 우리가 잘 알고 있는 진나라 말기의 진승·오광 농민봉기[1]를 시작으로 동한 말기의 장각(황건적) 봉기, 당나라 황소의 난, 원나라 말기의 백련교도 봉기, 청 말기의 태평천국 봉기 등이 일어났다. 중국 역사에서 농민봉기는 신분상승과 경제적인 이익추구라는 두 가지 목적을 함께 가지고 있었다. 다시 말해 그들이 정권을 탈취한다면 토지의 새로운 분배방식을 통해 신분상승과 경제적 이익을 동시에 추구할 수 있었고, 실패할 경우 봉기에 가담한 농민은 범죄인으로 전락하여 죽임을 당하거나 산골로 들어가 도적이 되어 사회와 고립되어 생활하였기 때문에 농민봉기와 범죄조직의 형성은 중국 고대사회에서 서로 깊은 관계가 있었다.

---

1) 진(秦)에 대한 반항의 도화선에 불을 당긴 것은 진승(陳勝)과 오광(吳廣)이라는 두 농민이 병사로서 징발되어 북변(北邊)을 수비하러 가는 도중에 우연히 큰비를 만나 기일까지 목적지에 도착할 수 없게 되자 참죄(斬罪)를 당하게 될까 두려워 봉기했다. 그들은 진나라에 대해 불평이 많은 농민을 규합하여 난을 일으켰으나 진승 등은 봉기한 지 약 반년만에 살해당했다. 그들의 행동은 각지에서의 봉기를 촉진시켜 진 제국의 멸망을 초래했다. 진승과 오광은 중국 역사상 최초의 농민봉기 지도자로 평가되고 있다.

1. 비밀결사의 생성과 활동

(1) 비밀결사 기원에 관한 관점

비밀결사의 기원에 대해서는 두 가지 관점이 있다. 첫 번째는 청(淸)에 대한 저항단체의 성격이고, 두 번째는 경제적 곤경과 사회적 불평등이라는 사회경제적 동기이다. 이러한 두 가지 관점 중 정치적 동기보다는 사회경제적 동기가 더 일반적이기에 비밀결사는 상호부조 기능을 가진 협동단체 성격으로 볼 수 있다. 상호부조 단체로서 비밀결사는 명·청 교체기의 정치적 동기에서 비밀결사가 발생한 것이 아니라 18세기 중국 동남부에서 발생한 폭동과 관련 있다는 견해로,2) 상부상조 성격인 비밀결사는 일반인 생활에 깊숙이 파고들어 있었고 그 모임은 단순히 외부 습격에 대비한 자체의 보호적·방어적 성격이었다. 이에 대해 청 왕조는 이들을 위험한 집단으로 간주하여 탄압한 결과 폭동이 발생할 수밖에 없었고, 청 왕조로부터 원인 제공이 없어도 자신의 이해관계를 지키기 위해 소요를 일으키는 경우도 있었다. 그렇다면 18세기 중국인들이 비밀결사인 회(會)를 결성한 방법은 언제부터 전해 내려 왔으며, 18세기 이전에는 비밀결사가 없었는가 하는 문제점에 봉착한다.

(2) 청 왕조시기 인구증가와 사회현상

한나라 중기 2세기 무렵 중국 인구는 약 6,000만 명 정도였다. 이 인구가 송대(宋代)에는 1억 명으로 증가되고, 원·명 시기와 청 왕조가 들어설 무렵까지 600년 동안 인구는 완만히 증가했다. 그러나 다음 그림과 같이 1741년부터 1851년 태평천국 봉기가 일어날 시기에 걸쳐 중국 인구는 1억 4천만 명에서 4억 3천만 명으로 급속히 증가하였다.

급격한 인구증가는 무엇보다도 남부지방의 2모작 가능으로 단위면적당 곡물생산이 증가하고, 땅콩·담배·옥수수·감자·고구마 등 신대륙으로부터 들어온 구황식물 덕분이었다. 단위면적당 생산량의 증가와 구황식물은 인구폭발을 가져왔고 이러한 인구증가는 농가의 노동생산성 감소라는 악순환도 초래하여 소위 '발전 없는 성장'이 되었다.3)

중국은 고대부터 집단적인 농업생산체계가 발전하였고, 이는 공동체사회의 발전을 촉진시켰다. 때문에 많은 노동력을 집결시킬 수 있도록 대가족제도가 발달하였고 한 마을 안에서의 결속력도 강화되었다. 하지만 농업생산력이 점차 발전함에 따라 가용한 노동력 낭비를 위해 청 정부는 분호정책4)을 실시하였고, 이는 농업생산력의 비약적 발전을 가져와

---

2) 周育民·邵雍, 『中国帮会史』, 上海人民出版社, 1996, p.18.
3) K. J. Fairbank, China: A New Hisyory, Harvard University Press, 1992, pp.252−255.
4) 송대 이후 호적을 나누어 관리하던 정책.

중국 역대 왕조 시대별 인구 규모

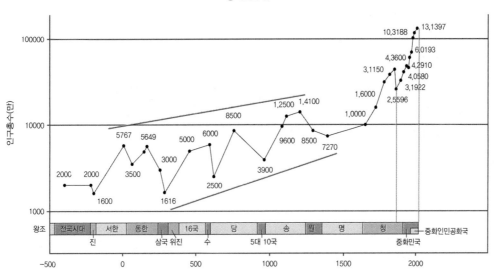

출처: 人民網(중국 역대왕조 시대별인구 변천사).

사회변화를 가속시켰다. 마크 엘빈은 농업생산력 발달에도 불구하고 경제가 신장되지 않고 오히려 억압받으며 더욱 더 수탈의 대상이 되었던 이유에 대해 질적 성장과 양적 정체로 표현되는 중국의 18세기 사회구조는 농민이나 상인에 대한 정치적인 박해가 경제성장을 방해한 중요 요소였다고 설명한다.[5] 즉, 되풀이되는 폭동과 반란으로부터 안전을 보장해 주지 못하는 청 정부의 무능과 수탈이 농민과 상인들로 하여금 그들의 부를 가시적 형태로 집중시키는 데 대해 위협을 느끼게 했다는 것이다. 또한 인구증가에 비해 농지의 감소[6]는 폭발된 인구로 하여금 내륙 산간으로의 이동을 촉진시켰으며, 내륙 산간으로 생활근거지를 옮긴 농민들은 현지의 농민들로부터 배척과 멸시를 당하였는데, 특히 쓰촨성(四川省)과 산시성(陝西省) 부근으로 이주한 농민들은 심한 배척과 습격을 받았다. 중국 서북부인 쓰촨과 산시지방으로 생활근거지를 옮긴 농민과, 남부지방인 광동과 푸젠지방으로 이주하게 된 농민들은 주위 사람들로부터 자신을 보호하기 위해 비밀결사를 만들었고 그 시초는 서북부 쓰촨지방에서 시작된 곅로회(嘓嚕會)다. 상부상조 성향의 비밀결사인 곅로회가 타지방으로

---

5) 마크 엘빈 저, 이춘식·김정희·임중혁 공역, 『중국역사의 발전형태』, 신서원, 1996, p.301.
6) 1760년대 이후 인구 압박을 받아온 청 왕조는 19세기 말인 1873년 경작지를 100으로 볼 때 농촌인구 101명, 1893년에는 108, 1913년 117, 1933년에는 131로 급증하였다. 이는 농지도 늘긴 하였으나 인구가 급격히 증가하였기 인구증가에 비해 농지의 감소로 나타난 것이다.

확대되면서 가로회(哥老會)라는 이름으로 바뀌고 이러한 가로회는 동족·씨족·동향인들이 주축이었다. 이들 비밀결사는 출신지방의 방언으로 소통하였기에 다른 지방 사람들은 말을 잘 알아듣지 못하였고 동향인들로 구성된 그들만의 단합이 잘 이루어져 비밀결사를 통한 그들의 생활을 지키는데 유리했다.[7]

청 왕조 후기에는 전쟁이 계속되고 민중생활은 극도로 곤궁했으며 기근, 천재지변, 가 뭄 등으로 이재민이 증가하고 청 왕조 관리들의 부패와 착취가 심해 많은 농민들이 경제적 파산자로 전락하였다. 따라서 많은 유민이 발생하여 비밀결사로 몰려들었고 각종 방회가 성행했으며 기존 비밀결사는 농민봉기로 나타나 천지회의 이름으로 청 왕조에 대항했다. 청조 말의 농민봉기가 수도인 북경에서 멀리 떨어진 지역에서 주로 발생하였는데, 그 이유 는 청 정부의 통치가 직접 미치지 못하였고, 북부지역보다 남부지역이 개방적이고 서양인 으로부터 직접적인 문화충돌을 겪으면서 청 왕조의 무기력을 보았기 때문이다. 인구증가와 더불어 나타난 비밀결사의 봉기는 도광말년(1854~1864)에 광둥지역 천지회 봉기, 광시(廣 西)지역 천지회 봉기, 민난(閩南)지역 소도회 봉기(1853~1858), 민중(閩中)지역 홍선회 봉기 (1853~1857), 상하이 지역 소도회 봉기(1853~1854) 등으로, 후기 청 왕조의 통치를 더욱 어렵게 했다.

이러한 농민봉기를 통해 형성된 비밀결사는 청 왕조에 의해 진압되면서 죽임을 당하 거나 해산되었고, 일부 비밀결사는 지방에 거점을 마련하여 청 왕조에 계속 대항했다. 또한 인구의 급격한 증가에 따라 관료의 수도 증가해야 했지만 한나라 시기 11만 명이던 지방행 정 관료의 수는 인구 4억 3천만 명의 청 왕조시대에는 30%가 증가된 15만여 명에 불과했 기에 적은 관료로 많은 백성들을 통제할 수 없었을 뿐만 아니라 아편전쟁 이후에는 수도인 베이징(北京)으로부터 멀리 떨어진 광둥(廣東)과 푸젠(福建) 등의 지방에는 중앙의 권위와 통제가 거의 미치지 못하였다. 이와 같이 인구증가에 따른 관료부족 현상이 청 왕조의 통 치를 어렵게 했고, 생활근거지를 찾아 나선 이주 농민들이 현지에서 멸시와 위협을 받는 등 생활상 어려움을 겪게 되자 자체적인 비밀결사를 만들어 자신들의 생활을 스스로 보호 할 수밖에 없었다.[8]

(3) 비밀결사의 발생요인

비밀결사 활동이 왜 18세기 초에 나타났으며 그것이 특히 중국 동남부와 서북부에 집 중되었는가 하는 것은 비밀결사의 생성과 관련하여 심각하게 고민해 볼 문제이기도 하다.

---

7) 周育民·邵雍, 전게서, p.38.
8) P. W. Morgan, Triad Societies in HongKong. Government Print, 1960, p.34.

이에 대해 데이비드 오운비(David Ownby)는 다음과 같이 네 가지 요인으로 설명한다.[9]

첫째, 비밀결사가 18세기에서 전혀 새로운 제도가 아니라는 것이다. 그 기원은 전통적인 중국 마을에서 문화적 관습으로 받아들여졌던 상호부조의 조직에서 찾을 수 있다. 상호부조 기능의 조직활동은 종종 마을 차원을 벗어나 지역적·범지역적 활동으로 전개되었다. 이러한 조직은 중국의 전통적 마을의 다른 조직들과 공존했다. 중국에서 상호부조는 오래된 전통이며 마을 공동체적 배경에서 시작된 것으로 당대(唐代)부터 여러 형태의 사(社)들은 있었다. 상호부조의 동업종 활동을 추구하였고 공통적인 관심사항을 추구한 이런 조직들은 대개 마을경계를 벗어나지 않았다. 농촌생활에서 다양한 분야의 상호부조 협력체제로는 관혼상제를 위한 상호부조 협력체제가 가장 많았다. 유교의 중요성과 함께 관혼상제 조직들이 나타나기 시작하면서 특히 명대에 증가했고 읍사(邑社)가 이러한 기능을 담당하였다. 예를 들면 명대 후베이성(湖北省)의 장친사(葬親社)가 그 예이며, 19세기 효의회(孝義會)의 경우 결혼식만을 위한 상호부조 조직으로 활동하였다. 또 정회(情會), 희사(喜社), 혼가회(婚嫁會), 홍창회(紅帽會), 홍례사(紅禮社) 같은 조직은 공동이 정기적으로 모은 돈으로 재정적 활동기금을 마련하고 수익사업을 통해 증대하였으며 그 기금을 공동의 목적을 위해 투자(예를 들면 농사를 위한 소의 구입)하였다. 19세기 전반 저장성(折江省)에는 장례를 위한 일종의 계모임 성격의 비밀결사인 은회(銀會), 요회(搖會)[10]가 있었고 19세기 청대 말기에 들어 이러한 은(銀), 전(錢), 요회는 널리 퍼져 다양한 명칭을 갖고 있었으며[11] 그 외 종교적 제사를 협동으로 수행하기 위한 회(會), 사(社)도 있었다.[12]

둘째, 18세기 중국인들은 비밀결사 형성을 위한 노하우를 갖고 있었다. 즉 청대 비밀결사의 조직적 실행 사항들은 대부분 전통적인 제도와 관습에서 온 것이었다. 하지만 일부 비밀결사의 여러 의식들, 특히 형제결의의 혈맹의식 등은 이전 전통과는 다른 사회적 관계와 목적의식을 갖고 있었기에 청 당국은 이들을 위험한 존재로 간주하였다.

셋째, 비밀결사와 폭동 간에 흔히 확인되는 관점에서 본다면, 대부분의 비밀결사가 갖는 구조적 위치 즉 최고지도자를 중심으로 한 조직체계·조직운영방식 등에서 나타나는 조직의 힘과, 이러한 비(非)엘리트 조직활동에 대한 청 왕조의 불신에서 비롯된다. 즉, 청 왕조는 비밀결사 활동을 진압하기 위해 각별한 노력을 하였고, 이러한 비밀결사는 다양한 마

---

9) David Ownby, 『Chinese Hui and the Early Modern Social Order: Evidence from Eighteenth-Century Southeast China』 David Ownby and Mary Somers Heidhuse, eds, 『Secret Societies Reconsidered: Perspectives on the Social History of Modern South China and Southeast Asia』, Armonk: M. E. Sharpe, 1993. pp.34-36.
10) 요회(搖會)는 錢會, 標會로 발전한다.
11) 七星會, 七賢會, 八仙會, 君子會, 五虎會, 五總會, 五十元會, 二百元會, 集金會 등이 있다.
12) David Ownby, 전게서, pp.42-46.

을, 가계(家系), 종족집단으로부터 여러 가지의 이해관계에 따라 그 회원을 확보하였으며, 이는 구심점이 강한 조직들이 누릴 수 있는 어떤 보호적 메커니즘이 되어 다양한 형태의 폭동이 용이하게 분출될 수 있었다.

넷째, 비밀결사가 특히 18세기 중국의 동남부·서북부에서 번창했던 이유는 이 지역이 중앙으로부터 멀리 떨어져 있었다는 점이다. 동남부와 서북부지역은 중앙정부의 행정적 보호가 미치지 못하였기 때문에, 그 곳의 주민들은 자기방어 목적을 위해 가문 내의 강한 결속이 필요했다. 또한 지역 사회의 불안정성, 예를 들면 인구의 지속적 유동 등 주변적인 요인도 주민들을 비밀결사로 끌 수 있었다.[13]

이와 같이 중국 동남부·서북부에서 비밀결사 발생과 활동은 17세기 왕조교체기를 거쳐 수십 년간 겪은 사회적 혼란과 급격한 인구증가 그리고 전근대 시기 중국의 사회경제적 변화로 인해 상업화와 사회적 유동성을 촉진시키는 등 여러 요인으로 분출하여 발생한 것이다.

(4) 서북부지방의 가로회(哥老會) 활동

초기 가로회는 천지회의 지파(支派)가 아니라 그와는 계통상 연원관계가 없는 독자과정을 밟으며 출발했다. 그 기원은 건륭제(1736~1795)시기 쓰촨지방의 초보적인 의형제 조직인 괵로회(嘓嚕會)로 거슬러 올라가는데, 괵로회가 쓰촨 동부지방의 백련교와 북쪽으로 확산되면서 유력한 세력으로 성장했다.

가로회라는 명칭은 19세기 중엽에 등장했다. 가로회에 가입했던 회원들이 태평천국 봉기를 진압하던 상군(湘軍)[14]에 들어가 활동하면서 가로회조직의 세력은 확산되었다.[15] 특히 서북지방 가로회의 출발은 태평천국 진압과정에서 활약한 상군의 산시 이동과 밀접한 관련이 있다. 청조를 타도하던 신해혁명 세력이 '우창(武昌)봉기'과정에서 시안(西安)에 거주하던 만주인 거주구역을 점령하는데 주도권을 쥐었고, 만주인 살해를 통해 만주족 통치를 제거하고자 행동에 나섰던 것도 바로 가로회였다.[16] 초기 가로회의 구성 성분은 태평천국의 해산병사, 유민, 유맹, 빈농들이었고 따라서 상호부조를 위해 스스로 조직했다.

---

13) David Ownby, 전게서, pp.37-38.
14) 증국번(曾國藩)이 농민과 의용군을 모아 훈련시킨 군대로 당시 전투능력을 상실한 청 왕조의 팔기군을 대신해 태평천국봉기를 진압했다.
15) 蔡少卿, "關于哥老會的源流問題", 南京大學學報, 13(12), 1982, p.1.
16) 松村貞雄, 『辛亥革命在陝西』, 日本駐漢口總領事館情報節錄, 1912. pp.834-935.
   서안성 내에서 만주인을 물리적으로 제거한 것은 당시 다른 지역에 비해 특징적인 현상이었다. 당시 한구주재 일본총영사의 보고에 따르면, 이때 학살된 15세 이상 만주족은 도합 4, 5천 명에 이르렀다.

가로회가 형성 초기부터 각종 정치적 사건에 참여한 것은 아니다. 이 결사는 본래 '반청복명'과 같은 정치적 목적에서 조직되거나 반정부적 성격을 지니고 있지 않았다. 민국시대 가로회가 일정한 정치세력에 이용되어 일시적으로 반관(反官)행위에 동원된 경우가 있기는 해도[17] 가로회가 본래부터 반관(反官)적이라거나 권력에 대항한다는 성격을 갖는다고 일반화하기는 어렵다. 즉 가로회의 활동은 청 왕조를 전복시키는 정치적 행위라기보다는 그들이 살아가는 생활자원의 보호와 획득을 위한 다양한 행동 가운데 일부를 구성하는 다분히 상황적이고 일시적인 행위였다.[18] 가로회는 태평천국의 진압과 함께 약화되기 시작한 천지회의 뒤를 이어 19세기 후반 역사무대의 전면에 등장했고[19] 19세기 후반기를 통해 다양한 사회·정치적 사건에 개입해 각종 반기독교 사건과 반외세 폭동들에서 자주 가로회의 존재가 확인된다.[20] 그리하여 청말 대부분의 공화혁명가들은 양자강 유역 여러 성(省)에서 가로회와 연합하는 전략을 채택했다. 이와 같이 가로회는 촌락사회에 거주하면서 상호부조의 성격으로 머물던 조직이었으나 시일이 지날수록 일부 파산자와 유랑자들이 군벌·토비·민단 등에 가입하여 살인·약탈과 같은 공격적·적극적 행위를 서슴지 않게 되자 군벌·토비·민단의 수령들은 가로회를 입신출세와 자신의 세력 확대를 위한 군사·정치적 자원으로 이용했다.[21]

(5) 천지회 유래와 활동

천지회 기원에 관해서는 많은 설들이 존재한다. 명나라 만력연간의 천지삼양회(天地三陽會)가 기원이라는 설, 정성공(鄭成功)이 창립하였다는 설, 청 왕조 강희제 30년에 시작하였다는 설, 강희연간 티벳 정벌의 큰 공을 세운 푸젠성 소림사에 기원하였다는 설, 옹정초년 설, 옹정제 12년 설, 옹정연간 설, 건륭 26년 설, 건륭 30년 설 등 많이 있으나 이러한 설들을 증명할 방법은 없다.[22]

천지회의 명칭에 관한 유래는 배천위부 배지위모(拜天爲父 拜地爲母)의 한자에서 천(天)과 지(地)를 딴 것으로 하늘을 아버지로 삼고 땅을 어머니로 삼아 일을 도모한다는

---

17) 군벌의 사병으로 충원되는가 하면 지방정부가 강요하는 세금에 대한 반항으로 조직하기도 했다. 어떤 가로회는 토비가 되어 농민을 약탈하는가 하면 어떤 이는 출신지역의 농민을 보호하기도 했다
　　王英, 『在慶北和中宣蘇區』, 中共陝西省委黨史資料硏究室, 中共黨史出版社, 1998, p.344.
18) 蔡少卿, 전게논문, p.1.
19) 王天獎, "十九世紀下半期中國的秘密社會", 歷史硏究, 1963, p.2.
20) Guy Puyraimond, Le Gelaohui et les incidents anti-etrangers de 1891, Paris: Maspero, 1970, pp.282-296.
21) 王天獎, 전게논문, p.2.
22) 秦宝琦, 『洪门真史』(修订本), 福建人民出版社出版, 2004, p.6.

뜻이다. 삼점회(三點會), 첨제회(添弟會) 등으로 불리기도 하고, 반청복명(反淸復明)을 그
종지로 삼고 있어 명 태조의 연호가 홍무(洪武)인 관계로 내부적으로 홍문(洪門)이라 불
리기도 한다.[23]

천지회는 임상문(林爽文)의 반란(1787~88년)을 통해 청 왕조가 처음으로 그 존재를 알
게 되었다. 임상문의 천지회에 가입한 사람들 성분은 돈 없는 떠돌이들이 아니라 사회·경
제적으로 안정된 사람들이었으나 대다수 사회 하층계급에 속하는 자들이 많았다. 임상문의
천지회가 청 왕조에 의해 세상에 그 실체를 드러낸 것은 첨제회(添弟會)의 폭동에 휘말려
반국가적 행동을 하게 되면서부터이다. 첨제회가 세력을 형성한 후 청 왕조와 충돌하게 되
고 첨제회 소속 회원들이 피신하여 천지회 거주지역에 들어옴에 따라 청 왕조가 첨제회 회
원들의 진압과 검거를 위해 천지회지역에서 조사를 벌이던 중 그 실체를 알게 되자 천지회
사람들이 분노하게 되고 이러한 이유로 폭동이 일어난 것이다.[24] 청 왕조에서 임상문의 천
지회를 급습했을 때 가문에서 임상문에게 피하기를 명령했지만 임상문은 그러지 않았다.
왜냐하면 임상문 가문과 천지회는 계속 관계를 갖고 있었고, 임상문 가문은 이해관계에 따
라 종종 천지회를 이용했기 때문이다. 초기 임상문의 천지회 반란은 그 성격상 반청적 구
호를 외치거나 청 왕조를 무너뜨리려는 의도는 없었고 단순히 당시 청 당국의 압박에 대한
도전이었을 것으로 추측된다.

2. 홍방과 청방

(1) 동남부지방 천지회 계열의 홍방(紅幇)

청대 서북부지방에서 곽로회와 가로회가 출현하여 비밀결사를 형성하였다고 한다면
동남부지방에서는 홍문이라 불리던 천지회계열 비밀결사인 홍방이 출현했다. 홍방의 출현
과 관련하여 두 가지 설이 있다. 하나는 앞에서도 살펴보았듯이 청대 특정지방에서 특정한
사회·경제적 환경에서 만들어졌다고 주장하는 사회·경제적 요인설이고, 다른 하나는 소림
사 승려들 중심의 반청복명 운동에서 비롯되었다는 정치적 요인설로, 이는 민족주의적 입
장이 농후하고 범죄조직을 미화하려는 측면이 많다.[25]

1) 정치적(반청복명 기원) 요인

먼저 홍방이 정치적 요인에서 출현하였다는 주장에 대해 살펴보자. 정치적 요인인 반

---

23) 周育民·邵雍, 전게서, p.23.
24) David Ownby, 전게서, pp.52-54.
25) Chu Yiu Kong, The Trade as Business, Routledge London and New York, 2000, p.23.

청복명(反淸复明)에 대해서 두 가지 기원을 주장한다. 즉, 1674년경 명나라의 부흥을 꾀하던 장군 정성공과 그 잔존세력들이 만주족이 건국한 청나라에 대항하기 위해 결성하여 천지회라 불리는 비밀결사를 만들었다는 설과, 만주족의 청나라를 몰아내고 명나라를 구하려는 17세기 중국 소림사 승려들이 주축이 된 조직에서 유래한다는 설 등이다. 그 중 소림사 승려들이 주축 된 반청복명설에 의하면 강희제 집권기간(1662~1722) 동안 청나라는 서로국(Xilu, 西魯國, 오늘날 티베트 일부지역)의 공격을 받자 청 왕조는 무술이 뛰어난 소림사 승려 128명을 지원받아 서로국을 물리쳤다. 이에 소림사의 무술위력에 위협을 느낀 청 왕조가 불시에 소림사를 습격하여 불을 질러 승려들을 몰살시켰으나 살아남은 5명의 승려가 푸젠성 목양시에 그들의 본거지를 세워 반청복명을 기치로 천지회를 세웠다는 주장이다.[26] 이는 주로 청나라 말과 민국초기 비밀결사를 만들어 혁명을 이루고자 했던 쑨원(孫文) 등 혁명세력에 의해 주장되었는데 한족을 중심으로 만주족을 몰아내려는 민족주의적 입장이 농후한 설이다.[27] 천지회의 기원에 대한 두 가지 주장은 지금까지도 팽팽하게 대립하고 있으나 홍방의 기원이 괵로회, 가로회 혹은 천지회로부터 유래가 된 것은 분명하다. 또한 괵로회 역시 가로회와 융합되어 천지회가 되었으므로 홍방의 역사에서 가로회와 천지회는 빠질 수 없는 중요한 요소다.[28]

2) 사회경제적 요인

홍방이 사회경제적 요인에 의해 출현하였다는 주장에 대해 살펴보자. 이에 의하면, 청나라 초기 강희제(康熙帝)와 옹정제(雍正帝) 이후 인구가 빠르게 증가하여 직업이 없는 유랑민이 많이 발생하여 이들은 생존을 위해 인구가 드문 곳을 찾아 이동하였다. 푸젠과 광둥 지역은 중국의 동남부에 위치해 베이징 왕조로부터 멀리 떨어져 혼란이 지속되는 기간 내내 주기적으로 빈번하게 폭동이 일어났고, 험준한 산으로 둘러싸여 외부와의 접근이 어려

---

26) 秦宝琦, 전게서, p.16
　　강희 53년 갑오(1714)년 중국 서역에 있는 西魯國이 중국 동관(潼關)에 침입한 적이 있는데 서역을 수비하던 청나라군대는 서로국에게 대패했다. 이에 강희제는 용맹스러운 소림사 무술승들의 도움으로 서로국을 물리쳤다고 전해진다. 이와 관련하여 국내의 중국 범죄조직에 관한 단행본이나 논문에서 소림사 승려들이 술루족을 무찔렀다고 주장하는데 중국의 변방이나 소수민족에는 술루족은 없다. 저자의 생각에는 서로(西魯)의 한어병음이 xilu인데 한글발음 표기에서 잘못 기술된 것이라 판단된다. 이는 국내학계에서 잘못된 논문을 그대로 인용한 결과이다.
27) 여러 학자들에 의해 천지회 등 비밀결사에 대한 연구는 지금도 진행되고 있다. 그러나 범죄조직으로서의 삼합회 기원을 연구한 학자는 많지 않다. 주로 홍콩 등 삼합회(신의안) 범죄조직이 1970년대부터 홍콩의 영화산업에 개입한 이후 그들의 범죄행위를 미화하려는 의도에서 일부 민간에서 전해오는 소림사 승려들의 반청복명을 강조하고 소림사 승려를 영화의 소재로 삼아 범죄조직을 미화하는 것이다. 중국 범죄조직의 기원은 앞에서 서술한 바와 같이 비밀결사의 출현과 사회경제적 요인에 그 기원이 있다.
28) W. P. Morgan, 전게서, p.32

워 고립되어 있었다.[29] 이러한 지역에 생활하던 푸젠인(福建人)과 중원에서 흘러들어온 커쟈인(客家人)들은 각각 그들만의 방언을 사용하고 그들끼리 어울리며 일상생활을 해왔기에[30] 자연스럽게 비밀결사를 만들어 외부세계에 대항했고 청 왕조도 지역적인 먼 거리의 어려움으로 통치력이 미치지 못해 나약하고 태만한 정부 역할에 그쳤다.

건륭제 초기에 시작된 인구폭등과 경지부족 그리고 높은 곡물가격 인상의 악순환에 가장 큰 영향은 받은 사람들은 동남부지역의 푸젠과 광둥의 경계지역에 거주하던 농민들이었다. 그들은 상호보호를 위해 그들끼리 그룹을 지어 다니면서 다양한 상부상조 형식으로 서로 결속하게 되고 앞서 설명한 임상문의 천지회처럼 18세기 말에는 천지회라는 이름을 내건 비밀결사가 199개나 성행하였다.[31] 이 학설을 주장하는 학자들은 주로 천지회라는 비밀결사를 만들어 활동하던 범인들의 심문을 토대로 관료에 의해 작성된 당안(档案, 중국 국가기관에서 보존되어 오는 문서, 오늘날의 사법기관의 심문조서도 포함한다)을 중심으로 사료를 연구하였다.[32]

이와 같이 서북부지방에서의 곽로회에서 발전한 가로회가 가경제와 도광제(道光帝)가 통치하던 시기(1800~1840년대)에 광둥, 푸젠 등 남쪽지방에서 북쪽지방으로 발전하고 있던 비밀결사인 천지회 세력과 만나 곽로회 · 가로회 · 백련교 · 천지회라는 서로 다른 조직이 융합되는 과정에서 중국 근대역사상 세력이 제일 강했던 비밀결사인 홍방이 탄생했다. 천지회계열의 비밀결사에서 출발한 홍방은 18세기 말과 19세기 초에 신속하게 세력을 확장하여 청 왕조에 대항할 정도로 세력을 키웠는데 이때부터 홍방 또는 홍문이라 불렀다.[33]

이상과 같이 중국 범죄조직의 기원은 지금까지 학계에서 주장되어 온 정치적 요인의 반청복명 기치를 내걸었던 소림사의 승려에서 출발했다기보다 청 왕조시대 비밀결사의 생성 및 활동과 밀접한 관련이 있다. 재해와 기근 그리고 급격한 인구증가 등 사회경제적 요인에 따른 주민들의 이주와, 이러한 이주민들이 타지에 정착할 때 현지인의 위협과 박해에서 벗어나고자 출신지별 고향사람 위주로 혈맹관계를 통한 상부상조 성격이 짙은 비밀결사를 만들면서부터 출발했다고 볼 수 있다. 왜냐 하면 비밀결사에 가입할 때 각종 언어(특히 방언), 몸놀림, 손동작, 부호 등을 배워 물려주었던 방회의식이 이를 증명한다. 이처럼 중국

---

29) D. H. Murray, and B. Qin, The Originn of the Tiandihui; The Chiness Triads in Legend and History, Stanford, CA; Stanford University, 1994, p.31.
30) 커쟈인들의 생활주거지인 토루를 보면 외부의 공격에 대비하여 집을 짓는 등 외부세계와의 대항 흔적이 많이 남아 있다.
31) W. P. Morgan, 전게서, p.13.
32) 周育民 · 邵雍, 전게서, p.18.
33) 赵文林, 『旧中国的黑社会』, 华夏出版社, 1987, p.23.

범죄조직의 기원에 대한 학자의 견해가 서로 달리 도출되는 이유는 중국 범죄조직은 지역이 넓고 서식환경이 다양한 관계로 바라보는 시각에 따라 많은 차이를 나타내고 있기 때문이다.34)

(2) 비밀결사와 혈맹의식 출현

비밀결사 결성에는 협동적 사업을 추진하기 위한 조직형성과 형제적 친목관계를 유지하기 위한 의식, 즉 가상적인 형제관계의 혈맹서약이 수반된다. 청 왕조시기 비밀결사에 관한 이해를 위해서는 아래 사항이 전제되어야 한다. 다시 말해 비밀결사는 상호부조를 위한 조직으로서 오랜 역사를 갖고 있었고 대개 촌락이나 지역사회 내부에서 유효하다는 것, 혈맹의식의 역사는 상호부조의 역사보다 오래된 것으로 왕조에 대해 이단적이거나 반란의 성격을 갖고 있어 그 기원을 추적하기가 어렵다는 점 그리고 청대의 비밀결사는 오래된 사회문화적 관행이 재포장된 것으로, 명·청 전환기 사회주변부 사람들이 회(會)라고 부르는 조직을 이미 결성했다는 것을 고려할 필요가 있다.35)

혈맹의식은 여러 봉건적 소(小)국가들이 패권 국가를 구심점으로 하나의 연맹체를 형성할 때 여러 국가들이 임시 결합을 위해 행한 의식에서 찾을 수 있다. 이는 삼국시대 유비·관우·장비 등이 도원결의를 통해 형제결의 의식을 한 기록에서도 알 수 있다.36) 이러한 엘리트를 중심으로 한 정치적인 혈맹의식이 민중적 차원에서 수용된 과정은 불확실하나 민중적 차원의 혈맹의식은 한대(漢代)부터 근대까지 나타난다. 그 밖에 혈맹의식은 여러 민중봉기·종교적 폭동집단에서도 나타나는데37) 그 후 점차 청대 이후 상호부조적인 건전한 목적을 추구한 비밀결사에서도 어떤 동기에서인지 불분명하지만 단순한 서약대신 혈맹의식을 택했다. 당시 비밀결사 구성원은 사회주변부에 있던 자들로 피압박적인 상황에서 상호 강력한 결속의 메커니즘이 필요했고 혈맹의식에서 그들의 조직화된 활동은 더욱 강력하고 위험한 상징성을 띠게 되었다.

이처럼 18세기 중국에서 사회주변부 평민들이 혈맹서약을 통해 그들의 사회적 질서를 나름대로 확보하려 했다. 많은 비밀결사들이 원래의 상호부조 목적에서 의도하지 않은 다

---

34) 중국범죄와 관련하여 발표된 국내의 많은 논문과 저서들은 중국 범죄조직의 기원을 반청복명을 주장한 소림사에 기초한다고 주장한다. 하지만 이는 정확한 자료와 문헌을 바탕으로 하지 않은 결과라고 생각된다. 오늘날 대다수의 중국 현지 방회연구 관련학자이거나 서양의 중국 비밀결사에 관해 연구한 학자들은 중국 범죄조직의 기원을 당시의 사회경제적 요인에 따른 비밀결사의 출현으로 보고 있으며 저자 또한 그들과 같은 견해이다.

35) 周育民·邵雍, 전게서, p.12.

36) BC 221년 진시황에게 패망한 여러 군주들이 진시황을 맞서고자 혈맹의식을 하였다.

37) 1440년경 푸젠성 농민봉기 지도자인 덩우치(鄧茂七 ?－1449)의 난 때에도 혈맹의식을 통해 조직을 형성하였고 이러한 혈맹의식을 행한 거사는 주로 생명을 건 봉기에 많았다.

른 이해관계로 인해 사회경제적 맥락에서 폭동을 일으키기도 했는데 대표적인 폭력조직으로서의 비밀결사는 지방 관료에게 뿐만 아니라 일반 민중에게도 폭력을 행사한 철척회(鐵尺會)다. 이 조직은 매년 음력 5월 관우사당에서 제사를 지내며 혈맹을 갱신하고, 여타 비밀결사와 결합을 통해 세력을 확대하자 기득권층에서도 이 조직과의 관계를 중시하였다. 세력이 더욱 강경해진 철척회는 더 위험한 행동을 시도하였고 서열도 무술능력에 따라 정했다.[38]

(3) 청방(靑幇)의 출현

청방은 청 왕조시기 남부지방에서 세금으로 거둬들인 양곡을 대운하를 통해 수도 베이징으로 옮기는 선원(水手)들의 사조직에서 시작되었다. 당시 베이징으로 운반되는 쌀은 약 400만 석으로, 이 양식을 운반하던 배가 1,200여 척에 달하고 종사자도 20∼30만 명이었으며, 대다수 조운 종사자들은 낮은 생활수준의 가난한 농민들이었다. 당시에는 명대(明代) 백련교(白蓮敎)에서 분리된 비밀종교 라교(罗敎)가 이들 뱃사람들에게 널리 퍼져 유행하였는데, 라교는 조운종사자들에게 외로움과 불안감에서 벗어날 수 있는 정신적인 지주가 되었을 뿐만 아니라 일이 없는 시기에는 몸을 의탁할 수 있는 장소를 제공하는 등 배고픈 이들에게 정신적·물질적인 면에서 많은 도움을 주었다. 이러한 이유로 장강과 대운하주변의 뱃사람들은 라교를 통해 조직적인 집단으로 변해갔으나 이때의 라교는 단순한 모임일 뿐 청방과 직접적인 연관은 없었다.[39]

중국에서 청방이라는 용어가 처음으로 등장한 것은 도광제(道光帝)와 함풍제(咸丰帝)가 통치하던 시기인 1850년대 이후이다. 1851년 홍수전이 일으킨 태평천국 봉기로 난징이 점령당함에 따라 경항(京杭, 베이징－항저우)대운하를 통해 베이징으로 운반하던 쌀의 운송이 불가능해졌다. 이에 청 왕조는 해상을 통해 조운을 실시하자 수십만 명에 이르는 대운하 일대의 조운 종사자들은 대부분 실업자 상태가 되고 일자리를 잃은 뱃사람들은 다른 지역으로 빠르게 분화되었다. 후베이성과 산둥성 등지에서 라교에 가담하지 않은 뱃사람들은 주로 '염당'(捻党)[40]과 '태평천국군'(太平军)에 가담하였고, 장쑤성(江蘇省)과 저장성지역에서 라교에 가입했던 대다수 뱃사람은 회화(淮河)유역의 '안청도우'(安清道友)라는 무장사염조직(武裝私盐集团, 당시 소금은 국가 전매업임)에 가담하면서 또 다른 소금 전매조직인 '청피당'

---

38) David Ownby, 전게서, pp.44−45.
39) 易熙峰, 『中國黑道幇會』, 大衆文藝出版社, 2008, pp.75−81.
40) 염당(捻黨)은 백련교(白蓮敎) 비밀결사의 한 지파로 소금 밀매업자, 탈주한 군인, 농민 등으로 구성된 집단으로 19세기 초부터 중국 안후이, 허난, 산둥 등 화북지방에서 태평천국과 함께 산발적인 폭동을 일으켰다.

(靑皮党)과 함께 소금밀매 및 약탈에 종사하였다. 이렇게 '안청도우'와 '청피당'이 함께 소금 밀매업에 종사하면서 서로 영향을 주고받아 조직 간 융합되자 이들 두 조직은 합하여 홍방과 대비하여 청방이라고 불렀다.[41]

조직의 성격이 다른 청방과 홍방이 하나의 조직인 청홍방으로 결합하게 된 것은 상호 경제적인 도움이 필요하였기 때문이다. 가로회가 장강(長江) 중상류지역에서 하류지역과 회하(淮河)지역을 향해 조직을 확장해 나갈 때 장강 하류지역에서 활동하던 청방세력과 만나게 되었다. 이때 두 조직은 경제적인 필요에 의해 상대방조직과 서로 협력하며 이용했다. 청방은 사염(私盐)을 회하지역에서 후난성(湖南省)과 후베이성 등지까지 배로 운반하면서 판매하였기에 소금을 운반하는 과정에서 가로회의 보호가 필요하였다. 반면 가로회는 내륙에서 재배한 아편을 연해지방의 항구로 운반하여 판매하였기에 청방의 도움이 필요하였다. 이러한 협력관계를 가졌던 두 조직을 쉽게 구분하기 위해 모든 가로회 조직을 홍방이라 불렀고 이후 청방과 홍방이 장강 중하류에서 장기간 협력관계를 이루게 됨에 따라 두 조직을 통틀어 '청홍방'(靑紅帮)이라고 부르고 홍방(紅帮)[42]이라 표기했다.

3. 국민당시기 중국 범죄조직 활동

(1) 신해혁명 이전 범죄조직

1842년 영국은 아편전쟁에 승리하여 청 왕조로부터 홍콩을 할양받는 등 5개 항구를 개항하고 상하이에는 영국·프랑스·미국의 조차지(조계지)가 생겨났다. 아편전쟁 이후 생활이 궁핍해진 서민들이 이들 개항도시로 이주해 들어와 비밀결사인 방회(帮會)를 만들게 됨에 따라 중국의 근대적인 범죄조직은 이런 배경에서 시작되었다. 봉건 방회는 가족제도를 모방하여 세웠으나 항상 혈연이나 가족을 중심으로 구성된 것은 아니다. 다시 말하면 '방'(帮)이란 '스승과 제자 관계'를 축으로 형성된 것이고, '회'(會)는 '형제결의 관계'를 축으로 형성된 것으로,[43] 19세기 말부터 '방'과 '회'는 상호 혼용하여 사용되면서 20세기 초 이후 중국에서 비밀조직을 가리킬 때 '방회'로 통일하여 부르고 있다.

1840년 아편전쟁 이후 중국은 '반식민 반봉건사회'(半殖民 半封建社會)[44]가 되어 외세

---

41) 易熙峰, 전게서, pp.294-299.
42) 홍문(洪門)에서 유래한 홍방(洪帮)이 청홍방(靑紅帮)의 붉을 홍(紅)으로 바뀐 것은 청(靑)과 대비되게 洪과 같은 음인 紅(hong)자의 발음으로 부르게 된 것에 연유한다.
43) 賈宏宇, 『中國大陸黑社會組織犯罪與對策』, 中國共産黨 党校出版社, 2006, p.41.
44) 마오쩌둥이 이름붙인 것으로 외세의 침략과 전통 봉건왕조의 지배로 인해 농민이 착취당하여 중국이 침체기에 있던 시대를 가리킨다.

의 침략으로 전통적 자급자족 자연경제가 해체되고 서구에 의한 경제활동 및 상품교류 시대가 전개되었다. 이에 따라 농민과 하층민의 생활이 빠르게 분화되었고, 중국 내륙지방에서 남부 해안가로 몰려든 이주민들과 농민들은 생활고를 해결하기 위해 동남아시아와 미주 등지로 떠나게 되어 오늘날의 화교가 탄생했다.[45] 경제가 낙후된 지역에는 서양의 정치·경제·군사·문화적 침략과 청 정부의 부패한 통치에 항거하여 천지회 계열의 비밀결사가 활동했고, 경제가 발달된 지역인 상하이(上海), 쑤저우(蘇州) 등 남부 및 연해지방에는 장강에서 흘러온 '청방'이 활동지역을 확장하였으며, 항구를 개방한 해안지역에서도 이와 비슷한 경제주체를 갖춘 비밀결사가 생겨났다. 청 말기에 지주나 관료들의 착취가 심해져 일부 농민이나 육체노동자 등 하층민들은 청 왕조에 대한 반항심이 싹트고 각 지역별로 종사하는 업종별 모임을 통해 비밀결사를 형성하여 청 왕조에 대항하기도 했다.[46] 1787~1788년에 걸친 임상문의 반란 이후 비밀결사 천지회의 실체를 알아차린 청 왕조가 이들을 토벌하기 시작하자 천지회 조직원들이 흩어지면서 전국적인 조직망을 갖추게 되고 이후 천지회의 이름은 중국 전역에 떨쳤다. 천지회 이름의 비밀결사 중 일부는 생활고 해결을 위해 육체노동자로 동남아시아·호주로 건너가고 미주지역의 경우 서부철도를 건설하는 노동자로 이주했다. 동남아시아와 미주지역으로 세력을 확장한 노동자들이 주축이 된 비밀결사를 서양인들의 시각에서 천지의 의미인 하늘(天)과 땅(地)에 사람(人)을 더해 삼합회(Triad)라고 부르게 되었는데, 이것이 오늘날 삼합회 범죄조직의 어원이다. 1911년 신해혁명 이후 중화민국이 건국되자 신해혁명 주체인 쑨원의 흥중회, 중국동맹회 등 비밀결사는 정치적인 무대에서 물러나고 천지회 결성 초기의 상부상조와 반청복명의 구호는 사라졌다. 한편 천지회 등 비밀결사에 가입하여 활동하던 일부 조직원들은 청홍방에 들어가 민중의 재물을 강탈하기도 하고 일부 방회는 범죄조직으로 전락하였는데,[47] 이들은 동남아시아 및 미주 현지에서 중국인 노동자들을 상대로 마약과 매춘 등을 제공하고 중국인들이 운영하는 상점을 보호한다는 명분아래 보호비를 갈취하는 등 뒤를 봐주면서 범죄조직으로서 세력을 확장했다.[48]

---

45) J. K. Fairbank, 전게서, pp.252-256.
46) D. H. Murray, and B. Qin, The Originn of the Tiandihui; The Chiness Triads in Legend and History, Stanford, CA; Stanford University, 1994, p.45.
47) W. P. Morgan, 전게서, p.53.
48) Chu Yiu Kong, 전게서, p.26.

(2) 국민당 시기 범죄조직

1) 신해혁명 전후의 상황

1911년 신해혁명으로 중화민국이 탄생하였으나 내부적으로 정치동란과 빈번한 내전, 그리고 끊임없이 악화되는 지방군벌의 착취에서 서민 대부분은 빈곤에 빠져들었다. 산업은 피폐되고 실직된 도시 근로자들과 농민 그리고 소규모 수공업자·노동자 및 걸인 등이 비밀결사인 방회 조직원으로 유입되었다. 이러한 유민들 중 일부는 군벌을 척결하는 북벌계획 등 국내혁명에 참가하면서 때로는 범죄에 가담하는 이중성을 갖고 있었다. 비밀결사 방회가 시대적인 정치적 상황으로 인해 이중성을 갖고 있었으므로 노동자, 농민 등 방회조직원들은 주인을 위해 시키는 대로 맹목적인 충성심을 가지고 있었고, 대다수 방회와 조직원들은 지방정권을 등에 업고 범죄조직으로 변모하여[49] 이 시기 청홍방조직은 서양의 마피아와 비슷한 범죄조직으로 전환되면서 명칭도 청홍방에서 청방으로 바뀌어 갔다. 즉 신해혁명 이전에는 청 왕조에 대항하는 성격이 짙었으나 신해혁명 이후에는 천지회 계열인 홍방의 역할이 없어짐에 따라 청방만 남게 되었다.

신해혁명으로 청조는 무너졌지만 중국은 남북으로 정권이 나누어져 지역을 볼모로 군벌들은 전쟁을 통해 계속 세력을 확충하였다. 중앙정권이 사회통제능력을 상실하자 토비·비밀결사(방회)·민간종교 등이 활동할 수 있는 토대가 형성되었을 뿐만 아니라 당시 발전하기 시작한 공업과 상업을 바탕으로 도시들이 성장하면서 도시문명은 사람들의 가치관에 많은 변화를 주었다. 즉 의(義)를 중시하는 전통사회에서 이익(利益)을 중시하는 현대사회로 변하게 되고 청홍방의 방회조직도 과거의 청조타도 외침에서 범죄조직으로 변질되어 갔다.[50] 당시 중국의 정치와 경제상황이 각 지방마다 서로 달랐기 때문에 전국에서 활동하는 청홍방조직이 동시에 범죄조직으로 변해간 것은 아니다. 청홍방의 범죄조직화 과정은 부분적·국지적으로, 그 중 상하이에서 활동하던 청방이 가장 먼저 전형적인 범죄조직으로 전환되었다.

2) 상하이 청방의 활동

당송(唐宋) 시기 상하이는 작은 어촌에 불과하다가 원대(元代)에 이르러 현으로 승격하였고 아편전쟁 이후 근대에 들어와 중국에서 제일 큰 상공 및 금융 중심지로 부상하였다. 상하이가 급성장한 것은 영국이나 미국 등 서양 측 입장에서 최초 개항장인 홍콩이 중국 남부인 광둥에 치우쳐 중국 내륙으로 뻗어가는 데 한계가 있었으나, 상하이는 장강하류에

---

49) 국민당 총통이던 장제스도 비밀결사 조직이던 천지회에 가입했다는 사실은 익히 알려져 있다.
50) 易熙峰, 전게서, p.100.

위치해 베이징과 난징 등 대도시와 가까워 강과 바다 양쪽에서 물류운송이 쉬웠던 지리적 이점이 있었기 때문이었다. 1852년 55만 명이던 상하이 인구는 1910년 129만 명, 1927년 264만 명으로 빠르게 증가하였는데, 인구증가의 주된 요인은 많은 내·외국인과 노동자 등 하층생활을 영위하는 사람들의 대거 유입이었고, 이러한 시대적 배경아래 청방조직원들도 두 차례에 걸쳐 대규모로 상하이에 진출하였다.[51] 상하이로 이주한 청방조직은 사회환경 변화에 따라 자연스럽게 범죄활동에 종사하면서 자신이 속한 조직을 중심으로 생계문제를 해결했고, 상하이에서의 생활에 필요한 능력을 갖추지 못한 조직원들은 막노동이나 아편밀매·도박장 개설·윤락·인신매매 등으로 생계를 이어갔다.[52]

상하이에서 활동하던 청방조직이 빠르게 범죄조직으로 변질된 또 다른 요인은 상하이의 특수한 정치적 환경이다. 당시 상하이에는 미국·영국·프랑스 등 3개국 정부에 의해 분할되어 다스려지는 조차지가 있었다. 이 조차지는 불안전한 사회를 이루었고, 서로 독립된 세 개의 정부가 관할하였기에 자신의 관할구역에서 입법·행정·경찰권 등 독립적인 자치권을 행사하고 있었다. 세 개의 독립적인 관할이 존재함에 따라 일부지역은 경찰력이 미치지 않는 무법지대가 형성되어 상하이 청방조직은 무법지대를 은신처로 삼아 각종 범죄에 가담했다.[53] 전국적인 비밀결사에서 분화된 청방조직이 신해혁명 이후 범죄조직으로 변모하여 중국 근대역사에서 '방회'라 일컫는 범죄조직의 대명사가 되었다. 국민당 시기부터 범죄조직 의미로서 '방회'가 보편화된 후 지방군벌들은 방회조직의 은밀한 전국적 조직망을 이용해 이들을 첩보원으로 이용하기도 하고 일부는 밀수 및 마약판매에 이용하면서 권력을 유지해 갔다.[54]

1926년 쑨원 사망 이후 정권을 쥐게 된 장제스(張介石)는 외세를 몰아내기보다는 공산당토벌에 주력하였다. 그리하여 청방조직을 공산당 와해를 위한 정보원으로 활용하기도 하고 군자금 확보수단으로 끌어들였다. 대표적인 청방조직이 상하이의 두웨성(杜月笙) 범죄조직이다. 1910년 청방의 조직원으로 가입한 두웨성은 당시 상하이 청방의 두목이던 황진룽(黃金榮)의 부하로 들어가 활동하다 황진룽의 신임을 얻은 후 프랑스 조계지역 경찰반장이 되어 프랑스 경찰에게 지역정보를 제공해 주는 대가로 세력을 넓혀 청방 두목이 된 후 황진룽의 영역까지 차지하여 상하이지역 아편전매권을 확보했다. 1923년 제1차 국공합작으

---

51) 첫 번째 진출은 아편전쟁 당시 조운에 종사하던 사람들이 대운하의 조운이 불가능해지자 상해로 밀려들었고, 두 번째는 영국, 프랑스 조차지에서 자유로운 상업이 가능하였기 때문에 대거 인구가 유입된 것이다.

52) 康树华, 『犯罪学, 历史'现状'未来』, 群众出版社, 1998, p.49.

53) Stella Dong, Shanghai, 1842－1949: The Rise and Fall of a decadent City, New York, Morrow, 2000, p.51.

54) 易熙峰, 전게서, p.107.

로 국민당과 공산당이 힘을 합쳐 군벌을 몰아낸 후 1927년 국민당이 상하이로 들어오자 두웨셩은 장제스의 밀명을 받고 공산당토벌에 앞장섰다. 즉 상하이 중국거류지에서 공산주의자들이 파업을 주도하자 두웨셩은 자신의 청방조직원들을 동원하여 파업 중인 공산주의자들을 공격하여 5천여 명을 학살하였다.[55] 이 사건을 계기로 두웨셩은 장제스로부터 좌익세력척결 공로로 포상을 받고 장군으로 진급하면서 정치적 영향력을 확대하였다. 두웨셩은 아편·도박·매춘·인신매매 등으로 돈을 벌어 국민당 정치자금을 조달하였고 상하이의 '불법아편 금지위원회 위원장'을 맡아 경찰이 증거로 압수해 온 마약을 다시 시장에 내놓아 거래하는 등 상하이에서 가장 강력한 범죄두목이 되었다.[56]

(3) 중화인민공화국 건국과 청방의 쇠퇴

중일전쟁 기간에도 국민당은 방회조직을 이용한 정치를 계속했다. 즉 청방조직을 이용해 정치자금을 받고 공산당의 움직임 등 각종 정보를 수집해 왔으며 이러한 대가로 청방의 범죄행위를 눈감아 주는 등 서로 공생관계를 유지했다.

1949년 10월 1일 공산당에 의해 중화인민공화국이 건국되자 청방 범죄조직은 더 이상 정치전면에 나설 수 없었다. 공산당은 청방과의 정치관계를 단절했고, 국민당 앞잡이 노릇을 해 온 청방조직은 공산당의 집권으로 홍콩·마카오·대만 등지로 피난하거나, 동남아시아 화교사회로 몸을 숨기는 등 분산하여 삼합회 범죄조직으로 변신하였다. 그리고 중국에 남아있던 청방조직의 잔당은 중화인민공화국 '범죄인처리지침'에 따라 공산당과 인민에 대한 적대행위 범죄에 적극 가담한 자는 처형하고 공산당 정책을 지지한 청방조직원들에 대해서는 이후 범죄행위에 가담하지 않겠다는 서약서를 받고 민중의 생활로 돌아가게 해 주었다. 그 후 대약진운동, 문화대혁명 등 급진적인 사회주의 체제가 강행되던 상황에서 청방의 방회조직과 범죄조직은 수면 아래로 가라앉았다.[57]

---

55) 일명 4.12사건이라고도 불리는 이 사건은 국민당이 많은 공산주의자들을 살해하는 등 테러의 공포로 몰아넣은 사건으로 이 이후 공산당은 지하로 숨어 들어가 활동하게 된다.

56) 易熙峰, 전게서, pp.176 – 183.

57) 신상철, "중국 범죄조직의 기원과 발전과정", 중국학(36호), 2010.

제2절 홍콩 삼합회 기원과 활동

1. 홍콩 삼합회[58] 기원

(1) 아편전쟁을 전후한 홍콩사회

홍콩은 총 면적 1,074㎢로 세 부분으로 이루어져 있다. 아편전쟁 이후 중국으로부터 할양받은 홍콩(Hong Kong)섬과 란타우(Lantau)섬 등 기존의 2개 지역에 1860년 북경조약으로 구룡(九龍, Kowloon)반도가 추가되었다. 1839년 영국이 중국과 아편전쟁을 개시하기 전 홍콩 거주자는 대부분 농민이거나 어부들이었다. 17~18세기 청대 비밀결사 출현과 뒤이은 인구의 급속한 증가로 생계에 곤란을 겪은 많은 농민들이 중원에서 중국 동남부지역으로 이주해 오고, 중원에서 광둥지역으로 넘어온 일부 커쟈인(客家人)들은 광둥지역에서 다시 밀려나 홍콩으로 이주했다. 이들 커쟈인 대부분은 석공으로 일했는데, 석공들은 그들끼리 비밀결사를 만들어 현지의 농민, 어부, 노동자들과 맞서 커쟈인들만의 생활 근거지를 만들기도 했다.

1842년 영국이 아편전쟁 결과로 할양받을 당시의 홍콩은 많은 중국인들이 새로운 생활 근거지를 찾아 내륙에서 홍콩으로 이주하면서 도시는 점점 성장하고 있었다. 영국이 홍콩에 도착하기 전 일자리를 찾아 나선 광둥·푸젠 등 내륙지방의 이주민들은 선원, 행상, 건축노동의 일거리를 찾아 계속 홍콩으로 들어왔다. 이주민들은 많은 돈을 모은 뒤 다시 고향으로 돌아가 가족들을 만날 것을 기대하면서 생활했기에 아편전쟁을 전후한 홍콩은 유동인구가 다른 지역보다 훨씬 많았다. 당시 홍콩에 일찍 이주해 거주하던 일부 노동자들은 소금밀매 및 아편밀수에 직·간접적으로 관여하면서 조직을 갖추지 않았지만 은밀히 범죄활동에 종사하기도 했다.[59]

1870년대 내륙으로부터 홍콩으로 이주해 온 노동자들은 동향·동족·성씨 등 그 출신지별로 여인숙에서 생활했다. 이들 이주노동자들 중 일부는 동남아시아 등 해외로 나갈 준

---

58) 현재 중국에서 사용되는 범죄조직의 정확한 표기는 '흑사회'이다. 그러나 대부분의 국내 독자들은 삼합회라는 용어에 익숙해 있다. 하지만 본 교재는 이를 바로 잡고자 청말·민국시기까지는 삼합회로 표기하고, 중화인민공화국 건국 후 홍콩·마카오·대만 등 중화권 범죄조직은 흑사회 범죄조직으로, 중화인민공화국 범죄조직을 중국 형법상 법률용어인 흑사회성질 범죄조직으로 표기하고, 본 교재에는 편의상 흑사회성 범죄조직으로 서술하겠다.
59) Chu Yiu Kong, 전게서, p.21.

비를 하고, 일부는 홍콩에 눌러 앉아 일자리를 구할 의향도 가지고 있었다. 해외 이주를 희망하는 노동자들이 머물고 있던 여인숙은 그들이 해외로 나갈 수 있는 도항권을 얻을 수 있는 발판이 되기도 하였으나 폭발하는 해외이주 신청자들로 인해 기약 없는 날까지 기다릴 수밖에 없는 처지가 되어 오래 거주하면서 일용직 일자리를 찾아 거리를 헤매는 이가 많았다.[60] 이렇게 시일이 갈수록 여인숙에서 생활은 길어지고 여인숙 집주인 입장으로 볼 때 제때 밀린 방세를 내지 못하는 이주노동자들에게 지역 깡패를 동원하여 돈을 받아낼 수밖에 없었으며 지역 깡패들은 집주인 요구에 따라 이주노동자들을 상대로 밀린 방값을 받기 위해 폭력을 행사하였다. 이러한 이유 등으로 이주노동자들이 지역 깡패들로부터 시달림을 받자 고향을 떠나 출신 지역별로 뭉쳐 살고 있던 이주노동자들도 그들대로의 비밀조직을 결성하거나 기존의 비밀결사에 가입하기도 했다.

(2) 홍콩의 초기 비밀결사

홍콩은 반정부 활동의 중심에 서 있었고 반정부 인사들의 쉼터였다. 태평천국 봉기(1851~64)기간 동안 광둥지방에 기반을 둔 천지회는 청 왕조에 대항해 자주 봉기를 일으켜 청 왕조에 의해 진압될 때 많은 봉기 참가자들이 홍콩으로 몰려들었다. 쑨원(孫文)은 동남아시아 및 미주지역에서 활동하던 천지회 계파 흥중회(興中會)로부터 혁명자금을 모으기 위해 자주 홍콩을 방문하여 흥성회(興盛會)를 조직했다. 홍콩은 반청운동을 위한 혁명가들에게 자금조성의 중심에 서 있었고, 미국·유럽·호주·캐나다·동남아시아 등 해외 이주 선박의 출항지였기 때문에 해외 이주 희망자들의 집결지였다.[61] 1890년대부터 본격적으로 많은 중국인들이 홍콩으로 몰려들었고, 이들 이주민들은 동향 출신이거나, 같은 사투리를 사용하거나, 같은 성씨 등 주로 동향인들로 주축 된 상부상조 모임을 결성하고 그룹을 지어 생활했다. 동향모임의 세력이 커지자 일부 조직은 그 성격을 반청혁명 세력인 천지회와 같은 조직체계를 갖추어 가입자격·가입선서·가입의식 등에서 천지회 의식을 그대로 본 떠 체계적인 조직운영에 들어갔다.

가장 먼저 천지회를 본 떠 체계적인 조직운영에 돌입한 그룹이 푸젠성 차오저우(潮州)지방의 차오저우인(潮州人)으로 결성된 복의흥(福義興, Fuk Yee Hung)조직이다.[62] 푸젠성 차오저우인들로 구성된 복의흥조직과 커쟈인들로 구성된 일부 조직은 홍콩으로 이주해 오

---

60) W. P. Morgan, 전게서, p.33.
61) L. K. C. Chan, China, Britain and Hong Kong 1895－1945, Hong Kong Chinese University Press, 1990, pp.42－61.
62) Bertil. Lintner, Blood Brothers: The Criminal Underworld of Asia, New York: Palgrave Macmillan, 2003, pp.51－77.

기 전 반청혁명 세력인 천지회에 가입하여 활동한 경력이 있어 조직운영에 별다른 어려움은 없었고 가장 많은 동향모임을 결성한 지방도 푸젠성 차오저우인 그룹이었다. 조직결성 초기에는 범죄조직이 아닌 순수한 상호부조 조직으로서 고용·복지·장례 등 오직 홍콩에서 살아남기 위해 생존을 위한 조직운영이었지 범죄와는 거리가 멀었다. 이 당시 차오저우인이 주축된 복의흥은 조직원이 만 명을 훨씬 넘었다.[63]

(3) 삼합회조직

1) 삼합회의 탄생 배경

1, 2차 아편전쟁이 종료된 1860년 이후, 영국은 홍콩에서 항만하역에 종사하는 중국인들의 모든 노동운동을 제한하고 노동조합을 억누르는 정책을 폈다. 이러한 상황에서 홍콩 내 이주노동자들은 자신의 안전을 찾고 유일하게 의지할 곳은 같은 지방의 동향인 뿐이었고, 도덕교육과 노동조합의 기능을 하는 동향인의 집(일명 회관(會館))은 이주민들에게 가장 편안한 안식처였다. 홍콩의 노동자들이 같은 출신지, 같은 방언을 중심으로 조직화됨에 따라 출신이 서로 다른 노동자 사이에 취업과 임금문제가 충돌하면 같은 지방 출신의 비밀결사가 서로를 도와주는 힘이 되었다. 그 중 가장 많은 회원을 가진 그룹은 차오저우인, 푸젠인, 커쟈인, 광둥인 출신의 그룹으로 노동자 쿨리(苦力, Coolie)들이 그 주축이었다.[64] 청 말기의 경제적 혼란과 정치적 불안으로 많은 중국인들이 대거 해외로 이주하게 되고 이러한 대규모의 이주는 화교의 탄생을 가져왔는데 그 출발지점이 바로 홍콩이었다.

초기 홍콩사회 삼합회 출발은 1870년대 홍콩의 부두 하역작업을 담당하는 노동시장에서 시작되었다. 다시 말하면 삼합회조직의 출발은 이주사회의 산물이라고 말할 수 있다. 직업을 찾아 기회를 엿보던 이주노동자들이 그들의 이익을 대변할 수 있는 비밀조직을 만들어 그 조직에 가입하면서부터 같은 고향, 같은 방언, 같은 성씨 등으로 구성된 동향모임의 비밀조직은 특정사업을 독점하기 위해 반정부활동을 벌인 홍방계열 천지회 가입선서와 입회의식을 모방하여 천지회와 같은 혈맹의식이 포함된 가입의식을 통해 조직원들을 하나로 묶었고, 이러한 사회적 약자들의 모임은 결국 범죄조직화를 부추겼다.[65] 비밀조직의 가입자격은 가난한 사람들, 교육수준이 낮은 사람들, 불법이주자로 전락된 인생실패자들로, 그들의 존재를 서로가 재확인하고 천지회 등 비밀결사의 가입의식인 피의 맹세를 통해 조직원 상호간 상부상조와 인정(人情)을 베풀었다. 힘없이 태어나고 불안한 환경에서 삶을 시작하는 사람들에게 조직결속을 통한 폭력의 힘은 아주 강한 매력으로 작용했다.

---

63) W. P. Morgan, 전게서, pp.24－36.
64) Chu Yiu Kong, 전게서, pp.57－59.
65) L. K. C. Chan, 전게서, pp.47－48.

2) 삼합회의 발전과정

초기 홍콩 삼합회조직은 천지회에 가입했던 일부 이주노동자들이 자기들의 이권을 대변할 수 있는 조직을 결성한 후 각종 이권사업을 폭력을 통해 해결하고 자신들만의 이익을 대변했던 것에서 출발했다. 노동자의 생계보장과 자신의 이익을 대변하기 위해 시작한 홍콩 삼합회조직이 범죄조직으로 발전한 과정은 다음과 같이 4단계를 거쳐 확립되었다.

제1단계에서는 동향 및 씨족 집단과 육체노동자 쿨리 등 서로 다른 집단들이 홍콩으로 이주해 소속 회원들에게 상호부조의 도움을 제공하기 위해 순수한 상호부조 모임에서 출발했다.

제2단계는 홍콩에서 비밀결사에 가입했던 몇 몇 회원들이 직업기회를 독점하기 위해 그 단체이름을 하늘, 땅, 사람이 중심이라는 의미에서 천지회 형태를 띤 삼합회로 바꾸었다.

제3단계는 다른 삼합회들의 힘에 대응하기 위해 상부상조인 조직성격을 폭력성향의 조직으로 바꿨다.

마지막 4단계는 폭력을 기반으로 한 일부 삼합회조직이 그들이 가진 폭력의 힘을 필요로 하는 다른 사람들에게 팔기 시작하면서 오늘날의 삼합회 범죄조직이 탄생했다.[66]

이상 4단계에 걸친 범죄조직화 과정에서 본 것과 같이 1890년대 접어들어 삼합회조직은 폭력을 통해 지역적 기반과 지배력을 확보한 뒤 홍콩의 노동시장을 장악했다. 삼합회조직의 범죄조직화 과정에서 신입회원이 삼합회 가입시 두목을 향해 서약서에 맹세를 하면 두목은 "우리는 이제 모두 삼합회 회원들이다"라고 한 대목에서 천지회 대신 '삼합회'라는 정식 명칭이 사용되었고, 서양인의 시각에서 천지회의 하늘과 땅에 폭력주체인 사람이 더해 세 가지가 뭉친 의미에서 'Tried'라는 명칭을 부여한 것이다. 중국 내륙지방에서 홍콩으로 이주해 온 많은 쿨리들이 동향, 씨족, 방언, 업종 등에 따라 동질성을 확보하고, 생존권인 직업을 확보하기 위해 폭력이라는 필연적인 힘으로 뭉칠 수밖에 없었던 당시 상황이 이를 말해 준다.[67]

이와 같이 홍콩 삼합회 범죄조직의 기원은 청 왕조 시기 반청복명을 부르짖던 소림사 승려들이 주축이 된 비밀결사에서 출발하였다기보다 18C~19C 이후 재해와 기근 그리고 청 관료들의 착취에 대항하던 가난한 농민들이 홍콩으로 흘러 들어와 그들만을 위한 상부상조 성향의 비밀결사를 만들어 직업의 독점기회를 찾고자 활동하면서 시작되고 발전되어 왔다.[68] 삼합회 네트워크를 통해 노동자 쿨리들은 엄청난 지배권을 행사할 수 있었고, 삼

---

66) Chu Yiu Kong, 전게서, pp.42-43.
67) W. P. Morgan, 전게서, pp.24-26.
68) Chu Yiu Kong, 전게서, pp.49-51.

합회에 가입한 노동자들은 타 그룹과의 경쟁에서 자기가 속한 조직으로부터 보호받았으며, 위협과 폭력을 앞세워 업종의 독점권도 확보하였다. 다시 말하면 삼합회 범죄조직은 내륙지방에서 홍콩으로 이주한 쿨리들이 홍콩에서 아무런 조직적 기반이 없었기 때문에 천지회를 본 뜬 '삼합회'란 조직을 만들어 동료를 규합하고 고용기회를 독점하면서 20세기가 바뀌는 1890년대부터 1910년 사이에 홍콩 노동시장에서 출현했다.

3) 삼합회의 확장

홍콩 노동시장에서 가장 먼저 폭력을 통해 삼합회 범죄조직을 결성한 것은 홍콩과 이웃인 광둥지방에서 넘어온 행상인들이다. 광둥 출신 행상인들은 홍콩 내 다른 행상인들로부터 자신을 보호하고 현지의 깡패들로부터 동료 상인의 갈취를 막고자 '흥승회'(興勝會)라는 조직을 결성하였다.[69] 동향인, 같은 집안, 같은 방언 집단들처럼 강력한 조직을 바탕으로 결성된 흥성회조직은 곧 그들의 판매구역을 독점하였고 이를 본 다른 행상인들도 유사한 조직을 결성했다. 1890년대 초부터 자신들의 고유한 직업을 고수하기 위해 10여 개 이상의 삼합회조직이 출현하여 홍콩 노동시장을 장악한 이후 1900년대에 접어들어 삼합회조직이 우후죽순처럼 늘어났고,[70] 이런 조직들은 차츰 개인의 다툼을 넘어서 조직 간의 다툼이 빈번하게 발생하여 영역다툼과 이권개입으로 인해 의도치 않은 결과를 가져와 많은 조직원들은 목숨을 내어놓아야 했다. 1900년대 초, 폭력에 의지한 삼합회 범죄조직이 계속 늘어나자 광둥지역 출신에 기반을 둔 삼합회 범죄조직의 하나인 용의당(勇義堂)조직이 1909년 홍콩 내 여러 삼합회조직을 모아놓고 통합된 하나의 조직을 만들자고 제안했다. 참석한 삼합회 두목들은 이 제안에 동의하고 모든 조직들이 평화를 공존한다는 의미에서 각 조직의 이름 앞에 '화'(和)자를 붙일 것에 동의했다. 또한 이 회의에서 조직원들이 갖추어야 할 기본적인 덕목과 규칙도 제정하여[71] 홍콩에서 최초로 '화'(和)조직이 탄생하였는데, '용의당(勇義堂)조직은 '화용의'(和勇義)로, 흥성회(興勝會)는 '화흥승'(和興勝)으로 바뀌었다. 그리고 '화승화'(和勝和), '화합도'(和合圖), '화안락'(和安樂) 등 오늘날 홍콩을 대표하는 삼합회 범죄조직은 이러한 '화'(和)계열 조직으로 변모하여 홍콩뿐 아니라 중국대륙과 동남아시아 일대 및 미주·유럽 등지에서 활발하게 활동하고 있다.

---

69) 광둥성 출신 동향인들이 주축이 되어 상호부조 형식의 단체를 만들어 활동하다 후에 화흥성(和興勝)의 화(和)계열로 바뀐다.
70) W. P. Morgan, 전게서, pp.56-58.
71) Bertil, Lintner, 전게서, pp.63-65.

2. 삼합회의 입회식

(1) 입회식의 의미

20세기를 전후한 시기에 홍콩을 중심으로 '삼합회'라는 명칭의 범죄조직이 출현하였다. 초기 삼합회 범죄조직이 이주노동자인 쿨리들에 의해 주도되었듯이, 착취에 대항하고 노동자들의 생존권을 보호하기 위해 결합된 홍콩의 삼합회 범죄조직은 1900년대에 들어와 폭력으로 다져진 조직의 힘을 원하는 곳에 빌려주기 시작하면서 서서히 범죄조직으로서 명성을 쌓기 시작했다. 오늘날 삼합회가 범죄조직의 대명사로 불리며 화려하게 장식되는 이유는 삼합회 조직원들이 그들이 속한 범죄조직을 반청복명 기치를 내건 홍문과 같은 비밀결사에서 출발한 형제들이고, 조직원들은 서로를 지켜줘야 한다는 천지회 규율에 따를 것을 강조하면서 조직을 미화하였기 때문이며, 또한 삼합회의 특유한 입회의식을 치르면서 피를 서로 나누어 마시고 조직원 상호 간 죽음을 두려워 않는 혈맹관계를 강조한 것에도 기인한다.[72] 삼합회 범죄조직 입회식은 각 계파마다 다른데, 그것은 동향, 씨족, 언어 등 출신성분이 서로 다르기 때문이며 비밀조직 결성당시의 지역적 환경 차이에서 오는 영향이기도 하다. 전통적 입회절차는 각 조직의 결성역사와 규칙, 언어 전달시의 수화(手話) 그리고 위반했을 시 처벌 등을 배우고 조직에 대한 충성맹세로 끝을 맺는다.

(2) 입회식 진행

신입회원의 입회식은 18단계를 거쳐 정식회원으로 명명된다.[73] 입회식의 순서는 다음과 같다.

　1. 신입회원의 왼쪽 어깨를 두드린다.
　2. 신물을 부순다(기존의 것을 깨 없애버리는 의미)
　3. 노란색 얇은 이불을 덮는다.
　4. 천지(天地)고리를 지나간다(새로운 길을 의미)
　5. 불타는 구멍을 지난다.
　6. 두 다리를 지난다.
　7. 5개의 과일을 먹는다.
　8. 3개 강물을 마신다.

---

72) Chu Yiu Kong, 전게서, pp.17－22.
　　천지회 일부 조직원이 신해혁명의 주체세력으로 활동하다 삼합회 범죄조직에 들어 온 후 자기가 속한 조직을 미화하고 정당화하기 위해 조직의 뿌리를 한족 중심의 반청복명에 둔다.
73) W. P. Morgan, 전게서, p.76.

9. 술잔을 부순다.

10. 닭 머리를 찌른다.

11. 왼손중지를 찌른다.

12. 붉은 꽃 와인을 마신다(피를 나누어 마시는 혈맹의식).

13. 제단 앞에서 8단계 숭배의 절을 한다.

14. 신·구회원이 서로 인사한다.

15. 새 회원의 얼굴을 씻어준다.

16. 삼합회조직의 수화를 가르쳐 준다(이 단계에서 각 지방의 전통언어, 몸놀림, 손놀림 등을 배우게 되는데 이것이 타조직과 의사전달 방식을 구별 짓는다).

17. 이 조직을 소개해 준 고참 조직원에게 감사인사를 한다.

18. 입회비를 낸다.

　전통 입회식은 희망회원 10여 명이 모이면 조용한 방이나 오두막집에서 거행하며 보통 3일에서 5일 간의 일정으로 진행된다. 가입한 신입회원은 손가락으로 혈서를 쓰고 기존 회원과 피를 서로 나누어 마심으로써 조직가입이 완성된다. 피를 나누어 마시는 의미는 태어날 때는 남으로 태어났으나 피를 서로 나누어 마심으로써 이제부터 피를 나눈 형제임을 확인하고 서로의 우애를 강조하기 위함이다.[74] 그리고 회원명부에 등록되면서부터 당당한 조직의 일원이 되어 조직에 충성하고 조직과 함께 일생을 마감한다.

　삼합회의 서약문은 다음과 같다.

1. 입회 이후, 모든 동지의 부모는 나의 부모이고, 동지의 형제자매 또한 나의 형제자매이며, 동지의 부인은 나의 형수이고, 동지의 자식은 나의 조카이다.

2. 동지 부모·형제의 어려움은 무조건 도와야 하고, 그들이 백년 장수하게 도와야 하며, 장례식 치를 돈이 없으면 가진 자가 도움을 주고 돈이 없는 자는 노력봉사로 답한다.

3. 각 지방 혹은 외국분회의 동지, 또는 손님이 방문할 때는 반드시 하루 밤을 재우거나 식사를 대접한 후 보낸다.

4. 같은 삼합회 소속 회원 사이에 시비가 생길시 서로 참는다.

5. 입회 후 부모·형제 및 6촌 친척까지 일체 사적인 도박을 금하며 남의 재물을 탐하지 않는다.

6. 동지들은 삼합회 동문들을 체포해서는 안 되고, 아무리 원한이 깊어도 동문으로

---

74) W. P. Morgan, 전게서, p.78.

밝혀지면 올바른 판단으로 처리하며, 그 미움을 마음에 담아서도 안 된다. 만일 잘못 체포했을 시에는 지체 없이 풀어줘야 한다.

7. 동지가 곤란에 처해 도움이나 금전이 필요할 때 각자 힘껏 도와주어야 한다. 서로 배려하고 격려해줘야 하며 모른척하거나 도움을 주지 않을 시 배반자로 처리된다.

8. 동지에 대해 험담을 하거나 자신이 속한 동문의 두목을 모함하고, 사적으로 살인을 해서는 안 된다.

9. 동지의 부인, 딸, 여동생, 누나 등에 대해 불손한 행동을 해서는 안 된다,

10. 동지의 재물을 독점하여 그 잘못을 알았을 때 돌려주어야 한다.

11. 동지가 자기의 아내, 자녀와 관련된 중요사건을 부탁할 때 힘을 다해 도와줘야 한다.

12. 삼합회 입문 시 사주팔자를 알려야 한다. 가짜 사주팔자를 알리거나 숨겨서는 안 된다.

13. 삼합회 입문 후 후회해서는 안 되며 이런 마음을 가져서도 안 된다.

14. 비밀리에 외부사람을 돕거나 동지의 재물을 빼앗지 않는다.

15. 동지의 물건 혹은 소지품은 강제로 매매해서는 안 된다. 강자라고 칭하며 약한 자를 괴롭히지 않는다.

16. 동지의 재물이나 물건을 빌렸으면 무조건 갚아야 하며 독식하지 않는다.

17. 동지의 재물을 모르고 침탈했다면 당장 돌려줘야 한다.

18. 자신이 체포되어 잡혔더라도 자기혼자 온몸으로 받아쳐야 하며 사적인 감정으로 다른 형제를 모함해서는 안 된다.

19. 동지가 모함을 당하거나 체포당했을 때, 또는 장기출장으로 자리를 비웠을 때 남겨진 아내, 자녀들 그리고 기댈 곳 없는 친척들은 어떠한 방법으로든 도와주어야 한다.

20. 동지가 타인으로부터 폭행을 당하거나 시비가 생겼을 시 무조건 나서 동지의 의견을 받쳐주거나, 동지의 의견이 틀렸더라도 말다툼이 있는 두 사람에게 권고하여 마무리를 잘 지어야 한다.

21. 각 지방 또는 외국에 있는 동지들이 체포령이 내려졌을 때 동지가 빨리 탈출할 수 있도록 돕는다.

22. 도박장에서 타인의 재물을 비열한 방법으로 꾀하면 안 되고, 형제동지들의 재물을 사기해서도 안 된다.

23. 언어전달시 말을 보태거나 잘라서는 안 되며 동지끼리 이간질을 해서도 안 된다.

24. 개인적으로 방파를 설립해서는 안 된다. 삼합회 입문 3년 뒤 충성심과 의리심이

강한 자에게는 협회에서 따로 방파를 설립하거나 배움과 가르침을 후배에 전수하도록 두목이 결정을 내릴 것이다. 그 어떤 사적인 행동을 해서는 안 된다.

25. 삼합회 입문 후 동지 혹은 형제간 묵은 감정 또는 원망이나 일체 미움을 없애야 한다.

26. 동지 또는 그 친척이 말시비나 관소송이 있을시 좋게 마무리가 되도록 권고하고, 일방적으로 한쪽만 도와서는 안 된다.

27. 동지의 관할범위에 함부로 침범해서는 안 되고, 이를 모른 척하여 관할지역이 위태롭거나 해를 끼쳐서도 안 된다.

28. 동지의 재물에 눈이 멀어 서도 안 되고 자기한테 나눠주도록 이익을 바래서도 안 된다.

29. 동지가 잘 나갈 때 비밀을 기관에 폭로해서는 안 되며, 마음가짐이 흐트러지거나 다른 의심을 품어서도 안 된다.

30. 다른 사람의 편을 들어 동문 동지를 시기하거나 억눌러서는 안 된다.

31. 삼합회 회원 동지들이 많다고 기세등등해서는 안 되고 다른 사람을 무시해서도 안 된다. 또 악행을 저지르거나 두목을 칭하면 더욱 안 된다. 각자가 자신의 분수에 맞게 자신을 낮춰 행동해야 한다.

32. 돈을 빌려 갚지 않는다는 이유로 동지에게 한을 품어서는 안 된다.

33. 삼합회 동지들은 어린 소녀에 성희롱을 해서는 안 된다.

34. 동지의 부인 또는 첩을 금전으로 매매해서는 안 되며 서로 간통해서도 안 된다.

35. 외부인에 대해 언행을 조심하고 일체 삼합회에 관한 문서나 내용을 공개해서는 안 되며 비밀을 알려서는 더욱 안 된다.

36. 삼합회 입문즉시 충성심과 의리를 앞세워 많은 사람과 우호적이고 호의적인 관계를 가지며, 임무수행 시 서로 하나가 되어 협조해야 한다. 임무 중 집중을 하지 않거나, 다른 마음을 품거나, 힘을 다하지 않으면 안 된다. 이상 36개 맹세를 위반할시 죽음으로 죄 값을 치른다.

삼합회 범죄조직은 그 조직이 얼마나 많은 조직원들을 거느리고 있으며 얼마나 큰 힘을 보유하고 있는가에 따라 조직의 서열이 정해진다. 조직원의 수를 보여주거나 상징하는 깃발을 보여 그 영역 안에서 명성을 확립한다. 이러한 힘의 과시는 공공 축제기간을 통해 동원되는 수를 최대한 많이 확보하여 자신이 속한 조직의 역량을 타조직에게 보여주고자 하는 것이다. 하지만 현대의 입회식은 간소화되어 1시간 만에 끝을 맺는다.

3. 홍콩 삼합회 조직구조와 그룹

(1) 삼합회 조직구조

조직체계 운용은 두목급으로 산주(山主, 두목), 부산주(副山主, 부두목)가 있고, 행동대장 격인 선봉(先鋒)과 제사장인 향주(香主), 그 아래로 행정이나 재정담당인 백지선(白紙扇), 훈련담당 홍곤(紅棍), 연락담당 초혜(草鞋)가 있다. 그리고 입회식을 거친 일반회원 사구자(四九仔), 입회식을 거치지 않은 예비회원 람등롱(藍燈籠) 등으로 조직이 편성되어 있다.[75] 초기 삼합회 운영은 두목 아래 전반적인 관리부서인 채용전담부, 조직구성부, 연락부, 교육복지부 등으로 업무가 분담되었고, 분화된 업무부서에서는 지정된 부분만 업무를 관장하였으며 임기가 끝날 때는 부서별 후임자들을 선발해 채웠다. 이렇게 짜여진 삼합회조직은 그 활용도가 매우 높아 홍콩 내에서 최고로 훈련된 조직체로 명성을 날렸다. 삼합회 범죄조직은 홍콩의 주요 사회단체로 활동하면서 상공회의소, 무역연합, 무술학교, 사교단체 등 합법적인 단체도 만들었고 홍콩 관료들도 끌어들여 본격적인 활동에 들어갔다.

(2) 삼합회 그룹

신해혁명이 완성되자 청 왕조에 봉기를 들었던 천지회 소속 비밀결사는 정치적 봉기에서 한발 물러나 일부는 쑨원과 장제스를 따라 북벌에 참여하기도 하고 일부 소수는 평상시 본업으로 돌아갔다. 다시 말하면 천지회 힘을 과시하면서 정치단체로 계속 활동하던 부류, 농업과 상업 등 생업에 종사하던 부류 그리고 일부의 비밀결사 회원들은 육체노동자 쿨리와 같이 생존권 확보를 위해 삼합회를 결성하여 홍콩이라는 공간 내에서 계속 각종 독점권 확보 및 이권에 개입하는 등 범죄조직으로서 독자적인 영역을 개척했다.[76]

홍콩의 삼합회 범죄조직은 상해의 청방처럼 드러내 놓고 불법적인 범죄행위는 하지 않았다. 왜냐하면 홍콩이 영국 정부의 치안책임 아래 있었고 상해만큼 범죄조직의 규모가 크지 않았으며 활동 또한 제한되었기 때문이다. 초기 홍콩 삼합회조직이 행한 범죄는 기껏해야 홍콩시내의 주요 축제기간에 조직원을 동원해 깃발을 들고 행사를 진행해 조직의 규모를 대외에 알려 조직을 과시하는 형태였으며, 그 후 점차 홍콩 번화가의 노점상 영역확보, 인력거 시장확보, 직업소개소를 통한 노동시장 장악 그리고 일부 폭력조직을 동원한 업소보호 등으로 이어졌다. 하지만 민국 정부 시기에 들어 서서히 폭력, 강도, 소매치기 등에서부터 마약, 인신매매, 윤락, 도박 등 조직적인 범행에 가담했다.

---

75) Chu Yiu Kong, 전게서, p.66.
76) W. P. Morgan, 전게서, p.78.

《표 1》 홍콩에 본부를 둔 삼합회 그룹별 계열 분포도

그룹명 조직	조직계열
화(和)그룹	화안락(和安樂, 일명 水房), 화합도(和合圖), 화승화(和勝和), 화승의(和勝義), 화리군(和利群), 화구지(和九指), 화군락(和群樂), 화리화(和利和), 화승당(和勝堂), 화우화(和友和), 화의당(和義堂), 화용의(和勇義), 화공승(和洪勝), 화군영(和群英), 화련승(和聯勝), 화일평(和一平), 화이평(和二平)
동(同)그룹	동군영(同群英), 동락(同樂), 동신화(同新和, 老同)
동(東)그룹	동공사(東公社), 동군사(東群社), 동련사(東聯社, 老東), 동안당(東安堂), 동영사(東英社), 동안화(東安和), 동군영(東群英)
차오저우(潮州)그룹	신의안(新義安), 복의흥(福義興, 老福), 조광사(潮光社), 조련의(潮聯義), 중추월(中秋月), 충신당(忠信堂), 해륙풍호조사(海陸豐互助社), 경의(敬義), 삼성사(三聖社), 대호채(大好彩), 일로발방(一路发幫), 의군(義群), 의승당(義勝堂)
련(聯)그룹	련공락(聯公樂), 련락당(聯樂堂, 單耳), 련순당(聯順堂), 련영사(聯英社, 老聯), 련비영(聯飛英), 련홍영(聯鴻英), 련도영(聯桃英)
광(廣)그룹	광웅(廣雄), 광련성(廣聯盛, 老廣), 광성(廣盛), 광성당(廣聲堂)
전(全)그룹	전지화(全志和), 전일지(全一志, 老全)

홍콩 삼합회 범죄조직은 1912년부터 1939년 사이 다양한 범죄조직이 결성되었다. 《표 1》에서 보는 바와 같이 대표적인 범죄조직이 '화'(和)그룹, '동'(同)그룹, '동'(東)그룹, '차오저우'(潮州)그룹, '전'(全)그룹, '련'(聯)그룹, '광'(廣)그룹 등으로, 각 그룹은 홍콩에 본부를 두고 각 지방에 가지를 뻗쳐갔다. 이들 조직은 19세기 말에서 20세기 초에 걸쳐 결성되어 현재까지 활동하고 있다.

(3) 화(和)계열 범죄조직

1) 화합도(和合圖)

홍콩 범죄조직의 원조인 화(和)계열의 하나로 1870년대 홍콩지역에서 회원 간 상부상조를 목적으로 용의당(龍義堂)이라는 조직명으로 출발하였으며 초기 일부 조직원은 신해혁명에 참가했다. 1909년 용의당으로 활동할 당시 홍콩 제1차 삼합회 대표자 회의를 통해 화합(和)을 결의한다는 의미에서 가장 먼저 화(和)자를 사용하여 '화용의'(和龍義)로 조직이름을 바꾸었다가 1920년 화합도(和合圖)라 조직명을 바꾸고 12분회를 설치하면서 조직을 확장했다. 1870년 홍콩 개항 초기에는 이주노동자를 위한 노동활동은 없었으나 시일이 조금 지나면서 항만부두 내 노동조합을 만들어 활동하다가 범죄조직으로 전향한 대표적인 방회조직이다. 오늘날 화합도 범죄조직의 주요 수입원은 홍콩 어시장에서 수산물독점, 인력거

독점, 마약, 윤락, 인신매매 등과, 홍콩항에서 령정도(伶仃島)를 오가는 선박 운항권을 독점하여 조직을 운영하고 있으며 조직원은 5만여 명에 달한다.[77] 종종 홍콩의 14K조직과 마약판매망을 놓고 싸우기도 하는데, 최근 조직원 중 한명이 홍콩의 만자(灣仔)에서 상대 조직원에게 폭발물을 투척해 관심을 불러왔다. 화합도 조직은 홍콩의 서구지역을 세력범위(영역)로 활동하고 있으며 만자지역과 동구지역으로 세력을 넓히고 있다.[78] 2018년 현재 두목은 장즈타이(张治太)이다.

2) 화승화(和勝和)

이 조직도 화(和)계열로 1930년 결성했고 초기 홍콩 삼수보(三水甫)에 지역적 기반을 가지고 출발했다. 결성초기 캐나다 토론토 등지에 분회를 설립하여 현지 이주노동자 쿨리를 상대로 마약판매와 윤락을 장악했고, 1932년 미주 등지 차이나타운에 15개 분회를 증설했으며, 1941년 제2차 세계대전을 계기로 '49자'(仔)를 조직해 청부살인에 가담하는 등 악랄한 범죄로 명성이 높았다.[79] 1945년에 들어 홍콩과 해외에 많은 분회를 개설하였고 하부조직 중 화승이(和勝義)조직이 가장 왕성한 활동을 했다. 중국대륙이 공산화 되자 많은 이주자들이 홍콩으로 들어와 화승화조직에 가입했으며, 이때 조직원이 5,000명에서 7,000명으로 대폭 늘어났다. 그 후 1989년 동남아시아 국가 가운데 인도네시아 해안도시를 공략해 화승화의 지역기반을 만들었고, 1995년에 필리핀계 중국인 조직원을 시켜 영국 런던 중심부에서 학교 교장이던 필립 로렌스를 살해할 정도로 대담한 행동을 서슴지 않았다. 홍콩이 중국에 반환되자 화승화조직은 중국 본토 공략에 나서 광둥성 선전시에 거점을 마련하여 윤락, 마약, 도박장운영 등에 본격적으로 가담하기 시작하였고, 2000년 들어 버밍험 호텔 카지노운영권을 놓고 베트남 범죄조직과 한바탕 혈투를 벌이기도 하면서 중국 공산당 고위 관료들을 매수하여 비호세력을 만든 뒤 디스코텍, 주점, 안마시술소, 가라오케 등과 일본, 태국, 호주 등지에 마약을 공급하는 등 홍콩 내 마약공급 1순위를 기록할 정도로 조직기반을 굳혔다. 또한 홍콩시내 몽콕을 중심으로 절취한 차량과 핸드폰, 군용총기 등 암거래를 독점했으며, 암거래 시장 영역을 놓고 화안락 조직과 영역다툼도 자주 하고 있다.[80] 현재 영국 런던과 맨체스터 차이나타운과 홍콩 침사츄와 몽콕 등지로 영역을 계속 확대하고 있으며 조직원만 해도 1만여 명에 달할 정도로 급성장하였고,[81] 마약, 도박, 윤락, 인신매매 등에 종사하면서 용두회(龍斗會)를 하부조직으로 거느리고 있는 홍콩의 거대 범죄조직

---

77) 東方日報, 2010.9.25자.
78) 蘋果日報 ,2007.10.31자.
79) asiaweek, 2006.5.28자.
79) 데이비드 사우스웰 지음, 추미란 옮김, 『조폭연대기』, 이마고, 2008, pp.172−175.
81) 東方日報, 2010.9.25자.

중 하나로 2018년 현재 두목은 스즈청(謝志成)이다.

3) 화안락(和安樂, 일명 水房)범죄조직

화안락과 화승화는 같은 화(和)계열이다. 1846년 동향인들이 상부상조를 위해 만든 화 (和)계열의 방회조직으로, 1934년 안락(安樂)증기선 선원들이 노동조합을 만든 후 독자적 방회를 만들어 '화안락'으로 독립했으며 일명 수방(水房)이라고도 한다. 이 조직은 홍콩 침 사츄 일대에서 조직원으로 활동하고 있는 택시기사들을 마약공급 판매책으로 활용해 홍콩, 마카오 등지로 택시를 이용하여 마약을 공급하고 있으며, 조직원으로 활동하지 않는 택시 기사에게는 보호비를 강요하고 돈을 내지 않는 택시기사에게는 온몸에 피멍이 들고 심줄을 끊어 놓을 정도로 폭력을 행사한다. 이들 조직 외에 화승의(和勝義), 화리군(和利群), 화구지 (和九指), 화군락(和群樂), 화리화(和利和), 화승당(和勝堂), 화우화(和友和), 화의당(和義堂), 화 용의(和勇義), 화공승(和洪勝), 화군영(和群英), 화련승(和聯勝), 화일평(和一平), 화이평(和二 平) 등 화(和)그룹은 홍콩 구룡반도의 침사츄지역과 몽콕지역을 중심으로 활동하며, 마약, 도박, 인신매매, 윤락, 총기밀매, 밀입국 등의 범죄를 일삼고, 가입시 홍문 전통의 입회식을 치르기로 유명하다.[82]

(4) 차오저우 계열의 신의안(新義安, 老新)범죄조직

신의안조직은 1919년 샹첸(向前)이 조직을 결성한 후 홍콩 외 미국, 영국, 벨기에, 프 랑스, 네덜란드 및 중국 광둥성 일대에서 활약하고 있는 홍콩 최대이자 세계 최대 범죄조 직 중 하나로, 쑨원의 천지회계열 장령(소두목)이던 샹첸(向前)이 고향 학로인(鶴佬人, 푸젠성 학로에 거주하는 주민)의 애국·애족·애향활동을 하던 사회단체에서 출발하였다. 샹씨 집안 은 푸젠성 차오저우지방 산미(山尾) 육중(陸中)의 학로에 거주 하였는데 의안(義安)은 차오 저우 산미의 옛 지명으로 의안군(義安郡)이라 불렸고, 샹첸은 생활이 빈곤하여 천지회에 가 입하여 쑨원이 활동하던 치공당(致公堂) 소속으로 의안에서 활동했다.

신의안은 1866년 결성한 '만안'(萬安)이라는 비밀결사에서 출발한다. 만안은 차오저우 의 산두와 산미 해륙풍의 학로인 위주로 조직이 결성되었기 '학로방' 또는 '차오저우방'으로 불렸고 차오저우와 대만이 지역적으로 이웃이고 언어 또한 민남어(閩南語)를 쓰기에 '대만 방'이라 불리기도 했다.[83] 1919년 '만안'내부에 분열이 일어나 샹첸을 중심으로 일부 조직 원들이 '의안'이라는 조직을 만들어 독립한 후 '의안 상공회의소'라는 명칭으로 홍콩 정부에 중국인단체 명부 등록을 하였다. 1947년 '의안'이 범죄활동과 관련되었다는 이유로 '의안

---

82) Los Angeles Times, 2009.10.5자(Sharp rise in Chinese arrests at U.S. border).
83) 蘋果日報, 2003.3.24자(尖東之虎婚宴警派員監視).

상공회의소'가 중국인단체 명부에서 삭제되자 샹첸이 조직 개편을 한 후 '신안공사'라 명칭
을 바꾸고 그 지부를 '영안공사'라 하였는데, 이때부터 '신의안'이란 명칭이 본격적으로 사
용되었다.

　　1953년 신의안의 1대 두목 샹첸은 홍콩 정부로부터 출경(국경 밖으로 쫓겨남)조치를 당
해 대만으로 잠시 건너갔으며, 홍콩 경찰이 대규모 범죄조직 소탕작전에 돌입하여 신의안
조직이 와해될 국면을 맞이했을 때 하부조직인 경의(敬義), 의군(義君), 대호채(大好彩) 등이
새로운 두목으로 샹첸의 차남 샹화옌(向華炎)을 추대하고 세습제를 실시했다. 샹화옌의 장
악으로 조직은 다시 견고해졌고 5호·10걸[84]을 만들어 체계를 다졌으며, 주요 지점에 하부
조직을 증설하여 연락사무소를 개설하는 등 신의안조직을 확고히 굳혔다. 홍콩의 신의안조
직과 그 하부조직은 차오저우인이라는 강한 내부응집력을 바탕으로 기업화된 범죄조직을
이끌면서 홍콩에만 700여 개의 전문식당과 인력거 및 노점상 그리고 1,500여 개의 오락실
등을 직접 운영하고 있다.[85] 현재 홍콩 제일의 범죄조직 신의안 조직원 수는 홍콩에만 6만
3천 명이며, 홍콩 영화산업은 거의 신의안이 개입되어 있을 정도로 영화배우들을 관리하고
있다.[86] 그 외 인력거, 수산물, 실내인테리어, 건축, 노점상 등 기존의 영역에서 보호비를
착취하는 것은 물론이고, 마약, 인신매매, 총기밀매, 밀입국, 윤락, 돈 세탁뿐만 아니라 합
법적인 기업운영과 금융권 등 전분야에 진출하여 활동하고 있다. 하지만 근래에 들어 이들
중 많은 조직원들이 중국 본토로 진로를 바꾸고 있으며 기존 홍콩 삼합회 범죄조직들로부
터 영역도전을 받는 등 조직운영이 예전 같지는 않다.

　　푸젠성 차오저우지방 출신 중심으로 조직을 결성한 차오저우인 그룹의 삼합회 범죄조
직은 신의안 외, 복의흥(福義興, 老福), 조광사(潮光社), 조련의(潮聯義), 중추월(中秋月), 충신

---

84) 5호는 麥哥(2009년 사망, 아들 麥卓雄이 사무를 이어감), 黃俊(태국에서 교통사고로 사망), 杜聯
　　順, 李育添, 黎志强(2001년 피습을 받고 조직에서 은퇴함) 등이고, 10걸은 陳耀興(1993년 피살),
　　李泰龍(2009년 피살), 黃金强, 黃錫明, 黃天送, 跛營, 劉保同, Thomas, 長洲料成, 長洲細威 등으
　　로, 이들은 각 분파를 이끌면서 두목을 중심으로 중앙사무를 이끌어 간다.
85) Asia Week, 2006.1.27자.
86) 中國經濟網, 2010.8.21자.
　　홍콩 최고 코미디 배우 저우싱츠(周星馳)는 신의안과의 관계를 의심받아 캐나다 이민이 좌절된
　　적이 있다. 캐나다 연방최고법원은 저우싱츠와 신의안의 연관성을 입증하는 200여장에 달하는
　　서류를 증거로 제시하며 캐나다 이민을 허용하지 않았고 저우싱츠는 신의안과 관련된 영화를 찍
　　은 적이 있다는 게 잘 알려진 비밀이다. 삼합회 범죄조직은 연예인을 보호한다는 명목으로 돈을
　　갈취한다. 세계적인 액션배우 청룽(成龍) 역시 수년 전 '러시아워 2' 제작시 범죄조직이 장소협
　　찬 명목으로 청룽에게 50만 홍콩달러를 요구한 적이 있다고 폭로한 적이 있다. 이 영화 투자자
　　는 미국 제작사로 청룽은 홍콩 연예계의 치부가 외부까지 폭로됐다며 홍콩 정부에 범죄조직으로
　　부터 연예인을 지켜줄 것과 연예계가 단결해 조폭을 몰아내자고 촉구하기도 했다. 또한 청룽은
　　아들 팡쭈밍(房祖名)이 납치될 것을 우려해 아들이 성인이 될 때까지 가족존재를 외부에 알리지
　　않은 일화는 유명하다.

당(忠信堂), 해륙풍호조사(海陸豐互助社), 경의(敬義), 삼성사(三聖社), 대호채(大好彩), 일로발방(一路发幫), 의군(義群), 의승당(義勝堂) 등의 조직이 있고 동향인들을 주축으로 결성하였기에 조직력과 결속력이 아주 강하다.

(5) 기타 그룹

홍콩의 기타 주요 삼합회 범죄조직으로 련(聯)그룹과 광(廣)그룹이 있다. 련그룹은 현재 총 8,000명 내외의 조직원들로 구성되어 홍콩에 본부를 두고 화교가 밀집한 캐나다 토론토를 중심으로 세를 확장하고 있다. 련그룹의 하부조직으로 련공락(聯公樂), 련락당(聯樂堂, 單耳), 련순당(聯順堂), 련영사(聯英社, 老聯), 련비영(聯飛英), 련홍영(聯鴻英), 련도영(聯桃英)등의 조직이 있다.[87] 그리고 광그룹 조직은 광둥성 출신의 조직원을 흡수하여 마약, 인신매매, 윤락 등 범죄로 유명하며 하부조직으로 광웅(廣雄), 광련성(廣聯盛, 老廣), 광성(廣盛), 광성당(廣聲堂) 등의 조직이 있다.[88] 이외에 민국 초기 1910년대 홍콩 동부지역을 중심으로 활동하던 '동'(Tong, 東)그룹 삼합회 범죄조직인 동공사(東公社), 동군사(東群社), 동련사(東聯社, 老東), 동안당(東安堂), 동영사(東英社), 동안화(東安和), 동군영(東群英) 등의 조직과, 홍콩 남부지역에 기반을 두고 활동하던 '동'(Tung, 同)그룹 삼합회조직 동군영(同群英), 동락(同樂), 동신화(同新和, 老同) 등의 조직이 있다. '전'(全)그룹 삼합회조직인 전지화(全志和), 전일지(全一志, 老全) 등의 조직과 '승'(勝)그룹 조직 등도 홍콩을 대표하는 삼합회 범죄조직이다.

4. 중국 공산화 이후 홍콩 삼합회 범죄조직의 발전

(1) 홍콩의 발전

홍콩이 중계무역과 금융 중심도시로 발전한 이유는 중국 공산화 이후 1950년대 상하이를 비롯한 중국의 대단위 자본과 공장들이 홍콩으로 유입되어 공업화의 기초를 이루었기 때문이다. 중국이 공산화된 1949년과 1950년 사이 약 10억 홍콩달러가 중국에서 홍콩으로 유입되었고 당시 홍콩에 등록된 상하이 회사는 228개로, 중국의 공산화로 인해 중국 기업들의 홍콩 이전이 홍콩 발전의 밑거름이 되었다. 이 당시 중화인민공화국의 성립, 한국전쟁, 베트남전쟁 등 대규모 사건이 연이어 이어지던 시기에도 홍콩은 이러한 소용돌이 속에

---

87) P. Mitch Roth, Organized Crime, Prentice Hall, Upper Saddle River, New Jersey Columbus, Ohio, 2010. pp.318－332.
88) Chu Yiu Kong, 전게서, p.82.

서 냉전충돌을 완화시켜 주는 완충지역으로서 무역을 통해 활발히 발전 할 수 있었다. 또한 영연방 국가에 대한 세금특혜로 홍콩상품의 수출이 용이해지고, 제2차 세계대전 이후 강대국으로 부상한 미국이 홍콩에 투자를 시작하면서 아시아시장에 뛰어들었고, 중국의 문화대혁명으로 많은 고급인력이 홍콩으로 들어오는 등 여러 상황으로 인하여 홍콩은 그야말로 아시아에서 일본 다음으로 빠른 발전을 이룩하였다.

1950년대 홍콩은 방직업이 주류를 이루며 발전하였다. 방직업의 발전은 건축·금속·상공업·은행의 발전을 이끌었을 뿐만 아니라, 도로·항만·전력·기초화학으로 이어지는 등 공업으로 향한 기초산업 기반을 마련하였다. 1960년대 들어 홍콩 정부의 적절한 경제조치와 행정운영, 외국자본의 꾸준한 유입에 힘입어 방직업을 중심으로 가공업이 계속 발전하였고, 중국 광둥성으로부터 공업용수와 생활용수를 끌어오는 등 중국 본토와의 교류도 싹텄다. 홍콩의 기초공업 발전과 더불어 홍콩 노동자들의 단결과 투쟁으로 인해 홍콩 정부는 사회복지제도를 개선하였고 주택과 건설사업도 박차를 가하면서 홍콩에 산재해 있던 많은 범죄조직도 발전을 하게 되었다.

(2) 14K그룹 결성과 활동

14K그룹은 홍콩에 기반을 둔 범죄조직으로 제2차 대전 종전시기 1945년 광둥성 광저우(廣州)서 활동하던 국민당 정보부 요원들이 발기한 홍발산충의당(洪發山忠義堂)에 그 기원이 있다. 14K 범죄조직 결성은 1945년 당시 국민당의 광둥성 반공산당 계릴라토벌 정보담당으로 있던 거쟈오황(葛肇煌, KE Chao-Huang)[89]으로부터 시작된다. 14명의 정보요원들은 1949년 중국대륙이 공산화되자 대만으로 철수하지 못하고 광둥성과 인접해 있던 홍콩으로 잠입하였다. 그들은 홍콩 구룡반도를 중심으로 생활근거지를 마련하였으나 홍콩의 토착 범죄조직이던 화승화 및 화안락과, 차오저우 계열인 신의안, 복의흥 등 기존 삼합회 범죄조직으로부터 각종 업종진출에 방해를 받자 자신들끼리 세력을 결집하여 조직을 결성했다.[90]

14K 조직명에 대해 여러 설이 존재한다. 거쟈오황의 성씨를 딴 K에서 시작하였다는 설과, 국민당의 영문발음인 K에서 시작하였다는 설 등이 있으나 이들이 거주하던 주소지가 광둥성 광저우시 보화루 '14'번지에 위치해 있어 거주하던 번지 14에 국민당(Kuo Min Tang)의 첫 글자를 더해 '14K'라고 이름 붙여져 조직의 명칭이 되었다는 것이 정설로 통한

---

89) 국내 대부분 범죄학 관련 논문이나 단행본의 삼합회 내용 중 14K가 국민당 곡신응 장군에서 유래한다고 서술되어 있으나 이러한 명칭의 유래에 대해서는 일절 언급이 없다. 이렇듯 많은 논문들이 근거 없는 내용들을 인용하고 있다.

90) 易熙峰, 전게서, pp.425-437.

다. 현재 홍콩에 본부를 두고 있는 14K조직의 최대 라이벌은 신의안과 수방(화안락) 범죄조직이다. 14K조직이 출발한 장소는 홍콩이지만 그 활동지역은 홍콩뿐만 아니라 중국 본토, 대만, 마카오, 태국, 말레이시아, 일본, 미국, 캐나다 등 화교들이 모여 있는 세계 도처에 뻗어있으며, 정확한 조직원 수는 12만 명에서 20만 명으로 추산하고 있다.[91]

　　14K 범죄조직의 주요 범죄활동은 마약이다. 중국의 윈난성과 미얀마 카친족, 카렌족, 샨족 거주지역 등 이른바 황금삼각지대에서 수확되는 대다수의 마약이 이들 손을 거쳐 동남아시아와 일본, 한국 등의 시장으로 나온다. 부차적인 범죄로 달러위조, 도박, 불법이민(밀입국), 인신매매, 무기밀매, 윤락과 매음 등을 하고 있으나, 마약과 위조지폐 사업이 주류를 이루며 1990년대 들어 이 조직은 홍콩 최대의 범죄조직 중 하나가 되었다. 그러나 홍콩 '화'계열 범죄조직의 하나인 화안락(수방파)조직원으로부터 14K하부조직 두목이던 완퀵코이(Wan Kuok-koi, 일명 부러진 이빨, Broken Tooth Koi, 崩牙駒)가 마카오에서 총기피습을 받은 사건이 발생한 후 홍콩 범죄조직 간 더욱 살벌한 영역확보 싸움이 벌어졌으며, 그 와중에도 14K는 미국의 로스엔젤레스, 샌프란시스코, 시카고, 캐나다 토론토 등 세계 화교사회로 파고들어 영역을 확대하였다. 2008년에 뉴질랜드로 진출해 현지 사업체에 합법적 투자를 하고 영국의 화교타운에 진출하는 등 적극적인 사업다각화를 꾀하고 있다.[92] 초대 두목이던 거쟈오황이 아들 거즈슝(葛志雄)에게 조직을 물려주고 2대 두목 거즈슝이 50여 년간 14K조직을 이끌어 오다 2010년 11월 사망한 이후 거즈슝의 독자 아들은 현재 홍콩에서 교육사업에 전념하고 14K조직운영에는 일절 관여하고 있지 않다. 오늘날 14K조직 운영방식은 중앙집권적인 조직구성이 아니라 하부조직들이 독립적으로 운영한다. 하부조직으로 배로(湃廬)파, 충자(忠字)파, 충의당(忠義堂)파, 효자(孝字)파, 검자(劍字)파, 예자(禮字)파, 논자(倫字)파, 서승당(西勝堂)파, 서의당(西義堂)파, 실자(實字)파, 신자(信字)파, 대권자(大圈仔)파, 덕자(德字)파, 인자(仁字)파, 의자(義字)파, 의승당(義勝堂)파, 용자(勇字)파 등이 있다.

(3) 문화대혁명 이후 홍콩 대권방(大圈幇)의 활동

　　1960년대 중반 중국에서 많은 학생들이 홍위병이 되어 문화대혁명에 참가하였고 광둥지역도 예외는 아니었다. 1968~1969년 사이 광둥지역에서 유교적인 사회타파와 자본주의 세력을 몰아내는데 열중이던 홍위병이 1969년 이후 인민해방군에 의해 광둥캠프(군부대)로 보내졌다. 그 후 홍위병들이 인민해방군 수용소인 광둥캠프를 탈출하여 불법이주자 신분으로 홍콩으로 들어가 20~30명씩 그룹을 형성하여 홍콩지역을 배회하고 다녔는데, 이 그룹

의 이름이 대권방(大圈幫, Big Circle Boys)이다.[93] 중국대륙 홍위병으로 출발한 대권방조직은 홍콩 정착 초기에는 범죄에 가담하지 않았으나 홍콩생활이 궁핍해 행상으로 생계를 꾸렸지만 지역 토착깡패들의 간섭과 습격이 잦아 그들로부터 자신들을 보호하고 멤버 중 하나라도 괴롭힘을 당하면 조직원 전체가 응징을 가하기 위해 대권방을 결성했다. 조직원 대부분이 중국대륙에 있을 당시 인민해방 군대에서 군인으로 훈련을 받았고 체력이 건장하여 대권방조직 결성과 함께 홍콩의 다른 삼합회 범죄조직과 겨룰 수 있을 정도로 빠르게 성장하였다. 1970년대 후반, 중국 후난성(湖南省) 등 내륙에서 또 다른 홍위병 출신의 불법이주자가 홍콩으로 들어왔다. 이들이 2기 대권방이다. 후난성지역 출신들은 광둥어를 말할 수 없어 홍콩사회에서 고립되자 홍콩의 다른 삼합회조직보다 결속력을 더욱 강화하여 외부 조직 대항을 위한 폭력을 망설이지 않았다. 또한 이 조직을 뒤에서 봐주는 세력이 바로 14K였기 때문에 후난성 출신 홍위병그룹은 협상과 타협을 할 줄 모르고 오로지 모든 문제를 폭력으로 해결해 홍콩의 여타 삼합회조직들은 감히 이들을 넘보지 못했고 이들과 얽히는 것조차 피할 정도로 악명이 높았다.[94]

5. 대만 흑사회 범죄조직 형성과 활동

(1) 대만 흑사회 범죄조직 형성

고대 중국 진(秦)·한(漢)시기 대만은 동곤(東鯤), 삼국시대에는 이주(夷州)라고 불렀고, 서기 230년 중국이 대만을 최초로 점령하였다. 그 후 707년 수(隋)나라가 류쿠(琉球, 오키나와)를 복속시키면서 당(唐)나라 이후 송(宋)나라 때까지 중국 연해에서 많은 사람들이 대만으로 이주하였다. 원(元)나라 시대 1360년 대만에 순검사(巡檢司)가 설치되면서 푸젠성 동안현(同安縣)에 예속되었고, 그 후 네덜란드가 1624년 점령한 데 이어 1626년에 스페인이 지룽(基隆), 단쉐이(淡水)를 점령하였고, 1661년 명(明)나라 정성공(鄭成功)이 네덜란드를 몰아내면서 청(淸)이 1683년 푸젠 대만성이라 칭하고 1부 3현을 설치했다. 18세기 후반에 들어 대륙의 인구증가로 대만으로 이주민이 늘어나 행정구역도 확대되었고, 아편전쟁 후 1858년 톈진조약(天津條約)에 따라 북부의 단쉐이(淡水)가 개항되면서 유럽 열강의 각축장이 되었다. 1895년 청·일 전쟁의 결과 대만은 일본에 할양되어 51년 간 식민 지배를 받았으며 중·일 전쟁이 종료된 1945년 7월 일본이 패전함으로써 대만은 중국에 반환되었다.[95]

---

93) Chu Yiu Kong, 전게서, pp.83-85.
94) 『蘋果日報』, 2007.10.31자.
95) 김영신, 『대만의 역사』, 지영사, 2001, pp.6-13.

대만 방회조직의 발전과정은 중국의 명·청 교체기로 거슬러 올라간다. 이 당시 활동했던 명나라 장군 정성공(鄭成功)은 명나라 멸망 후 대만을 본거지로 반청복명을 일으켰으나 그 활동이 수포로 돌아가자 후예들이 1726년 '부모회'(父母會)를 조직하여 계속 반청활동을 하였고, 청대 말기에는 중국대륙에서 일부 홍문계열의 비밀결사와 청방조직이 대만으로 넘어와 활동했다. 19세기 말 일본 식민시기에 소수의 방회세력인 우포방(牛埔幫), 화산방(華山幫), 방명관(芳明館), 대룡통(大龍峒) 등이 일본에 대항하기 위해 대만에서 활동을 벌이기는 했으나 그 힘은 미약하였다. 그 후 1949년 국민당이 본격적으로 대만에 입성하여 통치하던 시기 외성인(중국본토 출신) 주축의 방회세력이 내성인(대만 토착인)과의 충돌을 거치면서 대만의 범죄조직이 생겨났다.

1960년대와 1970년대를 거치면서 대만 경제는 호황을 맞이하여 사회가 점점 개방되고 유흥산업이 발달하면서 죽련방(竹聯幫), 천도맹(天道盟), 사해방(四海幫) 등으로 대표되는 대만의 3대 범죄조직은 국제화의 길로 접어들었고 그 세력은 미주, 유럽, 일본, 동남아시아, 아프리카 등에 걸쳐 확대하였다. 현재 대만을 중심으로 활동하는 범죄조직으로 죽련방, 천도맹, 사해방 외에 송련방(送聯幫), 우포방(牛埔幫), 칠현방(七賢幫), 중화방(中和幫), 서북방(西北幫), 북련방(北聯幫), 삼환방(三環幫) 등이 있고 이들 범죄조직은 동남아시아·미주·유럽 등지의 화교 밀집지역에 지역분회를 설립하여 왕성한 활동을 하고 있으며, 중국 본토 흑사회성 범죄조직과 연합을 통해 세력 확장을 하는 등 한층 밀접한 관계를 형성하고 있다.

(2) 대만의 주요 흑사회조직 활동

1) 죽련방

1953년 대만 융허(永和)시와 중허(中和)시 중허샹(中和鄉) 일대에 살고 있던 중학생들에 의해 처음 조직된 단체로 그 시초는 태보단체[96]인 중화방(中和幫)에서 유래한다. 이 일대는 빈곤지역으로 불량학생들이 많았는데, 태보단체에서 활동하던 쏜더페이(孫德培)가 중화방을 결성하여 중화·판교지역에서 2년 간 활동하면서 기반을 잡아 그 지역에서 우위를 선점하였다.

1955년 두목인 쏜더페이가 조직내분 수습 중 소년 1명을 살해한 사건으로 투옥되고 각 계파 간 파벌싸움이 심해져 조직이 와해될 위기가 오자 그해 4월 중간 보스 신스밍(潘世明)이 조직을 규합하여 만자방(萬字幫)을 만들고 또 다른 중간 보스 간저우(湛洲吾)가 1956년 삼환방(三環幫)을 만드는 등 조직 분열조짐을 보여 1956년 6월 원로인 쟈오닝(赵宁) 주도로 융허시 중허샹 죽림로에서 잔존세력을 규합하여 소위 중화제3차대회(中和第三次大会)

---

96) 태보는 기개와 힘을 자랑하는 중국 전통의 무사를 일컫는 말이다.

를 개최하였다. 이 대회에서 투옥된 쑨더페이의 지위를 존중하여 두목 직위를 두지 않고 모든 형제들은 평등하게 공존한다는 강령을 선포하고 죽림연맹(竹林联盟)이라는 조직명으로 새롭게 출발하면서 조직명을 간단히 죽련방이라 칭하였다. 이 후 조직이 안정되고 세력이 확대되자 사자, 호랑이, 표범, 봉황, 학 등 5마리 동물의 이름을 따 5개 분파를 만들어 세력을 확장했다.[97]

　　1959년에 들어 죽련방은 적대세력이던 사해방 조직과 영역싸움에서 종종 피습을 당하면서 본격적인 세력대결을 벌였다. 두 조직의 세력다툼이 거세지자 대만 정부는 군소조직에 불과했던 죽련방보다 대형조직이던 사해방조직원들을 집중적으로 잡아들이자 죽련방은 사해방 영역일부를 차지하면서 기반을 다졌고, 1962년부터 천치리(陈启礼, 2007년 사망)가 두각을 나타내면서 죽련방의 세력이 확대되자 외성인(外省人, 중국대륙에서 넘어온 사람)주축에서 내성인(內省人, 대만 본토인)의 숫자도 점점 늘어났다. 1966년 천치리는 대만 중부지역에 기반을 둔 우포방과 세력대결을 벌였고, 남부지방에 기반을 둔 자립방(自立帮) 및 타이페이 시내의 천지방(天地帮), 대호방(大湖帮) 등 십여 개의 방파들과 연맹을 결성하여 대만 범죄조직 세계에서 확고한 지위를 확보했다. 1970년 7월 죽련방 조직원 천런(陳仁)이 조직 운영에 불만을 품고 공금을 빼돌려 도주하여 경찰에 신변보호요청 사건이 발생했다. 사건 당시 조직원 장뤼훙(張呂洪)이 경찰 앞에서 천런(陳仁)을 살해하자 사건 배후자로 천지리가 지목되어 6년 간 교도소 수형생활을 했다. 천치리의 투옥으로 죽련방이 와해될 시기 장안뤄가 원로들의 추대를 받아 죽련방 두목으로 올라 기존 5개 분회에서 용, 곰, 늑대방파를 추가하여 신죽련방으로 체계를 바꾸고 조직을 공고히 다졌지만 천치리가 없는 상태에서 내부계파 간 갈등이 심해져 자주 충돌이 발생했고, 1976년 천치리 출소 후 행화각사건, 천주식당사건 등으로 대표되는 사해방 조직과의 영역다툼은 계속 일어났다.[98]

　　1980년대 접어들어 죽련방은 현대화된 기업조직으로 변신했다. 즉 일반기업 및 사회단체와 같이 규격화된 조직체계로 바꾸면서 전국 각지에 각기 충(忠), 효(孝), 인(仁), 애(爱), 신(信), 의(义), 화(和), 평(平), 천(天), 지(地), 지(至), 존(尊), 만(万), 고(古), 장(长), 청(青) 등 수십 개의 당구(堂口, 일종의 독립적 지회)를 두고 독자적으로 관리하였으며, 지역당구 사이에 분쟁이 발생하면 당구 두목들이 전면에 나서 조정하도록 했다. 또한 죽련방은 이 시기부터 홍콩에 진출하여 '호승국제'(恆昇國際)라는 회사를 설립·운영하면서 특히 화교가 많이 진출한 미국의 각 도시에 용당(龍堂), 봉당(鳳堂), 호당(虎堂) 등을 만들고, 일본 동경에도 용방(龍幇)지부를 설립하는 등 세력을 공고히 했다. 그리고 여성으로 구성된 '화당'

97) Chin, Ko-Lin, Organized Crime, Business, and Politics in Taiwan. Armonk. New York : M. E Sharpe, 2003, pp.26-31.
98) 自由時報, 2007.5.11자.

(花堂)이라는 조직을 만들고, 20여 개의 일반기업을 인수하였으며, 직속 무장 폭력부대 '죽련돌격대'(竹聯突擊隊)를 창설하는 등 명실상부한 폭력조직으로 만들었다. 이 당시 일본 야쿠자 야마구찌구미(山口組)는 조직원이 4,500명이었으나 죽련방은 7,000여 명의 조직원을 거느렸다.[99]

1984년 죽련방 두목 천치리는 류이량(刘宜良)을 암살했다. 류이량은 당시 대만 총통 장칭궈(張慶國)의 측근으로 활동하다 변심하고 미국으로 망명한 사람으로, 미국에서 장칭궈 비리를 폭로하자 대만 정보당국의 의뢰를 받고 류이량을 암살했다. 강남사건[100]이라 불리는 이 사건으로 대만 정부가 국제사회의 지탄을 받자 대만 경찰은 천치리를 범행의 주범으로 투옥시키고 무기징역을 선고하였다. 또한 죽련방이 대만에서 최대파벌로 성장하자 대만 정부는 죽련방을 지속적으로 단속을 했고 대만 경찰의 대대적인 탄압이 이어지자 조직의 영역을 대만 국내에서 해외로 눈길을 돌려 중국대륙과 홍콩을 비롯하여 전 세계 화교 밀집지역으로 조직을 확장했다.[101]

1990년대 후반기에 들어 대만에서 전화사기, 일명 보이스피싱이 출현했다. 죽련방은 조직 내에 '범죄연구소'를 만들어 놓고 신종범죄 형태를 집중 연구했다. 당시 죽련방 범죄연구소에서 개발한 보이스피싱은 가족을 납치한 것처럼 가장하여 돈을 입금시키라고 위협하면서 은행에서 돈을 인출해 가는 수법과, 세금을 많이 내어 돈을 환급해 준다면서 은행 계좌번호를 알려달라고 하여 돈을 인출해가는 수법을 사용하였다. 이 범죄는 사전에 치밀하게 개인정보 및 금융정보 수집자, 허위사실 녹음자(일명 ARS), 대포통장 개설자 등 역할이 분담되어 오늘날 우리나라에서 쓰이고 있는 수법과 동일한 부분이 많다. 대만에서 검거한 전화사기 주범들은 주로 죽련방 조직원이었다.[102]

2005년 9월 죽련방 두목 장안뤄(張安樂)가 타이페이에서 '중화통일촉진당'을 만들자 30,000여 명의 발기인이 참여했는데 그 중 죽련방 조직원이 90%를 차지했다. 통일촉진당의 창당 발제는 '하나의 중국'으로, 대만의 일반시민들을 폭력과 협박으로 위협하여 중화인

---

99) Chin, Ko-Lin, 전게서, p.92.
100) 江南은 刘宜良의 아명임.
101) 新聞快訊(警政署刑事警察局), 2009.1.7자.
102) 국내 초기 보이스피싱 조직은 대만인으로 이뤄진 총책(주로 죽련방 조직), 전화를 거는 콜센터 운영팀, 국내 계좌개설(대포통장 모집)팀, 현금 인출팀, 현금 송금팀 등으로 구성되어 점조직으로 운영되었다. 오늘날에는 국제전화 또는 인터넷전화를 이용하며, ACS(Auto Calling System) 및 CID(Calling IDentification) 조작 등으로 외국의 중계회선을 경유하기에 추적 불가능하며, 계좌개설팀은 정상여권으로 입국한 후 대만이나 중국 등에서 국제우편으로 송부받은 위조여권을 이용, 계좌를 개설하는 것으로 확인되고, 현금 인출팀은 수취계좌에서 자금을 인출하거나 타계좌로 이체한 후 인출하여 송금팀에 전달하고, 송금팀은 환치기 또는 보따리상 등을 통해 대만이나 중국으로 송부한 후 총책 등이 이를 분배한다.

민공화국과 통일하려는 목표를 둔 것으로, 죽련방은 대만에서 중화인민공화국의 대변자 역할을 하고 있다고 볼 수 있다.[103] 2008년 미국에서 발간하는 '외교정책'은 죽련방을 세계에서 4번째로 위험한 국제범죄조직으로 지목했다. 2017년 필리핀의 두테르테 대통령도 공개적으로 죽련방조직이 홍콩의 14K조직과 연계하여 필리핀에서 밀수, 마약의 공급책으로 활동하고 있으며 국제범죄의 마약 유통의 주요인으로 지목했다.[104] 죽련방의 역대 두목을 정리하면 다음과 같다.

- ○ 1대 두목 천치리 : 죽련방 초기 쑨더페이가 조직을 결성하였으나 천치리가 1대 두목이다. 그는 1968년부터 1995년까지 공식적으로 죽련방을 이끌었다. 1984년 강남사건으로 투옥되어 수형생활을 하다가 1991년 가출옥하여 잠시 조직을 이끌었으나 건강악화로 1995년 조직에서 은퇴, 2007년 10월 4일 사망했다.

- ○ 2대 두목 황샤오천(黃少岑) : 1995년 천치리로부터 조직을 물려받아 공식적 2대 두목이다.

- ○ 직무대리 쟈오얼원(趙爾文) : 죽련방 조직내부 계파 간 세력다툼으로 황샤오천이 잠시 물러나 있을 2001년부터 2007년까지 조직을 이끌었다.

- ○ 3대 두목 후타이푸(胡台富) : 2007년부터 현재까지 죽련방을 이끌고 있는 공식적인 두목으로 천치리 생존 시 후계자로 앉힐 정도로 신임이 두터웠다. 하지만 2대 두목이던 황샤오천도 조직 내 영향을 과시하고 있으나 현재 실질적으로 조직을 이끌고 있는 인물은 장안뤄(張安樂)이다.

현재 죽련방의 하부조직은 충당(忠堂), 효당(孝堂) 등 80여 개로, 대만 내 조직원 2만여 명, 전 세계 차이나타운에 10만여 명의 조직원이 있다. 우호조직은 홍콩의 14K, 신의안, 일본의 야마구치구미, 스미요시카이, 이나가와카이, 코규류카이,[105] 미국 화청방 등이며, 적대조직은 대만의 사해방, 천도맹, 우포방, 북련방, 삼환방, 대호방, 서북방, 비응방 등이다. 죽련방은 동남아시아 각국과 미주 등지 화교사회에 진출해 있고, 개혁개방 이후 대만과 가까운 중국 푸젠성으로 스며들어 중국 각지에도 하부조직을 거느리고 있다. 이들의 주요 범죄활동은 보이스피싱을 비롯하여, 납치·고리대금·도박·마약·밀수·매춘·돈세탁·청부살인·강도·절도를 일삼는다.

---

103) 三立新聞, 2017.9.26자.(統促黨成員9成來自竹聯幫,警大動作掃酒店斷金流)

104) 蘋果日報, 2017.9.28.자(杜特蒂, 非毒品來自竹聯幫), ABS－CBN News(2017.9.26.자,Duterte: 14K, Bamboo triads behind drug proliferation in PH).

105) 三立新聞, 2018.2.1.자,(黑幫跨國交流, 白狼兒率竹聯幫赴沖繩 密會暴力團 旭琉會).
　　Okinawa Time, 2018.2.1.자(密會非首次, 揭密日本法定暴力 '旭琉會' 連山口組都吃虧 台灣マフィア' 幹部ら十数人が来日 沖縄の暴力団と接触).

2) 천도맹

천도맹은 1986년 10월에 결성된 조직으로 대만 타이페이현(臺北縣) 투청시(土城市)에서 출발했다. 조직결성 주도자는 뤄푸주(羅福助), 우동단(吳桐潭), 리보시(李博熙) 등으로, 1984년 죽련방의 강남사건을 계기로 투옥되었던 조직원들이다. 이들은 죽련방 조직운영에 불만을 품었던 대만 본토 내성인 출신 조직원들로 옥중에서 연맹을 맺기로 합의한 뒤 출소하여 1987년 7월 투청의 대북간수소(臺北看守所)에서 발기인대회를 치르고 정식 출범했다. 조직 결성 시 뤄푸주가 먼저 제의를 하고 우동단과 리보시, 세통원(謝通運), 린민더(林敏德), 천센밍(陳賢明), 수저홍(蕭澤宏)이 가세하여 뤄푸주를 두목으로 추대하여 범죄조직으로서 독자행보를 걷기 시작했다.

1987~1988년 사이 계엄령이 해제되고 당시 대만 총통 장칭궈(張慶國)가 사망한 것을 계기로 대만 정부에서 전국 교도소에서 수형생활 중인 범죄자에게 감형이 주어져 죽련방조직원들이 대거 교도소를 출소하자 천도맹은 이들을 영입하여 세력을 확장하고 전국에 6개 분회를 설립했다. 우동단의 태양회(太陽會), 리보시의 공작회(孔雀會), 세통원의 부도회(不倒會), 린민더의 민덕회(敏德會), 천센밍의 인의회(仁義會), 수저홍의 운소회(雲霄會) 등의 분회가 만들어진 뒤 1989년 일본 야쿠자 야마구치구미와도 교류하면서 야쿠자의 조직운영방식을 도입했다.[106]

천도맹은 결성 초기 대만 경제가 호황기를 맞아 단기간에 조직을 발전시켰다. 천도맹의 세력이 확장되자 다른 조직들이 천도맹을 견제하기 시작하면서 1989년 흑우파(黑牛派) 두목이던 황홍위(黃洪宇)가 천도맹 원로 뤄푸주 집에 불을 질러 뤄푸주 친형이 불에 타 죽기도 했다. 1990년 우동단의 태양회가 대만 동북부지역 거점 확보에 나서 지역 분할을 둘러싸고 범죄조직 간 세력다툼이 일어 대만 정부가 범죄조직 일제소탕작전을 벌이자 천도맹의 주요 간부급 3명 중 뤄푸주는 미국으로, 우동단은 중국 푸젠성으로 도피했다. 그 후 천도맹은 1990년대 대만 정부가 추진하던 6개년 사업의 8조 원 규모 건설 프로젝트에 개입하였고, 주가조작·부동산·선박물류·영화산업 등에 뛰어들어 조직세력은 엄청나게 성장했다. 특히 1994년에 들어 조직체계를 총재, 부총재, 회장체제로 전환하여 주요 고문은 정치에 관여할 정도로 성숙했고 전국에 10대 지부를 설치하여 확고한 지지기반을 갖추었다. 그리하여 1995년 12월 뤄푸주가 무소속으로 국회의원에 당선되어 정계에 엄청난 영향력을 발휘했고 1996년 3월에는 천츠난(陳治南)이 국회의원에 당선되는 등 정치적 역량을 발휘했다. 하지만 2000년대 접어들어 우동단의 태양회 내부분열이 일어 신태양회와 구태양회의 다툼으로 조직원이 피살되고 태양회와 동심회(同心會) 다툼에서 영역을 놓고 북부 타이페이

106) Chin, Ko-Lin, 전게서, p.98.

와 남부 지룽(基隆) 세력들이 다투었으나 2002년에 천런즈(陳仁治)가 천도맹 두목에 올라 조직을 장악했다. 천런즈(본명, 鄭淸輝)는 천도맹 하부조직 샤먼방(夏門幇)출신 두목으로 천도맹 중앙집행위원장도 맡았고 2008년 10월에 들어 대만 경찰은 흑미(黑美)사건[107]으로 다수의 천도맹조직원을 체포했다. 이 사건을 계기로 소운회 회장이었던 수저홍(蕭澤宏)이 3대 두목으로 추대되어 현재 조직을 장악하고 있다.

천도맹은 대만 3대 범죄조직 중 하나로 본성인(대만인)이 주류이다. 죽련방이나 사해방처럼 상부에서 하부로 명령하는 조직체계가 아니라, 하부에서 상부로 의사 전달하여 운영되는 독특한 체제이다. 또한 정책결정사항도 공동의사로 합의하에 진행하고 문제가 발생 시 '최고중재기관'의 협조와 협상을 통해 조직을 이끌어간다. 조직결성 초기에는 본성인 주축이었으나 점차 해외교포들도 가입하고 있으며, 동남아시아 및 미주지역 각 도시에서 활동하고 있는 조직원은 10,000여 명으로, 현재 천도맹의 활동범위는 대만 전역과 화교가 많이 진출해 있는 미주지역 각 도시 그리고 동남아시아 일대 도시이다. 천도맹은 연맹형태로 조직을 이끌고 있으며 주요 조직원은 대만인, 화교 그리고 외국에서 활동하는 중국인들로 구성되어 있다. 천도맹의 주요 범죄활동은 마약밀매를 비롯하여 도박·고리대금·밀수·부동산·오락업 등이며, 합법적인 사업에도 뛰어들어 거대자본을 투자하고 있다. 현재 대만 각지와 동남아시아·미주지역에 30여 개 지회를 두고 일본 야쿠자 야마구치구미와도 교류하고 있다.[108]

3) 사해방

1953년 1대 두목인 펑주위(馮祖語)와 몇몇 학생들이 모여 '사해(四海)안에 있는 우리는 모두 형제이다'라고 말하면서 결성한 조직이 사해방 시초이다. 초기 사해방은 강하지 않았으나 타이페이시(臺北市) 시먼딩(西門町) 주차장일대를 석권하면서 조직이 강해졌다. 사해방 조직원들은 국민당 간부이거나 군 장교의 자제들 중 품행이 좋지 않은 불량배들로 구성되었고 대만 범죄조직 중 가장 완전한 중국 전통의 방회색채를 띤 조직이다. 외성인 주축으로 신속히 발전하면서 지지 세력을 많이 확보했고 대만에서 가장 먼저 기업형식을 도입한 범죄조직으로 1960년에 조직원 수가 1만여 명에 이르자 대만 정부에서 사해방을 가장 먼저 제거해야 할 중점소탕대상 범죄조직으로 분류했다.[109] 이에 대만 정부의 강력한 소탕계획에 따라 사해방은 내부적으로 균열도 일어나고 이 틈을 노려 죽련방이 사해방 영역을 잠식하면서 사해방 조직은 극도로 쇠약해져 조직 원로들은 선박업 등 다른 업종으로 전환하

---

107) 흑미사건은 제공회 조직원과 직방조직 간의 대형 도박사건이다.
108) 自由時報, 2008.5.29자.
109) 聯合報, 2010.3.20.자(四海幇春酒 陣仗嚇到警察).

고 각 계파는 흩어지면서 구(舊)사해방은 조직이 와해되었다.

1971년 구(舊)사해방 내 젊은 그룹인 류웨이민(劉偉民), 천융허(陳永和), 차이관룬(蔡冠倫) 등이 주축이 되어 사해방이 재건되면서 죽련방, 천도맹 등과 치열한 영역다툼을 벌인 결과 옛 영역을 회복했다. 사해방의 조직 판도를 바꾸고 신속히 조직을 장악한 인물이 2대 두목인 류웨이민이며, 이렇게 재건된 조직을 외부에서는 '신(新)사해방'이라 부른다. 신사해방은 전통적인 영업방식 즉 폭력, 강도, 절도, 사기, 협박, 공갈, 청부살인 등으로 조직을 이끌어감과 동시에 일반기업을 인수하고 건축업, 영화산업, 방송매체 등을 매입하는 등 영역을 확대하면서 적대 세력인 죽련방과 수차에 걸친 영역다툼으로 대만뿐만 아니라 전 세계 이목을 끌었다.[110] 1980년대 사해방과 죽련방은 행화각(杏花閣)혈투와 천주식당(天廚餐廳) 사건 등 영역다툼으로 대혈전을 벌였고, 1984년 죽련방과 연합한 적대세력에 대해 사해방이 대대적인 보복 공격을 감행하자 대만 주식시장이 요동치기도 했으며 1986년 두목이던 류웨이민이 일본에서 피살되자 차이관룬이 과도기 임시두목에 올라 조직을 장악했다.

1990년대 접어들어 천융허가 3대 두목으로 추대되어 조직을 개편하는 등 각 지회와 기업을 정리했다. 특히 사해방을 정부조직과 같이 개편하여 조직 중앙에 '중앙상무위원회'를 만들고, 비서·고문그룹 등 각종 직책을 중앙정부와 같이 만들었다. 이는 정부형태로 조직을 이끌면서 동시에 사해방을 합법적인 조직으로 전환한다는 의미를 깔고 있었다. 1994년 천융허는 2선으로 물러나고 4대 두목으로 자오징화(趙經華)가 선출되면서 사해방 방주(두목)선임을 중앙위원들의 추천으로 임명하였다. 이는 명목상 자오징화를 전면에 세우고 실질적으로는 천융허가 계속 실권을 쥐기 위해서였다.[111]

하지만 1996년 천융허가 자신의 업소 해진빈관식당에서 피살된 사건을 계기로 대만 정부가 다시 대대적인 범죄조직 소탕작전에 돌입하자 명목상 사해방 두목이던 자오징화는 미국으로, 부두목이던 양광난(楊光南)은 중국대륙으로 도주하였다. 1997년 사해방 원로 둥커청(董克誠)이 부두목 이름을 내걸고 대만 정부에 공식적으로 사해방은 해산할 것이며 자오징화도 두목자리를 내놓겠다고 통보했다. 이렇게 되자 부두목이던 양광난이 임시두목에 올라 사해방 본부를 중국 상하이로 옮겼고 조직을 개편하여 중국 본토에 잘 적응할 수 있는 시스템으로 바꾸었다. 임시두목으로 조직을 장악하던 양광난도 2001년 11월 중국 공안에 체포되어 12월 대만으로 압송되었고, 자원녠(賈潤年)이 5대 두목으로 추대되었으나 그아들이 3명의 여자를 강간한 혐의로 기소되자 도의적 책임으로 두목직을 사임했으며, 2008년 8월 장젠잉(張建英)이 6대 두목으로 추대되어 현재에 이른다.[112]

---

110) Chin, Ko-Lin, 전게서, p.101.
111) 中國時報, 2010.11.5자.
112) 中國時報, 2010.11.5.자(廖嘯龍, 台北報導, "四海新幫主 派系大老想 '翻盤').

1949년 이전부터 대만에 들어온 외성인 주축의 사해방은 현재 본성인 다수가 조직원으로 가입되어 있으며 해외 화교 및 해외거주 중국인들이 다수 조직에 참여하고 있어 3만여 명 이상이 조직원으로 활동하고 있을 것으로 추산하고 있다. 사해방의 주요 범죄는 사기를 비롯하여 공갈·고리대금·도박·군용총기거래·밀수·마약·매춘·청부살인·납치·윤락·밀입국 등 전 업종에 걸쳐 관여하고 있으며, 대만 북부를 본거지로 중국·미국·일본·남미 등에 걸쳐 50여 개의 분회를 두고 있다. 사해방은 수차에 걸쳐 조직이 와해되고 해산을 거듭하면서 다시 모인 조직으로 세력이 예전만큼 강대하지는 못하다고 해도 전 세계적으로 무시할 수 없는 강한 범죄조직이다.

4) 송련방

1982년 대만 송산구(松山區) 일대를 거점으로 활동하던 조직으로 중국의 개혁개방 바람을 타고 중국 본토로 진출하여 활동하는 조직이다. 송련방은 대만 공군기지 주변 송촌(松村)에서 활동하던 1대 두목 단스웨(譚世維) 등 외성인 주축의 용파, 호랑이파, 표범파, 사자파 등 4개 분파로 출발했다. 결성 초기 도박장운영과 윤락업소 주변에서 보호비를 갈취하던 조직에서 출발하였으나, 대만 경제의 호황으로 조직이 급속히 성장하면서 1986~1987년 간 고리대금과 음란비디오시장에 진출하여 거액을 벌어들였다. 1989년 두목 단스웨가 중국 푸젠성 샤먼(夏門)에서 살해당해 조직이 잠시 흔들렸으나, 1990년 2대 두목 저우웨리(朱偉立)가 조직을 장악하였고 중국의 샤먼, 장저우(將州), 촨저우(泉州) 등으로 진출하였다.[113]

대만 정부가 범죄조직 소탕계획에 따라 송련방에 대한 수사에 착수하자 1997년 2대 두목 저우웨리가 대만 경찰에 자수하면서 일시 송련방은 해체되는 듯 했으나 3대 두목 왕즈창(王志强)이 조직을 재건하여 다시 유흥업소 등 사업에 투자하고 고리대금과 음란비디오시장을 석권하면서 조직이 활성되었다. 2007년 4대 두목에 오른 류전방(劉震邦)이 영역을 적극적으로 확장하면서 폭력과 업소보호비 갈취 등 기존 조직운영에서 탈피하여 합법적인 사업과 카지노 사업에 진출하여 업종을 다각화하면서 조직이 계속 성장하고 있다. 송련방은 중국 본토와 대만 등지에 20여 개 분회와 3천 명의 조직원들이 중국 푸젠성과 광둥성 일대에서 활동하고 있다.[114]

5) 우포방

이 조직의 역사는 일본 점령시대까지 올라간다. 최초의 우포방은 조직적인 형태를 띤

---

113) 彰化縣政府全球資訊網, 2008.1.29자.
114) 新聞快訊(警政署刑事警察局), 2009.1.7자.

것은 아니었고 몇 몇의 소규모 조직원이 큰형격인 두목에게 종속되어 조직이 운영되다가 죽련방과 사해방이 혈투를 벌이는 틈새에서 우포방이 성장했다.[115] 우포방은 본성인 주축의 범죄조직으로 대만 북부지역 중산구(中山區)를 거점으로 활동하고 있는데, 우포라는 이름은 오늘날 대만의 중산구 일대를 가리키는 말로 당시 우포일대에서 활동하던 조직원들을 가리켜 우포방이라 불렀다. 결성 초기 중산구 일대 우포지역의 무도장·오락실·여관·주점·다방 등지에서 폭력으로 보호비를 갈취하면서 조직을 키웠고 죽련방과 사해방의 양대 범죄조직의 틈바구니에서 점차 영역을 확보하면서 사기·도박장 개설·사채시장·고리대금·공갈 등으로 세력을 넓혀 조직체계를 갖추었다. 1980년대 들어 우포방은 예밍차이(葉明財)와 후무성(胡茂盛) 등 양대 주도 세력에 의해 다툼이 잦았는데 예밍차이가 주점과 무도장 사업을 가져가고, 후무성이 도박장과 기타 부문을 가져가는 조건으로 갈라섰지만 1995년 후무성이 천도맹의 태양회 조직원에게 피살되자 후무성을 따르던 조직원들이 다시 예밍차이에게 돌아와 조직이 확장되었다. 예밍차이는 두목이 된 후 '우포기업'이란 회사명을 만들고 기업형 조직으로 탈바꿈하여 대만 타이페이시를 중심으로 세력을 확장하면서 현재 대만의 4대 범죄조직 중 하나가 되었다. 최근에 들어 대만의 유명 정치인, 특히 본성인 출신 국회의원에게 비밀리에 정치자금을 제공하는 등 정치계에도 깊은 인맥을 형성하고 있으며 조직원은 3천여 명이다.

6) 전세계 화교지역에 활동하는 중화권 흑사회조직

중화권 흑사회조직은 전세계 화교사회에 셀 수 없을 정도로 널리 퍼져 있다. 각국의 차이나타운을 중심으로 파고든 중화권 흑사회 범죄조직은, 21 Boys(廿一仔, 미국 샌프란시스코에서 활동), Asian Invasion(亞洲進擊, 미국 리치먼드지역), Asian Boyz(亞洲男孩, 로스엔젤레스), Black Bugs(黑蟲, 시카고), Black Dragons(黑龍, 남부켈리포니아), Black Eagles(黑鷹,), Born To Kill(天生殺手幫, 중국계 베트남인, 청부살인 전문), Chung Ching Yee (Joe Boys, 忠精義, 죽련방 하부조직, 샌프란시스코), Chung Yee(忠義), Continentals(大陸幣), Dai Ben (Cookies, 大餅), Flying Circle Boys(飛圈仔), Flying Dragons(飛龍幫), Fong－Fong Boys (豊芳男, 시카고), Fuk Ching(福青), Ghost Shadows(鬼影幫, 뉴욕), Golden Star(金星), Green Dragons(青龍, 뉴욕), Hong Kong Boys(香港仔), Hop Sing Boys(合勝仔, 샌프란시스코), Hung Pho(紅火), Immortals(神仙, 시카고), Jackson Street Boys(積臣街小子), Kit Jai (傑仔, 샌프란시스코), Kurrupted Boys(男孩), Liang Shan(Quen Ying, 梁山, 뉴욕), Mo Ming Pai (無名派, 중국 및 한국계 범죄조직, 로스엔젤레스), Phoenician Warriors, Ping Boys(平仔), Ping On(平安), Raiders(攻略), Red Sun (紅陽), Seven Stars(七星), Sing Wa(興華), Suey

---

115) 自由時報, 2008.5.29자.

Sing Boys(萃勝仔), Taiwan Boys(台灣仔), Thien Long Boyz(天龍), Tung On(東安幫), Viet Ching(越青), Wah Ching(華青), Wah Kee(華記), White Dragons(白龍), White Eagles(白鷹), White Tigers(白虎), Yau Lai(友利) 등이다.

6. 개혁개방 이후 중화권 흑사회 범죄조직 활동

(1) 1980년대 중화권 흑사회조직의 중국대륙 진출

중국의 개혁개방 이전에는 국경출입이 엄격히 통제되었기 때문에 중화권 흑사회조직 (일명 삼합회)이 중국에서 범죄활동하기가 힘들었다. 하지만 개혁개방 이후 광둥성 선전이 시로 승격된 뒤 홍콩과 인접한 광둥성 선전을 중심으로 중화권 흑사회조직이 스며들기 시작하여 현지의 농민·무직자 등을 조직원으로 흡수하여 흑사회조직을 발전시켰다. 농민·어민들은 회유·협박을 통해 흑사회조직원이 된 후 고향으로 돌아가 친척과 친구들을 범죄조직원으로 끌어들여 1982년 광둥성 선전시에서 활동하던 '비홍방'(飛洪幫)과 '비응방'(飛鷹幫) 등 76명의 흑사회조직원이 농·어민출신으로 밝혀졌고, 인근 주하이(珠海)시에서도 그런 현상이 발견되었다. 1981년 5월부터 1982년 9월까지 중국 공안의 단속기간에 적발된 흑사회조직원들은 광저우·선전·주하이·강먼(鋼門)·중산(中山) 등에서 주로 활동하던 조직원들로, 이들이 저지른 형사사건은 654건, 검거된 피의자가 889명이었다.[116]

1980년대 말이 되면서 중화권 흑사회조직이 본격적으로 중국대륙 내부에 스며들어 거점을 확보한 후 범행한 흔적이 뚜렷해진다. 홍콩에 본부를 둔 흑사회조직인 '수방파' '14K' '화승화' 등이 중국 본토에서 가장 먼저 세력을 확장하였고, 지역거점을 확보한 조직원 수가 각 방파당 100여 명이 넘었다. 이들은 중국대륙 곳곳에 비밀아지트를 만들어 조직을 키웠는데, 1989년 선전시 공안국에서 체포한 흑사회조직원 수가 300여 명이었다. 선전에 거점을 둔 '화승화'조직 두목 랴오텐숭(瞭天松)은 조직원들에게 '선전을 우리의 거점(일명 나와바리)으로 삼아 조직을 확장하고 멋지게 한탕 하자'고 조직원을 격려했다.[117] 80년대 후반기 특히 1987～1990년 사이에 중화권 흑사회조직의 중국 본토 진출횟수가 크게 증가하고, 중국이 대외개방 지역을 확대함에 따라 국경을 출입하는 흑사회조직원수도 급격히 증가하였다.[118] 개방지역의 확대는 홍콩·마카오·대만지역 흑사회조직의 중국대륙 잠입을 더욱 쉽게 한 요인이다. 1987～1988년까지 광둥성 공안부에서 국경잠입위반사범으로 검거한 흑

---

116) 賈宏宇, 『中國大陸黑社會組織犯罪與對策』, 中國共産黨 党校出版社, 2006, p.58.
117) 賈宏宇, 전게서, p.59.
118) 1979년에 55개소이던 것이 1989년에 119개소로 늘어났다.

사회조직원 수가 124명이었으나 1년 후 1989년 한해 동안 선전에 잠입한 흑사회 조직 수가 46개 조직 280명으로 크게 증가했다. 이 기간 흑사회조직은 중국을 피난처로 삼아 마약밀매, 밀수, 밀입국알선 등의 범죄를 저질렀고, 고가의 인쇄전문 설비를 갖추고, 허위의 신분 증명서류와 거액의 위조달러, 위조인민폐, 위조채권을 만들어 중국 경제질서를 혼란에 빠뜨렸다. 그러한 사례는 14K 범죄조직에서 가장 많이 볼 수 있다.[119]

> 《사례》1980년대 중화권 흑사회조직의 중국 내 활동(14K 활동사례)
>
> 1988년 5월, 중국에서 100위안 인민폐가 발행된 지 3개월이 되었을 때 홍콩에서 인쇄되어 들어온 위폐가 발견되었다. 이 위폐는 홍콩의 14K조직이 위조한 것으로, 1990년 12월 푸젠성 공안에서 홍콩 14K조직이 만들어 중국 내 유통한 위조 인민폐 제조자 및 판매책 일당을 모두 검거해 이들이 판매하기 위해 만든 가짜 인민폐 100위안권 1,153만 매를 증거물로 압수하였다. 이렇게 정교하게 위조한 인민폐는 위조지폐 인식 전문가들도 구분하지 못할 정도였으며, 중국 공안 조사결과 이 기술은 14K조직만이 가지고 있다고 진술되었다.[120]

> ※ 사례 분석
>
> 14K 범죄조직의 위폐제작 기술 노하우는 일찍부터 국제사회에서 주목받아 왔다. 북한의 미국 달러화 위조지폐 제조과정에 등장하는 슈퍼노트가 14K 범죄조직이 사용한 슈퍼노트와 그 기능이 일치해 미국정보부 핵심요원이 북한의 위조지폐 제조기술이 홍콩 범죄조직과 연계되어 있다는 발언을 한 바 있다. 14K 범죄조직이 북한의 위폐제작 기술자와 기술적으로 공모하여 슈퍼노트 제작과 사용법을 공유한 것으로 보이나 정확한 증거는 아직 발견할 수 없다.

(2) 1990년대 중화권 흑사회 범죄조직 활동

1) 홍콩·대만 흑사회조직 침투

90년대 들어 중국의 대외개방이 더욱 확대되고 외국인 왕래가 증가함에 따라 범죄조직의 활동범위도 확대되었고 중화권 흑사회조직이 대량 중국대륙에 스며들어 범죄활동은 날로 늘어났다. 중국대륙 내에서 활동하는 중화권 흑사회조직을 보면, 홍콩·마카오·대만지역 흑사회조직을 중심으로, 일본의 야쿠자(야마구치구미 등), 한국의 고성려결(高聖麗洁),[121] 영국의 중국룡(中國龍), 미국의 복주비룡방(福州飛龍幇) 등으로 이들 범죄조직은 규

---

119) 康树华,『有组织犯罪透视』, 北京大学出版社, 2001, p.86.

120) 賈宏宇, 전게서, pp.60-61.

121) 중국 각 도시에서 활동하고 있는 한국 범죄조직의 정확한 계보는 아직 파악되지 않는다. 다만 한국인이 많이 거주하는 베이징, 상하이 칭다오 등 대도시에 경기, 전남, 부산의 일부 폭력조직원들이 활동하고 있다는 제보는 있으나 정확한 활동조직과 규모 및 체계는 파악되지 않는다.

모뿐만 아니라 범죄유형에서도 성장속도가 무척 빨랐다. 광둥성 선전에서 검거된 중화권 흑사회 범죄조직 수는 80년대 초반 4개 조직에서 1990년대 초기에는 30여 개로 증가하였고, 특히 90년대 후반 홍콩·마카오 지역 흑사회조직이 마카오지역 카지노 운영권 확보를 위해 영역쟁탈전을 벌이자 대만·마카오 경찰이 대규모 소탕작전을 전개했다. 이때부터 대만·홍콩·마카오지역 흑사회조직이 중국 동남 연해지역에 본격적으로 침투하였고 중국 흑사회성조직과 서로 결맹을 맺으면서 연합전선을 형성하였다. 또한 홍콩 등 흑사회조직은 광둥성, 푸젠성 등지로 스며들어 새로운 영역을 놓고 쟁탈전을 벌이기도 했는데, 푸젠성 푸저우(福州)지역의 경우 대만의 '죽련방', '사해방' '천도맹' '송련방' '우포방' '복주방' '하문방' 등 17개 조직이 1개 조직당 120여 명의 조직원들을 앞세워 푸저우 시내 및 외곽, 푸칭(福靑), 핑단(平潭), 롄강(蓮剛) 등 연해의 현(縣)급 지역까지 파고들었고, 여타 동남 연해지역의 흑사회성 범죄조직원 및 행동대장들은 해당 지역을 중심으로 영역을 확장하여 군용총기 밀수, 마약운반 및 제조판매, 거액사기, 인질납치, 선박탈취, 위조화폐 제조, 위조여권 제조, 밀입국알선 등 범죄를 주로 일삼았다. 이러한 범죄는 중화권 흑사회조직의 고도화된 전문기술과 경험이 축적되었기에 이 유형의 사건이 빈번하게 발생해도 일망타진이 무척 힘들며 이러한 범행은 잔혹하고 흉포할 뿐만 아니라 교활하고 은폐되어 증거수집이 어렵기도 하다.

2) 사두회와 밀입국

중국에서 중화권 흑사회조직과 중국 본토의 흑사회성조직이 저지르는 범죄활동의 하나는 밀입국으로, 이 분야에서 가장 활발한 활동을 전개한 조직이 사두회(Snakeheads, 蛇頭會)이다. 사두회는 홍콩이 경제적으로 발전하고 중국 남부지방 사람들이 미주·유럽·호주 등 해외로 나가려는 움직임을 포착하여 일찍부터 해외인력 송출을 전문으로 결성되었다. 사두회는 1990년경 중국 푸젠성에 본거지를 두고 결성된 흑사회성조직으로, 주로 홍콩을 무대로 활동하면서 중국대륙의 밀입국 희망자들을 모집하여 북미·서유럽·호주·일본·한국 등지로 내보냈다. 이들이 받는 밀입국 경비는 1인당 20,000달러 정도이며, 밀입국 시 필요한 여권 및 비자 위조에도 아주 능통해 웬만한 입국심사에는 걸리지 않을 정도로 위조기술이 정교하다. 사두회는 밀입국 행위가 범죄라는 죄의식 없이 중국인을 보다 더 잘 살게 하기 위한 국익차원에서 밀입국 사업을 한다고 생각하기에 중국 정부도 사두회에 대해 그 심각성을 느끼지 못하고 있다.[122]

---

122) L.A Times, 2006.4.24자(Keefe, Patrick Radden, "The Snakehead: The criminal odyssey of Chinatown's Sister")

3) 2000년대 이후 중화권 흑사회 범죄조직 활동

지난 수년간에 걸쳐 중화권 흑사회조직이 중국대륙으로 침투할 때 밀항을 통해 들어오는 소수를 제외하고는 대부분 여행, 친척방문, 기업투자, 민간예술 및 각종 학술교류 참가 등의 명목으로 입국했다. 이러한 입국은 공개적이고 합법적이다. 홍콩·마카오·대만 등지에 본적을 둔 대다수 흑사회조직원들은 중국 정부의 외자유치 요구에 부응하는 각종 공익사업 명목으로 대륙에 진출했다. 이들은 화교라고 신분을 속이고 대륙 사람들에게 동포의 정을 느끼며 조상의 후손으로 서로 결속하고 중화민족의 전통 문화정신을 이어가자고 말하면서 같이 사업을 하면 잘될 것이라고 선동한다.[123] 중화권 흑사회조직의 투자방식은 대다수가 3차 서비스산업, 유흥 주류업, 카바레 또는 나이트클럽, 가라오케, 당구장, 오락실 등으로, 이 업종은 현금 확보가 쉬울 뿐 아니라 여성을 매개한 성매매 등에서 비밀이 보장되고 범죄활동 거점으로서 충분한 안정성이 있기 때문이다. 근래에 들어 중화권 흑사회 범죄조직은 다원화되고 입체화된 조직운영을 통해 전 방위로 중국대륙에 진출하고 있다. 중화권 흑사회조직의 중국 진출 요인은 다음과 같이 세 가지로 정리될 수 있다.

① 중화권 흑사회조직원이 홍콩·마카오·대만 및 해외에서 범행 후 중국대륙을 피난처로 삼아 중국으로 도피하여 잠복하면 해당 지역 경찰이 쉽게 체포할 수 없을 뿐만 아니라 그 틈을 노려 재기할 수도 있고,

② 국경을 사이에 두고 범죄조직을 발전시켜 그 세력규모를 확대할 수 있으며,

③ 중국대륙 내에서 거점을 세워 네트워크를 형성한 뒤 상업투자 또는 명목상 사업체의 이름으로 세력을 확대하기에 유리하기 때문이다.[124]

2000년대로 접어든 이후, 홍콩·마카오·대만 지역과 동남아시아 각국 경찰이 중화권 흑사회조직을 지속적으로 소탕함에 따라 중화권 흑사회 범죄조직은 중국 국가기관 간부들과 공개적인 접촉을 통해 공생관계를 확대하면서 합법적인 사업투자 명목으로 대륙에 진출했다. 현재 중국에는 촌(村)·향(乡)·진(镇)·현(县)에서 근무하는 많은 관료들이 범죄조직과 공생관계를 맺고 있으며, 향진(乡镇)간부들이 다수를 차지한다. 2000년대 이후 홍콩 등 중화권 흑사회조직은 중국 본토 관료와의 결탁을 통해 비호세력을 확보하는 등 공생관계를 형성하고 있다.

---

123) 陆学艺, 『当代中国社会阶层研究』, 社会科学文献出版社, 2006, p.187.
124) 任志中·周蔚, "惩治黑社会性质组织犯罪的难点及立法思考", 广西政法管理干部学院学报, 17(4), 2002, pp.38-39.

제3절 중국 흑사회성질 범죄조직 개념과 해석

1. 흑사회 범죄조직과 흑사회성질 범죄조직

1949년 중화인민공화국 성립 이후 범죄조직으로서 '흑사회'(黑社會)라는 표현이 중국에서 처음으로 정부 공식문건에 등장한 것은 1989년 10월 15일 광둥성(广东省) 선전시(深圳市) 인민정부가 발표한 '흑사회와 흑사회성질(性质)[125]을 갖춘 방주(帮主)조직 척결에 관한 통고(通告)'이다. 이 통고에서 '국가를 보호하고, 집체와 인민의 생명·재산을 보호하며, 사회치안 질서를 유지하고, 흑사회조직과 흑사회성질조직 및 위법한 범죄활동에 대하여 이를 척결하기 위한'이라는 대목에서 '흑사회성질 범죄조직'이라는 용어가 처음으로 사용되었다.[126] 같은 시기 선전시 공안국, 선전시 인민검찰원, 선전시 중급인민법원, 선전시 사법국 등이 발표한 '흑사회조직원 또는 흑사회성질을 갖춘 위법 범죄집단에 대한 약간의 정책적 실행'[127])에서 흑사회 범죄조직과 흑사회성질 범죄조직의 개념이 정의되었다. 이에 따르면 '흑사회 범죄조직'은 '인민민주전제정치에 심각한 위협을 초래하고, 공공안전을 위협하며, 사회치안질서와 사회관리질서를 파괴하는 범죄조직으로, 독립적으로 확정된 명칭과 비교적 엄밀한 조직을 갖추고, 확정된 활동장소·구역·업종을 확보하고 있으며, 봉건적 방회(帮會) 색채가 짙고 반동성을 겸비한 폭력적 범죄조직'이라고 규정하였다.[128] 그리고 '흑사회성질 범죄조직'은 '그 활동내용·방식·조직형태 등에서 흑사회 범죄조직과 같이 완벽한 조직을 갖추지는 못하였으나 흑사회 범죄조직과 유사한 위법적인 범죄집단으로서, 아직까지는 완전한 조직체를 형성하지 않은 범죄조직으로서의 과도기적 단계'라고 하였다.[129] 이후 중국대륙에서 개혁개방 후 홍콩과 인접한 광둥성의 선전과 대만과의 경계가 되는 푸젠성(福建省)의 대도시 등 일부 특별한 지방에서 활동하는 범죄조직을 가리켜 '흑사회성질 범죄조직'이라 하였다. 예를 들면, 1993년 11월 16일 광둥성 제8차 인민대표대회 상임위원회 제5차

125) 성질(性质)이란 한국적 의미에서는 '성향, 또는 경향을 띤'으로 해석할 수 있다. 예를 들어 최근 한국의 폭력조직 중에서 아직 조직으로서는 미성숙 단계에 있는 일부 조직을 가리켜 '조직성 범죄'라는 표현을 쓰고 있는 것과 같은 맥락이라 볼 수 있다. 본 교재에서도 중국 범죄조직을 지칭함에 있어 홍콩·마카오·대만 및 화교사회에 있는 조직은 흑사회 범죄조직으로, 중국대륙 내의 조직은 흑사회성조직으로 표현한다.
126) 賈宏宇, 전게서, p.7.
127) 康树华, 『当代有组织犯罪与防治对策』, 中国方正出版社, 1998, p.26.
128) 张德寿, "浅析黑社会性质组织犯罪概念及特征", 云南警官学院学报, 60(3), 2006, p.65.
129) 賈宏宇, 전게서, p.8.

회의를 통과한 '광둥성 흑사회성질조직 활동징벌 규정'(廣東省黑社會性質組織活動懲罰規定)에서 '흑사회성질 범죄조직은 조직을 갖추고 그 명칭이 있으며, 방주(幇主)·방규(幇規)가 있고, 일정한 지역·업종을 확보하여 사회질서를 위협하는 비합법적 단체'라고 규정하였다.[130] 사실 흑사회성질 범죄조직이란 용어에서 '흑사회'란 단어는 이미 불법적인 의미가 내포되어 있다. 중국에서 지하범죄조직에 대한 은어로 통용되기도 하는 흑사회는 '흑'(黑)과 '사회'(社會)의 합성어로 그것은 암흑에서 활동하는 범죄조직을 가리킨다.

국외 및 홍콩·마카오·대만 지역에서 넘어온 범죄조직과, 마피아나 야쿠자 등은 흑사회 범죄조직이다. 현재 홍콩에는 약 50여 개의 흑사회조직이 활동하고 있다. 홍콩의 대표적인 흑사회조직은 신의안(新義安)과 14K가 있다. 이 조직들은 홍콩을 거점으로 미국과 캐나다, 중남미 같은 미주 지역에서 활동하며 큰 영향력을 행사한다. 이외에 대만을 중심으로 동남아시아 일대에서 활동 중인 범죄조직으로는 사해방, 죽련방, 송련방, 천도맹 등의 흑사회 범죄조직이 있다. 그에 비해 개혁개방 후 홍콩과 대만에 인접한 광둥성과 푸젠성 일부 지역에 폭력성 범죄조직이 출현하여 점차 대륙 내부로 스며든 중국 내의 자생적 범죄조직만을 가리켜 '흑사회성질 범죄조직'이라고 규정하였다.

2. 흑사회성질 범죄조직 사례

《사례》 허베이성(河北省) 가오양현(高陽縣) 지역건달 범죄 집단[131]

1990년 3~4월경 허베이성 가오양현 공안국에서 헤이룽장(黑龍江), 지린(吉林), 산둥(山東), 베이징(北京), 텐진(天津) 등 성(省), 시(市) 공안과 합동으로 92명이 단체로 가입된 범죄집단을 검거하였다. 이들은 헤이룽장성 출신 41명, 지린성 출신 27명, 허베이성 출신 8명 등으로, 헤이룽장 등 7개 성·시에서 범죄를 일삼아 온 자들로, 이들 대다수는 범죄를 직업으로 삼아 상습적인 강도, 절도, 매음, 도박, 마약 등을 저질러 왔으며 그 범죄 집단의 역사는 45년이나 되었다. 이들은 노골적으로 범죄를 저질러 각 성 공안의 수배를 받자 현지에서 활동이 어려워 타지방으로 도주하였다. 1987년 헤이룽장, 지린 등 두 성의 건달패들이 차례로 베이징, 텐진, 광둥, 허베이 등의 성으로 들어가 그곳에서 범죄를 저질렀고, 그러한 범죄행각 중에 서로 결속하고 감싸주어 점차 세력을 규합하여 92명이라는 거대한 범죄조직을 이루었다. 지역깡패인 이들은 가오펑궈(高逢國)를 두목으로 무자비한 악행을 일삼았고 잔혹한 수단으로 일반인들을 괴롭혔다. 이 범죄집단은 조직원 수가 차츰 많아지자 방파(幇派)를 만들고 그 방파는 다시 분파(分派)를 만들어 서로 흡

어졌다 모이는 이합집산(離合集散)을 반복했고, 그들 대다수는 각자 사장, 전무, 과장 등의 신분을 만들어 어떤 이는 부부행세로 고급호텔에 출입하면서 각종 범죄를 일삼는 등 크고 작은 사건을 600여 건이나 저질렀다. 이들의 범죄 대부분은 절도(날치기)나 강도사건으로, 남의 것을 훔치다가 들키면 곧바로 강도로 돌변하는 형태의 범행을 210여 건 저질렀고 강취한 재물만 해도 당시 금액으로 72만여 위엔(한화 약 1억 1천만 원), 상해피해자 23명이나 되었다.

《사례》 광동성(广东省) 선전시(深圳市)의 비응방과 비홍방[132]

　1992년 광동성 선전시 공안국에서 일망타진한 '비응방'(飛鷹幇)과 '비홍방'(飛洪幇)은 홍콩 흑사회로부터 발전되어 들어온 범죄조직이다. 비응방은 1986년 조직이 결성되었고 두목 천웨첸(陳躍卷)은 일명 '날으는 매'로 불린다. 바오안현(寶安縣) 농민출신인 그는 1979년 홍콩으로 잠입하여 1986년 3월 홍콩 흑사회인 '광생당'(廣笙堂)에 가입하여 조직원으로 활동하다 그해 청년건달을 규합하여 '비응방'을 결성하였다. 공안에서 이 조직을 소탕하기 시작했을 때 그는 이미 50여 명의 조직원을 모았고, 그 중 16명은 홍콩 흑사회 광생당에 가입한 상태였다. '비홍방' 두목 중페이훙(仲飛洪)도 바오안현(寶安縣) 사람으로 1981년에 홍콩으로 들어가 활동하다 1985년 홍콩 흑사회의 하나인 '신의안'(新義安)에 가입했다. 그 해 범죄행위로 인해 홍콩경찰의 수배를 받자 다시 고향인 바오안현으로 들어와 건달패들을 규합하여 '비홍방'을 조직하고 40여명의 조직원을 모아 그 중 12명은 홍콩 흑사회 '신의안'에 가입시켰다. 이 두 개의 방파는 선전 바오안현과 홍콩이 서로 이웃이라는 지리적 이점을 이용하여 경계를 넘나들며 범행을 일삼았고, 바오안현에서 5년에 걸쳐 폭행 100여 차례, 사기 50여 차례, 마약거래 20여 차례를 하였고, 인질납치, 강도, 절도, 도박개장 등의 범행으로 그 지역 치안질서를 매우 어지럽혔다.

※ 사례 분석

　허베이성 가오양현 범죄조직 사례에서 이들의 조직구조는 긴밀하지 않아 보이고, 비교적 명확한 조직 명칭이 없으며, 두목, 행동대장, 조직원 등이 기본적으로 고정되어 있지 않다. 따라서 이 경우 그 조직화 정도가 아직 낮아 흑사회성질 범죄조직의 특성을 구비하지 못하였고 단지 일반 범죄집단으로 보여 흑사회성질 범죄조직에 속한다고 할 수는 없다. 그에 비해 비응방과 비홍방의 사례는 조직원 중 대다수가 '비응방' 아니면 '비홍방'이라는 구체적인 조직에 가입되어 있고, 또 거의가 홍콩 흑사회인 신의안이나 14K의 조직원이라는 점, 그리고 상대적으로 독립되어 있으나 홍콩 흑사회 광생당이나 신의안과의 종속관계를 이어나가 그 조직으로부터 지시와 영향을 받은 점 등으로 미루어 볼 때, 실제적으로 이들 조직은 홍콩 흑사회의 지휘와 통제를 받는 하나의 하부조직으로 판단되어 중국대륙 내의 흑사회성질 범죄조직으로 봄이 타당하다고 본다.

---

132) 賈宏宇, 전게서, p.19.

3. 흑사회성질 범죄조직 발전경로

위에서 흑사회 범죄조직과 흑사회성질 범죄조직의 개념을 구분했지만, 사실 양자는 상호 밀접한 관계에 놓여 있다. 흑사회 범죄조직과 흑사회성질 범죄조직이 중국대륙에서 범죄조직으로 서로 다른 명칭이 사용되는 것은 범죄조직 성장과정에 대한 인식과 관련이 있다. 중국의 공안과 검찰 등 사법기관들이 중시하고 있는 흑사회성질 범죄조직은 흑사회 범죄조직의 전(前)단계로서, 중국 정부는 흑사회 범죄조직의 성장경로가 '일반범죄집단(團伙) → 흑사회성질 범죄조직 → 흑사회 범죄조직 → 국제범죄조직'으로 발전한다고 본다.[133] 중국 정부에서도 오늘날의 범죄조직을 흑사회성질 범죄조직이라고 칭하고 있는데, 이것은 흑사회 범죄조직보다 낮은 수준 단계의 범죄조직을 일컫는다.

중국 형법 제294조에는 흑사회성질 범죄조직에 대한 구체적 법적용에 대한 구성요건이 정의되어 있다. 여기서 규정된 범죄조직은 '흑사회성질 범죄조직'이지 '흑사회 범죄조직'은 아니다. 흑사회성질 범죄조직이라는 의미는 범죄조직의 성향을 지녔으나 아직 확고한 범죄조직으로는 나아가지 못한 조직형태상 과도기적 표현으로 풀이되고 있다. 저자는 이러한 견해가 표현방식에서 예견성(豫見性)이 결여된 것으로 본다. 왜냐하면 중국대륙에는 이미 흑사회성질 범죄조직이 출현하였고 마피아나 야쿠자 같은 대규모의 흑사회 범죄조직이 계속 출현하고 있기 때문이다. 흑사회성질 범죄조직이 흑사회 범죄조직과 구별이 있다고 하나 이것은 결국 양적 발전수준과 외형적 성숙정도의 차이 뿐이다. 즉 흑사회성질 범죄조직과 흑사회 범죄조직의 차이는 조직의 형성(조직원의 수 및 세력 확보), 경제적 영역의 침투(업종, 구역 등 영역 확보), 보호우산 확보(비호세력, 즉 당·정·사법기관 관계자 매수) 등 양적인 측면과 외형적인 차원에서만 구별할 수 있다.

4. 흑사회성질 범죄조직에 대한 중국 정부의 해석

중국에서 흑사회성질 범죄조직에 대한 법률은 3개의 주요 부분에서 그 근거를 찾을 수 있다.

첫째, 중국 형법전(刑法典)으로, 중화인민공화국 형법 제294조

둘째, 사법해석으로, 최고인민법원의 흑사회성질조직 범죄사건 심리에 대한 구체적 법률적용상 약간의 문제에 대한 해석(最高人民法院于2000年12月5日, 公布了《关于审理黑社会性质组织犯罪的案件具体应用法律若干问题的解释》)

---

133) 张丽霞·赵红星, "新形势下有组织犯罪的特点及其对策", 河北法学, 23(10), 2005, pp.132－135.

셋째, 입법해석으로, 형법 제294조 ①항에 대한 전국인민대표대회 상무위원회 입법해
석(全国人大常委会于2002年4月28日发布了《关于＜中华人民共和国刑法＞第294条第一款
的解释》) 등이다.

(1) 중국 형법의 흑사회성질 범죄조직죄

1979년 중국 형법 제정 시 조직범죄에 대한 법 조항은 없었고 단지 공동범죄로서의
공범규정만 있었다. 그러다가 1982년 범죄조직이라는 의미의 '흑사회'라는 단어가 개혁개
방으로 외국 자본이 먼저 들어온 홍콩·대만과 인접한 광둥성, 푸젠성 지방에서 통용되다가
1986년에 흑사회라는 개념이 전국적인 범위에서 사용되었다. 흑사회성질 범죄조직이 중국
전지역에서 활개치고 다니면서 각종 범죄를 일으키자 1992년 10월 중국 공안부에서 '각 성
(省), 시(市), 현(縣)의 범죄단체 조직소탕 연구토론 회의장'을 마련, 이들 범죄조직을 일망
타진하기로 결정하고 흑사회성질 범죄조직의 특징에 대한 간략한 개념을 소개하면서 그에
대한 정의를 제시했다. 흑사회성질 범죄조직에 대해 중국 공안부가 제시한 개념 정의는 다
음과 같다.

① 지역별로 이미 악랄한 세력이 형성되어 일정한 세력범위를 가지고 있다.

② 범죄를 직업화하고 비교적 장기간에 걸쳐 하나이상 또는 수개의 범죄를 저질러왔다.

③ 조직원 수가 비교적 많고 또한 상대적으로 고정되어 있다.

④ 반사회성이 특히 강하며 악행을 다반사로 일반인을 괴롭힌다.

⑤ 일정한 경제적 실체를 갖고 있으며 어떤 때는 부문별 경제실체를 직접 운영하기도
한다.

⑥ 뇌물매수와 협박 등의 방법으로 공안 및 사법기관 그리고 당·정 간부를 매수하여
범죄조직의 보호막으로 삼는다.[134]

이러한 개념으로 정의된 공안부의 해석을 시작으로 흑사회성질 범죄조직죄는 1997년
에 개정되어 선포된 중화인민공화국 신형 법전에 비로소 성문화된 법조항을 두게 되었다.
이런 배경하에 제정된 형법 제294조의 내용은 다음과 같다.

① 흑사회성질 범죄조직을 결성하여 폭력, 위협, 기타 수단으로 조직적 위법한 범죄활
동을 행하고, 일정지역을 장악하여 불법적인 악행으로 일반인을 억압하거나 또는
잔인하게 상해를 가하여 경제·사회생활 질서를 심각하게 파괴하는 등 흑사회성질
범죄조직을 조직하거나 지도, 적극 참가한 자는 3년 이상 10년 이하의 유기징역에

---

134) 马霞, "黑社会性质组织犯罪的性质ˊ 成因及对策分析", 固原师专学报, 27(4), 2003, p.91.

처한다. 기타 참가자는 3년 이하의 유기징역, 구류,[135] 보호관찰[136]에 처하거나 정치적 권리를 박탈[137]한다.

② 국경 밖의 흑사회 범죄조직원이 중화인민공화국의 국경 내에 잠입하여 흑사회 범죄조직을 발전시킨 자는 3년 이상 10년 이하의 유기징역에 처한다.

③ 위 2개 항의 죄를 범하고 나아가 기타 범죄행위를 한 자는 경합범 규정에 의하여 처벌한다.

④ 국가공무원이 흑사회성질 범죄조직을 비호하거나 흑사회성질 범죄조직의 위법한 범죄활동을 방임한 경우 3년 이하 유기징역, 구류 또는 정치권리 박탈에 처한다. 죄질이 중한 자는 3년 이상 10년 이하의 유기징역에 처한다.[138]

(2) 최고인민법원의 사법해석

1) 흑사회성질 범죄조직죄의 구비조건

2000년 말 중앙정부에서 '흑사회성질 범죄조직 제거 소탕작전'을 전국적으로 전개하기로 결정하고 전국에 분포된 범죄조직 제거에 들어갔다. 먼저, 중앙정부는 지시성(指示性) 문건을 통해 정치, 법률 각 부분에서 직능작용을 충분히 발휘하여 서로 긴밀한 협조와 업무의 통일역량을 발휘하여 줄 것과, 공안기관은 이를 소탕하여 크고 작은 흑사회성질 범죄조직의 두목과 행동대장 및 조직원을 일망타진하고, 각급 인민법원과 검찰에서는 이러한 소탕제거 요구를 근거로 공안기관과 공동으로 소송 중의 어려운 문제들을 연구·분석·해결하며, 법집행의 사상적 통일을 기하여 엄격한 법집행을 이끌어 갈 것을 요구하였다. 이 같은 흑사회성질 범죄조직 소탕에 대한 노력을 계기로 최고인민법원 심판위원회는 2000년 12월 4일 '흑사회성질 범죄조직의 사건별 구체적 법률적용 심리에 관한 약간의 문제해석'[139]을 통과시켰다. 이 문건에서 중국 형법 제294조가 언급하는 흑사회성질 범죄조직죄의 구비조

---

135) 중국어로 구역(拘役)이라는 표현을 사용한다.

136) 중국어로 관제(管制)라는 표현을 사용한다.

137) 우리나라의 자격정지나 자격상실에 해당한다.

138) 중국형법 제294조 원문

　第二百九十四条

　① 组织′ 领导和积极参加以暴力′ 威胁或者其他手段, 有组织地进行违法犯罪活动, 称霸一方, 为非作恶, 欺压′ 残害群众, 严重破坏经济′ 社会生活秩序的黑社会性质的组织的, 处三年以上十年以下有期徒刑;其他参加的, 处三年以下有期徒刑′ 拘役′ 管制或者剥夺政治权利°

　② 境外的黑社会组织的人员到中华人民共和国境内发展组织成员的, 处三年以上十年以下有期徒刑°

　③ 犯前两款罪又有其他犯罪行为的, 依照数罪并罚的规定处罚°

　④ 国家机关工作人员包庇黑社会性质的组织, 或者纵容黑社会性质的组织进行违法犯罪活动的, 处三年以下有期徒刑′ 拘役或者剥夺政治权利;情节严重的, 处三年以上十年以下有期徒刑

139) 最高人民法院《解释》第1条对此进一步解释为, 黑社会性质的组织一般应当具备以下特征

건을 다음과 같이 규정하였다.

① 조직구조가 비교적 긴밀하고, 조직원 수가 비교적 많으며, 명확한 조직자·지도자 (두목 및 고문)·골수조직원(행동대장) 등이 기본적으로 고정되어 있으며, 비교적 엄격한 조직규율을 갖추고 있을 것.140)

② 위법한 범죄활동 또는 기타 수단을 통하여 경제적 이익을 획득하여 일정한 경제적 실력을 구비할 것.141)

③ 뇌물제공, 위협 등의 수단으로 국가공무원을 유인·핍박하거나, 흑사회성질 범죄조직에 참가하게 하거나, 비합법적인 보호를 제공받을 것.142)

④ 일정한 지역 또는 업종의 범위 내에서 폭력·위협·소란 등의 방법으로 공갈·협박하여 재물을 강탈하거나, 같은 업종에서 권력으로 시장을 독점하거나, 군중을 모아 고의로 싸움을 걸고 트집을 잡아 난동을 일으키며 고의로 상해를 가하는 등의 행위로 경제 사회질서를 심각하게 파괴하는 범죄활동을 할 것.143)

이상 네 가지 구비조건 중 가장 중요한 것은 ④항의 규정에서 '일정한 지역'으로 표현된 흑사회성질 범죄조직의 '세력범위(영역)'라고 판단된다. 세력범위란 속어로 '나와바리'라고 일컫는 말로서 범죄조직의 활동영역을 가리킨다. 이 영역이야말로 범죄조직의 경제적 토대가 되어 영역 내의 많은 경제·상업주체로부터 보호비 명목으로 금품갈취와 물품강매 등을 통해 조직을 유지한다. 앞에서 설명한 것처럼 공안기관이 제시한 흑사회성질 범죄조직 6가지 특징에도 세력범위에 대한 것이 가장 먼저 언급되어 있는데, 그것은 세력범위가 일차적으로 중요하다는 것을 뜻한다. 최고인민법원이 제기한 4개의 특징은 상술한 중국 형법 제294조와 공안부가 제기한 흑사회성질 범죄조직의 6개 특징과 내용에서 약간의 차이가 있다.

2) 최고인민법원의 흑사회성질 범죄조직죄에 대한 분석

최고인민법원이 제시한 ②·③의 특징은 중국 형법 제294조 법조문에는 명확한 규정이 없다. 이는 형법 제294조에 대한 보충해석으로 보여진다. 최고인민법원의 보충해석이 월권적 해석인지에 대해서는 아직까지 중국 형법학자들의 견해가 제기되고 있지 않다. 최

---

140) 组织结构紧密，人数较多，有比较明显的组织者′领导者，骨干成员基本固定，有较为严格的组织纪律

141) 通过违法犯罪活动或者其他手段获取经济利益，具有一定的经济实力

142) 通过贿赂′威胁等手段，引诱′逼迫国家工作人员参加黑社会性质组织活动，或者为其提供非法保护

143) 在一定区域或者行业范围内，以暴力′威胁′滋扰等手段，大肆进行敲诈勒索′欺行霸市′聚众斗欧′寻衅滋事′故意伤害等违法犯罪活动，严重破坏经济′社会生活秩序.

고인민법원이 제기한 ①, ②, ③의 특징은 공안부가 제기한 ③, ⑤, ⑥의 특징과 기본적으로 같다. 여기서 최고인민법원이 제기한 흑사회성질 범죄조직의 해석상 특징을 분석해 보자.

①의 특징은 조직의 성격에 관한 것으로, 흑사회성질 범죄조직의 조직화 정도가 비교적 높다는 점으로, 흑사회성질 범죄조직의 조직과 그 계층을 명확하게 열거한 점은 돋보인다. 그러나 최고인민법원에서 제기한 흑사회성질 범죄조직의 규모에서 '조직원이 비교적 많은'이란 대목은 모호한 정의로, 최저한도에 대한 조직원 수를 규정할 수 없어 사법 실무적으로 구분하기가 쉽지 않다. 범죄조직에서 조직원 수가 많다고 할 때 일반적으로 3인 이상을 지칭한다. 그렇지 않다면 조직을 갖추었다고 말할 수 없다. 흑사회성질 범죄조직은 대규모의 조직으로 장기간에 걸쳐 범죄에 종사하다보니 사회에 일정한 영향을 끼치게 되고 반사회 주류문화를 핵심으로 삼아 범죄아류문화(亞類文化)를 형성하게 되는데, 이러한 사회 아류문화는 3, 4명의 조직원으로서는 형성될 수 없기에 흑사회성질 범죄조직의 구성원은 적어도 50인 정도 이상은 되어야 한다고 주장하는 학자도 있다.[144]

②의 특징은 흑사회성질 범죄조직의 경제적 목적 및 활동에 대한 정의라고 판단된다. 최고인민법원이 제기한 흑사회성질 범죄조직의 목적상 특징으로 '위법한 범죄활동 또는 기타 수단으로 경제적 이익을 획득하는 것'이라고 한 점은 흑사회성질 범죄조직을 만드는 것은 바로 비합법적으로 경제적 이익을 취하려는 것이며, 그것은 두목 급의 경제적·사회적 지위를 높이는데 이용된다는 것을 말한다. 이것은 흑사회성질 범죄조직의 아주 중요한 본질적 속성이자 특징 중 하나라고 볼 수 있다.[145]

③의 특징은 흑사회성질 범죄조직이 자신들의 장기적 존속과 조직발전을 위해 취하는 중요한 수단으로, 국가공무원의 보호우산 즉 비호세력을 필요로 하고 그러한 비호세력을 확보한다는 점을 가리킨다. 최고인민법원은 이 특징을 흑사회성질 범죄조직을 결정짓는 또 하나의 중요한 구비조건으로 제시했다. 위에서 살펴본 사례에서 허베이성 가오양현 지역건달 범죄집단과 광둥성 선전시의 비응방 및 비홍방은 모두 최고인민법원에서 제기한 4개 특징 중 관련 공무원의 비호세력 확보인 ③항을 구비하지 않기 때문에 흑사회성질 범죄조직이라 할 수 없다는 것이다. 즉 최고인민법원에서 제기한 네 가지 특징을 모두 구비해야 형법 제294조 규정에 해당하고, 단 하나의 특징만을 구비하지 못하면 형법 제26조 일반범죄[146]집단으로 처벌해야 한다는 것이다. 그러나 최고인민법원의 구비조건 해석 중 '보호우

---

144) 杨郁娟, "黑社会性质组织犯罪的特点", 上海公安高等专科学校学报, 13(5), 2003, p.83.

145) 王云良, "黑社会性质组织犯罪案件侦办思路", 江苏警官学院学报, 21(5), 2006, p.139.

146) 第二十六条 组织´领导犯罪集团进行犯罪活动的或者在共同犯罪中起主要作用的, 是主犯三人以上为共同实施犯罪而组成的较为固定的犯罪组织, 是犯罪集团对组织´领导犯罪集团的首要分子, 按照集团所犯的全部罪行处罚对于第三款规定以外的主犯, 应当按照其所参与的或者组织´指挥的全部犯罪处罚.

산 확보'는 흑사회성질 범죄조직의 존속과 조직발전에 하나의 중요한 수단일 뿐이지 결코 처벌을 결정하는 조건은 아니라고 판단된다. 왜냐하면 중국 사법실무에서 취급하는 여러 범죄 중 상당한 부분을 흑사회성질 범죄조직이 행하는 범죄가 차지하고 있다. 비호세력은 단지 범죄조직을 유지·발전하는 하나의 수단일 뿐 흑사회성질 범죄조직을 구성하는 필수불가결한 조건이라 할 수 없다.

④의 특징은 흑사회성질 범죄조직에 대한 주요 범죄활동과 그 심각한 위해성(危害性), 즉 잔혹한 폭력에 대한 정의이다. 이러한 정의가 필요한 것은 흑사회성질 범죄조직은 폭력, 협박 등의 수단을 사용하면서 전문적인 청부폭력·청부살인 등을 저지르고, 도검류나 총기류 등으로 대담하게 각종 범죄를 행하기 때문이다.147) 최근의 국내 수도권 일부에서 중국인 범죄조직원 간의 폭력을 수반한 칼부림사건에서 볼 수 있듯이 중국 범죄조직이 이러한 폭력으로 각종 사건을 저지를 때 인간 도리는 찾을 수 없고, 범행 뒤 결과에 대한 아무런 생각도 없이 범죄를 저지르는데 이것이 바로 광란적인 잔혹성과 흉포성의 특징이라 할 수 있다.

3) 최고인민법원의 해석에 따른 사법처리 결과

2000년 12월에 전개된 '흑사회성질 범죄조직 제거 일제소탕작전'과 2001년 4월에 전개된 '전국 각 지역 치안사범 일제 단속'을 통해 각 지역 공안기관과 검찰에서 흑사회성질 범죄조직에 속한다고 판단했던 사건들을 상당히 많이 기소하였다. 그러나 각급 인민법원은 흑사회성질 범죄조직에 의한 범행이 최고인민법원이 제기한 ③의 특징인 당·정·사법기관 국가공무원들의 비호를 구비하지 않았기 때문에 흑사회성질 범죄조직으로 처벌하지 못하고 일반범죄집단으로 처벌하였다. 그리하여 기소한 수의 4분의 1만 중국 형법 제294조 흑사회성질 범죄조직으로 처벌하고, 나머지 4분의 3은 중국 형법 제26조 일반공동범죄로 선고하였다. 이로써 대다수 흑사회성질 범죄조직 피의자가 석방되어 흑사회성질 범죄조직의 수가 크게 증가하였으며 이는 결국 중국 흑사회성질 범죄조직의 심각성을 더욱 악화시키는 결과를 초래하였다. 이러한 모든 것은 최고인민법원의 정확하지 못한 사법해석으로 인한 결과이다.148)

제26조 ① 범죄 집단을 조직, 영도하여 범죄활동을 진행하거나, 공동범죄로 그 주요작용을 일으키는 자를 주범이라 한다. ② 3인 이상이 공동으로 범죄를 실행하거나 비교적 고정된 조직을 위해 조성된 조직을 범죄집단이라 한다. ③ 범죄집단을 조직하고 운영한 주모자에 대해서는 그 집단이 범한 모든 범죄의 기준으로 처벌한다. ④ 제3항의 규정외의 주범에 대해서는 그가 참여, 조직, 지휘한 모든 범죄를 기준으로 처벌한다.

147) 陈建新, "关于侦办黑社会性质组织犯罪案件的思考", 攀枝花学院学报, 20(2), 2003, p.26.
148) 賈宏宇, 전게서, p.22.

(3) 전국인민대표대회 상무위원회 입법해석

1) 입법해석 규정

전국인민대표대회 상무위원회는 헌법 및 법률의 제정, 개정 및 해석을 하는 기관이다.[149] 흑사회성질 범죄조직 처벌에 대한 최고인민법원의 사법적 해석에 문제점이 드러나자 2002년 4월 28일 제9차 전국인민대표대회 상무위원회 제27차 회의를 통해 '형법 제294조 ①항에 대한 전국인민대표대회 상무위원회의 해석'[150]을 통과시켰다. 이 해석에서 형법 제294조 ①항에 규정된 '흑사회성질 범죄조직'은 다음과 같은 특징을 구비해야 한다고 명시했다.

① 비교적 안정된 범죄조직을 형성하여 조직원 수가 비교적 많으며, 명확한 조직자·영도자(두목 및 고문)·골수조직원(행동대장) 등이 기본적으로 고정되어 있을 것.

② 조직을 갖추어 위법한 범죄활동이나 기타 수단을 통하여 경제적 이익을 획득하고, 또한 일정한 경제적 실체를 구비하여 그것을 기초로 범죄조직을 지탱해 나갈 것.

③ 폭력이나 협박 기타 수단으로 조직을 갖추어 수차례에 걸쳐 위법한 범죄활동을 일삼으며 악랄한 범행으로 일반인을 잔혹하게 해치며 억압할 것.

④ 위법한 범죄활동을 행한 후 국가기관 공무원의 비호·방임을 받거나, 또는 일정 지역을 점거하고 일정 구역 또는 업종 내에서 위법하게 범죄행위를 일삼아 경제·사회생활 질서를 심각하게 파괴하거나 중대한 영향을 끼치는 행위를 할 것.

2) 흑사회성질 범죄조직 구비요건 중 '비호' 해석

최고인민법원의 사법해석과 전국인민대표대회 상무위원회의 입법해석에서의 주요한 충돌은 바로 '보호우산' 즉 비호세력의 존재 여부로서, 흑사회성질 범죄조직의 필수 구비요건인 '비호세력'이 존재하느냐가 그 주요 논쟁의 차이점이다.

사법해석에서 흑사회성질 범죄조직 ③의 특징은 '뇌물제공, 위협 등의 수단으로 국가공무원을 유인·핍박하거나, 흑사회성질 범죄조직에 참가하게 하거나, 비합법적인 보호를 제공받을 것'이라고 명시하여 '보호우산'이 흑사회성질 범죄조직의 필수적인 구비조건으로서 제시되었다. 그러나 흑사회성질 범죄조직에 대한 입법해석 중 ④항에서 '비호세력'을 흑사회성질 범죄조직의 구비조건으로는 하였으나 선택적 조건으로 두고 있다.[151] 즉 사법해

---

149) 中國憲法 第67條

150) 全国人大常委会于2002年4月28日发布了《关于＜中华人民共和国刑法＞第294条第一款的解释》(以下简称《立法解释》), 对黑社会性质组织的含义问题做了较为明确的界定.

151) 任志中·周蔚, "惩治黑社会性质组织犯罪的难点及立法思考", 广西政法管理干部学院学报, 17(4), 2002, p.39.

석은 반드시 구비해야 할 필수적 요건으로 해석하였지만 입법해석은 '또는'이라는 용어를 넣어 선택적 요건으로 해석했다. 다시 말하면 비호세력이 있으면 당연히 흑사회성질 범죄조직의 구비요건이 되고, 비호세력이 없더라도 일정지역에서 위법한 범죄행위로 경제 사회 질서를 심각하게 어지럽히면 그것만으로도 흑사회성질 범죄조직의 구비요건이 된다고 해석했다.

흑사회성질 범죄조직의 조직원이 정부·사법기관의 구성원이 되거나, 정부·사법기관 내 흑사회성질 범죄조직원이 정부의 행정기관, 사법기관 업무를 농락하여 흑사회성질 범죄조직의 행위를 엄호 또는 지지한다면 흑사회성질 범죄조직의 조직원으로 간주한다. 그러한 범죄행위는 형법 제294조 ①항 '흑사회성질 범죄조직의 조직·지도·적극 참가죄'에 해당한다. 그리고 정부 또는 사법기관공무원이 흑사회성질 범죄조직의 뇌물을 받거나 협박이나 위협으로 범죄조직을 보호하는 보호우산(즉 비호세력) 역할을 하였다면 형법 제294조 ④항에 규정된 '흑사회성질 범죄조직의 비호·방임죄'로 의율한다.[152]

중국 법학계는 비호세력에 대한 두 가지 관점이 있다. 일부 학자는 비호세력을 흑사회성질 범죄조직이 반드시 갖추어야 할 특징으로 보고 있다. 왜냐하면 비호세력의 보호가 없다면 흑사회성질 범죄조직은 그 범죄행위에 대한 장기적인 보호를 받지 못해 처벌을 피하지 못할 것이며, 그리하여 한 지역을 차지할 수도 없고 거대한 세력범위를 형성할 수도 없을 것이라고 생각하기 때문이다.[153] 그에 반해 일부학자들은 비호세력이 흑사회성질 범죄조직의 필수 구비요건이 아니라는 입장이다. 그 이유는 하나의 범죄조직이 고도의 조직화만 갖추고 있다면 폭력, 협박의 수단을 통해 불법으로 경제적 이익을 취할 수 있고, 또한 경제적 실력만 갖추고 있다면 일정한 지역을 차지할 수도 있으며 사회제도권의 법적 규제에 대한 대항능력이 가능하기 때문이라는 것이다.[154]

이상 정리해보자면, 중국에서는 고급단계인 흑사회 범죄조직과 과도기적 단계인 흑사회성질 범죄조직을 구분하고 있다. 중국에서 흑사회성질 범죄조직은 그 활동내용·방식·조직형태 등에서 흑사회 범죄조직(마피아·야쿠자 등) 차원의 완벽한 조직을 갖추지 못하였으나 그러한 범죄조직과 유사한 범죄집단을 말하며, 아직까지 완전한 조직체를 형성하지 않은 범죄조직으로서의 과도기적 단계에 있는 범죄조직을 일컫는다. 그러나 앞에서 살펴보았듯이 흑사회성질 범죄조직과 흑사회 범죄조직은 조직의 형성(조직원의 수 및 세력 확보), 경제적 영역의 침투(업종, 구역 등 영역 확보), 보호우산 확보(비호세력, 즉 당·정·사법기관 관계자 매수) 등 양적인 측면과 외형적인 차원에서만 구별할 수 있다.[155]

---

152) 田宏杰, "包庇´纵容黑社会性质组织罪研究", 湖南公安高等专科学校学报, 2001.

153) 李永升, "黑社会性质组织犯罪的特征和认定", 江苏警官学院学报, 18(1), 2003, p.139.

154) 周蓝蓝, "黑社会性质组织犯罪的原因及治理对策研究", 重庆大学学报, 9(2), 2002, pp.116-117.

제 4 절 흑사회성 범죄조직 발전과정

문화대혁명(文化大革命)[156]은 마오쩌둥(毛澤東)의 죽음과 더불어 종료되고 이후 집권에 성공한 덩샤오핑(鄧小平)은 1978년 12월 중국 공산당 제3차 중앙전체회의를 기점으로 개혁개방의 시장경제로 전환하였다. 건국 후 사회주의 건설시기와 문화대혁명을 거치는 동안 지하 범죄조직은 발생하는 것은 물론, 활동도 할 수 없었다. 그러나 개혁개방 이후 동남 연해도시에서 시작된 개방물결을 타고 태동된 흑사회성 범죄조직은 30여 년이 지난 지금 중국의 모든 지역과 업종에 파고들어 정착되었다.

중국 흑사회성 범죄조직의 발전과정은 3단계로 구분할 수 있다. 이러한 단계의 구분법은 중국 경제발전과 밀접한 관계가 있다. 첫 단계는 1979~1990년으로, 1978년 개혁개방 직후 홍콩과 인접한 광둥과 푸젠성 등 경제특구를 중심으로 흑사회성 범죄조직이 태동하기 시작한 시기이다. 두 번째 단계는 1991~1999년으로, 경제가 급성장한 1990년대 중국 전역에 걸쳐 흑사회성 범죄조직이 발전한 시기이다. 세 번째 단계는 2000년대 이후 현재에 이르기까지 흑사회성 범죄조직이 관계 공무원의 비호를 받으며 중국대륙에 정착한 시기이다.

1. 중화인민공화국 건국 전후한 범죄양상

중국 공산당은 장제스의 국민당처럼 비밀결사인 청홍방 등 방회조직의 협력을 통해 정권을 유지할 필요가 없었기 때문에 구시대의 방회조직은 정치에 개입할 수 없었다. 1949년 10월 1일 중화인민공화국 건국 이후부터 개혁개방 시작인 1978년 12월 말까지 치안은 비교적 안정적이어서 범죄발생률도 아주 낮았다.

---

155) 신상철, "중국 흑사회성질 범죄조직(黑社会性质犯罪组织)에 대한 고찰(개념과 해석을 중심으로)", 경찰학연구 1권(1호), 2010.

156) 문화대혁명은 마오쩌둥(毛澤東)이 사회주의 계급투쟁을 통해 중국공산당 내부의 반대파들을 제거하기 위한 권력투쟁이다. 민생경제를 회복하기 위해 자본주의 정책의 일부를 채용한 류샤오치(劉少奇)와 덩샤오핑(鄧小平)의 세력으로부터 권력의 위기를 느껴 부르주아 세력의 타파와 자본주의 타도를 외치면서 청소년으로 구성된 홍위병을 이용하여 마오쩌둥의 반대세력을 몰아낸 정치적 사건이다. 이러한 정치적 소용돌이 속에서 1960년대 중반 많은 젊은 학생들이 홍위병이 되어 문화대혁명에 참가하였다.

《표 2》중화인민공화국 건국 이후 개혁개방 이전 시기 범죄 발생

연도	범죄발생수	연도	범죄발생수	연도	범죄발생수	연도	범죄발생수
1950	513,461	1958	211,068	1966	216,125	1974	516,419
1951	332,741,	1959	290,025	1967	189,760	1975	475,432
1952	243,003	1960	222,734	1968		1976	488,813
1953	292,308	1961	421,934	1969		1977	548,415
1954	392,229	1962	324,639	1970			
1955	325,829	1963	251,226	1971			
1956	180,075	1964	215,226	1972	402,573		
1957	298,031	1965	215,352	1973	535,820		

출처: 賈宏宇, 『中國大陸黑社會組織犯罪與對策』, 中國共産黨 党校出版社, 2006.

　　《표 2》에서 보는 것처럼 1950년대에서 1966년 문화대혁명 이전까지 17년 간 중국의 주요 형사사건 발생 수는 50년도 513,461건을 시작으로 57년 211,068건, 65년 216,125건이 발생하였고, 특히 1964년에서 1966년까지 문화대혁명기간 중의 연평균 범죄발생률은 0.03%였다.[157]

　　건국초기 대부분의 형사사건은 국민당 잔재세력 척결관련 범죄였고 국내정치가 안정되어감에 따라 순수한 형사사건도 줄었다. 문화혁명기간인 1968~1971년까지 형사사건 발생 수는 통계에 나오지도 않는다. 이는 혼란한 국내 상황에 따라 통계 수치가 파악되지 않은 탓이라 추측된다. 그 후 1972년 402,573건, 75년 475,432건이었고 덩샤오핑이 집권한 1978년에도 범죄발생 건수는 535,698이었다. 범죄발생통계로 볼 때 건국 이후 25년 간 치안은 안정적이었고 조직범죄를 포함한 각 유형별 범죄가 억제되어 치안에 있어 태평성대였다.

　　이러한 범죄억제 요인은 중국이 사회주의 체제로 건국된 후 경제면에서는 소련에 비해 더욱 엄격하게 계획경제를 실시하였고, 서구사회와 단절되어 선진화된 기술도입을 거부함에 따라 자본주의 사회의 개인과 기업이 주동된 창조적 기업운영이 어려웠다. 또 국가 통제하의 계획경제가 범죄발생을 억제하는 한 요인이 되었고, 사회주의화된 민중들의 사회적 지위도 동일하고 빈부격차가 없어 부유층에 대한 불만요인도 적었으며, 군중동원을 빈번하게 발동하던 중앙정부의 강력한 통제력에 대항할 세력이 없었던 것에 기인한다.[158]

---

157) 何秉松, 『有组织犯罪研究』, 中国法制出版社, 2002, p.54.
158) 賈宏宇, 전게서, p.46.

《표 3》건국 이후 범죄최고점 기간과 범죄특징[159]

	기간	범죄특징
1차 최고점	1949－1952	국민당과 공산당의 교체시기, 새로운 정권의 공고화 과정, 구정권이 신정권을 향한 재집권을 기도하는 과정 중에 발생한 범죄
2차 최고점	1958－1961	천재지변, 반우파, 대약진운동 등 3년간의 재해와 생산설비(식량, 소, 농기구)등 재산침범죄
3차 최고점	1968－1973	문화대혁명으로 인한 강렬한 정치운동 관련 범죄.
4차 최고점	1978－1981	봉건 폐쇄에서 개혁개방으로 진화하는 시점, 강간·강도·절도·소요형 및 유랑민의 범죄
5차 최고점	2000－현재	범죄유형과 수법의 다변화

출처: 尙仲佳, 『當代中國社會問題透視(主要4大犯罪硏究)』, 中國社會硏究所, 2006.

2. 흑사회성 범죄조직 태동기(1979～1990년)

1978년 개혁개방 이후 많은 요인들에 의해 중국의 범죄발생률도 증가하였다.《표 4》에서 보는 것처럼 1979년 전국적으로 발생된 형사사건은 636,222건으로 1978년에 비해 100,524건이 증가하였고, 1980년 757,104건은 1979년에 비해 120,882건이 증가, 1981년 890,281건은 1980년에 비해 133,177건이 증가하였다. 이는 매년 10만여 건 이상의 형사사건이 증가하였다는 사실을 말해준다. 특히 개혁개방 시발점인 광둥성을 중심으로 외국인 투자가 밀집된 개방구의 중·대도시에서 형사사범이 급격히 늘어났다.

《표 4》개혁개방 초기 전국 형사사건 발생 수

1978년	1979년	1980년	1981년
535,698건	636,222건	757,104건	890,281건

출처: 楊春洗, 『刑事政策論』, 北京大學出版社, 1994.

이 시기부터 살인·강도·납치·방화 등 중대형 형사사건과 조직을 갖춘 건달패거리(속칭 깡패) 사건이 급격히 증가했다. 중국어로 단화(团伙)[160]라고 부르는 건달패거리 집단에

---

159) 건국 이후 현재까지 범죄 최고점 특징은 중국의 사회적 변혁기 주요 이슈와 깊은 관련이 있다.
160) 조직을 갖추기 이전 단계의 범죄를 중국에서는 단화(团伙)범죄라고 한다. 우리나라의 깡패에 해당하는데, 단화범죄 집단, 즉 패거리 집단이란 무리를 지어 다니는 건달들을 가리키는 말로서 범죄패거리는 형법상 규정된 법률개념이 아니고 통일된 정의도 없으며 중국 공안에서 범죄패거리 집단을 일반 공동범죄 집단으로 통칭하여 부르고 있다. 그러나 공안에서 일반 패거리를 공동범죄 집단에 광범위하게 포함시켜 이런 개념을 사용하는 것은 객관적 필요에 의한 것이다. 이들이 범한 사건은 발생되는 범죄에 따라 죄명을 붙이며 검거시를 기준으로 하지 않기에 그들을 성

의한 범죄가 증가하자 중국 정부는 1979년 12월 전국 도시 공안관계자 회의를 개최하여 중·대도시를 중심으로 치안정화 차원의 형사사범 일제검거(嚴打)에 돌입했고, 그 결과 베이징·톈진·상하이 등 64개 도시에서 11,000여 건의 형사사건에 연루된 3,400여 개의 단화(团伙)조직이 소탕되었다. 그 중 일부 집단은 조직원이 비교적 많고 조직체계도 엄밀하며 범행계획을 수립하여 조직적인 범행을 할 정도로 직업성향을 갖추었다.

   1983년 3월, 사회치안이 갈수록 악화되자 중앙 정부는 그해 31호 문건을 통해 '3년 기간 동안 3번의 소탕을 벌여 2년 내에 효과를 나타내고 3년 안에 완성한다'는 전략을 수립하여 전국적인 형사범죄자 일제소탕작전에 돌입했다.[161] 3년 기간의 범죄소탕작전에서 전국의 단화 197,000여 개와 그 조직원 876,000여 명을 검거하여 중국 내 범죄집단으로서의 단화들은 거의 소탕되었다. 그러나 범죄소탕의 적극적인 노력에도 불구하고 일제단속기간 중에는 치안이 조금 나아지는 듯 했으나 범죄소탕작전이 일단락 끝을 맺자 상황은 다시 악화되어 건달패들이 급증했다. 소탕작전 종료 후인 1986년 한해 전국적으로 검거한 패거리범죄집단이 30,476개, 조직원 수가 114,452명 등 아래 도표에서 보는 것처럼 태동기가 끝나는 시기까지 급격히 증가했다.[162]

《표 5》 태동기 검거된 범죄단화 및 조직원 수

연도 구분	범죄패거리(단화) 수	조직원 수
1986	30,476	114,452
1987	36,000	138,000
1988	57,229	213,554
1989	97,807	353,218
1990	100,527	368,885

출처: 賈宏宇, 『中國大陸黑社會組織犯罪與對策』, 中國共産黨 党校出版社, 2006.

   《표 5》에서 보는 것과 같이 5년에 걸쳐 검거한 전국의 단화 조직원수가 세 배로 증가하였다. 이는 단화집단이 점점 '흑사회성 범죄조직'으로 발전하고 있다는 사실을 입증해 주고 있다. 이 단화집단은 폭력행사를 기초로 조직범죄의 특징인 조직체계를 완비하고 범행

   질상 구분 지우는 것은 어렵다. 그래서 할 수 없이 통일적인 용어로 범죄패거리라고 부르는 것이다. 일반적으로 공동범죄 중에 패거리를 가지지 않으면 범죄집단에 포함하지 않는다.
161) 人民公安报, 2001.8.11.자(朱显有, "黑社会犯罪遏制战略").
162) 任志中·周蔚, 전계논문, p.39.

방법이 잔혹하고 흉포하며, 일정지역과 업종을 장악한 후 경제적 실체를 구비하는 등 전형적인 흑사회성 범죄조직으로 탈바꿈했다.

《표 6》범죄발생급증 시기 형사사건 발생추이

	형사범죄발생건수	10만 명당 범죄발생건수
1987	570,439건	54.12건
1988	827,594건	77.4건
1989	1,971,901건	181.99건
1990	2,216,997건	200.80건

출처: 康樹華, 『犯罪學大辭書』, 1996년.

《표 6》에서 보는 것처럼 1988~1989년 사이 형사범죄가 급격히 증가한 원인은 일제단속(嚴打) 이후 공안의 방심한 틈을 타 범죄조직이 우후죽순처럼 증가했고, 중국의 국내경기가 연평균 12%의 초고속 성장을 하는 등 호조를 보인데 그 원인이 있다. 그리고 흑사회성 범죄조직의 생성원인이 정치·경제·사회·문화 등 제반 요소에서 나타나기 시작했으며 그 범죄양상은 범죄조직 간 상호연대를 통한 범죄수법의 공유와 대만·홍콩·마카오 등 중화권 흑사회 범죄조직과의 연합을 통한 국제범죄조직으로의 변화를 적극 모색하는 경향이 뚜렷이 나타났다.

3. 흑사회성 범죄조직 성장기(1991~1999년)

개혁개방 이후 경제가 급속히 성장한 90년대에 접어들자 중국 내 범죄양상은 조직화·흉포화 되고 사건발생 건수도 급속히 증가하였다. 흑사회성 범죄조직 태동기에서 발전기로 넘어가는 과도기에 해당하는 1989년과 1990년 두 해에 걸쳐 발생한 전국 형사사건 발생추이를 비교해 보면, 1989년 이전에는 80만여 건 이내이던 범죄발생 건수가 90년대로 접어들면서 200만여 건으로 격증하였고 이러한 발생 건수는 2000년대 이후까지도 계속 이 수준을 유지해 오고 있다.[163] 1990년대 이후 중국경제의 급속한 성장은 범죄조직의 급격한 성장도 가져왔다. 흑사회성질 범죄조직 발전 초기 검거현황은 《표 7》과 같다.

---

163) 王云良, 전게논문, p.142.

《표 7》 발전기 전반 검거된 흑사회성 범죄조직 및 조직원

검거 \ 연도	흑사회성 범죄조직 검거수	조직원 검거수
1991	134,000여 건	507,000여 명
1992	120,000여 건	460,000,여 명
1993	150,000여 건	570,000여 명
1994	150,000여 건	570,000여 명
1995	140,000여 건	500,000여 명

출처 : 賈宏宇, 『中國大陸黑社會組織犯罪與對策』, 中國共産黨 党校出版社, 2006.

　　흑사회성 범죄조직 발전초기 동안 검거된 범죄조직 수가 계속 15만여 개이며 조직원 수 또한 그 규모가 확대일로에 있다는 사실을 알 수 있다. 흑사회성질 범죄조직 발전후기인 1996년 이후부터 1999년까지 흑사회성 범죄조직의 검거현황은 《표 8》과 같다.

《표 8》 발전기 후반 검거된 흑사회성 범죄조직 및 조직원

조직 \ 연도	흑사회성 범죄조직 수	조직원 수	형사사건
1996	136,225	495,878	422,389
1997	124,289	521,858	418,396
1998	102,314	361,927	338,772
1999	129,386	401,298	379,176
2000	159,295	452,962	412,846

출처: 賈宏宇, 『中國大陸黑社會組織犯罪與對策』, 中國共産黨 党校出版社, 2006.

　　1996년 전국 공안기관에 검거된 흑사회성 범죄조직은 136,225개 조직에 조직원 495,878명을 검거하였는데 해당 범죄조직과 관련된 형사사건이 422,389건으로 전체 형사사건의 23.8%를 차지하였다. 1998년 전국 공안기관에서 검거한 흑사회성 범죄조직 수는 102,314개 조직에 조직원은 361,927명이었고 이들이 저지른 사건은 338,772건으로 전체 형사사건의 26.8%를 차지했다.[164] 이것은 흑사회성 범죄조직이 갈수록 조직 정도가 견고하고 범죄양상이 다양하다는 증거이다. 또한 범죄조직의 활동범위가 주거지 중심에서 서서

---

164) 賈宏宇, 전게서, p.50.

히 전국 단위로 확대되었으며, 범죄조직의 조직화가 일시성에서 영속성으로 변해갔고 범행 또한 태동기의 비밀적인 성향에서 점차 공개적 또는 반공개적으로 바뀌어 갔다.[165]

《표 9》 발전기 후반의 형사사건 발생추이

연 도	중국 내 형사사건 발생건수
1995	1,690,407
1996	1,600,719
1997	1,613,629
1998	1,986,068
1999	2,249,319
2000	3,673,307

출처: 賈宏宇, 『中國大陸黑社會組織犯罪與對策』, 中國共産黨 党校出版社, 2006.

《표 9》에서 보는 것처럼 흑사회성 범죄조직이 성장기를 거쳐 정착단계로 접어듦에 따라 형사사건 발생수가 급속히 증가하게 되고 많은 사건들이 당·정·사법관계자의 비호를 받아 묵인되는 사례가 허다했다. 이 시기부터 기존의 강도·절도 등 원시적인 범행에서 탈피하여 돈세탁 등 경제범죄 쪽으로 급선회하였고, 홍콩 등 중화권 흑사회 범죄조직과 중국 대륙의 흑사회성 범죄조직이 상호 연계한 조직범죄가 뚜렷이 나타나기 시작했다.

《사례》 범죄조직 간 연대를 통한 예시환(葉溪煥), 장즈창(張子强)사건.

장즈창을 두목으로 한 범죄조직은 1970년대 중기에 '단화'조직에서 출발한 흑사회성 범죄조직이고, 예시환을 두목으로 한 범죄조직은 80년대 초기에 형성된 조직으로, 주로 홍콩과 광동성 일대에서 활동하던 홍콩 흑사회의 하부조직이었다. 90년대 초기 예시환등 이 몇 차례에 걸쳐 중국대륙으로 도망자 신분으로 들어와 불법으로 총기를 사들이고 비밀리에 밀항으로 중국을 빠져나가 홍콩에서 연속적으로 총기강도 범행으로 돈을 강취하면서 수차례 홍콩 경찰과 총격전을 벌였다. 1995년 장즈창은 예시환과 서로 결맹을 맺고 더 큰 범죄조직으로 확대하였다. 1996년 예시환이 홍콩 경찰에 강도죄로 체포된 후 장즈창이 직접 두 조직을 지휘하면서 홍콩에서 부녀납치, 채무자 협박, 폭행 등 악질적인 범행으로 재물을 강취했다. 1996년 5월 23일 예시환이 출소하자 장즈창은 예시환과 다시 상호 연계하여 1997년 6월 사업가인 갑부 리모(李某), 궈모(郭某)를 납치하여 수십만 위안을 받아냈다. 1998년 1월 장즈창 조직은 또 홍콩으로부터 800근의 폭탄과 2,000여개의 뇌관, 12,500m의 화약선 등을 중국 내륙으로 들여와 폭약을 제조하여 테러사건을 기

---

165) 叶高峰·刘德法. 『集团犯罪对策研究』, 北京 : 中国检察出版社, 2001.

도했다. 1998년 장즈창, 예시환은 중국 공안에 검거되었는데 이들 범죄조직은 국경을 넘나들며 세력을 확장하고 인질납치, 강도살인 등 수많은 범죄를 자행했다. 홍콩 등 흑사회 범죄조직의 중국대륙 침투는 중국 내 흑사회성 범죄조직의 발전을 가속화하여 국제 범죄조직으로 나아가는 촉매제 역할을 했다.166)

※ 사례 분석

위의 사례는 중국 흑사회성 범죄조직이 홍콩 등 흑사회 범죄조직과 연계하여 두 지역을 넘나들며 범행을 자행한 전형적인 사건으로 중국 형법학과 범죄학 분야에서 이 사건을 대대적으로 연구하였다. 중국 범죄조직의 초기단계인 단화 범죄조직에서 출발한 장즈창 조직은 홍콩 흑사회 범죄조직인 예시환 조직과 결맹을 맺어 홍콩과 중국대륙의 범죄조직이 연계하여 지역을 넘나들면서 인질·강도·납치·테러 등 범죄를 저지른 사건으로 중국대륙에서 흑사회성 범죄조직이 확고히 발전된 대표적 사례이다.

(1) 형법전의 개정

건달패거리 단화가 흑사회성 범죄조직으로 발전하자 1992년 10월 공안부에서 각 성(省)·시(市)·현(縣)의 단화(団伙) 범죄집단 대책회의를 열어 범죄발생 추이를 분석하고 새로운 대책을 강구했다. 이는 중국에서 공개적으로 흑사회성 범죄조직에 대한 일제소탕을 선포하는 중요한 회의였다. 이 회의에 따라 1993년 중국에서 조직범죄와의 전쟁을 선포하고 대대적인 섬멸작전에 돌입했는데, 이 토벌작전 중 공안요원 300여 명이 목숨을 잃었다. 1996년 4월말부터 6월에 이르는 소탕작전 기간에도 75명의 공안요원이 희생되고 3,000여 명이 부상당했다.167) 범죄조직의 저항에 의해 공안요원 희생이 늘어나자 중국 정부는 더 이상 범죄조직의 저항을 방치할 수 없다는 심각성을 깨닫고 이에 대한 각종 정책을 입안했다. 개혁개방 이후 형성된 초기 범죄조직으로서 단화라는 깡패집단 표현대신 범죄조직체계를 갖추었으나 범죄조직으로서 과도기 성향이 짙은 '흑사회성질 범죄조직'이라는 명칭이 부여된 형법상 처벌규정에 대한 입법을 논의하였다.

공안부의 건의에 따라 1997년 수정된 형법에서 처음으로 '흑사회성질 범죄조직죄'라는 명칭이 등장했다. 그러나 중국 형법 제294조 흑사회성질 범죄조직죄와 관련된 죄명은 신설하였으나 무엇이 흑사회성질 범죄조직죄인지는 형법 조항에 명확하게 규정하지 않았다. 또한 법 공표 이후 2~3년이 경과하도록 새로운 죄명은 사법실무에 거의 적용하지 않는 등 중국 정부의 안일한 대처로 범죄조직이 빠르게 생겨나고 발전했다. 그 후 2000년이 되어서

---

166) 赵秉志, 『世紀大劫案 : 张子强案件及其法律思考 - 中国内地与香港刑事管辖权冲突问题』, 中国方正出版社, 2000, pp.237—245.
167) 张丽霞. 赵红星, 전게논문, pp.133 - 134.

야 중국 정부가 비로소 흑사회성질 범죄조직죄에 대한 강력한 제재를 결정하고 이의 효과적인 대처를 주문하자 중국 최고인민법원에서는 흑사회성질 범죄조직죄에 대한 사법적 구비요건을 내어놓았다.

(2) 흑사회성 범죄조직의 발전

1990년대 이후 흑사회성 범죄조직은 전국의 각 성·시에 널리 분포되어 있었다. 베이징·상하이를 비롯한 대도시는 말할 것도 없고 장쑤·저장·하이난(海南)·광둥·푸젠·쓰촨·구이저우(貴州)·후베이·간쑤(甘肅)·랴오닝·헤이룽장·산둥·산시·허베이·허난 등의 각 성과 중·소도시에서 수십 개의 흑사회성 범죄조직이 적발되었다. 특히 구(舊)중국의 방회세력인 청홍방조직이 집중적으로 활동하던 장강유역과 대운하일대에서 대거 자생하던 '무호방' '지주방' '신주방' 등 방회형 흑사회성 범죄조직 30여 개를 검거하였는데, 이들 조직 중에는 100명 이상의 조직원을 가진 흑사회성 범죄조직도 있었다. 이들은 농촌지역의 농민 재산을 약탈하고 괴롭혔을 뿐만 아니라 범죄조직끼리 서로 연합하여 '지역적 기반'을 바탕으로 조직 규모가 더 큰 흑사회성 범죄조직으로 발전했다.[168]

1999년 초, 각 지방의 치안은 계속 악화되고 범죄가 만연하여 심각한 사회위기가 초래되었다. 살인·강도·절도 등 대형사건이 계속 증가하고, 매음·마약 등 범죄가 많은 지방에서 만연하였으며, 특히 흑사회성 범죄조직이 시골 마을까지 파고들어 농민들을 괴롭히자 일부지방에서는 농민 폭동의 주원인이 되기도 했다. 농촌지역까지 파고든 흑사회성 범죄조직은 가족·친척을 중심으로 세를 결집하는 등 한 지방을 무대로 활동하는 조직이 있는가 하면, 일부 조직은 농촌의 기초단체장에 당선되어 제멋대로 권력을 휘두르며 해당 지역을 농락하는 등 치안질서를 더욱 어지럽혀 현지 농민의 생명·재산·안전에 심각한 위해를 주었다.[169]

흑사회성 범죄조직은 각 지역별 활동에 따라 각기 다른 특징을 보이고 있다. 이러한 범죄유형은 고착형, 특정지역형, 방파형, 타향형, 연합전선형, 침투형, 기업형, 가족형, 거지형, 신체장애형, 감방동기형 등으로 구분된다.[170]

(3) 흑사회성 범죄조직의 청소년 범죄

1990년대 흑사회성질조직 활동 중 또 다른 중요한 현상은 청소년을 대상으로 범죄조

---

168) 賈宏宇, 전게서, p.53.
169) 储槐植, "刑事政策：犯罪学的重点研究对象和司法实践的基本指导思想", 福建公安高等专科学校学报, 1999.
170) 马霞, 전게논문, pp.91－92.

직을 결성했다는 사실이다. 범죄조직에 가입하는 청소년은 주로 재학생이나 진학 못한 청소년, 학교를 갓 졸업한 학생들로, 청소년범죄 70%가 조직범죄 범주에 속한다. 후베이성 공안현(公安県)에서 80년대 이후 적발한 청소년에 의한 조직범죄가 청소년범죄의 90%를 차지했고, 1990년 이후 3년 동안 공안현에서 11개 범죄조직을 검거해 보니 조직원 대부분이 학생이었으며, 1996년 검거한 28명의 '비호대'(飞虎队)라는 절도전문 조직의 평균연령이 15세였다.171) 중국에서 청소년들이 범죄조직에 가입하는 이유는 다양하다. 일부 청소년들은 범죄조직에 자원했는데 그 이유는 대부분 의리를 중시하는 중국 사회에서 친구의 요청을 받고 거절하지 못해 순순히 범죄단체에 가입한 경우였고, 일부는 타인에게 업신여김을 당하지 않기 위해 가입하기도 했으며, 일부는 기존 범죄조직원들의 유혹과 협박을 이겨내지 못해 범죄조직에 가입했다.172) 범죄조직에 가입한 청소년 중에는 부유한 집안출신도 다수 포함되어 있는데, 이러한 부류는 범죄조직이 적극적으로 영입하려는 대상이다. 어떤 조직은 무술을 연마한다는 명목으로 청소년들을 끌어들였는데, 일단 범죄조직에 가입하면 스스로 탈퇴하기는 어렵고 몰래 도망치다 붙잡히면 살해당하기도 했다.173)

《사례》 청소년 흑사회조직 활동 사례

홍콩 흑사회 14K 조직원 첸(陳)은 고등학생으로 구성된 범죄조직 '마자방'을 만들어 청소년 조직원들에게 봉건미신 사상과 방회 사상을 주입하는 세뇌교육을 통해 철저한 범죄조직원으로 교육시켰다. 선전에서 흑사회조직의 하나인 '반흑청방'이라는 청소년으로 결성된 범죄조직이 활동하다가 검거되었고, 고등학생 및 불량청소년들로 구성된 '폭풍일족'이라 불리는 청소년 범죄조직은 흑사회조직을 모방해 10조의 방규를 정하고, 두목 1인, 고문 2인, 행동대장 7인, 조직원 54명으로 구성해 7명의 행동대장이 7개의 조직을 거느리며 활동하는 등 청소년으로서는 상상하기 힘들 정도로 조직구조를 잘 갖추었다.174) 이와 같이 중국에서 1990년대 이후부터 흑사회조직을 모방한 청소년 범죄조직이 고개를 들고 있다. 학교를 다니지 않는 청소년들이 학교에 다니는 재학생들과 함께 범죄조직을 결성하는 것이 청소년 범죄조직의 상당부분을 차지하며, 이들 범죄조직은 학교 내·외를 막론하고 일반 범죄조직의 활동영역까지 파고들어 그 세력범위가 아주 넓다.

---

171) 甘清华, "论我国黑社会性质组织犯罪的特征与形成原因", 江西公安专科学院学报, 94(3), 2005. pp.98-99.
172) 孙茂利, "中国有组织犯罪的原因分析和趋势预测", 青少年犯罪研究, 1996.
173) 张丽霞, 赵红星, 전게논문, p.133.
174) 贾宏宇, 전게서. p.62.

4. 흑사회성 범죄조직 정착기(2000년~현재)

흑사회성 범죄조직의 정착기 특징은 세 가지로 요약된다. 첫째 범죄조직의 세력 확장과 조직체계가 확고히 이루어졌고, 둘째 관계 공무원을 비호세력으로 삼아 그들과 공생관계를 이어가고 있으며, 셋째 지역을 넘어 외국의 범죄조직과 연계를 통한 국제범죄조직으로 영역을 확대하고 있다.

(1) 흑사회성 범죄조직의 정착

오늘날 중국 흑사회성 범죄조직이 중국 정부의 공식표명과 같이 과도기적인 낮은 단계에 머물러 있다고 하나 잔혹한 폭력수단과 '금자탑' 모양처럼 두목을 위시한 조직체계가 명확한 것에 대해서는 중국 정부도 부인할 수 없다.

범죄조직 보스인 두목이 직접 범행현장에 참가하여 지휘하는 비율은 갈수록 적다. 1993년 당시 범죄조직 두목이 직접 범행을 지휘했던 비율이 90% 이상이었으나 1997년에는 60%, 2000년대 초반에는 30% 이하로 줄었고, 최근에는 아예 현장에서 종적을 감추었다. 이는 흑사회성 범죄조직이 점점 성숙되어 정착되었다는 것을 시사한다. 또한 범죄연합체가 확고히 자리 잡아 합법적인 기업운영 방식을 띠고 있으며 부패된 관료와 결탁되어 있어 그 뿌리를 캐기가 지극히 어렵게 되었다.[175] 이렇듯 오늘날 중국 흑사회성 범죄조직은 과거 태동기 및 성장기와는 달리 경제가 급성장한 2000년 이후부터 최근까지 합법화된 기업체를 거느린 대형조직으로 정착했다.

(2) 당·정·관료와 공생관계

2000년 이후부터 흑사회성 범죄조직은 엄밀한 조직체계, 엄격한 방규를 갖추고 경제력을 구비하여 합법적으로 사업을 다각화하였다. 그리고 정치·경제영역으로 파고들어 당·정·사법기관 종사자 등 비호세력과 두터운 관계망을 형성하는 등 토착 관료와 공생관계를 형성했다. 범죄조직이 공안을 비호세력으로 만들기 위해 거액의 자금을 동원하여 온갖 향연을 베풀고 금품을 제공한다.[176] 이렇게 형성된 비호세력은 범죄조직에게 많은 특혜를 베푼다. 범죄활동을 묵인하거나 공안기관의 범죄조직 수사 진행사항 정보를 제공하거나 붙잡힌 범인이 탈주할 수 있도록 방조하는 것 등이다.[177]

---

175) 張德寿, 전게논문, pp.66－68.
176) 범죄조직이 공안을 공략하는 수단의 하나로 대표적인 것이 뇌물공여다. 뇌물공여의 방법은 여러 가지가 있다. 이렇게 관계를 맺은 공안은 범죄조직에게 경찰복·경찰차·공안증명까지 대여해주는 편리를 제공한다.

당·정·관료들이 범죄조직과 공생관계를 맺는 이유는 부를 축적하기 위함이다. 돈의 가치가 무한대로 상승하고 있는 시대에 살고 있는 고위 관료들이나 농촌 기층간부들은 범죄조직이 내미는 금전적인 유혹을 뿌리치지 못하고 자신의 본분과 직책을 망각한 채 범죄조직과 결탁한다. 그리고 당 간부나 관료들이 자신을 과시하고 싶은 욕망 때문에 범죄조직을 결성하기도 한다.[178] 특히 기층간부들 사이에서 불고 있는 관료주의는 자기 과시적인 형태로 나타난다. 즉, 공산당간부가 범죄조직의 우두머리로 군림하면 흑백세계(黑白世界), 즉 범죄세계와 관료사회를 모두 장악한 지방의 최고 실력자가 되어 자신이 관할하는 지역에서 독립적인 왕국의 토황제(土皇帝), 즉 지방 황제가 된다.

《사례》 범죄조직과 관료와의 공생관계인 천카이(陳凱) 사건

천카이는 17살 되던 해 옷 장사를 시작하고 1991년 사행성 오락기를 푸저우(福州)에 도입하면서 푸저우 공안국장 쉬충룽(徐總容)을 의부로 삼아 가라오케, 사우나, 오락기 등 '오락산업의 왕국'으로 출세했다. 1998년 부동산으로 업종을 전환한 후 푸저우시에 카이쉔화원(凱旋花園), 카이거음악광장(凱歌音樂廣場)을 개업하면서 시 중심에 4층짜리 나이트클럽을 만들어 200여 명의 아가씨를 두고 정부 관리들을 상대로 영업을 해 나갔다. 그는 재산을 안전하게 보호하기 위해 고위 경찰관 출신을 영업이사로 고용하였고 푸저우시 정치협상회의 위원이 되었다.

2002년 5월, 중국과 미국의 경찰은 국제마약조직 두목 중국인 왕젠장(王堅章)을 검거하였는데, 천카이가 왕젠장을 도와 마약자금을 돈 세탁해 준 것이 드러나 그의 범행이 하나하나 밝혀졌다. 1992년부터 2003년까지 천카이로부터 뇌물을 받은 관리들 중에 천카이 수하의 조직원으로 활동한 관료가 21명, 비호세력이 된 당원 간부가 76명, 기타 관련자가 16명으로 총 113명이 사건에 연루되었고 수수한 금액이 3억 위안이었다. 천카이는 이 사건으로 사형을 선고받았고 이때 낙마한 고급 관료로 푸젠시위원회 부서기 겸 정법위원회 서기 쑹리청(宋立誠)을 비롯해 푸저우시 위원회 비서장, 푸젠성 국가안전청 청장, 푸젠성 지방세무국 국장, 중국은행 푸저우시 지점장, 전 푸저우시 부시장, 푸저우시 공안국 부국장, 푸저우시 중급 인민법원 전 형사법정 정장 등이 있었다.

천카이 흑사회성 범죄조직은 도박, 마약, 사기, 불법구금, 매춘 등의 범죄로 악명이 높았다. 이 사건으로 당시 저장성 성장(省長)으로 있던 시진핑(習近平) 현 주석이 천거해 준 인물들이 있어 시진핑도 입에 오르내렸다.[179]

※ 사례 분석

천카이 사례는 중국의 차기 지도자로 부상이 확실시 된 시진핑 당시 부주석에게도 정치적 치명상을 안긴 대표적인 관료와 범죄조직 간의 공생관계 및 결탁사건이다. 천카이

---

177) 张丽霞·赵红星, 전계논문, p.134.
178) 陆学艺, 『当代中国社会阶层研究』, 社会科学文献出版社, 2002, p.57.
179) 신상철, "시진핑 평전", 차이나연구, 2013.

는 푸저우 공안국장을 의부로 삼아 범죄조직을 보호하였고 공안국장은 천카이 흑사회성
범죄조직을 비호하면서 각종 뇌물을 받아 챙겨 범죄조직과 관료와의 공생관계를 여실히
보여준 사례로, 이 사건으로 푸저우시의 고위 당·정 간부와 많은 정법기관 공무원들이
대거 구속되었다.

(3) 국제범죄조직으로 발전

중국 흑사회성 범죄조직은 2000년 이후 국제범죄조직(즉 마피아나 야쿠자)으로 발전하
고 있다. 일부 도시와 농촌지역의 범죄조직은 해당 지역을 거점으로 패권을 장악하여 수많
은 범죄를 일으키고, 홍콩·대만 등의 흑사회 범죄조직, 일본의 야쿠자, 러시아 마피야 등
외국 범죄조직과 연대를 통한 총기밀매, 마약, 인신매매, 밀입국, 각종 위폐제작, 돈 세탁
등 전 분야에 걸쳐 범행을 자행하고 있다.[180]

최근 들어 중국 최고인민법원에서 전국 각 법원으로부터 접수되어 심리중인 사건 중
에 중화권 흑사회 범죄조직과 관련된 사건이 증가하고 있다. 2000년 1월 이후 현재까지 각
급 법원재판부가 심의하는 중화권 흑사회 범죄조직과 관련된 사건 수는 매년 3, 4배가 증
가하고 있으며 재판에 회부된 범죄피의자의 수도 해마다 평균 6.5배 상승하고 있다.[181] 범
죄규모에서도 마피아나 야쿠자처럼 고도화된 조직을 갖춘 변화추세가 뚜렷하고 내부 조직
화정도가 단단해졌으며 활동영역도 일정지역에서 벗어나 점점 국경을 사이에 둔 국제범죄
조직으로 진화되었다.

(4) 2000년대 이후 중국 정부의 흑사회성 범죄조직 소탕작전

중국은 2006년부터 2009년 7월까지 3년 간 흑사회성 범죄조직 소탕에 나서 1만 3천
개의 흑사회성 범죄조직을 적발하고 8만 9천 명의 조직원을 체포했다. 중국 공안부는 특히
건축공사, 광산개발, 교통운수, 도매시장 등에서 이권에 깊이 개입된 흑사회성 범죄조직
400여개를 적발하고 이들이 축적한 자산 40억 위안(8천억 원)을 압류했다.

중국 최고인민법원은 2006년부터 2009년 7월까지 3년 간 1,171개 흑사회성 범죄조직
의 조직원 12,796명을 흑사회성 범죄조직의 조직·지도·참가죄로 처벌했다. 판결이 확정된
6,700명 중 3,100명에 대해 사형, 무기징역을 비롯해 징역 5년 이상의 중형을 선고했다.
공안에 적발된 흑사회성 범죄조직 중 충칭(重慶)시 천밍량(陳明亮)사건, 베이징시 통저우(通
州)구 부동산사건, 허베이성 한단시 리파린(李發林)사건, 랴오닝성 쑹펑페이(宋鵬飛)사건 등
은 중국 전역이 떠들썩했던 전형적인 21세기 흑사회성 범죄조직 관련 사건이다.

---

180) 康树华, 『有组织犯罪透视』, 北京大学出版社, 2001, p.174.
181) 賈宏宇, 전게서, p.56.

2006~2009년까지 3년 간 흑사회성 범죄조직과의 전쟁에 가장 두드러진 성과를 올린 지역은 충칭시로, 충칭시 공안은 104개 흑사회성 범죄조직을 적발하여 두목 67명을 비롯해 조직원으로 활동한 1,500명을 체포했다. 특히 충칭 공안은 2009년 8월 7일 원창(文强) 충칭시 사법국장을 비롯해 부동산 재벌 등을 포함한 공안 간부 20여 명을 흑사회성 범죄조직죄로 처벌했다.[182]

《사례》흑사회성 범죄조직의 광산채굴권 확보 및 운영

광둥(廣東)성에서 활동하고 있는 일부 흑사회성 범죄조직은 희토류 광산 운영권을 장악하여 광물질을 불법 채굴한 후 밀수 경로를 통해 희토류를 매각하거나 외국에 수출해 막대한 이익을 챙기고 있다. 중국 광둥성 남부지역에 기반을 둔 흑사회성 범죄조직은 산업용 원자재로 쓰이는 중토류(Heavy rare earths)를 불법채굴하여 전 세계에 공급하고 있는데, 이들 조직이 채굴하는 중토류는 무기를 비롯해 아이폰과 평판TV, 레이저, 하이브리드카, 풍력 터빈에 이르는 첨단 전자제품의 부품 소재로 사용된다. 이들이 불법채굴로 배출하는 황산과 여타 화학물질로 인해 인근 상수원과 농토가 오염되자 주민들과 마찰도 발생했는데, 이때마다 흑사회성 범죄조직은 마을주민들에게 조직원을 동원해 폭력으로 위협하면서 불법채굴작업을 계속하고 있다. 광둥성 공안은 흑사회성 범죄조직이 소유한 희토류 불법광산 장악을 묵인해 오다가 최근 들어 밀수 경로를 차단한다는 이유로 헬기까지 동원하면서 100명의 조직원들을 체포했다.[183]

제5절 흑사회성 범죄조직 생성원인

오늘날 중국 사회는 재산이 많고 적음에 따라 사회적 지위가 결정되는 사회로 접어들었다. 황금만능사상은 사회 전반에 걸쳐 부정적인 영향을 끼치고, 국가공무원들은 자신에게 주어진 지위나 권력을 이용하여 부정축재를 하고 있다. 또한 경제발전으로 물자와 사람의 교류가 빈번해져 전통 농업사회가 해체되고, 도시로 몰려든 농민공(농촌에서 도시로 몰려든 노동자)으로 인해 유동인구가 늘어나 이들 중 상당수는 사회적 약자로 전락하여 흑사회성 범죄조직을 결성하여 범죄에 가담한다. 이와 같이 중국에서 흑사회성 범죄조직이 창궐하게 된 주요 원인은 정치적 원인, 문화적 원인, 사회·경제적 원인으로 구분될 수 있다. 본

---

182) 人民日報, 2009.9.2자.
183) 中國靑年報, 2010.12.31자.

교재에서는 관료의 부패와 범죄조직의 비호, 사회통제력 약화와 경찰역량의 빈약 등 정치적 원인과, 강호의기와 범죄아류문화를 문화적 원인으로, 민공과 실업문제, 빈부격차와 시장경제의 불균형 등 사회·경제적 원인의 관점에서 이를 살펴보고자 한다.

1. 정치적 원인

(1) 관료부패와 범죄조직 비호

1) 직무권력과 직업권한

중국에서의 공직자 부패문제는 이미 수위를 넘었다고 할 정도로 심각하다. 부패의 근원은 공무원 자신의 문제이기도 하지만 국가 권력운용 시스템 내부의 문제점도 있다. 흑사회성 범죄조직이 생성할 수 있는 요인 중의 하나는 중국 관료들과 범죄조직의 공생관계이다. 전 중국 국가주석 장쩌민(江澤民)은 "당내에 존재하는 모든 부패는 금지되어야 하며, 현재 아주 심각할 정도로 만연하고 있다. 당에서 부패를 척결하지 못하면 발전도 없을 뿐만 아니라 나라도 망하고 공산당도 망하는 절대적 위기를 맞을 것이다"라고 했다.[184]

중국에서 흑사회성 범죄조직이 발생하는 원인 중 하나는 권력기구 내부에서 찾을 수 있다. 관료본위의 전통사상이 지속되고 있으며 권력을 감독하는 기구가 충분히 기능을 발휘하지 못하다 보니 지방에서 해당기관의 책임자는 종종 '사장'으로 불리며, 이는 중국에서 수천 년 동안 지속되어 온 관료체제의 산물로 볼 수 있다. 사회주의 국가체제로 중화인민공화국이 건국된 이후 행정상 상급주관부서에서 하급부서로 '지령' 형식으로 명령을 내려보냈고, 기업에서도 그 지령에 따라 생산을 하며, 소비자도 지령에 따라 소비를 했다. 권력이 몇 사람들 손에 의해 장악되었고 1980년대 개혁개방 이후 많은 중국 관료, 특히 해당 국가공무원이 그 직급·직책과 관련된 '직무권력'과, 해당 공무원이 담당하는 직무와 관련된 '직업권한'을 이용했다. 2000년대 이후 직무권력을 가진 관료들은 각종 사회복리에서 권력남용을 일삼았고, 직무권력이 없는 공무원들은 직업권한을 이용하여 자기의 업무범위 내에서 이를 남용했다. 관료들은 돈이 없고 권력이 있으면 권력으로 돈을 샀고, 돈이 있고 권력이 없으면 돈으로 권력을 샀다. 직무권력이나 직업권한이 없는 빈곤한 사람들은 관료들의 부정한 재산축적에 대해 분기를 일으켜 마약·강도·납치·인신매매·윤락 등 범죄에 가담한 자들이 많았고, 사회 불만과 보복 심리로 범죄의 길로 들어서 '권력이 있으면 합법으로 일하고, 권력이 없으면 비합법으로 일한다.'는 말로 범죄조직의 활동을 정당화 했다.[185]

---

184) 人民日報, 2000.1.20자(江澤民总书记在中纪委第四次全会上的讲话).
185) 周蓝蓝, 전게논문, p.116.

　　중국 정부는 부패에 대해 언론의 감시 역할을 강조하고 있으나 언론의 자유가 허용되지 않아 부패에 대한 언론감시는 이루어지지 않는다. 언론이 국가권력을 감시하면 자살행위와 같아 정간 또는 폐간을 당하기에 대다수 언론은 정부 정책의 홍보기관 역할을 할 뿐이다. 또한 부패에 대한 민간인들의 감시도 제약되어 제보라는 형식으로 반부패에 참여하지만 이는 개인 목숨도 내놓아야 하는 위험이 있기에[186) 중국에서 일반인들이 위협을 느끼지 않고 부패를 감시한다는 것은 대단히 어렵다.

《사례》 선양(沈陽) 류통(劉通) 흑사회성 범죄조직 관료 결탁 사건

　　랴오닝성 선양시 흑사회성 범죄조직 두목 류통 사건은 당시 중국 최대의 관료와 범죄조직이 결탁한 사건이었다. 중앙기율위원회(우리나라의 감사원) 조사에서 두목 류통과 연루된 관료들은 선양시장 마오쇼신(毛手新), 상무부시장 마샹둥(馬向東)을 비롯해 선양시 각 국의 국장과 공안 등 간부급 지도자들이다. 류통은 높은 지위를 이용하여 전 시장 마오타신(毛安新)에게 뇌물을 주어 공안기관으로 하여금 자신과 관계된 사건 수사를 못하게 방해하였을 뿐만 아니라, 선양시 공안국 산하기관에 운영경비를 지급하지 못하게 하였고, 마오타신이 선양시 공안국장 양커린(梁可林)에게 그 책임을 묻는 등 두목 류통을 위해 직위를 이용했다. 전 부시장 마샹둥은 유통으로부터 200만 위안의 뇌물로 받고 시내 중심지 3억 5천만 위안 상당의 토지를 무상으로 유통이 운영하는 '가양집단공사'로 넘겨주었다. 선양시 검찰원 전 검찰장이며 전 선양시 중급 인민법원장이던 류스(劉實)는 여러 방면에서 류통을 비호했고 선양시 중급인민법원장 지정꿔이(集政傀)는 류통의 뇌물을 받고 6명의 공안을 사건수사 책임을 물어 파면시켰다. 또한 고위급 당·정 간부들도 유통과 결탁하여 '두 권력'을 이용했다. 선양시 상무부시장 마샹둥은 재정국, 국유자산관리국, 담배전매국, 세무국, 건설위원회 등 각 사무국의 결재권자였을 때 자신의 권력을 범죄조직을 위해 사용했다. 마샹둥은 류통에게 편의를 제공하였기에 류통으로부터 수백만 위안을 상납받았다. 류통이 마샹둥으로부터 특혜받은 부지는 2,400㎡의 선양시 광장과 수만㎡ 필지의 토지 등으로, 류통은 마샹둥에게 4만 달러의 뇌물 외 200만 위안의 부채를 갚아주고, 그가 마카오 도박장에서 탕진한 돈도 변제해 주었다. 1989년 발생한 링룽(玲龍) 살인사건으로 류통이 사형을 구형받고도 풀려나왔고, 선양에서 30여 차례에 걸친 범행에 단 한 번도 처벌받지 않은 것은 이러한 관료들과의 결탁관계 때문에 가능했다.[187)

※ 사례 분석

　　선양의 류통 흑사회성 범죄조직의 관료 결탁은 당시 중국 사회를 떠들썩하게 한 사건이며 연루된 관료가 가장 많은 사례로, 관료의 범죄조직 비호는 이미 중국 사회에 공공연하게 난무하고 있다. 이 사건을 계기로 중국 형법학계에서 각종 논문을 통해 흑사회성

---

186) 马霞, 전게논문, p.93.
187) 賈宏宇, 전게서, p.158.

범죄조직이 결성된 이후 관료와 결탁을 통해 관료의 비호를 받는 등 확고한 범죄조직으로서 위치를 공고히 하는 데 최소 5년이 걸린다는 주장이 제기되었다.[188]

2) 뇌물매수

흑사회성 범죄조직은 정치적 지위를 이용하여 범죄행위를 비호받고 법률적 제재도 피한다. 정부 관료의 매수는 뇌물을 수단으로 하기에 더욱 은폐되고 안전한 이점이 있어 범죄조직이 안정적으로 발전하고 보호받을 수 있는 측면에서 효율적이다.[189] 범죄조직이 존재하고 세력을 확장할 수 있는 직접적인 힘은 조직과 폭력이며, 간접적으로는 공안·사법기관 그리고 국가와 지방정부 고위 관료들과 관계망을 형성해 놓았기 때문에 가능하다. 공안은 흑사회성 범죄조직이 관련된 사건에 대한 수사정보를 흘려보내고 관련 증거물들을 훼손하며, 검찰은 흑사회성 범죄조직에 대한 기소사건을 방치하거나 기소된 죄명을 경미한 것으로 변경하고, 법원은 흑사회성 범죄조직에 대해 증거부족 등의 이유로 정한 죄로 선고하지 않거나 법정형량 폭을 최대한 낮게 처벌하여 가석방시키며, 교도기관은 흑사회성 범죄조직원들에게 수형기간 내내 여러 측면에서 편의를 제공하는 등 흑사회성 범죄조직은 부패한 관료들로부터 각종 특혜를 받는다.[190]

3) 협박과 폭력

흑사회성 범죄조직은 정부 관료들에게 뇌물만을 수단으로 사용하지 않는다. 일부 정직하고 물질적 이익에 흔들리지 않는 청렴한 공무원들에게는 협박과 공포심으로 자극한다. 협박과 공포가 먹혀들지 않은 공무원이 있으면 해당 공무원의 집을 찾아가 가족들을 상대로 폭력을 사용한다. 정치적 시각에서 볼 때 이것은 권력전환이다. 즉 흑사회성 범죄조직의 관료 매수는 정부권력을 부분적으로 '흑사회성 범죄조직 권력'으로 바꾸는 것이다.[191] 이것은 범죄조직이 소유하고자 하는 목적물을 더욱 쉽게 차지할 수 있도록 만든다. 중국에서 범죄조직과 부패한 정치인과의 결합은 조직범죄가 더욱 창궐할 수 있는 환경을 조성하고 사회 안정에 중대한 영향을 끼친다.

흑사회성 범죄조직은 견고한 경제적 기반을 바탕으로 국가의 행정·사법·입법의 인사들과 친분을 두텁게 하여 그들의 지지를 받으면서 온갖 계책으로 조직을 확장한다. 범죄조직과 국가기관과의 친밀한 관계는 범죄연합체 형성과 같다. 국가기관의 세력을 등에 업은 흑사회성 범죄조직이 저지르는 사기·공갈·협박 등은 그 누구도 신고하기를 꺼릴 정도로

---

188) 周蓝蓝, 전게논문, p.118.
189) 甘清华, 전게논문, p.99.
190) 杨郁娟, 전게논문, p.86.
191) 张丽霞·赵红星, 전게논문, p.134.

악랄하다. 피해를 당한 일반인들은 대개 법률적 도움을 받지 못하며 피해사실이 폭로된다고 해도 위법한 범죄사실에 대해 사법·공안기관에서 수사를 제대로 하지 않을 뿐만 아니라, 수사를 한다고 해도 정·관계 비호세력이 범죄조직을 보호해 주고 또한 범죄조직으로부터 보복이 뒤따르고 있어 범죄소탕에도 한계가 있다.

4) 무장능력 확보

많은 흑사회성 범죄조직은 관료들을 매수해 정상적인 업무처리를 할 수 없을 정도로 관료사회를 부패시킨다. 이는 자신들의 범죄활동을 보호받고 동시에 자신들에 대한 법률제재를 탈피하는 출구로 사용되며,[192] 견고한 경제적 능력을 바탕으로 총과 탄약 등 무기를 대량 구입하고 정부에 대항하는 등 무장 대응능력을 높인다. 무장한 흑사회성 범죄조직이 저지르는 범행이 잔인하고 극악무도하지만 법적인 제재가 요원하고 게다가 사법당국의 범죄척결에 대한 적극성이 떨어지기 때문에 일반인 대다수가 중국 정부의 범죄척결 의지를 믿지 않는다.[193]

5) 사법부 부패

사법부의 부패는 범죄조직활동에 가장 큰 영향을 미친다. 사법관계자는 범죄조직과 결탁하여 뇌물을 받고 비호세력으로 둔갑하여 범죄조직이 일으킨 각종 사건을 비호하고 묵인하는 경우가 허다하다. 하얼빈의 흑사회성 범죄조직인 '교사파'(喬四派) 두목 송용자(宋永佳)는 3년에 걸쳐 살인을 포함한 130여 건의 강도, 폭행, 협박, 공갈, 사기 등 사건을 저지르고도 단 하나의 처벌도 받지 않았다. 그 이유는 정법, 공안 부문에 처장급 20여 명, 과장급 30명 등 100여 명의 간부들이 '교사파' 두목 송용자를 비호하였기 때문이다. 흑사회성 범죄조직이 해당 지역에서 기세를 부리며 잔혹한 수단으로 범행을 할 수 있는 것은 현지에 '보호우산'(비호세력)을 끼고 있기 때문이다. 지린성(吉林) 장춘(長春)의 흑사회성 범죄조직 두목 량쉬둥(梁旭東)은 "나는 이 사회에 세 개의 큰 칼을 가지고 다닌다. 첫 번째 칼은 나의 '공안'인데 누가 감히 나를 건드리겠는가, 두 번째 칼은 나의 '범죄조직'이다, 누가 내 말에 복종하지 않겠는가, 세 번째 칼은 나는 '관계망'을 갖고 있다, 위에서 나를 돌볼 사람들이 있는데 누가 감히 나를 해치겠는가"라 했다. 중국의 대다수 일반인들은 정부의 범죄조직소탕 관련 사항에 대해 별다른 호응도 없으며, 범죄조직에 대한 공안의 수사에도 그다지 관심을 보이지 않는다. 오히려 범죄를 저지를 수밖에 없었던 흑사회성 범죄조직의 범행에 동정을 보낸다. 각 지역 공안에 검거된 흑사회성 범죄조직 배후에는 부패한 당·정 간부 등

---

192) 张德寿, 전게논문, p.66.
193) 马霞, 전게논문, p.93.

관료들이 대거 개입되어 있다.

《사례》 후난성 리젠화의 범죄조직 비호사례

　후난성(湖南省) 런저우시(臨州市) 공안국 치안대대 특경부대 1중대 중대장 리젠화(李建和)는 흑사회성 범죄조직을 비호한 죄로 4년의 유기징역을 선고받았다. 1998년 12월부터 리젠화는 흑사회성 범죄조직 두목 류지송(劉基宋)과 교분을 맺어 왔는데, 린저우시 공안국이 '흑사회성질 범죄조직 소탕계획'을 수립하여 시행할 때 리젠화는 전후 세 차례에 걸쳐 류지송에게 소탕계획을 통보하여 주었고 그 대가로 돈을 받고 범인은닉까지 도와주었다. 2001년 5월 16일 류지송의 부하 조직원 리이우(李義武)가 시내에서 음식값 1,800위안을 지불하지 않아 무전취식으로 사건접수가 되어 리젠화에 검거되었다. 리이우는 재판 중에 범죄사실을 진술하면서 류지송이 지역 내 업주들에게 보호비를 갈취하였고 지하도박장을 개설하였으며 마약을 판매하였을 뿐만 아니라 불법으로 총기를 휴대하였다는 사실을 진술하였다. 리젠화는 바로 그날 두 차례의 전화통화로 류지송에게 이러한 진술내용을 알려주었는데, 류지송은 즉시 그 사실을 폭로한 리이우를 불러내어 외지에서 암매장시켜 죽여 버렸다. 리젠화의 이런 행위는 곧바로 탄로나 시민들의 격렬한 반향을 불러 일으켰고 린저우시 인민검찰원이 리젠화를 조사한 후 기소했다.[194]

※ 사례 분석

　공안이 범죄조직을 비호한 대표적인 사례 중 하나다. 공안은 범죄수사의 모든 정보를 갖고 있기에 범죄조직은 그 정보를 알기 위해 공안에 접근하여 뇌물과 향응을 베푼다. 이 사건에서 리젠화는 특경대장의 신분으로 각종 사건을 수사하는 지위에 있지만 평소 알고 지내는 범죄조직의 두목과 이런 저런 관계로 인해 수사 중인 사건정보를 당사자인 범죄조직 두목에게 흘려보낸다. 범죄조직의 두목 입장에서 자신의 수하로 있던 조직원이 조직 내 모든 사실을 자백하고 심지어 두목인 자신의 범행사실을 털어놓는 결과가 되면 당연히 그 수하를 죽일 것이다. 이러한 상황에서 특경대장 리젠화는 유지송에게 수사기밀을 알려주어 리이우를 죽이는 결과를 가져왔다.

(2) 사회통제력 약화와 경찰역량 빈약

1) 사회통제력 약화

　사회통제력 약화는 중국에서 개혁개방 이후 나타난 현상이다. 이는 구(舊)제도의 붕괴와 신(新)제도의 발전과 관련된 것으로 중국 정부의 사회통제력 약화현상은 여러 곳에서 찾아볼 수 있다. 중국이 계획경제에서 시장경제체제로 전환하면서 전통적인 사회구조가 도시와 농촌으로 이원화되고 불균형이 심화되었다. 한쪽에서는 경제가 살아나 활력이 넘쳤지만, 다른 한편에서는 빈곤과 사회보장 체계 그리고 방범 체계가 확립되지 않아 실업자가

---

194) 賈宏宇, 전게서, p.197.

늘어나고 사회통제력이 약화되었다. 전통적인 구 가치관의 붕괴는 사회구성원 간 결속을 약화시키는 결과를 가져왔고, 신 가치관의 이기적인 황금만능주의는 경제적 이익만을 추구하는 정신문화를 낳았다. 신·구체제의 가치관 변화는 사회구조의 충돌로 이어져 사회 저층에 속한 사람들이 가진 자들에 대한 반감과 불만이 고조되어 범죄조직을 결성하여 대항한다.[195]

중국의 많은 기초단위(기층조직)는 주어진 권력을 발휘하지 못해 흑사회성 범죄조직의 지방권력에 대한 개입을 불러왔다. 기초단체를 통해 사회참여 기능이 활성화되어야 하지만 사회구조가 변화함에 따라 '개인 – 기초단위(기층조직) – 사회'라는 방식이 해체되고, 비합법 단체인 범죄조직이 기층조직의 공백을 보충해 '개인 – 범죄조직 – 사회' 모델로 변화되었다.[196] 흑사회성 범죄조직이 활개치는 지방은 범죄조직 세력이 권위가 되었고 범죄조직 권위가 지방정부 권위를 초월했다. 그리하여 사법기관의 법집행이 부재함에 따라 흑사회성 범죄조직의 도움으로 각종 문제를 해결한다. 즉 채권자는 흑사회성 범죄조직 도움으로 채무관계를 해결하거나 폭력으로 해결하는 모순을 낳고 있다. 이를 중국식 표현으로 '달이 차고 해가 기우는' 현상이라 하는데, 사회적으로 발생하는 수많은 폭행, 상해, 절도, 경제 분규 등에서 "왜 공안에 신고하지 않느냐"고 하면 "정부가 일을 처리하는 것이 흑사회성 범죄조직 보다 못하다. 정부기관을 찾아가 일을 처리하려면 몇 년의 시간이 걸려야 하는지 모른다. 범죄조직을 찾아가면 대다수의 분규, 싸움 등은 말할 것도 없이 아무리 어려운 일이라도 즉시 해결해 주어 봄에 얼음이 녹듯 풀어진다"고 말한다. 시내에 집회가 열리거나 각종 치안상황이 발생하면 지방정부도 흑사회성 범죄조직을 찾아 전면에 나서 해결해 주기를 기대한다. 이렇다보니 지방정권은 자신들의 힘이 미약해 각종 분규 처리능력이 없어 범죄조직 두목을 찾아가 분규 처리를 부탁하게 되고, 범죄조직은 한발 더 앞서 합법적 선거를 통해 지방단체장으로 선출되어 그 지방의 지도자로 부임한 후 형기만료 출소 전과자와 노동교양교육 해제자 등 전과자를 규합하여 더 큰 흑사회성 범죄조직으로 키워간다.[197]

2) 경찰역량의 약화

중국 공산당은 일당독재를 바탕으로 권력이 운용되기에 모든 권력을 공산당이 장악하고 있어 사법기관이 독립되지 못한 중국에서 공산당원을 처벌할 때 각종 제약을 받는다. 공산당체제에서 중앙이나 지방정부는 사법기관을 하급단위로 두고 있어 공산당원이 관련된 상급자에 대한 부패나 공산당 내 상급자가 비호하는 공무원을 상대로 하급기관인 사법

---

195) 周蓝蓝, 전게논문, p.117.
196) 甘清华, 전게논문, p.100.
197) 賈宏宇, 전게서, p.202.

부가 처벌하는 것은 어려움이 많다.[198] 중국 정부가 흑사회성 범죄조직을 일망타진할 능력이 없다보니 비호를 받는 범죄조직은 세력이 점점 커지고 시간이 흐를수록 지방의 치안력이 약해져 범죄를 소탕하려 해도 장비, 인원 등에서 지방정부의 힘이 범죄조직보다 약하기 때문에 공권력을 발휘할 수 없다. 1995년 당시 중국 경찰력은 인구 만 명당 9명으로, 미국의 28명, 일본의 22명, 이탈리아의 29명, 프랑스의 30명 등 선진국 평균인 30명 내외로 볼 때 중국은 선진국의 1/3에 해당하는 경찰력을 보유하고 있었고 2018년 현재 베이징, 상해 등 대도시를 제외하고 그렇게 나아진 것은 없다. 또한 범죄조직을 전담하는 전문수사관의 경우 연해 동남부 등 대도시에는 부서가 편성되어 있으나, 대다수 지방 소도시나 현 급 도시에는 미약하고 내륙지방에는 아예 부서가 없는 지역도 허다하다.[199] 범죄조직 전담경찰력이 미약하다 보니 타지방에서 범죄조직이 스며들어 영역을 확장해도 현지 경찰은 인력부족으로 이들 범죄조직을 관리하지 못한다. 세력을 확장한 범죄조직에 의해 각종 범죄가 발생해도 소탕할 방범시스템이 전혀 갖추어지지 않아 일망타진은 엄두도 못 내고 있다.[200] 현재 영국 경찰은 경찰관 100명당 순찰차가 38대로 중국 경찰의 20배에 해당한다. 세계 선진국 인구 100만 명 이상의 도시에는 경찰 교통순찰차량 평균 보유 대수가 693대, 시 경찰국 3/4이 헬기를, 3/8이 경비행기를 보유하고 있지만 중국의 경우 대다수 파출소·경찰서에 교통 통신기기·수사 감식장비가 낙후되고 근무가 열악하여 상대적으로 사기가 충전되지 못한다.[201] 선진국에서 치안에 투자하는 예산은 전체 국가예산의 3~5%이고, 개발 도상국가들은 9%까지 예산을 편성하고 있지만 중국은 1%의 예산으로 치안을 이끌어 간다.[202] 대도시를 제외한 대다수 경찰관서에는 판공비, 전화비, 유류비 등 기본경비가 지불되지 못하고 신흥개발지역 경찰관서에는 몇 개월째 운영경비를 지불하지 못해 많은 전투경

---

198) 杨莉, "我国黑社会性质犯罪的文化成因研究", 中国人民公安大学学报, 101(1), 2003, p.83.
199) 杨莉, 전게논문, p.83.
200) 2018년 현재 지린성은 면적 187,400㎢, 인구 2,734만 명(49개 민족 거주), 공안국 8개소, 자치공안국 1개소, 행정구역 18구, 1현, 경찰관 37,000명 근무하고 있고, 랴오닝성은 면적 15만㎢, 인구 4,300만 명, 행정구역 14개 성·직할시, 44개현, 시공안국 14곳, 직속공안국 3곳, 현공안국 44개소, 구공안국 53개소, 개발구공안국 10개소, 파출소 1,795개소, 경찰관 7만 명이 근무하고 있다. 이들 각 성의 공안 중 대다수가 도시에 편중되어 있고 소도시나 현 급 시골의 향, 진 등에는 공안의 수가 턱없이 모자란다.(이러한 자료는 경찰청 자매결연 체결당시 각 성으로부터 입수한 것이다).
201) 王云良, 전게논문, p.142. 베이징 올림픽을 전후하여 중국의 경찰장비는 많이 현대화되었다. 특히 첨단장비가 갖추어진 과학수사반의 경우 증거분석 기법이 현대화되었고 자외선촬영기법, 적외선촬영기법, 족흔적 채취법 등 각종 장비가 도입되었다. 그러나 베이징 등 수도권 중심의 대도시 위주의 장비보급이기에 중·소도시 등 낙후된 시골에는 아직도 후진적인 장비와 수사기법이 그대로 사용된다.
202) 甘清华, 전게논문, p.98.

찰대원들이 부상을 입어도 의료지원을 받을 수 없는 등 예산부족 등으로 근무환경이 열악
하다.

3) 중국 공안의 총기사용과 한계

중국 공안이 사용하는 총기의 경우 총기와 탄알이 엄격히 분리되어 관리하며, 총을 사
용할 때는 총기 책임자와 탄알의 책임자에 대해 이중으로 비준을 받아야 한다. '양가의 경
찰습격사건(杨佳袭警案)'은 총기를 적시에 배치하지 못해 엄중한 결과를 초래한 사례이다.
2008년 7월, 상해시공안국 소속 갑북분국(闸北分局) 소속 경찰들의 불심검문과 공안기관의
민원처리에 대한 불만을 품고 칼을 휴대한 채 갑북분국의 공안건물에 침입하여 6명의 경찰
을 살해하고 2명의 경찰에게 경상, 1명의 경찰과 보안요원에게는 경미상을 초래한 범인의
행동에 대해 시민들은 경찰의 현장대처 능력에 대해 비판하면서 총기를 제때 배치하여 사
용하지 못했던 점이 인명사고의 주요한 요인으로 분석하였다. 즉 총기를 사용하기 전에는
경찰이었지만 총기를 사용 후에는 범죄자가 된다(开枪前是警察, 开枪后沦为罪犯)는 풍자적
표현이 실무현장에 있는 공안들의 기본의식이며 총기휴대 및 사용에 대한 심각한 형식주의
를 반영한다. 2014년 3월 곤명기차역 테러사건(昆明火车站暴力恐怖案)은 곤명기차역에서 위
구르 테러리스트 8명(남 6, 여 2)이 테러를 감행하여 시민 29명이 사망하고 143명이 상해를
입었던 사건이다. 이 사건에서도 5명의 테러주의자를 제압한 중국 공안은 '사격 후 사격이
올바른 선택이었는지 생각하였다'고 했다. 즉, 수십 명의 사상결과를 초래한 테러주의자를
제압한 공안의 총기사용 정당성에 대한 의문을 가질 정도로 실제 중국 공안의 총기사용에
대한 부담감과 총기사용에 대한 법률적 규정의 미비는 매우 심각한 현실적 문제이다. 총기
사용에 대한 부담감으로 사용하지 않으려는 현상과 더불어, 총기에 관해 엄격한 기준을 적
용하는 언론의 비판적 시각에서 자유롭지 못한 공안들은 현실적으로 총기 훈련이 제대로
되어 않아 위험한 순간에 효과적으로 총기를 사용 못할 뿐만 아니라, 위험 대상자를 명중
시키지도 못하는 현실이 또 다른 문제점으로 거론된다.[203]

4) 허술한 전과자 관리

중국은 매년 20만 명에 달하는 수형자들이 교도소에서 출소한다. 형기만료 출소자 관
리가 제대로 되지 않아 범죄조직의 재결합을 차단하지 못해 출소 후 새로 결성된 범죄조직
에 의한 범죄가 계속 증가해 사회치안의 우환거리가 되고 있다. 이들 출소전과자 37%가
교도소 내에서 새로운 범행기법을 배워 출소 후 곧바로 신규조직을 만들어 범행에 가담한
다.[204] 흑사회성 범죄조직 두목과 행동대장 등은 대다수가 전과자 출신으로 살인·폭행·협

---

203) 오창식, "중국경찰 행정 자유재량권 연구", 법학연구, 59(2), 2018, pp.29-51.

박·공갈 등 폭력으로 각 지역에 영역을 확보하고 마약·윤락·고리사채·민사개입 등 비합법적인 방법으로 시장경제질서를 파괴하면서 범죄조직을 키워간다.

2. 사회·경제적 원인

(1) 호구제도와 농민공문제

1) 호구제도

중국의 도시와 농촌은 사회·경제적 수준에서 현격한 차이를 보인다. 도시와 농촌 간 차이는 경제적인 소득에서만 아니라 정치, 문화, 교육 그리고 일상생활 등 질적인 수준에서 선명히 나타나며, 특히 인구가 적은 소도시와 인구가 많은 농촌지역에서 주민 삶의 질과 문화적 수준차이가 많다. 이러한 현상이 나타나게 된 밑바탕에는 도시와 농촌의 분할을 결정짓는 중국 특유의 호구제도를 지적할 수 있다. 중화인민공화국 건국 이후 개혁개방 이전까지 전국의 각 도시와 농촌에는 호구제도를 중심으로 사회통제기능을 해 왔다. 이 호구제도를 기초로 도시와 농촌의 분리가 이루어지고, 도시와 농촌 분할은 지역 발전기회나 주민의 사회적 지위에 있어 불평등한 관계를 만들어 놓았다. 시민과 농민이 누리는 차이는 헌법상 공민으로서의 지위에서도 확연히 나타난다. 예전의 호구제도가 농민들의 도시 취업을 통제하는 수단으로 작용하면서 이들로 하여금 농업 이외의 활동에는 종사할 수 없게 했다. 농민은 신분을 세습하기에 개혁개방 이후 호구제도가 중국 최대의 불평등을 가져왔다.[205]

중국은 13억이 넘는 인구대국이며 이러한 인구문제는 취업과 치안 등 사회문제로 연결된다. 인구유동은 범죄조직이 활동할 수 있는 토대를 만들었는데 개혁개방 이후 대량의 '류맹'(流氓, 중국의 건달에 해당)이 출현하여 도시로 몰려듦으로써 사회문제가 되고 있다. 중국의 도시 변두리지역 빈민[206]촌에는 농촌에서 도시로 흘러들어온 많은 사람들이 모여 살고 있으며, 지연 혹은 혈연관계를 중심으로 자발적인 촌락을 형성하고 있다. 흑사회성 범죄조직의 생성은 이러한 인구의 유동에서 비롯된다. 다시 말해 사회유동성의 증대는 상대적으로 사회통제력을 약화시켜 범죄발생의 예방과 대처가 불능한 상태를 초래한다.[207] 농촌인구가 예전에 비해 감소추세에 있다고 해도, 도·농간의 발전에 커다란 장애가 존재하며

---

204) 甘清华, 전게논문, p.99.

205) 甘清华, 전게논문, p.101.

206) 중국의 도시 빈민의 기준인 빈곤선(一般貧困線)은 지역별로 다르다. 2010년 기준 동부지역 12개 자치단체의 평균 1인당 GDP는 11,163위안(178만 6,080원), 낙후된 서부지역 10개 자치단체 평균 1인당 GDP는 4,567위안(73만 720원). 상하이(27,188위안)와 구이저우성(2,818위안) 간의 소득격차는 무려 9.6배이다.

207) 尚仲佳, "當代 中國社會問題透視(主要4大犯罪硏究)", 中國社會硏究所, 2006.

신분제도·교육제도·취업제도·공공의료서비스 등에서 많은 불평등이 있다. 이러한 불공정한 현실이 사회구조의 부조화를 가져와 범죄조직의 생성 원인이 되었다. 도시와 농촌 간의 생활수준 차이가 급격히 확대됨에 따라 중국 도시 변두리 주민과 농민들은 취업 등에서 더욱 어려움을 겪게 되는 등 하층민의 고통은 늘었다. 2017년 중국 농민공 감찰보고에서 2억 2천 3백만 명에 달하는 농촌의 잉여 노동력이 도시로 향하고 그 절반 이상이 상하이, 선전 등 동남 연해지방의 대도시로 몰렸다. 이들은 3D업종에 종사하면서 어떠한 권리도 주장하지 못하고 하층민의 생활을 감수했는데 이는 결국 각종 범죄의 생성배경이 되었다.

2) 농민공 범죄

오늘날 유동인구가 늘어나고 사람들의 교류가 날로 복잡하고 다원화되면서 정부의 사회 통제력이 날로 약해져 농민공이나 실직한 가장 등 대량의 유동인구가 도시로 흘러들어 많은 모순과 문제점이 유발된다. 2017년 중국 청소년연구센터 청소년법률연구소 자료에 의하면 베이징, 상하이 등 대도시에서는 80년대와 90년대에 출생한 신세대 농민공 범죄가 가장 큰 부분을 차지하고 있다. 또한 장시성 핑샹시(萍鄕市) 중급인민법원에서 처리한 2017년 전체 형사사건 중 52%가 신세대 농민공들에 의한 범죄였다. 이와 같은 신세대 농민공 문제들이 합리적으로 해결되지 못할 때 일부 유동인구는 범죄조직으로 들어간다.

1990년 이후 출생한 이른바 '90후'(後) 농민공이 제3세대 농민공으로 불리며 중국의 새로운 사회문제로 부상하였다. 이 세대는 앞선 70년대, 80년대의 1, 2세대 농민공과는 달리 이들은 도시에서 일을 찾지 못하면 귀향하지도 않고 사회에 순응적이지도 않다. 4천만 명으로 추산되는 제3세대인 '90후' 농민공은 농사지을 땅도, 농촌에 대한 애정도 없고 도시를 동경해 스스로 농민공의 길을 택하였기에 농촌으로 돌아갈 가능성은 적다. 이들 3세대 농민공은 초, 중등학교를 마쳤거나 일부는 고등학교까지 마쳐 교육수준이 상대적으로 높고 중국 정부의 1자녀 정책으로 대부분 '독자'들로서 부모 세대와는 달리 굶주림을 별로 겪지 않아 3D업종을 기피하는 등 제조업이 아닌 서비스업만을 선호하고 있다. 이들은 현대생활의 기본이 되는 컴퓨터와 휴대전화 등 각종 기기에 익숙하고 평등의식이 강해 정치적인 권리 요구도 서슴지 않아 '90후' 농민공 문제는 중국 사회의 또 다른 범죄요인이 되기도 한다.[208]

베이징시 공안에서 취급한 2017년 1월~10월까지의 형사사건 중 신세대 농민공과 관련된 사건이 39%였다. 이는 전년 동기대비 60.7%포인트가 증가된 것으로,[209] 장쑤성 중급인민법원의 통계에서도 2017년 신세대 농민공 범죄는 전체 형사사건 중 32.84%를 차지했

---

208) 人民日報, 2010.2.1자.
209) 北京晨報, 2010.12.23.자(顔裴, 北京新世代農民工犯罪調査: 壓抑難融入城市).

다.[210] 광저우대학 인권연구센터가 2017년 조사한 광둥성 3대 교도소 및 2개 구치소의 통계에서 농민공 범죄자 중 90% 이상이 26세 이하인 1990년대 출생의 신세대 농민공이며, 이 중 80% 이상이 유년시절 농촌에 남겨져 돌본 사람이 없이 성장한 자들이었다.[211] 신세대 농민공 범죄의 대부분은 범죄자들이 유년시절 부모의 사랑과 관심을 받지 못했고, 도시로 올라와 도시민과의 사회교류가 부족한 상태에서 야기된 범죄였다. 이러한 신세대 농민공 범죄의 특징은 첫째, 강도·절도 등 재산침해형 범죄가 81.0%를 차지하는데, 광저우시의 2017년 통계에서도 전체 신세대농민공의 범죄유형 중 강도, 절도, 사기가 51.0%를 차지했다. 둘째, 흑사회성 범죄조직을 결성한 범죄발생 비율이 높다. 광저우시의 통계에서도 신세대 농민공들이 결성한 흑사회성 범죄조직에 의한 조직범죄가 59.0%를 차지했다.

(2) 실업과 빈부격차

중국에서 말하는 숨겨진 실업이란 노동능력이 있는 노동자가 양적·질적으로 충분히 고용되지 못하여 부분적으로 쉬고 있는 상태를 가리킨다. 중국의 숨겨진 실업현상은 도시에서 주로 나타난다. 1990년대 중반 이후 중국 노동력의 과잉문제가 제기된 이래 취업은 사회문제 중 가장 긴박한 문제가 되었다. 중국의 실업률은 2009년 12월 말경에는 거의 10% 내외였고 2018년 현재 3.95%로 호전 되었다지만[212] 정부의 통계를 믿는 사람은 거의 없다. 2016년 이후 새로이 증가된 노동력은 4,650만 명으로, 현재 1,750만 명의 실업대기 노동력과 농촌의 1억 5천만 명의 잉여 노동력을 더해 2억 명이 넘는 사람들이 취업을 요구한다. 앞으로 5년 동안 해마다 수천 만 명의 실업대기자가 증가하기 때문에 연 평균 7%의 경제발전으로 새로운 일자리가 800만 개 이상 생긴다고 해도 실업문제가 해소되지 않을 것이다. 게다가 증가하는 노년인구와 낮은 기술의 노동자들도 장기실업의 원인이 된다. 사회 빈곤계층과 실업대기자의 재취업률은 갈수록 낮아 실업대기 시간이 계속 길어질 수밖에 없다. 앞으로 10년 간 중국의 노동인구는 총인구에 비례하여 꾸준히 상승할 것이고 그 상승세는 2020년 이후에나 내려올 것으로 예측하고 있다. 장기실업과 병존하여 노동자뿐만 아니라 고도의 전문지식·고학력 대학생들도 일자리를 찾지 못하는 현상이 나타나기 시작하여 소위 '2030'현상이 발생했다. 2030현상이란 20세에서 30세에 이르는 젊은이들도 상당한 취업난을 겪는 일종의 신 실업현상을 가리킨다. 2018년 현재 취업대기자(下崗)의 숫자

---

210) 中國靑年報, 2010.11.9.자(揚州三成罪犯是新生代農民工 侵財型犯罪比重最大).
211) 南方日報, 2010.2.24.자(雷輝, 專家: 新世代農民工面對不平等缺乏忍耐性).
212) 중국 국가통계국(NBS)에 의하면 연률 기준으로 중국의 실업률은 2001년 3.6%, 공식 실업률은 2010년부터 2015년까지는 연평균 4.1%를 기록한 뒤 2016년에는 4.02%를 나타냈다고 발표한바 있다(2017.10.23자 보도자료).

가 이미 870만 명에 달하였고 이것은 도시경제활동 인구의 6%에 상당하는 수치다. 매년 실업인구가 200만 명 증가한다면 중국의 도시인구 중 실업인구와 재취업을 하지 못한 취업대기자는 경제활동인구의 8%에 달한다. 이러한 실업대기자 등 미취업자 등이 사회 불만 세력으로 성장하고 사회문제를 야기하여 결국 범죄의 길로 접어들게 된다.

중국 농촌과 도시의 이원적인 사회구조와 경제구조의 불균형은 심각한 사회문제를 야기하고 분배의 불공평이 지속되어 사회발전을 저해하는 요인이 되었다. 소득분배의 격차를 나타내는 지니계수가 0.3이면 평균 수치이다. 0.3~0.4는 합리적 수치이나 0.4 이하에 속하면 위험수치에 해당한다. 2018년 현재 중국의 지니계수는 0.458로 이미 국가 위험 경계선을 초과하여 분배의 불공평수준에 이르렀다. 2015년 중국 각 도시의 4만 가구를 표본조사해 본 결과 인구의 20%에 해당하는 사람들이 중국 전체 자산의 42.5%를 소유하고 있었다. 2017년 들어 농촌주민의 평균 수입이 도시민에 비해 최고 17배까지 벌어져 사회 저층의 약세에 처한 사람들은 심리적 박탈감으로 인해 불만이 더 높아졌다. 지니계수에서 중국은 세계에서 빈부격차가 가장 큰 국가들 중 하나가 되었다. 합리적이고 안정적인 사회구조는 중간이 크고 양끝이 작은 방추형으로 중간계층이 대다수를 차지한다. 그러나 중국의 사회구조는 오히려 금자탑 형식을 하고 있어 가장 꼭대기에 중국의 부유층이 차지하고 이들이 대다수의 재산을 점유하고 있다. 수입격차의 확대는 빈부양극화를 초래하고 사회 불공평을 몰고 와 국민들의 불만을 야기하여 결국에는 범죄를 발생시킨다. 대다수 흑사회성 범죄조직원들은 이러한 배경에서 범죄조직에 가담한 자들이다. 1997년도 헤이룽장성에서 활동하다 검거된 9개의 흑사회성 범죄조직을 분석하니 111명의 조직원 평균 연령이 30세 전후였으며, 그들 대다수는 사회무직자들이었다. 상하이의 1950년대 경우 유동인구가 고작 10만 명 있었다. 1988년에는 30만 명으로 증가했고 1998년에는 더욱 상승하여 300만 명에 육박하여 1950년대에 비해 30배의 증가세를 나타내었다. 최근 들어 외부인들에 의한 범죄율이 상하이 전체 범죄사건의 1/3을 차지한다. 외부의 유동인구는 대도시로 들어와 일자리를 얻지 못하면 범죄조직을 결성한다. 소매치기 전문조직인 '신강방'(新疆帮), 사기 전문조직인 '귀양방'(貴陽帮), '안휘방'(安徽帮), 절도 전문조직인 '소북방'(蘇北帮), 강도 전문조직인 '동북방'(東北帮), 선박 및 차량털이 전문조직인 '온주방'(溫州帮)처럼 전문 범죄조직으로 성장한다. 사회 저층부류의 생활환경이 바로 흑사회성 범죄조직의 주요 생성원인 중 하나가 된다.[213]

213) 賈宏宇, 전게서, p.130.

3. 문화적 원인

1960년대 중반 중국 사회가 문화대혁명이라는 격렬한 문화충격에 휩싸인 이후 1980년대 개혁개방의 경제발전에 따라 새로운 문화 체계와 도덕적 가치관이 등장하는 등 사회변혁기의 혼란은 흑사회성 범죄조직이 자생하여 성장할 수 있는 틈새를 제공했다. 문화대혁명(1966~1976)기간 동안 구문화는 철저히 붕괴되고 배척당하였으며 개혁개방 이후 신문화는 이기적인 개인주의와 황금만능사상을 몰고 왔다. 이러한 사회적 분위기에서 흑사회성 범죄조직은 그들만의 문화를 만들어 범죄조직에 심어왔다. 범죄아문화(犯罪亞文化)라는 것은 범죄조직이 소유한 특유의 문화를 가리킨다. 흑사회성 범죄조직의 관념·의식·전통·가치 등 범죄사상과 의식형태에 속하는 문화가 여기에 해당된다. 중국에서 범죄아문화의 주요 특징은 중국 전통에서 내려오는 강호의기를 숭상하는 협객의 의협심, 떠돌이처럼 하는 일 없이 놀고먹는 사람들을 중심으로 한 풍류객문화 그리고 폭력과 색정을 중심한 현대문화의 결합이다. 류맹(流盲, 하는 일 없이 노는 사람)은 평상시에 사물을 주의 깊게 생각하지 않고 사회제도를 이탈하여 아무 두려움 없이 세상을 떠돌며 살아가는 사람들을 가리킨다. 그들은 목숨을 가벼이 여기며 바라는 것은 단지 돈 몇 푼과 술 등이고, 하루아침에 입신출세하여 태산이 변하는 것을 바랄 뿐이며 작은 대가로 무감각적인 살인 등을 저지를 수 있다. 이러한 무리들이 서로 합쳐 조직을 만들면 엄청난 파괴력을 지닌 힘을 발휘하게 되는데 범죄조직은 바로 이러한 힘의 속성을 잘 이용한다.[214]

개혁개방 초기 류맹은 비합법적인 활동에 종사하지 않고 민중에 해를 끼치지도 않았지만 점차 반사회적인 범죄조직에 가입하면서 그 성향이 잔혹해졌다. 흑사회성 범죄조직은 조직원 입단 시에 '사부(師父)를 속이면 조상까지 화를 입으며 칼로 몸을 여섯 토막 낸다'는 옛말을 상기시키고, 가입선서할 때 '천둥이 쳐도 꼼짝하지 않고 칼로 난도질당해 죽음을 맞이해도 두려워하지 않는다'고 강조한다. 범죄조직의 최고규칙은 오직 '의로움', '충의', '인의'로, '집에서는 부모에게 의지하나 밖에 나가서는 친구에 의지한다. 의지할 친구가 없으면 의로움에 의지한다'고 말한다.[215] 이러한 류맹문화 또는 강호문화는 전통적 고사(古辭)를 통해 시나 가사의 형식으로 전해 내려오고 있어 흑사회성 범죄조직의 문화를 이루는 토양이 되었다.

중국은 개혁개방 후 서양의 퇴폐적 문화가 다량 수입됨에 따라 폭력과 색정 중심의 대중문화의 내용도 갈수록 범람해졌다. 폭력·색정은 인간의 숨어 있는 잠재의식을 유발하

---

214) 趙可, 전계논문, p.7.
215) 周育民·邵雍, 전계서, p.154.

고 선동하여 범죄행위로 나아가게끔 하여 사회에 위해를 준다. 폭력과 색정 중심의 범죄아류문화는 각종매체를 통해 인간의 정신을 난폭하고 혼미하게 하는데, 흑사회성 범죄조직이 이와 같은 독특한 문화를 만든다. 폭력과 색정중심으로 표현되는 범죄아류문화는 조직의 엄밀성과 활동목적의 구체성을 전면에 내세우며, 주요 특징은 봉건시대에 행한 방회사상으로 정신적 축대를 유지한다. 그리고 강한 응집력으로 범죄아류문화를 계승하면서 봉건시대에 행한 방회의 조직형식과 조직명칭, 조직신앙 및 규율을 사용하고 새로운 범죄아류문화를 만들어 전수하여 표현한다. 예를 들면, 극단적 개인주의와 향락주의 지배하의 '성해방, 성 자유' 등 음란하고 부패한 현대적 대중문화를 전통적 요소와 유기적으로 결합시켜 표현하고 있으며, 그들에게는 오늘의 쾌락, 환락이 최고의 행복으로, 이러한 색정표현은 그들만이 사용하고 있는 일부의 언어, 문자 이외에 암호·수신호·얼굴표정·눈동자놀림 등에 나타난다.216)

흑사회성 범죄조직은 범죄활동을 통해 죄책감이 약화되고 소멸되어 자기 책임을 부정한다. 또한 피해를 입힌 객관적 사실 자체의 회피, 법률에 대한 도피, 공포와 쾌감이 교차하는 모험적인 행동 등으로 나타난다. 흑사회성 범죄조직 두목과 행동대장들은 몇 차례에 걸쳐 기소되어 수형생활을 겪어본 상습적인 전과자들이고, 그 아래 일반 조직원들은 기본적으로 초보자인 젊은이들로, 고참 조직원들은 범죄행위에 대한 인식이 분명하고 범죄객체에 대해 정확히 감별할 수 있으며, 범죄수단 또한 많은 경험을 통해 다변화할 수 있어 범죄 성공률이 아주 높다. 이러한 것은 범죄행위 시 기동성과 민첩성에서 볼 수 있다.217)

흑사회성 범죄조직의 자아동일성은 조직원들이 사회교육제도에 적응하지 못함에 따라 자신들에게 맞는 환경을 택하여 자신들만의 문화를 만들면서 형성되었다. 서로간의 동질성을 통해 반사회적 집단으로 굳혀가고, 조직원간 등급·순서·엄격한 조직규율과 강력한 관리를 통해 사회에서 배척된 것과는 반대로 조직원들끼리 상호적인 심리적 안정감과 소속감을 가져 범죄를 더욱 수월하게 하는 힘으로 작용한다. 이처럼 사회 밑바닥에 처해 있는 조직원들은 사회적 지위를 결정짓는 돈을 긁어모으려는 의식이 강하다.218) 범죄조직을 만들거나 범죄조직에 참가한다는 것은 폭력이라는 역량을 발휘함으로써 돈과 권력과 명예를 얻을 수 있고 자기의 사회적 지위를 높여갈 수 있기에 이러한 범죄아류문화는 범죄조직원들의 정신적인 축이 된다.219)

---

216) 楊莉, 전게논문, p.83.
217) 周蓝蓝, 전게논문, p.116.
218) 賈宏宇, 전게서, p.146.
219) 신상철, "중국 흑사회성질 범죄조직의 특징에 대한 고찰", 아시아연구13(2), 2010.

제 6 절 흑사회성 범죄조직의 특징

1. 조직적 특징

(1) 조직규모와 구성성분

조직원 수가 많다고 할 때 일반적으로 3인 이상을 지칭한다. 흑사회성 범죄조직은 대규모 조직원으로 결성하여 장기간 범죄활동에 종사하다 보니 사회에 심각한 영향을 끼치고 반사회 아류문화를 형성한다. 범죄아류문화는 3, 4명의 조직원으로서는 형성될 수 없고 그 구성원이 적어도 50인 이상은 되어야 한다.[220] 흑사회성 범죄조직은 중국의 정치제도와 경제발전의 영향으로 조직원 수와 조직화 정도가 서구의 마피아와 별로 다르지 않다. 헤이룽장 이춘(伊春)시의 쉬징궈(徐經國) 흑사회성 범죄조직은 형사사건에 연루된 조직원만 84명이며, 지린성 메이허쥬시(梅河久市)의 톈포(田波) 흑사회성 범죄조직은 행동대장 12명, 조직원 50명이 훨씬 넘었다. 대부분 흑사회성 범죄조직의 조직원수는 50여 명에서 많게는 150∼200여 명에 이른다[221]

흑사회성 범죄조직원들은 직업적인 범죄자들로 범죄경험이 풍부하고 범행도 대담하다. 전문적인 기술을 가진 일부 조직원은 그들만의 영역을 차지하여 세력을 형성하기에 거대한 범죄조직의 밑거름이 되며 대다수가 전과자들이다. 쓰촨성의 쳰통(千洞), 페이능(培凌) 두 교도소에 수감된 재소자들의 66.4%가 과거 범죄조직에 가담한 자들이었고, 산둥성 베이예(北野)교도소에 재수감된 범죄자 중 52.17%가 범죄조직원 출신이었다. 흑사회성 범죄조직에 가입한 경력이 없는 재소자도 몇 명 있으나 통계숫자를 근거로 보면 대다수가 전과자들이거나 노동개조 후 석방된 자들이다.[222] 또한 전과자들로 구성된 범죄조직원들의 행위는 악랄하며 범죄경험이 풍부하기에 서로 접촉하면 금방 의기투합할 수 있어 조직결성이 용이하다. 중·소도시와 경제가 낙후된 현 급 행정구역이거나 촌으로 들어갈수록 사회통제력이 상대적으로 미약하다. 경제가 낙후된 지역은 문화생활 수준이 낮고 왕조시대 전통사상의 잔재가 많아 종족 관념과 회도문(會道門)[223]이라 불리는 중국 민간신앙의 영향이 남아

---

220) 杨郁娟, 전게논문, p.83.
221) 賈宏宇, 전게서, p.22.
222) 杨郁娟, 전게논문, pp.84−85.
223) 회도문이란 ∼회(會), ∼도(道), ∼문(門) 등과 같이 단체 이름 뒤에 붙는 명사들이다. 우리 식으로 말하자면 일종의 종교 및 수련단체에 해당하며, 봉건미신과 무술연마가 서로 혼재한 일상 활동을 한다.

있기 때문에 봉건적인 방파형 흑사회성 범죄조직을 결성하기가 훨씬 쉽다. 그리고 기능적 역할에서 원시적인 범행방법에서 탈피하여 합법적인 사업경영으로 침투가 용이하도록 경제 실체[224)]를 구비한다. 즉, 기존의 합법적인 사업체에 자본을 투자하거나, 과학기술적 지능범죄를 행하기 위한 기초적 지식기반을 준비한다. 예를 들면 컴퓨터 범죄, 사기 및 금융범죄 분야에 전문지식과 특수기법을 가진 조직원들을 확보하여 각 조직원에게 책임을 분담시키고, 조직원으로 활동 중인 관련 공무원에게 그 직책을 맡기면서 역할을 분담하기에 범죄기술이 탁월하다.[225)]

(2) 조직구조와 운영방식

흑사회성 범죄조직은 상대적으로 비노출되어 오래 유지되는 조직형태를 갖추고 있다. 구성원 또한 일회성으로 규합된 조직원이 아니기에 치밀하게 구상하고 장기적으로 계획된 조직의 발전방향, 목표 등에 의해 행동한다. 그렇기 때문에 거대한 범죄조직을 이끌 두목과 고문 및 행동대장 등이 확고히 존재하며, 이들이 조직 내·외의 사무 처리와 계획·지휘 등 범죄활동 전체를 관리한다. 또한 장기적인 존재를 목표로 강한 결속과 단합을 추구하기 때문에 권위적인 두목이 내리는 명령에 모든 조직원들이 일사불란하게 움직인다.

일반적인 조직구분을 보면, 지도자급으로 두목과 부두목·고문(일명 책사)이 있어 이를 두목급이라 한다. 이들은 범죄계획과 실행방안에 대해 계획과 결정을 하며 범죄현장에서 구체적인 범행과 활동에는 직접 참여하지 않는 비노출형으로, 조직의 깊은 내부에 은밀히 숨어 있어 수사기관의 수사가 진행되면 충분한 시간을 확보하여 은신한다. 그러나 신분노출이 부득이 한 경우에는 일차적으로 직접 관계가 없는 외부인, 특히 조직을 보호해 온 국가공무원 등 비호세력으로 하여금 자기를 엄호하게 하고, 그래도 부득이한 경우 자기를 대신할 행동대장을 내세운다. 두목급은 모든 수단을 총동원하여 관계공무원과 내통할 협조망을 형성해 놓고 수사관이 그들의 목을 조여 오면 객관적 정황을 알리바이로 내세워 자신이 범죄행위와 아무런 관련성이 없다는 것을 입증해 보이면서 수사망에서 빠져나간다. 이 것이 가능한 것은 평소에 관련 공무원 등 비호세력을 두텁게 형성하여 놓았고 조직원들을 철저하게 관리해 왔으며 강력한 권위를 내세워 하급조직원들로부터 최고의 예우와 경배를 받기 때문이다.[226)] 부두목으로 지칭되는 자와 고문인 책사들은 범행에 있어 군사작전을 방불케 하는 묘책을 계획하고 지시하며, 조직 내부적으로 각종 규칙·헌장 등을 만든다.

---

224) 우리나라에서도 가끔 볼 수 있는 것처럼, 실질적 소유주는 따로 있고 인·허가취득의 명의를 빌려 쓰는 일명 '바지사장'을 앞세워 사업을 운영하는 것이다.
225) 楊莉, 전게논문, p.81.
226) 马霞, 전게논문, p.92.

　　두목 밑에는 중간 보스인 골수조직원, 일명 행동대장이 있다. 이들 행동대장은 범죄조직의 핵심으로, 범죄현장에서 하부조직원들을 구체적으로 지휘하며 그들과 같이 행동한다. 행동대장들은 주로 전과자 출신들로 아주 강한 범죄능력과 풍부한 범죄경험을 바탕으로 자기의 지위를 확보하고 권위를 세운다. 일부 행동대장은 말단 조직원을 관리하면서 현장 대처능력을 가르치는 등 구체적 임무를 띤 역할도 하고, 일부 행동대장은 외부 연락망을 통해 관련 공무원에게 뇌물을 전달하는 '관공서 담당' 역할도 한다.

　　하부에는 조직원들이 있다. 범죄조직의 일반 구성원인 행동대원들은 20세 전후인 청소년들이 주류를 이룬다.[227] 말단 조직원들은 행동대장의 현장지휘에 따라 행동하고, 그 내부의 엄밀한 조직성향으로 인해 단기간에 형성되며, 군대에 갓 입대한 신병처럼 일사불란하게 행동하는 등 범죄역량을 발휘하기에 아주 용이하다.

　　상층이나 하층조직원 모두 범죄계통상 조직의 일부분이며, 조직원 각각의 활동은 범죄조직 전체에 영향을 준다. 즉 조직원들이 행하는 모든 범죄행위는 범죄조직의 상호의존 관계를 더욱 돈독히 하며, 두목은 조직원들에게 '너희들은 더 이상 고립무원의 개인이 아니다. 더욱 강대한 힘과 규율을 가진 우리 조직이 너를 지켜줄 것이다'라고 한다. 이것은 바로 조직역량, 조직규율, 조직의 지지를 밑거름으로 구성원 상호간 마찰이나 내홍을 줄이고, 개인역량을 충분히 발휘하여 범죄수익의 극대화를 획득하고자 하는 전술이다.[228] 흑사회성 범죄조직은 이러한 조직의 힘을 빌려 모종의 합법적인 사업형태로 경제 분야에 침투하여 더욱 많은 수익을 벌어들이고 범죄수익을 합법화한다. 이런 거대한 힘을 바탕으로 수사기관의 일망타진 작전에 항거하기도 하며 수사기관의 정보수집을 어렵게 하면서 경제적인 능력을 구비하여 관계 공무원을 매수하고 비호세력을 형성한다. 이런 모든 것은 수사기관의 범죄수사를 어렵게 하는 수단의 하나로, 이러한 잠재능력을 발휘할 수 있는 힘은 바로 흑사회성 범죄조직 그 내부계층 구조의 엄밀성에 있다.

(3) 세력범위 확장

　　권력은 합법·비합법을 막론하고 힘이 미치는 세력범위가 있게 마련이다. 국가권력의 범위는 그 나라 영토에 미치고, 흑사회성 범죄조직의 권력은 바로 범죄조직의 세력범위에 미친다. 흑사회성 범죄조직의 영역확보 추구에 대한 목적은 범죄조직의 상대적 안정을 기하고 조직원 자신들의 활동범위를 나타내려는 데 있다. 세력범위는 행정구역 또는 지역 내 구역일 수도 있고, 교통·지리적으로 편리한 도시의 상업구역일 수도 있다. 세력범위 내에

---

227) 楊郁娟, 전게논문, p.85.
228) 張德寿, 전게논문, p.67.

서는 다른 범죄조직이 들어와 활동하는 것을 배제하게 되는데, 세력범위는 흑사회성 범죄조직의 역량을 기초로 범죄조직 간의 싸움을 통해 상대방 영역을 흡수하거나 자신의 세력범위 내에 편입시키는 방식으로 확보된다.229) 세력범위는 흑사회성 범죄조직의 생존과 발전의 토대가 될 정도로 중요하며, 세력범위 확보는 흑사회성 범죄조직이 일반 범죄집단과 구별될 수 있는 분명한 경계이다. 흑사회성 범죄조직은 영역확보를 위해 살인·강도·인질·방화·강간·납치 등 여러 범죄를 일으켜 약육강식 논리에 따라 조직폭력의 힘으로 지배세력 범위를 확보하고 그 범위 내에서 경제적 이익을 착취한다.

흑사회성 범죄조직은 경제적 이익의 극대화를 위해 자기조직의 세력범위를 확고하게 세워간다. 도시·지방·농촌 등을 무대로 업종별 세력을 형성하기도 하고, 시장 내 각종 물건의 독점적 거래, 건축 공사장의 모래·자갈 등의 공급과 광산채굴권 확보 그리고 유흥·오락업소와 주차장 및 터미널 지배권 등 분야를 농단하기도 하며, 가격담합 등의 수법으로 가격을 인상하여 앉아서 엄청난 이익을 챙긴다. 흑사회성 범죄조직은 영역 내에서 장사를 하는 상인들을 대상으로 '협조비', '찬조금' 등의 명목으로 보호비를 요구하고 갈취하면서 상인들을 협박한다.230) 일부 흑사회성 범죄조직은 각종 공연·오락실 영업으로 조직의 세력을 확장한 후 주점·디스코텍·안마시술소 등을 차려놓고 범죄조직 세력을 배후로 각종 변태업종으로 폭리를 취한다.231) 이와 같이 흑사회성 범죄조직은 세력범위를 바탕으로 경제적 탐욕과 자기무장을 강화하여 범죄조직을 더욱 발전시키며, 새로운 고도의 범죄수법을 도입하여 범죄활동을 유지·확장한다.

《사례》 헤이룽장성 치치하얼(齊齊哈爾) 시 '판자창'(潘家長) 범죄조직232)

　헤이룽장성 치치하얼 시 공안이 검거한 '판자창'을 두목으로 한 39명의 범죄조직을 검거하였다. 이들은 시내의 채소시장, 과일가게, 철물재료 가게 등 세 업종의 시장을 독점하고 조직원을 동원하여 살인·협박·강탈·총기위협·상해 등을 일삼아 치치하얼 시장에서는 '대통령'으로 불렸으며, 지방정부의 시장관리담당 공무원들도 그를 '개혁가' '모범자영업자'로 호칭했다. 판자창은 노동자로 생활하다 36세에 깡패두목이 되어 강도·절도 등의 범죄로 교도소를 출소한 전과 3범이었다. 교도소를 출소한 그는 치치하얼시 용사구 민항로의 '창성과일가게'를 개업하여 지역 깡패들과 전과자들을 규합하여 엽총과 도끼 등을 구입한 후 조직원을 거느리고 채소시장을 폭력으로 독점하여 가격을 농단하는 등 폭리를 취하였다. 그 후 노동교양개조 교육 후 석방되어 돌아온 전과자 추이화췐(崔華全)을 창성과일상회 부사장으로 앉혀 정식으로 범죄조직을 결성하여 39명의 조직원을

---

229) 賈宏宇, 전게서, p.28.
230) 张丽霞·赵红星, 전게논문, p.133.
231) 马霞, 전게논문, p.93.
232) 賈宏宇, 전게서, p.89.

거느린 두목이 되었다. 지방정부에서 채소, 과일시장을 개소하여 판자창을 그 곳의 경비대장으로 임명하자 판자창은 전과자 저우쥔(周君) 등을 그 곳 책임자로 일하도록 하고, 시 정부에서 개발지역을 만들어 철강재료시장도 함께 개소하자 판자창은 교도소를 갓 출소한 방가오제(勝高杰) 등 조직원에게 그 일대를 차지하도록 하였다. 이때부터 판자창은 '큰형'으로 불리며 '참모'와 '경호원'을 대동하여 고급차량을 타고 시장일대를 순시도 하면서 채소, 과일, 철강재료 등 세 업종을 장악하여 지방정부 공무원들조차 그에게 허리를 굽혔다. 세 업종을 차지한 후 시장에서 각종 분규가 발생하면 판자창이 부하 조직원들에게 "일을 해결하라"고 지시하면 조직원들은 곧바로 총이나 도끼 등을 들고 차를 몰고가 '깨끗하게 처리'하는 등 판자창의 위세는 온 시장 내에 떨쳐 "나 판자창이 아니면 이 시장은 돌아가지 않아"라고 할 정도였다. 업종을 석권한 이들 조직은 상공, 세무부문은 말할 것도 없고 지방의 행정업무도 장악하여 민원인들도 그를 찾아올 정도였다.

판자창이 두 개의 채소창고를 허가받은 후 관리비 3만 위안을 채납하자 관리소장 류즈펑(劉志朋)이 판자창을 찾아와 세금을 납부하라고 했다. 판자창은 그를 보고 "돈 없어, 돈이 있어도 못줘"하면서 "누가 감히 내 창고를 건드려, 나에게 내라고 한 돈 10만 위안은 누구의 머리통에서 나왔냐"고 하며 수차에 걸쳐 류즈펑의 집으로 조직원들을 보내 류즈펑이 더 이상 출근을 하지 못하도록 다리의 심줄을 끊어 놓았다. 정부 관리도 이러한데 일반인들이 시장에 들어가 물건을 사면 할 수 없이 판자창조직이 부르는 가격을 줄 수밖에 없었다. 시장의 찻집, 식당, 술집 등 어디를 가든 조직원들은 먹고 싶은 대로 먹고 자고 싶은 대로 자며, 그 누구도 변명한마디 못하였는데 그 이유는 그의 조직원들이 가만히 놔두지를 않았기 때문이며, 모든 노점상, 소매상 할 것 없이 판자창조직에게 자릿세, 보호비 등 명목으로 매월 800위안을 납부하였고 이렇게 거두어들인 돈이 매년 30~40만 위안이 되었다. 주변에서는 판자창이 독점하고 있는 업종에서 소송까지 가는 일이 잦았는데 모두 판자창 범죄조직이 일을 꾸며 합의금을 뜯어내려고 한 일이 다반사였다.

적지 않은 범죄조직이 또 다른 범죄세력과 동맹을 결성하여 국제범죄조직으로 발전되어 가는 것이 오늘날의 추세이다. 국제범죄조직의 범죄활동은 아직 중국 내에서 크게 보도되고 있지 않다. 중국 흑사회성 범죄조직은 혈연·지연 등을 축으로 조직을 확대하고, 일정한 지역범위 내에서 주도권을 잡아 활동하고 있어 흑사회성 범죄조직은 '내 영역 안에서 정치를 하고 있다'는 표현을 쓴다. 이는 범죄조직의 세력이 갈수록 굳어지고 있으며 특히 그 수적인 면에서 빠르게 발전하여 거대 조직으로 성장하고 있다는 것을 증명한다.[233] 대규모 조직으로 발달하지 않은 흑사회성 범죄조직 가운데 다른 지역 흑사회성 범죄조직과 연대를 맺어 활동하는 사례가 최근 들어 중국에서 자주 나타난다. 흑사회성 범죄조직의 홍콩·대만 등 중화권 흑사회조직 및 마피아, 야쿠자 등 국외 범죄조직 간 연대는 날로 발전

---

233) 甘淸华, 전게논문, p.98.

되어 가는 중국의 사회 경제적 추이로 볼 때 향후 필연적인 추세다. 이는 한반도 주변의 엄청난 세력범위를 가진 중화권 흑사회 범죄조직의 출현이 바로 앞으로 다가와 있다는 것을 의미한다.

2. 행위적 특징

(1) 폭력의 성격과 기능

폭력은 가장 유효한 원시적 수단으로, 강도·공갈·협박·물품강매 등의 범죄는 폭력과 불가분의 관계가 있다. 마약·도박·총기밀매·윤락·매음·고리사채 등 비합법적인 방법으로 거대한 수익이 거둬들여지는 것도 폭력이 있기 때문에 가능하다. 2002년 12월부터 2003년 4월까지 5개월에 걸쳐 55개 흑사회성 범죄조직이 집중 단속기간 중에 검거되었다. 이 중 40여 개의 흑사회성 범죄조직이 살인·강도·납치·공갈·강요 등 전통적 폭력범죄활동에 종사해 왔다.[234] 흑사회성 범죄조직이 사용하는 폭력의 내부적 특징은,

① 흑사회성 범죄조직을 이루는 각 조직원들이 상호 의존적으로 공통이익을 추구한다고는 하나 조금이라도 이익에 상호모순이 있으면 서로 간에 충돌이나 싸움이 벌어진다. 이때 두목이 조직유지를 위해 폭력의 힘으로 조직을 장악한다.

② 두목은 폭력으로 조직원을 통제하고, 범죄조직은 그 폭력의 힘에 눌려 두목을 떠받든다. 조직원 중에 복종을 거부하면 폭력으로 보복이나 징벌을 받는다.

③ 폭력을 통해 조직원 내부에 지배와 피지배, 보호자와 피보호자의 관계가 성립한다.

흑사회성 범죄조직의 본질은 조직적인 폭력사용이다. 범죄조직의 존재는 국가권력에 대한 심각한 도전으로 비합법적인 범죄조직의 권력이 사회를 통제하는 국가권력을 약화시킨다. 조직과 폭력은 흑사회성 범죄조직의 두 개의 중심요소이다. 규모가 작은 흑사회성 범죄조직일지라도 폭력을 반드시 사용한다. 그렇게 되면 조직은 단순한 조직이 아니며, 폭력도 단순한 폭력이 아닌 양자가 결합하여 통일된 조직을 갖춘 폭력조직이 된다. 범죄조직원의 폭력사용 능력은 곧 자신의 범죄의지능력과 직결된다. 흑사회성 범죄조직은 강·온 양면성을 수단으로 하는데, 강한 것은 폭력이며 온건한 것은 뇌물제공이다. 흑사회성 범죄조직은 강·온 양면성을 번갈아 사용하면서 범죄조직을 장악하고, 목적하는 바를 쟁취하기 위한 기본수단으로 폭력을 사용한다.

흑사회성 범죄조직에서 폭력은 범죄조직에 가입하는 필수적 요건이고, 조직 내부의 실

---

234) 賈宏宇, 전게서, p.24.

질적 서열도 폭력을 바탕으로 이루어진다. 즉 권력분배의 표준이 바로 폭력사용 능력으로 나타난다. 이것은 범죄조직의 사업을 유지·확장하고 타범죄조직과의 영역경쟁에서 성공적으로 이길 수 있는지, 나아가서는 국가 사법기관에 대항할 능력을 갖추었는지를 가늠하기도 하고 그러한 인물에게 실질적 권한을 부여한다. 그래서 폭력사용 능력이 바로 흑사회성 범죄조직에 들어오는 조건이 되고 범죄수익 분배를 결정하는 표준이 되며 동시에 범죄조직 내에서 자신의 권위와 지위를 확립하는 유효한 내지 유일한 방법이다. 이러하기에 흑사회성 범죄조직의 폭력사용 능력은 대내적으로 각 조직원 간 연대의 중심축이 되고 대외적으로 경찰수사에 대한 항거의 갑옷이기도 하며, 자기 자신의 세력범위를 세우고 조직을 보호하는 척도이자 다른 흑사회성 범죄조직과의 싸움에서 세력을 확장하는 무기이다.[235]

폭력은 조직원에게 경외심을 심어주고 복종시키는 능력이다. 조직 내부적으로 방규와 규율을 위반한 자가 있거나 이에 대한 구체적 정황이 포착되면 곧바로 폭력으로 엄단하거나, 신체 일부를 절단하거나, 죽음으로 몰고 가 전 가족을 몰살시킨다. 범죄조직에서 소위 말하는 내부질서와 응집력은 이러한 폭력적인 방법에 의지한다. 그리고 통상적인 폭력수단을 사용하여 살인·강도·폭력·상해·납치·공갈 등의 범죄와 청부폭력·청부살인 등을 저지르고, 폭력을 기반으로 도검이나 총기류를 이용하여 대담하게 각종 범죄를 행한다. 범죄조직이 이러한 폭력을 수단으로 각종 사건을 저지르는데 이것이 흑사회성 범죄조직의 잔혹성과 흉포성의 특징이다.[236] 범죄조직에서 말하는 경제적 능력이라는 것도 바로 이러한 폭력이 점차 축척되어 그 기초가 된다.

(2) 내부규율과 범죄아류문화

흑사회성 범죄조직은 통일된 협력과 조직의 안정을 위하여 방규·규칙 등을 제정하고 엄격한 기율과 행위규범을 갖추고 있으며 책임소재를 분명히 밝힌다. 이러한 특정된 규율과 제도를 구비하여 조직명칭·입단규칙·활동의식·은어 및 암호사용과 특정부호를 만들어 조직에 대한 나름대로의 신성감(神聖感)과 연대감(連帶感)을 형성하고, 조직원 간 형제·동지적 우의와 비밀을 강화시켜 간다. 반사회적 가치관에 기초한 사상과 행동은 조직원 간에 동질성을 심어주고 이렇게 형성된 조직확보는 변치 않는 충성심의 토대 위에 이루어진다. 상하이의 '대도방'(大道幇) 흑사회성 범죄조직은 모든 조직원들에게 별칭을 부여하고 평상시 호출기로 서로 연락하면서 낮에는 숨어 있고 밤에 출몰하는데, '한사람이 어려우면 사방에서 도와준다.', '어려움은 같이 하고 복은 나누어 향유하자', '조직을 배반하면 죽음이 있을

---

235) 康树华, 『有组织犯罪透视』, 北京大学出版社, 2007, p.68.
236) 张丽霞·赵红星, 전게논문, p.134.

뿐이다' 등의 방회 규정을 두고 있다. 또 조직원들에게 '오늘에는 비록 어린아이에 불과하나 내일은 큰형님(두목)이 될 것이다'라는 희망을 심어 주면서 '큰 칼을 휘둘러 상하이를 평정하리라', '발전한 상하이는 오늘날 우리 조직의 영웅스런 풍모이다'라는 방회의 목표를 설정했다.237)

조직원 대부분은 사회화과정에서 실패한 자들이다. 범죄조직원들은 장기적인 범죄활동을 통해 특유의 가치 관념을 형성한 집단으로, 비밀활동 필요에 의해 방규·예식·언어와 행위방식 등 범죄아류문화를 갖고 있다. 흑사회성 범죄조직의 범죄아류문화는 중국 전통적인 강호의기(江湖義起, 일명 협객)를 숭상하고 내부 위계질서를 엄격히 지켜 두목에 대해 조직원들이 절대적으로 충성하며 조직원들 간에 서로 성심을 다해 보살펴주고 상호 단결한다. 조직 내부구조와 활동상황에 대해 절대적인 비밀을 유지하며 방규·방약을 위반한 조직원에게 잔혹한 징벌을 가하고, 범죄활동 중에는 조직내부의 은어·암호·손놀림·문신 등 특유의 부호로 서로 소통한다.

범죄아류문화의 예를 산둥성 허저(荷澤) 시의 벤공원(卞功云)을 두목으로 한 '제왕감사대(帝王敢死隊)'라는 흑사회성 범죄조직에서 찾을 수 있다. 이 조직은 각 사람의 앉는 서열이 지정되어 있을 뿐 아니라 각 행동대장들이 세력범위(영역)를 정하고 범죄수단을 협의하며 공안기관에 대처할 방법을 모의하면서

① 조직 비밀의 폭로와 경찰 밀고를 용납하지 않으며,

② 조직배반을 용서하지 않고,

③ 범죄를 행함에 있어 독자적 행동을 금지하며,

④ 취득한 재물은 개인적으로 함부로 가져가지 못하고 이를 위반하였을 때는 엄격한 제재를 가하며,

⑤ 한사람이 위험에 처하면 전체가 후원하고,

⑥ 체포되면 죽어도 자백하지 않고 조직원들은 결코 공개하지 않는다는 등 엄격한 규율을 제정해 놓고 있다.238)

저장성 창난(蒼南)현의 정다오싱(鄭道悻)이 이끄는 '냉동장 범죄조직'은 특별회의를 열어 다음과 같은 몇몇 규율을 제정하였다.

① 조직을 배반하지 않고 비밀을 누설하지 않으며, 이를 위반한 경우에는 목을 잘라버리고,

---

237) 賈宏宇, 전게서, p.142.
238) 楊莉, 전게논문, p.82.

② 조직원들의 가족과 타인 사이에 분쟁이 일어날 경우 조직원 전원이 나서서 도움을 주어야 하고,

③ 현장에서 도망가거나, 현장에 몸은 있지만 힘을 쓰지 않은 사람은 모두 조직의 처벌을 받아야 하며,

④ 각각 매달 20~50위안의 회비를 내야 한다.

흑사회성 범죄조직은 내부적으로 생사고락을 함께하고, 외부적으로 모든 비밀을 함구한다. 이것이 바로 범죄아류문화의 본질로, 조직의 통일과 협력을 보여줄 뿐 아니라 조직의 규모와 역량이 정부에 대한 대항능력을 얼마나 갖고 있는지를 가늠할 수 있는 잣대가 된다.[239] 범죄조직이 변화능력과 지적 수준을 구비하지 못하면 생존할 수 없다. 흑사회성 범죄조직은 중국 내·외의 범죄조직과 관련된 영화나 잡지 등 각종자료를 수집하여 특수범죄 기술과 기교 등을 중점적으로 학습하고, '선진범죄 경험기법' 등을 모방하며 임기응변 능력과 지적 수준을 높인다. 조직훈련, 내부질서 유지, 범죄의식과 심리강화 등을 바탕으로 정부에 대항할 힘도 갖춘다.[240] 흑사회성 범죄조직은 특유의 조직 강화 내구력과 정신적인 응집력으로 무장한다. 이러한 내구력과 응집력은 그들만의 내적 동력과 상호 결합되어 있다.

흑사회성 범죄조직의 조직유지 및 범죄활동의 이론적 근거는 중국의 전통적인 윤리·도덕 사상에서도 찾을 수 있다. 예를 들면 '인(仁), 의(義,), 예(禮), 지(智), 신(信), 충(忠)' 등이다. 이는 본래 유교문화의 중요한 도덕규범이지만 흑사회성 범죄조직은 이것을 개조하여 자신들 범죄조직문화의 철학으로 변모시켜 놓았다. 즉, '인'은 '조직구성원 간의 인애'로 바꾸어 조직원들을 가족 구성원으로 만든다. '의'는 '조직 내부의 윤리핵심'으로 바꾸어 구성원 간 '형님으로 모시기'를 규율로 삼는다. '예'는 조직 내부의 행위규범에 맞게 변모시켜 복종하지 않으면 엄한 징벌을 가하는 것이며, '지'는 조직 내부의 두목 및 지도자급을 선발하는 기준으로 지략이 뛰어나고 폭력 수준이 높은 자가 '큰 형님'으로 한다. '신'은 조직내부의 행위준칙으로 변모되어 조직원들은 반드시 서로를 감싸주어 보호하며, '충'은 조직의 두목에 대해 두 마음을 갖지 않고 지휘에 잘 따르도록 바꾸어 범행을 할 때에도 절대적인 충성을 하도록 요구한다. 이러한 변질적인 윤리·도덕 사상은 흑사회성 범죄조직이 존재하고 발전하는 이념적인 버팀목이 되며 범죄활동을 행함에 있어 중요한 정신적 원동력을 제공한다.[241]

---

239) 马霞, 전게논문, p.94.
240) 賈宏宇, 전게서, p.141.
241) 賈宏宇, 전게서, p.142.

3. 목적적 특징

(1) 경제적 이익 추구

흑사회성 범죄조직은 어떤 이념을 바탕으로 혁명·반란적인 방법과 수단을 통해 합법 사회를 전복한다는 거창한 목적을 추구하지 않는다. 범죄조직의 목적은 일련의 범죄행위를 통해 일정한 이익을 얻고자 한다. 이익추구의 가장 중요한 것 중 하나가 경제적 이익이다. 돈은 범죄조직이 존재하고 발전하는 수단이자 기초가 된다. 돈이 있어야 조직을 이끌어 갈 수 있고 무기 및 장비도 구입할 수 있기 때문에 일정한 경제력을 갖춘다는 것은 흑사회성 범죄조직의 기본속성이다. 조직원들은 금전에 대한 개인적 욕망을 채우고 이를 통해 자신의 사회적 지위를 세운다. 조직원들은 대개 사회 저층에 속한 자들로서 인생의 세 가지 욕구인 재산, 권력, 명예 중에 부의 축적이 없으면 권력이나 명예는 더욱 없다고 생각한다.[242]

흑사회성 범죄조직은 대다수가 불법 변태영업과 마약·도박·윤락·매음·공갈·협박 등으로 거액을 벌어들이기에 일정한 업종 내에서 경제력을 갖고 있다. 이는 범죄 형태로 구체화된다. 즉, 각종 범행으로 재산을 축척한 후 합법을 가장한 불법적인 방법으로 소액을 투자하여 거액을 벌어들여 '흑사회로 상업을 보호하고 상업으로 흑사회를 기른다'고 한다. 이는 흑사회성 범죄조직이 상인들로부터 보호비 명목으로 조직 유지비를 뜯어내고, 결국 이 돈은 범죄조직을 이끌어 가는 경제적 토대가 된다는 의미로, 불법으로 벌어들인 돈과 시장 상인들에게 뜯어낸 돈을 세탁한 후 합법기업에 투자하여 범죄조직 자신들의 범죄통로로 사용하며, 일부 지하자금은 국가 금융통화정책과 경제정책까지 영향을 주어 경제질서에 심각한 장애를 유발한다.[243] 범죄조직의 수입원은 주로 밀수, 마약의 제조·운수·판매, 도박, 윤락, 밀항, 고리사채업 등에서부터 분규해결, 사채해결 등에 이르기까지 다양하다. 또한 불법상품 유통판매(일명 짝퉁)와 각종 서비스제공으로 더 많은 이익을 벌어들여 범죄 자본을 축척한 후 거대한 규모의 사업 확장을 통해 사회 경제발전에 심각한 장애를 초래한다.

(2) 정치적 욕망

흑사회성 범죄조직이 경제적 이익추구를 기본목표로 삼고 있다고 해도 그것이 유일한 목표는 아니다. 범죄조직에게는 강한 권력지향성 즉, 정치적 욕망이 저변에 깔려 있다. 이

242) 马霞, 전게논문, p.93.
243) 杨莉, 전게논문, p.84.

러한 정치적 욕망은 범죄조직의 경제적 이익추구에서 나타나는 위협보다 때로는 더 위험하다. 부와 권력은 상호 긴밀하게 연결되어 있다. 즉 권력이 있어야 더욱 많은 부를 축척할 수 있으며 그 부는 더 큰 권력을 갖다 줄 수 있다. 흑사회성 범죄조직에 권력을 세운다는 것은 조직의 두목이 되어 일정한 권력을 장악한다는 것을 말하며, 세력범위 확대는 두목으로 하여금 더 큰 힘과 만족을 주기에 수많은 두목들이 더 큰 권력에 대한 탐욕을 갖고 있다. 랴오닝성 잉쥬시(榮久市) 까이현(盖縣) 후둔진(湖屯鎭)의 돤씨(殷氏) 흑사회성 범죄조직 두목 돤홍바오(殷洪寶)는 "무엇이 법인가, 참을 수 있는 것이 바로 법이다. 후둔에서 내가 바로 아버지이고 내가 바로 법이다"라 했다. 이는 흑사회성 범죄조직의 권력추구에 대한 전형적인 발상이다.[244]

　　오늘날 중국 흑사회성 범죄조직은 점차 발전하여 이미 서양의 마피아와 같은 전형적인 범죄조직 수준에 도달하였고, 합법적인 권력추구 의지를 갖고 있으며 정치에 개입할 정도로 성장하였다는 사실은 부인할 수 없다. 마피아나 야쿠자 등은 직·간접으로 정치권력과 가까우며 대만의 '흑사회와 권력의 결합'과 이탈리아 마피아의 정치선거 조종 등과 같은 사실에서 이를 엿볼 수 있다.[245] 범죄조직의 정치권력 확보는 사회적 지위상승 및 경제적 성장과 긴밀한 관계를 갖고 있으며, 범죄사회와 합법사회의 거리는 과거 분명한 한계에서 오늘날 모호한 한계로 변모했다.

　　흑사회성 범죄조직은 범죄조직의 존재와 발전을 위해 사법기관과 관계 공무원을 비호세력으로 만든 뒤 범죄조직의 보호막으로 삼아 정계에 침투한다. 특히 언론계에 범죄조직을 대변할 수 있도록 대변인을 심어 활용하고, 사법관계 각 부처에 보호우산 즉 비호세력을 만들어 압력과 영향력을 행사한다.[246] 비호세력의 주목적은 범죄조직이 행한 범죄활동에 대한 수사를 더 이상 하지 않도록 하기 위함으로, 경제적 실력을 확보한 후 정치권에 스며들어 정계에 진입하는 것을 목표로 한다. 이는 정치권력이 있어야 범죄조직을 보호할 수 있으며 정부를 상대로 대항할 수 있기 때문이다. 이것이 바로 흑사회성 범죄조직의 정치적 목적으로, 범죄조직 발전과정에서 필연적으로 나타나는 현상이다.

　　정치적 권력 확보를 위한 사전단계에는 여러 가지가 있다. 먼저 흑사회성 범죄조직이 일정 규모의 범죄조직으로 강대해지고 경제적 수익도 확보하게 되면 부패한 공무원과 결탁하여 관련 부문의 사업 인·허가와 지원을 받아 해당 기업에 투자한다. 때로는 교육시설이나 체육·문화·오락시설 및 시민공원 등을 세워 민심을 얻은 후 직접 정치 분야로 손을 뻗쳐 정치인들과 교분을 쌓은 뒤 범죄조직이 저지른 불법적인 활동을 합법화한다. 그 다음으

---

244) 賈宏宇, 전게서, p.150.
245) 甘淸華, 전게논문, p.101.
246) 张丽霞·赵红星, 전게논문, p.134.

로 정치적 능력이 빈약한 일부 지방의 기층조직(한국의 기초자치단체에 해당)이 공공부문에서 제 역할을 하지 못할 때 그 부분에 개입하여 기층 정치조직의 법적 통제력을 무력화시킨다. 그 후 범죄조직의 두목이 기초자치단체의 의원이 되어 각종 로비활동을 하거나, 지방정부를 대신하여 개인적으로 업무를 처리하는 방식으로 '제2정부'를 만든다.

또 다른 방식은 조직원들을 동원하여 유권자를 상대로 회유하고 협박하는 등 당근과 채찍을 겸한 수단으로 직접투표를 실시하는 기층조직의 경선에 참여한다. 이 선거에서 두목이 기층 인민대표로 당선되거나 정치협상회의의 대의원이 되어 지역의 모든 실권을 거머쥔 지도자로 올라선다. 이렇게 일단 권력기구에 진입하기만 하면 그 지방의 황제와도 같은 지위와 권력을 누린다.247) 그리고 중앙정부 관료를 물색하여 정치자금으로 중앙 관료들을 도와주고, 뇌물로써 다른 중앙 관료들과 소통관계를 확보한 후 범죄조직 자신들에게 유리한 여론을 광범위하게 조성하여 경쟁상대를 내몰 방안을 강구한다. 이러한 전략이 성공하면 범죄조직은 더 많은 보호막을 갖게 되고 두목의 정치적 지위는 더욱 공고해진다. 이와 같은 방법으로 사회적 지위를 확보하면 정부를 상대로 대항할 수 있는 능력을 가지게 된다.

《사례》 허난성(河南) '허창리'(何長里) 범죄조직248)

허난성 위청현(宇城) 리민진(利民鎮) 부진장(副鎮長) '허창리'를 두목으로 한 흑사회성 범죄조직은 두목이 토착관리가 된 전형적인 사례다. "내가 이 고을 진장이다. 리민진은 나의 세상이야, 내가 명령만 내리면 이 지역은 초토화 될 수 있어, 나는 사람도 있고 총도 있고 폭탄도 있어, 누가 감히 나의 일을 방해 한단 말이냐"고 하며 리민진에서 황제와 같은 권한을 누렸다.

허창리는 리민진에서 출생한 토착 무능자로 1987년 위옌밍(圍奄明), 쉬진쥔(徐晉君) 등 11명의 전과자들을 규합하여 "우리 형제들은 의기투합하여 같이 살고 같이 죽기를 맹세하며, 어려움도 함께 나누고 부귀도 함께 나누며 평생을 같이 하기로 맹세한다. 만일 개인적인 욕심을 부리면 천지가 용서하지 않을 것이며 신령도 진노할 것이다. 우리 형제들은 죽는 날 같이 목을 맬 것이다"라며 결맹을 맺고 범죄조직을 결성했다. 그 후 새로 들어온 전과자 구이쥔(圭君) 등 24명을 합류시켜 44명의 범죄조직으로 확대했다. 1990년 허창리가 이민진 제지공장장 직책을 맡게 되면서 수하의 조직원들에게 석면공장장, 관서 어장장, 위생재료 공장장, 식료품매점장, 수산회사 상무, 폐석면 가공공장장 등을 주었다. 허창리는 리민진 각 분야에서 경제적 실체를 가지게 되자 69명의 조직원을 새로이 영입했다.

1993년 3월 리민진 인민대표 선거에서 허창리는 47명의 대의원 중 22명의 결맹 형제

---

247) 马霞, 전게논문, p.93.
248) 賈宏宇, 전게서, p.102.

들로부터 표를 얻어 부진장에 당선되었다. 허창리는 부진장의 권한으로 자신의 범죄조직 행동대장 등을 리민진의 중요 직책에 임명했다. 처남을 향의 당위원회 부서기에, 외조카를 무장부대 부대장으로, 행동대장 양이성을 치안연방 대장겸 서로 순찰대장, 웨옌성을 남로 순찰대장, 쉬진쥔을 전기관리소장, 리즈웬을 남관촌 당지부 서기에 각각 임명했다. 리민진의 80%가 농업에 종사하는 농민으로 현의 모든 공직에 범죄조직원들을 임명했다. 7개의 기존 당 지부 중에 장애자, 여성 서기 등을 제외한 나머지 5개 부문 담당자를 허창리의 조직원으로 채웠다. 진(鎭), 향(鄕)의 중요 직능부문, 예를 들면 사법부문, 공업부문, 정부계획생산사무소, 통계국 등 주요 직능에 허창리 집안사람들과 행동대장 등이 차지하여 리민진은 '토착 깡패왕국 허창리 천하'로 변하였다. 중앙에서 발령받아 내려온 진장(鎭長)과 당 서기는 이러한 사항에 대해 반대의견을 하였으나 허창리는 욕설을 퍼붓고 조직원으로 하여금 이들을 기습공격하였다. 리민진 당위원회 서기는 2회에 걸쳐 공격을 받았고 리민진 진장 집도 기습공격으로 심하게 파손되었다. 이처럼 허창리 범죄조직으로부터 위협을 받고 불안해하던 리민진 당위원회는 리민진에서 12km떨어진 현에서 비밀회의를 소집하여 허창리의 범행사실을 중앙에 보고하였다.

　허창리의 범죄행위는 악랄하기 짝이 없었다. 허창리는 리민진에서 전자오락실을 개업하여 운영하였는데 다른 사람이 개업하면 조직원을 시켜 부숴 버렸다. 서가(西街) 촌민 쑨잉민이 오락실을 개업하자 허창리가 행동대장 겸 서로 순찰대장인 위옌밍에게 조직원 10여 명을 붙여 쑨잉민을 심하게 폭행하고 위협하자 쑨잉민은 할 수 없이 가게 문을 닫고 헐값에 허창리에게 그 가게를 넘겼다. 리민진에서 누가 개업을 하거나 허창리의 허가 없이 장사를 하면 그는 조직원들을 보내 난장판을 만들어 버렸다. 리민진은 원래 현에 향진기업이 많아 80년대에 매년 국가에 100만여 위안의 국가 수익을 내던 곳이었다. 그러나 허창리가 부진장에 당선 된 이후 범죄조직의 농단으로 행동대장이던 각 부문의 책임자들이 각종장비를 팔아먹어 공장의 1/3이 문을 닫고 석면공장의 20여 개 창고도 팔아먹었다. 1993년 전 부서의 손실액이 커 직원의 월급을 주지 못할 정도였고 은행 이자도 못 낼 형편으로 전락했다. 우청현 공안국이 리민진 당위원회 비밀회의에서 허창리 흑사회성 범죄조직의 범행을 보고받고 많은 경찰병력을 투입하여 이들을 일망타진했다.

　※ 사례 분석

　허난성 위청현 리민진 부진장 '허창리' 흑사회성 범죄조직은 범죄두목이 정치권력을 장악하여 횡포를 부린 전형적인 사례다. 리민진 제지공장장 직책을 맡게 된 이후 리민진 인민대표 선거에서 당선되는 등 정치권력을 쥐고서 그 지역을 농단했다. 범죄두목의 정치권력 장악은 이른바 흑백세계를 모두 쥐고 있는 황제와도 같은 존재이다.[249]

---

249) 신상철, "중국 흑사회성질 범죄조직의 특징에 대한 고찰", 아시아연구13(2), 2010.

제 7 절 흑사회성 범죄조직 범죄유형

1. 마약범죄

개혁개방 이후 중국 남부지방에서 범람하기 시작한 마약은 중국 전역으로 확산되었다. 2018년 현재 중국 정부에 등록된 마약복용 인구는 250만 명이지만[250] 일부 마약 전문가들은 중국의 마약 인구가 3,500만 명에 달하며 거의 모든 도시가 마약과 관련되어 있다고 추정한다. 마약을 제조·판매하여 중국 내 뿐만 아니라 인접국에 마약시장을 독식해온 것이 흑사회성 범죄조직의 전통적 행위이며 그들이 제일 선호하는 범죄이다. 현재 중국은 마약으로 인한 각종 범죄가 성행하고 마약복용에 드는 막대한 자금을 조달하기 위해 벌어지는 범죄는 점점 위험수위를 높여가고 있다.

(1) 마약의 역사와 확산요인

양귀비(罌粟)에서 추출된 아편이 최초로 중국에 전해진 것은 당나라 초기 아라비아 상인들이 조공품으로 가져온 것으로 당시 중국에 들여온 아편은 가격이 매우 비싸 일부 귀족들만 사용하고 일반인에게는 알려지지 않았다. 그 후 오대(五代)를 거쳐 당말, 송초에 양귀비는 질병치료약재로 사용되기 시작하였고 양귀비 씨와 양귀비 껍질은 다른 약재와 배합하여 좋은 약재로 쓰였다. 명대(明代)에 와서 양귀비 꽃 아부용(阿芙蓉)을 채취하여 아편을 추출했는데 당시 명나라 궁중에서 사치가 만연하고 성의식이 문란해 아편이 황제와 귀족들의 향락 도구로 사용되었고 이어 민간으로 번져 아편을 먹는 계층이 폭넓게 형성되었다. 1517년 중국이 포르투갈과 통상을 시작하면서 마카오에 포르투갈 상인들이 터키산 아편을 판매하기 시작했고 그 후 1624년 대만을 점령했던 네덜란드는 대량의 아편을 들여와 폐를 통한 새로운 흡입방식을 도입하여 이용자들에게서 큰 호응을 불러일으켰다.[251]

영국이 청나라와의 무역에서 적자를 면치 못하자[252] 무역수지를 개선할 수 있는 대체

---

250) 中信网, 2017.3.9자(중국 국가마약금지판공실이 발간한 '2016 중국 마약형세 보고'에 250만 5천 명의 마약 흡입 인구가 있으며 필로폰 등 합성마약 사용자가 151만 5천명으로 60.5%를 차지한다고 밝혔다).

251) 易熙峰, 『中國黑道幇會』, 大衆文藝出版社, 2008, p.115.

252) 영국은 청나라와의 교역에서 차, 생사(生絲), 도자기 등을 수입하고 모직, 면직, 금속 등 공업제품을 수출하였다. 영국과 유럽에서는 중국 상품, 특히 중국산 차에 대한 수요가 급증하는 추세였던 반면, 영국 공산품은 수공업이 발달한 중국에서 인기가 별로 없어 무역불균형이 발생했다. 영국 상인들과 거래하던 중국의 공행(公行, 즉 청나라의 특허무역상들)이 선호한 것은 은이

상품으로 선택한 것이 아편이다. 인도에서 생산한 아편을 영국 상인들이 넘겨받아 중국에 수출했는데 중국으로 들어오는 아편의 양이 엄청나게 증가하였다. 1800년 이전에는 의약품용으로 매년 약 200상자(1상자는 60kg) 수입되던 아편이 1800년경에는 4000상자, 1820년대에 접어 들어서는 1만 상자, 1830년에는 2만 상자로 급증했다. 이에 청 왕조는 국민건강과 국가경제를 망치는 아편수입을 방치할 수 없어 임칙서(林則徐)를 보내 영국 상인이 갖고 온 아편을 불태웠다. 이렇게 촉발한 것이 아편전쟁(阿片戰爭 1839~1842)으로 이는 청 왕조 몰락의 도화선이 되었다.

중화인민공화국은 건국 후 마약으로 인해 패망의 수모까지 겪은 역사로 인해 정부 차원에서 마약에 대해 아주 엄하게 대처하였다. 1950년 2월 24일 공산당은 '아편매매의 엄격한 처벌에 대한 조례와 아편금지 훈령'을 발표하였다. 이 훈령에서 '아편근절운동은 제국주의·봉건주의·매판계급이 남긴 해로운 독과 영향을 완전히 제거하는 투쟁이다'라고 규정하여 훈령을 발표한 그날부터 양귀비의 재배를 엄격히 금지하고 마약을 제조·운송·판매하는 자는 엄하게 다스릴 것을 천명하였다.253) 하지만 개혁개방과 더불어 고개 들기 시작한 마약남용으로 2018년 현재 중국 전역에 약 2,500만 명 이상의 중독자가 나타났다.254) 엄격한 규율에도 불구하고 개혁개방 이후 최근 들어 마약 사용인구가 늘어나는 것은 다음과 같은 마약 중간공급지로서 중국의 지정학적 위치와 사회문화적 배경에서 그 원인을 찾을 수 있다.

1) 중국이 마약생산 거점인 동남아시아 황금삼각지대와 아프가니스탄 황금초생달 지역에 인접하여 마약사범들이 중국을 이용한 마약운반루트를 선호하는 점.
2) 중국이 마약반입에 대한 방비책이 허술하여 마약단속을 위한 전문적인 설비와 인원이 부족하고 마약단속에 대한 경험이 없는 점.
3) 중국은 영토가 넓어 많은 나라와 국경을 접하고 있고, 중국 남부는 국경선이 길며 높고 험악한 산악지대로 이루어져 숲이 울창하여 마약 밀매꾼들이 활동하기에 적합한 천연적인 환경을 갖추고 있는 점.

었다. 영국은 이처럼 중국과의 교역에서 수입이 수출을 초과하고, 초과분을 메우기 위해 막대한 양의 은을 조달해야 하는 상황을 부담스럽게 여겨 이를 타개할 방안을 모색하여 아편을 판매하였다.
253) 康樹華, 『犯罪学 : 历史'现状'未来』, 群众出版社, 1998, p.72.
254) 人民网, 2010.10.28자. 중국 정부는 2010년 5월부터 중국 전역에 걸쳐 마약·매춘 등 범죄와의 전쟁을 벌여 KTV(중국식 노래방), 불건전 안마업소, 호텔, 여관 등에 대해 강력한 단속을 하였다. 2010년 5월 베이징에 소재한 나이트클럽인 '천상인간'(天上人間)에서 557명의 호스티스가 검거되었는데 이 업소는 안마시설을 갖춰 그 곳에서 마약과 매춘을 하고 있었다. 2010년 7월 사형이 집행된 전 충칭(重慶) 사법국장 원챵(文强)이 충칭의 힐튼호텔에서 여성 연예인 린즈링(林志玲), 차이이린(蔡依林) 등 유명연예인과 성관계를 하면서 마약을 함께 했다.

4) 중국은 다양한 민족과 14억 명에 이르는 인구가 있어 마약조직에게 매력적인 시장인 점.

5) 국경선을 중심으로 산악지대에 살고 있는 소수민족들의 생활수준이 매우 낮아 생활을 개선할 수 있는 기초여건도 마련되어 있지 않은 점.

6) 마약 제조·운반·판매가 불법이어서 위험도가 높아 유통경로를 지날 때마다 가격이 폭등해 거액의 이익이 기대된다는 점.

7) 마약범죄조직이 국가공무원들을 매수하여 비호를 받고 있는 등 마약 밀매에 유리한 여러 요소를 구비하고 있는 점[255] 등이다.

(2) 마약의 재배

개혁개방 이후 미얀마·태국·라오스 국경이 만나는 황금삼각지대에서 재배된 아편은 주로 범죄조직에 의해 중국으로 밀반입되었다. 1980년대 초부터 중국 서남부 윈난지방의 국경지대와 산악지대에서 양귀비가 재배되다가 서서히 재배면적이 확대되어 구이저우·쓰촨 등 서북지역 산림지대에서도 재배되었고, 90년대로 접어들어 광시성까지 재배가 확대되었다.[256]

전 세계 마약의 최대생산지는 3곳으로 구분된다. 첫 번째가 동남아시아 '황금삼각지대'로 미얀마·태국·라오스 지역, 두 번째가 '황금초승달 지역'으로 서남아시아의 파키스탄·아프가니스탄·이란지역, 세 번째가 남미의 페루·볼리비아·콜롬비아 등의 국경지역이다. 이외에 중동의 레바논 지역에서 약간 생산되고 있으나 그 양은 미미하다. 주 생산지는 앞서 언급한 황금삼각지일대로서, 1990년대 이후 황금삼각지대 아편생산량은 2,500~3,000톤에 달해 전 세계 총 생산량의 1/3을 차지했다. 미얀마의 '황금삼각지대' 일대에는 마약왕 쿤샤가 이끄는 7,000여 명의 무장부대원들이 정부군의 수차에 걸친 소탕전투 끝에 지난 1996년 1월 투항했으나 그 후 잔존세력이 무장대원 3,000여 명을 규합하여 이 일대에서 마약을 계속 재배하고 있다.[257] 남미 콜롬비아의 마약범죄조직은 아직도 무장 부대원 20,000여 명을 이끌고 국가의 정치·경제·군사를 좌지우지하고 있는 등 마약 범죄조직의 세력이 막대하여 국가통치권 위에 존재할 정도로 정치·사회 안정에 심각한 영향을 주고 있다. 중국의 경우 1980년대 이후 국제마약의 조류에 편승하여 마약범죄가 급속히 늘어났다. 80년대 초기 중국 윈난성에서 출현하기 시작한 마약범죄는 전국으로 전파되어 90년대 전반기에 중국 전역에서 노획한 헤로인 수량이 연 평균 3644.7kg으로 전 세계 총 노획량의 1/4을 차지하여 세계 1위다.[258] 2000년대 이후 현재 중국의 마약재배 실태는 윈난,

---

255) 何秉松, 『有组织犯罪研究』, 中国法制出版社, 2002, p.31.
256) 賈宏宇, 전게서, p.70.
257) 김해출, "효과적인 마약수사 방안연구", 국외훈련보고서(캐나다), 경찰청, 2003, p.38.

구이저우·쓰촨, 광시성에 이어 신장(新疆) 위구르 자치주까지 그 재배면적이 확대되었다.

(3) 마약 반입경로 및 운송방법

황금삼각지대에서 밀반입되는 마약은 윈난성을 거쳐 중국전역으로 팔려나가거나 광둥성의 광저우를 거쳐 홍콩에 집결되어 세계 각국으로 팔려간다. 마약밀수범들이 마약을 운반하는 주요 루트는 다음과 같다.

1) 황금삼각지대 → 윈난성 → 쓰촨성 → 간쑤성 → 베이징
2) 황금삼각지대 → 윈난성 → 상하이 → 일본 → 구미(歐美)
3) 황금삼각지대 → 뤼리(瑞丽) → 쿤밍(昆明) → 광저우 → 홍콩 → 구미 등 해외로
4) 황금삼각지대 → 쿤밍 → 타이완
5) 황금삼각지대 → 윈난성 → 광시성 → 광둥성 → 상하이[259]

마약사범들은 마약을 대량으로 운반할 경우 세밀한 계획아래 무장한 인력을 동원하여 자신들이 직접 운반한다. 하지만 운반하는 양이 적을 경우 주로 중간 판매상이 개입한다. 이들 중간 판매상은 매우 다양한 방법을 동원하여 마약을 운반하는데 주로 이용하는 방법은 다음과 같다.

① 마약을 액체화하여 병에 담거나 면수건 등에 마약액을 흡수하여 운반한 후 다시 정련.
② 여행자에게 짐을 부탁하거나 고액의 수고비를 제시하여 아편운반을 위탁.
③ 과일 등 내용물을 모두 파낸 후 그 속에다 마약을 넣음.
④ 각종 물건 및 동식물을 이용.
⑤ 목재에 구멍을 뚫어 마약을 집어넣은 후 가구를 만들어 운반.
⑥ 신생아를 이용하여 마약을 은폐, 심지어 죽은 신생아의 내장을 도려낸 후 마약을 집어넣어 운반.
⑦ 사람들의 모든 신체 부위를 교묘하게 이용. 예를 들면 항문과 여성의 은밀한 부위에 약을 넣거나, 여성들이 임신을 가장하여 감추어 운반하거나 콘돔에 마약을 넣어 운반하는 경우 등.[260]

---

258) 賈宏宇, 전게서, p.71.
259) 王勇禄·林宁·刘艳华, 『查办黑社会性质组织犯罪的有关问题探讨』, 法律出版社, 2001. pp.56−69.
260) 賈宏宇, 전게서, p.71.
    국내에서도 필로폰 밀반입 수법이 갈수록 지능화되고 있다. 2006년 6월 필로폰 2.24kg을 조금씩 나눠 비닐로 포장한 뒤 즉석 밥 용기 23개에 넣고 밥으로 덮는 등 치밀한 수법으로 다롄항

(4) 마약의 제조

개혁개방 이후 마약이 중국으로 들어오기 시작할 때는 중국이 세계 마약시장의 중간 유통기지로 활용되었지만 중국에서 마약이 범람하기 시작하면서부터 중국내에서 생산되는 마약이 점차 많아졌다. 중국 흑사회성 범죄조직이 운영하는 마약제조 지하공장은 주로 쓰촨성 일대에 집중해 있다. 마약단속반이 쓰촨성 일대를 수색해 압수한 마약은 1994년에 31.4톤, 1995년에는 37톤이었다. 2000년대 이후 들어 최근에는 흑사회성 범죄조직이 필로폰을 외국에서 대량으로 들여오고 있다.[261]

《사례》 광동성 포샨시 마약제조 사례

2001년 1월, 광동성 포샨시(佛山) 공안국은 홍콩에서 건너온 흑사회 범죄조직이 불법 체류자와 중국 고급기술자들과 공동으로 세운 대규모 마약제조 조직을 적발하여 40여명의 조직원을 체포하고 6개의 필로폰 제조공장, 2개의 창고를 적발하여 3만 여개의 정제품과 1,240kg의 필로폰을 수거했다.[262]

광동성·푸젠성 등에서 대만인들이 화장품 및 비료를 생산한다는 명목 하에 대량으로 마약을 생산한 사례도 있다. 이들 마약제조 공장은 상당수가 외진 곳에서 현지주민들의 협조를 받아 마약을 생산하거나 알약형식의 마약을 제조하고 있기 때문에 쉽게 공안의 단속을 피한다. 이곳에서 생산되는 마약은 중국내에 소비되거나 외국으로 밀반출되고 있으며 일부 국유기업이나 제약회사에서 몰래 마약을 제조하거나 원료를 유출한다. 예를 들면 한단(邯鄲)제약회사는 1997년 3월 400kg의 에페드린 엑스터시의 원료(麻黃素)를 마약사범에게 팔아넘겼고, 태원(太原)제약회사는 클로라민 케톤(chloramine ketone, 氯胺酮)을 생산하여 홍콩 등으로 팔아넘긴 사례가 있다.[263]

중국에서 제조되는 필로폰의 심각성에 대해 유엔 마약관리국은 "앞으로 중국은 필로폰 제조 1위를 차지할 것이며, 홍콩은 국제적인 필로폰 집산지이고 중국은 필로폰의 기지국이 될 것이다"라고 말할 정도다.

에서 인천항으로 들여오다 적발됐고, 2006년 2월 중국 연길(延吉)에서 필로폰 340g을 감기약처럼 캡슐에 넣은 뒤 연필꽂이에 숨겨 국제우편으로 밀수입, 3월 필리핀에서 슬리퍼 밑바닥에 필로폰 15.1g을 우황청심환 용기나 차 또는 커피 봉지, 벽걸이 시계, 꿀·참기름 통, 비디오 카메라 케이스 등에 넣거나, 좀약(나프탈렌) 모양으로 만들어 들여오다가 적발되거나 앨범 표지 뒷면을 잘라내고 숨겨오기도 했다(연합뉴스, 2007.10.17.자).

261) L. Thachuk Kimberly, Transnational Threats: Smuggling and Trafficking in Arms, Drugs, and Human Life. Westport, C T: Praeger, 2007, pp.92-112.
262) P. Mitch Roth, 전게서, pp.328-332.
263) 文滙報, 2010.5.25자.

(5) 마약의 거래

1) 마약 거래장소

마약이 판매되는 시장이나 중간상인, 또는 대리인이 주로 모이는 곳이 바로 홍콩이며, 국제 마약판매망은 긴밀한 구조로 연결되어 있다. 홍콩은 황금삼각지대의 태국과 해로(海路)로 연결되는 곳으로 전통적으로 마약 매매상들이 주로 활동하는 지역일 뿐만 아니라 주 소비지인 유럽이나 미국시장을 겨냥한 중간경유지라는 이점 때문에 마약조직은 홍콩을 기지로 삼아 중국대륙의 소비시장을 겨냥하게 되었다.

마약매매는 중화권 흑사회 범죄조직이 무역거래형식으로 거래를 한다.264) 황금삼각지대에서 가격이 먼저 정해지면 마약조직원들이 운반경로인 중국 윈난성 등을 경유해 홍콩·마카오·대만 등지로 화물을 대체하여 적재한 후 국제 마약판매망을 통해 각지로 나간다. 흑사회성 범죄조직은 마약이 중국 내로 들어오면 경로의 흔적을 남기지 않기 위해 공안의 수사망을 피해 운반노선 및 운반방법, 운반기술 등을 수시로 변경한다. 최근 중국 흑사회성 범죄조직의 일부 마약판매 조직원들은 공안의 경찰력 증대 배치로 인해 기존의 루트를 사용하지 않고 수시로 경로를 바꿔가며 거래를 한다.265)

100만 명 이상의 조선족이 거주하는 북한과 중국의 국경 일대는 최근 들어 마약 암거래가 가장 횡행하는 신흥 개발지이다. 동북 3성 지역은 필로폰의 원료가 되는 마황의 자생지가 산재하며 공공연하게 재배하는 곳도 많아 원료수급이 용이하다는 점이 마약조직을 끌어들이는 요인이다. 최근 중국 흑사회성 범죄조직이 필로폰 제조에 가세해 규모가 갈수록 커지고 있으며, 산둥성 등 다른 지역으로 영역을 확대하고 있다. 동북 3성 지역을 통해 북한의 마약이 중국으로 대거 유입되자 중국은 2004년부터 북한에 인접한 국경지역의 경계를 강화하고, 북한 주민들을 대상으로 마약거래 단속에 나섰다. 현재 중국은 북한 마약의 최대의 시장으로 자리 잡은 상태이다.266)

2) 마약거래방법

흑사회성 범죄조직은 대리인 또는 연락책을 일명 '지게꾼'이라 한다. 홍콩·대만 등의

---

264) 賈宏宇, 전게서, p.73.
265) 마샤 글레니 지음, 이종인 역, 『맥마피아』, 책으로 보는 세상, 2008, pp.512-520.
266) 자유아시아방송, 2015.3.6자.
  중국 랴오닝성 동항(东港) 흑사회성 범죄조직이 북한 마약제조업자에게 10만 달러를 주고 기술자를 들여와 기술을 전수 후 살해했다는 주장이 제기된다. 즉 중국 마약조직은 북한 마약제조기술자에게 선금 형식으로 2만 달러를 미리 지급하고 밀입국 시킨 뒤 제조기술만 습득하고 흔적을 없애기 위해 북한인을 살해하여 처리했다는 주장이다.

중화권 흑사회 범죄조직은 중국 흑사회성 범죄조직의 엄호 없이 마약운반을 할 수 없다. 그러나 1980년대 말부터 1990년대 초에 걸쳐 중화권 흑사회 범죄조직은 마약운반과 판매를 직접하고 독점하던 방식을 바꾸어 '지게꾼 수법'이라는 대리인을 사용하는 거래방식으로 바꾸었다. 지게꾼수법은 마약 운반대가로 돈은 받았으나 돈을 준 사람이 누구인지 모르는 주변사람을 이용하거나, 교도소를 출감하여 일거리가 없어 언제든지 재범의 기회를 엿보고 있는 사람, 또는 중국에서 홍콩이나 마카오 등지로 밀항한 불법체류자들로 대륙의 정세를 훤히 알고 있으나 직업을 구할 길 없어 밑바닥 생활을 벗어날 수 없는 사람들을 이용하며, 이들 또한 '지게꾼'역할을 자청하기도 한다.[267] 이와 같이 중화권 흑사회 범죄조직과 중국 흑사회성 범죄조직은 대리인 '지게꾼'를 이용하여 마약의 공급과 판매를 하고 있기 때문에 수사당국의 마약정보수집이 어려울 뿐 아니라 수많은 겹으로 둘러싸여 그 베일을 벗기기가 무척 힘들다. 이런 '지게꾼'들은 마약 루트가 신속히 발전함에 따라 개인적으로 독립하여 그 길로 나서는 부류도 있다.

3) 마약거래와 국제범죄조직의 연계

마약의 제조와 판매가 분할되어 운영되고 있는 것은 세계적인 흐름이며 추세이다. 이러한 분할판매망은 항상 국제범죄조직과 연계되어 있다. 중국을 비롯한 한국, 일본의 마약 소비시장이 중국 흑사회성 범죄조직이나 홍콩 등 흑사회 범죄조직, 일본의 야쿠자 등과 연계되어 있다는 것은 이미 공공연할 사실이다. 과거에는 황금삼각지대에서 나온 마약가공품인 헤로인을 태국이나 인도에서 구입하여 중국에서 화학처리 하였으나, 최근 들어 중화권 흑사회조직은 중국대륙에서 가공된 헤로인의 가격이 저렴하고 운반에 수월하다는 이점 때문에 중국대륙의 지하공장에서 운반책인 '지게꾼'들로부터 완제품을 운송해와 수출한다.

마약범죄자 중 약 30%가 국외 및 홍콩·마카오·대만 지역 흑사회 범죄조직과 연계되어 있다. 은밀한 범죄수법 때문에 마약류 등 관련법에 의해 처벌받은 중화권 흑사회 범죄조직의 조직원 수는 얼마 되지 않는다. 그러나 홍콩 등 흑사회 범죄조직의 활동지역·활동능력·침투정도·사건의 경중은 오히려 수적, 질적으로 중국대륙의 흑사회성 범죄조직이 저지르는 마약범죄의 몇 배에서 몇십 배 높다.[268] 개혁개방 이후부터 시작된 중화권 흑사회 범죄조직의 마약범죄는 윈난, 광시, 구이저우, 스촨, 간쑤(甘肅) 등지의 내륙으로 스며들어 1996년까지 발전한 후 중국 전 지역의 성, 시, 자치주 등으로 확대되었다. 2000년대 이후 최근까지 홍콩 등 흑사회 범죄조직의 마약시장 공략은 '황금삼각지대'에서 중국을 가로질러 유럽 등 국제시장으로 판매망을 확대하고 있다.

---

267) 賈宏宇, 전게서, p.74.
268) P. Mitch Roth, 전게서, pp.318-310.

(6) 마약소비와 사회문제

마약문제는 중국의 큰 사회문제로 확대되고 있다. 국제적으로 마약판매가 증가함에 따라 흡입자도 증가하고 마약 정제기술도 발전하였다. 미국의 경우 1980년대 마약 복용자가 2,000만 명이 되지 않았지만 1990년 이후 이미 3,000만 명에 도달했고, 유럽의 이탈리아는 평균 25만 명 내외, 프랑스는 10만 명, 영국은 14만 명, 러시아는 이미 100만 명에 이르렀다. 2,800만 명의 인구를 가진 말레이시아도 13만 명이 마약을 복용하고 있으며, 우리나라도 마약 복용자 수가 해마다 증가해 2018년 현재 약 50만 명 이상의 상습복용자가 있다.

개혁개방이 갓 실시된 1982년 중국에는 일부 사람만이 마약을 흡입하였다. 그러나 1980년대 후반기에 접어들어 마약 흡입자가 늘어나기 시작하여 1990년대는 급격하게 증가하였다. 2001년 중국 정부에 등록된 마약 인구는 90.1만 명이었다. 2018년 현재 통계상 마약 상습복용자는 250만 명으로 등록되어 있지만 실제 마약복용 인구는 3,500만 명에 이른다. 2018년 중국 정부에 등록된 마약 흡입자 중에 2/3가 헤로인을 투여한다. 한 사람이 하루에 헤로인 0.3g을 소비한다면 1년에 헤로인 300g이 필요하다. 100만 명이 1년에 소비하는 헤로인은 300톤에 이른다. 중국 각지에 판매되는 헤로인 1g의 가격은 300~1,000위안이다. 마약중독자 한 명이 하루에 필요한 헤로인은 대략 0.3g으로 하루에 90~300위안, 한 달에 2,700~9,000위안, 일 년에 32,400~108,000위안의 돈이 필요하다. 이 돈은 중국의 일반노동자로서는 큰 금액이며 경제력을 갖춘 사람도 이 정도의 금액은 부담이다. 마약중독자는 정상적인 방법으로 필요한 마약자금을 조달할 수가 없어 친구나 친척에게 접근하여 마약을 복용하게 한 후 그들에게 마약을 팔아 남는 이익금으로 본인의 마약자금을 조달한다. 이 외에 남자는 절도·강도·살인 등 각종 범죄에 가담하고, 여자는 매춘업에 종사한다. 윈난성 쿤밍에서 마약을 복용하는 사람 중에 남성 80%가 절도·강도·사기범이고 여성 80% 이상이 매춘에 종사하면서 마약자금을 조달하고 있다.[269]

마약이 가정에 미치는 영향은 가정경제의 파탄과 가정 해체를 가져오고 기형아가 탄생된다. 마약은 에이즈전파의 중요한 통로이다. 중국 에이즈감염자 90% 이상이 마약이나 매혈로 인한 감염자다. 그 이유는 중국인들이 정맥주사를 통한 마약복용을 선호하고 있기 때문이다. 즉 1개의 주사기로 여러 명이 돌려가며 정맥주사를 맞고 있어 에이즈가 쉽게 전파된다. 청소년의 마약복용도 심각한데 2018년 현재 중국의 마약복용 인구 중 35세 이하의 연령층이 82%를 차지한다. 중국에서 청소년들이 마약을 복용하게 된 동기로 호기심, 마약에 대한 무지, 반항 심리, 새로운 자극을 맛보기 위한 충동 등이고, 자신의 감정 억제능력

269) 데이비드 사우스웰 지음, 추미란 옮김, 『조폭연대기』, 이마고, 2008, pp.187-195.

의 부족과 친구와의 의리를 중요시하기 때문 등 다양하게 나타난다.

(7) 중국 마약관리 체계

1) 국가금독위원회(国家禁毒委员会)

금독법 제5조에 따라 국가금독위원회는 중국 내 마약류 관리 최상위 기관으로, 마약류 퇴치전략 등 전국적인 종합대책의 수립 및 정책을 결정하며 국무원 산하 25개 부처의 하나이다. 그리고 국무원은 국가금독위원회를 설립 전국 금독업무의 조직 조율 및 지도를 책임진다(国务院设立国家禁毒委员会, 负责组织´ 协调´ 指导全国的禁毒工作).

국가금독위원회는 2015년 6월 중국 내 마약상황에 대해 처음으로 대외에 공개하는 공식 보고서를 발표하였다.[270] 이 보고서는 전국에 등록된 마약중독자 현황, 연령, 직업 등 전국 마약관련 수치와 마약관련 국내 흐름에 대한 분석에 관한 내용을 담고 있다. 마약류의 남용, 출처, 운송 및 판매, 중국 내 마약류 추세 등 총 4장으로 구성되어 있으며, 2014년도 보고서에 이어 2016년 2월 '2015년 중국마약형세보고'가 발간되었다.

2) 마약정책(2015년-현재)
① 사법부 마약퇴치관리국(戒毒管理局)
㉠ 충칭(重慶)시 마약퇴치관리국 국제마약의 날 홍보활동

2015년 7월, 충칭시 마약퇴치관리국, 시민연맹, 충칭시 자선총회 등 기관들은 난안 여성 약물중독 강제격리소에서 국제마약의 날 홍보활동을 개최하였다. 해당 교육활동의 주제는 "모든 이의 금독, 마약퇴치활동 참여"로, 충칭시 출신 예술인을 마약퇴치공익활동 대사로 임명하는 등 다양한 활동을 전개하였다.

㉡ 베이징시 교육 및 교정치료국 제5회 금독·마약퇴치 홍보활동

베이징시 교육 및 교정치료국은 2015년 6월 제5회 마약퇴치 문화절을 개최, 교육활동을 전개하고 양질의 마약퇴치 홍보교육 분위기의 조성과 협력 강화를 통해 사회 각 계층의 마약퇴치활동에 대한 많은 참여를 호소하여 적극적인 지지의 성과를 거두었다.

㉢ 사법부 지도층, 베이징시 약물 중독 강제격리소에서 조사연구 업무 진행

2015년 6월 26일 '세계 마약의 날'을 기념하여 장수쥔(张苏军) 사법부 차관을 비롯한 지도층 인사들이 2015년 6월 베이징 톈탕허(天堂河) 약물 중독 강제격리소를 방문, 마약퇴치 관련 사법행정 조사연구 업무를 진행하였다.

㉣ 전국 사법행정 마약퇴치기관, 에이즈예방 업무훈련 진행

사법부 마약퇴치관리국 관계자들은 에이즈예방 업무 수준의 향상을 위하여 2015년 6

---

270) 중국마약형세보고, 2014(国家禁毒委员会).

월 2일부터 4일까지 충칭시에서 전국사법행정마약퇴치기관의 에이즈 예방훈련반을 개강하였다. 전국 31개성, 자치구, 직할시의 마약퇴치기관 업무 종사자들이 해당 훈련을 받았다.

② 공안부 금독국

㉠ 국가금독위원회사무국, 공무원 마약복용 문제의 예방 및 치료

국가금독위원회사무국은 2016년 4월 18일 '공무원 마약복용 문제 예방과 치료업무에 관한 통지' 배포와 관련, 각 지역에 공무원 마약복용 현상이 날로 증가하는 현상의 심각성을 인식하고, 공무원 마약복용 현상이 증가하는 원인에 대한 심층 분석과 관련 문제의 예방과 치료 업무를 강화할 것을 요구하였다. 또한 연예인 마약복용 추세는 다소 억제되었다고 판단하고 국가금독위원회 사무국 및 중국금독기금회에서는 2015년 11월 베이징에서 지속적인 폭로와 처벌을 통해 연예인의 마약복용 추세가 어느 정도 억제되었으며, 이는 관련 부처의 다양한 조치가 이와 같은 결과를 얻을 수 있었다고 평가했다.

㉡ 국가금독위원회, 마약복용 집단의 연예계 확산 현황 언급

공안부 금독국 처장은 현재 중국 내 마약복용자의 연령이 낮아지고 있으며, 35세 이하 마약복용자가 전체 인원의 과반수를 차지하고 있다고 하면서 마약복용 집단이 점차 기업종사자, 프리랜서, 연예계 종사자 등으로 확산되고 있는 추세라고 언급했다.

㉢ 국가금독위원회, '국가금독위원회지도감독검사제도' 배포

시진핑 국가주석 등 현 중앙지도부는 금독업무 전반에 대한 강화를 지시하였고, 이에 따라 국가금독위원회는 2015년 10월 24일 각 성, 자치구, 직할시 금독위원회, 신장생산건설부대 금독위원회, 국가금독위원회 각 회원기관에 '국가금독위원회지도감독검사제도'를 배포, 동 제도의 집행 및 엄수를 요구하였다.

(8) 중국의 마약관련 법규

이상 살펴본 중국에서의 마약문제의 심각성으로 인해 중국 사법당국은 다음의 중국 형법 제347조에서 볼 수 있는 것처럼 마약사범에 대한 강력한 처벌을 규정하고 있다.

① 마약을 밀수·판매·운송·제조한 경우 수량의 많고 적음에 관계없이 모두 형사책임을 추궁하고 형사 처벌한다.

② 마약을 밀수·판매·운송·제조하고 다음 각 호의 1에 해당하는 경우 15년의 유기징역, 무기징역 또는 사형에 처하고 재산몰수를 병과한다.

   1. 1,000g 이상의 아편, 50g 이상의 헤로인이나 필로폰, 또는 많은 수량의 기타 마약을 밀수·판매운송·제조한 경우

   2. 마약을 밀수·판매·운송·제조한 조직의 주모자

3. 마약을 밀수·판매·운송·제조를 무장 엄호한 경우

4. 검사, 구금, 체포에 폭력으로 저항하고 그 죄질이 중한 경우

5. 조직적인 국제 마약판매 활동에 참가한 경우

③ 200g 이상 1,000g 미만의 아편, 10g 이상 50g 미만의 헤로인이나 필로폰, 또는 비교적 많은 수량의 기타 마약을 밀수·판매·운송·제조한 자는 7년 이상의 유기징역에 처하고 벌금을 병과한다.

④ 200g 미만의 아편, 10g 미만의 헤로인이나 필로폰, 또는 수량의 기타 마약을 밀수·판매·운송·제조한 자는 3년 이하의 유기징역, 구역 또는 관제에 처하고 벌금을 병과 한다. 죄질이 중한 자는 3년 이상 7년 이하의 유기징역에 처하고 벌금을 병과한다.

⑤ 단위(單位)가 2항, 3항, 4항의 죄를 범한 경우에는 그 단위에 대해 벌금을 부과하고, 직접책임을 지는 주관자와 그 밖의 직접책임자에 대하여는 본 절 각 해당 항의 규정에 의하여 처벌한다.

⑥ 미성년자를 이용, 교사하여 마약을 밀수·판매·운송·제조하거나 또는 미성년자에게 마약을 판매한 자는 중하게 처벌한다. 수차에 걸친 마약의 밀수·판매·운송·제조 등의 범죄행위로 처벌받지 아니한 경우 마약의 수량을 누적 계산한다.[271]

2. 인신매매 범죄

중국 흑사회성 범죄조직은 인간을 상품의 하나로 보고 부녀·아동 등을 교역품인 돈벌

---

271) 第三百四十七条
① 走私、販卖、运输、制造毒品，无论数量多少，都应当追究刑事责任，予以刑事处罚。
② 走私、販卖、运输、制造毒品，有下列情形之一的，处十五年有期徒刑、无期徒刑或者死刑，并处没收财产：一）走私、販卖、运输、制造鸦片一千克以上、海洛因或者甲基苯丙胺五十克以上或者其他毒品数量大的；二）走私、販卖、运输、制造毒品集团的首要分子；三）武装掩护走私、販卖、运输、制造毒品的；四）以暴力抗拒检查、拘留、逮捕，情节严重的；五）参与有组织的国际販毒活动的。
③ 走私、販卖、运输、制造鸦片二百克以上不满一千克、海洛因或者甲基苯丙胺十克以上不满五十克或者其他毒品数量较大的，处七年以上有期徒刑，并处罚金。走私、販卖、运输、
④ 制造鸦片不满二百克、海洛因或者甲基苯丙胺不满十克或者其他少量毒品的，处三年以下有期徒刑、拘役或者管制，并处罚金；情节严重的，处三年以上七年以下有期徒刑，并处罚金。
⑤ 单位犯第二款、第三款、第四款罪的，对单位判处罚金，并对其直接负责的主管人员和其他直接责任人员，依照各该款的规定处罚。
⑥ 利用、教唆未成年人走私、販卖、运输、制造毒品，或者向未成年人出售毒品的，从重处罚。对多次走私、販卖、运输、制造毒品，未经处理的，毒品数量累计计算。

이로 생각한다. 낙후된 농촌에서 아내가 없는 가난한 농민들은 인신매매조직에게 부모나 자신을 저당 잡혀 여자를 사온다. 1930년대 민국시기 인신매매조직이 처음으로 성행하기 시작하였을 때 남자아이 매매를 '돌멩이를 옮긴다(搬石头)'라 하고, 여자아이 매매를 '뽕잎을 딴다(摘桑叶)'고 했다. 이렇게 매매된 남자아이는 대부분 푸젠성과 광둥성 등지의 부잣집에 양자나 시중꾼으로 팔려가고 여자들은 윤락업소에 팔려가 매춘부가 된다.[272]

(1) 인신매매 유형

1) 아동대상 인신매매

중국 남부 광둥(廣東)성 주강(珠江) 삼각주 지역에 사는 덩후이둥(여)은 최근 9개월 된 아들을 잃어버렸다. 7살 딸이 집 앞에서 아기를 안고 있을 때 난데없이 차 한대가 나타나 차창 밖으로 손이 나오더니 순식간에 아기를 가로채 사라졌다. 남아선호 성향이 강하게 남아 있는 중국에서 남자아이를 유괴해 매매하는 범죄가 성행한다. 위의 사례에서 본 것처럼 광둥성 주강 삼각주 지역에만 한해 수천 명의 아이들이 유괴되고 전국적으로 유괴된 아이 숫자는 매년 수십만 명이다.[273] 납치된 아이들은 대부분 사내아이를 원하는 중국 가정, 특히 남아선호 경향이 강한 남부 농촌지역에 팔리고 일부는 싱가포르와 말레이시아, 베트남 등 인근 국가로 팔려간다. 인신매매범들은 한 살에서 다섯 살까지 아이들을 대상으로 범행한다.[274] 중국에서 인신매매되는 아이들은 한해 20만 명이 넘는다.[275] 하지만 2016년의 경우 경찰에 구출된 아동은 1만 3,000명에 불과했고, 매매된 여아는 한 명당 3만~5만 위안(약 540만~900만 원), 남아는 7만~8만 위안(약 1,260만~1,440만 원)에 거래되고 있다.

2) 여성대상 인신매매

여성을 대상으로 하는 인신매매는 주로 경제가 낙후된 내지(内地) 농촌지역을 중심으로 발생한다. 인신매매범은 직장을 찾아준다는 말로 여성들을 현혹하여 외지고 가난한 지역으로 팔아넘긴다. 중국에서 인신매매범으로부터 여성들을 사는 사람들은 가난하거나 신체에 장애가 있어 장가를 들지 못한 사람들이다.[276] 외국에서 인신매매되어 중국으로 들어

---

272) 易熙峰, 전게서, p.705.
273) 人民网, 2009.3.22자
274) 熊清毅·王汉清, "防范和打击黑社会性质组织犯罪的战略措施", 公安研究, 1999.
    이 나이의 아이들은 젖을 떼었으며 걸을 수 있고 말을 할 수 있으며 기억력이 높지 않아 주소 및 부모이름을 쉽게 잊는다. 뿐만 아니라 어르거나 위협하면 쉽게 길들일 수 있어 관리하기가 매우 용이하다. 또한 이 나이 때의 아이를 구하는 사람들이 많고 거래되는 가격 또한 제일 비싸 인신매매의 대상으로 최고의 가치를 지닌다.
275) 미 국무부 인신매매보고서(2017.6.27).
276) 人民网, 2010.10.7자.

오는 경우도 있다. 미얀마에서 납치되거나 인신매매된 여성들은 중국 윈난성을 비롯해 산둥성, 안후이성, 후베이성 등 며느리감이 부족한 농촌 마을로 팔려간다. 수요가 크게 증가하면서 인신매매된 여성들의 몸값도 상승하여 2008년 당시 1만~3만 위안(한화 약 170만 원~500만 원)이던 가격이 2009년에는 4만~5만 위안(670만~840만원)까지 인상되자 미얀마에서 범죄조직을 결성, 대규모로 여성들을 납치하여 중국으로 인신매매하고 있다.[277] 최근 들어 북한 여성들을 대상으로 한 중국 인신매매조직이 중국과 북한 국경부근에서 활동한다. 속칭 '조선돼지 장사'로 불리는 중국 흑사회성 범죄조직은 인신매매된 북한 여성들을 중국 남부의 윈난성, 광시성 등 농촌마을의 신부감으로 팔기도 하고, 몽골과 카자흐스탄 등 중앙아시아의 일대로 팔아넘긴다. 북한 여성들의 몸값은 800~1,200달러(약 90만~150만 원)로 대부분 영양실조에 걸려 있어 몸값도 건강상태에 따라 차이가 있다. 중국의 인신매매조직에게 팔린 북한 여성 중 나이가 어린 여성은 주점이나 가라오케 창녀촌 등에 주로 팔리고, 나이 많은 여성들은 아내를 구하기 힘든 중국 시골의 남성들에게 팔려 간다. 이들 북한여성들은 공민증도 없고 말도 통하지 않을 뿐만 아니라 북한으로 다시 송환되면 처형되기 때문에 인신매매 범죄조직에게 아무런 저항도 하지 못하고 범죄조직이 시키는 대로 무조건 따른다. 인신매매된 북한 여성들 중 대다수는 북한의 경제악화로 인해 인신매매된다.

(2) 인신매매조직 구분

중국에서 인신매매조직은 크게 '대병단'(大兵團)과 '소병단'(小兵團)으로 구분된다. 대병단이라 불리는 조직은 대형 인신매매 범죄조직으로, 조직원이 백여 명에서 작게는 수십 명에 이른다. 이 조직은 조직체계가 엄격하고 활동범위가 대단히 넓어 중국 전역을 돌며 인신매매 범행을 저지른다. 또한 분업체계가 잘 이루어져 납치·운송·매매 등을 각각 전담하는 조직이 별도로 존재한다. 대병단 인신매매조직은 직업의식이 매우 강하고 기율이 잘 잡혀있어 이 범죄조직에 의해 인신매매된 사람의 수는 헤아릴 수 없을 정도로 대단히 많다. '소병단'은 조직원이 3~30여 명으로 구성된 비교적 작은 인신매매조직으로 '유격대'(遊擊隊)라고도 한다. 소병단 인신매매조직은 제한된 지역에서 활동하며, 한 개의 성(省)이나 몇 개의 성에 걸쳐서 활동한다. 조직 및 분업체계는 '대병단'에는 미치지 못하지만 범죄활동에 있어서 대병단 못지않게 분업화되어 있다.[278] 중국은 예전부터 사람을 사고파는 문화가 만들어져 있다. 이러한 인신매매의 참극은 가정파탄과 많은 사회문제를 가져온다.

277) 中國經濟週刊, 2009년 1월 최신호.
278) 易熙峰, 전게서, p.706.

(3) 인신매매 범죄에 대한 중국 정부 대책

중국 각 지방의 공안은 관할지역에 대한 치안책임만 지고 있다. 관할하지 않은 지역이나 여러 지방에 걸쳐있는 곳은 관리하지 않아 지방 공안 간에 협조가 잘 이루어지지 않는다. 인신매매범을 조사하거나 체포하는 과정에 종종 이러한 허점이 들어나 인신매매를 근절하기가 어렵다.[279] 여성에 대한 인신매매가 많이 일어나고 있는 지역은 대부분 가난하고 낙후한 농촌지역으로 이곳은 문맹률이 높고 문화수준이 매우 낮다. 이러한 곳에서 인신 매매범들은 현지 주민들의 지지를 받으며 사업을 진행한다. 이 지역에 살고 있는 사람들은 돈으로 아내와 아이를 사는 것은 정당한 상품교역으로 여긴다. 일부 소수 기층(지방자치단체)간부들도 인신매매는 현지 노총각들의 결혼문제를 해결하고 집안에 대를 잇게 해주는 일이라고 생각하기에 납치당한 여성을 구하기 위해 관계 기관에서 나오면 주민들은 물론 일부 향진(乡镇)간부들까지 나서서 인신매매여성 구출작업을 방해한다.[280]

중국에서 80년대 후반부터 인신매매범죄가 전국으로 성행했다. 1989년 한 해 동안 인신매매 범죄조직에 의한 사건발생 건수가 전체범죄율의 60% 이상을 차지하였고 1990년에는 70%를 차지하는 등 인신매매 범죄는 갈수록 증가하였다. 1991~1992년 간 2년에 걸쳐 검거한 인신매매조직이 10,133개, 조직원 46,813명이었고, 1995년 5월부터 10월까지의 일제소탕기간 중 2,100여 개 조직, 7,800여 명의 조직원을 검거했다.[281] 중국 공안부가 2015년 1월부터 10월까지 부녀자·아동 유괴 및 인신매매 범죄조직을 적발해 부녀자 5만여 명과 아동 2만 4천여 명이 구출했고, 납치·인신매매된 외국 여성 1천여 명이 구출돼 본국으로 송환됐다. 아동을 납치해 구걸을 시킨 흑사회성 범죄조직은 농아 등 장애인들을 범죄에 이용했다. 검거한 인신매매조직의 두목이나 행동대장은 이 분야의 전문가들로, 각 성(省), 시(市)에 하부조직을 갖추고 조직원들에게 업무분담을 명확히 주어 안정된 범행으로 수사망을 피하였으며, 일부 흑사회성 범죄조직은 홍콩 등 흑사회 범죄조직과 연합하여 부녀를 외국에 팔아 성 매매시켰다. 윈난성공안은 태국에 중국 여성을 팔아넘긴 흑사회성 범죄조직을 검거했다. 이 인신매매조직은 중국 농촌여성 160여 명을 좋은데 취직시켜 준다는 말로 꼬여내어 태국의 관광업소에 팔아넘겼고, 인신매매 되어온 여자들은 대부분 성병 또는 에이즈에 걸리는 등 온갖 질병에 감염되었다.[282]

---

279) 任志中·周蔚, 전게논문, pp.38-39.
280) J. Paul Smith, Human Smuggling: Chinese Migrant Trafficking and the Challenge to America's Immigration Tradition. Center for Strategic and International Studies, 1997, p.87.
281) 賈宏宇, 전게서, p.82.
282) P. Mitch Roth, 전게서, pp.318-332.

흑사회성 범죄조직의 인신매매수단은 야만적이다. 일부조직원은 어린 영아를 총으로 강탈하거나 폭력으로 여자를 납치하며 심지어 강간 등 잔악한 방법으로 부녀를 짓밟아 돼지 팔 듯이 인신매매하기에 이러한 충격으로 인해 장애인이 되거나 사망하는 사례가 허다하다.

최근 들어 중국 정부는 인신매매를 근절하기 위한 방법의 하나로 공안부와 전국 부녀연합회가 공동으로 인신매매 범죄척결 정보통보시스템을 만들었다. 이 시스템은 유괴된 부녀·아동에 대한 구조, 회복업무를 강화하기 위한 방안으로 채택되었고, 유괴대상 DNA 데이터베이스(信息库)를 확충하여 수사에 많은 도움을 주고 있다. 2009년 9월부터 실시한 데이트베이스에 유괴로 의심되는 아동의 혈액 샘플 13만분을 채집하고, 실종아동의 부모 혈액샘플 3만 4천 명을 채집하여 이를 분석하여 인신매매범죄 척결작업을 벌이고 있다.

(4) 인신매매 관련 법규

인신매매에 대한 중국 사법당국의 법규는 중국 형법 제240조의 내용과 같다.

① 부녀, 어린이를 유괴하여 매매한 자는 5년 이상 10년 이하의 유기징역에 처하고 벌금을 병과한다. 다음 각 호의 1에 해당할 경우에는 10년 이상의 유기징역 또는 무기징역에 처하고 벌금 또는 재산몰수를 병과한다. 죄질이 특히 중한 자는 사형에 처하고 재산몰수를 병과한다.

1. 부녀, 어린이를 유괴하여 매매한 집단의 주모자
2. 부녀, 어린이 3명 이상을 유괴하여 매매한 자
3. 유괴되어 매매된 부녀를 간음한 자
4. 유괴되어 매매된 부녀를 기만, 강박하여 매음하거나 또는 이를 타인에게 팔아 매음하게 한 자
5. 매매할 목적으로 폭력·협박 또는 마취의 방법으로 부녀, 어린이를 납치한 자
6. 매매할 목적으로 영유아를 유괴한 자
7. 유괴되어 매매된 부녀, 어린이 또는 그 친족에게 중상, 사망 또는 기타 중한 결과를 초래한 자
8. 부녀, 어린이를 국외에 매매한 자

② 부녀, 어린이를 유괴하여 매매한다 함은 매매할 목적으로 부녀, 어린이를 속여서 유괴, 납치, 매수, 판매, 중간매개의 보관 또는 운송행위 중의 하나를 가리킨다.[283]

---

283) 第二百四十条.
　　① 拐卖妇女、儿童的，处五年以上十年以下有期徒刑，并处罚金；有下列情形之一的，处十年以上有期徒刑或者无期徒刑，并处罚金或者没收财产；情节特别严重的，处死刑，并处没收财产：

3. 총기밀매 범죄

총기사용은 범죄성공률이 아주 높아 범죄조직의 활동을 부추겨 '보통형' 범죄조직에서 '무장형' 범죄조직으로 탈바꿈해 공포심을 유발한다. 오늘날 중국대륙에서 시중으로 흘러간 총기로 인해 살인·강도가 쉽게 자행되며 공안의 법집행에도 대담하게 대항하는 등 치안유지를 더욱 어렵게 한다. 중국에서 총기와 폭약의 불법제조와 판매의 위험수위는 매우 심각하다. 흑사회성 범죄조직은 총기밀매의 중심에 있다. 총기는 범죄조직이 폭력을 행사할 때 활용되는 중요한 범행도구로 정착되었고 범죄자들이 필수적으로 휴대하는 무기가 되었다.

(1) 총기관련 범죄현황

최근 총기사용 범죄가 심각해짐에 따라 중국 각급 인민법원 내 총기 범죄사건 심리건수가 계속 증가하고 있다. 중국에서 허가 없이 시중에 나도는 사제총(私制銃)을 '흑창'(黑枪)이라 한다. '흑창'이 시중에 나돌고 있는 것은 중국 정부가 총기 관리를 엄격하게 통제하지 못한 결과이다. 중국 정부는 1981년 '총기관리방법'을 반포 시행하였다. 이 규정은 총기를 휴대할 수 있는 사람에 대한 범위가 너무 넓고, 관리 및 관련 조치도 엄격하지 않을 뿐만 아니라 법률적 책임도 너무 가벼워 일부 지방에서는 불법 사제총기가 암시장을 통해 매매되고 있으며 이러한 곳에서 재래식 엽총(土枪)·화약총·위조된 군용총기 등을 쉽게 구입할 수 있다.[284]

1980년대 말부터 90년대 초에 걸쳐 홍콩 흑사회 범죄조직은 대량으로 총기를 구매하여 범죄에 사용했다. 중국은 군인·경찰 이외에는 총기소지가 금지되어 있으나 90년대 이후 총기·탄약을 소지한 농민소요가 전국적으로 발생하고, 민간에서도 개인적으로 총기를 구입하여 숨기는 경우가 많았다. 이러한 틈새시장을 노려 홍콩·대만 흑사회 범죄조직은 경제적 능력과 영역확보를 선점하기 위해 중국과 베트남 국경 일대에서 군용무기 거래시장을

  (一) 拐卖妇女′ 儿童集团的首要分子；

  (二) 拐卖妇女′ 儿童三人以上的；

  (三) 奸淫被拐卖的妇女的；

  (四) 诱骗′ 强迫被拐卖的妇女卖淫或者将被拐卖的妇女卖给他人迫使其卖淫的；

  (五) 以出卖为目的，使用暴力′ 胁迫或者麻醉方法绑架妇女′ 儿童的；

  (六) 以出卖为目的，偷盗婴幼儿的；

  (七) 造成被拐卖的妇女′ 儿童或者其亲属重伤′ 死亡或者其他严重后果的；

  (八) 将妇女′ 儿童卖往境外的°

 ② 拐卖妇女′ 儿童是指以出卖为目的，有拐骗′ 绑架′ 收买′ 贩卖′ 接送′ 中转妇女′ 儿童的行为之一的°

284) L. Thachuk Kimberly, 전게서, p.165.

암암리에 개설하여 고급화되고 정교한 총기를 대량 매매하였다. 홍콩 흑사회 범죄조직은 중국이라는 거대시장을 잠식하고, 상공업자·깡패·불법체류자 등에게 총기를 팔아 엄청난 이익을 남겼다.[285]

《표 10》 중국 각급 인민법원 총기관련 범죄의 접수건수[286]

	총기 및 폭파범죄 건수
1998년	2784
1999년	4052
2000년	4542
2006년	5320
2009년	6983

중국에서 유통되는 사제총기 흑창의 정확한 숫자는 파악이 어렵다. 예측이 불가능할 정도로 범람하는 흑창의 일부는 벌써 흑사회성 범죄조직에게 흘러가 더욱 폭력화되고 흉포화된 범행에 사용된다. 1998년 이후부터 2009년까지 중국 각급 인민법원에 총기 및 폭파 사건으로 접수된 범죄 건수는 위의 《표 10》과 같이 폭발적인 증가를 나타내고 있다. 총기관련 사건이 해마다 크게 증가하는 주요인은 불법총기 소지와 불법제조·매매 그리고 총기강도·절도로 인해 공공의 안전을 해하는 범죄가 증가했기 때문이다. 2001년 4월부터 그해 10월까지 6개월 동안 전국 총기 및 폭탄사용 범죄사건 중 공안기관에서만 총기 134만여정과 70만여 점의 폭발물을 수거하였고, 10만여 건의 총기 및 폭탄사건이 발생하여 21만여 명이 처벌받았다.[287]

《표 11》에서 보는바와 같이 2004년 중국 전역에서 총기사용 범죄가 4,780여 건 발생하였고 2005년에는 5,300여 건이 발생하여 전년대비 19.5%가 상승하였고 2009년에는 7천여 건에 이르렀다. 이처럼 총기제조와 밀매가 성행하는 이유는 홍콩 등 흑사회 범죄조직이 총기전문 밀수조직을 결성하여 중국 내륙지역을 총기유통 경유지로 삼아 거점을 확보한 후 변경지역의 하부조직원들에게 운송을 맡기는 등 조직원들의 긴밀한 업무분담을 통해 윈난, 광시 등 내륙지방과 연해지역으로 총기의 안정적인 판매망을 형성해 놓았기 때문이다. 중

---

285) 周良沱, 『黑社会性质的组织』, 李忠信 『黑社会性质犯罪问题研究』, 中国人民公安大学出版社, 2000, p.46.
286) 中國 刑事法网(2010.5.23).
287) 賈宏宇, 전게서, p.77.

국의 일부 총기제조공장에서 국가 규정을 무시하고 임의로 최루총(催淚枪) 등 생산 금지된 총기와 '방위기'(防卫器, 민용 총기로 우리나라의 엽총이나 공기총에 해당)를 생산하고 있다. 민용 총기 생산업체는 국가로부터 허가를 받지 않고 총기를 생산하고 있다.

《표 11》 중국 총기범죄 발생현황[288]

연도 건수	총기범죄 발생수
2004년	4,781건
2005년	5,303건
2007년	5,813건
2008년	6,398건
2009년	6,989건

구이저우 숭타오현(松桃县)의 현 소재지로부터 70km떨어진 곳에 불법 사제권총 제조 동굴 두 개를 발견했다. 이 동굴에서 2000년 10월부터 모든 종류의 권총을 정품과 비슷하게 만들었다. 이곳에서 만든 사제권총 한 자루의 원가는 수십 위안에 불과하지만 현지 판매가는 600~800위안이고 광둥·푸젠·저장 등지로 나갈 때는 1,200위안 이상에 판매되었다.[289] 이에 더해 흑사회성 범죄조직은 중국 주변국가로부터 대량의 총기를 밀수하는데, 특히 미얀마·베트남 등지로부터 윈난성을 통해 군용 총기가 대량으로 밀수되고 있다. 1988년~1995년 동안 윈난·광시·광둥·쓰촨성 등지에 베트남으로부터 총기를 밀반입한 사건만 해도 500여 건이 넘었고, 동남 연해 및 국경 부근에서 총기이용 범죄가 자주 발생하고 있는 것은 총기밀수와 밀접한 관련이 있다.[290]

(2) 총기사용범죄 사례

1989년 여름 푸젠성 공안은 총기와 관련된 100여 건의 사건을 수사하여 총기사용 흑사회성 범죄조직원 전원을 기소했다. 이들 조직원들은 중무장하여 단속중인 공안의 체포를 면탈하기 위해 공안을 향해 총을 쏘고 공안을 위협하면서 체포에 항거했다. 범죄조직을 소탕한 결과 각종 총기류 700여 점과 수천발의 탄약을 회수했는데 그 중 상당부분이 외국산 총기류였다. 그 해 9월, 푸젠성 샤먼(厦门)공안이 홍콩 흑사회 범죄조직과 대만 죽련방조직

---

288) 中國 刑事法网(2010.5.23).
289) 叶高峰·刘德法, 『集団犯罪対策研究』, 北京 : 中国検察出版社, 2001.
290) SCMP, 2010.3.29자.

원들이 중국 내륙지역의 총기판매를 위해 거점을 마련코자 샤먼(夏門)의 불법체류자들과 결탁하여 내륙 소비시장을 개척한다는 첩보를 입수하고 검거작전에 돌입, 죽련방조직원 21명과 7.7구경 권총 682정, 실탄 10,500발 등을 증거물로 압수했다. 중국에 거점을 마련한 대만 죽련방 하부조직의 두목우모(吳某)는 죽련방 본부에서 대륙으로 총기밀매 계획을 수립하여 중국 내 흑사회성 범죄조직과 연계하여 수차례에 걸쳐 4.6식과 7.7식 권총 수천 정과 실탄 수만 발을 판매하였고, 그 총기는 중국 각지의 범죄조직원들에게 공급되었다.[291]

1992년 3월, 광둥성 하이코우(海口)시 공안국에서는 자윈칭(價雲青), 장구이지(張貴濟)를 두목으로 한 강도살인조직을 검거하였다. 검거과정에서 권총 및 돌격용 총기 17정과 실탄 수백 발을 증거물로 압수했다. 이들은 공안으로부터 수차례에 걸쳐 단속된 흑사회성 범죄조직 두목들로 중국에서 활동하다 수배되자 홍콩으로 밀항하여 홍콩 흑사회 범죄조직에 가입한 후 대량의 총기 및 실탄을 구입한 후 다시 대륙으로 스며들었다. 이들은 홍콩과 인접한 광둥성의 하이커우(海口), 칭산(慶山), 룽쉐이(陵水)일대를 휩쓸고 다니면서 전과자, 반정부 시위자 등 30여 명을 흑사회성조직원으로 가입시킨 뒤 공안 및 정법 관계자들을 살해하였다. 또한 1년 동안 하이커우(海口), 칭산(慶山), 룽쉐이(陵水)일대에서 강도·살인·협박 등 강력범죄 20여 건에 현금 30만여 위안을 강취하고 살인 4건, 중상해 10건 등의 악행을 저질렀다.[292]

1996년 '총기관련 범죄 일제소탕작전' 제1단계 작전에서 자둬시(價多喜)를 두목으로 한 총기밀매조직을 검거했다. 이 흑사회성 범죄조직은 1984년에 결성한 해상밀수 전문조직으로, 대만 흑사회 범죄조직에게 총기를 판매하였다. 이 조직은 범죄수법이 치밀한 핵심조직원 13명으로 구성되어 선진화된 총기 제조기법을 도입하여 총기를 제조하였고, 1994년 8월부터 96년 5월까지 푸젠성 내 푸칭(福青) 푸저우(福州)시내에서 총기강도·부녀납치·납치협박·부녀윤간 등 91건의 사건을 일으켜 2명을 살인, 10명을 상해하였으며 강취한 재물이 64만 위안이었다.[293]

중국 공안에서 총기밀매조직으로 검거한 흑사회성 범죄조직은 조직원 개개인이 상당수 양의 불법총기를 소지하였으며 그 총기로 실제 범행에 사용했다. 이들은 '내 손에 총이 있으니 그 무엇이 무서우랴'고 하면서 '총 하나로 무엇이던지 다 이룰 수 있다'며 흑사회성 범죄조직의 악랄함을 그대로 보여주었다. 중국 정부는 1996년 10월 1일 '총기관리방법'이라는 새로운 규정을 반포해 총기관리를 더욱 엄격하고 상세하게 관리하고 있다. 하지만 시중에서 은밀히 거래되고 있거나 개인이 소장하고 있는 총기는 더욱 늘어나 2001년 4월부

---

291) 賈宏宇, 전게서, p.78.
292) 王勇禄·林宁·刘艳华, 전게서, pp.56-69.
293) 賈宏宇, 전게서, p.79.

터 그 해 8월까지 단속기간 중 중국 전역에서 압수한 불법총기는 60만여 자루에 이르렀다. 2000년대 이후 상하이에서만 발생한 총기밀매 관련범죄가 매년 20%~25% 이상 증가하고 있으며, 총기밀매 대부분은 중국에서 총기를 제작하여 홍콩·대만 등 흑사회조직원에 의해 국경 밖으로 밀반출되거나 중국과 베트남 국경지역 암시장에서 거래되고 있다.

(3) 총기관련 법규

총기관련 법규는 중국 형법 제125조에 규정되어 있다.

① 불법으로 총기·탄약·폭발물을 제조, 매매, 운송, 우편배달, 저장 등을 한 자에 대하여는 3년 이상 10년 이하의 유기징역에 처한다. 죄질이 중한 경우에는 10년 이상의 유기징역, 무기징역 또는 사형에 처한다.

② 불법으로 원자핵 재료를 매매, 운송한 자에 대하여는 전항의 규정에 의하여 처벌한다.

③ 단위(單位)에서 위 2개 항의 죄를 범한 경우 단위에 대하여 벌금을 부과하고, 또한 직접책임 주관자와 그 밖의 직접 책임자에 대하여는 1항의 규정에 의하여 처벌한다.[294]

4. 밀입국 범죄

밀입국은 사람을 옮겨주는 것이다. 다시 말하면 금품 또는 물질적 이익을 취하고 국민 또는 거주자를 불법으로 해당 국가에 보내는 것으로, 중국에서 1980년대 개혁개방 이후부터 밀입국 범죄가 나타나기 시작하였고, 1982년 광둥성 선전에서 홍콩 흑사회 범죄조직이 4세에서 12세에 이르는 아동 70여 명을 홍콩으로 밀입국시킨 사실이 적발된 이후 지속적으로 증가하였다. 밀입국 알선은 범죄조직이 가장 선호하는 범죄유형의 하나이다. 그 이유는 밀입국 알선이 마약밀매와 걸 맞는 이윤을 창출하며 매년 전 세계에서 밀입국과 관련된 돈의 거래가 약 130억 달러에 이르는 거대한 시장이기 때문이다. 이와 같이 밀입국을 주도하는 범죄조직은 전 세계적으로 광대한 연락망을 구축하고 있다.[295]

---

294) 第一百二十五条
　　① 非法制造´买卖´运输´邮寄´储存枪支´弹药´爆炸物的，处三年以上十年以下有期徒刑；情节严重的，处十年以上有期徒刑´无期徒刑或者死刑°
　　② 非法买卖´运输核材料的，依照前款的规定处罚°
　　③ 单位犯前两款罪的，对单位判处罚金，并对其直接负责的主管人员和其他直接责任人员，依照第一款的规定处罚°
295) P. Mitch Roth, 전게서, pp.324－329.

(1) 중국 밀입국 역사

중국에서 해외 이민이 비교적 빨리 일어난 곳은 광둥성과 푸젠성이다. 이 곳 주민이 동남아시아로 이주하기 시작한 것은 정화(鄭和) 함대가 인도와 중동을 항해하던 15세기 이전이었고, 정화의 대함대가 항해를 시작한 곳도 푸젠성이다. 또한 푸젠성과 광둥성 사람들은 청 왕조가 들어선 뒤에도 몇 차에 걸쳐 동남아시아로 이주했다. 당시의 중국인들은 대부분 무역을 위한 해외교역의 이주였고 중국 사람들이 대량으로 동남아시아로 이주한 시기는 1840년 아편전쟁 이후이다. 당시 동남아시아 각국에 식민지를 건설한 서구열강은 동남아시아에서 농업과 광업을 발전시키기 위해 많은 노동력을 필요로 하였고, 광둥성과 푸젠성의 중국인들은 서구인들에 의해 동남아시아로 이주하였다. 이때 이주한 사람들의 후예가 지금 동남아시아 경제권을 장악하고 있는 화교이다.

중국의 광둥 및 푸젠 등 남부 연해지방에서 미국·유럽·일본 등 선진국으로 밀항이 본격적으로 늘어나기 시작한 것은 개혁개방이 시작된 이후 1980년대부터 1990년대 초까지이다. 특히 90년대에 들어 경제적 문제해결을 위해 미국으로 밀항하는 중국인들이 급증하였고, 1989년 천안문사건으로 인권침해를 받고 있던 중국인들을 미국에서 광범위하게 받아들인다는 소문이 돌면서 태평양을 건너려는 중국인들이 급격히 늘었다. 당시 밀항을 알선하던 범죄조직은 자유를 찾아 미국으로 불법입국하는 중국인에 대해 강제송환이 이루어지지 않을 것이라 판단하고 사업을 크게 확장하였다.[296]

1990년대 중반 들어 밀항알선 범죄조직의 활동이 국제적인 문제로 대두되었다. 미국이 중국인의 정치적 망명요청을 엄격하게 제한하자 밀항자들의 미국 상륙이 주춤해졌다. 그러나 클린턴행정부 출범과 함께 시작한 호경기는 미국으로 향하는 중국인 밀항을 또 한 번 가속화시켰고, 이때 중국인들은 미국으로 직행하는 대신 캐나다를 중간 매개지로 삼아 서해안을 통해 미국으로 밀입국해 들어갔다.

(2) 밀입국 원인

중국인들이 서방 선진국으로 밀입국하려는 원인으로는 무엇보다도 경제적 동기를 들 수 있다. 밀항의 제일 큰 목적은 돈벌이다. 밀항자들이 현지에 정착하면 돈을 벌어 귀국하거나 고향으로 돈을 송금한다. 푸젠성 롄장(连江)현 관토진(琯头镇) 주민 1만여 명이 미국과 캐나다 등지로 불법취업한 후 매년 중국의 가족에게 송금하는 돈이 5,000만 달러가 넘고, 2000년 춘제(春節·설날) 전에는 하루에만 3,000만 달러가 송금되는 신기록을 세웠다.

---

296) J. Paul Smith, 전게서, p.97.

성공한 밀항자들이 부쳐오는 엄청난 송금액은 다른 주민들에게 외국 꿈을 심어주어 밀항을 더욱 부채질했다.[297]

푸젠지역은 밀항이나 불법이민에 대한 관념이 타지역과 달라 밀항과 불법이민을 부끄러움보다는 영광으로 생각한다. 중국 푸젠성 일대에서 밀항자가 가장 많은 것은 이 지방이 예로부터 화교진출이 가장 많았고, 특히 배금주의 사상이 짙어 오직 돈을 벌기 위해 외국으로 나간 조상이 많다는 것이다. 또 다른 이유는 가족 중심적인 중국문화이다. 중국 사람들이 밀입국 범죄조직에게 엄청난 비용을 지불하고 생명의 위협을 무릅쓰면서까지 밀항하는 것은 자신 한 몸의 희생으로 가족의 미래를 책임지려는 생각이 강하기 때문이다. 밀항에 성공한 사람은 중국에 남아 있는 가족 전체에게 부를 선사할 수 있는 능력을 갖추게 된다. 이러한 이유 등으로 가족 중에 출국을 결심한 자가 있다면 친척들은 기꺼이 필요한 경비를 모아준다.[298] 이와 같이 돈을 많이 벌어 잘살아 보겠다는 경제적 동기에서 밀항은 이루어진다.

(3) 밀입국 방법

예전 중국인들의 밀입국은 주로 선박을 이용하는 단순한 방법을 사용하였지만 오늘날 밀입국 알선조직은 세계적인 연락망을 구축하여 다양한 방법과 루트를 활용한다. 이들 밀입국 알선조직은 정치적·경제적으로 얽혀 있는 복잡한 관계를 이용하여 밀항의 방법과 루트가 국가 간 범죄조직들의 상호협조로 더욱 원활해졌다. 밀입국 범죄조직은 최종 목적지에 이르기 위한 중간 기착지로 비교적 입국이 쉽고 목적지 국가로 갈 수 있는 국가와 인접한 나라를 이용한다. 밀입국자들은 중간기착지에서 알선조직으로부터 위조여권을 넘겨받아 목적지 국가로 향한다. 그렇기 때문에 밀입국루트는 위조여권이나 위조비자가 같이 사용되기에 범죄조직이 깊이 연루될 수밖에 없다.[299] 중국 흑사회성 범죄조직은 밀항자들의 의뢰를 받거나 희망자들을 모집한 후 홍콩 등의 흑사회 범죄조직과 연계하여 이들 밀항자들을 안전하게 외국으로 밀항시켜준다.[300] 밀항을 희망하는 농민들이라도 돈이 없으면 출국할 엄두도 낼 수 없기 때문에 주위의 친척이나 친구에게서 돈을 빌리기도 하며 이러한 방법마저 어려운 사람들은 범죄조직에게서 먼저 돈을 차용한 후 밀항에 성공하면 현지에서 취업한 후 매달 조금씩 이자를 더해 갚는 방법을 택한다.[301]

---

297) 맥마피아·마샤글레니 지음, 이종인 옮김, 『책으로 보는 세상』, 2008, pp.526-531.
298) Southwell David, The History of Organized Crime, Carlton Books, 2006, pp.158-166.
299) J. Paul Smith, 전게서, p.98.
300) Southwell David, 전게서, pp.170-181.
301) 賈宏宇, 전게서, p.81.

CHAPTER 01 중국계 범죄조직 **133**

밀입국 알선조직의 세계적인 네트워크 완성으로 밀항경비는 선불제에서 선후불제로 대체되어 통용되기 시작하였다. 밀항경비를 전액 지불하지 못한 밀항자들이 목적지에 도착하면 불법취업하여 번 돈을 범죄조직에게 지불하는데, 목적을 달성한 밀항자들이 돈을 지불하지 않으려고 거짓말을 하거나 몰래 도망가면 밀항알선조직은 그들의 소재를 철저하게 찾아내어 남은 잔금을 챙긴다. 잔금을 지불하지 못할 경우 그들의 친척을 통해 폭력을 행사하여 연체이자까지 모두 받아낸다. 미국 등 선진국 차이나타운에서 발생하는 살인·폭력·절도사건의 상당부분은 바로 밀항과 깊은 관련이 있다. 2000년 영국 도버항에서 숨진 채 발견된 중국인 밀항자들이 밀항 알선조직에게 지불한 금액이 1인당 2만 달러 내외였고, 일본 밀항인 경우에는 인민폐 20만 위안 이상이다.[302] 국제이주기구(IOM)의 통계에 의하면 중국인들이 밀입국을 위해 매년 지출하는 돈이 연간 30억 달러(약 3조 3천억 원)가 넘는다.

(4) 밀입국 알선조직 사두회(蛇头会) 활동

1986년 푸젠성 공안국은 '사두회'(蛇头会) 범죄조직이 푸젠성 샤먼의 아동 194명을 홍콩으로 밀입국시키고, 1989년에는 푸젠성 진강현의 여성 수십 명을 홍콩으로 취직시켜 준다고 밀입국시킨 뒤 윤락업소에 팔아넘긴 사례를 적발하였다.[303]

중국에서 밀입국을 전문적으로 알선하는 조직은 '사두회'(蛇头会)라고 부르는 흑사회성 범죄조직이다. 이들 사두회조직원 중 밀항을 알선하거나 안내하는 조직원을 인사(人蛇)라고 부른다. 뱀처럼 몰래 기어 들어간다는 의미다. 사두회 두목은 용두(龙头)이다. 밀항희망자의 섭외와 수송 그리고 현지도착 후 사후처리 등 전 과정의 세심한 작전임무를 지휘하기에 중국 국·내 외의 연락망을 두루 갖춘 노련한 두목이 지휘한다. 사두회 범죄조직은 전 세계적인 네트워크가 형성되어 있으며 이러한 밀항을 주업으로 하는 범죄조직은 푸젠성에만 100개가 넘는다. 또 밀입국과 관련된 여권위조·운송수단 확보·비자위조 등에서도 탁월한 위조수법을 발휘할 뿐 아니라 정부 관료와 공안, 변경수비대 등에 걸쳐 광범위한 협력자인 비호세력을 구축하고 있다.[304] 푸젠성에 본부를 둔 사두회 범죄조직은 대만 흑사회 범죄조직 죽련방과 밀접히 연계되어 있다. 사두회조직은 죽련방으로부터 각종 밀입국관련 정보를 입수하고 조직원들을 샤먼이나 푸저우로 보내 밀입국을 희망하는 자들을 모집한 후 밤을 틈타 어선을 이용하여 그들을 공해상에 내보내 일정한 지점에 이르면 죽련방이 이들을 인수하여 일본이나 한국의 어선에 접선하여 넘겨준다.[305] 죽련방은 일본의 야쿠자 범죄조직

---

302) P. Mitch Roth, 전게서, pp.318－332.
302) P. Mitch Roth, 전게서, pp.318－332.
303) 黃京平·石磊, "论黑社会性质组织的法律性质和特征", 刑事法学, 2002.
304) 마샤 글레니 지음, 이종인 역, 『맥마피아』, 책으로 보는 세상, 2008. pp.512－520.
305) 이 조직은 1998년 4월, 우리나라의 부산시 기장군의 대변항에 선적을 둔 어선에 중국 한족 밀

과 연계되어 있고 한국 내 폭력조직과 일부 내통한 흔적이 있다.[306] 밀항자들은 공해상에서 소형어선에 승선하기 때문에 중도에서 태풍을 만나면 모두 수장되거나 가까스로 일본이나 한국의 연안에 도착한다 해도 해당국 해양경찰에 검거되면 본국으로 송환된다.[307]

(5) 중국 밀입국사범 현황

1992년부터 1997년까지 5년 간 푸젠성 국경경비대의 밀입국사범 적발 건수는 625건에 9,639명이었고, 1998년 한 해 동안 4,172명을 적발하여 그 중 총책 285명을 구속하였으며, 1999년 중국 공안의 국경수비대가 검거한 밀입국 관련 사범만 해도 1,300여 건의 9,000여 명이다.[308] 2000년대 이후의 밀항사범은 더욱 정교하고 치밀한 수법으로 타인명의의 위조여권을 소지하여 공항이나 항만을 통해 밀입국하고 있다.[309]

입국자 48명을 태우고 불법입국하여 기장읍내 여관에 머물던 중 주민의 신고로 전원 검거하였다. 이들은 중국 복건성에 본부를 둔 밀입국 전문조직인 사두회 범죄조직의 전형적인 밀입국수법과 일치했다. 이들 조직은 서해 공해상에서 한국 어선을 접선하여 밀항자들을 넘겨주고 어선으로 위장해 한국 영해로 들어온 후 변두리 어촌에 이들을 풀어놓는 수법 등으로 오래전부터 사두회 범죄조직이 쓰는 수법이다.

306) 부산경찰청 외사과(국제범죄수사대)에서는 중국 밀입국조직으로부터 밀입국자를 넘겨받은 후 잔금을 지불하지 않자 밀입국자들을 상대로 폭력과 협박을 일삼아 온 폭력조직 신20세기파 행동대장 등을 검거한 사례가 있다. 한겨레신문, 2004.9.7자.

307) 중국 랴오닝(遼寧)성 다롄(大連)시 중급인민법원은 한국인 밀입국 알선업자 맹모 씨에게 대해 징역 15년형을 선고하고 벌금 5만 위안(약600만 원)을 병과했다. 맹씨는 2003년 8월 중국인 진밍(金明) 등 1인당 인민폐 3만 위안(한화 약 450만 원 상당)을 받고 밀입국자 61명을 다롄에서 전라남도 해안가를 통해 밀입국시키려던 혐의 등으로 기소됐다. 당시 맹씨를 통해 밀입국을 시도했던 61명 가운데 1명을 제외한 60명 전원은 한국 해경에 체포돼 다시 중국으로 송환됐다. 맹씨는 지난 1994년 다른 사람을 소개로 알게 된 진씨와 함께 다롄에서 밀입국 계획을 세우고 진씨 등이 밀입국 희망자를 모집해오면 자신은 이들을 해상에서 접선하여 한국으로 몰래 입국시키는 역할을 맡아 수차례에 걸쳐 밀입국 범죄를 범행한 것으로 알려졌다. 新商報, 2005.12.2자.

308) 賈宏宇, 전게서, p.81.

309) 최근에 들어 한국 입국을 희망하는 경우 이들 사두회는 선박을 이용한 밀항수법을 사용하지 않고 정상적인 노동자 취업수단을 사용하고 있다. 이는 우리 정부의 중소기업청으로부터 정상적인 산업연수생으로 명목으로 노동자수를 확보하여 정상적인 방법으로 입국시키고 있다. 이는 국내 지하철 공사장 등지에서 불법취업한 중국인 노동자들을 상대로 본 저자가 직접 인터뷰한 사실이다. 중국 길림성 장춘에 소재한 '연변인력관리유한공사'라는 업체는 사두회가 운영하는 인력송출전문회사로 우리나라의 중소기업청에서 산업연수생 초청이 있으면 중국인 노동자들로부터 일정금액을 받고 이들을 한국으로 송출하고 있다. 이들이 산업 연수하는 곳은 중소기업인데 처음 몇 달 동안은 현지에서 생활하다가 한국 사정에 익숙해지면 현지를 이탈하여 돈을 더 많이 벌 수 있는 곳(예를 들면 중국인들이 밀집하여 거주하고 있는 경기도 안산, 군포 등지)으로 불법취업한다. 이들 산업연수노동자는 우리나라에 들어온 쿨리(Coolie, 苦力)들이다.

《사례》미국으로 밀입국

　　2009년 멕시코를 통해 미국 애리조나주로 밀입국한 중국인은 332명으로, 전년(2008년)도 30명보다 10배 이상 증가했다. 사두회는 마약운반보다 수익이 좋고 위험부담이 적은 중국인 밀입국에 적극 나서고 있으며 이들 대부분이 현지 사두회를 통해 미국으로 밀입국했다. 중국인 1명당 미국 밀입국 비용은 4만 달러(4,600만 원)로, 멕시코인의 1인당 밀입국 비용 1천 500달러(172만 원)보다 수십 배나 비싸다. 예전에 중국인 밀입국자들이 컨테이너에 실려 배편으로 미국으로 밀입국을 시도했으나 미국 경찰의 컨테이너 단속이 강화돼 이 방법을 사용하지 않는다. 현재는 베이징에서 항공편으로 이탈리아 로마로 간 뒤, 다시 베네수엘라를 거쳐 멕시코로 가고, 멕시코와 미국이 맞닿아 있는 국경에서 미국으로 넘어가거나 쿠바를 경유해 미국으로 넘어가기도 하는데, 이들 밀입국자 대부분이 중국 푸젠 사람들이다.310)

(6) 밀입국 관련 법규

　　이상 살펴본 밀입국 범죄에 대해 중국 당국은 다음과 같이 중국 형법 제318조에 처벌규정을 두고 있다.

　　① 타인을 조직하여 국경(변경)을 몰래 넘은 자는 2년 이상 7년 이하의 유기징역에 처하고 벌금을 병과한다. 다음 각 호의 1에 해당하는 자는 7년 이상의 유기징역 또는 무기징역에 처하고, 벌금 또는 재산몰수를 병과한다.

　　1. 타인을 조직하여 국경(변경)을 몰래 넘은 집단의 주모자

　　2. 여러 차례 타인을 조직하여 국경(변경)을 몰래 넘거나 또는 타인을 조직하여 국경(변경)을 밀입국한 수가 많은 경우

　　3. 밀입국자의 중상, 사망을 초래한 자

　　4. 피조직인의 인신의 자유를 박탈 또는 제한한 자

　　5. 폭력, 협박의 방법으로 검사에 항거한 자

　　6. 위법소득 액수가 거액인 자

　　7. 기타 죄질이 특별이 중한 자

　　② 전항의 죄를 범하고, 밀입국자에 대하여 살인·상해·강간·유괴하여 매매하는 등의 범죄행위가 있거나 또는 검사원에 대하여 살인·상해 등 범죄행위를 한 자는 경합범 규정에 의하여 처벌한다.311)

---

310) 『环球时报』, 2010.1.25자.

311) 第三百一十八条

　　① 组织他人偷越国（边）境的，处二年以上七年以下有期徒刑，并处罚金；有下列情形之一的，处七年以上有期徒刑或者无期徒刑，并处罚金或者没收财产：

제8절 흑사회성 범죄조직 유형

1. 침투형

이 유형은 중화권 흑사회 범죄조직, 즉 홍콩·마카오 등 특별행정구역과 대만 흑사회 범죄조직 등이 해당된다. 공산당에 의해 중화인민공화국이 건국되자 대륙에서 활동하던 청홍방 계열의 범죄조직이 홍콩과 대만 등지로 이주하였다. 이들은 개혁개방 이후 허술한 공간을 비집고 대륙으로 다시 들어와 거점을 확보하면서 조직을 형성하였다.

홍콩 등 흑사회 범죄조직은 중국 내에서 새로운 거점을 확보할 때 본부조직의 의식·규칙·조직구성·범죄수법 등을 그대로 운용한다. 그리고 중국 내에 분회를 세우기도 하지만 대륙에서 활동하고 있는 흑사회성 범죄조직과 연대한다. 이러한 범죄조직은 대부분 홍콩 등 흑사회 범죄조직의 하부조직을 이룬다. 홍콩 등 흑사회 범죄조직이 중국대륙으로 침투하는 방식은 기업투자명목, 범죄조직 간의 연합전선 구축, 조직원 개인 간 교류 등의 형식을 취한다. 일본의 야마구치구미와 신의안조직과의 교류처럼 국제범죄조직들 간의 상호방문 형식이 그 대표적인 예다. 이 범죄조직은 중국대륙에 침투하여 거점을 형성한 후 조직원을 흡수하여 더 큰 범죄조직으로 확대하는데, 대만의 '죽련방' '사해방' '팽호방' 등과, 홍콩의 '14K' '신의안' '수방' '화승화' 등이 이에 해당한다. 이들은 중국 내에서 조직을 발전시킨 후 마약, 인신매매, 총기밀매, 납치, 위조, 사기, 강도·절도를 비롯해서 첨단 금융범죄 등에 이르기까지 전 범죄에 가담한다.[312]

2. 방파형

이 유형은 구(舊)방회형 색채를 띠고 봉건방회형 명칭과 조직구조를 갖고 있으나 실제

(一) 组织他人偷越国（边）境集团的首要分子；
(二) 多次组织他人偷越国（边）境或者组织他人偷越国（边）境人数众多的；
(三) 造成被组织人重伤`死亡的；
(四) 剥夺或者限制被组织人人身自由的；
(五) 以暴力`威胁方法抗拒检查的；
(七) 有其他特别严重情节的
② 犯前款罪，对被组织人有杀害`伤害`强奸`拐卖等犯罪行为，或者对检查人员有杀害`伤害等犯罪行为的，依照数罪并罚的规定处罚

312) 赵可, "简论黑社会性质犯罪", 政法学刊, 18(2), 2001, p.6.

로는 현대화된 범죄조직 체계를 이룬다. 이 유형은 50여 명 이상의 조직원을 갖고 엄격한 방주규정으로 그들만의 은어·암호를 정한 후 새로운 조직원 입단 시에 봉건 방회규정에 따라 입단의식을 치르며, 특히 구(舊)방파가 번창하던 양자강유역 일대와 동남 연해 경제발달지구를 중심으로 형성되어 있다. 이들은 도로·바다·강 등 특수한 지형을 권역으로 삼아 범죄를 저지르기에 특정 지역형 범죄조직이라고도 한다. 이들은 외지거나 지형이 복잡하고 경찰력이 상대적으로 허술한 곳을 골라 활동한다. 중국에서 성행하고 있는 특정 지역형 범죄조직은 차량과 기차를 대상으로 하는 차털이범(車匪路霸)과 배털이범이 있다. 국도와 철도의 간선 그리고 교통 중심지는 이들 범죄조직이 자주 출몰하는 지역이다. 이들 조직은 고정된 구간을 지나가는 차량 및 기차를 상대로 기사나 승객들에게 금품을 약탈하며 심지어 강간도 일삼는다. 차털이 범죄조직은 범행 구간과 동일한 지역출신들로 이루어져 구간의 지형과 지세 및 차량 운행시간 등에 익숙해 범죄가 신속하게 이루어지거나 범행을 쉽게 은폐할 수 있다.

《사례》 우한(武漢) 왕위쉔(王偉宣) 철도털이 전문조직

　　1994년 8월 우한(武漢) 흑사회성 범죄조직 두목 왕웨이쉔(王偉宣)이 철도 공안 후(胡), 장(張) 등 2명에게 향응을 베풀고 철도 공안과 안면을 터놓은 뒤 우한−광둥 간 열차를 공짜로 이용했다. 그 해 8월 22일 왕웨이쉔 일당은 철도 공안의 특별 허가로 승차표도 없이 광둥에서 우창으로 가는 298호 직행열차를 탔다. 이들은 기차 안에서 홍남색 연결 놀이(일명 야바위꾼들이 하는 도박)라는 명목으로 승객을 속여 돈을 편취하자 항의하는 손님들에게 폭행을 행사했다. 게다가 여행객들이 꽉 찬 3호 차량에서 왕웨이쉔, 딩창(丁强) 등 조직원 6명은 오랜 시간 승객들을 위협하면서 여자승객 2명을 뒤로 끌고 가 돌아가면서 윤간하였고, 우창에서 베이징으로 가는 254호 열차에서도 매달 2~3회에 걸쳐 강도·강간을 저질렀다. 부상입은 사람들과 시끄럽게 하는 사람들에게 경찰에 신고하면 목을 따버린다고 협박을 해 아예 신고조차 못하도록 했고, 신고를 받은 철도 공안도 이들로부터 정기적인 향응과 금품을 수수한 관계로 신고사건을 묵살하거나 없던 일로 처리하는 등 소극적으로 일관하였다. 이 노선인 254호 철도 공안담당 리허성(李和生) 등은 사건을 무마해 주는 대가로 왕웨이쉔 등으로부터 11만 위안을 받았다.[313]

※ 사례 분석

　　우한(武漢) 흑사회성 범죄조직 두목 왕위쉔(王偉宣)이 철도 공안 등 2명에게 향응을 베풀고 그 대가로 철도승객을 상대로 강도와 강간을 일삼은 범행사례다. 이러한 방파형 범죄조직은 양자강유역 일대와 동남 연해 경제발달지구를 중심으로 형성되어 도로·바다·강 등 특수한 지형을 권역으로 삼아 범죄를 저지른다. 이들 조직은 항거하는 승객에

---

313) 賈宏宇, 전게논문, p.99.

게 엄청난 위협을 가해 신고도 못하게 하고 반항하는 승객에게는 가차 없는 폭력을 행사한다.

3. 기업형

기업형 범죄조직은 초기에는 공갈, 갈취, 절도, 강도 등 원시적인 범행수법으로 재물을 축적하고 일정한 영역을 확보한 다음, 해당 지역 시장을 농단하고 회사를 설립하여 대형 기업으로 만들어 전형적인 기업경영 방식으로 범죄조직을 이끌어 가는 유형이다.[314]

《사례》 후난성 장지신(張齊心) 범죄조직 사례

후난성 융저우시(永州市) 검찰은 동안현(東安顯)의 장지신(張齊心), 장지센(張齊賢) 등 흑사회성 범죄조직 사건에서 25명의 범죄조직원을 기소하면서 범죄조직을 비호한 동안현 당 위원회 부서기 후춘동(胡純桐) 등 16명의 국가공무원을 뇌물수수죄로 함께 기소했다. 이 흑사회성 범죄조직은 사법·행정 등 공무원들의 비호아래 8년에 걸쳐 범죄를 저지르고 소탕작전이 전개될 때마다 공안 등 관계망으로부터 범죄정보를 받아 잠시 피해 있다가 다시 살인, 총기류 은닉, 밀수 등 53건의 범행을 저질러 기소된 것이다. 장씨 범죄조직의 비호세력은 사법, 공안, 교통, 세무, 상공 등 전 유관부서 공무원들이었다.

장지신은 28세이던 1993년 동안현에서 몇 명의 건달들을 모아 '금응방'(金鷹幇)조직을 결성했다. 1995년 장지신은 두 개의 깡패조직을 끌어 모아 '제1흑방'을 만들어 각종 범행을 저질러 공안의 조사를 받게 되었는데 이때 장지신은 정계의 지지가 없으면 공안의 수사를 받게 되고 돈이 없으면 일도 잘 풀리지 않는다는 것을 깨닫고 그 동안 조직을 키워온 자금으로 '동안제심실업유한공사'(東安齊心實業有限公司)라는 회사를 설립했다. 그 후 '동안창도여객공사' '동안차량수리소' '동안주유소' '동안호텔' 등 9개 회사를 인수하면서 장지신 자신은 회장에, 둘째형 장지센(張齊賢)을 사장에, 누이동생이던 장지린(張齊林), 장지후이(張齊惠), 장지리(張齊麗) 등은 각각 이사에 선임하고, 자신이 두목으로 있는 '금응방'조직원 중 행동대장들을 각 계열회사 책임자로 앉혀 기업을 합법화한 흑사회성 범죄조직을 만들었다. 이 회사의 대표인 장지신이 동안현 정무위원 겸 상공회의소 부회장을 맡고 있으면서 7년 동안 세금 700만 위안을 포탈하였다. 장지신은 당·정 간부에게 뇌물을 주고 각종의 사업권을 따내는 등 현(縣) 정무위원이라는 직권을 이용하여 회사를 키워 나갔고, 둘째형 장지센은 회사를 운영하면서 조직원들을 관리하였다. 이렇게 장씨 범죄조직이 동안현에 주름을 잡기 시작하면서부터 사업발전을 거듭해 왔다. 1997년 11월 장씨 조직은 당시 동안현의 교통국장이던 위이보(魏怡柏)를 상해하고 그 자리에서 물러나게 했다. 1998년 3월에 동안현 교통국 소관이었던 국영 동안장도여객회사를 장지신의 개인사업체로 바꾸어 놓고, 또한 상운동안공사의 장도 여객운송 선로운영권을 장지신이 가져옴으로써 그의 손에 동안여객운송권 모두가 들어갔다. 여객운송시장

314) 人民公安報, 2001.8.11자.

을 손에 쥐자 장지신조직은 야만적인 폭력수단을 동원하여 기사들을 협박하여 직장을 떠나게 한 뒤 그 조직원들을 그 자리에 앉혔다.

중앙정부에서 이러한 상황을 보고받고 2001년 2월 8일 동안현 공안국에서 사건 전담 부서를 만들어 수사를 진행했으나 동안현 공안국은 안팎의 압력으로 더 이상 수사를 할수 없어 수사를 중단할 수밖에 없었다. 2001년 3월 13일 중앙에서 이 사건을 직접 감독하기로 하고 3월 19일 융저우시 공안국에서 직접 이 사건을 취급하면서 수사관을 보내 장씨 조직원을 체포하기로 하였으나 정보가 흘러나가 실패하였다. 당시 동안현 정법위원회 부서기였던 후춘동이 미리 정보를 알려주어 주요 범인들을 모두 도피시켰고 사건전담반의 수사도 교착상태에 빠졌다. 장씨 흑사회성 범죄조직의 범죄사실을 수사한 융저우 공안국이 장씨 조직의 관계망과 비호세력을 입수해 보니 동안현 교통국 부국장 겸 교통경찰대장 샤자이셩(夏再生)이 1호 보호막이었다. 그는 장지신으로부터 1만 위안의 뇌물과 핸드폰 한 대를 선물받은 뒤 장지신이 운영하는 차량수리센터에 교통사고 차량들을 대량 넣어주었고 심지어 경찰 교통차량까지도 사용하도록 편리를 봐주었다. 장씨 범죄조직이 운영해온 장도여객운송회사는 매년 국가에 110만 위안의 세금을 납부해야 하는데도 회사 창립 이후 한 차례도 세금을 납부하지 않았다. 이러한 것은 동안현 위원회 부서기 후춘동이 장씨 흑사회성 범죄조직을 비호하였기 때문에 가능했다.

※ 사례 분석

위의 사례는 전형적인 기업형 범죄조직 사례이다. 범죄조직 결성 초기 원시범죄 형태인 폭력, 협박 등으로 재물을 모아 후춘동 등 관료들의 비호를 받아 합법적으로 기업을 설립하여 그것을 기반으로 세금을 납부하지 않고 관련 사업을 인수합병하는 방식으로 기업을 확장하는 등 비호세력을 등에 업고 범죄조직 영역확보에 주력하였다. 이러한 범죄조직이 정착하게 된 배경은 비호세력과 관료들과의 관계망이 확고히 자리 잡았기 때문이다. 중국 흑사회성 범죄조직이 관료의 비호를 받아 해당 지역에서 사업체를 설립하여 경제적 힘을 토대로 토착 황제와 같이 군림하는 사례는 중국 사회 곳곳에서 확인할 수 있다.

---

4. 가족형

동일가족 구성원이 범죄조직의 핵심이 된 유형으로, 거주하는 집과 가족을 중심으로 친척 및 부랑자, 전과자 등을 규합하여 만든 범죄조직이며 지역적 연고를 바탕으로 활동한다. 혈족관계를 중심으로 형성된 범죄조직으로는 이탈리아 마피아가 대표적인 모델이라 할수 있다. 이탈리아 마피아의 초기형태가 바로 혈족을 기반으로 구성되었다. 가족형 범죄조직은 혈연관계가 중심이 된 가족이 그 구성원의 핵심을 이루고, 일부 불량배들이 거기에 참여하는 형태의 범죄조직으로, 현재 중국에서는 아버지나 형이 중심이 된 가족형 범죄조직이 많이 출현하고 있다. 중국의 가족형 범죄조직은 그 규모면으로 보면 아직 초보단계에 있으나 범죄조직 대부분이 대가족으로, 가장·족장·형 등 가족이나 친척에 대한 영향력이 많을수록 쉽게 결성될 뿐 아니라 빠른 시일 내 대규모 조직으로 발전한다.

중국에서 가장 보편화된 가족형 범죄조직은 부모와 자녀가 결합한 형태로 특히 가족 내에서 남자 가장이 범죄조직에 가입하면 연쇄반응이 일어나는 경우이다. 즉 아내·자녀· 친척들까지 연쇄적으로 범죄조직에 가입하여 순식간에 방대한 조직으로 탈바꿈한다. 혈연 관계로 뭉친 범죄조직은 응집력 또한 매우 강하며 사회적으로 일정한 직위에 있는 가장이 자녀가 범죄조직에 가담하는 것을 묵인하는 경우도 적지 않아 자녀들은 가장의 세력을 믿 고 못하는 짓이 없다. 가족의 이익을 실현하기 위해 모인 이러한 가족형 범죄조직은 의 식·규칙·신조 등이 없고 복잡한 조직구조도 갖고 있지 않다. 이 유형은 주로 경제가 낙후 되거나 상대적으로 외지고 고립된 시골마을에 자주 등장한다. 이러한 곳은 아직도 전통적 인 종족의식이 강하게 남아있기 때문이다. 일부 가족형 범죄조직은 대를 이어 조직이 유지 되며 혈연관계가 방대하여 사회에 더욱 위협적이다. 가족형 범죄조직이 성행하는 곳에서의 범죄수사는 매우 곤란하다.

《사례》 랴오닝성 돤홍바오(段洪宝) 가족형 범죄조직

랴오닝성 잉코우(营口) 까이현(盖縣) 후둔진(戶屯鎭)은 인구 3만 명의 작은 소도시인 데, 돤홍바오, 돤홍자이((段洪載), 돤홍시(段洪熙), 돤홍위(段洪宇) 등 4형제가 중심이 되 어 26명의 가족 및 친척을 끌어들여 범죄조직을 결성했다. 이 범죄조직은 지프차 2대, 엽총 15정, 권총 2정, 단검 등의 흉기와 늑대 10마리로 무장한 뒤 지역민들을 10여 년간 괴롭히며 범죄를 일삼아 온 흑사회성 범죄조직이다. 장남 돤홍바오는 1980년 어느 여성 을 강간하였지만 관계 공무원과의 결탁을 통해 아무런 죄 값도 치르지 않았다. 그는 팽 (彭)씨라는 이혼녀와 2개월 간 동거를 하였는데 돤홍바오의 폭행과 학대를 못 이겨 팽씨 가 도망가자 돤홍바오는 이미 결혼하여 살고 있는 팽씨의 둘째 여동생을 자신의 집으로 끌고 와 언니를 대신하게 하였다. 돤홍바오의 폭력에 못 이겨 남편과 이혼하고 돤홍바오 와 결혼등기를 한 그 여자도 돤홍바오의 폭행과 학대에 못 이겨 도망가고 말았다. 그 후 팽씨의 첫째 여동생과 17개월 된 아이를 끌고 와 자신의 여자로 삼으려고 하자 여자는 완강히 저항했다. 돤홍바오는 아이의 목을 비틀고 위협하였으나 그 사실을 알게 된 공안 의 중재로 여자는 풀려났다. 돤홍바오는 이 밖에도 폭력으로 많은 여성들을 성폭행하거 나 강간하여 자신의 노리개로 삼았으며 돤(段)씨 형제들에 의해 능욕을 당한 여자가 수 십 명이었다.[315)

---

315) 賈宏宇, 전게서, p.107.

> ※ 사례 분석
>
> 　이탈리아 마피아가 전형적인 가족형 범죄조직의 모델이다. 가족형 범죄조직은 혈연으로 맺어진 가족관계를 축으로 형성되고 조직원의 충원과정도 이러한 배경에서 이루어진다. 그러하기에 폐쇄적이고 고립적이며 결속력이 강하다. 랴오닝성 돤씨 흑사회성 범죄조직은 중국에서 흔히 볼 수 있는 전형적인 가족형 범죄조직이다. 규모는 작다고 해도 가족전체가 가담하여 그 지방에서 악랄한 범행을 자행하기에 범행이 외부에 쉽게 노출되지 않고 피해자들은 보복이 두려워 신고를 하지 못한다. 사례에서 볼 수 있듯이 각종 흉기로 범행하고 여성을 자신의 노리개로 여기는 풍토와 늑대를 동원하여 공포심으로 지역민들을 괴롭히는 범행은 가족형 범죄조직이 가지는 독특한 범행수법이다. 이는 대도시에서는 발생할 수 없고 오직 농촌을 배경으로 한 봉건적인 시골에서만 가능한 범죄조직으로, 이러한 가족형 범죄조직 뒤에도 비호세력은 항상 존재한다.

5. 토착형(일명 지방황제형)

　학연, 지연, 혈연을 연고로 범죄조직을 결성한 유형이다. 토착형 범죄조직은 누범이거나 상습범이 주류를 이룬다. 해당 지역 출신의 전과자나 무직자들이 행동대장으로 활동하는 전형적인 지방 건달조직이다. 이들은 일정 지역을 영역으로 삼아 시장을 농단하고 개인 민사분규에 개입하며 '제2정부', '제2파출소', '제2법정'이라 불린다. 또한 부패한 지방정부의 관료들을 비호세력으로 삼아 기초단체장으로 선출되기도 한다. 이 유형은 범행이 흉포하고 조직적이다. 목적한 바를 실현하면 잠시 깊은 곳에 숨어 있다가 나타나기도 하는데, 조직 내 엄밀한 방규를 가지고 서로 의기투합하며 잔혹한 수단을 사용하기에 그 위세가 높다.[316]

> 《사례》 허난성 궈융즈(郭永志) 토착형 범죄조직[317]
>
> 　허난성 상츄(商丘) 공안은 1995년 봄 저청현(柘城縣)의 궈융즈 등 47명의 조직원으로 결성된 흑사회성 범죄조직을 검거하였다. 1994년 3월, 저청현 교통국장으로 테토센(鐵頭銜)이 임명되고 7일 후 궈융즈를 데려와 교통국 운수담당으로 일하게 했다. 궈융즈는 11명의 폭력배를 데려와 같이 일하였는데 그 중 9명이 전과자 출신들로 사무처리 경험이 전혀 없었다. 궈융즈는 이런 깡패들에게 "내가 모든 것을 책임질 테니 너희들은 내 시키는 대로 해라"고 하며 조직을 결성한 후 두목이 되었다. 그는 행동대장들에게 핸드폰, 오토바이 등을 사주고 지시를 내리면 각 행동대장들은 조직원들을 데리고 몇 분 안에 현장에 도착하도록 조직을 강화해 갔다. 1995년 3월, 교통국 운영관리 부소장 스광화(司廣華)가 궈융즈의 경호원들 월급에서 일정 금액을 공제하자 궈융즈는 행동대장 왕방샹(王方祥)과 왕샤오둥(王曉東)을 시켜 "적당하게 손 좀 봐주라"고 지시하였다. 이들은 스광

---

316) 楊莉, 전게논문, p.84.
317) 賈宏宇, 전게서, pp.91-94.

화의 왼쪽 고막이 터질 정도로 두들겨 패고 일본도를 뽑아들고 목에 갖다 대면서 "이 사실을 발설하거나 상부에 알리면 너는 곧 병신이 될 것이다"고 협박한 후 스광화의 집으로 찾아가 가재도구를 부수는 등 난장판을 만들자 그의 부인이 정신착란으로 병원에 입원했다.

귀융즈는 저청현의 당·정·사법부서 등 관리들과 친분을 쌓은 뒤 그들의 비호를 받으며 온갖 횡포를 부렸다. 먹고 싶으면 마음대로 먹고 마음에 드는 물건은 그대로 집어가고, 마음에 드는 여자가 있으면 조직원을 시켜 유인한 뒤 그의 침실로 데려가 강간하는 등 온갖 범행을 일삼아도 피해자들은 보복이 두려워 신고조차 못했으며, 심지어 자기 집에 도둑이 들어 그 도둑이 누군지 훤히 알고 있으면서도 차마 겁이 나서 말을 하지 못하였다.

저청현의 건축공사 직원인 로(盧)의 처 귀야핑(谷亞平)은 미모가 뛰어나 이미 오래전부터 귀융즈가 눈독을 들이고 있었다. 귀융즈는 '친구모임'을 한다며 그 남편을 집으로 불러 술을 마시며 놀다가 갑자기 "네놈이 나에 대해 험담을 하고 돌아다닌다며?"라고 한 후 칼을 꺼내 "끝장내자"며 위협한 후 목소리를 낮춰 "살고 싶으면 마누라를 놓아줘"라고 했다. 그는 생명의 위협을 느껴 더 이상 저청현에서 생활하지 못하고 외지로 떠나자 귀융즈는 그의 처 귀야핑을 차지했다. 이를 보고 친척들이 나무라자 귀융즈는 "무엇이 공산당인데, 내가 바로 공산당이야, 무엇이 법인데, 내가 바로 법이야, 힘 있는 놈이 최고지, 저청현에서 내가 사람 죽이는 일은 닭 한 마리 죽이는 것과 똑 같은 거야, 알아"하면서 그를 나무란 친척인 류차오(劉超)를 두들겨 패 반쯤 죽여 놓고 밖으로 내동댕이쳤다.

저청현의 물자조달국장인 송샤오치(宋效啓)가 귀융즈의 업무를 회계감사하라는 상부 지시를 받고 각종 장부를 조사했다. 1994년 8월, 귀융즈는 송샤오치를 차로 납치한 후 커다란 일본도를 꺼내 행동대장들이 지켜보는 가운데 "이 애송이 새끼야, 네가 감히 내 장부를 조사해, 오늘 너를 살려 두지 않겠다"며 조직원들로 하여금 송샤오치의 손과 발을 내리 치게 했다. 송샤오치는 자기가 불리하다는 것을 깨닫고 "나는 국가에서 노동 훈장까지 받은 사람이고 고급기술자인데 오늘 여기 끌려와 내가 죽었다는 사실이 알려지면 너는 끝장이다"라고 하자 귀융즈는 약간 주춤거리며 "네가 또 한번 나를 괴롭히면 죽는 줄 알아, 네 가족을 몰살시킬 것이다"하면서 협박했다.

귀융즈의 생활도 음탕하기 짝이 없었다. 매일 사치스런 생활을 하면서 담배는 '중화', 술은 '마오타이'나 '오량액'이 아니면 마시지 않았다. 하루 세끼 특급요리사를 불러 전문 요리를 먹었으며 여자시중을 불러 방안에서 무릎을 꿇고 시중을 들게 하고 마음대로 간음한 후 부하들에게 넘겨주었다. 또한 다른 술집에 가서도 모든 여자종업원이 그의 '노리개'로 취급당하였는데, 그의 집으로 데려가 강간하고 "언제든지 부르면 달려와, 그렇지 않으면 부하들을 시켜 내 쫓아버리고 말테니까"하면서 협박했다. 여러 명의 여자들이 그에게 강간당하였는데, 모 주점의 송(宋)모 양은 강간당한 후 너무 놀라 정신을 잃었다가 자살하였는데 그 부모가 억울함을 꼭 풀어달라고 하소연하였다.

1995년 6월, 공안에서 대규모의 수사팀을 동원해 귀융즈의 집을 수색해보니 작은방에서는 보석, 비취, 고급예술품, 고급모피, 고급담배, 고급술, 에어컨, 컴퓨터, 카메라, 고급오디오 등 귀중품이 포장된 채 차량 3대분의 물건들이 쌓여있었다.

> ※ 사례 분석
>
>   위의 사례는 허난성 저청현 사람들이 궈융즈조직을 소탕한 공안들의 군화를 닦아주고
> 술을 대접하는 등 3일 동안 잔치를 벌이면서 감사의 눈물을 흘린 사례다. 궈융즈조직은
> 악랄하기 짝이 없는 범죄조직으로, 일본도, 엽총, 도끼 등으로 중무장하여 온 시내를 활
> 보하면서 마음대로 집어가고 마음대로 먹고 마시는 등 법이 통하지 않는 사회에서 무법
> 자처럼 군림하였다. 물건을 훔친 도둑을 알아도 신고조차 하지 못할 공포의 대상이었던
> 궈융즈 범죄조직은 처녀들은 자신의 노리개로 여겼고 온 시민들이 범죄조직원들에게 머
> 리를 굽신거리며 황제처럼 떠 받들어야 했다. 이러한 악랄한 범죄조직 뒤에는 항상 비호
> 세력이 자리하고 심지어 관청 공무원조차 범죄조직원들에게 함부로 대하지 못할 정도로
> 토착화된 범죄조직이다.

6. 기타 범죄조직 유형

(1) 타향형

   타향형 범죄조직은 고향을 떠난 동향인들이 주축이 된 범죄조직이다. 이 유형은 중국
범죄조직 중에 상당한 비중을 차지한다. 타향에서 만난 동향인은 문화와 습관 그리고 언어
사용 등에서 동질감이 있어 서로 상부상조할 수 있기에 쉽게 범죄단체를 결성한다. 타향형
범죄조직은 조직원들 출신지를 범죄조직의 명칭으로 삼는다. 이러한 범죄조직은 조직구성
이 엄격하고 명확한 분업체계를 갖추고 있으며 두목의 권위가 절대적이다. 이들 범죄조직
은 자신이 장악하고 있는 지역과 업종에서 타인의 침입을 절대로 불허한다. 차오저우인 계
열의 신의안 범죄조직이 그 대표적이다.[318]

(2) 거지형(일명 개방, 丐帮)

   중국 역사기록에 개방파(丐帮派)가 자주 등장한다. 이는 옛날 중국에서 거지들도 자신
들만의 조직을 결성하였음을 알 수 있다. 중국에서 거지들로 구성된 범죄조직인 개방이 베
이징·상하이·우한·광저우·선전 등 대도시에서 집중적으로 활동하고 있다. 거지형 범죄조
직은 동병상련의 경험과 현실적인 필요에 의해 굳건한 단결력을 과시한다. 거지형 범죄조
직은 다시 가족형·촌락형·지역형 등 여러 유형으로 나뉜다.

   현대의 거지들은 대를 이어 활동하기도 한다. 한 집안 삼대가 거지로 생활하거나 친족
이 무더기로 거지가 되는 경우도 있다.[319] 이들 대부분 배후에는 가장들이 가족을 지휘하

---

318) 赵可, 전게논문, p.7.
319) 易熙峰, 전게서, p.30.

면서 구걸행각을 벌인다. 조직원 중에는 수배범과 전과자들이 다수 차지하고 있는데 이들은 거지로 신분을 위장하여 각종 범죄에 가담한다. 상해 기차역에서 붙잡힌 거지 58명 중서로 혈연관계가 있는 어린거지가 30명에 달했다. 일부 거지는 구걸을 용이하게 하기 위해일부러 불구자로 만들기도 했다. 조직이 큰 일부 거지파 두목은 부자들과 같이 고급호텔과윤락가를 드나드는 등 사치스런 생활을 한다.

(3) 신체장애형

최근 몇 년 사이에 선전·난징·광저우 등지에 신체장애자들로 구성된 범죄조직이 연이어 적발되었다. 신체장애자들로 구성된 범죄조직 중에 농아들로 구성된 범죄조직이 제일많다. 신체장애자로 구성된 범죄조직을 만든 두목은 전국 각지에서 장애인들을 모아 집중적으로 훈련을 시킨 뒤 절도·소매치기 등에 종사시킨다. 이 조직은 여러 개의 도시를 순회하며 분산과 집합을 거듭하면서 범죄활동에 종사하기에 단시간에 일망타진이 어렵다.[320]

(4) 감방동기형

이 유형의 범죄조직은 교도소 내에서 수형생활 중 만난 감방동기들이 출소 후 서로의기투합하여 결성한 범죄조직이다. 이 유형의 범죄조직 두목과 행동대장들 85% 이상이전과자들로 특히 누범과 상습범이 주류를 이룬다. 감방동기형 범죄조직은 범죄경험이 풍부하고 범행수단이 흉포하고 잔인하며, 범죄능력이 뛰어나고 변신과 도피능력이 아주 높다.각종 흉기를 잘 다루기에 범죄가 악랄하고 살인, 강도, 절도, 도박, 윤락, 마약밀매 등의 범죄에 가담한다. 이런 범죄조직의 두목과 행동대장들은 인간쓰레기 같은 존재들로 사람의탈을 쓴 늑대라고 불린다. 이러한 범죄조직이 가장 위험하고 사회적 위해요소가 크다.

(5) 연합전선형

이 유형은 범죄(단화)조직 간 서로 연합하여 결성한 조직이다. 이러한 유형은 분산형과 은밀형으로 나뉜다. 분산형 연합전선조직이란 두 개 지역 또는 두 개 이상의 범죄조직이 서로 상호결합은 하지 않고 공동목적을 달성하기 위해 합작하거나 연대하는 유형을 말한다. 밀수, 마약운송과 판매 등의 범죄조직이 주로 이 유형이다. 은밀형 연합전선조직이란두 지역 또는 두 개 이상의 범죄조직이 연합전선을 구축하나 각 범죄조직은 범죄연합체의한 부분에 해당하는 유형이다. 이러한 조직은 자기고유의 독립성을 그대로 유지하면서 연합체의 결정사항에 복종하는 유형으로, 연합전선형 조직은 규모가 크고 조직원도 많으며

320) 赵可, 전게논문, p.4.

업무의 분담이 명확하여 범죄수행 능력이 아주 뛰어나고 사회적 위험성이 그만큼 크다.[321] 중국에서는 범죄연합체를 구성한 흑사회성 범죄조직이 이미 출현하여 활동하고 있다. 차량 절도단, 장물전담조직 등은 연합전선을 구축한 대표적 범죄조직이다. 부녀·아동 납치조직과 부녀매매조직 등도 연합전선을 구축한 범죄조직이며, 마약제조, 밀수, 마약운반 범죄조직들도 연합체범죄조직이다. 일반적으로 이러한 유형의 흑사회성 범죄조직은 전형적인 직업화된 범죄조직이다.

제 9 절 흑사회성질 범죄조직죄 형법학적 해석

중국에서는 형법이 제정·시행되기 이전에는 단행의 형사 법규로서 각종 형사사건들이 처리되었다. 1979년 7월 1일, 제5기 전국인민대표대회 제2차 회의에서 『중화인민공화국형법』(이하 구형법)을 통과시켰는데, 이는 건국 이후 3년 간 33차례 형법초안을 작성한 끝에 제정된 것으로 1980년 1월 1일부터 시행되었다. 그러나 제정된 형법이 중국 경제사회의 급속한 발전에 부합하지 못함에 따라 1997년 3월 14일 제8기 전국인민대표대회 제5차 회의에서 형법이 전면 개정된 이후 제8차 개정안이 2011년 2월 25일 통과되어 현재 시행되고 있다. 제8차 개정안의 특징은 사형에 처할 수 있는 13개 범죄 이외 대폭 축소한 것과 사형집행유예제도의 개선이며, 지역사회교정제도와 금지명령제도의 도입, 그리고 위험운전죄와 인체장기적취·판매죄 등 새로운 범죄도 신설되었다. 중국형법은 1979년 최초 제정된 이래 경제사회의 발전과 함께 중국국민의 의식수준이 향상되고 지속적인 해외학술교류 등의 영향으로 갈수록 체계화되고 있으며, 인도주의기능 및 국민의 인권보장기능도 점차 강화되고 있다.

1. 흑사회성질 범죄조직죄에 관한 범죄구성이론

(1) 흑사회성질 범죄조직죄에 관한 처벌규정

중국 형법 제294조의 흑사회성질 범죄조직죄에 관한 처벌규정은 다음과 같다.

①항 폭력·위협·기타 수단 등 조직적으로 위법한 범죄행위를 행하며, 일정지역을 장

---

321) 賈宏宇, 전게논문, p.107.

악하여 불법적인 악행으로 사람들을 억압하거나 잔인하게 상해를 가하며, 경제·사회생활 질서를 중하게 파괴하는 등 범죄조직을 조직하거나 지도·적극 참가한 자는 3년 이상 10년 이하의 유기징역에 처한다. 일반 참가자는 3년 이하의 유기징역, 구역,[322] 관제[323] 또는 정치권리 박탈에 처한다.

②항 국외 흑사회 범죄조직원(마피아, 야쿠자 등)이 중화인민공화국에 잠입하여 중국 내에서 범죄조직을 결성하여 활동한 경우 3년 이상 10년 이하의 유기징역에 처한다.

③항 위 2개 항의 죄를 범하고 나아가 기타 범죄를 범한 자는 경합범 규정에 의하여 처벌한다.

④항 국가공무원이 범죄조직을 비호하거나, 범죄조직의 위법한 범죄활동을 방임한 경우에는 3년 이하의 유기징역, 구역 또는 정치권리 박탈에 처한다. 죄질이 중한 자는 3년 이상 10년 이하의 유기징역에 처한다.[324]

흑사회성질 범죄조직죄는 중국 형법 제294조 법조항에 규정된 것과 같이 흑사회성질 범죄조직의 조직·지도·참가죄, 국외 흑사회 범죄조직의 국경 내 잠입죄, 경합범 규정, 국가공무원의 범죄조직 비호·방임죄 등으로 구분할 수 있다. 이 조항은 1979년 제정된 구(舊)형법에는 없었으나 1997년 형법 수정시 중국 정부가 중국 내에서 발생하는 범죄수요를 감안하여 신설하였다.

(2) 흑사회성질 범죄조직죄에 관한 주·객관적 요소

중국의 범죄구성요건 이론에는 여러 요건설이 있다. 그 중 5요건설(범죄행위, 범죄객체, 범죄객관방면, 범죄주체, 범죄주관방면), 4요건설(범죄객체, 범죄객관방면, 범죄주체, 범죄주관방면), 3요건설(주체, 사회위해행위, 객체), 2요건설(주관요건과 객관요건)등이 있는데 이 중에서

---

322) 구역의 기간은 1개월 이상 6개월 이하로 하며 공안기관이 인근지점에서 집행한다. 구역의 집행 기간동안 범죄자는 매월 1일 내지 2일 간 귀가할 수 있다. 노동에 참가하는 경우 적당한 보수를 지급할 수 있다. 우리나라의 구류에 해당한다.

323) 관제의 기간은 3개월 이상 2년 이하로 하며, 공안기관이 집행한다. 우리나라의 보호관찰과 같다.

324) 第二百九十四条

① 组织´领导和积极参加以暴力´威胁或者其他手段, 有组织地进行违法犯罪活动, 称霸一方, 为非作恶, 欺压´残害群众, 严重破坏经济´社会生活秩序的黑社会性质的组织的, 处三年以上十年以下有期徒刑；其他参加的, 处三年以下有期徒刑´拘役´管制或者剥夺政治权利。

② 境外的黑社会组织的人员到中华人民共和国境内发展组织成员的, 处三年以上十年以下有期徒刑。

③ 犯前两款罪又有其他犯罪行为的, 依照数罪并罚的规定处罚。

④ 国家机关工作人员包庇黑社会性质的组织, 或者纵容黑社会性质的组织进行违法犯罪活动的, 处三年以下有期徒刑´拘役或者剥夺政治权利；情节严重的, 处三年以上十年以下有期徒刑

4요건설이 전통적인 학설로 되어 있다.

1) 주체요건[325]

중국 형법의 용어로 범죄주체방면이라고도 하며 범죄자의 기본특성과 요건을 말한다. 즉 자연인과 법인은 물론 형사책임연령과 형사책임능력의 유무도 포함하며 일정 조건하에서 행위인의 특수 신분과 특정지위도 포함한다. 우리 형법의 범죄주체와 같다. 흑사회성질 범죄조직은 조직을 갖춘 범죄집단의 범죄행위를 말하는 것으로, 범죄행위의 주체는 흑사회성질 범죄조직과 그 구성원들이며, 범죄행위를 비호하는 당·정 및 사법관계 종사자를 포함한 일반 국가공무원들이다. 흑사회성질 범죄조직의 조직·지도·참가에 가담하는 행위자들은 본 죄의 특수 주체이다. 합법적으로 성립된 회사·기업 및 기타 사회단체(單位도 포함)라 해도 비합법적인 범죄행위에 가담하면 흑사회성질 범죄조직의 조직·지도·참가죄를 구성한다.[326] 또한 2002년 12월 전국인민대표대회 상무위원회에서 확정한 다음의 네 가지 주요 특성을 반드시 구비해야 한다.

① 비교적 안정된 범죄조직을 형성하여 조직원 수가 비교적 많으며 명확한 조직자, 영도자(두목 및 고문), 골수 조직원(행동대장) 등이 기본적으로 고정되어 있으며,

② 조직을 갖추어 위법한 범죄활동이나 기타수단을 통하여 경제적 이익을 획득하고 일정한 경제적 실력을 구비하여 그 조직 활동을 지탱해 나가며,

③ 폭력이나 협박, 기타수단으로 조직을 갖추어 수차례에 걸쳐 위법한 범죄활동을 일삼으며 악랄한 행동으로 인민을 잔혹하게 해치며 억압하고

④ 위법한 범죄활동을 행한 후 국가기관 공무원의 비호 또는 방임을 받거나 또는 일정지역을 점거하고 일정구역 또는 업종 내에서 위법하게 범죄행위를 일삼아 경제, 사회생활질서를 심각하게 파괴하거나 중대한 영향을 끼치는 행위.

2) 객체요건

범죄객체방면이라고도 하며 사회위해성이 있는가 없는가를 판단하는 요건으로서, 범죄주체가 행하는 행위가 중국 형법이 보호하고자 하는 사회법익에 대한 침해이다. 우리 형법의 보호법익과 같다. 흑사회성질 범죄조직의 조직·지도·참가죄가 침해하는 객체는 사회질서이며 공민의 권리, 기업의 권익, 국가 및 지방의 사회 치안질서와 경제질서 등을 포함한다.

---

325) 중국 형법상 사용되는 용어로 본 논문에서는 중국어 표현을 그대로 사용하고자 한다.
326) 중국은 '단위'라는 조직이 있어 각 '단위'에서 범하는 모든 범죄활동도 형법 각칙에 명시되어 있는 단위 처벌조항의 범죄에 한 해 처벌한다.

3) 주관요건

주관요건은 범죄주관방면이라고도 하는데, 행위자가 어떠한 심리상태의 지배하에서 위해행위를 하였는가를 설명하는 것으로, 여기에는 죄과(罪過, 범죄고의와 범죄과실) 및 특정한 범죄목적이 포함된다. 우리형법의 주관적 구성요건인 고의와 같다. 흑사회성질 범죄조직죄의 주체는 주관적 범의를 가진 범죄고의를 말한다. 범죄주체가 흑사회성질 범죄조직을 조직·지도·참가하거나, 또는 비호·방임하여, 고의로 일정지역 및 업종을 통제하고, 비합법적인 경제이익을 추구하려는 목적과 강한 반사회적 심리를 구비하는 경우를 가리킨다.

4) 객관요건

범죄객관방면이라고도 하며 중국 형법이 보호하고 있는 법익이 어떠한 원인과 행위자의 주관적 고의로 침해되었는가를 설명하는 것으로, 즉 어떠한 상황에서 어떤 침해를 받았는가 하는 내용을 말한다. 이는 위해행위와 위해결과의 인과관계로서 우리형법의 객관적 구성요소로서의 행위와 같다. 객관요건에는 흑사회성질 범죄조직을 조직하거나 지도·참가하는 행위를 포함하여, 정부 및 사법기관 종사자 및 일반 국가공무원들이 흑사회성질 범죄조직을 어떻게 비호·방임하였는가 하는 행위를 말한다. 또한 흑사회성질 범죄조직이 공갈·협박 등으로 한 업종을 차지하고, 폭력·위협·뇌물·향응으로 매수한 정부 및 사법기관 종사자 등 국가공무원들이 흑사회성질 범죄조직이 저지른 구체적 형사사건들을 비호하거나 눈감아 주어 범죄수사를 적극적으로 하지 않게 한 행위와 그로 인한 결과 등을 모두 포함한다.

2. 흑사회성질 범죄조직의 조직·지도·참가죄

(1) 흑사회성질 범죄조직의 조직·지도·참가의 주체 및 주관적 특징

흑사회성질 범죄조직죄의 주체는 자연인이다. 흑사회성질 범죄조직의 조직·지도·참가죄는 범죄형태상 행위범에 속하며, 행위자가 조직·지도·참가하는 행위를 하였다면 곧바로 범죄기수의 구성요건에 이른다. 행위자가 흑사회성질 범죄조직의 조직·지도·참가죄를 범하고 기타 범죄행위에 가담하였다면 형법 제294조 ③항의 규정에 근거하여 경합범의 규정에 따라 처벌된다. 범죄조직의 조직, 지도, 참가죄를 범하고 형사책임능력이 있는 자연인이면 모두 흑사회성질 범죄조직의 조직·지도·참가죄의 주체가 된다. 흑사회성질 범죄조직의 조직·지도·참가죄의 주체와 관계된 관할권과 관련하여 중국 형법 제6조 및 제11조에서 이에 대해 규정하고 있으며, 그 특징은 다음과 같다.

① 중국 공민,[327] 외국인, 무국적자를 막론하고 중국 영역 내에서 죄를 범하면 흑사회성질 범죄조직의 조직·지도·참가죄가 성립하며, 속지주의 원칙에 따라 본 법을 균등하게 적용한다.[328] 다만 외교특권과 외국인으로서 형사책임 면제권을 누릴 수 있는 자는 외교경로를 통해 해결한다.[329]

② 중국 공민이 중국 영역 외에서 흑사회성질 범죄조직을 조직·지도·참가하였다면 속인주의 관할권 원칙에 근거하여 중국이 형사 관할권을 가질 수 있다. 그리고 일반참가자(국가공무원, 군인은 제외)는 각 조항에 규정된 최고 법정형인 3년 이하의 유기징역으로 처리하되 더 이상 책임을 추궁하지 않는다.[330]

③ 외국인 또는 무국적자가 중국 영역 밖에서 흑사회조직(마피아 또는 야쿠자 등)을 조직하거나 지도·참가하여 그 침해된 바가 중국 내 정상적인 사회질서를 침해하였으나 중국과 중국 공민에 대한 범죄에는 속하지 아니하였다면 중국에서 형사 관할권을 행사할 수 없다.[331]

---

327) 중국에서는 우리의 '국민'에 해당하는 용어로 두 가지가 사용된다. 헌법상 의무와 권한이 주어지는 의미로서의 '공민'과, 일반인을 지칭하는 말로서의 '인민'이 있다.

328) 第六条 凡在中华人民共和国领域内犯罪的，除法律有特别规定的以外，都适用本法。凡在中华人民共和国船舶或者航空器内犯罪的，也适用本法。犯罪的行为或者结果有一项发生在中华人民共和国领域内的，就认为是在中华人民共和国领域内犯罪。

제6조
① 중화인민공화국의 영역 내에서 죄를 범한 자에게는 법률이 특별히 정한 경우를 제외하고는 모두 이 법률을 적용한다.
② 중화인민공화국의 선박이나 항공기 내에서 죄를 범한 자에게도 이 법을 적용한다.
③ 범죄행위 또는 결과가 중화인민공화국의 영역 내에서 발생한 경우에는 중화인민공화국의 영역 내에서의 범죄로 인정한다.

329) 第十一条 享有外交特权和豁免权的外国人的刑事责任，通过外交途径解决。
제11조 외교특권 및 면제권을 향유하는 외국인의 형사책임문제는 외교적 경로를 거쳐 해결한다.

330) 第七条 中华人民共和国公民在中华人民共和国领域外犯本法规定之罪的，适用本法，但是按本法规定的最高刑为三年以下有期徒刑的，可以不予追究。中华人民共和国国家工作人员和军人在中华人民共和国领域外犯本法规定之罪的，适用本法。

제7조
① 중화인민공화국의 공민이 중화인민공화국 영역 외에서 본법에 규정된 죄를 범한 경우에는 본법을 적용하고, 다만 본법 규정의 최고형이 3년 이하의 유기징역인 경우에는 소추를 면제할 수 있다.
② 중화인민공화국의 국가공무원과 군인이 중화인민공화국 영역 외에서 본법규정에 의한 죄를 범한 경우, 본법을 적용한다.

331) 第八条 外国人在中华人民共和国领域外对中华人民共和国国家或者公民犯罪，而按本法规定的最低刑为三年以上有期徒刑的，可以适用本法，但是按照犯罪地的法律不受处罚的除外。

제8조
외국인이 중화인민공화국 영역외에서 중화인민공화국의 국가와 국민에 대하여 죄를 범한 경우에는 이 법의 규정에 따라 최저형이 3년 이상의 유기징역에 해당되는 때에는 이 법을 적용할 이외에 중국에서의 흑사회성질 범죄조직의 조직·지도·참가죄는 아직까지 국제범죄는 아니므로 보편적 관할권 문제는 존재하지 않는다고 한다.[332]

그리고 흑사회성질 범죄조직의 조직·지도·참가죄의 주관적 구성요건은 다음과 같은 두 가지 특징이 있다.

1) 범죄 고의

흑사회성질 범죄조직의 조직·지도·참가죄 중 범죄단체를 조직하는 행위는 범죄조직을 조직하거나 지도·통솔하는 지위에 있는 자에 한하여 적용된다. 그리고 흑사회성질 범죄조직의 조직·지도·참가죄 중 흑사회성질 범죄조직 구성원으로 참가행위를 하였을 때 비로소 본 죄가 성립된다. 조직·지도·참가의 세 종류 행위는 모두 범죄단체조직이라는 인식과 의사를 가지고 이루어진 행위에 해당한다. 또한 행위자는 일정한 목적을 가지고 있어 그 행위에 의해 사회적 위해가 존재하는가의 결과 여부에 달려 있는 것이지 간접고의 또는 과실에서는 존재할 수 없다.[333]

2) 사후적 인식

흑사회성질 범죄조직 참가시 범죄조직이라는 사실을 몰랐으나 참가 후 그러한 사실을 알고서도 탈퇴하지 않았다면 흑사회성질 범죄조직의 조직·지도·참가죄에 따라 형사책임을 져야한다.

행위자가 사전에 흑사회성질 범죄조직이라는 사실을 몰랐으나 사후에 그 사실을 알았을 때는 참가한 행위에 대해서만 책임을 진다. 그러나 행위자가 흑사회성질 범죄조직이라는 사실을 몰랐거나 당시의 객관적 정황과 행위자의 주관적 판단능력에 따라 단순가담자로서 진정으로 범죄조직에 참가하려는 주관적 의사를 가지지 않았다면 흑사회성질 범죄조직의 조직·지도·참가죄를 구성하지 않는다. 그러나 행위자가 참가한 조직이 사건발생 전 흑사회성질 범죄조직이라는 사실을 알고서도 계속 참가하거나, 탈퇴하지 않고 심지어 조직원으로 전환되어 범행에 가담하였다면 그 주관 심리상태는 이미 변화하였다고 볼 수 있어 흑사회성질 범죄조직의 조직·지도·참가죄로 처벌해야 한다.[334]

수 있다. 다만 범죄지의 법률에 의하여 처벌되지 아니하는 경우에는 그러하지 아니한다.
332) 이는 보호주의에는 해당하되 국제범죄가 세계주의는 되지 않는다고 해석한다.
333) 우리 형법의 주관적 구성요건에서 본죄가 성립하기 위해서는 범죄를 목적으로 하는 단체를 조직하거나 이에 가입한다는 점에 대한 고의가 있어야 하는 외에 범죄를 범하거나 병역 또는 납세 의무를 거부할 목적이 있어야 한다. 단체에 가입하는 때도 단체의 목적을 인식해야 한다(이재상, 『형법각론』, 박영사, 2008, p.483.
334) 우리 형법 범죄단체조직죄의 기수시기에서 본죄를 계속범으로 보는 견해(김성돈, 박상기, 임웅)가 있는 반면, 판례는 본죄가 조직에 가입하면 종료하는 즉시범이라고 한다(대법판례 1997.10. 10. 97도 1829, 대판 1995.1.20. 94도 2752). 전자의 견해에 의하면 본죄의 종료 시기는 단체를

《사례》 지린(吉林)성 왕위판(王遇帆) 공안국장 범죄조직 결성 사례

　　지린(吉林)성 통화(通化)시 공안국 부국장 겸 둥창(東昌)구 공안분국 국장인 왕위판(王遇帆)은 1998년 통화시 공안국 부국장에 임명된 직후 장슈원 등 조직원 20여 명을 끌어들여 범죄조직을 결성한 뒤 공안직권을 이용하거나 조직원들을 동원해 광산 채굴권을 가로채고 금품을 빼앗는가 하면 마약을 판매하는 등 범죄행위로 부를 축적했다. 왕위판에게 적용된 혐의는 흑사회성질 범죄조직의 조직·지도·참가죄 외 납치, 공문서 위조, 마약판매, 불법 폭발물 저장, 불법총기소지, 도박, 뇌물공여 등 10여 가지다.335)

※ 사례 분석

　　중국에서 공안이 각종 비리나 부정부패 또는 비호에 연루돼 사법처리된 사례는 많으나 위의 사례와 같이 공안이 흑사회성질 범죄조직의 조직·지도·참가죄로 적발되어 처벌받는 경우는 드물다. 왕위판은 상급자들에게 정기적인 뇌물 상납 등을 통해 수차례에 걸쳐 중국 정부로부터 모범 공무원과 모범 공산당원 표창을 받았고 1996년 이후에는 2등 훈장과 3등 훈장도 한 차례씩 받는 등 철저한 이중적 생활로 10년 간 이 일대에서 '밤의 제왕'으로 군림해왔다. 공안국장의 권한으로 각종 이권에 개입하여 부를 축척하고 범죄조직을 결성하여 각종 범행을 저지른 사례는 중국에서 좀처럼 볼 수 없는 사례다.

(2) 흑사회성질 범죄조직의 조직·지도·참가죄의 객체 및 객관적 특징

　　흑사회성질 범죄조직의 조직·지도·참가죄가 침범하는 객체는 정상적인 사회질서이다. 흑사회성질 범죄조직이란 흑사회라고 부르는 단어가 그 뜻을 내포하듯 정상적인 합법사회에 대항하는 범죄조직이다. 범죄조직을 조직하거나 지도·참가하는 행위는 합법사회에서 허용하지 않는 비합법, 불법적인 경제이익과 기타이익을 추구하기 위한 목적으로 조직하였다고 할 수 있다. 이러한 탐욕적인 욕망을 채우기 위해 폭력·위협 등의 수단으로 살인·상해·강도·공갈·독점·고리사채·윤락 등 전통적 범죄유형뿐 아니라, 밀수·마약·총기밀매·화폐위조·밀항·음란물판매·선거개입·관료매수 등 현대적인 범죄를 통해 사회의 정상적인 질서를 전면적으로 파괴하는 모든 행위를 대상으로 한다.336)

　　해산하거나 단체에서 탈퇴한 시점이고 이때부터 공소시효가 진행된다고 한다. 계속범설에 의하면 조직가입시에 본죄가 종료하고 이때부터 공속시효가 진행된다. 오영근, 『형법각론』, 박영사, 2010, p.600.

335) 人民日報, 2009.7.3자.

336) 陈建新, 전게논문, p.28.

　　흑사회성질 범죄조직의 조직·지도·참가죄의 행위가 정상적인 사회질서 구성실현에 위해 되지 않는다고 해도 그러한 연속성과 위법한 범죄행위 간에 불가분의 인과관계가 존재하면 된다고 볼 수 있다. 중국 형법에 새로 도입된 흑사회성질 범죄조직의 조직·지도·참가죄의 죄명은 단지 흑사회성질 범죄조직에 대한 조직·지도·참가라는 행위자체를 규정하고 있는데, 기타 구체적 행위를 하였는지의 여하를 막론하고 본 죄가 성립한다고 볼 수 있으며, 형사책임과 관계되는 유관규

흑사회성질 범죄조직의 조직·지도·참가죄의 객관적 측면은 흑사회성질 범죄조직을 조직하거나 지도·참가하는 행위로 표현된다. 흑사회성질 범죄조직을 조직한다는 것은 행위자가 범죄목적으로 흑사회성질 범죄조직을 주창·발의하는 행위를 말한다. 조직형성의 방식은 그 종류가 다양하다. 흑사회성질 범죄조직을 지도한다는 것은 흑사회성질 범죄조직 내부적으로 조직을 지도하는 위치에 있는 것을 가리키고, 그 조직에 대한 활동을 획책·결정·지휘·조종하는 것 등 일체를 일컫는다. 예를 들면 조직을 만들 것을 권유하는 것, 인도하는 것, 타인의 참여 등을 소개하는 것 등의 행위를 말하며, 타인을 흑사회성질 범죄조직에 순차적으로 가입시키기 위해 끌어들이고, 연락을 취하여 취합하는 등 일체의 행위가 포함되며, 협박·공포감 조성 등 방법으로 타인의 의사에 반하여 억압적으로 흑사회성질 범죄조직에 가입시키는 것도 포함된다. 흑사회성질 범죄조직의 참가는 행위자가 흑사회성질 범죄조직이라는 사실을 알면서 범죄조직에 가입하여 행동하는 것을 말한다.[337]

(3) 흑사회성질 범죄조직의 조직·지도·참가죄의 형벌적용

중국 형법 제294조 ①항에 흑사회성질 범죄조직의 조직·지도·참가죄에 관한 두 종류의 형량이 있다. 첫째, 흑사회성질 범죄조직의 조직·지도·참가죄 중의 조직·지도·적극가담자들은 3년 이상 10년 이하의 유기징역, 기타 참가자는 3년 이하의 유기징역·구역·관제 또는 정치 권리를 박탈한다는 규정, 둘째, 제③항의 규정에서 흑사회성질 범죄조직의 조직·지도·참가죄를 범하고 기타 범죄행위를 하였을 때에는 경합범으로 처리한다는 규정 등이다.

1) 흑사회성질 범죄조직의 조직·지도·참가죄에 대한 형사책임규정
① 공범규정

범죄를 공동으로 진행한다는 것은 합동하여 범죄를 행한다는 것으로, 3인 이상이 공동의 고의로 1개 이상의 범죄를 행하는 공동범죄를 말한다. 공동으로 범행을 한다는 것에 대해 중국 형법 제26조에서 필요적 공범에 대한 명문규정을 정해놓고 있기 때문에 이에 대하여는 형법각칙의 유관규정에 따라 처리한다. 즉, 흑사회성질 범죄조직의 조직·지도·참가죄 중 기타 참가자는 3년 이하의 유기징역, 구역, 관제 또는 정치 권리를 박탈한다고 규정

정에 근거하여 기타 범죄행위가 있다고 한다면 경합범 처리원칙에 따라 처리한다. 1997년 개정한 중국 형법은 흑사회성질 범죄조직의 법적 처벌요건과 방법관계를 실현했다고 볼 수 있으며 정상적 사회질서의 안정과 질서 확립의 지표를 확보하였다고 할 수 있다.

337) 우리나라의 형법에 나타난 '단체를 조직'한다 함은 일정한 공동목적을 수행하기 위해 특정의 다수인이 일정한 조직 체계에 따라 결합체를 형성하는 것을 의미한다. 이에는 인터넷을 통한 조직도 가능하다고 본다(정영일, 『형법각론』, 박영사, 2006, p.383).

하였다. 이는 형벌적용시 형법 총칙 중 종범에 대한 필요적 감경 또는 감면은 적용되지 않으며, 협박으로 인해 범죄에 가담한 자에 대하여는 그 범죄정황에 따라 필요적 감경 또는 면제한다고 구체적으로 규정되어 있다.

② 흑사회성질 범죄조직의 조직·지도·참가죄와 관련한 두목, 주범, 종범의 형량

중국 형법 제294조 ①항에서 흑사회성질 범죄조직의 조직·지도·참가죄의 주요 범죄자(두목)와 주범(행동대장급인 적극가담자)을 동일법정형으로 규정해 놓았다. 이들에 대한 형량은 3년 이상 10년 이하의 형벌로, 이에 대해 두목은 주범(적극가담자)보다 중하게 처벌되어야 한다고 주장하는 중국 내 학자들이 많다. 그러나 제294조 ①항 후반부에 규정된 일반참가자는 종범(방조범)과 간접정범(중국 형법의 표현은 협종법)[338]으로 구분하지 않고 있다. 종범은 협종범보다 무겁게 처벌하여야 한다. 왜냐하면 종범은 그 범죄의 직접적인 방조범이며, 협종범은 종범의 범죄에 협동하는 준 종범의 성격이 있기 때문에 구분하여 처벌하는 것이 옳다고 판단된다.

③ 일죄와 수죄 예외규정

중국 형법 제294조 ③항의 규정은 흑사회성질 범죄조직의 조직·지도·참가죄를 범하고 기타 범죄행위를 하였을 때에는 경합범으로 처벌한다고 되어 있다. 하지만 외의 양형문제에서 예외적으로 조직·지도·적극참가자의 처벌 중 행위자가 흑사회성질 범죄조직의 조직원이 되어 그 역할에 따라 변화되는 경우로, 예를 들면 일반참가자가 적극참가자로 변모하든지, 조직자 또는 지도자급으로 다시 발전되어 나가는 것 등이다. 즉 범행개시 시에는 일반참가자였으나 범행참가 후 적극참가자로 변모되었다면 적극참가자로 형벌이 적용되어야 하고, 범행개시 시에는 적극참가자였으나 참가 후에는 적극적이지 않다고 해도 적극참가자로 처벌받아야 한다. 단 참가 후 적극적이지 아니한 행동일 경우 정상을 참작하여 형벌의 양형을 정할 수 있다고 하였다.[339] 그리고 범행개시 시에는 단순참가자였으나 참가 후에는 본인의 서로 다른 역할로 흑사회성질 범죄조직을 조직하고 더 나아가 지도까지 하여 조직·지도·참가 등 세 행위가 흡수관계를 이룬다면 흑사회성질 범죄조직의 조직, 지도, 참가죄 중에서 가장 무거운 죄로 처벌해야지 경합범으로 처리할 수 없다고 한다.[340]

---

338) 협종범이란 종범을 도와주는 범행으로 국내 형법용어상으로는 종범의 종범인데 간접종범으로 인정된다. 이재상, 『형법총론』, 박영사, 2005, p.493.

339) 우리나라 형법에서는 범죄를 목적으로 하는 단체를 구성하거나 이에 가입한 후 목적한 범죄까지 실행한 경우에는 그 죄수(罪數)를 어떻게 이해할 것인가에 관하여서는 견해의 대립이 있다. 양자의 관계를 법조경합의 보충관계로 보아 실행한 범죄만 성립하고 범죄단체조직죄는 이에 흡수된다는 견해는 무엇보다도 범죄단체조직죄는 그 목적한 범죄의 실행단계상 예비·음모에 불과하고 또한 범죄단체조직죄는 형법행위의 원칙에 위배되는 과잉처벌규정이므로 되도록 그 적용을 자제함이 바람직하다는 사실을 근거로 내세운다. 이형국, 『형법각론』, 법문사, 2007, p.497.

2) 종합적인 고려사항

행위자가 흑사회성질 범죄조직을 조직·지도·참가한 후 그 위해성의 대·소 여부, 조직원의 수, 시간의 장단, 범죄수단, 세력범위 등 제반요소를 고려하여 해당 조직이 행한 범죄행위의 횟수, 위해정도, 사회적 영향 등 여러 측면을 충분히 고려하고,[341] 행위자가 범행 전에 일관되게 진술한 것과 사건발생 후 죄의 성립 여부와 죄의 뉘우침, 태도 등을 종합적으로 판단하여 결정하여야 한다.[342]

중국 형법 294조 ③항의 처벌조항 설정과 관련하여 흑사회성질 범죄조직과 흑사회 범죄조직의 차이는 양적인 구별 즉 조직원의 수, 세력범위, 관련 공무원 등 비호세력 확보에 따라 구분할 수 있으므로 위해정도의 대·소가 서로 다르다. 중국 형법 제294조 ②항에 국외 흑사회 범죄조직(즉 마피아, 야쿠자 등)이 중화인민공화국 국경 안으로 들어와 범죄조직을 발전시켜 그 죄가 3년 이상 10년 이하의 유기징역에 처한다고 되어있는 것은 아직 중국 내 흑사회성질 범죄조직이 외국의 마피아와 같은 흑사회 범죄조직에 이르지 않은 상황을 고려한 처벌조항이라 판단된다. 이와 관련하여 중국대륙에서 활동하는 야쿠자나 마피아 등 국외 범죄조직에 대하여는 어떤 형벌을 적용할 것인지 구체적인 처벌 조항이 없기에 전국인민대표대회 상무위원회에서 이에 대한 명확한 입법해석을 내 놓아야 할 것으로 생각된다.

3. 흑사회 범죄조직 국경 잠입죄

(1) 흑사회 범죄조직 국경 잠입죄 주체

중국 형법 제294조 ②항 "국외의 범죄조직원이 중화인민공화국에 잠입하여 중국대륙 내에서 범죄조직 세력을 키운 경우 3년 이상 10년 이하의 유기징역에 처한다"라는 국외 흑사회조직의 국경 내 잠입죄에 대한 규정에 대해 흑사회조직의 국경 내 잠입죄 주체는 반드시 중국 국경 밖 범죄조직의 구성원이어야 한다. 국경 밖 범죄조직은 주로 중화인민공화국

---

340) 张德寿, 전게논문, p.68.

341) 우리나라 형법에서는 범죄단체의 조직과 가입을 엄격히 제한하고 있는데 그 이유는 범죄단체조직죄의 성립을 위해 요구되는 범죄단체의 조직 또는 가입은 그로 인하여 개인적인 범죄억제요소를 제거시키고 범죄 실행을 용이하게 하는 특수한 위험을 지니고 있어 형법에서 범죄단체의 조직과 결합된 이러한 특수한 위험성에 대처하기 위하여 범죄단체조직죄를 규정한 것으로 이해할 수 있다. 범죄단체조직죄의 보호법익은 행위방법에 특별한 제한이 없는 공공의 평온이다. 손동권, 『형법각론』, 율곡출판사, 2010, p.531.

342) 王云良, 전게논문, p.140.

영역 밖에서 형성된 범죄조직을 가리키는 것으로, 외국의 마피아, 홍콩·마카오·대만 흑사회, 일본의 야쿠자 등을 가리킨다.[343]

국외 흑사회조직의 중국 국경 잠입죄 주체를 규정한 것은 그 대상이 국경 밖 또는 외국에서 분명하게 범죄조직으로 결성되어 활동하였는가에 의해 판단되어야 한다. 하지만 이것이 유일한 기준이 아니라는 견해도 있다. 왜냐 하면 국경 밖 범죄조직인지의 여부는 최종적으로 중국의 사법기관에서 중국 법률과 형법이론에 따라 판단해야 하는 것이기 때문이다.[344]

중국 형법 제294조 ②항에서 말하는 국경 밖 범죄조직 구성원이라 함은 홍콩·마카오·대만 흑사회 범죄조직과 일본의 야쿠자, 서양의 마피아와 같이 외국 또는 국경 밖 범죄조직에 정식으로 가입하여 활동하는 사람만을 뜻하며, 국외 흑사회조직에 가입하지 않고 단지 중국대륙 내로 들어와 국경 밖 범죄조직을 위해 그 조직원이 활동하도록 편리를 제공한 것은 본 죄에 해당하지 않고 흑사회성질 범죄조직 참가죄로 처벌한다.[345]

'국경 밖 범죄조직'의 해석에 대해 중국 형법학자들 간의 의견은 분분하다. 흑사회조직의 국경 내 잠입죄에서 '국경 밖의 범죄조직'이라 함은 국경 밖의 국가와 지역에서 범죄조직으로 결성된 조직을 가리킨다.[346] 이에 대해 국외 흑사회조직의 국경 내 잠입죄 주체는 반드시 외국인 또는 국적이 없는 사람이어야 하고 동시에 범죄조직 구성원이어야 한다는 견해가 있다.[347] 이와 달리 중국 형법에서 국경 밖 범죄조직 구성원의 국적에 대해 명확한 제한을 하지 않았기 때문에 조직원들의 국적이 어떠하든 모두 범죄주체가 될 수 있다고 보아야 하며, 국경 밖 범죄조직 구성원 중에 중국 국적을 가진 사람이 결코 적지 않기 때문에 이들을 중국 형법 제294조 ②항의 주체에서 제외시킨다면 제294조 ②항의 죄를 규정한 국경 밖 범죄조직이 국경 내로 침투해 들어오는 것을 처벌하고 방지하는 기능이 약화되어 죄를 방종할 염려가 있다는 견해도 있다.[348]

(2) 흑사회 범죄조직 국경 잠입죄 고의와 행위

흑사회조직의 국경 내 잠입죄는 반드시 고의로 인한 행위여야 하고, 오직 직접고의여야 한다. 간접고의[349]나 과실은 제294조 ②항을 성립시킬 수 없다. 행위자가 흑사회조직의

343) 중국대륙의 시각에서 볼 때 외국을 포함하여 홍콩, 마카오, 대만지역도 국외로 보기 때문에 이 지역의 범죄조직도 포함한다.
344) 張德壽, 전게논문, p.67.
345) 何秉松, 『有組織犯罪硏究』, 中國法制出版社, 2008, p.65.
346) 何秉松, 전게서, p.65.
347) 康樹華, 『有組織犯罪透視』, 北京大學出版社, 2001, p.87.
348) 李永升, 전게논문, p.139.

국경 내 잠입죄를 저지르는 동기는 중국 내에 흑사회조직의 거점을 세워 국경 밖 범죄조직 세력을 증대시키고 흑사회조직의 도피처 및 범인은닉을 위한 목적과 불법적인 경제이익을 추구하기 위한 것이라는 견해가 지배적이다.[350]

흑사회조직의 국경 내 잠입죄에 대한 객관적 구성요소로서의 행위는 행위자가 중화인민공화국 영역 내로 들어와 범죄조직 구성원을 발전시킨 행위로 나타난다. 여기서 '중화인민공화국 영역 내'라고 하는 것은 중국 현 실정에 비추어 중국대륙 내를 말하며, 홍콩·마카오·대만 지역은 포함되지 않는다. 또 여기서 말하는 '발전'이란 '유인, 강박, 뇌물, 기타 수단을 통하여 중국대륙 내에서 범죄조직원을 흡수하는 것'을 가리킨다. 행위자는 반드시 국경 밖 범죄조직원으로, 범죄조직을 만들기 위한 단계에 진입을 시도한 행위를 가리키며, 이러한 행위가 있어야만 흑사회조직의 국경 내 잠입죄가 성립된다. 만약 자립하여 독자적인 범죄조직을 만든 것이라면 흑사회성질 범죄조직의 조직·지도죄로 처벌하여야 한다.

행위자가 중국대륙 내에서 범죄조직을 발전시킨 행위를 하기만 하면 죄의 성립 여부와 관계없이, 또한 발전시킨 대상이 중국 공민인지의 여부와 상관없이 모두 흑사회조직의 국경 내 잠입죄가 성립된다. 행위자가 중국 국내로 들어와 범죄조직을 발전시킴과 동시에 또 다른 범죄를 범하였을 경우 중국 형법 294조 ③항의 규정에 따라 경합범으로 처벌한다.[351]

4. 흑사회성질 범죄조직 비호·방임죄

(1) 비호(包庇)[352]의 정의 및 해석

1) 비호에 대한 정의

앞에서 언급한 중국 형법 제294조 ④항인 흑사회성질 범죄조직의 비호·방임죄에 대한 형법 규정은 "국가공무원이 범죄조직을 비호하거나, 범죄조직의 위법한 범죄활동을 방임한 경우에는 3년 이하의 유기징역, 구역 또는 정치권리 박탈에 처한다. 죄질이 중한 자는 3년 이상 10년 이하의 유기징역에 처한다"[353]이다. 여기에서 국가공무원의 범죄조직 비호

---

349) 간접고의(우리나라의 미필적 고의에 해당) 사례를 중국 흑사회성질 범죄조직에서는 찾을 수 없다. 국내 조직폭력 사건과 관계된 간접고의(미필적 고의) 사례를 보면 1988년 서진룸살롱 살인 사건에서 당시 조직폭력배들은 상대 조직원의 하체 부분을 회칼로 찌르면서 살인을 하려는 의도는 없었으나 '에라 모르겠다'는 인식이 있었다면 범죄조직의 미필적 고의는 있다고 했다.
350) 張德寿, 전게논문, p.68.
351) 李永升, 전게논문, p.140.
352) 비호는 중국 형법 제294조에서 중국어로 포비(包庇)이다.
353) ④ 国家机关工作人员包庇黑社会性质的组织，或者纵容黑社会性质的组织进行违法犯罪活动的，

에 대해 학자에 따라 그 견해가 서로 다르다. 행위자가 유관기관에 허위증명을 제공하여 흑사회성질 범죄조직을 엄호(掩護)하는 것,354) 행위자가 그의 직권·지위·영향력 등 제반조건을 이용하여 흑사회성질 범죄조직을 비호하여 숨겨주거나 수사를 방해하는 것,355) 행위자가 흑사회성질 범죄조직을 도와 죄증을 은닉·인멸하거나 허위의 증명을 만들어 수사를 방해하거나, 또는 범죄자를 위해 각종 도주정보를 알려 주어 법률적 제재로부터 도피하게 하는 행위를 가리킨다.356)

　　그리고 본 조항의 비호에 대한 광의적 해석으로, 행위자가 흑사회성질 범죄조직을 적극적으로 비호하는 행위 중 범죄조직을 숨겨 위법한 범죄증거를 은닉·훼손하거나 허위의 증명을 도와주는 행위에서 더 나아가 그들에게 숨을 장소·재물·신속한 정보·수사상황 등 각종정보를 제공하여 수사기관의 범죄수사와 관련된 정보수집 및 소탕작전에 방해를 가하는 모든 행위를 포함하여 국가공무원이 자기의 신분을 이용하거나 직권·지위·영향력 등 제반요소를 동원하는 것 외에, 직권을 이용하지 않는 행위라도 비호하는 일체의 행위는 모두 포함하는 등357) 다양한 관점이 있다.

　　이에 대해 중국최고인민법원은 '흑사회성질 범죄조직의 사건처리심리에 관한 구체적 법률적용에 있어 약간의 문제해석'에서 형법 제294조 ④항의 '비호'에 대해 "국가공무원이 흑사회성질 범죄조직과 그 조직원들의 수사방해 및 도피를 위해 신속한 정보를 제공하고, 증거를 은닉·훼손·위조하며, 증인의 증거제출을 방해하고 타인으로 하여금 허위의 증거를 제출하게 하거나, 도피를 도와주거나, 기타 국가공무원이 법에 의한 수사 활동을 방해하는 모든 행위를 가리킨다"고 규정한 바 있다. 그러나 비호행위의 표현과 방식이 중국 형법학자에 따라 견해가 서로 다르다고 해도 일관된 하나의 공통점은 사법기관 등 국가기관 공무원이 흑사회성질 범죄조직을 위해 최종적으로 흑사회성질 범죄조직을 법률적 제재로부터 도피하게 하는 비호행위를 하는 것으로, 이러한 관점이 비호행위의 본질을 정확히 나타낸 것이라고 할 수 있다. 이에 근거하여 제294조 ④항에 나타난 비호의 정의는 사법기관 및 국가공무원이 흑사회성질 범죄조직 및 그 조직원의 법률적 책임을 묻는 행위에 대해 각종 방법으로 수사를 방해·제지하거나 더 나아가 범죄인을 도피케 하는 일체의 행위라고 규정할 수 있다.

处三年以下有期徒刑 拘役或者剥夺政治权利；情节严重的，处三年以上十年以下有期徒刑
354) 李福成,『中国人民共和国刑法问答』, 人民法院出版社, 1997, p.486.
355) 张明楷,『刑法学（下）』, 法律出版社, 1997, p.816.
356) 高一飞,『有组织犯罪专论』, 中国政法大学出版社, 2000, p.148.
357) 赵秉志,『扰乱公共秩序罪』, 中国人民公安大学出版社, 1999, pp.359－360.

2) 중국 형법 제310조와 형법 제294조 ④항의 비호에 관한 해석

중국 형법 제294조에 규정된 흑사회성질 범죄조직 비호에 관한 정의는 중국 형법 제310조에 규정된 비호의 해석과는 일치하지 않는다. 중국 형법 제310조의 비호에 관한 조문은 다음과 같다.[358)]

제310조

①항 범죄자임을 명확히 알면서도 숨을 장소, 재물을 제공하고 도망하여 숨는 것을 돕거나 또는 가짜 증명서를 만들어줘 비호한 자는 3년 이하의 유기징역, 구역 또는 관제에 처한다. 죄질이 중한 자는 3년 이상 10년 이하의 유기징역에 처한다.

②항 전항의 죄를 범한 경우 사전 모의하였을 때에는 공동범죄로 논의하여 처리한다.

중국 형법에 서로 다른 조문 즉, 형법 제294조의 ④항, 형법 제310조에서 동일하게 사용되는 단어, 즉 '비호'의 개념은 서로 같다고 볼 수 없다. 중국 형법 제310조에서 나타내는 비호행위는 구체적이다. 즉 범죄자에게 은닉처와 재물을 제공하고 피신 및 은닉을 돕거나 허위증명을 만들어 주는 것이라고 규정되어 있다. 그에 비해 제294조 ④항의 '비호'에는 명확한 규정을 정해놓고 있지 않다. 제294조 ④항의 '비호'라는 용어는 국가공무원의 범죄조직에 대한 비호행위를 광의로 해석한 것으로, 흑사회성질 범죄조직에 대해 국가공무원이 업무처리와 관련하여 범죄조직을 보호하지 못하도록 하는 정신 또는 목적과 일치하는 것이며, 동 조항은 이러한 범죄를 예방하고 처벌하기 위해 설정된 것으로 보인다.

3) 신분범의 요건

중국 형법 제294조 ④항의 비호행위가 반드시 직권·지위·영향력 등을 이용하는 국가공무원이라는 신분을 가진 자에게만 해당되는가라는 문제가 있다. 중국 형법 총칙에서 모종의 특수신분이 요구되는 범죄주체로 신분범이 있다. 이는 각각의 범죄 실행에서 범죄주체가 모종의 직권·지위·영향력 등 특수신분과 관계된 조건을 반드시 갖추고 있어야만 하는 것을 요구하는 범죄이다.

중국 형법의 일부범죄는 명확하게 그 규정을 만들어 놓았으나 일부 범죄는 신분에 대한 규정이 없다. 그리하여 학자마다 다른 해석을 하는 것은 입법과정에서 나타난 문제점의

---

358) 중국형법전

　　第三百一十条　明知是犯罪的人而为其提供隐藏处所、财物, 帮助其逃匿或者作假证明包庇的, 处三年以下有期徒刑、拘役或者管制 ; 情节严重的, 处三年以上十年以下有期徒刑。犯前款罪, 事前通谋的, 以共同犯罪论处

하나로 그러한 이유로 사법실무자들이 각 사건마다 자의적으로 법해석을 해버린다면 그것은 형법에서 범죄라고 규정한 실체적 진실발견을 추구하는 정신(즉 죄형법정주의)과 목적에 부합하지 않는다고 볼 수 있다.

4) 비호행위

중국 형법 제294조 ④항의 비호죄 본질은 사법기관 또는 국가공무원이 흑사회성질 범죄조직과 그 조직원에 대한 사법당국의 법률적 제재를 방해 및 저지하고 범인들로 하여금 도피케 하는 것으로 즉, 국가공무원이 그 직권·지위·영향력 등 국가공무원의 신분을 이용하여 흑사회성질 범죄조직 및 그 구성원이 법률적 제재 및 추궁을 받는 것을 방해·저지할 것을 목적으로 하는 행위를 말한다. 그러나 국가공무원이 직권·지위·영향력 등 신분을 이용하여 흑사회성질 범죄조직을 비호하였다고 하나 일부 국가공무원은 직권·지위·영향력 등을 행사하지 않고도 비호를 행할 수도 있다. 후자의 경우 사회위해의 정도가 전자에 비해 극히 작다고 생각할 수 있으나 후자에 의한 사회위해 정도가 실제로는 전자보다 더 심각할 수도 있다. 즉 국가공무원의 직권·지위·영향력 등을 이용하지 않고 국가공무원이라는 신분 하나만으로도 흑사회성질 범죄조직을 비호 할 수도 있다. 왜냐하면 국가기관에 종사한다는 것만 가지고도 사회에서 누리는 권위와 명성이 있기에 사회에 위해를 끼칠 수 있기 때문이다. 이와 같이 비호행위는 직권, 지위, 영향력 등을 이용하는 사법기관(즉, 공안, 검찰, 법원 등)과 국가공무원이라는 신분이 필요하기에 모든 국가기관 공무원이 비호죄의 주체가 될 수 있는 것이며 자기의 직권, 지위, 영향력 등이 비호행위에 반드시 필요한 요소라고 할 수는 없다.

(2) 비호대상과 착수시기

1) 비호대상

중국 형법에서 규정하고 있는 흑사회성질 범죄조직 비호죄의 행위 대상은 흑사회성질 범죄조직이라고 규정하였다. 그러나 비호의 대상에 대해서도 다양한 견해가 있다.

범죄주체인 자연인이 흑사회성질 범죄조직을 결성하면 이것이 바로 위법한 범죄활동이 된다. 범죄주체인 자연인(즉 조직원)과 그가 속한 흑사회성질 범죄조직이 행한 각각의 범죄행위는 표리관계에 있다. 그러므로 당·정 간부 및 사법기관 공무원이 범죄조직의 조직원들을 체포하여 그들이 행한 범죄사실을 입증하고자 증거를 확보하는 과정에서 흑사회성질 범죄조직과 그 조직원을 비호하는 행위와, 흑사회성질 범죄조직의 성격이나 특성 등을 밝혀내지 못하도록 하는 행위도 당연히 흑사회성질 범죄조직의 비호죄를 구성한다.[359]

---

359) 孙谦, 『国家工作人员职务犯罪研究』, 法律出版社, 1997. p.816.

비호의 대상문제와 관련하여 범죄조직 결성 전단계의 비호는 흑사회성질 범죄조직 성립 전 단계이므로 제294조 ④항이 적용되기는 어렵다. 이러한 행위는 흑사회성질 범죄조직을 비호한다고 볼 수 없다. 비호의 예비 및 음모행위는 형법 각 조항에 예비·음모죄를 처벌하는 법 조항(예를 들면 흉기소지 및 살인예비행위 등)이 있으면 그에 따라 처벌하면 된다. 제294조 ④항에 해당하는 비호의 대상은 흑사회성질 범죄조직 결성 이후로 보는 것이 합당하다.

그리고 국외 흑사회 범죄조직(마피아, 야쿠자 등)에 대한 비호의 문제도 있다. 이들 흑사회 범죄조직은 상대적으로 흑사회성질 범죄조직에 비하여 고도로 조직화된 범죄조직으로, 범죄능력과 사회에 대한 위해의 정도가 흑사회성질 범죄조직보다 더욱 커 당연히 제294조 ④항의 행위대상 범주에는 들어간다. 그러나 흑사회 범죄조직인지 흑사회성질 범죄조직인지 아직 명확하게 밝혀지지 않은 단계에서 흑사회 범죄조직을 갖추지 않았다 해도 흑사회 범죄조직의 특성은 구비했다고 할 수 있으면 제294조 ④항의 비호죄 행위대상으로 규정할 수 있다. 이는 죄형법정주의 원칙에 위배되었다고 볼 수 없다.

2) 비호 착수시기와 방식

비호의 착수시기는 비호의 행위자가 흑사회성질 범죄조직과 그 구성원들로 하여금 법률제재를 회피할 수 있도록 허위증명서를 작성하거나, 증인으로 하여금 각종 허위의 증거를 행사하게 했을 때 그 착수시기가 성립된다. 즉 흑사회성질 범죄조직 비호의 착수시기에 대해 구체적으로 어떤 위법한 비호행위를 종료한 후이어야 하는 시간적 기준이 제시되어야 하며, 사회통념상 국가공무원이 범죄조직을 위해 비호행위를 행한 직후를 착수시기에 해당한다고 본다.

비호의 행위자가 부작위 금지의무를 위배하여 흑사회성질 범죄조직을 비호하는 행위도 비호의 방식이 될 수 있다. 예를 들면 국가공무원이 흑사회성질 범죄조직의 위법한 범죄증거를 가지고 있는데도 흑사회성질 범죄조직 및 그 조직원들로 하여금 법률 추궁 및 제재를 피하게 할 수 있도록 고의로 관련 부서에 증거를 제출하지 않았다고 한다면 그 행위는 당연히 부작위 금지의무를 위배한 것으로 흑사회성질 범죄조직의 비호죄를 구성하는 것이다. 그러나 그 범죄구성 행위의 법률적 근거는 그가 증거를 취득한 행위에 있지 않고 그가 증거를 제출할 의무가 있는데도 증거를 제출하지 않는 데 있다.[360]

---

360) 우리 형법에서 직무유기의 고의는 직무수행을 거부하거나 직무를 유기한다는 사실에 대한 인식, 인용이다. 망각, 착오 등으로 인하여 직무를 수행하지 못한 경우에는 고의가 조각된다. 이형국, 『형법각론』, 법문사, 2007, p.757.

(3) 방임(纵容)361)의 정의 및 해석

1) 방임에 대한 정의

방임의 정의에 대해 중국 형법학자들 간의 견해는 다양하다. 방임의 개념에 대해 흑사회성질 범죄조직이 행한 위법한 범죄행위 사실을 알면서도 보고하지 않고 용인하거나, 심지어 모종의 지지를 보내는 것,362) 흑사회성질 범죄조직의 위법한 범죄사실에 대해 수사를 해야 할 의무가 있는 자가 직무상 책임을 방치하거나 또는 직무를 태만히 하여 범죄조직이 행한 범죄행위를 방임하는 것,363) 흑사회성질 범죄조직의 범죄활동에 대해 추궁하고 조사해야 할 직책에 있는 국가공무원이 그 직책을 이행하지 않거나 부정확하게 업무를 처리하고, 또한 정확하게 조사하지 않거나 조사에 노력을 기울이지 않아 범죄조직이 행한 범죄활동을 묵인하거나 용인하는 행위,364) 등의 견해가 있다. 중국 형법 제294조 ④항의 방임에 대한 규정은 흑사회성질 범죄조직이 행한 범죄행위를 제재하지 않아 더 큰 위해를 초래하게 된다는 것에 그 초점을 두고 있다. 이것은 행위자가 흑사회성질 범죄조직과 그 범죄행위에 대해 조사를 금지할 수 있는 직책에 있는지 없는지를 상세하게 규정하고 있지 않다.

흑사회성질 범죄조직 방임죄의 구성요건은 방임의 행위자가 흑사회성질 범죄조직과 그 조직원이 행한 범죄행위를 조사할 직책에 있고, 그 직무를 이행하지 않는 것이다. 방임의 행위와 관련하여 국가공무원의 직무에 대한 중국 형법학자들 간의 견해도 다양하다. 국가공무원은 자기직무를 이용할 것이 굳이 요구되지 않는다는 견해,365) 국가공무원은 흑사회성질 범죄조직의 범죄활동을 소탕해야 할 직무에 있음에도 불구하고 이러한 직책을 이행하지 않음으로써 제294조 ④항의 방임죄가 성립한다는 견해,366) 자기의 직무와 관련되어 발생되는 범죄활동을 방지해야 할 책무가 있는 국가공무원이 이를 방지하지 않아 방임죄가 성립한다는 견해367) 등이 그것이다. 방임 및 그 직무유기에 대한 해석이 다양한 이유는 흑사회성질 범죄조직과 기층 정치인이 밀접하게 유착되어 있기 때문이다. 오늘날 중국 내 정치인(또는 관료)과 범죄조직의 유착은 사회 곳곳에 만연되어 있다. 유착관계가 단절된다면 정치인이 범죄조직을 보호한다는 우려감을 막을 수 있고, 중국 형법조문의 방임에 관한 범위도 자기직책 범위 내로 한정하여 적용할 수 있을 것이다. 그러나 오늘날 중국의 현실은

361) 방임은 중국 법률용어로 종용(纵容)이다.
362) 高銘暄, 『刑法学(新编本)』, 北京大学出版社, 2008, p.479.
363) 赵秉志, 전게서, p.360.
364) 孙谦, 전게서, p.816.
48) 田宏杰, "包庇, 纵容黑社会性质组织罪研究", 湖南公安高等专科学院学报, 2001.
366) 高銘暄, 전게서, p.479.
367) 赵秉志, 전게서, p.360.

어느 한 명의 국가공무원이 흑사회성질 범죄조직을 비호 또는 방임한다고 보기는 어렵다. 당·정·사법실무관계자 등 국가공무원 다수가 범죄조직을 비호·방임하는 것이 현실이다.

2) 방임대상

중국 형법 제294조 ④항에 규정된 방임대상은 흑사회성질 범죄조직이 실행한 범죄활동이다. 형법 제294조 ④항의 흑사회성질 범죄조직 방임죄는 행위자가 흑사회성질 범죄조직의 범죄활동을 방임, 즉 방치하고 용인 해야만 성립된다. 다시 말하면 흑사회성질 범죄조직이 결성되기 이전 조직을 만드는 실행행위를 도와주거나 참가하는 행위는 방임에 포함하지 않는다. 제294조 ①항의 흑사회성질 범죄조직을 지도한다는 규정과 관련하여 흑사회성질 범죄조직을 결성하는 단계에 가담하였다면 지도라고 할 수 있으나, 흑사회성질 범죄조직을 지도한 행위가 방임의 대상에 속한다고 할 수 있는가 하는 점은 또 다른 문제를 제기한다. 즉 흑사회성질 범죄조직을 결성하는 단계에 그 조직을 섬멸하지 않고 묵인하였다면 범죄조직을 결성한다는 사실을 알았을 때 이미 범죄조직을 방임한 것으로 간주하여 방임죄를 적용한다.[368] 흑사회성질 범죄조직에 비해 더욱 성숙된 범죄조직인 흑사회 범죄조직의 경우 흑사회 범죄조직이 행한 범죄행위를 방임하였다면 당연히 제294조 ④항의 방임죄를 구성한다. 또한 홍콩 등 흑사회 범죄조직원이 중국 내로 잠입하여 조직을 발전시킬 당시 조직원들을 위해 방임한 경우도 제294조 ④항의 방임죄에 해당한다.[369]

흑사회성질 범죄조직은 통상적으로 돈세탁이나 경제적 이익을 통해 여타 조직 또는 개인처럼 합법적인 회사, 기업 등을 설립하여 정상적으로 영업한다. 국가공무원이 어떤 조직이 흑사회성질 범죄조직이라는 것과, 회사·기업 등을 만들어 사업을 하고 있다는 사실 등은 알고는 있으나 경영행위 자체는 위법하지 않기 때문에 방임의 행위자가 그 직권범위 내에서 업무처리와 관계되는 편의를 제공하고 묵인하였다면 이것을 방임행위로 볼 수 있는가의 문제가 있다. 이 경우 상공기관 공무원들이 관련법에 따라 등기관리 등 업무를 처리하고, 세무공무원은 관련법에 따라 채권발매·세금징수·수출입세 등을 관리하고 있을 때 해당 국가공무원의 행위가 방임죄를 구성한다고 할 수 있는가라는 문제이다. 방임의 행위자가 흑사회성질 범죄조직인 사실은 알았으나 그것이 정당한 영업행위로서 그들 내부적으로 돈세탁 하였다면 해당 영업행위가 위법한 범죄행위라고 할 수 있겠는가의 의문이다. 이에 대해서는 방임의 행위자가 흑사회성질 범죄조직이 경영하고 있다는 사실은 알고 있으나 그 행위 자체가 돈 세탁의 목적으로 이루어졌다는 범죄정황이 구증되지 않는다면 흑사회성질 범죄조직의 방임죄로 처벌할 수 없다고 본다.[370]

---

368) 孫謙, 전게서, p.816.
369) 李永升, 전게논문, p.141.

기타 국가기관 공무원(산림, 보건의료 등)의 비호·방임행위를 재(再)방임하는 것에 대한 해석의 문제가 있다. 이것은 방임의 행위자가 다른 국가기관 공무원의 흑사회성질 범죄조직에 대한 방임행위를 재방임하여 비호의 결과를 가져왔다면 제294조 ④항의 방임죄를 성립하는가의 문제이다. 이는 행위자의 주관심리 상태와 밀접한 관계가 있다. 즉 다른 국가기관 공무원이 흑사회성질 범죄조직과 공모하였다는 사실을 알고서도 범죄조직을 비호하거나, 범죄조직이 행한 범죄행위를 비호하여 법에 따라 제지하지 않았다면 제294조 ④항의 방임죄를 구성한다.

3) 방임 착수시기와 방식

방임의 착수시기는 행위자가 흑사회성질 범죄조직인 사실을 알고서 이 조직이 범죄를 저지르려고 하거나 현재 위법한 범죄행위를 행하는 것을 법에 의해 제지하여야 함에도 그 직책을 이행하지 아니한 때이다. 방임의 착수시기는 흑사회성질 범죄조직이 위법한 범죄행위를 행하여 종료하기 이전의 상황이 적용된다. 그러나 중국 사법실무에서는 형법규정과 관계없이 방임의 착수시기를 임의로 결정한다. 이는 방임의 정의에서 흑사회성질 범죄조직이 행한 범죄행위에 대하여 제지하지 아니하고 그것을 방임하여 더 큰 위해로 발전하는 것을 염려하기 때문이다.[371] 흑사회성질 범죄조직 방임죄의 방임행위는 흑사회성질 범죄조직이 범죄를 실행하기 전이나 실행중인 때에 한하여 성립하며 범죄행위 후에는 방임죄가 성립할 수 없다.

행위자가 흑사회성질 범죄조직이 행한 범죄활동에 대해 제지의무가 있음에도 이를 제지하지 않고 방임하여 그 범죄를 묵인하는 것이 흑사회성질 범죄조직 방임죄 형태이다. 흑사회성질 범죄조직을 방임하는 행위는 부작위로만 가능하다(부작위범). 해당 죄의 부작위는 흑사회성질 범죄조직이 행한 범죄활동을 제지해야 할 직책에 있는 자가 그 직책을 이행함에 있어 불완전하게 처리하거나 부정확하게 처리하는 것을 가리킨다. 그러나 흑사회성질 범죄조직의 위법한 범죄행위를 제지해야 할 직책에 있는 국가공무원이 이를 제지하지 않을 뿐만 아니라 직권을 이용하여 흑사회성질 범죄조직이 행한 범죄행위를 위하여 모종의 적극적인 지지까지 할 때에는 그 죄질이 중하여 가중처벌 사유가 된다고 본다.

---

370) 田宏杰, "包庇, 纵容黑社会性质组织罪研究", 湖南公安高等专科学院学报, 2001.
371) 高铭暄·馬克唱, 『刑法学(新编本)』, 北京大学出版社, 2009, p.585.

(4) 비호죄와 방임죄의 공통적 문제

1) 비호·방임죄와 범죄사실 불고지죄[372]와의 구별

그 정은 알았으나 행사하지 않았다는 것은 타인이 범죄인이라는 사실과 그 범죄사실을 유관기관에 알리지 않았다는 것을 말한다. 중국 형법에 그 정은 알았으나 행사하지 않았다면 일반적으로는 범죄를 구성하지 않으나 다음과 같은 두 가지의 경우에서는 범죄를 구성한다.

① 타인이 간첩죄의 행위를 범했다는 사실을 알고 국가안전기관에 그 조사와 관계되는 상황조사 및 증거수집과 관계되는 것을 제공하는 것을 거절하여 그 죄질이 중할 때 간첩죄의 증거제공 거절죄가 성립되고,[373]

② 범죄행위 조사의 책임 있는 자(공안, 검찰)가 타인이 범죄자이거나 범죄행위를 하였다는 사실을 알고서도 법에 따라 조사하지 않았을 때는 직무소홀(직무유기)죄가 성립한다.

제294조 ④항의 비호, 방임 행위는 단순히 그 정을 알고 행사하지 않는 행위와는 구별되며 행위의 방식과 구성요건상의 특징에 따라 구분할 수 있다. 정은 알았으나 행사하지 않았다는 것은 행위방식으로는 부작위에 해당한다. 여기에서 말하는 부작위는 설명상의 편리에서 말하는 것이지 실제로는 그 정은 알았으나 실행하지 않은 자는 범인검거 의무가 있는데도 범인을 검거하지 않았다는 것을 의미하는 것이며 그리하여 그 정을 알고서 행동하지 않았다는 것은 형법상 부작위라고는 볼 수 없다.

---

372) 범죄사실을 알면서 관계당국에 알리지 않은 것을 말하는데, 한국의 국가보안법상의 불고지죄로 볼 수도 있으나 중국형법상 범인은닉죄로 보는 것이 정확할 것으로 생각된다.

373) 중국형법 제 110조

第一百一十条, 有下列间谍行为之一, 危害国家安全的, 处十年以上有期徒刑或者无期徒刑；情节较轻的, 处三年以上十年以下有期徒刑：

(一) 参加间谍组织或者接受间谍组织及其代理人的任务的；

(二) 为敌人指示轰击目标的°

제110조

다음 각 호 1.의 간첩행위에 해당하는 국가 안전을 침해한 자에 대하여는 10년 이상의 유기징역 또는 무기징역에 처한다. 정상이 비교적 가벼운 경우에는 3년 이상 10년 이하의 유기징역에 처한다.

1. 간첩 조직에 가담하거나 간첩 조직과 그 대리인으로부터 임무를 접수한 경우

2. 적에게 폭격 목표를 지시한 경우

2) 사사로운 이익 및 사적 감정과 비호·방임 죄와의 구별

국가공무원이 흑사회성질 범죄조직이 행한 범죄행위를 비호·방임한다는 것은 흑사회성질 범죄조직과 모종의 관계를 맺고 있다는 것으로 이는 사사로운 개인 감정에서 비롯된다. 그러나 일부 행위자는 흑사회성질 범죄조직의 위협 또는 엄격한 법집행의 이후 받을 수 있는 보복의 두려움으로 인해 범죄조직의 범죄정황을 비호·방임하기도 한다. 후자의 경우처럼 흑사회성질 범죄조직을 비호·방임하는 행위가 일반적인 사적 감정과 다른 협박이나 강요 등의 동기에서 나타났다면 전자의 사적감정 등 비호행위는 사회 위해의 정도에서 결코 후자에 비해 가볍다고 할 수 없고 어떤 때는 전자의 사회상 위해 정도가 후자보다 더욱 크다. 형법 제294조 ④항에서 사사로운 개인적 감정으로 비호·방임하였다면 전자의 사회 위해 정도와 예방을 위해 가중 처벌해야 할 필요가 있다.[374]

---

374) 田宏杰, 전게논문, p.32.

CHAPTER 02

일본 야쿠자

제 1 절　일본 폭력단대책법과 폭력단 정세

1. 폭력단 개념과 폭력단대책법

1992년 3월 1일 시행한 '폭력단원에 의한 부당한 행위 방지 등에 관한 법률(暴力團対策法)' 제2조 제1항 제2호에서 폭력단을 '그 단체의 구성원이 집단적 또는 상습적으로 폭력적인 불법 행위 등을 하거나 조장할 우려가 있는 단체'라 정의하면서 '시민의 일상생활을 위협하는 반사회적 집단이며, 그 행동과 생태가 단체 또는 다중의 위력을 배경으로 집단적 또는 상습적으로 폭력적인 불법행위를 수행하거나 할 우려가 있고, 또한 그것을 통해 생활자금 획득을 목적으로 하는 조직적인 단체'로 규정했다. 즉, 폭력단이란 조직된 구성원들이 폭력, 협박, 강요, 강도, 사기 등 부당한 불법행위로 타인의 재산을 빼앗거나 금전적 이익을 취하여 폭력단 조직의 목적을 달성하기 위해 일본을 중심으로 활동하는 반사회적인 범죄를 조장하는 집단으로, 각 지방 공안위원회에서 폭력단으로 지정한 단체를 말한다. 폭력단 조직원은 '회원, 구성원, 폭력단원'으로 불리며 일명 'YAKUZA(야쿠자)'로 통칭되기도 하는데, 사이비 우익 정치단체나 합법기업을 조직 내부에 두고 있다.

'폭력단'이란 명칭이 사용된 것은 1991년 '폭력단대책법'이 제정되어 시행된 이후 경찰이나 언론에서 공안위원회가 지정한 광역폭력단을 특정하여 지칭한 이후 법적인 의미를 지닌 명칭으로 통용되었다. 그러나 반사회성을 가진 범죄조직이라 할지라도 폭력단으로 지정되지 않으면 폭력단대책법으로 단속할 수 없기 때문에 최근 들어 광역폭력단에 소속하지

않고 소수의 조직원으로 집단을 형성하여 유지하는 경향이 있다.

(1) 지정폭력단과 구비조건

1) 지정폭력단

폭력단대책법 제정당시 목적에 나타난 바와 같이 이 법률은 폭력단원이 행하는 폭력적 요구행위 등에 대한 규제 및 폭력단의 대립 항쟁으로 인한 시민생활의 위험을 방지하기 위해 필요한 조치를 강구하고, 동시에 폭력단원의 활동에 의한 피해 예방을 위해 민간의 공익적 단체활동을 촉진하기 위한 것으로, 시민생활의 안전과 평온의 확보를 도모하고 국민의 자유와 권리를 보호하는 것을 그 주된 목적으로 한다. 폭력단에 관련된 용어정의는 다음과 같다.

① 폭력적인 불법행위 등이란 국가 공안위원회 규칙에서 정한 것에 해당되는 불법행위로 형법을 포함한 각 단행법에 규정된 54개 법률 등에 규정된 죄이다.

② 폭력단이란 조직의 구성원(구성된 단체의 구성원을 포함)이 집단적 또는 상습적으로 폭력적인 불법행위 등을 하거나 조장할 우려가 있는 단체를 말한다.

③ 지정폭력단이란 폭력단대책법 제3조의 규정(지정폭력단)에 의하여 지정된 폭력단을 말한다.

④ 지정폭력단 연합이란 제4조의 규정(지정폭력단은 제외)에 의하여 공안위원회가 지정한 폭력단을 말한다.

⑤ 지정폭력단 등이란 지정폭력단 또는 지정폭력단 연합회를 말한다.

⑥ 폭력단원이란 조직폭력집단의 구성원, 즉 조직원을 말한다.

⑦ 폭력적 요구행위란 제9조(폭력적 요구행위의 금지)의 규정에 위반한 행위를 말한다.

⑧ 준 폭력적 요구행위란 어느 한 지정폭력단 조직구성원 이외의 자가 당해 지정폭력단 또는 그 제9조(폭력적 요구행위의 금지)에 규정된 상위계열 지정폭력단의 위력을 보여 동조 각 호의 행위를 하는 것을 말한다.

위에서 열거 한 바와 같이 일본 정부는 각 도도부현 공안위원회(都道府県公安委員会)[1]에서 지정폭력단으로 규정한 전국의 25개의 폭력단과, 아직까지는 지정폭력단 수준의 조직원과 세력범위(일명 나와바리)를 가지지는 못했으나 그 조직원 수나 일정한 영역을 차지하여 활동하고 있는 33개의 일반 폭력단을 비지정폭력단으로 하여 폭력단 연합으로 규정하

---

1) 도도부현(都道府県)은 일본의 광역 자치단체인 도(都, 도쿄), 도(道, 홋카이도), 부(府, 오사카부와 교토부), 현(県, 나머지 43개)을 묶어 이르는 말로, 각 지방경찰청경찰위원회에 해당한다.

고 있다. 그리고 폭력단의 구성원도 그 소속단체 내의 지위 또는 소속단체와의 관계에 따라 두목급, 간부급, 조원으로 분류하였고, 구성원은 아니지만 폭력단과 모종의 관계를 가지면서 그 조직의 위력을 배경으로 폭력적 불법행위를 행하는 자 또는 폭력단에게 자금이나 무기를 공급하거나 그 조직의 유지·운영에 협력 또는 관여하는 자를 '준(準)구성원'이라 칭하였다.

2) 지정폭력단의 구비조건

지정폭력단이란 '도도부현 공안 위원회가 폭력단대책법에 근거해 각 도도부현 내에 본거지를 둔 폭력단 가운데 폭력단대책법에서 규정한 일정한 요건을 갖춘 반사회성이 강한 단체를 폭력단대책법 대상 단체'로 하였고 지정폭력단의 조직원을 '지정폭력단원'이라 부르고 있다. 폭력단대책법 제3조는 폭력단의 지정에 대해 규정한 조항이다. 따라서 폭력단을 지정하는 주체는 각 도도부현 공안위원회로, 당해 폭력단이 집단적 또는 상습적으로 폭력적 불법행위를 하거나 할 우려가 있고 다음 각 호에 해당할 경우에는 지정폭력단으로 지정한다. 그 요건은 다음과 같다.

① 지정폭력단의 위력사용을 묵인하는 행위

명목상의 목적 여하를 불문하고 해당 폭력단원이 폭력단의 위력을 이용하여 생계를 유지, 재산의 형성 또는 사업수행을 위한 자금을 획득하기 위해 해당 폭력단의 위력을 조직원들에게 이용하게 하거나, 폭력단의 위력을 그 조직원이 이용하는 것을 묵인하는 것이 실질적인 목적으로 인정되는 것.

② 폭력단 전체 조직원의 범죄경력 보유자 비율

국가 공안위원회 규칙에 정한 바에 따라 해당 폭력단 간부(주요 간부급으로 국가 공안위원회 규칙에서 정한 요건에 해당하는 자)가 조직원 중 차지하는 범죄경력 보유자(다음 항목 중 하나에 해당하는 자를 말한다) 수의 비율, 또는 해당 폭력단의 모든 조직원 중 범죄경력 보유자 인원 비율이 폭력단 이외 일반 범죄조직의 범죄경력 보유자 인원비율을 초과하여 당해 행정명령이 정한 인원에 따라 행정명령에서 정한비율(국가에서 임의로 추출한 각 집단에서 그 조직원이 차지하는 범죄경력 보유자 비율이 행정명령이 정한 비율의 10만 분의 1 이하가 되는 것)이 상이어야 한다. 다음 각 호는 아래와 같다.

㉠ 금고 이상의 범죄경력자 보유

폭력적 불법행위 제8장(벌칙) 제48조(6월 이하의 징역, 또는 50만 엔 이하의 벌금)를 제외한 본조 제12조의 5(준 폭력적 요구행위의 금지) 제2항 제1호에 규정한 죄에 해당되는 위법한 행위로 금고 이상의 형에 처하거나, 그 집행이 종료 또는 면제된 날로부터 10년을 경과하지 아니한 자.

ⓛ 벌금 이하의 경력보유자

폭력적인 불법행위 또는 제8장(벌칙)에 규정된 범죄에 해당되는 불법행위로 인해 벌금 이하의 형에 처해진 자로 그 집행을 종료하였거나 면제받은 지 5년이 경과되지 아니한 자.

ⓒ 집행유예의 취소나 집행유예 기간의 경과

폭력적인 불법행위 또는 제8장(벌칙)에 규정된 범죄에 해당되는 불법행위로 금고 이상의 형의 선고 및 형의 집행유예 선고를 받은 뒤 집행유예 선고가 취소되지 않고 집행유예 기간을 경과한 자로, 당해 형에 관한 재판이 확정된 날로부터 10년을 경과하지 아니한 자

ⓔ 벌금형

폭력적인 불법행위 또는 제8장(벌칙)에 규정된 범죄에 해당되는 불법행위로 벌금형의 선고 및 형의 집행유예 선고를 받은 뒤 집행유예 선고가 취소되지 않고 집행유예 기간을 경과한 자로, 당해 형에 관한 재판이 확정된 날로부터 5년이 경과하지 아니한 자.

ⓜ 금고 이상의 대사(大赦), 특사(特赦)

폭력적인 불법행위 또는 제8장(벌칙)에 규정된 범죄에 해당되는 불법행위로 금고 이상의 형으로 유죄선고를 받고 그 선고에 관한 죄에 대한 사면법(昭和22년 법률 제20호) 제2조의 대사(大赦) 또는 동법 제4조의 특사(特赦)를 받은 자로 대사 또는 특사가 있던 날(해당 일에 해당 선고에 관한 형의 집행을 종료하거나 집행이 면제된 경우에는 집행을 종료하거나 집행을 면제받은 날)부터 10년이 경과하지 아니한 자.

ⓗ 벌금이하의 대사, 특사

폭력적인 불법행위 또는 제8장(벌칙)에 규정된 범죄에 해당되는 불법행위로 벌금 이하의 형에 관해 유죄 선고를 받고, 그 선고된 죄에 대한 사면법 제2조의 대사 또는 동법 제14조의 특사를 받은 자로서, 대사 또는 특사가 있던 날(해당 선고에 관한 형의 집행을 종료하거나 집행이 면제된 경우에는 집행을 종료하거나 집행을 면제받은 날)부터 5년이 경과되지 아니한 자.

그리고 두목을 지칭하는 대표자(組長)에 의한 통제하의 조직이란 동조 제3호의 해당 폭력단을 대표하는 자 또는 그 운영을 지배하는 지위에 있는 자(이하 '대표자등'이라 한다)의 통제 아래 계층적으로 구성된 단체로 규정하고 있다.

3) 폭력연합체의 지정

공안 위원회는 지정폭력단을 제외한 폭력단이 다음 각 호에 해당한다고 인정될 때는 해당 폭력단을 지정폭력단 또는 폭력연합체로서 지정한다.

① 다음의 각호에 해당하는 폭력단일 때

㉠ 해당 폭력단을 구성하는 폭력단의 전부 또는 대부분이 지정폭력단일 때.

ⓛ 해당 폭력단의 조직원 전부 또는 대부분이 지정폭력단의 대표자 일때

ⓒ 해당 폭력단을 구성하는 폭력단의 전부 또는 대부분이 지정폭력단이거나 폭력
단의 ㉠, ㉡항에 해당하는 조직이거나, 해당 폭력단의 폭력단원의 전부 또는
대부분이 지정폭력단 또는 해당 폭력단의 대표자 등일 때.

② 명목상 목적 여하를 불문하고 해당 폭력단을 구성하는 폭력단 또는 그 폭력단의
조직원이 두목으로 활동하며 폭력단 상호부조를 도모하거나 그 폭력단의 활동을
지원하는 것을 목적으로 할 때 등으로, 실질적인 목적에 의해 판단한다.[2]

이상과 같이 광역폭력단으로 활동하는 폭력단은 지정폭력단 연합체로 지정할 수도 있
으며, 각 도도부현 공안위원회의 지정절차에 대해 인권을 배려해 엄격한 수속 요건이 정해
져 있으며, 지정폭력단에 해당하는 경우 해당 폭력단에 변명의 기회를 주기 위해 '청문절
차'를 개최해 국가 공안위원회에서 지정폭력단으로의 지정요건을 갖추고 있는지 '확인'을
요구하게 되어 있다. 또한 국가 공안위원회는 심사전문위원의 의견을 들어 해당 폭력단이
법이 정하는 실체적 요건을 갖추고 있는지 아닌지를 재차 판단하게 되어 있다. 그리고 난
후 도도부현 공안위원회는 지정폭력단이 요건을 갖추었다고 판단되면 관보에 지정폭력단
으로 공시하며, 지정의 유효기간은 공시 후 3년 간이다. 2018년 현재 지정폭력단 수는 25
개이며,[3] 조직원 수는 34,500명(구성원 16,800명, 준 구성원 17,700명)으로, 주요 3단체(山口
組, 住吉會, 稻川會)가 73.3%(25,300명)를 차지한다.

(2) 폭력단대책법

폭력단대책법은 민사개입 폭력 사안을 억제해 폭력단의 자금원을 차단하는 등 폭력단
조직의 상투적 수단이 되고 있는 불법행위를 15개 항목으로 분류해 이를 '폭력적 요구행위'
로 규정, 지정폭력단원이 지정폭력단의 위력을 배경으로 이러한 폭력적인 요구행위를 실행
했을 때 도도부현 공안위원회는 그 행위에 대해 '중지명령'을 발할 수 있으며, 이 중지명령
에 위반했을 경우 반사회적 불법행위로 규정해 처벌할 수 있게 했다. 폭력단대책법 시행
후 전국적으로 각 공안위원회는 전국적으로 폭력적 요구행위에 대한 중지명령을 발하고 있
어 이 법률에 의한 규제 효과가 서서히 나타나고 있다. 그러나 지정폭력단 이외의 일반폭
력단은 폭력단대책법의 적용을 받지 않는다.

---

2) 신상철, "韓·中·日 3國의 범죄조직 개념에 대한 비교 연구", CHINA연구(13), 2012.
3) 2018년 8월 현재 야마구치구미의 분열로 인해 고베야마구치구미(神戶山口組)와 닌쿄야마구치구
미(任俠山口組), 간토세키네구미(關東關根組) 등이 새로이 지정폭력단으로 선정되어 있다.

1) 폭력단대책법의 개요

1991년 폭력단 자금획득활동의 하나로 폭력단체 조직원이 위력을 이용하거나 용인하는 등의 요건에 해당하는 행위에 대해 제재를 가하기 위해 '폭력단대책법'이 제정되었으며, 각 도도부현 공안위원회는 지정폭력단의 요건을 명확히 규정하여 폭력단원의 부당한 행위를 규제하게 되었다. 이를 구체적으로 보면, 지정폭력단이 위력을 나타내 보호비를 요구하거나 경호비를 요구하는 등 반사회적 폭력적 요구행위를 금지하며, 지정폭력단원이 이를 위반했을 경우 도도부현 공안위원회는 중지명령이나 재발방지명령을 발동할 수 있도록 한 것을 비롯해, 상대방 조직과 대립항쟁이 발생했을 경우 일정한 요건하에서 조직의 관리자에 대해 사무소 사용제한명령도 발동할 수 있게 했다. 이러한 규제 외에도 민간의 폭력배제활동을 촉진하기 위해 도도부현 폭력추방운동 추진센터나 민간 폭력단 추방운동 추진센터를 지정하여 법률에 근거한 각종 활동을 실시하고 있다.

① 폭력단대책법 시행 현황

폭력단대책법에 근거한 중지명령 등 발동건수는 2004년을 정점으로 점차 감소하였으나 연간 2,000건 이상은 계속 발생하고 있다. 또한 지정폭력단 사무소의 사용제한 명령은 2011년 9월 말까지 14건 이상이었고, 주로 큐슈 지역의 도진카이(道仁會)와 큐슈 세이도우회(九州誠道会)와의 대립항쟁으로 인한 '사무소 사용제한 명령'이었다.

② 폭력단 배제활동

㉠ 폭력단 배제활동의 진전

최근 경찰에 의한 폭력단 배제운동 외에 각 사회단체에서 폭력단 배제운동이 활발하게 전개되고 있다. 예를 들면 지방공공단체에서 고위관계자를 중심으로 '범죄 대책 관계자 회의'를 개최하여 공공사업 등 수주업자와의 계약에서 '폭력단 배제 조항'규정을 부가하는 등 폭력단을 배제하고 있으며, 각 업종별로 폭력단 배제 조항을 추가하여 해당 업종으로부터 폭력단 배제운동이 전개되는 등 각 업종 및 단체에서 범죄대책 관계자 회의 합의사항인 '기업의 반사회적 세력에 의한 피해방지 지침'을 마련하여 규약을 통해 폭력단 배제 도입을 추진하였다. 또한 프로스포츠계에도 폭력단 배제운동이 진행되고 있으며 지역주민 등은 경찰의 지원을 받아 폭력단 사무소의 사용금지 청구소송 등 주민운동을 전개하고 있다.

㉡ 폭력단 배제 조례

최근 지방공공단체, 주민, 사업자등에 의한 폭력단 배제 추진을 목적으로 각 도도부현에서는 폭력단 배제 조례가 제정되어 시행하고 있다. 폭력단 배제 조례 가운데 폭력단 정세에 따라 도도부현이 스스로 사무·사업으로부터 폭력단을 배제하기 위해 필요한 조치를 강구하는 등 폭력단 배제를 위한 기본적 시책 이외에, 학교 주변 200미터 구역 내 폭력단 사무소의 신규 개설 금지, 사업자에 의한 폭력단원 이익공여 금지, 계약시 상대방이 폭력단원이 아닌 것을 확인하는 노력 등을 의무화 하는 제도를 2011년 10월 1일을 기준으로 전국의 도도부현에서 시행하고 있다.

2) 일본 폭력단대책법 운용

일본에서 '폭력단'이란 명칭이 사용된 것은 1991년 '폭력단대책법'이 제정·시행된 이후 각 도도부현 공안위원회가 지정한 광역폭력단을 특정하여 지칭한 이후 경찰이나 언론에서 법적인 의미를 지닌 명칭으로 통용되기 시작했다. 그러나 반사회성을 가진 범죄조직이라 할지라도 폭력단으로 지정되지 않는 이상 폭력단대책법으로 단속할 수 없기 때문에 최근에는 광역폭력단에 소속하지 않고 소수의 조직원으로 집단을 형성하여 유지하는 추세다.

일본 폭력단대책법은 폭력단(야쿠자)의 범죄활동에 대한 규제내용을 담고 있다. 예를 들면 동 법 제20조에 지정 폭력단원은 다른 지정 폭력단원에 대해 손가락 절단(단지)을 강요 또는 권유하거나 손가락 절단(단지)에 사용하는 기구의 제공 외에 다른 지정 폭력단원의 손가락 절단행위를 보조해서는 안 된다[4]고 규정했고, 이에 대한 조치로 제22조 1항에 공안위원회는 지정 폭력단원이 제20조 규정을 위반할 경우 해당 지정폭력단원에 대해 행위중지 명령을 발하거나 중지확보를 위해 필요한 사항을 명할 수 있고, 제22조 2항에서 공안위원회는 지정폭력단원이 제20조 규정을 위반한 행위를 했거나 계속 반복적으로 동조 규정을 위반할 우려가 있다고 인정될 때 해당 지정폭력단원에 대해 1년 이내 단지행위의 보조 등 방지를 위한 필요한 조치를 명할 수 있다고 했다.

또한 문신 강요 금지의 경우 동 법 제24조에 지정폭력단원은 조직원에게 문신을 강요 또는 권유하거나 문신에 필요한 자금제공이나 시술알선 등 문신을 하게 하거나 보조해서는 안 된다[5]고 했으며, 조직이탈의지를 가진 사람에 대한 원조의 경우 동 법 제28조 1항에서 공안위원회는 폭력단을 탈퇴할 의지를 가진 사람(이하 '이탈 희망자'라 한다)을 대상으로 탈퇴 희망자에 대한 취업환경의 원활한 적응을 촉진하고, 탈퇴 희망자의 폭력단 탈퇴 방해를

---

4) '暴力団員による不当な行為の防止等に関する法律' (指詰めの強要等の禁止),
第二十条,指定暴力団員は´ 他の指定暴力団員に対して指詰め (暴力団員が´ その所属する暴力団の統制に反する行為をしたことに対する謝罪又はその所属する暴力団からの脱退が容認されることの代償としてその他これらに類する趣旨で´ その手指の全部又は一部を自ら切り落とすことをいう゜以下この条及び第二十二条第二項において同じ゜) をすることを強要し´ 若しくは勧誘し´ 又は指詰めに使用する器具の提供その他の行為により他の指定暴力団員が指詰めをすることを補助してはならない゜
5) '少年に対する入れ墨の強要等の禁止'
第二十四条 指定暴力団員は´ 少年に対して入れ墨を施し´ 少年に対して入れ墨を受けることを強要し´ 若しくは勧誘し´ 又は資金の提供´ 施術のあっせんその他の行為により少年が入れ墨を受けることを補助してはならない゜

예방하기 위한 탈퇴 희망자의 원조 등 폭력단 탈퇴 이후 사회경제활동의 참가를 위해 필요한 조치를 강구[6]하는 등 각 도도부현 공안위원회는 지정폭력단의 부당한 행위를 규제하고 있다.

이와 같이 지정폭력단원은 다른 지정폭력단원에 대해 손가락 절단을 강요 또는 권유하거나 손가락 절단에 사용하는 기구의 제공 외 다른 지정폭력단원이 손가락 절단행위를 보조해서는 안 된다고 규정했고, 지정폭력단의 위력으로 보호비를 요구하거나 경호비를 요구하는 등 반사회적 행위의 폭력적 요구행위를 금지하여 지정폭력단원이 이를 위반했을 경우 도도부현 공안위원회가 중지명령이나 재발방지 명령을 발동할 수 있도록 하였으며, 지정 폭력단원이 조직원에 대해 문신을 강요 또는 권유하거나, 문신에 필요한 자금제공이나 시술알선 등 문신을 하게 하거나 보조해서는 안 된다고 규정했다. 또한 상대방 조직과 대립항쟁이 발생했을 경우 일정한 요건 아래 조직의 사무소 사용제한 명령을 발동할 수 있도록 규정하였고, 민간의 폭력배제 활동을 촉진하기 위한 도도부현 폭력추방운동 추진센터나 민간 폭력단 추방운동 추진센터를 지정하는 등 법률에 근거하여 각종 활동을 시행하고 있다.

2. 최근 일본 폭력단(이하 야쿠자) 정세

일본 내 일반 형사사범 발생건수는 1996년 이후부터 2017년 1월까지 계속 증가추세에 있고, 2016년 한해 동안 약 285만 건을 기록했다. 일본 내 치안정세 악화 배경 중 하나는 일본에 체류하는 외국인에 의한 범죄, 즉 마약·총기거래, 밀수를 비롯해 폭력 등 조직을 배경으로 한 범죄의 심각성을 들 수 있다. 일본 경찰은 야쿠자 등 조직범죄에 대응하기 위해 2016년 4월 경시청 내에 조직범죄대책본부를 신설하는 등 조직범죄 대책을 강화하였다. 주요 내용은,

　　○ 조직범죄에 관한 정보의 수집, 통계 및 분석에 근거한 전략적 단속
　　○ 야쿠자 배제활동의 추진과 범죄조직의 자금원 대책
　　○ 국내·외 관계 기관과의 제휴를 통한 다양한 대책 논의 등이다.

---

6) '離脱の意志を有する者に対する援護等'
第二十八条 公安委員会は, 暴力団から離脱する意志を有する者（以下この条において「離脱希望者」という。）その他関係者を対象として, 離脱希望者を就業環境に円滑に適応させることの促進, 離脱希望者が暴力団から脱退することを妨害する行為の予防及び離脱希望者に対する補導その他の援護その他離脱希望者の暴力団からの離脱と社会経済活動への参加を確保するために必要な措置を講ずるものとする。

최근의 일본 내 조직범죄 정세를 보면, 대형 야쿠자 하부조직이나 중소규모 야쿠자를 중심으로 조직을 지원하는 자금과 인력 부족 현상이 돋보인다. 특히 일본의 야쿠자 등 범죄조직은 경찰 단속을 피해 더 효율적이고 경제적 이익을 취하기 위한 조직활동에 변화를 꾀하고 있어 사회에 더 큰 위협이 되고 있다. 특히 주요 야쿠자 단체는 두목급인 중추 조직을 중심으로 관계 기업과 공생을 도모하고 있으며 그 활동 실태가 불투명하거나 활동자금을 다변화하여 경제적·사회적 관계를 강화하는 등 강력한 인적·경제적 기반을 유지하고 있다.

(1) 야쿠자 정세 및 동향

1) 야쿠자 동향

2018년 8월 말 기준 야쿠자(폭력단) 조직원 수는 약 34,500명(조직원 16,800명, 준조직원 17,700명)으로 2017년에 이어 계속 감소하고 있다. 주요 감소요인은 폭력단 대책의 효과와 각종 사건에 따른 검거의 영향 및 폭력조직의 활동자금 마련이 예전과 같지 않아 갈수록 어려워지고 있는 것에 기인한다. 그러나 인구 1천 명당 검거인원과 폭력단 조직원 1천 명당 검거인원을 비교하면 후자의 비율이 압도적으로 높을 뿐만 아니라, 최근 인구 1천 명당 검거인원이 감소하고 있다고 볼 때 야쿠자(폭력단)관련 범죄발생률은 계속 증가하고 있다고 볼 수 있다. 2011년의 경우 관련 범죄로 인해 야쿠자 조직에서 파문당한 조직원이 2,634명이었고 그 중 2년 내 다시 관련 범죄로 검거된 자가 681명(연간 1천 명당 검거인원은 129.3명)이며, 2011년부터 2015년 사이 파문당한 조직원 중 2년 내 다시 관련 범죄로 검거된 자가 2,660명으로 연간 1천 명당 검거인원은 144.6명이다. 이는 2016년 폭력단 조직원 1천 명당 검거인원(254.8명)보다 낮지만, 같은 해 인구 1천 명당 검거인원(2.3명)보다는 훨씬 높은 수치이다.[7]

죄종별 검거 건수를 보면 2011년 이후 폭력단을 이탈한 자 중 절도검거 건수가 849건으로 전체의 12.3%를 차지하였고, 그 중 단순절도가 199건(23.4 %)으로 가장 많았다. 또한 2011년부터 2016년 12월까지 야쿠자 조직원에 대한 죄종별 검거 건수를 봐도 절도검거 건수가 2,169건으로 전체 사건의 7.5%를 차지하였고, 그 중 단순절도가 320건(14.8%)으로 가장 많았다. 이러한 원인은 폭력단을 이탈한 조직원들의 생활이 곤궁해 전형적인 생계형 범

---

7) 일본경찰백서, 2017 조직범죄대책, pp.2~4.
　재범 방지를 위한 종합대책(2012년 7월 범죄대책각료회의 결정)에서 교도소 출소자들의 재범 방지 대책의 효과를 정확하게 파악하기 위해 2년 간 교도소 등에 다시 입소한 조직원의 비율수치를 목표 지표로 하고, 이를 근거로 파문받은 조직원 및 조직이탈자에 대해서 이탈 후 2년 간 검거된 자를 산출했다.

죄로 이동하고 있다는 것으로, 현재 경찰과 각 도도부현(都島府縣) 폭력추방운동 추진센터에서는 이들의 재취업 지원 등을 통한 사회복귀 대책을 마련하고 있다.

(2) 활동자금 마련을 위한 범죄활동 추이

1) 마약밀매로의 회귀

야쿠자(폭력단) 조직원 검거는 계속 감소추세이나, 야쿠자 조직원 검거자 중 마약, 공갈, 도박 및 강도·절도 사범 등 전통적인 자금획득 범죄의 검거인원은 30% 전후로, 여전히 이들이 재원의 대부분을 차지하고 있다. 이들 중 마약단속법 위반 검거인원은 2016년 범죄 검거인원의 67.4%를 차지하는 등 계속 증가 추세에 있고, 야쿠자 조직원 1천 명당 마약사범 검거인원은 2016년 47.6명(10년 전의 약 1.4배)으로 야쿠자조직 자금확보에서 마약밀매 비율이 높아지고 있다. 이는 마약밀매가 약물 남용자의 꾸준한 수요뿐만 아니라 이익률이 높고, 야쿠자에게는 매력적인 자금원이자 최근 들어 자금확보가 어려워지는데 그 원인이 있다.

2) 타범죄조직과 연계

지금까지 야쿠자조직은 자신들 조직의 위력을 배경으로 범죄를 실행했지만 최근 들어 폭력을 활용한 위력으로는 자금확보가 곤란해지자 타조직과 연계한 범죄에 가담하고 있다. 예를 들면 2015년 5월 편의점에 설치된 현금자동입출금기(ATM)에서 약 18억 6,000만 엔을 인출한 사건[8]은 여러 폭력조직의 구성원들이 연계하여 범행한 것으로, 일본 경찰청은 종전의 방법에 의한 활동자금확보에 어려움을 겪었던 것으로 판단하고 있다.

3) 규제와 제도의 틈을 겨냥한 새로운 활동자금 확보

야쿠자 조직원 검거인원을 주요 죄종별로 보면, 폭력단 위력을 반드시 필요로 하지 않는 사기범의 검거인원 비중이 증가하고 있다. 이는 야쿠자 자금확보의 다변화로 볼 수 있으며, 특히 2016년에 들어 금괴밀수사건 등 검거 사례에서 야쿠자조직이 규제나 제도의 틈을 노리면서 높은 수익을 창출하는 범죄로 나가고 있다.[9]

---

8) 【사례】
　　전국 17도부현의 편의점에 설치된 현금자동지급기(ATM) 약1,700대에서 남아공 소재 스탠다드은행이 발행한 3,000개 고객정보가 포함된 위조카드가 부정 사용되어 약 18억 6,000만 엔이 인출된 사건이다. 이 사건으로 검거된 야쿠자조직은 지정폭력단 6단체(야마구치구미, 이나가와카이, 코도카이, 쿠도카이, 도진카이, 고베야마구치)의 조직원이었다.

9) 【사례】
　　야쿠자 조직원이 외국과의 세금제도 차이를 악용하여 세금이 들지 않는 홍콩에서 금괴를 밀수하여 수하물에 나누어 들여오는 방법으로 개인 경비행기를 이용하거나 국내에 반입 세관검사를 하지 않고 일본 국내에 매각함으로써 세제상 이익을 취하려 한 사건.

4) 외국인(내국인과 결탁)에 의한 범죄

일본 내 국제조직범죄 추세는 익명성이 보장된 SNS 활용과, 이를 악용한 정보의 신속한 공유를 통해 국경을 초월한 범죄가 빈발하고 있다. 특히 일본 내 외국인 범죄조직이 자국에서 활동하는 범죄조직의 지시를 받아 범죄를 행하고, 나아가 국제범죄조직이 외국에서 불법으로 획득한 범죄수익을 자금 세탁하는 과정에서 일본 금융기관을 이용하는 등 장소와 공간을 넘나들며 범죄에 가담하고 있다.

현재 일본에 막대한 피해를 끼치고 있는 특수사기의 경우, 일본인과 외국인으로 구성된 범죄조직이 외국을 거점으로 해서 일본인을 대상으로 범행을 하거나, 일본 내 외국인으로 구성된 범죄조직이 일본을 거점으로 타국을 대상으로 하는 범죄가 빈발하고 있다. 인적 네트워크를 갖춘 국제범죄조직의 범행형태는 한 국내에만 국한되지 않고 국제적으로 업무 분담을 통해 이루어지기에 범죄가 더욱 정교화되고 있다.[10]

(3) 야쿠자 내부 갈등과 조직원 현황

1) 내부분열로 인한 갈등과 범죄양상

2016년 8월에 들어 6대 야마구치구미의 분열로 인해 내부를 이탈한 직계 조장들이 고베야마구치를 결성, 두 조직의 하부조직원들에 의한 상해사건 등이 각지에서 발생했다. 이들 사건의 발생 양상 등 양 조직의 대립 항쟁 상태에 대해 경찰은 두 조직에 대한 집중단속을 강화했다. 또한 후쿠오카현에 본거지를 둔 쿠도카이(工藤會)에 대한 집중단속을 통해 식당주인 살인미수사건이나 강요미수사건 등 중간 보스급 간부를 대거 검거하였고, 폭력단을 탈퇴하는 조직원들에 대해서는 재정적인 지원과 더불어 대책을 강화하는 동시에 이탈자의 사회 복귀를 촉진해 나가고 있다.

2) 야마구치구미 분열과 대립

야마구치구미(山口組)와 고베야마구치구미(神戸山口組) 간 분열은 다음의 두 가지 원인으로 해석된다.

첫 번째는 현 야마구치구미 두목의 독선적 인사권에 대한 불만이다. 2015년 8월, 야마

---

10) 【사례】

　　베트남 거주 범죄조직 두목과 일본 내 베트남인들로 구성된 절도조직이 스마트폰을 사용하여 SNS나 무료통화 앱으로 긴밀히 연락을 유지하면서 공사현장 등에 주차된 고가의 건설 중장비를 절취, 영주(체류) 자격을 가진 베트남인들이 관리하는 공터 부지를 통해 베트남으로 불법 수출한 사건이 발생하였고, 단기로 입국한 중국(대만)인 남자 4명이 일본 도쿄의 금융기관을 통해 현금자동인출기에서 위조직불카드 등을 이용, 중국 국내 은행의 고객계좌에서 무단으로 현금을 인출, 절취한 사건 등이 발생했다.

구치구미 6대 두목에 오른 시노다 겐이치(篠田建市)는 나고야에서 코도카이(弘道會)라는 조직을 만들어 두목으로 활동다가 야마구치구미 두목에 오른 인물로, 두목에 오르자 중앙본부 간부 대부분을 자기 계파(코도카이) 조장들로 채웠고, 100년 넘게 지켜오던 중앙본부도 시노다의 본거지인 나고야(名古屋)로 이전할 계획을 갖고 있었다. 야마구치구미는 전통적으로 고베－오사카를 중심으로 한 간사이지역에 기반을 둔 조직으로, 시노다가 총본부를 나고야로 이전한다는 방침을 제시하자 간사이지역을 기반으로 한 하부조직 두목들이 총본부 이전 문제에 대해 불만을 제기했다.

두 번째는 상납금 문제이다. 일본경기가 장기 불황인데도 시노다는 각 지역 연회비를 인상했다. 도쿄지역 조직원에게 1인당 월 5,000엔 정도 상납금을 받고 야마구치구미 상층부 간부에게는 월 100만 엔 정도 받아왔으며 명절에는 별도의 상납금을 받는 등 연 2,000만 엔 정도를 중앙에 상납해야 하는 구조였다. 더구나 예전처럼 자금이 원활할 땐 수용할 수 있었으나 현재의 경제상황은 예전 같지 않으며, 1992년 발효된 폭력단대책법으로 영역 내 유흥업소나 지역 상가들로부터 정기적으로 받아오던 상납금과 각종 이권사업도 운영이 어려워 지방 조직들은 빚을 내 중앙에 회비를 납부하는 상황까지 발생했다. 이러한 상황에 처하자 고베를 중심으로 활동하던 13개 하부조직 두목들은 중앙본부의 진출도 어렵고 본부 또한 나고야로 이전될 운명에 놓였으며, 연회비 또한 상당한 불만으로 작용하던 때에 이노우에가 "야마구치구미 두목 시노다 겐이치의 이기주의가 극에 달했고 그는 전통 야마구치구미를 자폭으로 이끌고 있다"고 주장했다. 이에 시노다는 직계하부 13개 조직 두목을 파문했고 파문당한 13개 하부조직은 야마구치구미 2대 계파인 야마켄구미(山健組) 두목 이노우에 구니오(井上邦雄)를 추대하여 '고베야마구치구미'를 결성하였다. 즉 기존의 야마구치구미 앞에 '고베'라는 지명을 넣어 적자(嫡子)의 정통성을 갖게 되고, 하부조직의 회비도 대폭 삭감하여 예전 야마구치구미의 10분의 1 수준인 월 10만~30만 엔씩을 받자 하부조직이 점점 늘어 23개 하부조직에 조직원 8,000여 명(일본 경찰 추정 6,100명)의 거대 조직으로 변모했다. 상황이 이렇게 되자 기존의 야마구치구미는 자신들이 파문시킨 조직원들이 야마구치 이름을 그대로 사용하고, 더구나 야마구치 이름 앞에 본적지라 할 수 있는 고베까지 붙이자 공격을 감행하였다. 이러한 항쟁으로 총격, 트럭 돌진, 집단폭행, 화염병 투척 등 57건의 사건이 발생했고 하루에만 3건이 발생했다. 사례를 보면, 고베야마구치구미 조직원이 야마구치구미 회계 사무실에 트럭을 몰고 가 들이받자 3시간 후 야마구치구미 조직원이 고베야마구치 사무실에 똑같은 방법으로 트럭을 몰고 돌진해 사무실 벽을 박살냈으며, 사이타마(埼玉)현에서는 야마구치구미 간부가 탑승한 차량에 방화로 추정되는 화재가 발생했고 조직사무실에 화염병이 날아들기도 했다.

제 2 절   야쿠자 기원과 발전과정

1. 바쿠토(博徒)·데끼야(的屋) 출현

(1) 바쿠토(博徒)와 데끼야(的屋) 등장

1) 바쿠토 기원과 활동

근세 후기(1730~80)에 들어 바쿠토라는 전업도박꾼이 활동하기 시작했다. 에도 정부 관리와 지방 유지들은 각종 토목공사를 시행하고 노무자에게 임금을 지불했으나 관리들은 노무자에게 지급한 돈을 다시 뺏을 궁리로 전문 도박사를 고용해 노름판을 벌였다. 중앙관리나 지방 유지들에게 고용된 노름꾼들은 힘을 쓰는 건달인 사무라이나 스모 선수와 연계하여 사람들의 내왕이 잦은 주요 도로를 중심으로 세력을 형성했다. 바쿠토의 어원에 대해 여러 가지 설이 있으나 그 중 도박꾼 대부분이 정부발주 토목·건축 시공업도 겸하고 있어 '○○博'이라는 간판을 내 걸었기에 바쿠토(博徒)라는 어원이 생겼다는 설과, 도박장에서 8(や), 9(く), 3(ざ)라는 숫자가 '아무 쓸모없는 사람'이란 의미에서 야쿠자라는 용어가 등장했다고도 한다.[11]

도박을 전문으로 하는 바쿠토조직은 도세닌(渡世人)과 가교닌(稼業人)으로 불리는 두 부류로 나뉜다. 도세닌은 오늘날 자유 분망한 프리랜스와 같이 일정한 직업 없이 도박을 즐기며 생계를 유지하는 사람을 가리키고, 가교닌은 토건, 운수, 광업 등 생계를 꾸려 가업을 영위하면서 도박을 함께 일삼는 부류이다. 당시 지방의 영주들은 가족을 만나기 위해 도쿄를 자주 방문하였기에 주요 도로마다 숙박시설이 잘 갖추어졌고 일반인들도 여행 도중 하룻밤 휴식에 내기 도박을 즐겨 19세기 중엽에는 일본 전역에 53개 소의 숙박업소가 영업을 하였고 대부분의 숙박업소는 전문 도박꾼들의 집결지였다. 당시 바쿠토의 두목이라 불리는 카시모토(かしもと, 貸元)는 일정한 세력권을 확보하여 숙박업소를 중심으로 도박장을 열어 테라센(수수료, テラセン, 일명 데라)을 수익으로 남겼다. 부두목격인 다이카시(だいかし, 代貸)는 도박장을 실제 관리했고, 행동대장격인 나가혼(なかぼん, 中盆)은 다이카시가

---

11) 하지만 대다수 야쿠자 연구자들은 그 어원을 8(や), 9(く), 3(ざ)에서 유래되었다고 본다. 화투판에서 이 숫자에 해당하는 화투장을 받으면 끗수가 0, 즉 망통이 되어 가장 쓸모가 없다. 그래서 사회적으로 아무 쓸모가 없다는 뜻에서 도박으로 생활을 하는 자를 야쿠자라고 부르게 되었고 이 말이 차츰 일정한 직업 없이 폭력을 휘두르며 남을 등쳐먹는 건달이나 조직폭력배를 지칭하게 되었다.

겸하기도 하지만 직접 승부에 가담하며 도박조의 맏형 역할을 했으며, 그 아래 고참 행동 대원인 데카타(でかた, 出方)는 도박장에서 차를 내거나 심부름을, 똘마니격인 상시다(さんした, 三下)는 최고 낮은 계급으로 잡일을 거들었다.[12] 바쿠토 조직원들은 긴 호신용 장도로 무장하여 협객이나 임협단을 자칭하면서 인부공급이나 화재진압 업무를 곁들여 도박장을 개설했고, 읍성이나 농촌을 불문하고 상설 도박장이 각지에 등장하자 바쿠토조직도 오야분(두목), 고분(부하)의 의제 혈연관계를 형성하여 에도 말기부터 메이지 초기까지 시미즈노 지로쵸(清水の次郎長), 구니사다 주우지(国定忠治), 쿠루쿠마노 쇼조우(黑駒の勝蔵), 아이즈노 코테츠(会津の小鉄), 신몬 다쓰고로(新門辰五郎), 세이리키 도미고로(勢力富五郎) 등 유명한 바쿠토 계열의 타짜 두목이 출현하였다.

2) 데끼야(的屋) 등장과 활동

데끼야의 기원에 관해 여러 설이 존재한다. 각 마을을 돌아다니며 물건을 팔던 장사치 보부상이라거나, 변두리 지역을 돌아다니면서 도적질을 일삼는 자라는 설 그리고 병 들거나 가난한 사람을 위해 약을 만들었던 중국 농경신(神農) 신봉자라는 등 여러 설이 있다. 그러나 야시(香具師)를 주름잡던 보부상들이 18세기 이후 장사치 상호간의 이익을 도모하고 집단의 결속을 위해 절이나 신사(神社)를 중심으로 장터 통제권을 확보하여 '동료 조직원의 아내를 범하지 말 것', '조직의 비밀을 외부에 누설하지 말 것', '상하관계를 엄격히 지킬 것' 등 규율을 만들어 계급의식을 부여하면서 조직을 형성하였다는 설이 가장 유력하다고 보여 진다. 당시 일본 상인들은 전국을 돌며 장사를 하였기에 운송수단인 말이 필수적이었고 데끼야 조직은 상인들로부터 마구간 보호[13]라는 명목으로 돈을 뜯어내거나 거절하면 물건을 빼앗아 단골을 끊어 버리는 등 악행을 일삼았다. 일부 데끼야조직은 자기구역을 지키기 위해 다른 데끼야 조직과 충돌이 잦았고 조직 안정을 위해 조직원 간의 협조는 필수적이어서 전국의 장터를 돌아야 했기에 데끼야조직은 현지 데끼야 두목의 보호를 필요로 했다.

1740년대에 들어 데끼야조직이 에도 정부로부터 공식적인 합법체로 부여받게 되자 두목의 권한이 한층 강화되었고 방대한 조직망을 이용하여 지명수배자나 도망자를 돌봐 주기도 하자 천민계급인 부라쿠민(部落民)들이 가난과 멸시를 벗어나기 위해 데끼야조직에 대거 가담하였다. 1871년 부라쿠민이 공식적으로 해체될 당시 일본 인구가 3천 3백만 명일 때

---

12) 조성권, "국제범죄 대응정책 연구논총(일본 야구자의 변화와 한국의 대응책)", 국가정보원, 2006, pp.129 – 159.
13) 당시 말은 상인들에게 있어 물건을 실어 나르는 가장 중요한 운송수단이어서 절도범들이 말을 훔치는 횟수가 많아 말의 보호가 필수적이었다.

부라쿠민은 약 40만 명이었고 학대와 차별을 받던 부라쿠민들은 자연스럽게 데끼야조직으로 흡수되었다.[14]

3) 근대 야쿠자 출현

야쿠자 출현에는 여러 가지 당시 시대적인 상황이 존재했다. 합법적인 활동기반이 없는 바쿠토의 탄생에는 주겐베야(中間部屋, 잡일담당 하급무사)로서 권력과 은밀히 결탁하여 주변 지역에서 치외법권의 영역을 형성했다고 보는 견해, 메아카시(目明かし, 에도시대 사적으로 채용된 경호요원)로 임명된 바쿠토가 권력과 결탁해 법의 지배를 벗어난 영역에서 도박을 중심으로 모여 들었다는 견해, 그리고 에도시대 말기 사회변화에 따라 단순한 시골 노름꾼을 넘어 마을 공동체를 관리하는 폭력 제공자로서의 역할과 용수권 입찰분쟁에 무력을 행사하면서 상대편 마을이나 주변의 다른 공동체와 교섭권도 행사하는 등 이주민과 유랑민 관리도 맡았다는 견해 등이 있다.[15] 바쿠토조직도 유랑민이나 이주민들에게 숙소를 제공하면서 자연스럽게 이들을 감시하였고, 경우에 따라 범죄와 관련된 자들을 권력기관에 넘기기도 했으며, 유랑극단 업자들로부터 영업세인 운조(運上)를 징수하여 관청에 납입하는 업무도 대행하면서 거리의 질서유지, 다툼의 중재, 공정한 거래의 감시 등 권력 주변부에서 세력을 키웠다. 또한 세금을 관리하던 다이칸쇼(代官所)나 토지를 관리하던 지교소(知行所)의 관리에 바쿠토 계열의 야쿠자로 경찰력을 대행하게 해 당시 관동(關東)지역의 몰락한 농민들이 노숙자로 전락해 무법자로 활동할 때 바쿠토조직이 경찰 앞잡이가 되어 치안을 유지하기도 했고, 노무인력 공급업체도 겸업하면서 사회적 권력으로 공인받는 존재가 되었다.[16]

에도 말기에서 메이지 초기의 사회분위기는 이처럼 시대적 상황은 다르지만 바쿠토 조직이 임시노동력을 총괄하는 공급업체라는 점에서 공통점이 있다. 근세 일본은 신분제사회였기에 예능집단이나 바쿠토 집단은 사회 주변에 머물러 제도권 밖의 백성으로 남아 있었다. 사회 저변에 있는 에타(えた, 穢多), 히닌(ひにん, 非人)[17] 등과 함께 특권은 없으면서 법과 관습이 요구하는 의무는 다해야 했기에 주변부를 형성한 야쿠자는 생존을 위해 일정한 영역에서 폭력을 배경으로 사회생활을 보장받으려 했고, 폭력이야 말로 주변부에 머문

14) 조성권, 전게논문, pp.129 – 159.
15) 高橋 敏, 『博徒の幕末維新』, 筑摩書房, 2004.
16) 長谷川昇, 『博徒と自由民権』, 平凡社, 1995.
17) えた(穢多)는 중세・근세의 천민 신분의 하나로 明治 4년까지 非人(ひにん)과 함께 사민(四民) 계급의 밑에서 차별 대우를 받았다. 일본 전통사회는 士農工商의 아래 에타(穢多), 히닌(非人)이라는 천민이 있다. 에타는 주로 피혁제품을 생산하는 사람들이었고, 히닌은 시체를 처리하거나 걸식하는 사람들로, 그들은 거주지와 복장은 물론 일상생활에서 차별을 받았으며 부락(部落)이라는 일반 민가와 동떨어진 장소에 특정한 거주 지역을 형성하였다.

자신의 환경을 지킬 수 있는 유일한 수단이었으며, 그러한 폭력을 배경으로 사회적 권력을 획득하여 신분사회와 주변부사회를 잇는 가교역할을 했다.[18] 에도말기 사회가 정치경제적으로 변모함에 따라 야쿠자의 존재형태도 변해갔고 주변부 사회도 전체사회로 재편성되자 근대 야쿠자는 특유의 요인에 편승하여 자연스럽게 뿌리내리기 시작했다.

(2) 연예인 보호자의 야쿠자

1) 애도시대 예능인

에도시대 예능집단(조선시대의 사당패나 가무단)은 주변부에서 귀족이나 신사의 후원으로 나니와부시(なにわぶし, 浪花節)[19]를 노래하면서 생계를 꾸려갔고 18세기 초에 들어 최하층 신분인 에타(穢多)나 히닌(非人)과 같이 전락했다. 그러나 에도말기가 되자 예능은 대중화의 길로 접어들어 발전했고 신기한 기예나 진귀한 것을 보여주는 볼거리를 제공하면서 점차 전국적인 볼거리로 확산되었다. 이들의 지방공연에는 공연장의 경비와 불상사 등 모든 문제점들을 해결해 주는 야쿠자가 필요했고 공연장 일정도 해당 지역 두목에게 부탁을 해 잡는 등 현지 야쿠자의 도움 없이는 공연을 할 수가 없었다.

데끼야 계열의 야시(香具師)는 약장수가 생업이어서 사람의 이목을 끌어들여 약을 팔기 위한 공연을 하였고, 자칭 협객으로 통하면서 예능집단과 지역사회를 매개로 여러 집단과 지역공동체를 이어주는 역할을 하면서 주변부 사람들의 입장을 대변했다. 데끼야가 당국의 허가를 얻어 지역시장에서 열리는 공연의 실질적 운영주체가 되어 흥행에 따른 세금 납부, 공연장의 설치와 배치, 공연장 내부 음식물 관리 등 공연장 영업권과 일반적인 업무를 주관했고, 질서유지를 위해 싸움과 다툼을 해결하는 등 공정한 거래가 이루어지도록 경찰기능까지 담당하면서 전국적인 조직을 갖춘 네트워크를 형성했으며, 각 지역 데끼야 두목은 그들의 네트워크를 통해 연락과 조정을 했다. 1740년대에 들어 데끼야조직이 에도 정부로부터 공식적인 합법체로 부여받게 된 배경에도 지역공동체에서 이미 실질적으로 사회질서의 한 축을 담당하였기에 정부에서 뒤늦게 이를 간파하고 인정한 것으로 보여진다. 데끼야조직은 흥행을 통해 자신의 가오(顔, 얼굴과 체면)를 알리고 무대가 올려지면 단상 맨 앞에 현지 나와바리를 지배하는 데끼야 두목의 화환을 먼저 놓아 '내가 이 예능인의 후원자다'는 의미로 가오를 과시하였으며, 흥행사는 현지 두목을 믿고 공연을 진행하였다.[20]

---

18) 미야자키 마나부, 전게서, p.48.
19) 나니와부시(浪花節)는 일본 전통음악 장르로 浪曲(로코큐)라 한다. 전통 현악기 샤미센의 반주에 따라 의리와 인정이 담긴 내용의 이야기를 가창과 말로 전달하는 것으로 우리나라의 판소리와 유사하다.
20) 木村錦花, 『興行師の世界』, 青蛙房, 1957, pp.152-156.

2) 메이지 시대 예능인

메이지 유신으로 신분사회가 해체되자 예능계에도 변화가 일어 나니와부시(浪花節, 일본의 전통 음악)는 도시 하층민 사회에서 대중예능으로 부흥했다.[21] 청일전쟁과 러일전쟁의 승리로 료코큐(浪曲)는 황금시대를 맞아 지방흥행을 통해 공연마다 성공하였으며, 야쿠자조직은 자신에게 유리하게 수익을 배분하는 등 법의 지배가 통하지 않는 극장이라는 공간을 야쿠자가 장악했다. 그러나 시간이 지나면서 극단은 무성영화에 밀려 인기를 잃고 극단 예능인들은 독립된 사무실을 차려 독자적으로 공연을 해 나갔다. 근대 예능인은 최하층사회 출신이고 최하층사회는 야쿠자가 발생한 장소이었기에 야쿠자와 예능인은 동일한 부류에 속하였다. 그 후 20세기에 들어 대중예능이 엄청난 시장으로 발전하자 야쿠자조직은 대중예능 시장을 자신들의 사업영역으로 끌어들였고 야쿠자 두목은 공연을 즐기면서 예능흥행업을 직접 경영하기도 해 야마구치구미의 경우 항만의 하역인부 노동공급에서 출발한 조직이지만 연예계 사업도 병행하였기에 조직을 더욱 확고히 다질 수 있었다. 이와 같이 근세 야쿠자는 폭력을 배경으로 지역사회의 유력자라는 사회적 권력을 확립해 갔고 주변부를 통괄하면서 신분사회와 주변부 사회를 연결하는 조정자 역할도 맡았으며 나아가 촌락이나 도시의 영역을 넘어 독자적인 소통방식을 가진 네트워크를 형성하게 되었다.

2. 근대 야쿠자 부흥과 발전

(1) 근대 야쿠자 주종관계

1) 오야카타(親)와 고카타(子)

오야카타와 고카타의 관계는 17, 8세기 이전부터 일본 역사에 등장해 혈연과 별도로 독립적인 관계였으며 '오야(親)·고(子)'의 형태는 노동조직에서 오야카타·고카타 관계로 변천해 이것이 야쿠자조직의 오야분(親分)·고분(子分) 관계로 발전한 것이다. 오야카타와 고카타의 관계는 '선택적인 관계'여서 고카타는 '비호와 보증의 신뢰도를 기준'으로 오야카타를 선택하고, 오야카타는 '임무를 정확히 수행할 수 있는지의 여부를 기준'으로 고카타를 선택했다.[22] 근대 야쿠자의 오야카타·고카타제도는 산업화가 급속하게 진행되던 도시 노동자에서도 나타나 공장 경영자가 일의 일정부분을 오야카타에게 넘기면 오야카타는 그와 관계를 맺은 고카타에게 지시하는 구조였기에 오야카타·고카타 관계는 더욱 강할 수밖에 없었고 탄광이나 토목, 하역인부 등은 오야카타·고카타의 색체가 더욱 농후해 오야카타제

---

21) 石井威望, 『나니와부시(浪花節)와 技術革新』, 일본의 메아리, 1983, pp.77-85.
22) 松島靜雄·中野卓, 『日本社會要論』. 東京大學出版會, 1961, p.123.

도를 통하지 않고서는 노동력을 직접 포섭할 수 없고 노동현장을 관리할 수도 없었다.[23]

2) 상호협동조직 도모코(友子)제도

도모코(友子)는 에도시대 광산과 탄광등지의 동업 협동조합 성격의 제도에서 출발하여 1920년대까지 전국의 모든 광산에 존재했던 광산 노동자의 자주적 구제조직이다. 당시 광산 노동자들은 떠돌이여서 도모코가 전국적인 네트워크를 형성했고 광부가 도모코의 일원이 되면 숙련광부인 오야분은 신입광부인 고분을 받아들여 오야분은 고분에게 작업 기술을 전수하고 생활전반을 지도했다. 또한 고분을 가족처럼 대해주는 등 끈끈한 관계를 유지하였고 광부들 사이 분쟁을 처리하고 부상이나 질병을 당하면 돈을 융통해 도와주었으며, 사망 시에는 유족의 장례절차까지 보살펴주었다. 이러한 상호협동조직의 성립 배경에는 중앙정부의 지배력이 미치지 못한 광산이란 특수성도 있었지만 죄수들을 탄광의 노동자로 이용했기에 도모코 제도는 법이 통용되지 않는 현실에서 노동자 자신들의 자력구제조직으로 자리 잡았다.[24]

3) 근대 야쿠자 태동

메이지 정부는 부국강병과 식산흥업을 개혁과제로 내걸고 산업화를 강력히 진행함에 따라 새로운 산업도시가 생겨나고 새로운 도시 속에서 범죄조직은 자연스럽게 출현했다. 근대 야쿠자의 태동은 일본이 서구열강의 개방에 복종하면서 시작되었다. 메이지유신으로 일본은 신흥 공업국가로 탈바꿈하여 1860년 당시 일본 인구는 3천 3백만 명이었으나 1914년에 들어 4천 5백만 명으로 급증했고 공업생산고도 3배가 넘는 등 일본이 근대화 되어감에 따라 조직을 갖춘 폭력적인 야쿠자도 서서히 활동하기 시작하였다. 이 시기부터 바쿠토, 데끼야 등 주변부에 머물던 사람들이 사회의 한 축으로 자리 잡아 도시 공사판의 인력시장과 번창하는 부두의 선착장을 장악했고, 도시의 새로운 교통수단인 인력거 시장을 독점[25] 하였으며, 바쿠토는 한 집안이라는 의미에서 잇카(一家)를, 데끼야는 잇케(一家)라고 부르는 집단을 형성하여 니와바(にわば, 庭場)라는 세력범위로 영업기반을 확보하는 등 조직 간 영역다툼이 서서히 전개되었다.

4) 사회변혁기 야쿠자 역할

메이지 유신 직후 국가권력이 미성숙되고 사회계층 간 유동현상이 일어나자 정부는 치안의 일부분을 민병조직인 바쿠토와 데끼야조직에게 의지하였다. 바쿠토로 구성된 민병

---

23) 미야자키 마나부, 전게서, p.88.
24) 松島靜雄·中野卓, 전게서, p.132.
25) 1900년경 도쿄시내의 인력거는 약 50만대 가량 있었다.

조직은 주변사회 경험을 토대로 쌓은 전투력과 실전경험 그리고 인력동원력과 단결력 등의 노하우가 축적되어 있었기에 담력이 뛰어나고 충성도도 높았으며 소집된 고분들은 오야붕을 위해 목숨까지 바쳤다.[26] 바쿠토는 자신의 생존권을 사수하기 위해 폭력전문가가 되었고 이를 이용하는 일부 정치권은 바쿠토 조직원에 대한 전과기록을 묵살해 주고 평민보다 높은 신분계층인 사족(士族)으로 채용하는 등 신분상 혜택을 보증하자 바쿠토들은 각종 문제해결을 위해 더욱 충성했다.[27] 메이지 정부는 일본 헌법을 제정 공포한 이후 형법, 민법, 상법, 형사소송법, 민사소송법 등 대법전을 정비하여 형식적으로는 법치국가를 표방하였으나 사회전반에 걸쳐 법의 지배는 확립되지 못했고, 1918년 쌀 소동 당시 급속하게 성장하던 노동운동과 사회주의 운동의 탄압에 야쿠자조직을 동원하는 등[28] 새로운 정치권력으로서의 야쿠자시대를 맞이하였다.

(2) 구미(組)의 출현과 활동

1) 동업조합 탄생

일본 근대 야쿠자의 활동은 항만에서 출발했다. 1880년대 중반 북 큐슈(北九州)의 와카마쓰항(若松港) 석탄수송선은 여러 척의 선박을 소유하는 선주와 한 척을 보유하는 선주로 나누어져 한 척을 보유한 선주는 처지가 비슷한 5~6명의 선주들과 구미(組)를 만들었고 여러 구미(組)는 연합하여 대구미(大組)를 만들어 광산주와 계약을 맺었다. 구미(組)의 조합원은 평등한 수평적 조합이 아니라 우두머리를 오야카타(親方, 오야붕)라 하고 대구미 우두머리를 대오야카타(大親方)라 부르는 등 동업조합 내에서도 오야카타와 고카타의 주종관계가 형성되었다. 당시 와카마쓰항 주변에 국영 제철소가 들어서고 지쿠호 탄전의 증산으로 각지에서 사람들이 모여 들자 항구주변으로 환락가가 형성되어 토착민보다 외지인의 비중이 높아졌고 치안이 극도로 악화되어 문신을 새긴 떠돌이와 일용직노동자, 잡역부들이 상점과 유흥가를 상대로 협박과 위협으로 돈을 갈취하는 등 행패가 심해지자 주민을 지켜

---

26) 미야자키 마나부, 전계서, pp.160－161.
27) 長谷川昇, 『博徒と自由民権』, 平凡社, 1995, pp.154－161.
28) 井上淸, 『米騒動の研究(1－5)』, 有斐閣, 1959, pp.89－101.
　　쌀 소동은 전국에 걸쳐 자연발생적으로 확대되고 쌀가게를 대상으로 습격과 약탈, 방화가 이어졌으며 결국 군대까지 출동해 봉기를 진압했다. 쌀 소동을 시작으로 하층사회가 동요하자 야쿠자도 같이 동요되었는데 야쿠자의 행동은 두 가지로 나누어졌다. 그 하나는 대규모 곡물상의 의뢰를 받아 소수이지만 경호원으로서 군중과 대치하는 야쿠자이고, 다른 하나는 조직을 이용하지 않고 개인자격으로 군중 측에 서서 습격이나 약탈에 가세한 대다수의 야쿠자들이었다. 이 당시만 해도 야쿠자는 약자 편에서 민중과 함께 했으나 쌀 소동 이후 정권을 잡은 하라 내각의 도코나미 다케지로(床次竹次郎) 내무장관이 대일본국수주의를 조직해 전국의 협객을 규합하기 시작한 이후 야쿠자는 자본가와 지주 편에 서게 되었다.

준다는 명분으로 야쿠자가 등장하여 활동했다. 현지 주민들이 떠돌이나 일용직노동자들과 충돌하고, 새롭게 등장한 야쿠자들도 서로 간 나와바리를 뺏고 뺏기는 칼부림까지 일어나자 당시 와카마쓰항에서 독립선장에서 대오야카타로 성장한 요시다 이소키치(吉田礒吉)는 특유의 리더십으로 이들을 평정했다. 북 큐슈 지방정부는 항만운송 대오야분인 요시다 이소키치의 협조를 받아 치안을 유지하게 됨으로써 대오야카타가 치안질서 유지라는 명목으로 등장하게 되었다.[29] 고베항의 야마구치 하루키치(山口春吉)가 야마구치구미(山口組)를 조직한 후 실업자들을 모집하여 유순한 미숙련 노동자를 필요로 하는 하역회사에 싼값으로 팔아넘기는 등 조직적인 활동을 시작한 것도 이때부터이다.

2) 노동자조직에서 범죄조직으로 전환

19세기와 20세기를 거쳐 일본은 청일전쟁의 승리와 조선의 침탈 그리고 러일전쟁의 승리에서 중국의 산둥반도를 할양 받는 등 전쟁배상금으로 경제가 발달하였고 일본의 주요 항구들은 크게 발전하고 변모했다. 이러한 경제성장은 많은 육체노동자를 필요로 하는 항구를 중심으로 발달하였는데 일자리를 찾아온 하역인부와 일용 노동자들은 도급업자 밑에서 오야카타(오야분)·고카타(고분) 관계를 맺기도 하고 일부 노동자들은 주인으로 섬기기에 알맞은 인물주변으로 몰리기도 했다. 이렇게 구미(組)가 형성되고 구미들은 자신의 이권을 위해 세력을 확대하면서 생존을 위해 폭력을 사용하였으며, 각종 이권과 영역을 차지하기 위한 대치상황도 전개되자 충돌을 완화하기 위한 일본식 해결 방법인 가오(顔, 체면)문화가 등장하였다. 즉 가오를 중시하는 일본 사회에서 중재자의 역할은 아주 중요했기에 1910년 당시 항만이 발달한 지역을 중심으로 와카마쓰항의 요시다 이소키치, 고베항의 야마구치 하루키치 등과, 오타루(小樽), 니가타(新潟), 모지(門司) 등의 항구에서도 유사한 야쿠자조직이 출현해 중재자 역할을 했다. 항구나 탄광 그리고 광산이나 토목건설 현장 등 일용직 노동자와 떠돌이가 모이는 신흥 개발지에는 야쿠자조직이 출현했고 이러한 조직들이 전국에 걸쳐 우후죽순으로 등장하기 시작했다.

3) 주변부 통제자의 야쿠자

1930, 40년대 일본의 경제발전 원동력은 국가의 보호로 성장한 대기업이었다. 수많은 영세 중소기업과 개인사업자들은 여러 단계에 걸친 도급관계를 놓고 치열한 경쟁을 벌였고, 특히 탄광·토건·항만 등 비숙련 노동집단을 형성한 업종은 국가기간산업의 중추를 담당하고 있어 이들에 대한 적절한 통제기능도 필요했기에 야쿠자조직은 노동조직의 오야카타로 군림하면서 인력관리자로 하층노동력을 통제하였고 그 역할을 자연스럽게 맡았다. 이

---

29) 미야자키 마나부, 전게서, 2008, p.59.

러한 지배구조는 정치권력과 야쿠자의 관계를 형성하여 우익노선을 걷게 만들었고, 전시체제가 됨에 따라 탄광과 건설현장에 중국과 한국의 노동자들을 강제 징용하여 대거 투입하였으며, 이들을 관리하는 것도 야쿠자의 몫이었다. 이러한 과정에서 이전의 순수 직업알선 임무를 이탈하여 착취조직이 되거나 착취행각을 보조하는 형태로 변모하였으며[30] 자신들의 영역 유지를 위해 오야분은 폭력과 담력, 지혜와 모략이 뛰어난 고분들을 많이 키우고 동시에 잇카 혹은 잇케(나와 바리)내에서 강력한 통제력도 확보했다.

(3) 현대 야쿠자조직의 발전

1) 미군정 치하 야쿠자조직

야쿠자는 일본의 근대화과정에 나타난 필연적인 결과물이다. 국가가 직접 장악할 수 없었던 주변사회를 법치와 다른 사적 권력이 질서를 유지해 왔고, 제2차 세계대전을 기점으로 일본 야쿠자는 또 한 번 부흥의 기회를 잡았다. 일본 본토가 미 연합군에 정복당하고 전국적으로 재산의 1/4, 공장기계의 1/3, 선박의 4/5, 차량의 1/5이 파괴되었지만 야쿠자조직은 오히려 오야분-고분체제를 한층 더 공고히 하였으며, 이 시기에 바쿠토와 데끼야 계열보다 더 무자비한 구렌타이(愚連隊)라는 새로운 형태의 야쿠자가 출현했다. 우연히 만나 결성된 무장불량배 집단을 뜻하는 구렌타이는 일본 전역에서 우후죽순처럼 나타나 전쟁 패배에 따른 도덕기준의 혼돈을 이용하여 위협·공갈 그리고 폭력을 휘두르며 활동했다. 일본이 미 연합군에 항복한 1945년 당시 1,400만 명의 노동자 중 300만 명이 오야분-고분체제에 가입되어 있었고, 건설노동자 2/3와 홋가이도 탄광에 갇혀 지내는 2만 명의 노동자 중 도제적인 사역과 노예의 중간단계에 해당하는 사람들이 해방이 될 때까지도 노예상태로 묶여 있었다.[31] 일본 사회에 형성된 이들 오야분들은 반노조활동에 깊숙이 관여하였고, 암시장 내 쌀을 장악하여 이를 경제적 무기로 삼아 새로운 고분들의 가입을 강요하는 동시에 다른 조합에 가입하지 못하도록 저지하였으며, 오야분-고분 체제가 정치에까지 손을 뻗쳐 생필품 가격을 통제하거나 유통구조를 지배하였으며, 면허발급과 세금징수 등 지방정부의 역할도 했다. 이 당시 바쿠토계열의 야쿠자는 도쿄에 181명의 오야분과 7,400여 명의 고분이, 고베에 82명의 오야분과 6,400여 명의 고분이 중소기업으로부터 5천 엔에서 1만 엔의 돈을 갈취하면서 풍족한 생활을 하였고, 데끼야의 경우 전국 노점상의 88%를 지배하고 나머지 12%도 부분적으로 관계를 맺어 200여 명의 오야분 아래 4,000여 명의 고분이 활동하는 등 가입회원만 해도 22,557명이었다.[32]

---

30) 村串仁三郎, 『日本炭鑛賃勞動史論』, 時潮社, 1978, p.75.
31) D·E 카플란·알렉두보로, 전게서, pp.60-61.
32) 時事通信, 2013. 3. 7자.

2) 신흥 야쿠자의 등장

1945년 종전 이후 야쿠자조직은 바쿠토(博徒)나 데끼야(的屋) 등 기존 세력 외에 '구렌타이(愚連隊)'가 새롭게 등장해 암시장 이권을 둘러싼 대립항쟁을 반복했다. 한국전쟁을 기화로 일본 사회가 비약적인 경제발전을 거듭하자 야쿠자조직은 경륜, 경마, 자동차 경주, 모터보트 레이스, 파칭코 등에 깊숙이 관여하였고, 번화가와 관광지의 유흥가를 중심으로 활발하게 활동하면서 바쿠토(博徒) 계열은 인력중개업 외 해당 지역을 거점으로 새로운 이권에 개입하면서 조직규모가 커졌고, 신흥조직이나 다른 조직들과 이권을 두고 대립항쟁을 벌이면서 일본 야쿠자조직은 대형화와 광역화가 이루어져 1950년대 중반 이후 대형 야쿠자조직은 지역에서 벗어나 전국화 되었다.

대형화된 야쿠자조직이 형성된 직접적인 계기는 1955년 이후 폭력조직이 증가함에 따라 지방의 소규모 수준이던 야쿠자들이 서로 결집하거나 연계하면서 세력을 확대하였기 때문이다. 1963년 당시 야쿠자조직 수는 약 5,200개 단체에 184,000여 명의 조직원이 활동하는 등 절정을 이루었고, 바쿠토(博徒), 데끼야(的屋) 등의 대립 항쟁과 이합집산 과정을 거치면서 신흥조직이던 구렌타이 계열도 바쿠토 및 데끼야의 습관을 모방하면서 조직이 광역화·대형화되면서 이익이 되는 것이면 무엇이든지 개입하였다. 미 군정하의 일부 조직은 오야분 1명이 50명 내외의 고분을 거느렸고, 야마구치구미, 이나가와카이, 스미요시카이 등 대형조직은 3～5단계의 하부조직에 조직원만 해도 적게는 6천여 명에서 많게는 3만 여명이 넘었다. 일본 경제가 고도로 성장함에 따라 야쿠자조직도 대기업 경영방식에 따라 작은 조직을 자신의 계열하에 흡수해 도쿄 데끼야조직의 경우 '도쿄노점조합'을 통합하여 1958～1964년에 걸쳐 6년 동안 조직원이 7만 명으로 대거 늘어나 일본 군사력을 능가하는 성장을 가져왔다. 그리하여 야쿠자조직 수가 약 5,200여 개에 달하자 일본 정부는 1964년 동경올림픽을 계기로 공식적인 와해작전에 돌입해 '1차 정상 작전'이라 불리는 폭력조직 단속을 통해 야쿠자조직의 간부 및 다수의 조직원을 검거하면서 많은 야쿠자조직은 해산되었다.[33] 하지만 1965년 이후 복역하였던 조직 간부들이 대거 출소하고 원래의 야쿠자조직을 중심으로 조직을 부활시켜 하위조직으로부터 상납금을 걷어 조직을 재건하는 등 조직방위를 위한 연합체제로 탈바꿈하기 시작하면서 1970년대 중반기에 들어 지능화된 야쿠자조직으로 새롭게 등장했다.

전국을 무대로 한 광역폭력단은 오히려 세력을 신장시켜 범죄의 독점화 경향이 뚜렷해졌고, 활동 면에서 정교하거나 지능화되어 전통적인 자금획득방법이던 마약밀매, 보호비 갈취, 도박, 대부업 및 사채업에 머물지 않고 총회꾼 등과 결탁한 기업대상 폭력이나 민사

---

33) 猪野健治,『暴力團壞滅』論 ヤクザ排除社會の行方, 筑摩書房, 2010, pp.105－108.

상의 권리행사를 가장한 민사 개입 폭력 등 범죄수단이 다양화되어 일반 시민의 생활과 경제 질서에 큰 위협을 주었고, 사회운동과 우익운동 등 정치활동을 가장한 부당한 방법으로 경제적 이익을 도모하는 활동도 활발하게 나타났다.

제3절   일본 야쿠자조직구조와 활동

1. 야마구치구미(山口組)

야마구치구미(山口組)는 1915년 효고현 고베시(兵庫県神戸市兵庫区 西出町)에서 야마구치 하루키치(山口春吉)가 일본 고베항의 하역인부를 모아 결성한 조직으로 초기 고베항을 중심으로 도박과 항만하역을 통해 영역을 넓혀오다 오늘날 전 세계 범죄조직 중 가장 부유한 조직으로 발전하여 일본 전역과 아시아, 미국, 유럽 등 전 세계에 걸친 조직망을 갖추고 있다.[34] 6대를 이어 내려오고 있는 바쿠토계열의 야쿠자조직인 야마구치구미의 총 본부는 효고현 고베시(兵庫県 神戸市 灘区篠原本町 4-3-1)에 있으며 현재 6대 두목 시노다 겐니치(司忍, 弘道會 組長, 二代目 弘道会 総裁)가 2005년부터 현재까지 1都 1島 2府 41縣에 걸쳐 조직원 4,700, 준조직원 5,600명(총 10,300명, 일본 전체 폭력단의 29.9%차지)을 거느리고 활동하는 일본 최대의 야쿠자조직이다.

야마구치구미는 야마구치 하루키치(山口春吉)가 1906년 고베항만 하역인부 운영업체인 구라히시구미(倉橋組)를 결성한 후 1912년 항만인력 공급업체인 오시마구미(大島組)와 결맹을 맺고 1915년 3월 고베시에서 50여 명의 조직원을 규합해 바쿠토 계열의 야마구치구미를 결성하면서 출발했다. 그 후 항만 하역뿐만 아니라 조선소의 선박수리(녹 제거)와 어시장 및 고베 중앙시장의 화물운반업으로 영역을 확대하고 인력알선 업계에서 두각을 나타냈다. 그러다가 조선수리업 등 영역을 확대하면서 지역의 유력 인사가 되고 조직이 커지자 항만 하역인부조직에서 야쿠자조직으로 탈바꿈하면서 1925년 자신의 장남에게 오야분 자리를 넘겨주었고 예능흥행분야에 진출해 요시모토흥업(吉本興業)과 연계하여 전통음악인 나니와부시를 중심으로 한 예능흥행사업도 이끌었다.[35]

---

34) 飯干晃一, 『山口組三代目 1野望篇』, 德間書店, 1982, p.45.
35) 미야자키 마나부, 전게서, p.235.

    2대 두목인 노보루 야마구치(山口 登)는 1928년 세계금융공황으로 일본경제가 침체되어 야마구치구미가 독점하던 어시장과 건어물 등 영세 상인들로부터 받던 상납금 문제가 불거져 오시마구미(大島組)와 충돌하였고, 새로운 경제적 재원을 마련코자 예능흥행업에 진출하여 영화사업도 시작하였다. 1940년 노보루는 카고토라구미(籠寅組) 소속 5인조 괴한에게 습격당해 중상을 입어 1942년 10월 치료 중 사망했다.[36]

    3대 두목인 다오카 카즈오(田岡 一雄)는 1946년부터 1981까지 야마구치구미를 이끌면서 명실상부한 세계적인 조직으로 성장시켰다. 이 시기는 패전 직후 암시장 해방구에서 야쿠자들이 재일 한국인 교포와 중국인(대만인)을 상대로 유흥가 등 이권을 놓고 치열한 투쟁을 벌이던 시점이었다. 당시 무장해제를 당한 일본 경찰은 제3국인들을 전혀 통제할 수 없었는데 그때 경찰을 대신해 제3국인들을 상대한 것이 야마구치구미를 비롯한 야쿠자들이다. 일본인 주축의 야쿠자들은 거리의 보안관이자 자위대로서 제3국인 집단과 목숨을 걸고 싸우자 일본시민에게는 영웅으로 각인되었다. 당시 일본 하층사회의 구성원이던 야쿠자와 재일교포, 중국인(대만인 포함)들은 원하던 원치 않던 서로 부대껴 공생하며 생활했고, 암시장을 놓고 실력대결을 벌일 때 저마다 각자의 집단 이익을 위해 싸우는 대리인의 입장이었기에 부분사회 주민이라는 동류의식은 공유하고 있었다.[37] 미군 군정하에서 조선인학교 폐쇄령을 내리자 재일 한국인들이 투쟁을 벌였고 이 당시 탄압받던 조선인을 도와 준 것이 야마구치구미이다. 오늘날의 야마구치구미 간부 중 상당수가 재일 한국인 출신인 이유도 여기에 있다. 다오카는 야마구치 건설회사 설립, 부두노동자 중개업을 확장하여 전국 부두노동자의 80% 이상을 차지하여 명실상부한 합법적 기업으로 탈바꿈 시키면서 동시에 도박사업과 노점상을 독점하였고, 1950년 한국전쟁으로 고베항이 미군의 병참기지가 되고 금지되었던 노동력 공급업과 하청업이 해제되자 야마구치구미는 빠르게 여러 개의 하청기업을 만들고 고베항의 하역 독점권을 획득하였다. 다오카가 사망할 당시 야마구치구미의 연간 매출액은 105억 8,000만 엔을 훨씬 넘었고 두목급은 연간 1억 엔, 중간급 두목은 연간 3,000만 엔, 부하 1,000명을 거느린 하부조직 두목은 월 1,000만 엔의 수입을 가졌다.[38] 그 후 스모선수 영입, 프로권투 및 레슬링 진출, 탤런트 대행회사 운영, 영화사 운영, 경마조작, 경호업 등과, 전통적 범죄인 고리대금 및 마약밀매, 윤락 등으로 엄청난 이윤을 올렸으며 대도시의 지하철 공사입찰과 공항건설 등에도 참여해 범죄조직을 양성화, 합법화했다. 1964년 일명 정상작전(頂上作戰)으로 불리는 폭력단 일제검거령이 내려져 스미요시카이, 킨세카이 두목을 비롯한 대형 조직과 중소 조직의 두목들이 거의 체포되었으나[39] 야마

36) 麥留芳, 『個體與集體犯罪 － 系統犯罪學初探』, 巨流圖書公司, 1992, p.176.
37) 미야자키 마나부, 전게서, p.240.
38) D・E 카플란・알렉두보로 지음, 홍성표 옮김, 『야쿠자』 예지원, 1998, p.97.

구치구미는 다오카의 예측으로 국수주의에 동조하지 않았고 조직의 해산보다 조직원들의 자진 탈퇴를 유도하면서 탈퇴하지 않는 조직원은 남겨두는 선별처리방식을 취했다. 다오카가 죽은 뒤 경찰의 대대적인 단속에도 불구하고 야마구치구미 조직원은 최고 13,000여 명이 늘어났다.

4대 두목 타케나카 마사히사(竹中 正久)는 다오카 사후 2년 간 두목을 물려받았으나 계파 간 투쟁으로 5대 두목 와타나베 요시노리(渡辺 芳則)에게 물려주었고, 5대 두목은 조직을 수습하고 1989년부터 2005년까지 조직을 이끌다 현 두목인 시노다 켄니치에게 조직을 양도했다.

현 6대 두목 켄니치(Kenichi Shinoda, 篠田 建市)는 1962년 나고야 야마구치구미에 들어와 70년대 초 상대조직의 두목을 살해한 혐의로 13년을 복역한 후 출소하여 군소 야쿠자조직과 영역(나와바리)쟁탈에 관여하면서 1980년 고베지역 야마구치구미 두목이 되었고, 2005년 중앙조직의 두목이 된 이후 권총소지죄로 일본 대법원에서 6년형을 선고받고 복역하다 2011년 4월 9일 출소하여 현재에 이른다.[40]

지난 2015년 8월 말 6대 야마구치구미에서 13명의 직계 조장이 이탈, 고베야마구치(神戸山口組, 두목, 이노우에 쿠니오)를 결성한 이후 두 조직은 여전히 갈등상태에 있으며, 2016년 5월 두 조직의 하부 두목들에 의해 화해를 향한 화합이 이루어졌지만 결렬됐다. 야마구치구미 두목 켄니치는 그 후 각 지역별 직계 조장(두목)을 책임자로 지명하는 지구장제도를 신설하는 등 산하 조직의 결속 강화를 도모하는 한편, 과거에 은퇴한 직계 조장 중 고베야마구치와 관계한 조직원에 대해 절연하는 등 조직 재정비를 도모했다. 2016년 6월에 들어 소아이카이(双愛会) 두목과 상속 술잔식에 시노다 자신이 후견인으로 참석했으며, 그 해 9월 이나가와카이 및 스미요시카이 양 두목과의 회동에도 참석 등 다른 조직과 관계 강화를 도모하고 있다. 우호 조직으로 稲川会, 松葉会, 双愛会, 共政会, 会津小鉄会, 住吉会 住吉一家 등이 있고, 적대 조직은 工藤会, 道仁会, 沖縄旭琉会, 東組, 住吉会幸平一家가 있다. 하지만 고베야마구치구미(神戸山口組)는 야마구치구미 하부 조직원이나 과거 은퇴한 조직원 등을 직계 두목으로 맞이하는 등 세력 확대를 도모함과 동시에 징벌위원 직책을 신설하여 각지에서 발생한 분쟁처리에 맞서는 등 조직의 긴축을 도모하고 있다. 2016년 10월 고베야마구치구미 두목 이노우에 쿠니오는 주거지에서 친분이 있는 다른 조직 두목들과 회동을 하는 등 다른 조직들과 관계 강화를 도모하고 있다.

---

39) 미야자키 마나부, 전게서, p.255. 이 작전으로 체포된 야쿠자는 두목급 932명, 간부급 3,547명 등이고 야마구치구미를 제외한 국수주의 야쿠자 10개 조직이 해산했다.

40) BBC, 2011.4.9자(Japan frees Yamaguchi-gumi crime boss Kenichi Shinoda).

2. 이나가와카이(稲川会)

이나가와카이(稲川会)는 1949년 이나가와 가쿠지(稲川角二)가 시즈오카현(静岡県 熱海市 咲見町)에서 조직을 결성하여 도쿄(東京都 港区 六本木 7-8-4)에 본부를 두고 1都 1道 22県에 걸쳐 약 4,500여 명의 조직원(조직원 2,500명, 준조직원 2,000명, 일본 전체 폭력단의 11.3% 차지)이 있으며, 현재 재일 한국인 신병규(辛炳圭, 일본명 清田次郎)가 5대 두목으로 활동하고 있다.

이 조직은 1939년 일본 도쿄를 지역적 기반으로 하여 활동하던 전문 바쿠토인 쓰루오카 마사지로(鶴岡政次郎) 수하로 활동하던 이나가와 가쿠지(稲川角二)가 1945년 종전 후 이나가와카이 전신인 각성회(覺醒會)를 조직하여 활동하다 1949년 시즈오카현 아마타시(静岡県の熱海市)로 조직기반을 옮기면서 이나가와카이로 개명한 뒤 세력을 확장하였다. 1959년 '츠루세이카이(鶴政會)', 1963년 '킨세이카이(錦政會)'로 조직명을 바꾸어 오다 1972년 현재의 조직명인 이나가와카이(稲川会)로 개칭하여 관동지역 7개 바쿠토 단체와 공조하여 '關東二十日會'라는 친목단체를 결성하여 활동하였다. 이나가와카이가 주목받게 된 것은 야마구치구미 3대 두목이던 다오카 가즈오의 장례식장에서 이나가와 가쿠지(Kakuji Inagawa)가 장례위원장 직책을 맡게 되면서부터 주목 받았다. 또한 지난 1960년 미국 아이젠아워 대통령의 일본 방문 시 그를 경호하기 위해 이나가와는 13,000여 명으로 구성된 관동20일회 회장직을 맡고 있었고 일본 건달을 규합하여 일본 3대 범죄조직 대열에 끼워 놓은 것도 이나가와였다.

2대 두목 타카마사 이시(石井隆匡)는 제2차 세계대전 당시 일본 해군에 입대하여 가미가제(자살특동대)로 참여하였으나 전사하지는 못했고, 1958년 이나가와카이 조직에 들어와 1978~1984년 간 도박죄로 교도소 수형생활을 했다. 그 후 일본경기가 호황일 때 한국과 미국 등 은행업에 투자해 큰 돈을 벌어들여 1989년 미국 조지 부시 대통령가의 형제사업에 투자하기도 했으나 일본경기가 침체되자 더 이상 해외투자에 관심을 보이지 않고 1990년 두목자리에서 은퇴한 후 1991년 9월 3일 사망했다. 2대 두목이던 타카마사 이시(石井隆匡)는 정계와 인맥이 두터우며 지역 국회의원 다수가 이나가와카이 간부급 두목들과 자주 회동하고 있다. 특히 고이즈미 준이치로 전 수상의 선거대책 본부장을 맡은 타케우치 키요시(竹内清, 前神奈川県議会議長)는 이나가와카이 요코스카 일가(稲川会横須賀一家) 계열의 간부로서 타카마사와 매우 절친하며 상하 관계가 어려운 야쿠자 세계에서 타카마사는 다오카 가즈오의 장례위원장을 맡아 장례를 진행할 정도로 야마구치구미와 긴밀한 관계를 유지해

왔다. 또한 고이즈미 준이치로 아들인 고이즈미 신지로와 함께 찍은 사진이 언론에 게재되는 등 고이즈미 부자의 선거구에서 둘의 관계는 아주 잘 알려져 있다.

3대 두목 이나가와 유코(稲川 裕紘)는 초대 두목 이나가와 가쿠지의 아들로 1990년 10월 두목으로 추대되어 조직을 이끌다 2005년 5월 병사했다. 그 후 2006년 회장직 승계를 놓고 이나가와카이 토론 정례회에서 내부 분열이 일어 초대 두목이던 이나가와 가쿠지가 쯔노다 요시오(角田吉男)를 지지하여 4대 두목으로 추대되었고, 2010년 2월 쯔노다 요시오(角田吉男)가 췌장암으로 사망한 후 그 해 4월 한국계 신병규(清田次郎)가 5대 두목이 되어 오늘에 이른다.[41]

최근 동향으로는, 2012년 5월 간부 조직원이 탈퇴하여 만든 야마나시쿄도모카이(山梨侠友會)와 대립 상태가 계속되었지만 야마나시쿄도모카이 내분으로 2016년 2월 합의에 이르러 다시 재결합하였다. 그리고 2016년 1월에 긴급 집행부회의를 열고 조직의 운영 방침에 대한 불만을 표시한 하부 직계 두목 2명의 파문처분과, 2016년 4월과 11월에 들어 직계 두목으로 선임된 조장에 대해 상속술잔 식을 개최하는 등 새로운 간부급 인사를 발표하는 등 조직의 재건과 강화를 도모하고 있다. 6대 야마구치구미와는 계속 관계를 돈독히 유지하고 있으나 분열 이후 이탈한 고베 야마구치와는 내부적으로 거래하지 않을 방침을 고수하고 있다.

이나가와카이는 전통적인 피라미드형 조직체계를 구성하고 있어 조직원 간 유대관계를 중시하며 철저한 규율과 융통성 있는 조직관리로 정평이 있다. 이는 이나가와 조직원들이 정통 바쿠토 출신들로서 주 수입원의 대부분은 도박과 경마조작, 고액의 카지노 경영(빠찡고 포함), 해외 원정도박을 통해 많은 수입을 내고 있으며, 최근 들어 고리대금업, 마약밀매, 각종 사기범행 등에 관여하고 있다. 또한 지난 2011년 토호쿠(Tōhoku)지역에서 쓰나미 피해를 당하자 이나가와카이 조직원 수백 명이 자원봉사를 하면서 100톤이 넘는 생활필수품을 공급했고 수억 엔에 달하는 물품을 지원하는 등 지역주민을 위해 무료봉사도 했다.[42]

한국계 신병규가 두목이 된 이후 이나가와카이 소속 조직원이 국내 마약유통으로 검거된 사례가 다수 발생하고 있다. 이는 그가 재일한국인이라는 신분과 국내에 교포 2, 3세 및 연고자가 많이 있기 때문으로 추측된다. 가장 최근의 마약밀매 사례는 2017년 12월 19일 이나가와카이 소속 야쿠자 2명이 서울 강남 역삼역 일대에서 대만 흑사회조직과 마약거래를 하다 한국 수사팀에 모두 검거되었다. 이들이 거래한 마약은 8kg가량으로 시세로는 3억 원 가량이다. 일반적인 마약거래는 대만, 중국, 일본의 범죄조직들이 한국에서 마약을

---

41) 每日新聞, 2010.2.24자(指定暴力団, 稲川会の角田会長が病死).
42) The Newsweek, 2011.3.20.자(Yakuza to the Rescue).

밀수하는 경우는 많았지만, 이들 조직들이 한국에서 서로 거래를 한 사례는 매우 이례적이다. 이번 마약거래에서 대만 흑사회조직원들이 밀반입한 마약 분량이 16kg이었고, 이중 이나가와카이와 거래한 마약은 8kg로, 현장에서 압수하지 못한 8kg의 마약이 어디로 갔는지는 아직 밝혀지지 않고 있다. 특히 대만 흑사회조직원 황(黃)은 중국에서 수납장을 제조하여 그 빈 공간에 필로폰을 넣어 화물선을 통해 한국으로 밀수했고, 필로폰은 중국 광저우를 출발하는 화물선에 실어 홍콩·대만을 경유해 인천항에 들여왔다. 이들의 마약거래 방식은 마약거래를 위한 접선 장소로 서울 강남 지하철 2호선 역삼역 인근 거리에서 1,000원권 지폐 일련번호를 이용해 서로 거래상대방이 맞는지 확인한 후 거래장소로 이동하는 방식을 이용했다. 이는 통상 마약거래가 은밀한 장소에서 이뤄졌으나 이번 밀매 사례는 오히려 사람 왕래가 잦은 서울 강남 한복판을 접선장소로 활용해 이목을 피했다. 특히 검거과정에서 대만 흑사회조직원 쉬(徐)와 일본 야쿠자조직원 이(李)를 먼저 체포하여 이들과 위장거래를 제안하는 방식으로 다음날 대만 흑사회조직원 황(黃)을 추가로 검거했다. 이번 사건은 일본 야쿠자와 중국 흑사회 등 국제범죄조직이 국내로 필로폰을 밀매하거나 유통하려다 적발된 사례이다.

3. 스미요시카이(住吉会)

스미요시카이(住吉会)는 스미요시렌고(住吉連合)라고도 하며 세력 범위는 1都(東京都) 1道(北海道) 1府(大阪府) 16縣이며, 조직원 2,900명, 준조직원 2,900여 명(총 5,800명, 일본 전체 폭력단의 16.8% 차지)으로, 도쿄를 지역기반으로 성장하여 일본에서 두 번째로 세력이 큰 야쿠자 조직이며 港会 - 住吉会 - 住吉連合会 - 住吉会로 명칭이 바뀌어 왔다. 이 조직은 메이지 초기 도쿄 지역 바쿠토 계열인 스미요시가에서 1대 두목 이토마쯔고로(伊藤松五郞)에 의해 결성되어 1958년 아베 쥬사쿠(阿部重作)가 3대 두목이 되어 오늘날 스미요시카이 형태의 연합체조직으로 성장시켰다. 스미요시카이의 조직운영방식은 여타 야쿠자조직과는 다소 차이가 있다. 즉 일반적인 범죄조직 운영방식인 피라미드 체계가 아니라 강력한 두목이 정점에 앉아 있으나 다른 두목들과 동업관계에 있고 하부조직에서 상부조직에 상납하는 금액도 많지가 않다. 또한 각 하부조직에게 주어진 재량권과 자치권은 현대적이나 조직전체에 걸쳐 절대적인 복종과 긴밀한 유대관계를 강조하고 있어 비중앙화 된 구조이다. 하지만 조직의 경제규모와 능력은 여타 야쿠자조직에 비해 떨어지지 않아 1990년대 말까지만 해도 연 660억 엔 이상의 수입을 올렸다. 스미요시카이의 조직규율은, '조직의 비밀을 절대 누설하지 않으며, 동료 조직원의 처나 자식을 범하지 않고, 개인적으로 마약을 접하지 않으며, 조직의 돈을 사적으로 챙기지 않고, 상사의 명령에 대해 절대 복종하며, 경찰이나 법에 호소하지 않는다' 등이다.[43]

2016년 4월에 들어 조직 총괄 직책을 신설하고 체제 강화를 도모하고 있으며, 6대 야마구치구미 분열에 대해 당초 두 조직에 중립을 유지하였지만 최근 들어 스미요시카이 두목이 6대 야마구치구미 두목 시노다 켄니치와 회동을 하는 등 거리를 유지하면서도 관계를 지속하고 있다. 그러나 고베야마구치에 대하여도 계속 관망의 입장에 있으며 스미요시카이 산하 하부조직 두목 등 일부는 고베야마구치 두목과 개인적인 관계를 유지하는 사람도 있다. 스미요시카이는 일본을 넘어 전 세계에 지부가 결성되어 있을 정도로 광범위하게 퍼져 있으며 중국 화교사회에 파고든 중화권 흑사회 조직 및 서구 마피아조직과 일찍부터 범죄 협정을 맺어왔다. 스미요시카이의 두목체계는 기존 야쿠자조직과 조직운영방식을 달리 취하고 있다.

4. 쿠도카이(工藤會)

후쿠오카현 키타큐슈시(福岡県北九州市小倉北区神岳1−1−12)에 본부를 둔 지정폭력단으로 2018년 현재 다가미 후미오(田上文雄)가 630여 명의 조직원을 이끌고 3県에 걸쳐 활동하고 있다. 쿠도카이는 키타큐슈지역 최대 규모의 야쿠자조직으로, 북부 큐슈지방에 뿌리내린 다른 폭력단보다 호전적이고 강렬한 반(反) 경찰 지향활동으로 이름이 나있다. 폭력단 추방 운동 관계자나 일반 기업에 대해 태연하게 수류탄을 던지는 등 시민도 공격 대상으로 할 뿐만 아니라 사건관련 법정 공판에서 증언자 5명 중 4명이 쿠도회의 보복이 무서워 증언을 거부하는 등 후쿠오카현에서 흉악하고 악질적인 조직으로 정평이 나 있다. 반 야마구치구미의 기수로 알려진 4사회(四社會), 즉 道仁会, 太州会, 熊本会 등 친목 단체와 연맹을 맺고 있으며 스미요시카이와는 우호관계이나 야마구치구미와는 거리를 두고 있다. 1992년 폭력단대책법에 근거해 지정폭력단이 되고 2000년 노무라 사토루(野村悟)가 4대 두목이 되어 조직을 이끌어 오다 최대 계보를 가진 다나카구미(田中組)의 조장인 다가미 후미오(田上文雄)가 2011년 5대 두목에 올라 오늘에 이른다.

이 조직은 일본 경찰청에서 지정한 '특정위험지정폭력단'으로, 주된 자금원이 보호비 갈취, 마약밀매, 공사장 불법개입, 일반 상거래 불법개입, 경제부분 개입 등이다. 2000년대

---

43) 警察庁 警察白書, 2012.2.2자(指定暴力団の指定の状況).

이후 조직원이 중무장하여 기관단총이나 이스라엘제 기관총 등 살상 총기를 대량으로 아파트 밀실에 숨겨오다 적발되기도 했고, 2001년도 일본 경찰 백서에서 전년에 발생한 폭력단 항쟁 사건 중 쿠도회와 야마구치구미와의 항쟁 사건을 가장 크게 뽑고 있다. 즉 후쿠오카현과 야마구치현을 무대로 발생한 항쟁 사건에서 쿠도회는 야마구치구미 하부 두목을 살해한 바 있고, 2008년에 3대 두목 미조시타 히데오(溝下秀男)가 사망했을 때는 일본 야쿠자 중 큐슈 세이도우카이(九州誠道会)를 제외한 전 단체 두목들이 참석했다.

쿠도카이는 일반시민도 쉽게 공격하기로 악명 높다. 일례로 주 후쿠오카 중국 총영사관의 총기난사사건(1988년), 후쿠오카 조폭담당 경찰관 자택 휘발유 살포 방화(1988년), 파친코 업소와 구청 사무실을 대상으로 한 17건 내외의 연속 총격사건(1994년) 그리고 2000년대 이후 야쿠자 사무소 철거 운동에 종사하던 상점에 차량 돌격, 폭력추방 공약을 내건 시의회 습격, 경찰 청사 부지의 승용차에 폭탄 설치, 규슈 전력회장 자택의 폭발물 투척, 세이부(西部) 가스회사 임원 친척 집 총격난사, 폭력단 추방운동 지도자가 경영하는 클럽에 수류탄투척, 국무총리였던 아베 신조 시모노세키 자택과 후원회 사무실 화염병 투척, 쿠도카이 추방운동을 추진하던 자치 임원 자택에 총격, 보호비 요구를 거절한 파친코 가게 화염병 투척과 방화 등 다양한 범행 사례가 있다.

경찰관 보복 사례로는 2012년 4월 19일 오전 7시 10분 키타큐슈시 노상에서 후쿠오카현 경찰서에 근무하다 퇴직한 경찰관의 허벅지와 복부에 총상을 가한 사건으로, 피해자인 퇴직 경찰관은 키타큐슈 지구 폭력단 범죄 수사과 경부(우리나라의 경감에 해당)로 근무하다 퇴직했는데, 경부가 오랫동안 지정폭력단 쿠도회와 관련된 사건 수사를 담당했고 쿠도회의 미움을 사 보복차원의 범행이었다.[44]

국내 활동 사례로 부산지역에서 마약밀매로 활동하다 검거된 사건도 있다. 쿠도카이의 하부조직 중간보스는 부산 모 주택에 거주하면서 국내 폭력조직과 연계해 중국에서 들여온 마약을 일본으로 밀반출하려다 검거되었다. 당시 965그램의 마약(시가 31억 원 상당)과 권총 1정, 실탄 19발, 탄창, 등산용 칼 2자루, 다량의 1회용 주사기 등도 보관하고 있었는데, 일본에서 인터폴 수배를 받자 한국으로 건너와 도피생활을 해 왔다.

5. 코쿠류카이(旭琉会)

코쿠류카이(旭琉会)는 오카나와(沖縄県 那覇市 首里石嶺町4-301-6)에 본부를 둔 야쿠자조직으로 오키나와 코쿠류카이 다음으로 큰 규모를 가졌고 2018년 현재 마츠하지메(花城

44) 産經新聞, 2011.4.19자.

松一)가 330여 명(조직원 210, 준조직원 130)의 조직원을 거느리며 활동하고 있다.

코쿠류카이(旭琉会)는 오키나와 전통적인 야쿠자조직이 아니라 제2차 세계대전 후에 출현한 구렌타이 계열의 조직이다. 1952년에 집단화하여 나하시(那覇市)를 거점으로 한 '나하파'와, 치노 오키나와(ちの沖縄市)를 거점으로 한 '코자파'(コザ派)와 대립을 반복하다 오키나와의 본토 복귀를 목전에 두고 본토 폭력단이 오키나와에 진출하려는 의도를 막기 위해 연맹을 맺어 1970년 말에 '오키나와 렌고 코쿠류카이'(沖縄連合旭琉会)를 결성한 것이 그 시초이다. 초대 두목은 누구인지 정확하지 않지만 1976년 2대 두목이던 타와마야마(多和田真山)가 조직을 장악한 후 오키나와 진출을 엿보던 야마구치구미와 항쟁이 일어나 대낮에도 나하시내 노상에서 코쿠류카이(旭琉会) 조직원이 야마구치구미 사무소에 수류탄을 던지며 권총을 난사했고, 1978년에는 22회에 걸친 양 조직 간 투쟁과정에서 근무 중인 경찰관에게 카빈총을 발포해 상해를 입히기도 했다.[45] 1982년 2대 두목이 하부조직원에 의해 사살되어 사망한 후 1983년 오나가 요시히루(翁長良宏)가 3대 두목으로 올라 1,000여 명의 조직원으로 성장하여 오키나와내 최대 폭력단이 되었고 급기야 내부 주도권 싸움으로 번졌다. 오나가 요시히루(翁長良宏)는 1990년 '오키나와 코쿠류카이'라는 새로운 조직을 만들어 항쟁을 계속해 무고한 고등학생 등 일반시민을 포함한 6명의 사망자와 12명의 부상자가 발생하여 시민들로부터 반폭력단 여론을 가져 왔다.[46] 2010년 하나시로 맞추이치(花城松一)가 4대 두목이 되어 조직을

---

45) 『沖縄県警察史 第3巻(昭和後編)』, 沖縄県警察史編さん委員会編, 2002. 이를 4차 항쟁이라 한다. 오키나와에서 본토로 건너간 카미사토 메구미남(神里恵男)은 1968년에 야마구치구미 하부조직인 코니시 일가(小西一家)에 들어가 활동하다 아마가사키시(尼崎市)에서 친류회(親琉会)를 결성하고 다음해에 친류회 오키나와 지부를 만들어 쿠니나카 칸이치(国仲寛一)를 지부장에 앉혔지만 오키나와 경찰의 단속으로 해산되자 야마구치구미의 오키나와 진출은 좌절됐다. 1969년 12월 오키나와의 폭력단을 양분하고 있던 '야마하라파'와 '오키나와파'가 연합하여 '오키나와 연합 코쿠류카이'가 결성되고 본토 복귀 후 1973년 야마구치구미의 간부이던 오다 죠우지가 동아 우애 사업조합과 교섭 끝에 동아 우애 사업 조합 오키나와 지부(선보토시오 지부장)를 야마구치구미 직계로 하여 오키나와에 재진출을 완수 했다. 그러나 코쿠류카이의 우에하라가 근신 처분을 받아 이것이 항쟁의 복선이 되었다. 1974년 코쿠류카이 간부가 야마구치구미 조직원의 동생을 만났으나 인사를 하지 않았다는 이유로 싸움이 발생, 코쿠류카이 조직원 7명을 납치하는 등 납치와 살인 사건이 빈발했고 1975년 2월에 코쿠류카이 조직원이 야마구치구미 하부조직인 우에하라 조직의 조직원을 납치 후 살해하라는 지시로 2미터 깊이의 구멍을 파 집어넣은 후 권총으로 사살하자 이에 대한 보복으로 우에하라조에서 그해 12월 9일 코쿠류카이 간부를 권총으로 사살했다. 1976년 야마구치구미는 오키나와현에서 '류마카이'(琉真会)를 발족하고 코쿠류카이 조직과 총격전을 벌이는 등 보복행동을 하자 오키나와 경찰이 대대적인 검거작전을 폈다.

46) 琉球新報, 2000.12.19자(沖縄ヤクザ50年戦争』,洋泉社. 組幹部に賠償責任/那覇の高校生抗争巻き添え死). 일명 6차 항쟁이라 하는 이 사건은 旭琉会와 沖縄旭琉会간의 분쟁으로, '오키나와 코쿠

계승하였고 2011년 말 오키나와 코쿠류카이와 통합이 정식으로 결정되어 21년의 분열 이후 재통합을 맺었다. 조직을 통합한 후 '코쿠류카이'라는 새 조직명을 만들고 '오키나와 코쿠류카이'를 이끌었던 토미나가 키요시(富永淸)를 두목으로, 코쿠류카이(旭琉会) 4대 두목이던 하나시로(花城松一)를 부두목으로 하여 오늘에 이른다. 그동안 조직원의 마약밀매 행위에 대해 강력히 파문처분을 해왔으나 최근 들어 자금악화로 조직운영이 어려워지자 마약밀매를 묵인하고 있어 향후 중국 범죄조직과 연대 가능성에 일본 경찰은 동향파악을 주시하고 있다.[47]

6. 오키나와 코쿠류카이(沖縄旭琉会, 코쿠류카이와 통합)

오키나와 코쿠류카이(沖縄旭琉会)는 오키나와현에 거점을 둔 폭력단으로 오키나와현을 본거지로 1970년경에 '오키나와 렌고 코쿠류카이'라는 폭력단 조직을 결성, 1990년이 되면서 조직내부 다툼으로 '코쿠류카이'에 반대한 세력이 결집해 '오키나와 코쿠류카이'를 결성했다. 조직결성 당시 코쿠류카이의 하부조직 9개 중 토미나가 키요시(富永淸)가 주도해 초대 두목으로 올라 코쿠류카이를 상대로 살인을 동반한 치열한 투쟁을 전개했다. 현재 오키나와현 최대 규모의 폭력단 조직으로 통합되어 오키나와 경찰은 오키나와 코쿠류카이 조직원 446명과 코쿠류카이 조직원 297명 등 통합 후 750명의 조직원에 대한 활동과 자금원 확대 등 향후 동향을 경계하고 있다.[48]

7. 아이츠고데츠카이(会津小鉄会)

아이츠고데츠카이(会津小鉄会)는 1868년 바쿠토계열의 전문 도박꾼이던 코사카 센기츠(上坂仙吉)가 조직을 결성하였고 코사카 사망 후 그 아들(上坂卯之松)이 1935년까지 조직을 이끌었다. 나카지마 연합회(中島連合会) 두목이던 주고시 릿치(図越利一)가 아이즈코테츠를 부활시켜 3대 두목에 올라 조직을 이끌 다 살인죄로 4년 간 복역 후 사망하자[49] 뒤를 이어

류카이'와 '코쿠류카이'의 분열을 가져왔고 이러한 과격 항쟁으로 무고한 고교생과 경계 중이었던 사복 경찰관 2명이 대립조직의 조직원으로 오인당해 사살되고 양 조직 간 화염병 투척 등으로 일반시민의 여론에 몰려 폭력단 배제 풍조가 강해져 폭력단 대책법의 제정으로 연결되었다. 이 항쟁은 1992년 2월 폭력단대책법 시행으로 종결했다.
47) 琉球新報, 2008.11.29.자(薬物事案　県警 暴力団関与 4 割).
48) 琉球新報, 2011.11.27.자(両旭琉会が組織一本化　構成員は７５０人に).

재일 한국인 강외수(高山 登久太郞)가 4대 두목이 되어 조직을 승계하였다.

아이츠고데츠카이(會津小鐵)를 이끌던 재일 한국인 강외수(姜外秀 일본명 高山登久太朗)는 경남 진주출신의 부모 사이에 태어난 재일동포 2세이다. 그는 1928년 오사카에서 출생하여 오사카부립(府立)상고를 졸업한 후 조선인이라는 이유로 취업이 어려워 골재채취 노무자로 일하다가 야쿠자 조직원이 되었다. 1941년 대동아 전쟁 때 징용되어 군수 공장에서 일하기도 했고, 1945년 종전 후에 한국으로 귀국하지 않고 일본에 머물다가 이마사토 암시장(今里の闇市)에서 구렌타이로 활동하던 나카오 켄타로(中尾健太郞)를 만나 그의 수하에서 암시장 세력권을 두고 영역싸움을 벌이다 경찰에 체포되어 4년을 복역했다. 1949년 출소하여 외국인등록증을 발급받은 뒤 1950년 한국전쟁이 발발하자 재일본 대한민국 민단 지원병을 모아 재일 한국교민 자원군을 결성했고, 한국전쟁이 휴전되자 나카가와조(中川組) 두목이 되어 만화건설(주)도 만들었다. 1991년 일본 국회에서 야쿠자조직을 처벌하는 '폭력단대책법'이 통과되자 야쿠자계를 대표해 '폭력단대책법'이 위헌소지가 있다며 헌법소원을 재판부에 내는 등 법정투쟁을 벌이기도 했다. 그는 조국에 대한 애정도 각별해 5억 엔을 출자해 '외수장학재단'을 설립했고, 경주의 나사렛마을(일본인 미망인들이 살고 있는 마을)에 매년 2천만 원을 지원하는 등 자립을 도왔으며, '88서울올림픽' 때는 거액의 성금을 내기도 했다.[50] 그는 야마이치 항쟁[51]을 거쳐 1997년 2월 야쿠자를 공식 은퇴한 후 부산을 오가며 골프관광을 즐기다가 2003년 6월 15일 사망했는데, 야쿠자로 활동하면서 1980년 민단의 고문으로 들어와 서울올림픽 모금에 참여하였고, 1990년 재단법인 '外秀 한일교류장학회'를 설립을 계기로 1990년 대한민국 대통령표창과 2003년 대한민국 국민훈장 동백장을 받기도 했다. 강외수가 현역에서 은퇴하자 주고시(図越利一)의 친아들 주고시 토시츠쿠(図越利次)가 5대 두목으로 활동했고, 그 뒤를 이어 2008년 11월 바바미츠쿠(馬場美次)가 6대 두목으로 올라 활동하다 교토시내 금융기관 현금카드 사기혐의로 체포되었으며,[52] 그의 친아들은 2003년 야마구치구미 직계조직인 코도카이(弘道会)에 들어가 교포3세 야쿠자가 되어 활동 중이다.[53] 현재 아이츠고데츠카이(会津小鉄会)는 카네코토 시노리(金子利典)가 2017년 2월 두목에 올라 조직을 이끌고 있으며 교토(京都府 京都市 下京区)에 본부를 두고

---

49) 山平重樹·高橋晴雅, 『実録 残侠 三代目会津小鉄 図越利一 稀代の侠客編』, 竹書房, 2004.

50) 서울신문, 1997.2.7자.

51) 飯干晃一, 『ネオ山口組の野望』, 角川書店. 1994. 야마이치 항쟁은 1984년 8월 5일 부터 1989년 3월 30일까지 야마구치구미와 이치와카이 사이에 일어난 폭력단 항쟁 사건으로 317건의 대소 항쟁이 발생해 이치와카이 측 사망자 19명, 부상자 49명, 야마구치구미 측 사망자 10명, 부상자 17명, 경찰관·시민 부상자 4명을 낸 사건으로 야마이치 항쟁의 직접적인 체포자는 560명이었다.

52) 読売新聞, 2009.10.27자.

53) 宮崎学·山田一成, 『－鉄 KUROGANE － 激闘ヤクザ伝 四代目会津小鉄 高山登久太郞』, 竹書房, 2008.

재일 한국인을 포함한 660여 명의 조직원이 활동 중이다.

8. 쿄세이카이(共政会)

쿄세이카이(共政会)는 1964년 결성된 조직으로, 히로시마현(広島県 広島市 南区南大河町 18-10)에 본부를 두고 5대 두목인 모리야(守屋 輯)가 330여 명의 조직원을 거느리고 히로시마현에서 활동하는 지정 폭력단이다.

1964년 5월 야마무라구미(山村組) 야마무라 타츠오(山村辰雄)가 히로시마의 데끼야(的屋)계열인 무라카미구미(村上組)의 무라카미 마사아키(村上正明)와 연맹하여 우익 단체인 쿄우세이카이를 만들어 초대 두목에는 야마무라가, 부두목에는 무라카미가 피를 나누어 마시는 혈맹의식을 하고 조직을 결성했다. 1965년 3월 상해 사건으로 체포된 야마무라구미(山村組) 조직원 시나가와 미노루(品川稔)는 상부의 지시로 야마구치구미 본부에 다이너마이트를 던져 폭파시킨 것을 자백하자 이를 계기로 양대 조직 간 혈투가 벌어졌고 히로시마 항쟁으로 이어졌다.[54] 1970년 시모노세키시 고우다조직(合田一家) 두목 고우다 코이치(合田幸一)에 의해 반 야마구치구미 동맹이 결성되었는데 이에 동참한 조직으로는 관서지역 오사카의 마츠다(松田組), 고베의 츄세카이(忠成会), 히메이지(姫路市)의 키노시타카이(木下会), 아가야마(岡山市)의 아사노구미(浅野組), 히로시마의 쿄세이카이(共政会), 후쿠오카(福岡市)의 쿠도카이 등이다. 1970년 1월 3대 두목에 오른 야마다(山田)는 야마구치구미 3대 두목 다오카 가즈오와 공존 노선을 선언한 후 1987년 사망했고, 1988년 야마구치구미와 적대관계를 철회하고 1990년에 야마구치구미와 형제관계를 맺었으며, 1992년 7월 히로시마현으로부터 지정폭력단이 되었다.[55] 1996년 2월 쿄세이카이(共政会)는 侠道会, 浅野組, 合田一家, 親和会 등과 같이 친목회인 '五社会'를 결성하였고, 2003년 8월 오키모토가 병사한 이후 모리야(守屋 輯)가 5대 두목이 되어 현재에 이른다. 쿄세이카이(共政会)와 관련된 영화는 '의리없는 전쟁'(仁義なき戦い, 1974), '마지막 바쿠토'(最後の博徒, 1985), '전설의 야쿠자 마지막 바쿠토 잔협의 장'(伝説のやくざ 最後の博徒 残侠の章, 2004), '실록,

---

54) 『実話時報』, 竹書房, 2008년 3월호(組織暴力の実態) 1950년경부터 1972년에 걸쳐 히로시마에서 일어난 권총난사사건으로 영화 '의리 없는 전쟁'의 모델이 된 제1차 히로시마 항쟁(1950년)과 제2차 히로시마 항쟁(1963.4.17-1967.8.25간)을 말한다. 이외에도 제3차 히로시마 항쟁(1970.11-1972.5까지)이 널리 알려져 있고 피의 숙청으로 불리는 아오키구미(青木組粛清)숙청의 내부 항쟁을 포함해 5차로 보는 시각도 있다.

55) 警察庁 組織犯罪対策, 2010(平成21年の暴力団情勢, 指定暴力団の指定の状況).

히로시마 4대 항쟁'(実録, 広島 四代 抗争, 2004) 등이 있다.[56)]

9. 고다잇카(合田一家)

고다잇카(合田一家)는 야마구치현 시모노세키시(山口県 下関市)에 본부를 두고 재일 한국인 김교환(金教煥, 일본명 스에히로 마코토, 末広誠)이 180여 명의 조직원을 거느리고 일대 3현을 무대로 활동하는 야쿠자조직이다. 이 조직은 1920년대 야마구치현 시모노세키에서 호라아사노스케(保良浅之助)가 카고토라구미(篭寅組)라는 수산물 조합을 만들면서 시작되었다. 시모노세키 시의원이자 시의회 부의장 겸 상공회의소 회원이던 호라아사노스케가 카고토라구미를 결성한 것은 야쿠자조직이라기 보다 수산 및 어업 상공인의 동업조합이었다. 그의 사후 2대 두목이 된 아들이 조직을 이끌어 오다 1948년 고다구미(合田組) 두목이던 고다 코이치(合田幸一)가 카고토라구미를 인수하여 고다구미(合田組)로 합병했다. 고다 코이치가 카고토라구미의 문형을 계승하면서 1968년 고다잇카(合田一家)로 조직명을 바꾼 뒤 수차례의 야쿠자조직 간 대립항쟁을 거치면서 세력을 확장하였고, 1987년 재일 한국인 이대강(李大康)과 연합하여 반 야마구치구미 세력인 '관서21회(二十日会)'연합으로 들어갔다.[57)] 야마구치구미의 영역확장에 반기를 든 '관서21회'연합은 오사카(大阪市)의 마츠다구미(松田組), 고베(神戸市)의 츄세카이(忠成会), 히메지(姫路市)의 키노시타카이(木下会), 아가야마(岡山市)의 아사노구미(浅野組), 히로시마(広島市)의 쿄세이카이(共政会), 후쿠오카(福岡市)의 쿠도카이(工藤会) 등이다. 1992년 7월 야마구치현 공안위원회에서 고다잇카를 야쿠자조직으로 지정할 당시 누쿠이칸치(温井完治)가 6대 두목이 되어 조직을 이끌어 오다 2009년 고다잇카(合田一家) 직계조직이던 고자쿠라잇카(小桜一家)를 이끌어오던 재일 한국인 김교환(일본명, 末広誠)이 고다잇카(合田一家)의 7대 두목이 되어 현재에 이른다. 당시 두목 승계식에 직계 조직원 100명과 관서21회를 포함한 우호 조직원 다수가 참석해 야마구치 경찰이 경계근무를 강화하기도 했다.[58)]

56) 飯干晃一, 『仁義なき戦い』 角川書店, 1980.
　　　正延哲夫, 『波谷守之の半生　最後の博徒』, 幻冬舎, 1999.
57) 溝口敦, 『撃滅 山口組vs一和会』, 講談社, 2000, p.208.
58) 山口新聞, 2009.10.21자.

10. 코자쿠라잇카(小桜一家)

코자쿠라잇카(小桜一家)는 가고시마현(鹿児島県 鹿児島市 甲突町 9－1)에 본부를 둔 지정폭력단으로 히라오카 요시미(平岡喜榮)가 두목으로 활동하며 가고시마현 일대 세력을 벋쳐 약 100명의 조직원이 활동하고 있다.[59]

코자쿠라잇카(小桜一家)는 자신의 영역(나와바리)에 대해 타조직의 침입을 허락하지 않고 자신들도 타지역에 침입하지 않는다는 독자노선을 걸어가고 있어 경찰은 이들을 '먼로주의'라 칭한다. 1대 두목 오사토 세이조(大里清蔵)가 가고시마(鹿児島) 시내를 본거지로 1948년 결성하였는데 2대 두목 카타히라 타카시(片平孝)를 거쳐 1969년 진구지 후미오(神宮司文夫)가 3대 두목이 되면서 조직규모를 확대하고 1988년 히라오카(平岡喜榮)가 4대 두목에 오른 이후 1992년 지정폭력단이 되었다. 2009년 이후 이들 조직이 세력 확대를 통해 영역을 확고하게 굳히고 있어 가고시마현으로 진출하려는 야마구치구미와 대결양상이 전개될 것으로 예측하고 있다.[60]

11. 아사노쿠미(浅野組)

아사노쿠미(浅野組)는 아사노 마코토(浅野眞一)가 1955년 오카야마현(岡山県 笠岡市 笠岡 615－11)에서 조직을 결성한 폭력단으로, 4대 두목 모리타(森田文靖)에 이어 2015년 나카오카 유타카(中岡豊)가 5대 두목에 올라 조직원 127명을 거느리고 2개현에 걸쳐 활동하는 지정폭력단이다.

1955년 아사노 마코토(浅野眞一)가 조직을 결성한 후 1969년 11월 히로시마 항쟁을 거치면서 1970년 시모노세키에 거점을 둔 고다일가(合田一家)의 두목 고다 코이치(合田幸一)의 제의에 따라 반 야마구치구미 동맹 즉 '관서20일회'가 결성되고 1979년 4월 야마구치구미 3대 두목 다오카의 견제를 위해 '관서 20일회'와 공존노선을 선언했다. 1979년 8월 아사노 마코토가 병사한 이후 히타 요시오(日田義男)가 2대 두목이 되어 조직을 이끌 다 1983년 7월 병으로 조직을 은퇴하자 1983년 10월 쿠시타 요시아키(串田芳明)가 3대 두목이 되었다. 1988년 '관서 20일회'와 다른 '서일본 20일회'[61]가 결성되고 1990년 3월 아타미시의

59) 『平成２２年の暴力団情勢』, 警察庁 組織犯罪対策部 暴力団対策課企画分析課(2011년).
60) 『政策提言, 暴力団追放に関する条例の制定について＞暴力団の検挙状況等』, 鹿児島県(p.3), 2009. 3.25자.

이나가와카이와 형제관계를 맺고 1992년 12월 오카야마현 공안위원회에서 지정폭력단으로 지정되었다. 1996년 2월 共政会, 俠道会, 浅野組, 合田一家, 親和会 등 5개 조직이 친목도 모를 목적으로 '五社会'를 결성하여 현재에 이른다.

12. 도진카이(道仁会)

도진카이(道仁会)는 1971년 코가 이소지(古賀磯次)가 후쿠오카현 (福岡県 久留米市)에서 결성한 조직으로 현재 두목 고바야시 테츠지(小林哲治)가 조직원 850여 명을 거느리고 큐슈지방 4개 현(九州地方, 福岡県, 佐賀県, 熊本県 등)에 계열조직을 둔 지정폭력단이다.

분명한 반권력성, 반경찰적 색채와 극도의 호전적 경향을 가진 폭력단 조직으로, 결성 초기부터 많은 투쟁을 거쳐 이름을 알리게 되었다. 또한 10배 이상 조직원이 많은 야마구치구미를 상대하면서 한 걸음도 후퇴하지 않는 저돌성으로 1980년대 이른바 야마구치구미와 도진카이와의 전쟁이라 일컫는 '야마미치코소(山道抗争)'에서 격렬한 투쟁을 했고, 관동지방의 스미요시카이와의 대결에서도 한 발 물러남이 없이 총력전을 감행해 일본 야쿠자 세계에서는 '아주 매서운 조직'으로 악명을 떨친다. 오랜 기간 일본 내 강력한 범죄조직으로 활동하고 있어 '믿기 어려운 만용'이라거나 '흉포한 조직'이란 표현도 사용한다.[62] 2000년대 중반 무렵부터 큐슈 세이도우카이(九州誠道会)를 상대로 총기류를 사용한 격렬한 항쟁을 야기해 전국적인 관심을 야기하고 있다.[63]

도진카이(道仁会)가 여타 야쿠자조직과 수없이 싸워온 항쟁 가운데 특히 주목을 끄는 사건은 1978년 오무타시내(大牟田市)의 악명 높은 조직 바바잇카(馬場一家)와의 투쟁, 1980년 이즈잇카(伊豆一家)와의 항쟁, 1982년 무코야마잇카(向山一家)와의 항쟁, 1983년 바바잇카(馬場一家)와의 제2차 항쟁 및 스미요시카이와의 항쟁, 그리고 1986년부터 8개월 간에 걸친 야마구치구미와의 항쟁 등을 들 수 있다. 특히 스미요시카이와의 항쟁에서는 조직원 등이 대거 상경해 도쿄시내에 잠복하여 동시 다발적으로 스미요시카이 사무실을 급습했고,

---

61) 西日本二十日会는 1988년 관서 20인회를 해산하고 새로운 '서일본 20인'를 결성하여 야마구치구미의 영역확대에 대비한 공조체제를 결성했다. 참가조직은 唐津市의 西部連合, 下関市의 合田一家, 広島市의 共政会, 尾道市의 俠道会, 笠岡市의 浅野組, 松山市의 松山連合会(훗날 山口組 松山会) ,岡山市의 木下会, 徳島市의 勝浦会, 高松市의親和会, 大阪市의 波谷組등으로 그 후 1991년 波谷組의 두목 波谷守之가 서일본 20일회를 탈퇴하자 그해 '서일본20일회'는 해산되었다. 『実話時報』, 竹書房, 2009년 3월호.

62) New Yorktime, 2008.11.16.자(Suing the gang next door, Yakuza dragged to court).

63) Independent, 2008.9.9.자(The town that took on the yakuza).

'야마미치코소(山道抗争)'이라 불리는 야마구치구미와의 항쟁은 수차에 걸친 총기난사로 사상자가 많이 발생해 당시 전국적인 방송에 올라 세인의 관심을 야기했다. 세간의 이목이 집중된 또 다른 사건 중의 하나가 큐슈세이도카이(九州誠道会)와의 전투이다. 2대 두목 마츠오 세이지로(松尾誠次郎)가 2006년 은퇴를 표명한 이후 오무타시(大牟田市)를 본거지로 한 무라카미잇카(村上一家)를 중심으로 한 세력이 3대 두목 결정에 반발해 도진카이(道仁会)를 탈퇴하고 큐슈 세이도카이(九州誠道会)라는 새로운 조직을 결성한 것이 발단이었다. 즉시 도진카이(道仁会)는 AK－47기관단총으로 무라카미 일가(村上一家)에 대해 난사해 2년 간 7명의 사상자가 나왔다. 큐슈세이도카이(九州誠道会)에서 2008년 이후 양 조직 간 투쟁종결을 선언했지만 아직도 국부적인 항쟁은 계속 일어나고 있으며 2011년에 들어 양 조직간 투쟁은 더욱 격화되고 있다. 특히 2011년 이후 큐슈세이도카이(九州誠道会) 간부급 조직원의 승용차에 수류탄을 던져 폭파한 사건[64]과 사가현 이마리시(佐賀県 伊万里市)에서 도진카이 조직원이 큐슈세이도카이(九州誠道会) 간부를 권총으로 사살한 사건[65] 그리고 사가현 오기시(佐賀県小城市)에서 도진카이(道仁会) 조직원이라 의심되는 자가 큐슈세이도카이(九州誠道会) 조직원의 주택에 침입하여 살인한 사건,[66] 오카와시(大川市)에서 도진카이(道仁会) 조직원의 차량과 큐슈 세이도카이(九州誠道会) 조직원이 탄 차량이 추격전을 벌이며 총격전을 전개한 사건,[67] 도진카이(道仁会) 두목 저택에 큐슈 세이도카이(九州誠道会) 조직원이 기관총과 수류탄으로 무장하여 습격한 사건[68] 등이 폭넓게 보도되었다. 도진카이(道仁会) 조직은 최근 들어 마약밀매를 통해 조직 자금을 모으고 있다.

13. 신와카이(親和会, 일명 高松)

신와카이(親和会)는 카가와현 타카마츠시(香川県 高松市 塩上町二丁目14番4号)에 본부를 둔 지정폭력단으로 혼다회(本多会)계열 키타하라구미(北原組)가 전신으로, 현재 2대 두목 키라 히로후미(吉良博文)가 70여 명의 조직원을 거느리고 카가와현(香川県) 일대를 장악하여 활동하고 있다. 1대 두목 키타하라 전지로(北原伝次郎)는 야노 세이타로(矢野淸太郎)의 고분으로 활동하다 독립해 키타하라구미(北原組)를 결성해 2010년 혼다카이(本多

---

64) 産経新聞, 2011.4.7자(炎上車内から手榴弾を回収　福岡の元組幹部ら2人死亡事件).
65) 読売新聞, 2011.7.10자(病院射殺´ 道仁会系組員を殺人容疑などで逮捕).
66) 産経新聞, 2011.4.21.자(抗争関連か´ 降車直後に誠道会系組員刺され死亡 佐賀).
67) 読売新聞, 2011.6.10.자(2台カーチェイスか´ 大川の銃撃事件直前).
68) 佐賀新聞, 2011.8.26.자(道仁会会長宅で発砲や爆発　組員けが 久留米市).

会) 초대 두목인 혼다 히토시개(本多仁介)와 형제관계를 맺었다. 신와카이(親和会)의 원류는 1947년 태정관[69] 계열의 조직에 대항했던 키타하라 전지로(北原伝次郎)가 카가와현(香川県) 시의회 의원에 당선되고 1959년 12월 사위 시바타 사토시치(柴田敏治)가 2대째를 계승해 혼다카이(本多会) 두목을 직접 섬기는 고분이 되었다. 1965년 시바타 사토시치(柴田敏治)가 장인 키타하라 전지로(北原伝次郎)의 뒤를 이어 시의회 의원에 출마한 후 2대째 키타하라구미는 해산했다. 1965년 해산한 혼다카이 2대 두목이자 키타하라구미(北原組) 간부였던 호소야 카즈히코(細谷勝彦)를 두목으로 1967년 타카마츠 신화카이(高松親和会)로 명명했다가 1971년에 신화카이(親和会)로 개칭했다. 1971년 와카바야시구미(若林組)와 1차 항쟁 이후 1982년 2차 항쟁을 일으켜(일명 高松抗争, 타카마츠 항쟁) 한신 친목회(阪神懇親会)가 중재했다. 1984년 신타카마츄코소(新高松抗争)라 불리는 항쟁을 비롯해 타조직과의 항쟁을 반복하다 현재의 독립조직이 되었다.

1992년 12월 카가와현(香川県) 공안위원회로부터 지정폭력단이 되었고 2005년 2월에 야마구치구미 하부조직인 야마켄구미(山健組)와 나카츠가와구미(中津川組, 두목 나가오 마사시, 長尾昌志)와의 항쟁을, 4월에는 야마구치구미 하부조직인 고유카이(豪友会)와 항쟁을 일으켜 신와카이(親和会)조직원이 코우치시내(高松市)의 고유카이(豪友会) 본부에 총격을 가한 사건도 발생했다. 2005년 10월 키라 히로후미(吉良博文)가 2대 두목이 되어 2006년 1월 오사카 시내 도박장에서 조직원들과 함께 상습도박죄로 경찰에 적발되어 체포당했으며, 2007년 키라 히로후미가 야마구치구미 6대 두목 시노다 켄니치와 형제 잔을 주고받아 우의관계를 유지하고 있다.

14. 소아이카이(双愛会)

 소아이카이(双愛会)는 1952~1954년 타카하시 토라송(高橋寅松)이 치바현에서 조직을 결성하여 치바현 이치하라시(千葉県 市原市 潤井戸 1343-8)에 본부를 둔 지정폭력단으로, 치바현과 요코하마시를 중심으로 관동지방 일대 등 2현을 세력범위로 활동하며 6대 두목 시오시마 마사노리(塩島正則)가 최근 7대 두목 치즈카센(椎塚宣)에게 자리를 양보

---

69) 武光誠, 「律令太政官制の研究」, 吉川弘文館, 1999年(平成11年)発行, 2007年(平成19年)増訂.
태정관이란 일본의 율령제에 있어서의 사법·행정·입법을 맡는 최고 국가기관을 가리킨다. 장관은 태정관의 최고의 장관으로 중국식 이름의 상서성에 해당된다. 메이지 유신시기인 1868년 6월 11일에 공포된 정치체제에 따른 관제 개혁으로 민부성(民部省)이하 6성을 관할하다가 1885년(메이지 18년)에 내각 제도가 발족함에 따라 폐지되었다.

하여 치즈카센이 230명의 조직원을 거느리고 활동하고 있다.

사사다 테루(笹田照一)와 의형제관계를 맺은 타카하시 토라송(高橋寅松)이 1952년부터 1954년까지 2년에 걸쳐 활동하다 조직을 결성했다. 1972년 稲川会, 國粹会, 東亜会, 交和会, 義人党, 住吉会, 松葉会, 二率会 등 바쿠토 계열 폭력단과 친목관계를 가졌고, 특히 '관동 20일회'에 참여했다. 그 후 1992년 폭력단대책법에 따라 지정폭력단이 되고 당시 부두목이던 타카무라 아키라(高村明)가 5대 두목이 되어 활동하다 2007년 은퇴하고 시오시마 마사노리(塩島正則)가 6대 두목이 되었다. 6대 두목 이전에는 하부조직들과 부모의 잔(오야분－고분)이라는 의식이 없었으나 시오시마 마사노리가 6대 두목에 오른 뒤부터 하부조직과 관계를 돈독히 하기 위해 부모의 잔 의식을 거행하였고,[70] 2018년 7대 두목에 오른 치즈카센(椎塚宣)이 조직을 이끌고 있다.

15. 쿄도카이(侠道会)

쿄도카이(侠道会)는 모리타 코키치(森田幸吉)가 1969년 히로시마현(広島県 尾道市)에서 결성한 폭력단으로 현재 히로시마현 오노미치시(広島県 尾道市 山波町 3025－1)에 본부를 두고 두목 와타나배 노조미(渡邊望, 일명 池澤望)가 190여 명의 조직원을 이끌고 6개현에서 활동하고 있는 지정폭력단이다.

1945년 10월 타카하시 도쿠지로(高橋德次郎)가 히로시마현 오노미치시 쿠보2가(広島県 尾道市久保2丁目) 주택에 '타카하시 흥행부'(高橋興行部)라는 간판을 내 걸고 도박장을 개설하고 하부조직원 요코에 토시오(横江利雄), 모리타 코키치(森田幸吉) 등을 고분(子分)으로 받아들였고 1951년 4월 타카하시 도쿠지로는 오노미치시 시의회 의원에 당선되고 야쿠자를 은퇴한 후 1955년 12월 히로시마현 의회 의원으로 당선되면서 도박장을 모리타 코키치에 맡겼다.

1967년 12월 히로시마현 경찰은 야구 도박 용의자로 타카하시 도쿠지로와 타카하시 구미(高橋組) 주요 간부를 체포하자 1969년 1월 모리타 코키치(森田幸吉)가 구(舊)타카하시 구미(高橋組) 조직원을 중심으로 오노미치시에서 쿄도카이(侠道会)를 결성하고 1969년 11월 교세카이(共政会)와 항쟁을 일으켰다.[71] 1970년 시모노세키의 고우다 일가(合田一家)의 제

---

70) 実話時報(2011.12월호, 『侠への鎮魂歌 双愛会会長 塩島正則』, pp.3－8.
71) 飯干晃一, 『仁義なき戦い＜決戦篇＞』, 角川書店, 1980.
　　히로시마 항쟁이라 불리는 이 싸움은 1950년부터 1972년에 걸쳐 히로시마에서 일어난 야쿠자 조직 간의 싸움으로 제1차 히로시마 항쟁(1950년경), 제2차 히로시마 항쟁(1963년에서 1967년

창에 따라 반 야마구치구미 동맹인 '관서20일회'결성에 가담하였고 그해 4월 모리타 코키치는 코치현 코우치시(高知県 高知市)에 쿄도카이(侠道会) 코치(高知)지부를 설립, 5월에는 에히메현 이마바리시(愛媛県 今治市)에 이마바리(今治) 지부를 설립했다. 1972년 5월 야마다 히사시(山田久)와 모리타 코키치는 의형제가 되어 1979년 4월 야마구치구미 3대 두목 다오카 카즈오 자택에서 야마구치구미와 관서20일회와의 공존노선을 밝혔다. 그 후 1981년 9월 모리타 코키치는 카가와현 타카마츠시(香川県 高松市)에서 신쿄카이(新侠会)를 결성한 후 1987년 쿠마모토현 쿠마모토시(熊本県 熊本市)의 쿠마모토 동지회(熊本同志会)를 흡수했으며, 1988년 '서일본 20일회'를 만들어 다시 야마구치구미와 항쟁을 재개하면서 1989년 7월 모리타 코키치는 자신의 제안으로 '서일본 20일회'를 정식으로 결성한 후 1989년 10월 친동생인 모리타 카즈오(森田和雄)에게 두목을 넘겼다. 1990년 12월 모리타 카즈오는 조직의 명칭을 '2대 쿄도카이'(二代目 侠道会)로 개칭, 1993년 3월 히로시마현 공안위원회로부터 지정폭력단이 된 후 1996년 2월 共政会, 侠道会, 浅野組, 合田一家, 親和会와 '五社会'라는 친목회를 결성했다. 2001년 5월 모리타 카즈오의 뒤를 이어 와타나배 노조무가 3대 두목이 된 이후[72] 2007년 3월 고베시 나다구(神戸市 灘区)의 야마구치구미 본부에서 와타나베 노조무와 야마구치구미 집행위원장 테라오카 오사무(寺岡修)는 형제잔을 나누고 화해의 길로 들어 현재에 이른다.

16 타이슈카이(太州会)

타이슈카이(太州会)는 후쿠오카현 타가와시(福岡県 田川市 大字弓削田 1314-1)에 본부를 둔 지정폭력단으로 4대 두목인 히다카 히로시(日高博)가 조직원 180여 명을 거느리고 후쿠오카 일대에서 활동하고 있다.

후쿠오카현 타가와시내(田川市内)의 탄광 노동자인 오오다쿠 니하루(太田州春)가 1954년에 오오타구미(太田組)라는 쿠렌타이(愚連隊) 계열의 조직을 결성하여 세력을 확장한 뒤 1973년 타이슈카이(太州会)로 개칭하고 1991년 다나카 요시토(田中義人)가 2대 두목이 된 후 1993년 폭력단대책법에 근거하여 지정폭력단이 되었다. 工藤会, 道仁会, 福博会, 九州誠道会 등과 대등하게 후쿠오카현에 본부를 두고 工藤会, 道仁会, 熊本会 등과 함께 '四社会'를 결성하여 친목을 도모하는 등 연대를 강화하고 있다. 3대 두목 오마이카즈치타로(大

까지), 제3차 히로시마 항쟁(1970년 11월부터 1972년 5월까지) 등 영화 '의리없는 전쟁'의 모델이 되었다.

72) 正延哲士·天龍寺弦·松田一輝, 『実録 義侠ヤクザ伝 侠道 高橋徳次郎』, 竹書房, 2006.

馬雷太郎)를 거쳐 현재 4대 두목인 히다카 히로시(日高博)가 조직을 이끌어가고 있으나 외부
진출은 하지 않고 후쿠오카 일원에서만 활동하고 있다.[73]

17. 사카우메구미(酒梅組)

　　사카우메구미(酒梅組)는 오사카부 오사카시(大阪府 大阪市 西成区太
子1−3−17)에 본부를 두고 요시무라 미츠오(吉村光男)가 조직원 160여
명을 거느리고 1부 1현(오사카지역)을 지역기반으로 활동하는 야쿠자
조직이다.[74] 지난 2003년 4월 국회의원 마츠나미 켄시로(松浪 健四郎)
개인비서 급여 275만 엔을 사카우메구미 하부조직에서 운영하는 건설
회사가 지불했다는 사실이 알려지면서 일본 언론에 노출되었다.[75] 이 조직의 초대 두목은
토비 우메키치(鳶梅吉)로, 그 뒤를 이어 2대 두목 다나카 유기치(田中勇吉), 3대 두목 마츠야
마 아츠지로(松山庄次郎), 4대 두목 나카노 사치오(中納幸男), 5대 두목 타니구치 마사오(谷
口正雄), 6대 두목 오야마 코지(大山光次, 본명 辛景烈)가 그 뒤를 이었으며, 7대 두목 카네야
마 코사부로(金山耕三朗, 한국명 金在鶴)가 1987년 2월에 조직을 승계받아 2009년 9월까지
조직을 이끌어 왔다. 7대 두목이던 카네야마 코사부로(한국명 김재학)는 지난 1988년 11월
일본 오사카에서 열린 부산 칠성파 두목 이○○과 의형제 결연식을 맺었고 이 자리에 광
주·전남지역 최대 폭력조직인 국제PJ파 두목 여○○(呂○○)과 최○○(水原대표), 박○○
(번개파 두목) 등을 포함한 전라도 대표 4명을 포함해 한국 측 20여 명과 일본 야쿠자조직
원 20여 명이 참석했다.[76] 2009년 9월 2일 카네야마 코사부로(김재학)가 은퇴하자 부두목

73) 西日本新聞, 2009.7.11자(福岡県内の暴力団). 후쿠오카 경찰에 의해 지역에서 활동하고 있는 지
　　정폭력단 현황을 보면 쿠도회(키타큐슈시, 준구성원을 포함한 조직원 약 1,210명), 도우진카이
　　(쿠루메시, 약 470명), 타이쥬카이(타가와시, 약 260명), 후쿠바쿠카이(후쿠오카시, 약 360명),
　　큐슈 세이도카이(오무타시, 약 210명) 등과 야마구치구미(효고현) 하부 폭력단 등이 활동하고 있
　　어 전국 최다 지정폭력단 조직원이 후쿠오카 일원에서 활동하고 있다.
74) 警察庁, 警察白書, "指定暴力団の指定の状況" 2010.
75) 이른바 비서 급여 지불 문제사건으로 1997년부터 98년의 11개월 간 폭력단 회원이 회장으로 경
　　영하는 오사카부 카이즈카시의 건설회사가 국회의원이던 마츠나미의 개인비서 급여 275만 엔을
　　지급하였다고 문제가 된 사건이다. 마츠나미는 폭력단 관계자라는 사실을 몰랐다고 주장하나 폭
　　력단 회원이라 인식한 후에도 2개월 간 급여를 지불받았다는 사실과, 98년 3월에 주택 해체 공
　　사를 둘러싼 담합사건으로 마츠나미가 체포될 때까지 폭력단 관계자라 인식하면서 관계를 지속
　　한 사실이 판명되었다. 또한 비서 급여는 정치자금 규정법상 '기부'로 해야 하지만 마츠나미는
　　신고의무를 알면서 신고하지 않았고 급여 외에도 당선 축하명목으로 200만 엔을 기부받고도 정
　　치 자금 수취 보고서에 기재하지 않았던 것이 문제가 되어 사직을 요구하는 소리가 높아졌다.
76) 당시 씨름선수였고 현재 연예계 MC로 활동하고 있는 강某 씨도 같이 참석해 야쿠자조직과 관
　　련이 있다는 의문의 내용으로 보도되었다. 하지만 인솔한 당사자가 씨름협회장이라는 신분이었

이던 한국계 남여일(南與一)이 두목 대행이 되어 조직원 합의제에 의한 운영을 해 나가겠다는 약속으로 2010년 5월 정식 두목이 되어 승계의식을 치렀다. 그 후 2013년 요시무라 미츠오(吉村光男)가 9대 두목에 올라 조직을 이끌고 있으며 재일 한국인 위주로 조직이 구성되어 있어 향후 국내 폭력조직과 폭넓은 연대가 예견된다.

18. 쿄쿠도카이(極東会)

쿄쿠토카이(極東会)는 도쿄도 토시마구 니시케부쿠로(東京都 豊島区 西池袋 1−29−5)에 본부를 둔 일본 최대 데끼야(的屋) 계열의 야쿠자조직으로, 재일 한국인 마쓰야마 신이치(松山 眞一, 한국명 曹圭化)가 1都 1道 13縣에 걸쳐 1,400여 명의 조직원을 거느리다 2015년 조직원이 은행구좌 사기혐의로 기소되어 2016년 타카하시 진(高橋仁)이 6대 두목에 올라 현재 조직을 이끈다.

쿄쿠도카이의 전신은 쿄쿠토세키구치카이(極東関口会)이다. 초대 두목인 세이쿠치 아이지가 사망하자 야마구치 초지(山口城司), 고바야시 소하치(川林莊八), 다나카 하루오(田中春雄)가 데끼야 계열의 야쿠자조직을 결성하여 이끌어 오다 1990년 11월 재일 한국인 조규화(일본명 마쓰야마 신이치, 松山眞一)가 5대 두목이 되어 조직명을 '쿄쿠도카이(極東会)'로 개명하였다.

1983년 도쿄 이케부쿠로(池袋)에서 스미요시카이, 코우헤이 잇카(幸平一家), 쿄쿠토 세키구치(極東関口), 미우라 연합회(三浦連合会)가 영역을 놓고 항쟁을 일으킨 일명 '이케부쿠로 항쟁'이 벌어졌으나 마쓰야마 신이치(松山眞一, 조규화)가 중재에 나서 화해가 성립되고 이를 계기로 바쿠토와 데끼야 계열이 친목을 도모하였다. 1993년 7월 쿄쿠토카이는 도쿄 공안위원회로부터 야쿠자조직으로 지정되었고, 1995년 5월에 마쓰야마 신이치와 이나가와카이 두목 유타카 히로시(稲川裕紘)가 혈연의 잔을, 1996년 3월 마쓰야마 신이치와 마츠바카이(松葉会) 두목 야스시(牧野国泰, 본명 리춘성, 조총련 계열)와도 혈연의 잔을 교환하기도 했다.[77] 이 조직은 현재 일본 유일의 노점상인 데끼야 계열로 전국에 걸쳐 30여 개 지부를 두고 있다.[78]

고 두 조직이 의형제를 맺는다는 내용도 모르고 따라간 19세의 어린나이였기에 의도적으로 폭력조직에 참가한 것으로는 보이지 않는다.

77) 山平重樹, 『ヤクザ大全 この知られざる実態』, 幻冬舎, 1999.

78) 月刊朝鮮, 2011년 10월호.

19. 아즈마구미(東組)

 아즈마구미(東組)는 1960년 아즈마 키요시(東淸)에 의해 결성되어 오사카 니시나리(大阪府 大阪市 西成区山王 1-11-8)에 본부를 둔 지정 폭력단으로 현재 타키모토 히로시(滝本博司)가 180~290여 명의 조직원을 거느리고 오사카 일대를 거점으로 활동하고 있다.

아즈마구미(東組)는 폭력단의 군웅할거 지대라고 일컫는 오사카의 니시나리 지구(西成地区)에 거점을 두고 활동하면서 야마구치구미 등 대단위 조직에도 흡수되지 않으면서 조직결성시기부터 줄곧 독립 상태를 유지하고 다른 조직과는 일절 연대를 모색하지 않을 정도로 소수정예 조직원으로 운영하고 있다.[79] '부도하 이치몬'(武闘派一門, 최고의 싸움 고수)이라는 별칭이 있을 정도로 일본 야쿠자 세계에 알려져 있고, 1973년 미나미(ミナミ)에서 사소한 시비로 인해 야마켄구미(山健組)와 총격전을 벌였으며, 야마구치구미와도 폭력적인 대립 항쟁을 수차례 해왔다. 조직을 결성한 아즈마 키요시(東淸)는 '나니와의 협객'으로 이름이 있던 이케다 다이지로우(池田大次郎)가 이끄는 이케다구미(池田組)의 하부조직 간부로 활동하다 1960년 니시나리를 본거지로 아즈마구미(東組)를 만들었으나 조직 결성초기에 불과 30명도 안되는 조직원이었지만 1973년에 들어 120명까지 늘어났다. 1982년 3월에 야마구치구미와 싸우고 1987년에도 야마구치구미의 하부조직과 6개월 간 26건의 투쟁에서 5명의 사망자와 2명의 부상자를 내는 등 '센슈 항쟁'이라 불리는 전투를 비롯하여, 1983년 관서지방에서 굴지의 세력을 가지고 있던 사카우메구미(酒梅組)와 대립 항쟁을 일으켜 2개월만에 오사카뿐만 아니라 나라, 쿄토, 와카야마, 쿠마모토, 톳토리를 무대로 40회에 걸쳐 싸우기도 했다. 이들 조직 간의 싸움에서 쌍방 모두 사망자 1명, 부상자 8명, 체포자 107명으로 '신오사카 전쟁'이라 불리며 언론의 주목을 받았다. 그 후 1993년 8월 폭력단대책법에 따라 지정폭력단에 올랐고 40년을 이끌던 아즈마 키요시는 2010년에 은퇴한 후 타키모토 히로시(滝本博司)가 2대 두목이 되어 조직을 물려받았다.[80] 니시나리에서 활동하는 사카우메구미(酒梅組)와 조직규모가 비슷하며 2011년 경찰청 자료에는 조직원이 180명이라 하였으나 오사카 경찰청 자료에는 대략 290여 명이 활동한다고 기록되어 있으며[81] 주요 범행은 마약밀매이다.[82] 조직원 대부분이 오사카 출신으로 예전에는 간부급들이 니시나리 출신이었으나 현재는 소수만 남아있다. 아즈마구미(東組) 본부 사무소 입구

---

79) 産経新聞, 2011.7.28.자(指定暴力団に東組を再指定).
80) 実話時報, 竹書房, 2011년 12월호(二代目東組「精鋭座談会」).
81) 大阪府警察, 2011.10.19. 업무보고(暴力団情報：指定暴力団の指定状況).
82) スポニチ, 2011.10.24.자(東組組長を逮捕身分隠し口座開いた疑い).

현관에 '동쪽'이라는 문패를 걸고 있다.

20. 마쯔바카이(松葉会)

　　　　　이 조직은 1936년 카와이 토쿠사부로(河合德三郎)가 수하의 전문 도박꾼들을 끌어 모아 토목건축업체인 '세키네구미(関根組)' 간판을 내 걸고 출발했다. 1953년에 후지타 우이치로(藤田卯一郎)가 바쿠토 계열의 야쿠자조직원들을 규합해 세력을 키워 현재 도쿄 타이토구(東京都 台東区 西浅草 2-9-8)에 본부를 두고 조직원 650명이 관동 이북의 1도 1도 8현(1都 1道 8県)을 세력범위로 활동하며 1994년 2월 도쿄 공안위원회로부터 폭력단조직으로 지정되었다.

　　　　1960년 마이니치신문이 마츠바카이(松葉会) 집행부와 자민당 의원의 부적절한 관계에 대한 기사를 개제하였다는 이유로 마츠바카이 조직원들이 도쿄 본사(毎日新聞東京本社)를 습격해 책상과 의자를 집어던지고 서류를 불태우며 운전기에 모래를 뿌리는 등 행패를 부렸다.

　　　　1996년 3월 마츠바카이 당시 두목이던 야스시(牧野国泰, 한국명 리춘성, 북한 조총련계 인물)는 쿄쿠도카이(極東会) 두목인 마쓰야마 신이치(松山眞一, 본명 조규화)와 의형제 술잔을 교환했으며,[83] 2009년 3월에 들어 조직내부의 후계자 문제를 둘러싸고 주류파와 반 주류파간의 내분으로 반주류파가 '마츠바카이동지회(松葉会同志会)'를 결성하여 분리 독립하자 야스시(牧野國泰, 리춘성)는 은퇴했다. 6대 두목으로 오기노 요시로(荻野義朗)가 잠시 조직을 이끌다 2018년 이토 요시마사(伊藤芳将) 7대 두목으로 올라 현재에 이른다.

21. 후쿠바쿠카이(福博会)

　　　　　후쿠바쿠카이(福博会)는 후쿠오카현 후쿠오카시(福岡県 福岡市 博多区 千代 5-18-15)에 본부를 둔 야쿠자조직으로, 후쿠바쿠무츠미카이(福博睦会)가 그 전신이다. 1985년 야마구치구미 하부조직이던 이즈구미(伊豆組)의 이즈겐지(伊豆健児)가 '후쿠바쿠무츠미카이(福博睦会)'를 만들어 영역 다툼을 벌이는 과정에서 쿠마모토현 혼도시 시모우라마치(熊本県 本渡市 下浦町)에서 토착 야쿠자조직이던 '쿠마모토 20일회(熊本二十日会)' 소속 고

---

83) 実話時報, 2011년 12월호(松葉会 新役員人事 発表), p.194.

몬카이(虎門会) 직계 모리하라구미(森原組) 조직원을 살해했다. 당시 우메츠카이(梅津会)두목 우메츠(梅津明)와 이즈구미(伊豆組) 두목 이즈겐지(伊豆健児)의 제안으로 양 조직 간 충돌은 피했으나 이즈겐지는 이 사건을 계기로 후쿠오카에서 활동하던 군소조직 梅津会, 羽衣会, 太田会, 強友会, 太住会, 平野組, 中丸会, 永尾一家와 연합해 후쿠바쿠카이(福博会)로 통합하여 현재에 이른다. 1대 두목인 우메츠는 1993년 야마구치구미 두목이던 와타나베 요시노리와 의형제를 맺어 우의를 다지면서 조직기반을 굳힌 후 1997년 사망했고, 그 뒤를 이어 와다마사시냥(和田将志郎)이 2대 두목이 되자 2000년 후쿠오카현 공안위원회로부터 폭력단으로 지정되었다.[84] 2006년 재일 한국인 김인순(金寅純, 일본명 長岡寅夫)이 3대 두목이 되어 조직원 340여 명을 거느리고 4현에 걸쳐 활동하고 있다. 한국계 두목이 된 김인순은 야마구치구미 6대 두목 시노다 겐이치(篠田建市)와 의형제 술잔을 나눈 이후 양 조직 간 연대는 현재까지도 지속되고 있다.

22. 큐슈세이도카이(九州誠道会)

큐슈세이도카이(九州誠道会)는 2006년 재일 한국인 박만식(朴植晩, 일본명 村神長二郎)이 도진카이(道仁会)에 몸담고 있을 당시 자신을 따르는 조직원을 데리고 탈퇴해 후쿠오카현을 본거지로 남부의 오무타시(福岡県大牟田市上官町 2-4-2)에 본부를 두고 결성한 조직으로, 쿠도카이(工藤会), 타이주카이(太州会), 후쿠바쿠카이(福博会), 도진카이(道仁会)와 더불어 후쿠오카현을 무대로 하는 야쿠자조직이다. 현재 이 조직은 사가현(佐賀県), 나가사키현(長崎県), 쿠마모토현(熊本県), 야마가타현(山形県) 및 도쿄(東京)에 지부를 두고 재일 한국인 박정호가 380명의 조직원을 거느리고 활동하고 있다.

큐슈세이도카이가 도진카이(道仁会)로부터 분리되어 독립하게 된 계기는 2006년 도진카이(道仁会) 2대 두목이던 마츠오 세이지로(松尾誠次郎)가 은퇴하고, 3대 후임 두목 결정을 놓고 직계 최대 조직인 무라카미 일가(村上一家)를 거느리던 박만식이 반발하자 도진카이는 박만식을 파문했다. 도진카이를 이탈한 무라카미 일가는 박만식을 중심으로 몇몇 하부조직과 연합하여 큐슈세이도카이(九州誠道会)를 결성했고, 2007년 8월 도진카이 조직원이 큐슈에이도카이 조직원(오나카 요시히사, 大中義久)을 습격하여 살해하자 양 조직 간 싸움은 더욱 격화되었다.[85] 큐슈세이도카이는 조직결성 당시 도진카이(道仁会) 공격을 방어하기 위해

---

84) 飯干晃一, 『六代目山口組完全データBOOK』, Mediax Co, 2008, p.142.
85) 西日本新聞, 2009.2.4자.

야마구치구미와 친교를 맺어 연대를 쌓았고, 야마구치구미 요구에 따라 고베 총본부의 ID 인증에 가입(2006년)하기도 했지만, 야마구치구미는 큐슈세이도카이와 도진카이 양 조직 간 대립항쟁에 직접적으로 개입하기를 꺼리는 입장이다.[86) 이 조직은 결성 시부터 폭탄이나 자동화기를 비롯한 각종 무기를 사용하는 등 아주 격렬한 무장투쟁조직으로 알려져 있고, 도진카이와의 다툼에서 확인된 무기류가 일본 내 야쿠자조직 간의 투쟁에서 사용되지 않았던 러시아제 개량형 AK-47 소총으로, 이는 러시아 마피야와 연계하여 각종 무기류를 러시아에서 공급받았던 것으로 추정된다.[87)

초대 두목이던 재일 한국인 박만식은 2008년 마약단속법 위반혐의로 이바라키현(茨城縣)에서 체포되어 기소된 바 있고, 2009년에도 권총 소지 현행범으로 다시 체포되었다. 현재 2대 두목 박정호가 조직을 이끌어가고 있으나 돌출된 행동과 과격한 조직원 통솔로 평이 좋지는 않으며 현재까지도 도진카이(道仁会)와 줄곧 대립 상태를 유지하고 있다. 이 조직의 주된 자금공급원은 마약밀매와 고리사채 그리고 채권채무해결을 위한 폭력으로, 무고한 시민을 포함한 많은 사상자를 내는 등 악명을 떨쳐 후쿠오카 공안위원회로부터 2008년 폭력단으로 지정되었다.

23. 고베야마구치구미(神戸山口組)

2015년 8월 27일 현 야마구치구미 지도부(겐니치 시노다)의 운영에 반기를 들고 고베에서 결성한 조직으로, 현 두목 이노우에 쿠니오(井上邦雄)가 일본인, 재일 한국인, 재일 조선인으로 구성된 5,200명(조직원 2,500, 준조직원 2,700명)을 이끌고 활동하고 있다. 2016년 4월 15일 효고현 공안위원회로부터 지정폭력단으로 지정되었다.

24. 닌쿄야마구치구미(任侠山口組)

닌쿄야마구치구미(任侠山口組)는 2017년 4월 30일 고베 야마구치구미 직계에서 이탈한 오다 키즈나 마코토(織田絆誠, 한국명 김정기)가 일본인과 재일 한국인, 재일 조선인을 규합하여 결성한 신흥조직으로, 조직원 460명(준 조직원 300명)을 데리고 활동하고 있다. 2018년 3월 효고현 공안위원회에서 지정폭력단으로 지정되었다.

---

86) 産経新聞, 2008.3.19자.(九州誠道会 Ｖ ｓ 道仁会「抗争終結したい」).
87) 読売新聞, 2012.4.9.자(福岡で誠道会幹部　また撃たれる…頭部を拳銃で).

25. 간토세키네구미(關東關根組)

간토세키네구미(關東關根組)는 2014년 4월 5일 이바라키현 스치우라시(茨城縣土浦市櫻町 4-10-13)에 본부를 두고 결성한 조직으로, 오츠카마시키(大塚成晃)가 일본인, 재일 한국인, 재일조선인 등 160명을 이끌고 1都 1道 3縣을 무대로 활동하고 있으며, 2018년 4월 25일 이바라키현 공안위원회에서 지정폭력단으로 지정되었다.

제 4 절 야쿠자 문화

야쿠자 문화는 세 가지 틀 속에서 서로 유기적인 관계를 갖고 형성·발전되었다. 오야카타·고카타의 도제식 주종관계에서 발전된 잔 의식을 통해 보호와 복종을 찾을 수 있고, 수직적인 내부규율 속에서 조직문화의 고립성과 배타성을 알 수 있으며, 금전적인 이익추구를 통해 운영방식과 대립항쟁의 현상을 이해할 수 있다. 범죄하류문화의 잔 의식 속에는 부모와 자식잔, 형제잔, 상속잔, 수타잔 등 여러 형태가 존재한다. 이는 엄격한 상하관계가 존재하고 조직의 승계를 둘러싼 잡음을 잠재우기 위한 권위의 상속잔과, 대립항쟁 이후 투쟁자결주의에서 마시는 수타잔 등의 속성에서 알 수 있다. 그리고 경제적 이익추구에 매몰된 의리걸기가 돈벌이 수단으로 전락하였고 보호비는 가장 전형적인 폭력조직의 자금원이다. 최근 들어 합법적인 기업경영으로 선회하고 있지만 야마구치구미의 경우 운영자금의 많은 부분이 파친코나 유흥주점 등에서 나오는 보호비라는 사실은 여타 조직도 예외는 아닐 것이다.

1. 잔(盃)의식(오야분-고분 의식)

야쿠자조직의 구조적 특색은 혈연관계이다. 이러한 신분관계를 성립시키는 의식이 곧 '잔일(盃事)' 혹은 '잔식(盃式)' '교잔(交盃)' '결연(結緣)' 등이며, '결연의식(緣組み)'이라 불리기도 한다. 야쿠자 사회 잔 의식(盃事)은 그 자체의 독특한 전통과 습관에 근거해 옛부터 작법격식에 따라 엄숙한 분위기를 갖는 양식이 행해졌다. 야쿠자 사회는 이를 형식적인 의식이 아닌 단결과 통제를 상징하고 조직에 귀속 의식을 높이기 위한 소중한 책임을 다한다는 의미로 인식한다.

잔 의식(盃事)은 바쿠토(博徒)와 데끼야(的屋) 간에 차이가 있다. 바쿠토 계열에서 행해지는 잔 의식은 상속잔(相続盃), 부모와 자식잔(親子盃), 형제잔(兄弟盃), 수타잔(手打盃) 등이고, 데끼야 계열 잔 의식은 신농잔(神農盃), 부모와 자식잔(親子盃), 의형제잔(義兄弟盃), 친족잔(親族盃), 화해잔(仲直り盃) 등이 있다. 야마구치구미 두목 시노다 겐니치(司忍, 본명 篠田建市)가 2011년 4월 출소한 후 대내적으로 오야분－고분의 사카즈키 의식(술잔의식)을 통해 조직내부의 통제 강화를 도모하고, 대외적으로 여타 조직과 평화공존관계를 유지하는 등각 하부조직과 친목조직에 대해 계절마다 본부에 인사 방문을 요구하는 등 그 우위를 과시하고 있다.

(1) 부모와 자식 잔

부모와 자식 잔은 두목과 부하의 혈연관계를 특정하기 위한 의식으로, 길일을 택해 제단을 마련하여 바쿠토 계열은 우측에 '八幡大菩薩', '天·照·皇大神', '春日大明神'의 3축을 걸어 놓고 의식을 행하고 데끼야(的屋) 계열은 天·照·皇 대신 神農皇帝의 축이 걸려 있다.[88] 제단에는 서약서, 헌납 술잔, 술병, 소금, 생선 등이 준비되며, 생선은 도미 2마리를 준비하며 한 마리는 위로, 다른 한 마리는 아래로 하여 두목인 오야분과 새로 들어온 고분과는 양립될 수 없는 존재라는 사실을 각인시킨다.

잔 의식 참석자는 직접 당사자인 두목과 신입회원, 주선인(중개역), 시중 2명, 사회자, 간사(진행 담당), 입회인과 손님 등이며 때에 따라 조직 내 간부급들만 참석하여 간단한 의식을 치르기도 한다. 잔 의식이 끝난 후부터 타인에게 자기가 소속된 조직 이름을 밝힐 수 있고, '○○組'라는 간판과 명함을 사용할 수 있으며, 동시에 고분은 오야분에게 절대 복종하며 임의로 조직을 이탈할 수 없다.

(2) 형제 잔

야쿠자조직은 부하 상호간 엄격한 상하 관계가 존재하고 인물의 중량감에 따라 상하 관계가 정해진다. 야쿠자조직 내부에서 부하 상호간 의형제 관계이던, 다른 폭력단원 사이에 연결되는 의형제 관계이던 어느 쪽의 경우 모두 소속 두목의 허가를 받은 후 잔 의식을 행한다. 그러나 의형제라 해도 그 내용에 따라 '5분 형제', '5리 내리막 형제', '4대 6비율의 형제', '7대 3의 형제', '2대 8의 형제'로 각각 나뉘어 그 차이가 벌어지는 만큼 복종 관계가 강해진다.

---

88) 中野幡能, 『八幡信仰』, 塙書房, 1985, pp.65－83.

① 5분 형제 : 최협의 의형제 관계로 상하 없이 대등한 관계에 있는 의형제이다. 서로 '형제'라고 부른다.[89]

② 5리 내리막 형제 : 5분 형제와 4대 6비율 형제의 중간으로 4분 5리와 5분 5리의 관계에 있는 형제이다. 양자 간은 방석 1매를 양보하는 정도이다.

③ 4대 6비율의 형제 : 형이 6분, 동생이 4분을 가지는 의형제로, 형은 동생을 '형제'라 부르고 동생은 '형'이라 부른다. 잔 의식에서도 형이 6분까지 마시고 나머지를 동생이 마신다. 사카우메구미 두목 김재학과 칠성파 두목 이○○의 사카스키(酒盃·주배)의식에서 김재학이 형이 되고 이○○은 동생이 되어 6대 4비율 맹약의 술잔 의식을 치렀다.

④ 7대 3의 형제와 8대 2의 형제 : 형과 동생의 차이가 각각 7대 3분과 8대 2분의 관계에 있는 의형제로, 잔의 차이가 클수록 형제라기보다 부하에 가까운 관계이며 형을 '오야지산'이라 부른다.

(3) 상속 술잔

전통을 가진 야쿠자조직은 족보를 만들어 그 계보를 이어 간다. 데끼야 계열의 경우 수호신인 신농상(神農像)을 세워놓고 '신농 술잔'이라 칭하는 잔 앞에서 두목승계 교잔 의식을 행한다.

술잔 의식이 끝나면 바쿠토(博徒) 계열은 선대 두목으로부터 영혼(魂), 칼(刀), 승인서(承認書), 세력권의 양도(繩張りの讓渡), 조기의 수여(組旗の授与)를 통해 조직 깃발을 건네받고, 데끼야(的屋) 계열은 이외 신농상과 '13 향구 공인문서'를 수여한다. 공인문서는 데끼야의 토대가 된 책으로, 에도시대 교호(亨保)20년 막부로부터 노점이 정식으로 공인되었다는 사실을 인정받은 향구류 13종과 노점 공인을 받은 경위를 기록한 문서로 데끼야계열은 이를 대단히 중요하게 간직하고 있다.

상속의 선정은 선대 두목의 전권 사항이다. 선대 두목이 가지고 있던 모든 특권이나 세력권, 집단 내의 지배권 등 전부를 계승하는 것인 만큼 후계자를 잘못 선정하면 일족 불화의 원인이 되므로 최고 간부진의 사전 동의를 얻는 등 신중을 기한다. 그러나 일반적으로 상속은 자신의 직계 부하(若者頭, 若衆頭, 若頭) 중에서 후계자를 지명하고 예외로 의형제를 지정하거나 직계 부하 이외의 부하를 선정하기도 하나 자신의 친자식을 상속인으로 지정하는 경우는 거의 없다. 선대 두목이 은퇴하기 어려운 사정이 있을 때는 미리 상속인을

89) 飯干晃一,『六代目山口組光安克明幹部と二代目親和会吉良博文会長との五分義兄弟盃』, 六代目山口組完全データBOOK, 2008, pp.101-104.

정해 사망과 함께 지명상속을 시키거나 유언에 따라 상속인을 정한다. 지명상속에 의해 선대 두목이 현역을 은퇴하면 더 이상 조직에 대한 발언권은 없으나 연령과 능력에 따라 후견역이 되는 경우도 있다. 상속받은 두목은 조직 내에서 다른 조직원과의 사이에 신분 변화도 일어나 어제까지의 동년배도 두목에 오른 자에 대해 정중히 예의를 갖추어 다시 부모와 자식 잔 의례를 행한다.

(4) 수타 술잔(手打ち盃)

야쿠자 사회에는 서로의 결정적인 싸움은 피하고 자신의 문제는 자신의 손으로 해결한다는 '투쟁자결주의'라는 사고방식이 있다. 야쿠자조직은 경제적 기반을 유지하기 위해 세력권 유지·확대를 놓고 다른 조직과 끊임없는 대립관계에 있지만 일단 대립항쟁이 발생하면 양측 모두 사력을 다해 철저하게 싸운다. 그렇게 서로에게 손해가 커지고 경찰 조사를 받아 조직원들이 다수 검거되면 공멸할 수 있어 쌍방 간 '다시 했다(やり返し)'라는 의미로 화해한다. 제삼자인 중재인의 개입으로 '수타(手打, 손을 맞잡았다)'라는 야쿠자 특유의 의식인 '수타 술잔'을 주고받아 대립항쟁을 끝내고 조직 모두 존속과 공존공영을 도모한다. 합의가 성립되면 살상한 상대방에 대한 위로금과 중재인에 대한 사례 등 막대한 비용이 들어 조직에 부담이 될 수 있으나 그래도 화해가 우선이라 생각하고 수타 잔을 건넨다. '투쟁자결주의'는 조직 대 조직의 대립항쟁뿐만 아니라 개인 간의 싸움에도 이와 같이 처리한다.

야쿠자 사회의 독특한 화해방법인 수타 잔에는 그 방법에 따라 '양손 타', '한손 타', '화해'의 3종이 있으나 화해의 효력에는 별 차이가 없다. '한손 타'는 바쿠토 계열이 도박장 분쟁에서 비밀리에 화해하던 방법에서 유래하였고, 세력권을 둘러싼 항쟁의 수타에서는 '양손 타'가 관례이다. 수타 잔의 자리는 좌우 양측에 화해 당사자가 줄을 서 데끼야 계열은 쌍방의 얼굴이 안보이게 중간에 병풍으로 막고, 바쿠토 계열은 병풍으로 가리지 않고 바로 마주 보면서 수타 잔을 건넨다.[90]

2. 문신(刺青, いれずみ)과 의리

(1) 문신

'문신'은 바늘로 사람의 피부를 찔러 먹이나 색으로 그림이나 문자·문양 등을 조각한 것으로, 일본서기에 '문신'을 '경(黥)'이라 하여 신체에 반점이나 얼룩을 만들어 형벌의 일종

---

90) 猪野健治, 『高裁の判断で守りの組織へ勢力図を変える山口組の盃外交 – '国策'裁判でやくざ社会に変化』, 筑摩書房, 2007, pp.87–92.

으로 사용하였고, 그 후 자기 몸에 물감을 발라 장식하던 유행이 변하여 오늘날 문신의 풍습이 되었다고 전한다. 즉 문신은 일본 봉건시대 범법자의 팔목에 팔찌모양의 문신을 새긴 형벌의 하나로 기록되어 3세기 당시 '하층의 사람들이 얼굴에 문신을 했고 몸에도 그림을 그렸다'는 문헌이 전해 온다.[91] 일본에서 문신이란 용어가 널리 사용되던 시기는 메이지 말기부터로, 피부에 찌른 먹이 푸르게 보여 문신이라 칭하였고, 바쿠토와 데끼야 등 야쿠자 세계에서 활발하게 유행하여, 이러한 문신을 위협이나 공갈, 협박 등에 악용하였다. 또한 문신은 야쿠자 사회에서 사람들에게 위협을 주는 의미 외에 '고통을 참는 남자'라는 허세가 담긴 의미도 있고, 더 나아가 야쿠자 조직원이 자기 과시욕과 허영을 나타내기도 한다. 바쿠토 계열의 야쿠자는 문신을 통해 자신의 용기와 남성다움을 나타내었고, 자신이 세상에 배척당한 사람임과 동시에 소외된 사람임을 자인하려는 의도도 있어 유비쯔메와 문신 등은 바쿠토, 데끼야 등 주변부사회에 머물며 생활하던 사람들에게 빠르게 전파되어 지하세계에 국한된 풍습으로 정착되었다.[92]

(2) 의리걸기(義理かけ)

야쿠자조직은 의리와 인정에서 갈등이 생기면 의리를 따르고 사무라이 정신의 가치관을 흉내 내어 고통, 굶주림, 혹은 투옥을 감내하면서도 남자다움을 증명하려고 의리에 더 무게를 두고 행동한다.

일본 사회학자 야쓰다 시부로(安田 三郎)는 의리에 대해 고집설,[93] 타자에 대한 배려설, 호의의 교환설, 교제설, 사회규범설의 입장에서 정의했고[94], 히메오카 쓰토무(姬岡勤)는 호의에 대한 보답으로서 의리, 계약에 대한 충실로서의 의리, 신뢰에 대한 호응으로서의 의리, 도의로서의 의리 등의 유형으로 나눈바 있다.[95] 야쿠자의 의리는 주종관계를 맺은 이상 계약에 따라 때로는 불합리하다고 여겨지는 경우에 목숨을 버려야 한다고 다짐한다.

'의리걸기(義理かけ)'는 야쿠자조직이 행하는 각종 피로연, 결연의식, 장례식, 법요, 석방(출소)환영식 등에 나타나는 형태의 하나로, 일본 전역의 야쿠자조직에 대해 공통적으로 통용되는 용어이며 상대방에게 의리를 지킨다는 뜻이다. 야쿠자조직이 주최하는 행사에 초

---

91) 일본사학회 지음, 『아틀라스 일본사』, 서울 사계절, 2012.
92) 小野友道, 『いれずみの文化誌』. 河出書房新社, 2010, pp.34-52.
93) 津田左右吉, 『文学に現われたる我が国民思想の研究』, 洛陽堂, 1921, p.34.
　　고집도 의리다. 이는 주관적으로 보면 고집이 되고 객관적으로 보면 의리가 된다. 목숨을 버려야 할 때 버리는 것은 죽은 자의 심정에서 말하자면 고집이지만 죽어야 한다는 사회규범으로 말한다면 의리인 것이다.
94) 安田三郎(やすださぶろう), 『原典による社会学の歩み』, 講談社, 1974, pp.3-25.
95) 姬岡勤, 『義理の觀念とその社會學的基礎』, 高山書院, 1944, p.47.

대를 받으면 축의금이나 부조금(장례비) 등 의리를 다하지 않으면 안 된다. 이러한 의리를 다하기 위해 '의리걸기' 명목으로 경비를 지출한다. 약육강식의 야쿠자 사회는 언제 어디서 타조직으로부터 공격을 받을지 모르는 위험에 노출되어 있기에 각 조직 두목은 평소부터 두목끼리 인맥을 만들거나 타단체와 연합체를 만드는 등 조직의 존속을 도모한다. 예를 들면 두목끼리 의형제를 맺으면 그 집단끼리는 '친척 교제'라는 우호 관계가 설정된다. 만일 그 집단의 말단 조직원이 실수로 싸움을 해도 두목끼리 대화로 해결할 수 있어 대립항쟁을 하지 않아도 되며, 실력 있는 두목과 의형제가 되면 야쿠자 사회에서 격이 오르는 효과도 기대할 수 있다. 그러한 이유 등으로 야쿠자 사회에서 조직끼리 '의리걸기'가 매우 중요하다. 하지만 이 '의리걸기'가 최근 들어 각 조직의 위세를 과시하는 형태로 변질되어 점차 화려해지고 행사규모도 커져 돈벌이 수단으로 전락해 '억' 단위의 돈이 움직인다. 이러한 '의리걸기'로 인해 행사장 주변에 검정색 옷과 흑안경을 두른 조직원들이 다수 운집해 부근 주민들에게 공포감을 주는 상황이 발생하자 경찰에서 규제를 강화하고 있다. 2011년 신와카이(親和会)와 야마구치구미 조직 간에 발생한 대립 항쟁으로 신와카이 두목이 소속 간부의 출소 축하 위로금 명목으로 하부조직으로부터 의리걸기로 금품을 요구한 사례를 비롯해, 2002년 야마구치구미와 스미요시카이 간 발생한 대립 항쟁에서 야마구치구미 두목을 도와 살인죄를 범한 조직 간부 출소 축하명목으로 하부조직으로부터 금품을 취득, 2001년 야마구치구미 조직 내부 항쟁에서 권총을 발포하여 교도소에서 형기를 마치고 출소한 조직원의 출소 위로금 의리걸기를 한 사례 등이 있다.[96]

3. 야쿠자 내부규율과 제재

야쿠자조직 내부규율은 조직생활의 행동기준이며 제재를 수반하는 강제규범으로, 소위 '규칙'이라는 불문율이다. 폭력은 두목의 우월적 지배에 대한 부하의 무저항 종속이 그 기초이고, 두목의 명령이라면 무조건 이에 따르는 것이 부하의 사명이며 평소 마음가짐이어야 한다는 것이 내부규율의 근간이다. 즉, '규칙'은 두목에 대한 '충성심', 동료에 대한 '의리'를 기본으로, 배신행위는 결코 용서하지 않으며 배신행위에 대해서는 가혹한 제재가 뒤따른다. 이러한 특수 윤리가치관이 지배하는 야쿠자조직은 필연적으로 일반사회와 다른 독특한 행동 양식, 즉 원시적이고 난폭한 '폭력'을 이용하여 조직의 지배는 물론 사회적 지위를 높인다.

---

96) 警察庁, 組織犯罪対策部, 組織犯罪対策要綱, 2013.

1) 대역(身代り)

'대역'이란 야쿠자조직 체계상 대립항쟁 등 사건이 발생했을 때 수사기관에 두목이나 유력 간부가 검거되거나 구속을 피하기 위해 조직원 중 한 명이 두목을 대신해 수사기관에 해당 사건의 범인으로 자수하는 것을 말한다. 예부터 바쿠토 계열에서는 '대여(代貸し)'라는 제도를 만들어 두목을 보호하여 왔으며, 두목(貸元, 親分)아래 부두목(代貸, 전주), 대금담당(本出方), 도박조 담당(助出方), 행동대원(일명 똘마니, 三下) 등의 조직구조와 행동대원도 몇 개의 직책으로 나누어졌다.[97] '대역'의 역할은 주로 고참 행동대원인 바지사장이 전적으로 책임진다. 바쿠토 계열은 '대역'제도를 계승하여 도박사건에 한정하지 않고 조직 간 대립항쟁 사건 등 사안의 종별을 불문하고 행동대원이 조직방어를 위해 두목이나 유력 간부 대신 범죄 피의자가 되어 조직을 위해 희생하고 있다. '대역'이 되는 것은 조직으로부터 요구에 의한 경우와 조직을 위해 자발적으로 대역이 되려는 경우가 있으며, 징역에 처해지면 조직에서 전면적으로 가족을 돌본다는 전제와 복역을 마치고 출소하면 서열이 올라가 조직에서 중요 위치를 차지한다는 프리미엄도 있다. 일본 경찰에서 이러한 '대역'제도를 염두해 두고 수사를 진행하지만 좀처럼 수그러들지 않고 대립항쟁사건과 같은 조직의 존망이 걸린 사안인 경우 이러한 대역이 종종 나타난다.

2) 영역(繩張り, 일명 나와바리)

'세력권'이란 범죄조직이 정당한 권리를 갖고 있지 않으면서도 다른 범죄조직이 활동하지 못하도록 자기 권리를 주장하는 세력범위인 영역을 일컫는다. 일본 폭력단대책법 제9조 제1항 제4호에 '정당한 권한이 없는데도 자기 권익의 대상 범위로 설정하였다고 인정되는 구역을 말한다'라고 폭력단 세력권의 의의를 정의했다.[98] 바쿠토(博徒) 계열은 조직의 지배지역(일명 一家)을 '시마(섬)' 또는 '火場所(ひばしょ)' 혹은 '費場所(ひばしょ)' 등으로 칭하고, 그 일가(一家) 두목은 자기 시마에서 도박장 지배권을 총괄해 테라전(テラ錢, 일명 '데라'로 불리는 도박장 사용료)이익을 취하며, 직계 수하의 각 전주에게 도박장 지배권을 나누어 주면서 수시로 '데라(도박장 사용료)'를 납부하게 했다. 데끼야(的屋) 계열은 바쿠토의 영역에 대한 세력권을 '정장(庭場, 또는 정원이라 불림)'이라 하여 일정한 지역에서 영업하려는 일반 노점상에게 임의로 영업권을 주고 '자릿세'명목으로 돈을 받는다. 바쿠토의 '시마'와

---

97) 大下英治, 『首領 昭和闇の支配者 三巻』, 大和書房(だいわ文庫), 2006, pp.237-247.

98) 폭력단대책법 제9조 제4항 세력범위(일명 나와바리)를 설정하여 정당한 권한이 없음에도 불구하고 자기의 세력의 대상 범위로 설정하였다고 인정되는 세력권(다음 제12조의 2항 제3호에 대해 같다)안에서 영업을 하는 사람에 대해 명목 여하를 불문하고 그 영업을 영위하는 것을 용인하는 대가로 금품 등의 공여를 요구하는 것으로 규정하였다.

데끼야의 '정원'은 그 성격을 달리하기에 동일한 지역에서 양자의 세력권이 병존하기도 했지만 야쿠자 자금원이 다양해지고 일가일업(一家一業)체제가 무너진 이후 세력권 병존 상태는 없어졌다.[99] 야쿠자조직의 세력권 의식에는 일정 구역을 차지한 조직이 독점적·자의적으로 그 영역을 지배할 권리와, 더 나아가 경계를 명확히 구분 짓는 경계의식 등이 포함되어 세력권은 야쿠자의 독점적 가산이며 생활 원천으로, 세력권 내에서 오는 수익에 의해 조직을 유지하고 조직원의 생활을 지탱한다. 하지만 타조직이 자기 세력권을 탈취하려는 움직임에 대해 '야쿠자의 사수'라 하여 집단의 전 조직원을 투입하여 영역을 지킨다. 야쿠자조직의 대립항쟁 원인은 현상적으로 보면 단순한 말다툼이나 싸움에서 시작되는 듯 하나 그 이면에는 조직 내 생활근원으로서의 세력권, 그 구체적 형태로서 개개의 자금원 문제와 관계되는 경우가 대부분이다. 일본 경찰에 의해 폭력단체로 지정된 '도진카이(道仁会)'는 경쟁 조직인 '규슈세도카이(九州誠道会)'와 2006년부터 7년 간 47차례 충돌을 일으켜 일반인을 포함해 14명의 사망자가 나올 정도로 치열하게 대립해 왔다. 2012년 12월 충돌을 반복하는 폭력단체들을 '특정항쟁지정폭력단'으로 지정해 조직원 5명만 모이면 즉각 체포하도록 하는 법률이 시행되면서 두 단체 사이에서 충돌이 일어나지 않았는데 경찰은 집중단속을 피하기 위한 '위장화해'일 가능성을 배제하지 않고 있다.

3) 제재

야쿠자조직은 일견 견고한 조직으로 보이나 그 내부는 내·외로부터 끊임없이 조직의 존속을 위협하는 위험한 요인을 안고 있다. 즉, 타조직으로부터 영역(나와바리) 등 세력권을 둘러싼 공격 위험성과, 경찰 단속 및 야쿠자 배제운동으로 활동 장소가 좁아지며, 조직 내에서 두목과 조직에 대한 반항이나 배신행위 또는 부하 상호간 반목 등으로 두목의 지배와 집단의 일체성을 어지럽히는 행위가 반복해 발생한다. 그래서 야쿠자 내부는 안팎의 위협을 제거하고 조직 단결과 연대를 강화하기 위해 '조직규율'을 위배한 자에게 특별한 제재를 가해 조직을 유지·관리하고 있다. 그 대표적인 것이 폭력행사, 단지(斷指), 파문(破門) 등으로, 일상적인 명령 위반에 대한 대내적인 문제와 당사자가 개전의 정을 가지고 있을 때는 당사자가 책임을 지는 동시에 다른 사람에게 보여주기 위해 손가락 자르기(일명 유비쯔메)라는 단지(斷指)를 하고, 타단체의 조직원과 싸움을 하거나 일반시민에게 상처를 입히는 등 대외적인 문제를 일으켰을 경우 일정 기간 조직으로부터 추방(은어로 '일주하고 온다'는 표현을 사용)한다. 이는 두목의 뜻을 거역해서가 아니라 당사자가 문제해결에 실패했을 경우 통상 두목이 행선지를 지정해 짧으면 3개월 길면 1년이나 2년 후 돌아오기에 '파문'만큼 중대하지 않아 최근에 경찰 수사를 피해 위장추방하는 경우도 있다.

---

99) 土井泰昭, 『実録 剛胆ヤクザ伝 竹中組組長 竹中武』, 竹書傍, 2008, p.142.

① 폭력행사(린치)

폭력행사란 야쿠자 내부 규율을 위반한 조직원에 대한 사적 제재로 조직 내부 은어로 '담금질'이라 한다. 이는 본인에 대한 제재뿐 아니라 다른 조직원에 대한 본보기 차원에서 매우 잔인한 방법으로 행해지는 경우가 많고 때로는 죽음에 이르기도 한다. 특히 '동료 조직원의 여자에게 손을 댄 것', '경찰에 밀고한 것', '동료끼리 싸움을 한 것', '조직의 돈을 가져간 것' 등의 규율을 위배한 자에 대해서는 그 내용 정도에 따라 육체적 고통을 수반하는 폭력적인 제재를 가해 엄청난 고통을 안기거나 불구로 만들기도 한다. 야마구치구미 하부조직원이 탈퇴의사를 밝힌 조직원에 대해 "너 마음대로 탈퇴할 수 있을 것 같아, 그렇게는 안 되지"하면서 엄청난 폭행으로 탈퇴를 못하게 한 사례를 비롯해, 야마구치구미 조직 간부가 탈퇴 표시를 한 조직원에게 폭행과 협박으로 조직탈퇴를 못하게 했다.[100]

② 단지(斷指)

바쿠토 계열에서 죽음이나 축출로 가지 않더라도 조직 계율을 위반한 자는 속죄의 의미로 유비쯔메(단지)라는 세끼손가락 마지막 마디를 잘라 오야분에게 바친다.[101] 단지의 관습은 점차 데끼야 계열에도 번져 1971년 당시 야쿠자 조직원 42%가 손가락을 잘랐고, 그 중 10%는 두 번 이상 단지를 했다.

단지는 육체적 고통을 강제하는 사적 제재의 하나로 문신과 함께 폭력단 사회에서 넓게 행해지고 있는 특이한 만행이다. 단지의 종류는 손가락을 절단하는 것과 손톱을 뽑는 것 등이 있는데, 일반적으로 야쿠자 사회에서 자신의 손가락을 스스로 칼날로 절단해 그 절단한 손가락을 사죄 또는 성실의 증거로 두목 등 상대방에게 보낸다. 이는 '고통을 참는 것이 남자'라는 굴절된 야쿠자의 관념이 들어있다.

단지에는 부주의로 인해 일을 저질렀지만 본인이 개전의 정을 가질 때 본인에게 책임을 지게 하는 동시에 자발적인 성실의 상징으로 단지를 하기도 하고, 분쟁의 조정, 조직으로부터 탈퇴 등 강제적 의미로서 단지를 행하기도 하나 절단한 손가락은 반드시 상대 두목에게 보내는 것이 관습이다. 단지방법으로 첫 회는 새끼손가락을 자르지만 2회 이상에 걸칠 때는 환지, 중지의 순서로 절단하고, 제1관절 절단보다 제2관절로부터 절단 또는 제2관절의 절단보다 근원의 절단이 무겁다고 여긴다. 일본 폭력단대책법인 '폭력단원에 의한 부당한 행위의 방지 등에 관한 법률'에서 '폭력단원이 그 소속하는 폭력단의 통제에 반하는 행위를 했던 것에 대한 사죄 또는 그 소속하는 폭력단으로부터 탈퇴가 용인되는 대상의 취지로 그 손가락의 전부 또는 일부를 스스로 잘라 떨어뜨리는 것을 말한다'라고 단지를 정

100) 警察庁, 組織犯罪対策部, 組織犯罪対策要綱, 2013.
101) 유비쯔메는 바쿠토에게만 한정된 것은 아니라 일부 창녀들은 특별한 애인에 대한 헌신의 의미로 단지행위를 하기도 했다.

의했고,[102] 지정폭력단원이 다른 지정폭력단원에 대해 손가락 자르기를 강요 또는 권유, 손가락 자르는 기구를 제공하는 등 일체의 행위를 금지하는 한편 공안위원회는 이런 행위에 대해 중지명령을 발할 수 있다고 규정하였다.

　③ 파문(破門), 절연(絶緣), 제명(除名), 제적(除籍)

　　폭력행사가 야쿠자의 조직 통제를 위한 육체적 고통을 주는 사적 제재인데 반해 야쿠자사회에서 제도적으로 인정된 제재 방법으로 '파문', '절연', '제명'이 있고, 이러한 제도적 제재의 범주에는 들어가지 않지만 '제적'이라는 처치수단도 있다.

　　㉠ 파문(破門)

　　파문은 조직으로부터 추방 처분하는 제재이다. 두목의 얼굴에 먹칠을 했거나 두목이나 조직에 대해 반역과 저항이라 판단되는 행위가 있을 경우 행해지는 것으로, 선고방법에 따라 '구두 파문'과 '파문 답장', 내용에 따라 '지역한정 추방처분'이 있다. '구두파문(口頭破門)'은 기한을 끊어 파문을 선고하는 것으로 최근에는 구두파문이라는 용어보다 '근신'이라는 말을 쓴다. '파문 답장(破門回狀)'은 '파문장(破門狀)'이라는 답장을 만들어 다른 야쿠자조직에 넓게 통지하는 것으로, 파문장을 받은 야쿠자조직은 파문을 당한 사람을 객분(客分)이라 하여 상담, 교제 등 일체 상대하지 않는다. '파문 안내장' 제재는 조직에서 추방과 동시에 모든 야쿠자 사회로부터 제외되는 이중성을 가지는 등 제도적으로 확립된 제재이다. 따라서 파문이 결정되면 그 본인은 야쿠자 사회에서 생활할 수 없어 당사자에게는 몹시 무거운 제재라 할 수 있으나 어느 정도 기간이 경과하여 본인의 회개하는 마음이 인정되고 상당한 사람의 주선이 있으면 파문이 용서되어 조직에 복귀할 수 있는 경우가 있다는 점에서 절대로 조직에 복귀할 수 없는 '절연'이나 '제명' 처분과는 성질이 다르며, 복연했을 경우 '복연장(復緣狀)'을 각 조직에 보낸다. 최근 야쿠자조직은 조직원을 조직방위 차원에서 경찰 등 조사기관으로부터 눈을 돌릴 수 있도록 일부러 파문했다가 수사 고조열기가 식으면 다시 조직으로 돌아오게 한다.[103]

　　㉡ 절연(絶緣), 제명(除名)

　　절연과 제명도 파문과 같이 야쿠자조직 규율을 거역했다는 이유로 조직에서 추방하는 제재 처분이지만 파문의 경우 복연의 여지가 있으나 절연·제명의 경우 어떠한 이유에서든 복연이 될 수 없다. 그러나 어떤 경우에 절연이나 제명처분을 하는지 그 구분이 애매하나

---

102)「暴力団員による不当な行為の防止等に関する法律」, 指詰めを 「暴力団員が その所属する暴力団の統制に反する行為をしたことに対する謝罪又はその所属する暴力団からの脱退が容認されることの代償としてその他これらに類する趣旨で その手指の全部又は一部を自ら切り落とすこと」 と定義している°

103) 日本 警察白書, 2010.

중대한 규율위반이 있을 경우의 제재 처분이다. 절연이나 제명도 '파문 답장'과 같이 '절연장'이나 '제명 통지' 답장을 각 조직에 보낸다. 그 답장을 받은 각 조직은 당사자와 모든 관계를 끊게 되며 절연이나 제명 처분을 받은 사람은 야쿠자 사회에서 살아 갈 수 없다. 게다가 처분 이유가 된 규율위반 내용 따라 절연이나 제명된 후에 보복도 각오해야 한다. 결국 일반 사회에 복귀한다고 해도 용이하지 않으며 길거리를 헤매는 경우가 적지 않다.[104]

ⓒ 제적(除籍)

제적은 규율위반을 전제로 하지 않고 본인 스스로 제의(신청)에 의해 조직에서 탈퇴하는 것을 승인하는 '제적 통지'(除籍通知)를 각 야쿠자조직에 보내 발표하는 것이다. 따라서 제재 처분인 파문, 절연, 제명과는 성질이 다르다. 제적의 이유로 '노령에 의한 은퇴', '인생 전환 및 자금 궁박에 의한 조직 탈퇴' 등이 있지만 어느 쪽이든 두목의 승인이 필요하다. 이 경우 제적되는 본인은 손가락을 잘라 두목에게 보내기도 한다.[105]

4. 야쿠자조직 구조와 경제적 속성

(1) 야쿠자조직 구조와 문장(代紋)

1) 야쿠자조직 구조

일본 폭력단 야쿠자는 두목인 오야분과 부하인 고분이라는 상하의 신분 관계를 중심으로 구성되어 있다. 바쿠토와 데끼야 등 야쿠자조직의 성격에 따라 구조와 명칭도 약간 달라 바쿠토(博徒) 계열의 경우 카시모토(かしもと, 貸元),[106] 나가본(中番)[107] 등의 직책이 있고, 데끼야(的屋) 계열의 경우 와카나카(若衆, わかなか) 등의 직책이 있다. 대규모 폭력단인 경우 사제(舍弟), 약두(若頭), 약중(若衆), 약중(若中)[108]도 하부조직의 두목이 된다. 일본 최대 야쿠자조직인 야마구치구미는 5단계에 걸친 하부조직으로 구성되어 있다.

---

104) 福岡県弁護士会, 少年付添人日誌, 2010.
105) 『実話時代』, "五代目酒梅襲名披露御芳名録", 2012.6월호.
106) 돈을 빌려주는 사람, 전주(錢主)의 의미.
107) 파수꾼, 지키는 사람의 의미.
108) 若中(わかなか´ わかじゅう´ じゃくちゅう´ わかちゅう)이란 마을 젊은이 집단을 뜻하며 에도시대 15세부터 결혼할 때까지 가입한 청년단을 말한다. 이들은 마을 축제나 민속 예능, 혹은 마을 주위의 경비나 토목 작업 등 마을 일이나 혼례 등 대소사에 관여했고, 사회교육이나 제재, 힘겨루기 등을 했다. 메이지·타이쇼 시기에는 '청년단'으로 존속하면서 항상 중간 입장을 취해 마을세력 내 젊은이 중 아버지역할이었다. 야쿠자조직에서 가리키는 약중은 술잔의식을 통해 연결된 부모와 자식 관계의 부하인 약중(若衆)과 형제관계 사제인 약중(若中)으로 나눈다.

2) 문장(代紋)

야쿠자는 조직 통제와 단결의 상징으로 일가(一家)를 상징하는 문장을 만들어 사용한다. 이러한 문장을 사용하기 시작한 것은 메이지 시대 초기로, 야쿠자 일가를 상징하는 문장은 조직의 대소를 불문하고 독자적인 문장을 만들어 사용하며, 다른 조직과 식별을 용이하게 할 수 있는 점에서 이러한 관습이 생겼다. 관동지방에는 선대 두목이 사용하던 문장은 선대에 한하고 새 두목이 오르면 새로운 문장을 만들어 사용하였고, 관서지방에는 지명 상속자가 조직과 야쿠자 일가를 상징하는 문장도 함께 계승하는 경향이 있어 지금도 그렇게 하고 있다. 이러한 관습에 따라 개개의 야쿠자 조직원은 조직의 상징인 문장을 명함에 인쇄하고 배지를 만들어 의복에 붙이고 다니는 등 집단의 위력을 과시한다.

(2) 은어와 처세술

1) 은어

일본 야쿠자 사회는 특유의 많은 은어가 존재하며 일부 은어는 일반인들도 사용하고 있다. 야쿠자 사회에서 많은 은어가 사용되는 이유는 야쿠자의 긴 역사에서 길러져 온 특수 문화로, 동료 상호간 의미가 잘 소통되는 말을 사용함으로써 동료의식이나 집단의식의 강화 및 하류문화의 열등감을 약화시켜 일반 사회에 대한 일종의 반항심과 힘을 과시하며, 나아가 집단내부의 활동이 제3자에게 알려지지 않게 하기 위한 비밀유지 등을 이유로 은어가 사용된다.

2) 처세술

불과 수년 전만 해도 1억 5천만 명이라는 일본의 인구에 비례하여 범죄조직 구성원(준구성원 포함)이 10만 명이 넘었다는 사실은 일본 경찰과 야쿠자 사이에 특이한 모종의 관계가 존재하였기 때문이다. 일본 경찰청에서 범죄조직 일제단속을 통해 수백 명 이상의 조직원을 체포하여 처벌하는 것을 보면 조직범죄에 대한 경찰의 가차 없는 단속이라는 생각마저 들지만 이러한 단속은 일종의 교란작전에 불과하다. 오늘날 야쿠자조직은 자체적으로 변호사를 고용해 충분한 변론으로 조직원을 증거불충분 또는 경미한 범죄로 처리하여 며칠 안에 다시 석방하기도 하지만, 관례적인 단속이 있으면 누군가가 야쿠자조직에 귀띔 해주기에 두목급들은 안전하게 도피하는 등, 현지 경찰관들과 해당 지역 야쿠자 조직원은 서로가 돈독한 관계를 맺으며 생활하고 있다. 야쿠자조직은 경찰관이 법을 수행해야 하는 의무를 알고 있기에 조직원 간 파벌싸움에서 범행을 저지른 야쿠자는 가까운 경찰관서에 출석하여 스스로 자백하고 처벌받기를 원한다. 이러한 야쿠자조직의 처세와 유대관계가 일본

사회에서 야쿠자조직을 합법화시키는 역할을 했다.

(3) 상납금과 보호비

1) 상납금

야쿠자조직의 두목은 부하 조직원으로부터 그 격에 따라 회비·교제비 등의 명목으로 반강제적으로 금전을 징수해 조직을 유지한다. 상납금이란 명칭은 경찰 등 수사기관에서 사용하여 일반화된 것으로, 야쿠자 사회는 '상납금'이라는 말은 사용하지 않고 회비나 교제비 명목으로 부른다. 상납금 제도는 작은 방계 하부조직의 평조직원, 중간간부, 두목이 격에 따라 매월 일정액을 차상위계층 조직 사무소나 두목 자택에서 정례적인 '모임'을 통해 납입하는 것이 일반화되어 있다. 직계 하부조직에서 받은 이러한 상납금은 곧바로 차상위계층 조직에 다시 일정 금액을 상납하기에 상납금 금액은 격에 따라 각각 다르나 전국 규모의 광역폭력단 같이 대조직의 직계 간부가 되면 매월 백만 엔이 넘는 경우도 있어 유력한 광역폭력단에 따라 상납받은 금액이 월 수천만 엔 달한다. 상납금의 유형은 단순한 명목의 회비뿐만 아니라 '의리걸기'등에 의한 특별 징수금이나 야쿠자 조직원이 조직을 배경으로 획득한 이른바 '카스리(カスリ)'라는 상납금도 포함된다. 하부조직은 '조직의 비호를 받는 것에 대한 보답이다'거나 '야쿠자 일가를 상징하는 문장사용의 대가이다'라는 인식하에 납부하지만 상부조직은 '건달이 회비 걷는 것에 대해 불만을 가지면 안 된다. 납입하게 해주면 고맙게 생각해야 한다'로 당연시 한다.

2) 보호비(みかじめ料)

야쿠자는 세력권이라 부르는 자기 영역범위(나와바리)에서 활동하고 있다. 세력권 내에서 풍속영업을 하거나 하려고 하는 사람에 대해 그 영업을 인정하는 대가로 인사료, 자릿세, 수수료 등 여러 명목으로 금품을 요구하며 이러한 금품을 보호비(みかじめ料)라 하여 야쿠자조직의 중요 자금원이 된다. 보호비는 매월 3일에 지불한다는 '3일자'와, 3일 이내에 지불하지 않으면 그 가게를 잡는다는 '점포접수' 등의 은어가 있으며, 징수 대상 업체로 바(BAR), 스넥, 클럽, 패스트푸드점, 일반음식점, 파친코점, 게임오락실, 마작방, 유흥주점 등이다. 그 수법은 신규 영업점에 조직원을 보내 '이 근처는 우리 조직이 관리하고 있다'라고 협박하면서 조직의 위력을 나타내 위협하고, 요구를 수용할 때까지 집요하게 짓궂은 행동을 반복하는 수법을 쓴다. 그러나 이 보호비에 대해 종래 피해 신고를 하지 않고 잠재화한 경향이 있었으나 1992년 '폭력단원에 의한 부당한 행위의 방지 등에 관한 법률(통칭 폭력단대책법)'이 시행되어 보호비 요구가 '폭력적 요구 행위'의 하나인 중지명령 대상행위로 지정된 후 보호비 징수는 다소 줄었으나 일부 조직은 아직도 보호비를 걷어가고 있다. 폭력단

대책법에 '영업을 인정하는 대가로서 보호비 갈취(제9조 제1항 제4호)'와 '경호대가로서의 보호비(일명 경호비, 법 제9조 제1항 제5호)' 등 2개로 나누어 보호비를 규제한다.

야마구치구미 조직원이 관할권 내 음식점 업주에게 폭력단 위력을 나타내 5천 엔 가치의 물건을 2만 엔에 구입할 것을 강요한 사례를 비롯해 스미요시카이 조직원이 음식점 업주에게 폭력단 조직원임을 내세워 보호비 명목으로 매달 1만 엔을 요구하고 인근 주점에도 1년 간 반복해서 폭력적 금품 요구를 했고, 스미요시카이 조직 간부가 관할권 내 파친코점에서 폭력단 위력을 나타내 영업을 묵인하는 대가로 교제비 명목으로 월 5만 엔의 보호비를 받았으며, 이나가와카이 조직원이 관할권 내 음식점 업주에게 가게를 유지하려면 보호비 2만 엔을 내라고 요구, 야마구치구미 조직원이 영역 내 야외 도시락 업체에 대해 영업을 용인하는 대가로 금품과 재산상 이익 공여를 요구한 사례 등이 있다.[109]

제 5 절   야쿠자 범죄유형

1. 총회꾼(そうかいや, 総会屋)

(1) 총회꾼의 유래

총회꾼의 유래는 메이지시대인 1890년 상법이 제정될 당시 낭인들에 의한 보호업에서 시작되었다. 그 후 1960년대 접어들어 급속한 경제성장과 함께 야쿠자의 대부인 고다마 요시오가 총회꾼 조직을 이끌어 왔고, 70년대를 거쳐 80년대 최고정점에 달했을 때 500여 개의 조직에 6,800여 명의 총회꾼들이 활동해 당시 금액으로 920억 엔을 갈취했다.[110]

일본에서 총회꾼에 관한 최초의 기사는 1902년 신문에서 처음으로 보도되었다. 이 시기에 총회꾼이 주주총회에 관여하면서 발전한 것으로 미루어 볼 때 근대 일본 기업의 역사와 같이 해 왔다고 볼 수 있다. 1940년대 들어 많은 우익단체의 정객이 자금획득 수단으로 각종 회사에 출입하면서 사업체들로부터 돈을 뜯어가는 등 총회꾼과 같은 행동을 취한 사람도 나타났고, 전후 일본 경제부흥과 산업발전에 따라 총회꾼의 활동도 활발해져 1965년에는 불법자금의 다각화를 추구하는 야쿠자들이 총회꾼에 적극적으로 진출하면서 총회꾼

---

109) 신상철, "한국 폭력조직의 일본 야쿠자 문화추종 연구", 아시아연구 16(3호), 2013.
110) D·E 카플란·알렉두보로 지음, 홍성표 옮김, 『야쿠자』, 예지원, 1998, p.148.

도 범죄조직의 영향하에 들어갔다.[111] 1975년 초반 총회꾼 수는 5천여 명에 달해 주주총회는 내용은 없고 모양뿐인 총회로 전락해 일본 경제에 심각한 영향을 주었고, 1981년에 들어 형해화(形骸化)된 주주총회의 모습을 시정하고 그 활성화를 도모하기 위해 기업에 기생하는 총회꾼 근절을 목적으로 '주주총회 등의 발언과 의결권 행사 등에 관한 벌칙 강화(상법 제494조)와 주주의 권리행사에 관한 재산상의 이익 공여 금지 규정 신설(상법 제497조)' 등 상법 일부가 개정되어 이를 계기로 기업 측의 총회꾼 수는 감소하였으나 여전히 그 뿌리가 아직 남아 있다.

(2) 총회꾼 활동 요인

1) 기업의 무사 안일주의

전후 일본 기업들은 자본과 경영을 분리해 많은 기업들이 전문경영인을 채용하였다. 이렇게 되자 회사 경영이 부실하거나 경영상 어려움에 놓이게 된 최고경영자들은 자신의 재임 중에 일어난 경영상 문제점을 노출시키지 않기 위해 무사안일주의로 업무를 처리하였고 이러한 환경에서 총회꾼이 대책의 일환이 되었다. 전문경영인이 회사를 맡은 이후 기업 내 파벌과 인사를 둘러싼 내분이 발생했고, 경영상의 실패나 경리상 문제, 또는 간부의 스캔들이 총회꾼에게 약점으로 잡혀 주주총회에서 기업 경영자의 사회적 신용을 실추 당하기보다 금전으로 해결하는 것이 기업 경영상 도움이 된다는 판단에서 기업 경영진이 총회꾼을 주주총회 운영에 적극 이용한 측면이 있다.[112]

2) 주주총회 운영의 문제점

주주총회는 기업의 경영 내용과 경영 방침을 피력하고 그에 대한 주주의 질문에 당당하게 이해와 협력을 얻는 장소이다. 하지만 주주총회가 불특정 다수인의 모임이어서 의사진행에 어려움이 있고, 기업의 최고 간부가 총회 운영에 서투르다보니 주주총회 제도 자체가 총회꾼 등의 악질적인 괴롭힘에 대한 충분한 대항 수단을 갖추지 못하였다. 이와 같이 주주총회에서 분규가 발생하면 기업 자체의 신용이나 간부진의 경영능력을 의문시하고, 기업 간부 자신들의 자존심에 장애가 될 수 있다는 이유에서 주주총회를 단시간에 끝내려 한다. 이러한 이유에서 기업 측은 총회꾼의 힘을 빌려 주주총회를 부드럽게 진행한다.[113]

3) 총회꾼 활동과 유형

오늘날 총회꾼은 '경제연구소'라는 합법적인 조직과 명함을 만들어 활동한다. 사설탐

111) 城山三郎, 『総会屋錦城』, 文藝春秋新社, 1959, pp.67-79.
112) 平成17年 暴力団対策課(広報資料), 株主総会集中日 に向けた諸対策について, 2005.
113) 高杉良, 『金融腐蝕列島』, 角川書店, 1997, p.143.

정을 통해 회사 기밀을 알아내고, 중역들의 첩(情婦)에 관한 기록들을 관리하며, 잡지나 언론사에 창피한 소식들을 싣지 않는 조건으로 구독료나 광고료를 요구한다. 일부는 후원단체를 만들어 불분명한 명목으로 기부를 받기도 하고, 일부는 미인대회를 개최하여 스폰서가 될 것을 강요받기도 하며, 일부는 골프대회를 열어 터무니없는 참가비를 받기도 한다. 또 다른 총회꾼은 상장기업의 주식을 소량(대개는 10주 아니면 1주) 보유해 주주의 지위를 확보한 후 총회 진행을 원만하게 도와준다거나 훼방에 대한 협박으로 금품을 요구하며, 이들은 재무제표에 대한 기본지식과 재무비율을 해석하는 능력도 구비하여, 공개된 장소에서 나름대로 의견을 조리 있게 발표할 수 있는 능력을 갖춘 인물로, 다른 주주를 윽박지르거나 고함지르기, 장황한 연설로 시간 때우기 등의 수법과, 공장의 안전규율 위반 등을 열거하고 대중들 앞에서 체면손상과 관계되는 말들을 스스럼없이 하며 실무자들과는 대화를 하지 않고 오직 사장을 찾아 담판을 지으려 한다.[114]

① 주총만세 꾼(万歳屋)

주주총회에 참석하여 기업 측의 발언에 대해 무조건 '반대 없이 찬성'이라 외치며 회의진행에 협력하여 돈을 받는 무리이다. 총회 접수 이후 회사로부터 축의금을 받으면 그대로 돌아가기도 한다.

② 주식분할 꾼(分割屋)

보유주식이 많은 자가 주식분할을 요구하거나 양도명의 개서를 요구하는 사람으로, 기업의 사무량이 가장 많은 기말이나 연말을 노려 행동하기에 기업에서는 사무의 복잡화로 인해 분할을 요구한 주식을 시가 이상으로 매입하거나 문제점을 돈으로 해결하려는 기업속성을 이용하는 총회꾼이다.

③ 사건몰이 꾼(事件屋)

기업의 약점과 경영진의 스캔들을 찾아내 그것을 주주총회나 출판물 등에 공표하겠다고 압박해 기업 측으로부터 해결의 대가로 불법이익을 취하는 자들이다.

④ 총회난봉 꾼(総会荒し屋)

자신의 이름을 알려 총회 장소에서 기업을 공격하고, 기업에게는 '상대하기 벅찬 존재'라는 인식을 심어주어 금전적인 목적을 취하는 무리이다.

⑤ 주총진행 꾼(進行屋)

기업 측 주주가 되어 주주총회에 출석하여 반대파의 발언을 봉쇄하고 기업 측에 유리하도록 주주총회를 이끌어나가 그 대가로 일정 금액을 받는 무리이다. 총회꾼으로서는 경험과 실력을 갖추어 상당한 상위그룹에 속하는 무리로 보수 외, 위문료, 찬조금 등의 금품

114) 城山三郎, 『総会屋錦城』, 文藝春秋新社, 1959, p54.

을 받는다.

⑥ 출판 꾼(出版屋)

'○○경제 연구소' '○○통신사' 등의 간판을 내걸어 신문·잡지 등을 발행하며, 구독료·찬조금·광고료 등의 명목으로 돈을 뜯어가는 무리이다. 총회꾼의 상당수는 이러한 신문·잡지 등을 출판하고 있다.

⑦ 주총 중재 꾼(仲裁屋)

주주총회에서 분규가 발생했을 때 양쪽 사이로 들어가 타협안을 내놓고 총회를 무사히 진행시켜 사례 명목의 금품을 받는 무리이다. 공격꾼들과 협의하에 움직이는 경우가 많다.

⑧ 주총 공격 꾼(攻擊屋)

기업 내부의 일부 파벌이나 주식 매수자의 하수인으로 총회에 참가해 기업 측을 집요하게 공격하여 의뢰자로부터 사례를 받는 무리이다.

⑨ 기업 방위 꾼(防衛屋)

총회에서 기업 측에 공격해 오는 무리에 대해 기업 측의 의뢰를 받아 총회를 지키는 무리로 상당한 인원수를 보유하여 총회에 참석한다.

총회꾼들은 1개의 유형만 고집하는 것이 아니라 상대에 따라 다르고 기업 측과 주식 매수자 측 등 양쪽을 번갈아 대변하는 변신능력을 가지고 있어 거물 총회꾼은 평범한 경제 평론가 수준 이상의 지식과 경험을 가지고 있다. 2017년 총회꾼은 230명(2016년 대비 10명 감소)이며, 회사꾼,[115] 신문꾼[116] 등의 수는 875명(2016년 대비 45명 감소)이다.[117]

4) 국내 총회꾼 활동과 현황

우리나라의 주주총회에서도 총회꾼들이 활동한다. 1990년대 초기부터 활동하기 시작한 국내 총회꾼들은 1997년 외환위기 이후 그 수가 늘어나 2000년대 이후부터 본격적인 활동을 하고 있다. 2011년 상장사당 평균 6.4명의 총회꾼들이 활동하고 있는데, 이들은 소수의 주식을 갖고 주주총회에 참석해 경제적 대가를 노리고 특정인을 위해 의사 진행을 방해하거나 협력하고 있다. 국내 정기 주주총회를 개최한 상장사 341곳 중 총회꾼이 있다고

---

115) 警察庁組織犯罪対策部, "平成24年の暴力団情勢", 2012. 총회꾼 신문 건달 이외, 기업 등을 대상으로 경영 내용, 임직원 비리 등을 이용해 찬조회 등의 명목으로 금품을 갈취하는 등 폭력적 불법행위를 상습으로 또는 상습으로 할 우려가 있는 사람
116) 총회꾼 이외에, 신문, 잡지 등 보도기관의 공공성을 이용하고 기업 등의 경영 내용, 임직원 비리 등을 이용해 광고료, 잡지 구독료 등 명목으로 금품을 갈취하는 등 폭력적 불법행위를 상습으로 또는 상습으로 할 우려가 있는 사람.
117) 警察庁組織犯罪対策部, "平成28年の暴力団情勢", 2017.

응답한 기업이 184개로 54.4%에 달하고, '섀도보팅(Shadow Voting, 중립투표)'을 요청한 상장사는 38.0%인 128개사였다.[118] 국내 주주총회에 소요되는 시간이 평균 30분이 안 돼 일본의 주주총회를 모방하고 있다.

2. 사라킨(サラ金)

일본에서 세금포탈과 관련된 직종은 개인병원, 유흥업, 도박장(빠찡고 등), 개인 사채 대부업, 소프트웨어 컴퓨터 부품관련업, 여행사, 안마시술소 등으로 서비스직종 40%가 영업신고를 제대로 하지 않는다. 미국에서도 범죄조직의 대부인 알카포네가 소득탈세라는 명목으로 구속된바 있어 일본 정부도 야쿠자조직이 합법적인 사업체로 위장해 운영하고 있는 업소에 대해 대대적인 세무조사의 필요성을 절감하고 있다.

일본은 이자 제한법 및 출자의 인수, 예치금 및 금리 등의 단속에 관한 법률(출자법)에 의거 대출 원금이 10만 엔 미만은 연 20%, 10만 엔 이상 100만 엔 미만은 연 18%, 100만 엔 이상 연 15%를 상한으로 규정되어 있다.[119]

사라킨이란 셀러리맨을 상대로 돈을 빌려주는 금융업이지만 실제 '고리대금업자'이다. 1980년대 중반 일본에서 채무변재 불능자가 고리대금으로 인해 자살, 살인 등 각종 사회문제로 대두되었는데,[120] 빠듯한 생활 속에서 갑자기 급전이 필요한 서민들을 상대로 돈을 빌려주고 최고 109%의 높은 이자를 받는 고리대금업의 횡포에 가출 후 자살을 하거나 부모가 자녀를 고아원에 맡겨 가정이 해체되는 경우가 허다했다.[121]

불법대부업체의 가혹한 징수에는 범죄수단인 협박·강요·주거침입·퇴거불응·업무방해 등의 행동이 수반되기에 채무당사자나 가족에게 큰 고통을 준다는 점에서 문제가 발생하자 '대금업 규제 등에 관한 법률'의 개정으로 변호사가 적극 개입할 수 있고 동법 제21조 6항의 규정에 따라 대부업자는 채무자에게 원칙적으로 연락할 수 없게 되었다. 자산순위 1위 대부업체이던 타케후지의 경우 2009년 경영난의 어려움으로 인해 부도처리되었으나 2000년대 초반까지 대출액이 1조 6천 4백 50억 원에 달하는 거대 대부업체였다.[122]

2010년 기준으로 일본 내 전문 대부업체는 주로 독립자본으로 운영되던 기업이었지만 2013년 들어 회사의 경영악화로 금융지주회사에 편입된 사례가 많다. 현재 일본 내 중견

---

118) 연합뉴스, 2011.9.26자.
119) 杉本哲之, 『実録「取り立て屋」稼業 元サラ金マン懺悔の告白』, 小学館, 2008.
120) 読売新聞, 2008.3.19자(多重債務, 救済策ある).
121) 동아일보, 1983.5.16자. 3면.
122) 日本経済新聞, 2012.11.2자.

대부업체는 에이와(エイワ, 関東財務局長 第00154号 日本貸金業協会会員 第001053号), RH인시구노(インシグノ, 旧さくらパートナー, 北海道財務局長 第00001号), 쿠레디아(クレディア, 東海財務局長 第00040号), 株式会社그아즈(yours Co. Ltd.), 다이렉트원(ダイレクトワン, 東海財務局長 第00027号), SBI카드(SBIカード, 東京都知事 第28634号), 네트워크 카드(ネットカード, 関東財務局長 第01234号) 등이 있다.

국내 대부업의 경우 일본 대부업체인 'Rush&Cash'와 '산와머니'(三和ファイナンス)가 국내 시장점유율 1, 2위를 다투는 등 국내 대부업체의 70%가량을 일본 대부업체가 장악하고, 2018년 현재 재일교포 자금까지 더하면 국내 대부업 시장 70%를 점유하고 있다. 일본 대부업체인 러시앤캐시(Rush&Cash)는 2010년 순이익이 1,450억 원이었고, 산와머니도 순이익만 1,315억 원을 올렸으며, 이들 업체들이 국내 저축은행을 인수합병하려는 움직임까지 있어 국내 대부업체가 부실경영의 문제로 부도사태까지 가면 우리 국민의 세금으로 이를 충당해야 한다. 러시엔케시(Rush&Cash)의 경우 일본 히타치의 자회사 'A&O인터내셔널'이 1999년 한국에 설립한 금융업체로, 2004년 3월 경쟁 입찰에 의해 재일 한국인 3세가 7개 운영권을 따내 설립하여 그해 5월 'Rush&Cash'로 변경하여 2007년 8월 7개 공통 브랜드를 통합하여 2008년 1월 A&PF로 회사명을 변경했다. 국내 금융시장의 높은 이자율로 인해 일본 야쿠자 자금이 국내로 유입되고 야쿠자조직은 합법적인 대부업으로 엄청난 부를 축적하고 있다.[123]

야쿠자조직이 무등록 대부업으로 고금리 이자를 받는 '지하 금융'의 자금획득 사례를 보면, 야마구치구미 하부조직 간부가 무등록 대부업으로 법정 이자를 넘는 금액을 취득, 야마구치구미 직계 두목이 대출업으로 법정 이자를 넘는 금액을 취득, 이나가와카이 하부조직 간부가 대부업으로 법정 이자를 넘는 금액을 취득, 야마구치구미 하부조직 두목이 법정 이자를 넘는 이자를 취득한 사례 등이 있다.[124]

3. 프런트 기업

프런트 기업(フロント企業, 企業舎弟라 불리기도 함)이란 폭력단 구성원이 직접 기업을

---

123) 每日新聞, 2010.2.22자(韓国の消費者金融, 日系企業のシェアは50%超). 일본계 고리대금업체들의 한국 시장 잠식 중 야쿠자와 연계된 곳도 상당수 있는 것으로 파악되고 있다. 일본에서 자금조달이 어려워진 야쿠자들이 한국의 사채업자들과 손잡고 한국에서 고리대금업을 하고 있는데 야쿠자들 사이에는 한국에서 대금업을 하면 쉽게 큰돈을 벌 수 있다는 소문이 있어 일본 야쿠자들이 대부업이라는 간판을 내세워 한국에서 고리(高利)의 돈놀이로 하고 있으나 정상적인 공식 루트를 통해 투명하게 자금을 조달하기 때문에 불법자금으로 처벌이 어렵다는 지적도 있다.

124) 警察庁組織犯罪対策部, "平成28年の暴力団情勢", 2017.

운영하거나 준구성원이 야쿠자조직의 위력을 배경으로 기업을 운영하여 그 이익을 야쿠자 조직에 제공하는 것을 가리킨다.

프런트 기업에는 두 가지 유형이 있다. 그 하나는 야쿠자조직을 결성해 기업운영에 직접 관여하는 것이고, 다른 하나는 야쿠자조직의 준구성원과 같이 폭력단과 친교 있는 사람이 기업을 경영해 그 이익금을 폭력단에 제공하여 폭력단 유지와 운영에 적극 협력하는 기업을 말한다. 1986년부터 시작된 일본 거품경제를 통해 암흑가에서 활동하던 폭력단이 공개적으로 기업 전면에서 합법을 가장해 사회 전반에 진출하면서 합법적인 경제활동의 첨병 역할이 된 기업 및 경영자를 총칭해 프런트 기업이라 하며, 프런트 기업이 번 돈은 상급조직에 상납하고 최종적으로 야쿠자조직의 자금원이 된다. 종래의 자금조달은 주로 보호비 등에 의존하였으나 폭력단대책법 제정 후 회피 수단으로 많은 프런트 기업이 생겨났다.

1992년 '폭력단원에 의한 부당행위의 방지 등에 관한 법률(폭력단대책법)'에 의해 지정폭력단의 조직원이 '폭력적 요구행위'를 하면 공안위원회에서 '행정명령'과 '중지명령'을 발동해 폭력적 요구행위를 멈추게 할 수 있다. '행정명령'이나 '중지명령'을 위반하면 벌칙이 부과되기에 지정폭력단은 폭력단대책법 적용을 면하기 위해 프런트 기업을 설립해 형식적으로 탈퇴한 조직원을 프런트 기업으로 보내는 경향이 많아졌고, 프런트 기업에 진출한 업종은 금융업, 토목·건설업, 부동산업, 풍속영업·음식점 등이 많고, 최근에는 고급인력중개업(인재 파견업), 산업폐기물 처리 분야에도 진출하고 있다. 프런트 기업은 일반 기업윤리나 거래상식과는 다르게 분쟁이 발생하면 배후에 있는 야쿠자조직의 위력을 이용하기에 민사개입 폭력 사건의 대부분은 합법을 가장한 프런트 기업에 의해 행해지고 있다.[125]

최근 들어 야쿠자 개입의 색채를 희석시키기 위해 야쿠자 조직원이 아닌 일반인을 사원으로 채용하여 야쿠자와 직접 연관이 없는 인물을 '바지사장'으로 내세워 활용하고 있어 일반 기업과 프런트 기업과의 차이는 구분하기 어렵다. 더구나 풍부한 자금력을 동원하여 지속적인 성장가능한 분야에 출자하는 등 주식시장을 포함한 투자로 이익을 회수하여 돈세탁도 하고 있다. 또한 폭력단이 운영하는 프런트 기업이 만남 사이트나 옥션 등과 같이 급성장한 IT업계 및 휴대전화 컨텐츠 사업에도 진출하고 있는데, 인터넷상에 얼굴과 정체가 드러나지 않고 신분을 감출 수 있어 폭력단조직이 이를 적극 활용하고 있다. 2010년 9월 프런트 기업이 수산업까지 진출한 사실이 언론에 보도된 바 있다.[126]

---

125) 日本弁護士連合会民事介入暴力対策委員会·全国暴力追放運動推進センター·警察庁刑事局組織犯罪対策部, "平成28年度「企業が反社会的勢力による被害を防止するための指針」に関するアンケート", 2017.
126) 毎日新聞, 2010.9.28자(札幌市厚別区の「マルキタ水産」に対する特定商取引法違反での摘発).

4. 마약범죄

일본의 마약남용 시기는 3차로 구분된다.

제1차 남용기는 1940년~1955년 사이로, 일제 강점기 마약은 군수용품으로 대량 생산되어 병사와 군수공장 등에서 일하는 노동자들의 피로제거나 전투의욕고취 그리고 작업 생산능력 향상을 위해 복용하였다. 이 시기의 마약은 차의 분말과 필로폰을 혼합해 만든 알약으로 제조되어 가미가제 특공대원이 이것을 마시고 적함에 돌격하기도 했다. 그러나 군수용품으로 생산된 필로폰이 패전과 함께 일반인에게 유출되어 심각한 사회문제로 나타났다. 제2차 세계대전을 전후한 시기의 마약은 약사법에 따라 판매자에 대한 규제만 있고 사용자나 소지자 등은 단속하지 못하다가 1951년 '마약단속법'이 제정됨에 따라 마약의 수입·제조·양도·양수·소지·사용이 금지되어 1954년 당시 마약복용으로 검거된 수가 5만 6천 명이었다.

제2차 남용기는 1972년~1996년까지이다. 1973년 마약단속법의 개정으로 구성요건과 법정형량의 강화, 마약원료 수입 등의 예비 및 자금제공죄 신설 등이 이루어졌다. 하지만 1984년에 들어 마약사범이 급증하여 검거 수만 2만 4천 명에 달했고 1988년까지 5년 간 년 2만 명이 검거되었다. 마약사범이 지속적으로 늘어난 원인에는 야쿠자조직이 자금확보를 위해 마약밀매에 눈을 돌려 적극 가담한 것이 주원인이었다.

제3차 남용기는 1997년부터 현재까지로, 2000년에 접어들자 일본 정부는 마약과의 전쟁을 선포하였다. 이러한 배경에는 한국, 대만에 국한되어 유입되던 마약이 중국, 북한 등지에서 대규모 밀조되어 다량의 마약이 일본으로 유입되고, 야쿠자조직이 이란인 등 일본 방문 외국인 밀매조직과 연계해 마약밀매가 쉬워졌다는 점, 그리고 약물남용에 대한 죄책감이 희박해 청소년들 사이에서 마약을 갖고 노는 것이 하나의 패션이자 유행이었으며, 1975년 당시 1만 엔이던 1회분(약 0.02g)의 가격이 2000년대에 접어들어 2천 엔까지 내려가 마약 남용을 부채질했다.[127]

2016년 마약사범의 경우, 검거인원은 13,411명(전년대비 −113명, −0.8%)로, 이 중 필로폰 사범이 10,457명(전년 대비 −565명, −5.1%)으로 감소했다. 반면 대마사범 검거인원은 2,536명(전년대비 +435명 +20.7%)으로 계속 증가추세에 있다. 대마사범은 20세 미만, 20대, 30대 가운데 인구 10만 명당 검거인원이 각각 3.0명, 7.9명, 5.8명(각각 전년대비 +1.0명 +1.0 +1.5명)으로 젊은 층을 중심으로 증가했다. 마약밀거래 압수량은 1,428.4kg(전년대비 +1,033.8kg +262.0%)으로 선박을 이용한 대량 밀거래 사범이 잇따라 검거되어 크게 증

---

127) 警察庁刑事局組織犯罪対策部 薬物銃器対策課, "平成25年 上半期の薬物·銃器情勢", 2013.

가했고, 밀거래 사범 검거 건수는 82건(전년 대비 +9건 +12.3%)증가했다. 그리고 항공기를 이용한 밀거래 건수는 41건(전년대비 −3건, −6.8%)으로 감소추세이다. 또한 마약밀매 위험 관리대상 검거인원을 보면, 920명(전년대비 −276명, −23.1%)으로 5년만에 감소하였고, 검거인원 중 63.6%는 2015년 말까지 활동하였다. 위험관리대상자 가운데 인터넷을 이용하여 마약을 입수한 사범의 비율이 42.1%였다. 마약사범(필로폰, 대마사범, 향정신성의약품위반사범, 아편사범 등) 검거인원은 13,411명(전년대비 −113명, −0.8%)이며, 이 중 야쿠자(폭력단) 조직원 검거인원은 5,781명(전년대비 −602명, −9.4%)으로 전체 마약사범의 43.1%를 차지한다. 또한 외국인의 검거인원은 868명(전년 대비 +51명 +62%)으로, 전체 마약사범 검거인원의 6.5%를 차지했다.[128]

1970년대와 80년대 야쿠자조직에 의한 마약밀매는 70%가 우리나라 부산을 중심으로 거래되어[129] 일본 경찰의 수배를 받아오던 일부 야쿠자 조직원은 한국으로 도피해 한국 여인과 동거하면서 일본에서의 검거열기가 가라앉을 때까지 기다리기도 했다. 야쿠자조직에 의해 마약이 국내로 밀반입된 사례는, 야마구치구미에서 조직원으로 14년 간 활동했고 두목의 비서로 10년 간 활동하면서 마약으로 실형을 살았던 조직원이 2011년 9월 국내 판매 총책을 통해 와이셔츠 포장박스에 필로폰을 몰래 숨겨 들여와 거래하려다 검거되었다. 국내 총책은 일본 여인과 결혼해 영주권을 취득한 야마구치구미 한국 지부장으로, 야쿠자조직이 일본어와 한국어가 능통한 내국인을 지역 거점 조직원으로 포섭해 마약을 유통시키려한 것으로 보인다.[130] 그리고 일본 야쿠자조직의 하나인 쿠도카이(工藤會) 중간보스 조직원이 부산 진구 주택가 은신처에서 검거된 바 있다. 이 조직원은 부산에서 1년 6개월 간 도피생활 해 왔는데 일본에서 마약과 총기까지 밀반입해 활동했다. 이 야쿠자 조직원은 재일한국인으로, 내국인 공범과 함께 중국에서 마약을 밀반입했고 그 양이 31,800명이 동시에 투약할 수 있는 필로폰 956㎎, 시가 31억 원 상당이었다. 또한 그가 휴대한 총기는 러시아제 구형 'TT−33' 권총으로 안전장치가 따로 없어 전쟁 등에서 대량 살상용으로 쓰이는 총기류다. 그는 권총 1정 실탄 19발, 탄창, 등산용 칼 2자루, 1회용 주사기 1,000개 등도 휴대하고 있었다.[131] 2017년 이후 한국계 교포가 두목으로 있는 이나가와카이 조직원에 의한 마약밀매는 심각한 수준이다.

---

128) 일본경찰백서, 2017(조직범죄대책).
129) D·E 카플란·알렉두보로 지음, 홍성표 옮김, 『야쿠자』, 예지원, 1998, p.173.
130) 검찰방송(SPBS), 2011.9.26자.
131) 부산지방경찰청 국제범죄수사대 보도자료(2016.7.20자).

5. 총기범죄

일본 내 총기사용 범죄는 주로 폭력단끼리 대립항쟁에서 일어난다. 도진카이(道仁会)와 큐슈세이도카이(九州誠道会)와의 대립항쟁에서 보는 바와 같이 도진카이 하부조직원이 승차한 차에 큐슈세이도 조직원이 총격을 가한 것(후쿠오카, 3월)을 비롯해, 큐슈세이도카이 간부가 병원 출입구에서 도진카이 간부(58세)에게 권총으로 총격을 가한 것(사가, 4월 발생·7월 검거), 도진카이 조직원이 은퇴한 전(前)큐슈세이도카이 간부(78세)에게 수류탄을 투척(후쿠오카, 8월 발생·검거), 도진카이 조직원이 자택 앞에서 권총으로 총격당해 부상(쿠마모토, 9월), 큐슈세이도카이 조직원이 음식점 개장 현장에서 큐슈세이도카이 조직원으로부터 권총으로 피살(사가, 9월)되는 등 계속 총기사건이 발생하고 있다.

1) 총기발포사건 발생 현황

2002년 이후 폭력단에 의한 총기사용 범죄는 감소하고 있지만 2011년에 32건(2010년 대비 15건 증가) 발생으로 그 중 사망자 5명(2010년 대비 1명 증가), 부상자 7명(4명 증가)이며 주로 번화가나 주택가 등 시민생활과 밀접한 장소에서 총기사건이 발생하였다. 야마구치구미 하부조직 간부(48세)가 고속도로 톨게이트 대피장에서 사소한 다툼으로 상대 남성을 권총으로 살해하려 한 사례(토쿠시마, 4월 발생·5월 검거)를 비롯해 스미요시카이 하부조직 간부(56세)가 자신이 소속한 폭력단 사무소와 두목 자택에서 권총을 발사해 물건을 손괴(사이타마, 8월 발생·검거)한 사례가 있다.

총기사용으로 압수된 총기 수는 2011년 121정(2010년 대비 23정 증가)으로 경찰에서 총기관리를 강화하고 있지만 폭력단이 자택이나 사무소 이외의 장소(무기고)에 총기를 숨기고 있어 그 실태 파악이 어려운 실정이다. 이나가와카이(稲川会) 하부조직 간부가 숙박하던 호텔 방에 권총 2정, 실탄 130발을 은닉, 야마구치구미(山口組) 하부조직 간부가 자기 소유의 요트에 권총 1정, 실탄 63발을 은닉, 야마구치구미 하부조직 간부가 자가용 뒷좌석 밑에 권총 2정, 실탄 4발을 은닉, 쿠도회(工藤會) 하부조직원이 아파트 자택에 권총 10정, 기관총 4정을 은닉, 야마구치구미 하부조직 간부가 본인소유 공터 지하에 권총 3정, 실탄 43발을 분산해 묻어 은닉한 사례가 있다.[132]

2) 총기관리 대책

일본 경찰청에서는 폭력단 간 대립항쟁에 사용되는 총기에 대한 정확한 정보수집과, 폭력단이 소지한 총기압수를 위해 중점단속을 추진하고 있다. 총기근절 대책의 일환으로

---

132) 警察庁組織犯罪対策部, "平成25年度 銃器対策推進計画の概要"(銃器対策推進会議), 2013.

옥션 사이트 등에 대한 사이버 검색을 강화해 인터넷상 불법총기 단속을 강화하고, 권총 등 불법총기에 관한 신고의식을 높이기 위해 일본 경찰청에서 시행중인 '총기 110신고제도'를 통해 불법총기에 관한 시민제보 활성화에 주력하고 있다. 이를 위해 각 지방과 협의체를 구성해 정보교환 및 합동 모의훈련을 실시하는 등 관계 기관과 연계를 도모하고, 전국 검찰관 회의를 통해 총기사범에 대한 형량을 상향 조정하고, 총기밀수를 효과적으로 단속하기 위한 밀수·밀매 루트 규명에 총력을 기울이며, 이를 위해 선박순시와 항공기 순찰을 강화해 감시망 구축과 여객정보를 입수하여 수상한 화물·선박 등에 관한 부서 간 업무협력을 하고 있다. 이와 동시에 총기밀거래에 관한 국제 네트워크 구축강화와 엽총 등 소지허가의 엄격한 심사 및 정확한 행정 처분으로 부적격자를 배제하는 등 총포·탄약의 적절한 관리와 엄격한 총포 행정을 추진하고 있다.

6. 성매매 범죄

1980년대를 전후하여 일본 야쿠자도 세대교체를 시작하여 젊은 야쿠자 조직원의 경우 높은 교육수준과 국제적인 안목으로 영어를 충분히 구사하고 있다. 일본 경제의 급성장에 따라 관광문화산업이 발전하고 일본인들의 해외여행이 증가하자 신세대조직원들은 이웃인 한국과 대만을 비롯해 동남아시아 성매매 시장에 진출했고 동남아시아 지역 현지 범죄조직과 연합하여 성매매 사업에 주력하고 있다.

1960년대 중반 타이완에서 시작된 일본의 섹스관광은 1972년 중국과의 수교로 사양길에 접어들자 일본 관광객들은 한국으로 눈길을 돌려 1970년대 말에는 '기생파티'가 만연해 일본 여행객 1/3 이상이 섹스관광차 한국을 방문했다. 1990년대 이후에는 일본과 3시간 거리에 있는 동남아시아의 태국과 필리핀으로 눈을 돌리기 시작하면서 일본 야쿠자조직도 성매매 시장 점유를 위해 조직원을 동남아시아로 보내 현지 뚜쟁이들과 접촉하면서 일본인들에게 여자와 마약을 공급하기 시작했다. 2000년대 이후 동남아시아 각국에서 성매매 반대운동이 거세자 야쿠자조직은 합법적인 일자리를 제공해 주겠다는 조건으로 동남아시아 여자들을 일본으로 불러들여 성매매에 종사시켰다. 성매매 사업은 수익이 클 뿐 아니라 동남아시아에서 공급되는 여자의 몸값도 싸고 성매매로 단속되어도 마약이나 총기밀매와 같이 중형을 받지 않는다는 점을 노려 성매매와 포르노그라피 산업에 열을 올리고 있다. 특히 필리핀에 진출한 야쿠자조직은 현지 정치인과 공생관계를 지속하면서 교묘히 법망을 피해 마카티지역과 마닐라도심의 남쪽에 위치한 에르미타지역 등에 유흥주점과 클럽 등 위장업소를 개설해 마약밀매, 무기밀매, 인신매매 등에 깊이 뿌리 내리고 있다.[133]

우리나라 여성의 경우 서울과 부산 등 유흥업소를 전전하다 사채를 갚지 못해 일본으로 건너가 몸을 팔면서 성노예 생활을 하는 한국인 여성이 도쿄에 3만여 명이 있다. 특히 도쿄 우구이스다니(鶯谷駅)역 부근의 200~300여 개 한국 업소에는 약 2만여 명의 한국인 여자들이 성매매에 종사하고 있다. 야마구치구미는 한국 성매매 여성 송출과 업소운영에 노골적으로 개입해 최종 수입을 착취하고 있으며, 인권사각지대에 갇힌 한국 여성들은 포르노제작에 관여하거나 성노예 생활을 하고 있다.134) 또 다른 사례로, 한국 남성 동성애자와 성전환자 등이 성전환수술비를 벌기 위해 일본으로 건너갔으나 이나가와카이 조직원들에게 송출수수료와 보호비 등을 뜯겨 요코하마 등지 성매매업소에서 남자 접대부로 억류생활을 해 왔고 일부는 AIDS 보균자로 드러났다.135)

7. 사회운동 빙자꾼(동화행위)

사회운동 빙자꾼이란 일정한 사회운동 혹은 정치활동을 가장해 부정한 이익을 요구하거나 폭력적 불법행위를 행할 우려가 있는 행동으로 시민생활에 위협을 주는 사람이나 그 집단을 가리킨다.136) 이러한 사회운동 표방행위는 실제로 시민생활에 큰 위협을 주고 있어 사회적으로 문제가 되고 있다.

동화(同化)행위 또는 사회운동 빙자행위는 사회운동을 구실로 기업이나 행정기관 등에 대해 기부금을 요구하거나 기관지(잡지) 구독을 강요하거나 또는 특별 융자나 거래를 강요하는 등 여러 수법을 동원하여 불법자금이나 이득을 취한다. 동화운동은 전후시기 '부락 차별'을 없애고 국민의 평등권을 확립하기 위한 운동으로, 동화행위가 본격적으로 출현하게 된 것은 1980년대 중반 이후이다. 우익정치 빙자활동이란 우익정치활동을 가장해 불법 자금을 모금할 목적으로 민간기업 등에 대해 정치활동 찬조금이나 기부금, 기관지(잡지) 광고나 구독료 등의 명목으로 불법자금을 도모하는 단체의 활동을 가리킨다.137) 우익정치단체

---

133) 警察庁組織犯罪対策部, "平成24年の暴力団情勢", 2012.
134) MBC, 2013.4.28자.
135) CBS, 2009.3.9자.
136) 사회운동 표방 꾼은 각 도도부현의 시청 진흥과에 정치 단체로 등록한 신흥 정치단체로 정치활동이 목적이 아니라 폭력단대책법에 의해 해산 위기에 몰린 폭력단의 구성원들이 단순 이득이나 사기·공갈을 목적으로 행하는 각종 행동, 구호 등을 말한다. 전통적인 폭력단의 경제활동에 대한 대책 강화와 1981년 상법 개정에 의한 총회꾼 대책이 실시되자 나타나기 시작하여 1986년 경찰청에서 대책이 필요한 집단으로 분류되었다. 주주권 행사에 이름을 빌리거나 사회 운동이나 정치활동을 가장하거나 표방하는 등 합법적인 행위를 치장하면서 기업활동에 개입하고 폭력단의 위력을 이용하여 부당한 이익을 취한다. (재)폭력단 대책 추진 센터 등 공공기관과 변호사 등이 무료서비스를 제공하고 있다.

및 우익동화단체 등 사회운동을 빙자하는 단체는 해마다 증가하고 있으며 수법도 교묘화, 악질화되고 있다. 직장 내 업무상 실수나 스캔들을 이용해 면담을 강요하거나 집요한 전화 공세, 가두선전차량을 이용하여 회사나 임원의 자택 앞에서 부정 추궁 연설을 하는 등 기초자치단체 의원 등과 개인을 대상으로 공갈 등을 일삼아 폭력단의 불법자금 획득의 새로운 진출 영역이 되고 있다.

8. 폭력범죄

(1) 행정대상폭력

행정대상폭력이란 야쿠자조직이나 그 조직원이 지방공공단체나 행정기관 또는 그에 소속된 공무원을 대상으로 불법부당한 이익을 취하기 위해 행하는 폭력을 말한다. 최근 들어 야쿠자조직이 지방공공단체인 행정기관과 그 공무원을 대상으로 위법부당한 요구와 부정이익을 취하는 움직임이 현저하게 나타나고 있다. 이에 일본 수사기관에서 강력히 단속하고 있으며 아울러 각 행정기관과 담당 공무원이 피해를 입지 않도록 지도 계몽을 강화하고 있다. 이와 같은 행정대상폭력이 증가하는 요인은 야쿠자의 활동이 종래에 비해 자금 확보가 어렵고, 행정기관의 무사 안일한 태도와, 행정업무의 특성상 예산집행에 낭비가 심하기 때문이기도 하며, 행정기관 공무원의 자세와 태도에 허점이 있기 때문으로 풀이된다. 야쿠자조직이 행하는 행정대상폭력에는 행정기관 지도감독 권한을 촉진하는 형태(권한 악용형)와 행정기관 또는 그 공무원에 대해 자금이나 공금을 비롯해 금품을 요구하는 형태(자금 원형) 두 가지로 분류할 수 있다.

2011년 일본 정부는 전국 지방자치단체 행정공무원을 대상으로 야쿠자조직의 부당한 요구사실 여부에 대해 조사를 실시하였다. 이 조사에서 야쿠자로부터 부당요구를 당한 경험이 있다는 대답이 전체 응답자의 38.2%인 476건에 달했다. 부당한 요구를 한 인물로는 야쿠자 조직원을 포함한 주변 인물이 34%, 사이비 우익인사 23.6%, 사회 정화군 23.1%, 불명 20.3% 순이다. 요구내용은 생활보호비 청구가 절반 이상으로 가장 많고, 그 다음이 책자구독요구 19.2%, 인허가 결정요구 15.9%로 이어졌다. 부당요구 방법은 전화요구 52%(131건)와 직접 방문 43.7%(116건)이며, 요구행위는 큰 소리를 내거나 고압적인 자세 68.1%(79건), 집요하게 따라 다니면서 귀찮게 행동하는 것(29.3%)이었다. 그러한 요구에 거부한 응답이 91.2%(166건)로 대부분을 차지했으나 부당한 요구임에도 일부 따른다는 의견 (3.8%, 7건)도 있었다. 부당한 요구를 들어주는 이유로는, 보복을 받을 위험성 때문(27.3%)

---

137) Peter B·E Hill, 『ジャパニーズ・マフィア　ヤクザと法と国家』, 田村未和訳, 三交社, 2007.

과 민원야기나 문제점이 발생할 것 같아 처리(18.2%)한다고 답했다. 또한 부당요구를 거절했을 때 야쿠자 조직원이 바로 물러나거나(33.5%), 몇 번 요구하다가 물러났다(44.5%)로 나타나 대체적으로 물러서는 것으로 조사되었다. 행정대상 부당행위 요구에 대한 상담기관으로 경찰이 60.0%(78건) 가장 많았고, 변호사 25.8%, 상부 기관 15.1% 순이었다[138] 행정대상폭력에 대한 구체적인 사례로는, 2009년 야마구치구미 하부조직원이 자기가 속한 어업조합의 정기검사에서 개선요구를 받아 법정 퇴출 통고장을 받은 것에 격분하여 현(縣) 사무소 담당 공무원에게 검사결과를 트집삼아 협박한 사례, 야마구치구미 하부 조직원이 경륜자동차를 보유하고 있음에도 이를 보유하지 않았다는 허위 신고서를 제출해 생활보호비를 부정하게 수급한 사례[139]를 비롯해, 2012년 코도회(弘道會) 하부조직 간부가 현(縣) 공무원에게 건설업자에 대한 행정편의를 하라고 협박, 코도회 하부조직 간부가 공공 취업센터에서 발급한 취업 안정자금 융자대상자 증명서를 부정하게 입수해 취업안정자금 대출금을 사취, 아이츠고데츠카이(会津小鉄会) 하부조직원이 현(縣) 중소기업 진흥대출금을 사취하기 위해 부정하게 취득한 건설업 허가증과 본인이 야쿠자조직에 가담하지 않을 것에 대한 취지의 다짐서와 계약서를 제출해 대출금을 사취, 야마구치구미 하부조직 두목이 동일본 대지진 이재민을 대상으로 하는 현(縣) 사회복지협의회 대출 신청서에 본인이 야쿠자 조직원임을 숨기고 대출금을 사취하는 등 2012년 행정대상폭력 사범은 139건(2011년 대비 26건 증가)으로 나타났다.[140] 또한 2011년 동일본 대지진(쓰나미) 복구사업과 관련한 행정대상폭력으로는 부당하게 공공사업 참가요구, 물품·자재를 특정 업자에게 받을 것과 각종 인허가 등 행정처분을 둘러싼 요구, 물자수송 지원요구 및 매몰지 토지사용 허가요구가 있었다.

(2) 민사개입폭력

민사개입폭력이란 1980년 일본 경찰청이 야쿠자조직에 의해 발생되는 '민사개입폭력대책센터'를 발족시킨 것을 기화로 야쿠자의 자금원활동 가운데 특정의 민사사건에 개입해 폭력을 행사한 야쿠자의 범죄유형에서 시작되었다. 일본 경찰청이 정의한 민사개입폭력이란 '야쿠자(폭력단) 또는 그 주변에 있는 자가 기업의 도산 정리, 교통사고 상담, 채권 징수 등 민사 거래를 가장하여 시민의 일상생활이나 경제거래에 개입해 야쿠자조직(폭력단)의 위

---

138) 日本警察白書, 警察庁, 2011, "日本弁護士連合会民事介入暴U力対策委員会・全国暴力追放運動推進センター・警察庁刑事局組織犯罪対策部(平成23年度 行政対象暴力に関するアンケート, 自治体対象)".

139) 日本警察白書, 警察庁, 2013, "全国暴力追放運動推進センター・日本弁護士連合会民事介入暴力対策委員会・警察庁刑事局組織犯罪対策部(平成25年度 行政対象暴力に関するアンケート)".

140) 日本警察白書, 警察庁, 2013.

력을 이용하여 부당한 이익을 취하는 것을 말한다'라고 정의하고 있다. 즉 민사개입폭력은 그 행위 주체가 야쿠자(폭력단) 또는 그 주변에 있는 자로, 일반의 민사 거래나 민사 사건에 개입해 폭력조직의 위력을 배경으로 부당한 이익을 취하는 행위를 가리킨다. 특히 행위 주체인 '폭력단 주변에 있는 자'란 야쿠자조직의 조직원이나 준 조직원을 가리키며, 우익정치단체·사회운동 빙자꾼·프런트 기업[141] 등의 구성원도 포함된다고 본다. 일본 변호사회도 민사개입폭력에 대해 '민사집행, 도산, 채권징수, 민사 분쟁에 대해 당사자 또는 당사자 대리인, 이해관계인이 상대 관계인에 대해 폭행·협박을 행사하는 일체 행동을 일컫는 것으로, 사회 통념상 권리행사 또는 실현의 한도를 넘는 부당한 행위'로 규정하였다. 이 정의에서 행위 주체를 '야쿠자(폭력단) 또는 그 주변에 있는 자'로 한정하지 않은 점이 경찰청의 정의와 구별된다.[142]

　　민사개입폭력과 관계된 가장 대표적인 것이 프런트 기업이다. 프런트 기업이란 야쿠자조직이 직접 기업을 운영하거나 야쿠자조직과 관련된 인물이 조직의 위력을 배경으로 기업을 운영하여 그 이익을 야쿠자조직 운영자금으로 제공하는 기업을 말하는데, 1992년 폭력단대책법 시행 후 야쿠자조직 관리를 위한 자금회피 수단의 하나로 프런트 기업이 등장했다. 종래 조직유지의 자금조달은 주로 전통적 자금원인 보호비 갈취, 협박에 의존하였으나 1986년부터 시작된 일본 거품경제시기에 들어 조직유지의 어려움을 겪던 야쿠자조직은 공개적으로 기업 전면에 나서 합법을 가장한 프런트 기업을 통해 사회 전반에 진출하였다. 이렇게 번 돈은 최종적으로 야쿠자조직의 자금원이 되었고 야쿠자조직은 폭력단대책법 적용을 면하기 위해 프런트 기업을 설립한 후 형식적으로 야쿠자조직을 탈퇴한 조직원을 프런트 기업으로 보내는 경향이 많아졌다. 프런트 기업으로 진출한 업종은 금융업(대부업), 토목·건설업, 부동산업(임대업), 풍속영업·유흥주점이 많고, 최근에는 고급인력중개업(인재파견업), 산업 폐기물 처리 분야에도 진출하고 있다. 이와 같이 프런트 기업은 일반 기업윤리나 거래상식과는 달리 분쟁이 발생했을 때 배후인 야쿠자조직의 위력을 이용하기에 민사개입폭력 사건 대부분은 합법을 가장한 프런트 기업에 의해 행해지고 있다.

　　민사개입폭력은 야쿠자조직의 유력한 활동 자금원이다. 이는 수사기관의 검거를 면하면서 사회·경제적 변화에 대응해 지능화, 교묘화, 광역화된 수법으로 그 영역을 확대하고 있다. 민사개입폭력을 통해 야쿠자조직의 자금원으로 출발하게 된 시기는 1965년 이후 일

---

141) 야쿠자조직이 직접 기업을 운영하거나 야쿠자조직과 관련된 인물이 조직의 위력을 배경으로 기업을 운영하여 그 이익을 야쿠자조직 운영자금으로 제공하는 기업을 프런트 기업(フロント企業, 企業舎弟라 불리기도 함)이라 한다.
142) 日本警察白書, 警察庁, 2013(全国暴力追放運動推進センター·日本弁護士連合会民事介入暴力対策委員会·警察庁刑事局組織犯罪対策部, 平成25年度 行政対象暴力に関するアンケート).

본 경제의 발전과 더불어 시작되었다. 야쿠자조직은 '민사 불개입의 원칙(단순한 민사상의 법률관계를 둘러싼 쟁의 해결은 대등한 당사자 사이의 해결에 의해야 하는 것으로 경찰권의 개입은 용서되지 않는다는 원칙)'을 역이용해 일반인의 경제활동 영역에 파고들었고, 1986년 이후부터 일본의 버블 경제기를 통해 본격적으로 지반을 다져 총회꾼을 비롯해 야쿠자조직의 위력으로 거액의 불법수익을 축적하여 그 자금력을 배경으로 오늘날 합법적인 기업 진출을 도모했다. 1992년 3월 '폭력단원에 의한 부당한 행위의 방지 등에 관한 법률(약칭, 폭력단대책법)'이 야쿠자조직에 대한 민사개입폭력 단속법규로 자리 잡았으나 야쿠자조직은 폭력단대책법의 적용을 면하기 위해 프런트 기업을 설립해 그것을 방패삼아 불황에 어려움을 겪는 기업에 교묘히 파고들어 기업을 탈취하거나 도산 정리, 채권 징수, 경매에 관련된 집행 방해 등 불법자금을 획득하기 위한 활동을 활발하게 하고 있다.

야쿠자조직에 의한 민사개입폭력은 3단계의 행동으로 나누어진다. 제1단계는 표적을 먼저 정한 뒤 기관지 구독 요구, 하청 요구, 불미스런 사안이나 다양한 소재를 만들어 접근을 시도하고, 제2단계로 접어들어 여러 가지 협박으로 상대방을 당황하게 하거나 두렵게 만들어 심리적인 불안감을 조성한 후, 마지막 제3단계에서 목적 달성을 위한 재공격을 시도해 심리적으로 내몰린 상대방으로 하여금 결국 돈을 내놓게 만든다. 야쿠자조직이 민사개입폭력에 사용하는 협박 수단은 주로 일반 시민들로 하여금 '야쿠자조직은 무섭다'라는 이미지를 이용해 공포심을 유발한 뒤 야쿠자조직의 문장이나 문신을 보여주고 으름장을 놓거나 사물실로 호출하는 등 두려움을 느끼게 하며, 부당한 요구를 집요하게 반복하면서 상대방 자택이나 사무실에 장시간 앉아 있거나 새벽이나 한밤중에 전화를 걸어 정신적·육체적으로 '이 상황에서 벗어나고 싶다'라는 심리상태로 몰아넣는다. 그리고 난 후 바쁜 시간대를 노려 수차례 면회를 강요하거나 조직원을 동원하여 회사로 몰려가 사내를 배회하기도 하고, 회사 입구에 모여 통행자를 위압하거나 가두 선전차로 업무를 방해하며, 최종적으로 위협요인과 무마요인을 미리 정해 협박 역할자와 달래는 역할자를 각자 맡아 쌍방 주장의 중간에서 금품해결로 마무리한다.[143)

일본 경찰은 야쿠자조직으로부터 민사개입폭력에 휘말리지 않도록 기업가들의 올바른 경영과 기업윤리에 대한 홍보를 강화하고 있지만 부득이 민사개입폭력에 휘말린 경우에는

---

143) 日本警察白書, 警察庁, 2013, 全国暴力追放運動推進センター・日本弁護士連合会民事介入暴力対策委員会・警察庁刑事局組織犯罪対策部(平成25年度 行政対象暴力に関するアンケート).
　　※ 민보의 여자(ミンボーの女)는 1992년 공개된 일본 영화로 야쿠자의 민사개입폭력을 주제로 한 작품으로 실제 폭력단 조직이 상영 중인 극장의 스크린을 찢어버리는 사건도 일어났다. '나는 꺾이지 않는다. 영화로 자유를 관철한다'라고 선언한 이타미 감독이 자택 근처에서 얼굴에 칼날로 습격받아 전치 3개월의 중상을 입기도 했다.

안이하게 돈으로 해결하거나 타협하지 말고 의연한 자세로 대응하면서 경찰이나 변호사 등에 상담하여 피해를 최소화하는 방법으로 유도하고 있다.[144]

(3) 기업대상폭력

일본 경찰청은 2007년 6월 '기업의 반사회적 세력에 의한 피해 방지를 위한 지침'을 마련하여 야쿠자조직에 의한 기업대상폭력 실태를 파악하였다. 2012년 7월 전국 3,000개 기업을 대상으로 '야쿠자조직에 의한 부당한 요구에 대한 설문 조사'를 실시하였는데, 설문 조사 결과 지난 5년 간 야쿠자조직을 포함한 반사회적 세력으로부터 부당한 요구를 받은 경험이 있다고 대답한 기업이 전체기업의 11.7%에 해당하는 337개사였다. 이들 피해기업 중 6개월~1년 이내 1회 이상 부당한 요구를 받은 기업이 25.2%로 나타나 전체기업의 62.0%에 해당하는 기업이 최근 5년 이내 적어도 1회 이상 야쿠자조직으로부터 부당요구를 받았다고 답했다. 설문조사에서 부당요구의 상대방은 야쿠자조직은 아니지만 야쿠자와 이런 저런 관계를 가진 자가 33.0%로 가장 많았고, 사이비 정화위원(24.4%), 야쿠자 조직원(21.2%), 사이비 우익(14.9%) 순이었다. 부당요구 방법으로는 트집을 잡거나 가격인하 요구(39.2%), 물품 구입 및 리스계약 요구(32.6%), 기부금·찬조금·회비 등 요구(19.6%), 공사 발주나 하청 참가요구(11.6%) 순이었다. 이러한 부당요구 협박에 대한 심리상태로 불안하거나 위험하다고 느껴지는 마음이 65.6%였고, 영업방해(32.6%), 회사에 대한 경제적 피해(20.5%) 순이었다. 그리고 부당요구를 받은 장소는 본사(49.6%)가 가장 많았고, 지사, 지점, 출장소(26.5%), 현장 사무소, 영업소 등 현장(16.0%) 순으로, 대부분 자사시설에서 부당 요구를 받았다고 나타났다. 부당 요구 수단은 전화(32.5%), 반사회적 세력과의 직접적인 접촉(방문·면회 31.0%), 휴대전화(14.5%), 우편이나 택배(11.9%) 순이며, 부당요구에 일절 응하지 않았다는 기업(81.0%)이 대다수를 차지했지만, 부당요구 일부를 들어 준다(14.5%), 부당요구에 모두 따른다(3.9%)도 나타났으며, 어떠한 형태의 요구에도 모두 응하는 기업(2%)도 있었다. 부당 요구 금액은 1만 엔 이상 10만 엔 미만(45.2%)인 28개사로 가장 많고, 10만 엔 이상 50만 엔 미만(14.5%)이 9개사로, 50만 엔 미만을 지급하는 기업이 70%를 차지했다. 그리고 500만 엔 이상의 고액요구에 응해준 기업도 5개사(8.0%)였다. 부당요구 대응에 대표이사를 비롯한 최고경영진 차원의 대응(47.5%), 경찰 등 외부 기관과 상의하여 대응(44.2%), 폭력단대책법을 활용해 대응(1.8%), 폭력단 배제조례를 활용해 대응(0.9%) 순이었다.[145]

---

144) 신상철, "일본 야쿠자 폭력범죄 유형 분석과 국내유입 대응방안 고찰", 일본공간 16권, 2014.

145) 日本警察白書, 警察庁, 2013, 警察庁刑事局組織犯罪対策部(平成24年, 企業が反社会的勢力による被害を防止するための指針, に関するアンケート).

주요 사례를 보면, 건설 사무소 직원에 대한 권총 사용 살인 미수, 토목 건축업체 회장 자택에 권총 발포, 공장에 권총 발포, 가스회사 사장 자택에 수류탄 투척, 전력회사 회장 자택에 수류탄 투척, 건설회사 큐슈 지점장 자택에 권총 발포, 불고기점 점포 겸 주택에 권총 발포·살인 미수, 전력회사 영업소에 화염병 투척, 토목건축 회사 임원 자택에 권총 발포, 건물 해체업자에 화염병 투척, 건설회사 사장에 권총 발포, 건설회사 사장에 권총 사용 살인 미수, 건설 현장에 화염병 투척, 건설회사 임원에 권총 살인 등이 있다.146)

2013년 야쿠자조직이 개입된 기업대상 폭력사범 검거 건수는 294건이다. 기업을 대상으로 부당한 생트집을 잡고 현금을 요구한 구체적인 사례를 보면, 사회운동을 빙자한 야쿠자 조직원이 골프장 부지 내 수목벌채를 방치하고 있는 것을 트집삼아 골프장 지배인에게 '이러한 방치는 위법이 아닌가. 사진을 신문사에 가져가 기고하겠다. 음해를 받는다고 해도 할 수 없다'는 협박으로 현금을 요구한 사례와, 후쿠히로회(福博会) 하부조직 두목이 시에서 발주한 공공 공사에 1차 하청업체로 참가한 건설회사 사장과 공모하여 2차 하청업자가 자금부족으로 공사를 중단했다는 이유로 나머지 공사를 다른 업자에게 발주하여 그 비용을 2차 하청업자에 요구하자 이에 응하지 않았던 2차 업체 사장에게 과불금 명목으로 승용차 1대를 갈취한 사례, 야마구치구미 하부조직 간부가 공사 현장의 안전관리를 트집 잡아 공사 중지를 요구하여 이에 응하지 않는다는 이유로 야쿠자조직임을 내세워 업주를 협박한 사례, 야마구치구미 직계인 코도카이 하부조직 간부가 병원 개보수 공사를 수주한 건설회사에 대해 자신이 경영하는 건설사에 하청 공사를 발주하라고 협박한 사례, 사회운동을 빙자하여 정치단체를 사칭해 서적판매 명목으로 기업을 협박하고 현금을 갈취한 사례, 아이즈 코테츠카이(会津小鉄会) 하부조직 간부가 공공 공사를 수주한 건설회사 경영진에게 자신이 소개한 회사에 하청공사를 발주하도록 요구했으나 응하지 않는다는 이유로 업주의 생명과 신체에 위해를 가하겠다고 협박해 공사를 발주한 사례 등 야쿠자조직의 기업대상 폭력범죄는 계속 증가하고 있다.147)

---

146) 日本警察白書, 警察庁, 2012.
147) 日本警察白書, 警察庁, 2013.

제 6 절   야쿠자 미래

1. 신·구세대 충돌

오늘날 일본 야쿠자조직의 두목급들이 신세대 조직원에 대해 공통적으로 생각하고 있는 문제는 젊은 조직원들이 난폭하고 복종심이 적으며 돈벌이에만 관심을 가져 전통에 무관심하다는 것으로, 예전의 의리와 인정, 문신, 손가락 절단, 절대복종 등의 지배 이데올로기를 지나 일본 특유의 기사도 정신이 무너져가고 있다는데 공감하고 있다. 오야분－고분체제는 당분간 지속되겠지만 예전의 기사도나 절대복종 등은 신세대 야쿠자 사회에서는 불필요한 조건들로 인식되고 있으며 세련되고 교활한 음모가 필요하고 조직전체를 위해 일하는 것이 아니라 자기 자신을 위해 행동하기 시작하는 등 일본 범죄조직 세계가 달라지기 시작했다.

오늘날 변화하는 야쿠자조직 체계는 야마구치구미처럼 엄격한 하향식 모델이 아니라 스미요시카이처럼 연합체형식을 선호한다. 이는 단결과 복종을 경시하는 세태가 되었다는 증거이다. 일본 국립과학수사연구소 선임연구원 호시노 가네히로의 말을 빌리자면 야마구치구미나 이나가와카이 등 전통파가 권력을 잡고 있으나 이들 조직의 두목이 사망하거나 은퇴하면 젊은 세대들은 야쿠자의 조직과 분위기를 바꿀 것이라고 주장한다. 즉 이들은 돈벌이에 바쁘기 때문에 손가락을 절단하는데 쓸 그런 시간적 여유가 없거니와 두목의 모든 지시를 따를 마음도 없고 추상적인 의무를 위해 목숨을 내 놓을 마음의 준비도 없으며 심지어 보편적 전통인 문신의 경우 서양의 마피아처럼 팔뚝에 간단한 선을 그리거나 문구를 새겨 넣는 것으로 대신하는 경향이다.

일본 야쿠자 세계는 돈을 잘 벌고 총을 많이 가져야만 행세하는 조직이 날로 늘어나고 있다. 1990년대 폭력단대책법의 제정 목적도 한낮에 일어나는 총기사건의 획기적 증가로 인한 것에서 알 수 있다. 이는 기업 갈취에서부터 폭력, 연예계 및 영화산업진출, 성매매, 마약 및 총기밀매, 돈 세탁, 고리대금업에 이르기까지 온갖 분야에 총기가 사용되어 총기소지가 금지된 일본에서 야쿠자들이 대대적으로 총기로 무장하고 있으며 심지어 가라오케 같은 주점에서도 사소한 시비로 총기를 사용하고 있다. 이는 경찰의 단속을 어렵게 하고 일반 시민들에게 그 피해가 돌아갈 수 있다는 것을 상기시킨다.

일본의 야쿠자는 오래전부터 극우파와 밀접한 관계를 가져왔다. 이제는 극우파 자신도

변했으며 극우파가 갖는 대중적인 호소는 줄어들고 있다. 이는 야쿠자조직을 비호하던 극우파정치인의 몰락을 의미하기도 하지만 일부 극우파는 아직도 건재하여 일본 전역에 걸쳐 400개의 지부와 수만 명의 회원을 거느리고 있다. 일본 야쿠자조직은 아직도 일본의 준군사적 훈련과 시위운동을 주도하고 조종하고 있다.

2. 한국계 야쿠자 활동

(1) 재일 한국인 야쿠자 정착과정

일제 강점기에 일본으로 건너간 다수의 한국인 징용자나 건설 노무자들은 제2차 세계대전이 종료되고 해방이 되어도 귀국하지 못하고 민단이나 조총련으로 남아 일부는 야쿠자조직원이 되어 암시장과 범죄조직에 눈을 돌려 군소 범죄조직을 결성하고 부라쿠민들과 같이 일본 주변사회에서 생활했다.

재일 한국인(在日韓国人) 또는 재일 조선인(在日朝鮮人)으로 분류되는 이들은 일본에 거주하는 한국인으로, 한일 국교정상화가 체결된 1965년을 기준으로 뉴커머(new comer, 특별영주자)와 올드커머(old comer, 일반영주자)로 구분된다. 현재 일본 체류 한민족(민단과 조총련)의 수는 589,239명으로 일본거주 전체 외국인의 26.6%를 차지하며, 대한민국 국적과 조선민주주의인민공화국 국적 그리고 남·북한 어디에도 가담하지 않는 무국적자인 조선적으로 구분하고 있다.[148] 일본 야쿠자조직은 재일 한국인, 재일 중국인 그리고 2~3백만 명에 달하는 부라쿠민(部落民)과 20세 이하의 폭주족들인 불량 청소년들로 구성되어 있고[149], 일본 최대의 야쿠자조직인 야마구치구미의 경우 부라쿠민이 70%, 한국계가 10%를 차지하고 있으며,[150] 재일 한국인의 절반이 효고·오사카·교토에 거주하고 있어 야마구치구미의 발전과 밀접한 관련이 있다.

현재 일본 내 야쿠자 조직원의 대다수는 부라쿠민이나 재일 한국인이 아닌 일명 드롭아웃 조(ドロップアウト)라 불리는 낙오자들이다. 전후 일본에서 활동하던 야쿠자 조직원 60%가 재일교포 출신이었고 그 수는 2000년대 이후 점차 감소하고 있다. 지난 2008년 일본 정부 공식 통계에서 당해 교도소에 들어간 수감자 가운데 야쿠자 조직원의 국적별 비율은 일본 국적이 3,191명으로 97.7%를 차지했고, 한국·조선(북한) 국적이 63명으로 1.9%였다. 재일교포 야쿠자 두목이 전체 야쿠자 조직원 수에 비해 소수인 이유는 외국 국적 피의

---

148) 産経新聞, 2008.6.3자.
149) 2010年 橋正統計(行にある のボタンを押すと該当データが表示されます° 新受刑者中暴力団加入者の国籍).
150) David E. Kaplan, & Alec Dubro 지음, 『야쿠자』, 홍성표 옮김, 서울 예지원, 1988.

자가 범행으로 7년 이상의 형을 받으면 복역 후 일본 국내법에 따라 추방되기에 한국계 야쿠자 조직원이 각종 범행에 앞장설 수 없고, 중요 범인으로 지목될 경우 한국으로 밀항하기도 한다. 2000년대 이후 재일교포 2, 3세 야쿠자 조직원은 교육수준이 높고 조국에 대한 관심도 많아 매년 제주도나 부산 등지에서 망년회를 개최하고 있다.

(2) 재일 한국인 야쿠자 활동

재일교포 야쿠자들은 3공화국 이후 일본과 한국 정부의 극우 인사들과 긴밀하게 접촉하며 경호원 제공, 이권사업 참여, 조총련 파괴 공작을 했다. 특히 한국전쟁 이후 교포 사회가 민단과 조총련으로 갈라지자 이들은 민단의 행동부대를 맡아 조총련 본부·지부 사무실과 행사장을 수없이 습격했다. 교포 야쿠자들이 한국 정부와 긴밀한 관련을 맺게 된 계기는 1965년 한·일 회담으로, 한국 측 정계인사 경호도 재일 한국인 야쿠자가 맡을 정도였고, 한국 정보기관에서는 재일교포 야쿠자를 정보원으로 활용하기도 했다. 특히 일본 야쿠자 세계에서 간부급에 오른 재일교포 야쿠자는 일본의 정·재계 유력인사와 두터운 교분을 맺고 있었기에 고급 정보를 노리는 한국 정보기관에서 이들을 이용해 정보를 수집했다. 이러한 대가로 재일교포 야쿠자들은 한국 정부로부터 국내 유흥업소와 호텔업 진출이라는 반대급부가 주어져 이러한 배분을 둘러싸고 재일교포 야쿠자들 사이에서 알력도 발생했다.

한국계 야쿠자 출신으로 가장 알려진 두목은 마치이 히사유키(町井久之, 한국명 정건영)이다. 그는 1948년 한국계 야쿠자 조직원들을 규합하여 도세카이(東聲會)를 결성해 도쿄의 긴자지역을 확보한 후 파친코 사업에 진출하여 요식업과 유흥가를 장악했고 필로폰 거래를 통해 조직을 키워 도쿄지역을 점령했다. 또한 그는 비일본인이라는 신분을 활용하여 미국을 위해 파업분쇄공작원과 반공요원으로 협조했기에 미군 당국으로부터 범죄로 인한 각종 형사상 처분을 면제받기도 했다. 마치이는 1960년의 미일안보조약으로 어수선한 시기에 고다마를 도와 아이젠아워 대통령의 신변 경호단을 조직한 것을 기화로 고다마의 주선으로 야마구치구미의 3대 두목이던 다오카 가즈오와 동맹을 맺고 다오카가 부회장으로 있는 일본 프로레슬링협회의 감사도 맡았다. 또한 1965년 '정상작전'이라 불리는 경찰단속이 강화되자 동성회를 공식 해체하여 동아우애사업조합(東亞友愛事業組合)을 만들었고, 이 단체를 통해 한일국교정상화에 활동한 공로로 1970년에 들어 박정희 전 대통령의 배려로 부관(釜關)훼리 연락선 '성희호' 운영권을 확보하였으며,[151] 수배 중이던 일본 야쿠자 조직원이 그

---

151) 아시아투데이, 2011.5.16자. 당시 장건영은 한국의 박종규(朴鐘圭) 대통령 경호실장을 등에 업고 각종 이권에 끼어들어 거부(巨富)가 되고 박종규의 입김으로 외환은행 도쿄지점에서 100억 엔 이상의 거액을 대출받았다. 2002년 5월 성희호를 취항시켰고 그 해 9월 14일 도쿄 자택에서 병으로 사망했다.

의 도움으로 한국에 피신해 사건이 잠잠해질 때까지 부산 등지에 숨어 지내기도 해 일본 야쿠자 조직원의 국내 진출에 악영향을 미치기도 했다. 마치이(정건영)가 한·일 국교 정상화를 도운 대가로 박정희 전 대통령으로부터 훈장을 받았다면 야나가와구미(柳川組) 두목이던 야나가와 시루우(양원석)도 전두환 전 대통령으로부터 체육훈장을 받았다.

(3) 재일 한국인 야쿠자와 국내 폭력조직과의 교류

재일교포 야쿠자조직 가운데 국내 폭력조직과 가장 먼저 의형제 결연식을 가진 조직은 사카우메구미(酒梅組)다. 앞서 설명한대로 이 조직은 재일교포가 가장 많이 거주하는 오사카를 기반으로 활동하는 조직으로, 6대 두목이던 오야마 코지(大山光次, 본명 辛景烈)의 뒤를 이은 7대 두목이 된 카네야마 코사부로(金山耕三朗, 한국명 金在鶴)가 부산지역 폭력조직인 칠성파 두목 이○○과 의형제 결연식을 맺은 것을 계기로 양 조직은 급속히 가까워졌다. 의형제 결연식에 광주·전남지역 최대 폭력조직인 국제PJ파 두목 여○○(몸○○)과 최○○(水原대표), 박○○(번개파 두목)을 포함한 전라도 대표 4명 등 한국 측 20여 명과 일본 야쿠자 조직원 20여 명이 참석했고, 당시 씨름선수였고 현재 연예계 MC로 활동하고 있는 강某도 참석했다는 내용이 보도된 바 있다. 또 다른 연계 사례로, 지난 2002년 10월 스미요시카이(住吉會) 중간 간부이자 자금책인 재일교포 기무라(KIMURA)가 부산 연산동을 지역 기반으로 활동하는 재건연산파와 연계하여 부산의 유명호텔과 나이트클럽 상속세 110억 원을 추징당할 처지에 놓인 재일교포의 부탁을 받고 상속재산을 빼 돌리기 위해 갈취 및 폭력을 휘두르고 그 대가로 10억 원을 받았고, 환치기 수법으로 엔화를 일본으로 밀반출해 6억 원을 챙겼다. 더구나 이 과정에서 수도권 최대 폭력조직이던 양은이파와 칠성파가 연계해 100억 원대의 나이트클럽 부지를 착복하려한 사례도 있다. 당시 재일교포 야쿠자조직 간부이던 기무라는 탈세 및 재산은닉 과정에 자문역을 맡아 거액을 챙겼고, 부하 야쿠자 조직원을 동원해 부산지역 폭력조직과 연합하여 국내 은닉재산을 갈취하려 했던 것으로 보아 이 시기부터 일본 야쿠자조직이 본격적으로 국내 이권사업에 개입한 것으로 추측된다.

재일교포는 아니지만 순수 한국인의 신분으로 일본으로 건너가 야쿠자 조직원이 된 뒤 일본에서 유흥업소를 운영하던 국내 조직폭력배가 같은 한국인을 살해한 사례도 있다. 그는 2007년 일본 도쿄 신주쿠에서 40~50명의 조직원을 거느리고 야쿠자 하부조직의 부두목급으로 활동하던 자로, 1989년 일본으로 건너가 유흥업소에서 일하다 1995년 야쿠자 조직에 들어갔다. 다시 국내로 입국한 그는 타인명의의 여권을 발급받은 뒤 2004년 일본으로 다시 건너가 7~8명의 국내 폭력조직원들을 일본으로 끌어들여 야쿠자조직을 모방한 폭력조직을 만들어 활동했다.

성매매에 종사하는 여성들의 경우, 일본의 주요 도시에 불법체류하면서 유흥주점의 종업원으로 일하는 한국 여성들은 재일교포 야쿠자들이 이들을 관리하고 있다. 부산·광주 등지에서 프로덕션(야쿠자와 결합한 이른바 연예인 송출업체) 소개로 일본에 입국한 한국 여성들은 주로 관광비자를 발급받아 불법체류하고 있다. 이들 여성의 출입국도 재일교포 야쿠자조직에서 관리하며, 한국 여성들을 보호해 준다는 명분하에 일명 기둥서방 역할을 하고 있다. 일본으로 건너가 성노예 생활을 하는 한국인 여성의 대다수는 야마구치구미의 통제 하에 놓여 있고, 한국의 성매매 여성 송출과 업소운영에 노골적으로 개입해 최종 수입을 착취하고 있다.

재일 한국인 야쿠자의 주된 무기는 현금자산이다. 이들의 자금이 국내 대부업과 연예기획사 등에 이미 들어와 있고, 야쿠자 범죄유형도 총회꾼, 대부업, 마약밀매 및 기업대상폭력, 민사개입폭력을 비롯해 사행성 오락사업,[152] 기업인수합병(M&A) 등 다양화되어 범죄입증이 어려운 경제 범죄로 옮겨가고 있다. 2000년대 이후 급속히 발달한 인터넷의 영향과 국가 간 교류 활성화로 범죄도 국제화되고 재일 한국인 야쿠자조직도 돈이 되는 곳이라면 어디든지 침투하고 있다. 그러나 법원의 공판중심주의와 불구속 수사원칙으로 인해 수사여건은 불리해져 재일 한국인 야쿠자에 대한 수사는 더욱 힘들어졌고, 더구나 국내 폭력조직이 중국, 일본, 러시아 등 해외 폭력조직과 연계하여 활동범위가 국제화되면서 국제범죄조직이 개입된 범죄가 발생해도 신원파악이나 검거가 쉽지 않으며 피해자나 참고인이 법정 증언을 기피해 유죄 입증은 더욱 까다로워졌다. 더구나 범죄조직의 활동이 합법화되고 국제화되면서 적발이나 단속은 어려워진 반면 제대로 대응할 수 있는 수사 수단을 확보하지 못해 수사나 제재가 적시에 이루어지지 못하는 실정이다.

3. 야쿠자 해외 진출

1960년대 이후 야쿠자가 동남아시아에 첫발을 내디디면서 아편밀매에 경험을 쌓아 태국과 홍콩 등지에서 아편을 구입하여 일본과 그 밖의 지역으로 밀매했다. 당시 홍콩에는 일본인이 3만 명 이상 거주하고 일본 기업체 800여 개 이상이 진출한 곳이다. 1970년대 중반 이후 일본의 야쿠자조직인 이나가와카이, 스미요시카이 등이 아편밀매를 위해 홍콩에

---

152) 일본에서 파친코(도박장)게임 승자는 현금이 아니라 경품으로 받고, 그 경품을 야쿠자들이 현금으로 교환해 주며, 파친코게임장에서 벌어들이는 수입이 하루 약 5백만 엔(한화 약 5천만 원)에 이른다. 상당수의 도박장은 재일교포 야쿠자조직이 직접 운영하지만 일부는 일반인이 운영하기도 하나 일반인 운영업소의 경우 매출액의 20%를 영업보호비 명목으로 야쿠자조직에 상납한다.

나이트클럽과 여행사를 설립했고 마츠바카이가 태국과 싱가포르에 킥복싱과 여자프로레슬링 흥행업을 시작하면서 도쿄시내 술집에서 여성들에게 마약을 제공해 왔다.[153] 그 후 지속적인 마약밀매를 통해 야쿠자는 미국시장에도 진출하여 대규모 마약거래를 해 왔으며 야쿠자조직의 조직력, 자금력을 총동원하여 엄청난 이윤을 올릴 수 있는 마약시장에서 동남아시아 및 세계 화교밀집지역에 진출한 중국계 삼합회조직과 연계를 통해 세력을 확장하였으며, 특히 대만 죽련방조직은 야마구치구미와 동맹을 맺어 조직원 간 상호교류와 정보교환 및 두목들 간 화합의 자리를 정기적으로 마련하고 있다.

    야쿠자조직의 해외진출은 일본 이민자들이 밀집된 곳을 중심으로 남미의 브라질, 페루, 아르헨티나 등에 거점을 형성하였다. 특히 브라질의 상파울루 리베르다네지역 일본교포 밀집지역을 중심으로 레스토랑, 유흥주점, 수출입상사 등 위장업체를 차려 도박, 매춘, 갈취를 중점범행으로 하며 성매매, 건설사업, 자동판매기 사업 등에까지 파고들었고, 페루와 콜롬비아에서는 마약밀매가 주류를 이루고 있다. 또한 유럽에서는 무기밀매와 관련하여 야마구치구미와 이탈리아계 마피아와의 커넥션은 언론을 통해 종종 보도되기도 하며, 스미요시카이는 유럽의 포르노사업과 마약밀매에 깊숙이 개입되어 있다. 이들 유럽진출 야쿠자조직은 현지의 기업들을 대상으로 갈취도 일삼는데 기업이미지를 의식하는 관계로 총회꾼들의 표적이 되기도 한다. 그리고 오스트레일리아 현지 목장 구입, 카지노사업, 건설업 등에 진출하고 태평양의 작은 섬에까지 진출해 온갖 부정한 방법으로 돈을 벌어들인다.

    야쿠자조직의 미국진출은 먼저 호놀룰루를 교두보로 삼아 로스엔젤레스, 샌프란시스코, 뉴욕을 거쳐 전국으로 뻗어갔다. 일본인들이 자주 찾는 곳은 미국의 하와이다. 하와이 최대 범죄조직은 현지의 원주민들로 구성된 조직으로, 야쿠자는 일찍이 이들 원주민 범죄조직과 손을 잡고 각종 유흥주점과 마사지 홀이 갖춰진 섹스산업을 손에 쥐었다. 그리하여 현지에서 번 돈을 현지에 투자하여 돈 세탁을 거친 뒤 일본으로 가져갔다. 이런 돈은 합법적으로 번 돈이기에 일본 경찰의 추적을 피할 수 있었고 하와이에 진출한 이나가와카이, 스미요시카이 등은 이미 거점을 확보하였으며, 성매매를 비롯한 마약 및 자금세탁까지 영역을 확대하면서 합법적인 기업(예를 들면, 빌딩 임대업)에 투자하고 있다.

---

153) D·E 카플란·알렉두보로 지음, 홍성표 옮김, 『야쿠자』, 예지원, 1998, p.192.

CHAPTER 03

러시아 마피야

제 1 절 러시아 마피야 개념과 극동지역 범죄활동

1. 러시아 마피야 개념 정의

(1) 서구사회 마피아(Mafia) 개념

구미 각국이나 남미 마약 카르텔에서 사용되는 마피아(Mafia)라는 단어는 범죄조직으로 통칭된다. 마피아의 본고장이라 불리는 이탈리아의 시칠리아는 기원전 8세기부터 타민족으로부터 끊임없는 침입과 지배를 받아 착취에 시달려오다 1282년 시칠리아 만종 사건이라고 불리는 반란에서 프랑스 앙주 가문의 지배에 대항하여 싸웠던 시칠리아 기사들이 '이탈리아는 열망한다. 프랑스인의 죽음을(Morte alla Francia Italia Anela)'이라는 문구의 머리글자를 따 마피아(Mafia)라는 단어가 생성되었다고 한다.[1] 당시 시칠리아인들은 외부세계에 대항하기 위한 방편으로 가족(Family)은 서로 도와야 하고, 친구가 틀리더라도 친구편에 서서 적에게 대항해야 하며, 어떠한 대가를 치르더라도 자신의 존엄성을 지키고 사소한 모욕이라도 반드시 복수하며, 비밀을 지켜 공권력이나 법에 대해 언제나 경계하였다. 가족이나 친지 중심의 공동체에서 출발한 결맹조직이 1860년대에 들어 이민을 통해 미국으로 유입된 이탈리아계 미국인들이 정치권이나 재계와 결탁해 공생하면서부터 거대 범죄조

---

1) Luigi Barzini, "The Italians", Touchstone; Reprint edition, 1996.

직으로 변모하였다. 제2차 세계대전에서 이탈리아의 패배와 그에 뒤이은 점령군의 진주, 그리고 냉전을 비롯해 국내·외 정세 변화에 따른 격동기를 거치면서 마피아는 거대한 국제범죄조직으로 탈바꿈하였다.[2]

(2) 러시아 마피야(Mafiya) 개념

러시아 마피야(Mafiya)는 서구의 마피아(Mafia)와는 그 개념이 다르다. 러시아는 오랜 기간 봉건주의와 사회주의를 경험했고 1991년 체제전환 과정에서 시장경제를 도입하였기에 복합적인 사회구조 속에서 발전하고 성장했다. 러시아 마피야(Mafiya)는 서방에서 가리키는 순수 범죄조직인 마피아(Mafia)와는 어원을 달리한다. 다시 말해 사회주의체제에서 자본주의 사회로 전환하는 과정에서 생겨난 산물로, 단순한 범죄조직만을 의미하는 것이 아니라 법률위배에 가담하는 모든 사회현상을 가리키기도 하고, 생활에서의 이윤을 추구하는 모든 사람과 그룹을 통칭하기도 한다. 러시아 마피야의 발생배경에는 소비에트연방공화국 시기 국가 관료들이 자본주의체제로의 이행과정에서 권력이나 자금으로 자신의 기업을 소유하게 되는 과정에서 기존의 범죄조직과 연대를 통해 조직을 확대 재생산하였고, 일부 관료나 기업가들이 사유화과정에서 기존의 범죄조직과 이런 저런 이유로 관계를 형성하여 경제적 부와 사회적 지위를 동시에 확보한데서 출발했다. 다시 말해 러시아 사회주의체제에서 자본주의체제로 이행되는 과정에 나타난 현상으로, Stephen Handelman이 그의 저서 Comrade Criminal: Russia's New Mafiya에 표현한데서 유래하였다.[3]

이에 비해 또 다른 주장으로는, 90년대에 접어들어 러시아 사회가 사회주의에서 자본주의로 변환되는 과정에서 군인, 경찰 등 권력기관 종사자들이 직장을 잃었고 당시 2만 명의 KGB 장교들이 사직하거나 해고되자 민간보안기구에서 경찰을 포함한 5만여 명이 넘는

---

2) 이희수, 지중해 문화기행, 일빛, 2003.
3) Stephen Handelman, 『Comrade Criminal: Russia's New Mafiya』 Yale University Press, 1997. 국가 구조적 구분으로 정치마피야(행정, 입법, 사법기관 종사자), 경제마피야(경제범죄, 부동산 조작, 매춘, 원자재 밀매, 핵물질 밀매, 보호비 강탈, 마약밀매, 일제 자동차 및 러시아제 무기밀매), 범죄마피야로 구분되고, 지역별 구분으로 우랄마피야, 극동마피야(블라디보스톡을 중심으로 보호비 강탈에서 매춘, 중국의 노동력 불법고용, 무기 및 마약 밀매, 일본 야쿠자 접촉, 청부살인, 공갈, 시장 노점 통제), 카프카즈마피야로 구분되며, 도시별 구분으로는 모스크바 마피야(손체브스카야마피야, 포돌스카야마피야 등), 블라디보스톡마피야, 하바롭스크마피야, 상테페테르부르그크마피야, 예카테린부르크마피야 등으로 나뉜다. 그리고 민족별 마피야로는 그루지야마피야, 체첸마피야, 고려인마피야, 유대인마피야(러시아계 유대인이 이스라엘과 구미지역을 중심으로 러시아 본토 및 CIS 내에서 광범위하게 활동), 아르메니아마피야로 구분되며, 부분별 전문화된 마피야로는 자원마피야, 환경마피야, 삼림마피야, 교육마피야, 수산마피야(케비아마피야, 활게마피야 등으로 세분), 유통마피야, 금융마피야, 티켓마피야, 보드카마피야, 마약·무기마피야, 인신매매·매춘마피야, 사이버범죄마피야 등으로 세분된다.

이들을 흡수하였다. 이에 전직 KGB요원들이 민간보안기구의 핵심요직을 장악하였고 보안부서 장교들의 재취업이 전직 KGB요원들이 만든 기업에 의해 상당부분 이루어졌다. 마피야를 관리하는 민간 보안기구로 탐정이 주 업무인 민간수사기구(PDA), 민간이나 기업의 보안업무를 책임지는 기업보안기구(PSC) 그리고 민간경호회사(PPC)와 금융 및 경제정보 분석을 목적으로 한 PSS가 등장했다. 특히 PSS는 조직원 13,000명을 거느리고 러시아 전역에 41개 지부를 두었으며, 전직 KGB 고위 장교가 부서 책임자로 전면에 등장하자 이에 통합의 필요성을 느낀 권력 상층부에서 범죄그룹, 민간보안회사, 민간경호회사, 민간 금융분석정보회사 등을 통합 운영하게 되고 대통령 경호실(SBP)이 통합 크리샤[4]로 등장했다. 이러한 자본주의체제의 러시아에서 생성되고 발전한 독특한 사회체제를 가리켜 마피오크라시(mafiocracy)라 하고, 이들 마피오크라시는 소수의 강력한 범죄조직을 형성하여 국가경제를 좌우하고 국가기관 공무원과 결탁해 자본주의체제가 제대로 정착되지 못한 러시아 사회에 전면적으로 등장한 조직 체계를 가리켜 레드마피야(Red Mafiya, 일명 赤軍派)라 규정했다.[5]

이와 같이 러시아 마피야(Mafiya, 또는 Red Mafiya)는 구미 각국에서 활동하는 순수 범죄조직인 마피아(Mafia)와는 그 발생배경과 성장과정이 다르다. 이는 러시아의 역사와 지역적 특성인 역사·문화적 요인과 더불어 강력한 왕권 전제군주제인 제정러시아에서 사회주의를 거쳐 시장경제의 자본주의체제 과정에서 등장한 결과물로 볼 수 있다.

2. 러시아 극동지역 범죄조직 성장 배경

러시아 극동지역에서 마피야 및 흑사회조직이 초국가범죄조직으로 생성되고 발전할 수 있었던 것은 러시아의 내부적 요인과 체제전환기의 극동지역 치안상황의 부재에서 그 원인을 찾을 수 있다.

(1) 러시아 내부적 요인

러시아 극동지역에서 초국가범죄조직이 성장할 수 있었던 배경에는 러시아 내부의 국

---

4) 김현택, 『붉은 광장의 아이스링크』, 한국외국어대학교출판부, 2008.
　　크리샤(крыша)는 지붕 또는 덮개라는 뜻으로 주변의 위협으로부터 특정인을 보호해주는 역할을 하는 사람을 가리킨다. 크리샤는 정치·관료조직의 비호하에 이익을 추구하는 경제조직으로, 보호우산아래 정치·경제·금융·관료로 구성된 조직이 피라미드를 이루어 서로 상생하거나 기생하면서 공존하는 형태를 말한다. 2013년 재선에 성공한 푸틴 대통령이 국가 최고 권력자로 오르게 한 원동력도 자신을 지켜줄 보호자인 구KGB가 그의 크리샤이며 대통령직도 크리샤의 일환으로 볼 수 있어 자신의 보호막을 벗어던지기가 쉽지 않은 이유이기도 하다.
5) I. Friedman Robert, 『Red Mafiya』, Berkley, 2002.

가적 요인과 경제적 요인 그리고 사회·문화적 요인으로 나누어 설명할 수 있다.

1) 국가적 요인

이는 러시아 관료부패와 정부의 안이한 대처에서 비롯되었다고 본다. 구소련체제가 붕괴되고 러시아 출범과 관료조직이 와해되자 구소련체제하에서 지하정보를 수집하던 KGB 요원들은 직접 범죄조직을 결성하거나 기존 조직에 가담하여 그들이 가지고 있던 고도의 전문화된 훈련과 지식을 바탕으로 러시아 마피야[6]라는 거대 범죄조직으로 탄생했다. 마피야조직은 국유기업 주식의 80%를 차지한 올리가르히(Олигархи)[7]들과 결탁하여 자본을 해외로 빼돌렸고, 그 중 일부는 극동지역에 거점을 형성한 중국계 범죄조직에게 넘어갔다. 다시 말해 러시아 사회주의체제가 자본주의체제로 이행되던 시기인 1992~1996년 사이 러시아 국영기업의 57%가 30~50억 달러의 헐값으로 매각되었고, 사유화 과정에서 자본의 50% 이상과 투표권 있는 주식의 80%가 러시아 마피야 및 중국계 삼합회로 이전되었다. 당시 러시아 기업 2/3가 부패관행에 젖어 있었고 관리들의 뇌물수수도 점점 늘어났으나 부패행위를 저질러도 처벌받지 않는다는 생각이 팽배했으며, 뇌물을 제공하지 않으면 업무가 지연되거나 거부되는 등 러시아 사회 곳곳에서 부패현상이 가속화 되었다. 그리하여 체제이행기인 1992년의 경우 범죄발생 후 범인 검거율은 겨우 41.6%에 지나지 않았다.

이러한 국가기구의 기능약화 요인은 첫째, 사회격변시기 러시아 극동지역은 경찰인력과 장비 등이 신종 범죄나 강력 범죄의 출현에 효율적인 대처를 하지 못하였고, 과중한 업무, 열악한 근무조건, 낮은 임금과 임금 체불 등이 러시아 경찰의 사기를 크게 떨어뜨림으로써 지식과 경험을 갖춘 노련한 경찰들의 이직을 불러왔다. 둘째, 러시아의 정치적 혼란이 계속되면서 극동지역 경찰 내부적으로도 행정체계가 문란해져 간부에서 말단에 이르는 명령계통이 크게 흔들렸다. 그리하여 대부분의 공권력 기관인 국가강제기구가 과거의 관료주의적 사고방식에서 크게 벗어나지 못함으로써 극동지역은 국민의 협조나 신뢰가 더욱 떨어졌고 범죄예방은 물론 범죄 후 신고도 제대로 이루어지지 못했다. 셋째, 러시아 극동지역

---

6) 러시아에서 범죄조직으로 통칭되는 마피야(Mafiya)는 서구의 마피아(Mafia)와는 그 개념이 다르다. 러시아는 오랜 기간 봉건주의와 사회주의를 경험했고 1991년 체제전환 과정에서 시장경제를 도입하였기에 복합적인 사회구조 속에서 발전하고 성장했다. 다시 말해 사회주의체제에서 자본주의 사회로 전환하는 과정에서 생겨난 산물인 마피야(Mafiya)는 단순한 범죄조직만을 의미하는 것이 아니라 법률위배에 가담하는 모든 사회현상을 가리키기도 하고, 생활에서의 이윤을 추구하는 모든 사람과 그룹을 통칭하기도 한다.

7) 올리가르히는 러시아의 과두(寡頭)지배 세력으로 산업·금융재벌을 의미한다. 이들은 소련연방의 해체 이후 러시아의 국영산업 주요 민영화 과정에서 정경유착을 통해 막대한 부를 축적해 공공사업분야, 언론, 석유, 제조업 등 경제 전반을 장악하고 있을 뿐 아니라 막대한 부를 바탕으로 정치권과 결탁, 막후 권력을 휘둘러왔으며, 합법적인 기업활동 이외에도 러시아 마피야의 실질적인 '몸체'로 알려져 있다.

치안 및 정보기구의 편제가 보안부, 검찰, 경찰 등으로 복잡하게 얽혀있고 분할되어 있어 사건이 발생하면 관할문제로 수사를 떠넘기거나 공백이 발생하는 경우가 허다했다. 넷째, 뇌물을 수수한 극동지역 경찰 및 검찰 공무원들이 러시아 마피야 및 중국 흑사회와 내통하고 있어 부패로 인해 국가기능도 마비되었다. 이와 같이 러시아의 법집행기구, 안보기관 및 정보부서 등이 소비에트 붕괴과정 이후 새로운 환경에 처해지면서 러시아 극동지역의 이권 분할 과정에서 복잡한 이해관계를 표출했고, 이는 결과적으로 그들 자체가 상당 부분 부패와 범죄의 고리로 연결되었다. 이는 결국 러시아 극동지역 내 화교사회를 중심으로 형성된 중국계 범죄조직이 성장하고 발전하게 되는 중요한 요인이 되었다.

　이에 더해 러시아 정부의 중국 범죄조직에 대한 안이한 대처도 한 몫 했다. 2002년 12월 러시아 푸틴 대통령의 중국 방문에서 중－러 국경을 통한 밀무역 금지를 골자로 한 양국 정부 간 협정을 체결한 바 있다. 이 협정의 내용은 양국 간 수형자의 양도, 러시아와 중국 간 법률이나 기타 경제범죄활동에서 파생된 수입, 테러자금 대책, 자금세탁 분야에서 정보교환이나 담당자 연수에 관한 것이었다. 협정 초기에는 중국과 러시아의 협력이 순조롭게 보였으나 시간이 갈수록 허점이 나타나기 시작했고, 범죄조직 간 지하자원 밀매가 다시 고개를 들기 시작했다. 더구나 중국과 러시아 국경지역인 하바롭스크의 중국인 관리들은 러시아어에 열중하였으나 러시아 관리들은 중국어에 능통하지 못해 서로 의견 전달에서 많은 문제점도 발생했고 양국의 법 집행기관 간의 마찰도 잦았다.[8]

　2) 경제적 요인

　러시아 극동지역에서 중국 흑사회가 생성되고 발전할 수 있었던 결정적인 요인은 매우 다양하나 그 중에서 가장 중요한 것은 경제적 요인이라 할 수 있다. 러시아에서 경제개혁이 시작된 이래 재산범죄의 증가율은 가히 폭발적이었다. 이러한 사회적 분위기에서 사유화 과정 자체가 다양한 범죄와 연결되어 진행되었고, 특히 러시아의 사유화 과정에서 올리가르히와 결탁된 러시아 마피야조직이 국유재산 분배내지 매각에 직접 관여하면서 중국 흑사회는 러시아 마피야조직과 연계하였다. 다시 말해 중국 흑사회조직은 비합법적 유통구조를 합법화시키는 과정에서 시장경제체제로 전환된 신흥 자본가로 성장한 화교 사업가들로부터 보호비 명목으로 돈을 요구할 수 있는 기반을 형성하게 되었다. 이러한 결과 극동지역 러시아인들은 중국 흑사회 범죄조직과 불법적인 거래수단을 통해 세계 시장에서 판매하는 불법유통 상품이나 소비제품을 공급받음으로써 경제적 혜택을 누리게 되었다.[9] 즉 중

---

8) Лелюхин С.Е. "Китайская организованная преступность на ДВ России", Владивостокский центр исследования организованной преступности, 2011, pp.71－73.

국 흑사회는 미국 소비재 생산 대기업과 협력하고 EU 국가들과 거래하면서 극동지역 러시아인들의 입맛을 맞춰주었고 이러한 대가로 러시아 극동지방에서 유통되는 제품의 70~75%를 중국 제품으로 대체하였다.

3) 사회·문화적 요인

소비에트사회주의 시기 공식적인 실업자는 없었다. 하지만 러시아로의 체제전환과정에서 경기침체, 국영기업과 사기업간의 임금격차 그리고 군수산업의 몰락 등의 이유로 실업자가 계속 증가하였으며 이들에 의한 범죄도 늘어갔다. 이러한 상황에서 러시아 극동지역에서 활동하던 중국 흑사회는 오랫동안 소비에트 사회에 존재해 온 암시장을 장악했고, 아노미적인 행동기준의 혼란으로 어두운 미래에 직면한 젊은 중국 화교 2세들을 조직원으로 포섭해 그 기반을 넓혀 갔다. 당시의 극동지역은 사회 통제력 부재와 사회혼란으로 인해 시민사회로의 실질적 기반을 제대로 갖추지 못하였고, 이러한 사회 무질서는 중국 흑사회가 생성될 수 있는 배경이 되었다. 이들 중국 흑사회는 자국인들을 상대로 돈을 세탁해주며, 상업을 보호한다는 명목으로 보호비를 갈취하면서 조직을 성장시켰다. 더구나 소비에트 붕괴로 인해 그동안 막혔던 온갖 정보들이 방류됨으로써 러시아 극동지역에 거주하던 중국 화교사회도 변화를 겪게 되고 가치관의 혼란도 뒤따랐다. 이는 개방의 속도와 범위를 조절하지 못한 러시아 정부의 탓도 있었겠지만 현지에 거주하던 화교들의 생활도 물질주의와 서방의 퇴폐·향락 문화에 무방비로 노출되어 있었다. 더구나 적절한 규제나 자체 여과장치가 없는 상황에서 신문, 잡지, TV등의 지나친 상업성, 폭력성, 선정성은 극동지역 중국 화교사회에 무질서를 부채질하였다. 결국 이러한 '가치관의 혼란'은 중국계 흑사회가 화교사회에서 마음 놓고 활개 칠 수 있는 분위기를 만들어 주었다.

(2) 극동지역 내 중국 흑사회성조직의 성장과정과 범죄 양상

1) 체제전환기 극동지역 중화권 범죄조직 성장배경

러시아 극동 연방구를 형성하고 있는 극동지역은 체제전환시기 이전부터 러시아 국내 여타지역보다 상대적으로 범죄율이 높았으며 현재까지도 그 현상은 지속되고 있다.

러시아 극동지역에는 60여 개의 범죄조직이 존재하며 극동수역 내 불법어로를 비롯해 수산물 밀반출, 불법벌목, 천연자원 밀매 등이 자행되고 있다. 러시아 극동지역이 다른 지역보다 범죄율이 높은 원인은 여러 가지가 있으나 근본적인 요인으로는 유형지로서의 역사를 갖고 있기 때문이다. 다시 말해 제정러시아 시대부터 소비에트시대에 이르기까지 정치범과 일반 범죄자의 유형지 내지 도피처였고, 지리적으로 아시아 동쪽 끝자락에 위치하고

9) RIA, Novosti, 2007.12.13자.

있어 혹독한 자연환경과 사회적 박탈감으로 인해 소외를 받아 왔으며, 행정적 지원도 제대로 받지 못한 이방인의 위치에 서 있었다. 더구나 중국과 한반도 그리고 일본을 잇는 국가간 교차지역으로서 국제적인 범죄행위의 교차지점이자 출입구 역할을 수행했다. 또한 문화적 충돌지역 및 완충지로서 체제전환과정을 통해 서구문화와 시장경제가 급속히 유입되자 극동지방의 사회·정치·경제·문화 등 전 분야에 걸쳐 아노미적인 혼란을 겪게 되었고 가치관이 정립되지 못한 청소년과 사회적 약자인 여성까지 범죄 세계에 발을 들여 놓는 결과를 가져왔다. 이는 결과적으로 러시아 중앙정부로부터 상대적으로 간섭이 적었고 이러다보니 불법수익이 창출될 수 있는 여러 요소들이 러시아 극동지역에 동일하게 작동됨으로써 중화권 범죄조직은 중국 화교사회 속에서 안전하게 활동하면서 계속 성장할 수 있는 바탕이 되었다. 이리하여 러시아 극동지역은 국제범죄 공급지이자 수요시장으로서 역할이 용이했고 동남아시아 골든트라이앵글에서 생산되는 마약 유통의 중개지 역할도 수행하게 되었다.

    2) 극동지역 중화권 범죄조직의 범죄 양상
    20세기 초 러시아 극동지역에서 활동하던 중화권 범죄조직은 주로 군인, 농민, 하층민으로 구성된 망명자들이었다. 그들은 당시의 사회경제 상황과 시대적인 변화에 따라 러시아와 중국 양쪽에서 생성된 다양한 요인의 영향으로 범죄에 가담했다. 그리하여 중국의 개혁개방 이후 1992년부터 1994년에 걸쳐 러-중 간 국경무역협정에서 무비자 관광이 허용된 것을 계기로 중국인들이 극동지방으로 대량 유입되면서 중화권 범죄조직도 다시 성장하기 시작했다. 다시 말해 중국과 국경을 접한 극동 러시아에서 불법체류자를 포함해 중국인 분포가 늘어나고 중국 화교 밀집지역이 형성되면서 중화권 범죄조직은 자국민들을 상대로 강도와 공갈을 일삼았고 밀수를 포함한 각종 범죄에 가담하게 되었다.[10]
    러시아 극동지역에서 활동하는 중화권 범죄조직에 대해 1991년 이전까지는 그다지 큰 문제점이 노출되지 않았다. 하지만 홍콩에서 활동하던 흑사회가 본격적으로 극동 러시아로 진출한 시기는 1990년대 후반부터이다. 러시아 극동으로 진출한 홍콩 흑사회는 하바롭스크와 블라디보스톡에 거점을 형성하여 영역을 넓혀갔고, 이 과정에서 러시아 극동 마피야조직과 영역을 놓고 다툼도 잦아 2003년 2월에 러시아 극동에 진출한 흑사회 두목이 삼림밀수 이권을 놓고 러시아 체첸계열 마피야조직과 충돌을 일으켜 흑사회 두목이 이르쿠츠크에

10) Баранник И.Н. Транснациональная организованная преступность и сотрудничество правоохранительных органов российского Дальнего Востока и стран АТР в борьбе с ней (криминологические аспекты): дис. канд. юрид. наук/И.Н. Баранник. - Владивосток, 2006, p.222.

서 살해되기도 했다.[11]

　이러한 초국가범죄조직의 움직임에 대해 러시아 극동지역에서 홍콩 흑사회가 두드러지게 활동하고 있고, 이들의 범죄활동이 너무 대담해 이에 대한 러시아 정부의 심도 있는 대책이 요구된다고 지적한 것은 미국이었다. 미국의 국제전략문제연구소(CSIS)는 러시아 극동지역에 진출한 홍콩 흑사회가 범중화권 범죄조직으로, 러시아 극동지역에 생활하는 중국 화교사회 속으로 스며들어 그들을 상대로 공갈, 도박개장, 마약밀매, 성매매 및 인신매매, 밀입국 범죄에 관여할 뿐만 아니라 천연자원 밀수, 불법어로 및 불법벌목 등 다양한 분야에서 활동하고 있다고 제기하면서, 러시아에서 중국으로 밀수되는 소비재가 연간 150억 달러 규모이며, 1995년의 경우 중화권 범죄조직이 개입된 원자재 밀매조직에 의해 극동지역 원유의 40%, 가스 32%, 알루미늄을 포함한 비철금속 63%, 구리 70%, 니켈 80%, 고무 50%, 암모니아 40%, 무기비료 80%에 달하는 러시아 원자재를 불법수출하였다고 지적했다.[12] 이와 같이 중화권 범죄조직에 의한 원자재 밀수출이 극성을 부리자 2002년 12월 러시아 푸틴 대통령이 중국을 방문하여 러-중간 국경무역협정의 재조정을 내비쳤고, 2006년 3월에 러시아 내무장관은 국경지대에서의 원자재 밀수출 범죄문제를 거론하며 양국 간 범죄관련 부서에서 의정서를 교환하는 등 신속한 대응체제를 전달하였다.

　이러한 중화권 범죄조직의 활동에는 부패한 러시아 고위 공무원도 일조한 면이 있으나 결정적인 원동력은 극동 러시아에 거주하는 중국인들이었다. 2011년 당시 러시아 극동지역에 등록된 체류 외국인 가운데 중국인 수는 23만 5천 명으로, 그 중 10만 3천 명은 근로자인 단순 노무자들이었다. 이들은 대부분 건설, 임업, 식당업에 종사하였으나 농업에 종사하는 농민노동자 수도 전체 외국인 노동자의 3분의 1을 차지했다.[13]

　현재 러시아 극동지역에서 활동하고 있는 중화권 범죄조직은 홍콩에 기반을 둔 '대권방(大圈幫)', '14K', '신의안(新義安)' 등이며, 그 중 '대권방'의 활동이 가장 두드러진다. 중화권 범죄조직은 2000년대 이후부터 러시아 극동지역에서 중국인 여성들을 성매매에 종사시켜 범죄조직으로서 급격히 성장했고, 매춘으로 벌어들인 수익금으로 호텔, 마작방, 고급음

11) Львов О. Этнокриминал - Новое или давно известное//Иркутская Губерния. 2005.6.8자.

12) Glenn E. Curtis, Seth L. Elan, Rexford A. Hudson, Nina A. 『Transnational activities of Chinese crime organization』, A Report Prepared by the Federal Research Division, Library of Congress under an Interagency Agreement with the United States Government. 2003. pp.69-82.

13) Лелюхин С.Е. "Китайская организованная преступность на ДВ России", Владивостокский центр исследования организованной преступности, 2011, pp.57-73.

식점에 투자하였으며, 일본과 한국에 수산물을 공급한다는 명분으로 2억 달러 규모의 펀드도 조성하였다.[14] 또한 동남아시아 골든트라이앵글에서 재배되는 아편을 밀수하여 극동지역 각 항구와 공항을 통해 한국이나 일본등지로 암거래하기도 하고, 위조여권과 위조비자가 결부된 밀입국, 돈 세탁범죄에 적극 가담하면서 현지 러시아 마피야조직과 영역을 놓고 싸우기도 하고 때로는 공조하기도 한다.

(3) 러시아 마피야 발전요인

러시아 마피야는 유럽의 모스크바 등 대도시에서 점차 시베리아와 극동(極東)지방으로 진출하고 있다. 극동 마피야의 경우 홍콩·마카오 흑사회와 연계하여 매춘, 원목, 한약재를 거래하고, 일본 야쿠자와 연계하여 매춘을 비롯해 킹크랩(대게) 등 해산물 거래를 하고 있으며, 국내 진출한 극동 마피야는 부산에 거점을 형성하여 국내 폭력조직과 연계망을 구축[15]하여 마약 밀매·총기 밀반입·러시아산 수산물을 독점하면서 2008년에는 부산의 유명 호텔과 인근 부동산도 대량 매입했다. 러시아 마피야는 소연방 해체 이후 단기간에 빠른 속도로 발전하면서 세계 주요 범죄조직 중의 하나로 확고히 정착되었다. 러시아는 동·서양에 걸쳐 수많은 국가와 국경을 맞대고 있는 지정학적 요인과, 원료자원이 풍부한 강대국이며, 대륙 간 가교 역할을 담당할 수 있는 지정학적 요인 및 100여 개 이상의 다민족으로 이루어진 연방국가적 요인들로 인해 러시아 마피야는 세계적인 범죄조직으로 급성장할 수 있었다. 이와 같이 러시아 마피야의 극동지역 진출에 대해 미국 워싱턴에 소재한 국제전략문제연구소(CSIS)는 러시아에 8,000여 개의 순수 마피야 범죄조직이 활동 중이며, 그 중 200여개 조직은 한국·이탈리아·일본·중국의 범죄조직과 연계돼 있다고 분석했다.

러시아 극동지역에서 활동하는 홍콩 흑사회 범죄조직은 대규모 네트워크를 구축해 극동과 시베리아지역으로 영역을 확대했고, 저렴한 에페데린 합성 마약을 연해주지역으로 대량 들여와 2010년 러시아 극동지역 마약관련 범죄 건수가 46%를 넘어섰으며, 아무르 지역과 연해주지역 마약거래와 관련된 범죄자 수도 80% 이상 증가했다. 부산 초량동 '텍사스촌'은 국내 체류 러시아 선원이나 러시아 관련 사업가 등이 밀집된 곳으로, 러시아 마피야 조직원이 사업가로 변신해 합법적인 회사를 운영하면서 국내 폭력조직과 사업적 연대를 모색하고 있다. 이러한 현상은 일본, 중국, 러시아 등 우리 주변국 초국가적 범죄조직이 자국

---

14) Из сексуального рабства в Китае Елену вызволила мать//Комсомольская правда». 2006.11.18자.

15) 지난 2003년 3월 부산 영도에서 야쿠트파 두목 나우모프 바실리가 피살될 당시 부산 칠성파 폭력조직의 조직원이자 하부조직 학이파 두목 친형 이씨가 바실리에게 접촉을 시도했던 것으로 드러나 이미 국내 폭력조직과 러시아 마피야조직간에 접촉이 있었다고 판단된다.

내 단속이 강화되자 이에 대한 자구책의 일환으로 국내 침투를 적극 모색하면서 마약, 무기밀매에서 밀입국 알선, 돈 세탁, 수산시장 확보 등에 눈을 돌린 것으로 풀이된다.

3. 러시아 극동지역 흑사회조직 범죄유형

러시아 극동 연방 관구(Дальневосто́чный федера́льный о́круг)는 러시아 극동지역 8개 지역(아무르주, 축치자치구, 유대인자치주, 캄차카주, 하바롭스크 지방, 마가단주, 사할린주, 연해주)을 가리키며 인구는 630만 명으로 관구 본부는 하바롭스크에 있다. 러시아 극동 마피야는 블라디보스톡과 하바롭스크를 중심으로 보호비 강탈에서 매춘, 중국 노동력 불법고용, 무기 및 마약밀매, 청부살인, 공갈, 노점시장 통제 등의 범행을 일삼는다.

(1) 극동지역 중국 흑사회성조직 활동

중국 본토의 범죄조직이라 불리는 흑사회성조직이 본격적으로 러시아 극동지역에서 활동하기 시작한 것은 1991년 소련 붕괴 이후이다. 흑사회성조직이 극동지역에서 행한 범죄 가운데 중앙아시아에서 활동하던 러시아 마피야 두목 에프게니 바신(Vasin)의 사례가 가장 돋보인다. 그는 1990년대 중반 중국 랴오닝성(遼寧省) 선양시(沈阳市)를 방문해 현지 흑사회성조직과 연합체를 결성한 후 러시아 블라디보스톡을 중심으로 '라오파(老派)'를 만들어 연해주지방에 체류하는 중국 화교를 상대로 불법송금과 자금세탁을 통해 기업화된 범죄조직을 이끌어 왔다. 또한 중국 헤이룽장성이나 지린성에서 러시아 연해주 관광을 희망하는 중국인 여행객을 상대로 마사지를 동반한 섹스관광 루트를 확보하였고, 2004년에는 우라늄 탄광에서 우라늄을 채취해 중국으로 밀수출하는 등 전 분야에 걸쳐 범죄에 가담하였다.[16]. 이는 중국 본토의 흑사회성조직이 러시아 극동 마피야와 연계한 대표적인 사례이다. 다시 말해 중국 본토 흑사회성조직도 홍콩 흑사회조직과 마찬가지로 이미 러시아 극동지역 현지 관료인 경찰고위직이나 세관원을 매수해 보호망을 형성하고 있다는 증거이다. 하지만 중국 동북지역 흑사회성조직은 아직 러시아 극동지역 마약밀매 영역은 확보하지 못한 것으로 보인다. 왜냐하면 아프가니스탄에서 재배되는 마약이 이란을 거쳐 타지키스탄을 경유해 카프카스, 타지크스탄, 카자흐스탄을 거쳐 유럽이나 극동 러시아로 이동되는 경로를 예전부터 홍콩에 본부를 둔 흑사회조직이나 러시아 체첸계열 마피야가 오랫동안 장악해 왔기 때문에 중국 동북지역 흑사회성조직은 아직 이 루트의 영역을 확보하지 못한 것으로

---

16) RIA, Novosti, 2004.1.16자. 블라고베셴스크는 아무르강의 지류인 제야강(江)이 헤이룽강(江)으로 합류하는 지점에 위치한 아무르주의 주도로, 이곳에도 중국 흑사회 범죄조직이 영역을 확보하여 활동하고 있다.

보인다.

(2) 러시아 극동지역 흑사회조직 범죄유형

1) 마약밀매

러시아 극동지역은 지정학적 요인으로 인해 마약중개지로서 각광을 받고 있다. 러시아 극동지방은 2000년 이후 헤로인의 거래와 남용이 급속도로 확산되었는데 이는 아프가니스탄지역에서 생산된 값싼 헤로인이 비단길을 통해 러시아 내 부패한 관료들의 도움으로 극동지역까지 배달되기 때문이다. 극동지역에 유통되는 마약은 중화권 흑사회조직이 화교 네트워크를 형성하여 중앙아시아 출신의 이민자, 카프카스인, 집시 등을 이용하여 비단길을 마약 운송로로 활용하고 있다. 아프가니스탄에서 생산된 마약은 느슨한 국경감시와 뇌물을 받은 국경수비대 및 세관 공무원들의 보호를 받으며 중앙아시아의 타지키스탄, 카자흐스탄, 키르기즈스탄, 우즈베키스탄, 투르크메니스탄을 통해 러시아로 들어온다. 게다가 높은 실업률에 허덕이는 러시아 현지 주민들도 중국 흑사회조직의 범행에 직·간접으로 참여하고 있다. 특히 극동지역의 연해주와 하바롭스크 변경지역은 극동 연방구에서 해당 범죄율이 가장 높은 지역이다. 이 지역에 가장 많이 보급된 마약은 마리화나이며 그 다음으로 해시시, 아편, 헤로인, 엑스타시, 에페드론, 코카인 순이다.

마약과 관련된 범죄가 러시아 극동지역에서 증가하는 요인은 여러 가지가 있지만 무엇보다 이 지역이 여러 국가와 국경을 맞대고 있는 지점이라는 사실과 밀접한 관련이 있다. 다시 말해 러시아 극동지역은 중국과 한반도의 북단 그리고 일본과 접하고 있으며, 태평양을 향한 국가의 출입구 역할을 하고 있어 마약 공급시장으로서의 역할 수행이 용이하기 때문으로 풀이된다. 이는 우리나라가 러시아 극동지역에서 활동하는 중국 흑사회조직의 주 무대로 전락될 가능성이 열려 있다는 의미이기도 하다.

러시아 극동지역에 진출한 흑사회조직에 의한 마약밀매는 1996년부터 시작되었다. 연해주 일대에서 에페드린을 비롯한 합성마약을 본격적으로 제조하기 시작한 것은 러시아의 체제개혁 직후인 1995년을 전후한 시기이다. 이 당시만 해도 이미 극동지역의 블라디보스톡을 중심으로 4개의 마약제조공장이 가동되었고 이는 극동 러시아인보다 현지 중국인의 수요를 충족하기 위해서였다. 그 후 2001년에 접어들어 흑사회조직은 중국인 무역업자를 통해 마약 공급 루트를 더욱 확대하기 시작하였고 러시아 경찰에 적발된 것도 2001년 이후부터이다.[17] 연해주 암시장에서 매매되는 마약 수요의 증가로 인해 러시아 극동지역의

---

17) Баранник И.Н. Транснациональная организованная преступность и сотрудничество правоохранительных органов российского Дальнего Востока и стран АТР в борьбе с ней(криминологические аспекты): дис. канд. юри

제약회사들도 마약성분이 강한 MDMA(엑스터시)약품을 제조하기 시작했고, 2005년 이후부터 극동지방에서 제조되는 마약을 중앙아시아를 지나 러시아 전역으로 운반하였다. 이러한 마약밀매와 관련된 사례를 보면, 2006년 12월 우수리스크 법원은 마약성분이 강한 에페드린 알약을 대량 생산해 중국 무역상들을 상대로 밀매한 중국인 마약 조직원 원이(文伊)를 구속한 바 있고, 2008년 7월 러시아 극동 세관은 합성마약 MDMA(엑스터시) 900정을 중국에서 한국을 통해 러시아로 밀수출하려던 조직을 적발하기도 했으며, 2009년 6월에는 생물학적 활성제(BAD)를 밀매하던 홍콩 흑사회조직이 극동 러시아와 중국 헤이룽장 국경지대에서 인신매매와 동시에 마약을 운반하면서 러시아와 한국을 오가는 무역상을 통해 엑스터시와 코카인이 포함된 마약을 운송했다고 진술한 바 있다.[18] 2015년 현재 중국에서 극동 러시아로 공급하는 마약은 홍콩 삼합회조직인 '대권방'과 '14K'가 마약시장을 장악하고 있다.

2) 원자재 밀매

중화권 흑사회조직은 러시아로부터 각종 원료자원을 밀수한다. 이는 경제적으로 어려움을 겪고 있는 러시아 현지인들이 산림벌목, 불법어로, 금광채굴에 관여하면서 생존 수단으로 흑사회조직을 돕고 있기 때문이다. 2000년대 초 극동지역 흑사회조직은 러시아와 중국 국경지대인 하바롭스크와 연해주의 아무르 지역에서 러시아 마피야와 일본 야쿠자조직과 연계해 150만㎥의 면적에서 오크나 삼나무를 비롯해 5종에 이르는 삼림을 관리하면서 연간 3억 달러 가량을 벌어들였고, 연해주 일대에서만 불법벌목으로 벌어들이는 수입이 연 1억 5천만 달러에 달했다.[19] 불법으로 벌목한 목재는 흑사회조직이 서류를 위조해 중국으로 들여가고 있으나 일부는 일본이나 한국으로도 수출된다. 또한 극동지역 캄차카 반도에서 불법으로 어획한 어획물은 러시아 관료들의 보호를 받고 있는 현지 마피야조직을 통해 중국 흑사회조직에게 넘어가는 등 극동지역 수산물도 장악하고 있다. 홍콩에 본사를 두고 부산에도 사무소를 개설하여 현재까지 극동지역 수산물 사업을 확장하고 있는 안데스퍼시픽(Andes Pasific) 그룹의 경우 러시아계 미국인 꼰프라헤르 아르카디(Arkdi)가 1997년 홍콩에서 설립한 수산회사이다. 이 회사는 러시아 쿠릴열도의 오호츠크해 및 베링해 등 배타적

д, наук/И.Н. Баранник. - Владивосток, 2006, p.222.

18) Лелюхин С.Е. "Китайская организованная преступность на ДВ России", Владивостокский центр исследования организованной преступности, 2011.

19) E. Curtis Glenn, Seth L. Elan, Rexford A. Hudson, Nina A. 『Transnational activities of Chinese crime organization』, A Report Prepared by the Federal Research Division, Library of Congress under an Interagency Agreement with the United States Government, 2003, pp.153-162.

경제수역에서 불법조업한 어획물을 안데스퍼시픽 소속 운반선 라하(RAHA)를 통해 미국 시애틀에 소재한 글로벌 피싱(Global fishing)을 비롯해 중국 대련항 및 한국의 부산항으로 수출하고 있다. 이와 같이 러시아 캄차카반도에서 불법 어획한 수산물을 미국으로 수출하거나 홍콩으로 들여오는 수산물은 홍콩 최대 범죄조직이자 세계 최대 범죄조직의 하나인 신의안조직이 개입하고 있으며 러시아 마피야와 중국 흑사회와 연계되어 우리나라를 경유지로 삼은 대표적인 수산물 거래 사례이기도 하다.

극동지역에서 원자재밀매에 개입하는 중국 흑사회 조직원들은 러시아어를 잘 구사하고 러시아 이름도 갖고 있으며, 심지어 러시아인처럼 행동하고 활동하기에 그 뿌리를 캐기가 어렵다. 주로 시베리아나 극동지역 합작사들에 의해 개발되는 전략물자들은 산업적 가치가 높은 약용식물, 농산물, 귀금속, 목재, 어패류 등이다. 이렇게 많은 전략물자들이 중국이나 제3국으로 넘어가 2000년 이후부터 연 30억 달러 이상이 밀매되고 있다.[20] 2006년에 블라디보스톡을 중심으로 극동지역에는 러시아인과 중국인이 연계되어 원자재밀매에 가담하는 범죄조직이 50여 개가 넘었다. 이와 같이 러시아 극동지역 내 중국 흑사회조직의 수익을 가장 높게 해 주는 품목이 바로 원자재밀매로, 해가 갈수록 그 액수는 계속 늘어나고 있다.

3) 성매매 및 인신매매

중화권 흑사회는 러시아 마피야와 연계하여 러시아 여성을 홍콩, 마카오로 불법밀입국시켜 성매매에 종사시키고 있다. 하바롭스크와 연해주 지역에서 홍콩이나 마카오로 밀입국한 여성들의 다수는 정상적인 직업과 높은 월급을 약속받고 밀입국하였으나 범죄조직의 꼬임에 빠져 성노예 생활을 하고 있다. 2011년 발표된 공식통계로도 15,000여 명 이상의 젊은 러시아 여성이 흑사회조직에 의해 홍콩이나 마카오에서 성노예로 살아가고 있다.[21]

러시아 주변국가인 우크라이나의 일부 여성들도 돈벌이를 위해 해외 매춘에 나서는데, 이들의 해외 매춘 알선에도 러시아 마피야와 연계한 중국 흑사회가 개입하고 있다. 속칭 '인터 걸'로 불리는 매춘여성들은 중국 흑사회의 알선으로 유럽과 미국, 일본 등 매춘시장으로 흘러 들어간다. 성매매에 공급되는 러시아 극동지역 출신 여성은 5만 명 이상으로 추산된다. 특히 이들 극동지역 젊은 여성의 해외송출 시스템은 중국인 인력송출 전문 범죄조

---

20) Лелюхин С.Е. "Китайская организованная преступность на ДВ России", Владивостокский центр исследования организованной преступности, 2011, p.155.

21) 밀항 전문조직의 하나인 사두회에 의한 밀입국은 저장성과 푸젠성에서 주로 이루어진다. 밀입국을 희망하는 현지 중국인들은 흑사회로부터 합법적인 여권에 위조비자를 사용하여 항공편을 이용하여 유럽연합을 거쳐 모스크바를 경유해 시베리아 철도를 지나 극동지역으로 넘어간다.

직인 사두회조직에 의해 완벽하게 이루어지고 있다. 이 조직은 위조여권과 위조비자를 제작하여 손쉽게 인력송출을 주도한다. 일본에도 최근 들어 러시아 매춘부들이 급증하는 추세다. 특히 항구도시인 니가타(新潟)의 경우 1965년에 하바롭스크와 우호조약을 맺은 이후 전통적으로 러시아색이 짙은데다 1991년에 들어 블라디보스톡과도 제휴를 맺어 러시아인들의 왕래가 잦은 곳이다. 일본 현지에 입국한 러시아 여성 상당수는 외모가 뛰어나 호텔이나 불법 마사지클럽을 중심으로 성매매에 종사하고 있다. 더구나 2000년대 이후 러시아 성매매 여성들은 일본 현지의 야쿠자 조직의 보호를 받고 있으며 이러한 현상으로 볼 때 러시아 마피야와 연계한 중국 흑사회가 현지 야쿠자와도 연계하고 있을 것으로 추정된다. 이와 같이 중화권 흑사회조직은 성매매뿐 아니라 도박, 인신매매, 밀입국에도 관여하면서 러시아 극동지역 마피야조직과 경쟁을 벌이기도 하고 때로는 상호 협력하기도 한다. 예를 들면 러시아 정부에서 흑사회조직이 개설한 블라디보스톡의 카지노를 폐쇄하자 흑사회조직은 러시아 마피야와 연계하여 마카오나 홍콩 카지노에 매춘을 위한 러시아 여성을 공급하기도 했다.[22]

4. 중국 흑사회성 범죄조직에 대한 러시아 정부 대응방안

러시아 극동지역에서 자원밀매를 포함한 마약밀매, 성매매 등 각종 범죄를 일삼는 중국 흑사회조직의 활동을 봉쇄하기 위해 러시아 정부는 중국의 소수민족자치구를 중심으로 범죄조직 특성을 연구하기 시작했다. 중화권 흑사회조직에 의한 자연자원의 밀매 방지를 위해 부패한 관리나 법 집행 기관의 정화에 노력을 기울이면서 2010년 이후부터 중국 흑사회의 범죄활동을 민족범죄의 일부로 규정했다. 이렇게 규정한 이유는 러시아 각지에 산재한 중국 범죄조직의 활동에 대한 모니터링 없이는 극동지역에서 활동하는 흑사회 조직원의 포괄적인 분석이 어렵다고 인식하였기 때문이다. 그에 대한 러시아 정부의 대책을 살펴보면 다음과 같다.

첫째, 중국 흑사회에 대한 맹목적인 수사에서 탈피하여 장기적인 자세로 국경지역에서의 중국 내 상황과 주민의 경제동향을 살피고, 나아가 극동지역에서 활동하는 흑사회조직의 활동실태를 정확히 분석하기 했다. 그리고 중국계 범죄조직 소탕의 주도권을 잡기 위해 연방정부는 행정 및 입법권을 강화하여 관련 전문가를 동원하고 있다. 또한 범죄조직은 폐쇄성이 높은 집단임을 감안해 러시아 연방정보기관을 동원하여 범죄관련 정보를 수집하고,

22) Лелюхин С.Е. "Китайская организованная преступность на ДВ России", В ладивостокский центр исследования организованной преступности, 2011, pp.6－32.

더 나아가 흑사회 조직원이 개입된 사건에 대해 연방수사기관에서 직접 수사를 지휘한다는 것이다.

둘째, 현재 러시아에는 중국어에 능통한 법률가가 의외로 적다. 이를 해소하기 위해 러시아 정부는 사법기관과 러시아 각 대학에 중국 범죄조직 수사와 관련된 교육과정을 도입했다. 이 과정은 '2.5+2.5', 또는 '3+2' 기간제 프로그램으로, 이 과정의 활용을 통해 중국어와 중국 법률에 대한 충분한 지식을 배우고, 중국 법집행 관련 기관에 러시아 수사관을 파견해 전문적인 훈련을 받기로 했다. 하바롭스크대학에는 경제적 및 기술적 지원에 관한 공동 프로그램을 추진해 중국 법제관련 기관과 협력을 하고 있다. 하지만 러시아 극동지역 대학의 프로그램과 중국 법제기관과의 협력 수준이 일치하지 않아 이들 기관들이 지역 차원을 넘어 어느 정도 협력을 강화할지가 문제로 남아있다.

2015년 현재 러시아 공식 통계에서 러시아 극동지역에 거주하는 중국인은 45만 명으로 집계되고 있으나 실제는 200만 명 이상 거주하고 있을 것으로 추정된다. 중국인 근로자나 상인들은 러시아 국경 검문소에서 부패한 러시아 공무원에게 뇌물을 주고 쉽게 국경을 넘고 있다. 노동력이 부족한 러시아 극동지역은 중국인 이주 노동자가 농장이나 공장에서 일하고 있어 중국과의 통상이나 노동자 없이는 극동지역 경제가 제대로 돌아가지 않는 상황이다. 중국인 불법체류나 밀수범죄의 증가로 극동에서 발생하는 중국인 관련 범죄 건수는 연간 1만 건에 이르고, 특히 시베리아에 서식하는 호랑이, 사향노루와 같은 멸종 위기종이 중국인 밀렵자들의 표적이 되고 있으며, 극동지역 중-러 중간지대인 아무르 강 연안에는 중-러 혼혈 아이들이 꾸준히 늘고 있다.

러시아 정부는 극동지역에서 러시아 여성이 관련된 인신매매와 성매매 범죄에 대해 중국 정부에서 자국 범죄조직에 대한 정치적 영향력을 적극 행사해주기를 바라고 있으나 중국 정부의 범죄소탕은 러시아 정부의 기대에 훨씬 미치지 못하고 있다. 또한 중국 흑사회조직에 의한 자원밀매를 포함한 각종 범죄 척결을 위해 러시아 정부는 여러 대응책을 내놓고 있지만 아직 그 효과는 보이지 않는다. 이는 중국 흑사회가 일정 지역에 한정되어 있지 않고 여러 영역에 걸쳐 활동하고 있기 때문으로, 초국가범죄조직인 중화권 흑사회조직을 효율적으로 섬멸을 위해서는 인접국의 국가강제기구 기능을 적극 강화해야 할 것으로 보여진다.[23]

---

23) 신상철, "러시아 극동지역 중국 삼합회 활동 연구", 중국과 중국학 (26), 2015.

제 2 절   러시아 극동 마피야 부산지역 거점형성과 활동

1. 러시아 마피야 국내진출과 활동

　1990년대 사회주의 국가에서 자본주의체제로 전환된 러시아의 초국가적 조직범죄(Transnational Organized Crime: TOC)는 국민 생활의 모든 분야에 파고들어 강력한 영향력을 행사하면서 사회·경제제도의 정상적인 기능을 파괴하고 국가의 안전과 사회를 해칠 뿐만 아니라 전 세계 커뮤니티에 심각한 위협을 보여주고 있다. 러시아 극동지역에서 전개되는 불법벌목채취, 밀입국, 인신매매, 성매매, 불법어로채취 등 각종 범죄에 홍콩·마카오 흑사회조직이 깊숙이 개입하고 있으며, 특히 국내 범죄조직은 불법수산물 유통 및 도난 차량 불법운송, 돈 세탁 등에 관여하면서 한·중·일 범죄조직이 러시아 극동 마피야와 연계하여 동북아 초국가적 범죄조직 확산을 가져왔다.

　1990년 한－러 수교 이후 부산과 러시아 블라디보스톡을 오가는 항로가 개설되자 러시아 선원과 보따리상을 비롯한 여성 무용수들이 부산을 출입하면서 초량동 일대에는 러시아거리(일명 텍사스촌)가 형성되었다. 구소련 붕괴 후 15만여 정의 총포류가 범죄자들 손에 흘러 들어가 해외로 유출되었고,[24] 국내 입국한 러시아 마피야는 수산업 외에도 밀입국 알선·사채 해결을 비롯해 돈이 되는 사업에는 가리지 않고 뛰어들고 있을 뿐 아니라 러시아 윤락 여성들이 국내 체류비자를 받고 한국으로 입국하는데 깊숙이 관여하면서 매춘사업을 주도하기도 한다. 1996년 10월에 들어 러시아 나호뜨카지역 마피야 두목이 수산관련 사업 타당성 조사를 위해 8차례에 걸쳐 부산을 방문하였고, 같은 해 5월 수원지역 폭력조직원이 러시아 블라디보스톡을 방문해 현지 마피야조직과 연계를 시도하다 국내 수사기관의 내사를 받은바 있다.[25] 또한 러시아 극동 마피야의 한 계보인 안치크파는 국내 인력송출업체를 통해 러시아 무용수를 들여보내다 적발되었으며, 러시아 마피야 조직원이 포함된 마약밀매단 '바소와 가족들' 조직원 8명은 1998년 3월 부산 동구 초량동 일대 텍사스촌에 거점을 마련한 뒤 3년 6개월 동안 자국인과 내국인을 상대로 마약밀매나 밀출국 알선을 해오다 2001년 9월에 검거[26]되면서 100달러에 권총도 밀매했다는 진술이 있은 이후 부산은 러시

---

24) 조선일보, 1994.9.11자. 러시아 선적화물선 탈니키호(5,467t) 갑판장 보리스 페드코프는 러시아 선박 내 플라스틱통 안에 숨겨온 미제권총 6정과 실탄 2백 92발을 숨겨 들여온 뒤 부산 동구 초량동과 중앙동 일대 상가를 돌며 내국인들에게 판매하려다 검거되었다.
25) 조선일보, 1997.2.19자.
26) 시사저널(1129호), 2011.6.8자.

아 극동 마피야 거점으로 전락하였고, 급기야 2003년 3월 러시아산 수산물 국내 유통망을 둘러싸고 러시아 극동지역 마피야 야쿠트파 두목이 상대 조직원 권총에 살해되었다.[27] 러시아 연해주와 사할린주를 중심으로 활동하는 극동 마피야는 국내에 수산업관련 업체를 설립해 내국인과 합작하여 직·간접으로 수산물 수입시장에 개입한 이후 2007년 '한-러 수산물 밀매방지 협정'이 체결되면서 수산물 밀거래가 어려워지자 합법을 가장한 자금세탁으로 눈을 돌려 2010년 9월 부산을 거점으로 1천억 원대 자금을 세탁한 후 본국으로 불법송금한 러시아 마피야 조직원이 검거되었다.

2. 부산지역 러시아인 체류현황과 범죄 실태

(1) 초량동 텍사스거리 외국인 현황과 활동

부산 동구 초량동 외국인거리(면적 12,300㎡, 37,200평)는 초량1동 571번지(화교중학교 ↔ 영주동경계) 차이나거리 400m와, 초량2동 486-7번지(오션 ↔ 사해방) 텍사스거리 300m를 가리키며, 부산·경남지역(양산, 김해, 거제)에 근무하고 있는 외국인 근로자들이 주말에 텍사스거리를 만남의 장소로 고향소식 등 정보교환 장소로 이용하면서 다국적 외국인 범죄가 급증하고 있고, 초량1, 2동 뒷골목에 위치한 숙박업소에 기생하는 외국인 윤락 호객행위 여성과 한국인 업주 간 영역다툼이 지속적으로 발생하고 있다.

1990년 한-러 수교 이후 극동지역 출신 러시아인들이 부족한 생필품 구입을 위한 무역거래를 시작으로 러시아 수산업관련 선박들이 수산물 수출과 선박수리를 위해 대거 입국하면서 체류 러시아인이 급증하였다. 2018년 현재 부산지역에 등록된 러시아인은 1,022명으로, 매년 큰 변동은 없으나 투자를 통한 영주(F-5)·기업투자(D-8)비자로 체류하는 러시아인이 증가하고 있으며, 최근 들어 일부 러시아 부유층은 해운대 지역을 중심으로 고급

러시아 마피아 두목 바소의 경우 이란인과 터키인 16명을 선박수리 차 부산에 입항한 러시아 선박에 몰래 승선시켜 일본으로 태워 보내면서 1인당 3,000~4,000달러씩 모두 6만 달러(한화 약 7,000만 원 상당)의 밀입국 운임료를 받아 챙겼고, 부산 초량동 속칭 텍사스촌 일대를 거점 삼아 헤로인 등 수 억 원대의 마약류를 외국인 선원에게 판매했다. 아프가니스탄이나 북한에서 생산되는 마약이 러시아로 밀반출되면서 선박수리 차 부산항으로 입항하는 러시아 선박을 통해 마약이 유입되면서 총기류도 함께 밀거래되고 있다.

27) 국내에서 암약 중인 러시아 마피야 두목급은 대부분 선주나 무역회사를 운영하고 있다. 2003년 3월 17일 부산 영도에서 소음기가 장착된 저격암살용 권총으로 사망한 나우모프 바실리도 러시아 극동지역에서 선박 37척을 소유한 선박회사 대표였다. 극동 마피야 조직원들은 합법적인 직업을 내세워 국내에 체류하면서 이들 중 일부는 교포 2세 출신으로 부산의 고급주택가에 거주하면서 유흥가에도 종종 출현한다. 러시아 극동 마피야는 조직 내 이권과 암투가 심해 이들이 있는 곳에 항시 총기 살해사건이 일어날 수 있다.

《표 12》 부산 초량동 외국인 국적별 체류현황(2018년 8월 1일 기준)

전체	중국 (조선족)	대만	러시아 (한국계)	일본	필리핀	베트남	우즈벡	기타 (인도네시아 등)
1,563 (35개국)	178 (82)	326	152 (61)	42	139	126	26	431

《표 13》 이주여성 현황

전체	중국 (한국계)	베트남	일본	러시아 (한국계)	필리핀	캄보디아	기타
248	58 (18)	61	15	36 (12)	27	3	18

《표 14》 텍사스거리 업소현황

계	외국인 전용업소	특수 관광협회	환전소	일반주점	잡화점	숙박업	식 당 (중국음식점)
151	17	1	15	29	21	37	31

아파트와 상가 및 대지를 비롯해 부동산을 꾸준히 매입하면서 새로운 집단거주 지역을 형성하고 있다. 초량동 외국인 관광 전용 업소(바이칼, 마이애미, 오션, 하바나, 라스베가스 헐리웃, 파라다이스, 마닐라, 런던, 바이킹, 텍사스)에는 러시아 여성을 포함한 65명의 종업원이 유흥업에 종사하고 있으며, 일반주점에도 110명의 내·외국인 종업원이 있어 주점 1개 업소에 외국인 여성 2~3명이 일하고 있고, 러시아를 포함한 외국인 여성 20명과 한국인 여성 10여 명 등 30여 명이 관광객을 상대로 호객행위를 하고 있다. 외국인 전용업소에 종사하는 외국인 종업원들은 서울소재 기획사(프로덕션)를 통해 입국한 필리핀인들이 가장 많고, 일반주점에 종사하는 종업원들은 러시아를 포함한 외국국적 동포들로, 일반 취업활동이 가능한 체류자격으로 일하고 있다. 러시아, 우즈베키스탄 출신 일부(일명 '나까이'라 불리는 여성)는 특정한 주점에 속해있지 않고 거리를 지나는 불특정 다수인을 상대로 윤락 호객행위를 하는 여성과, 주점업소 앞에 두세 명이 서서 행인을 상대로 즉석만남(일명 부킹)을 시도하는 부류로 분류된다. 러시아 여성이 관련된 범죄의 경우 성매매 목적으로 관련 비자를 악용해 입국하고 있다.

러시아 여성에 대한 예술흥행(E-6)비자가 인권침해 등 국제문제로 비화되면서 2004년 이후 발급이 중단되었지만 관광비자로 입국해 유흥업소에 취업하는 사례는 아직도 완전히 근절되지 않았다. 또한 2009년부터 해외 환자유치를 위한 의료관광이 허용되면서 병원 예약서만 제출하면 쉽게 발급이 가능한 의료관광비자가 부산 초량동 텍사스촌 일대 유흥업소 종사 러시아 여성들이나 브로커들에게 악용되고 있다.

(2) 감천항 일대 러시아 선원 범죄 실태

감천항[28]을 중심으로 발생한 사건으로는, 2003년 1월 감천항 외항인 다대항(낫개부두) 선착장에서 무등록 선박(양성호, 13톤, 소형 기선저인망)으로 외국인 20명을 일본으로 밀출국시키다 검거된 것을 비롯해, 2003년 8월 경기도 파주군 교화읍 소재 운정농협에 침입하여 권총 2발을 발사하고 현금과 수표 1억 3천만 원을 강취한 피의자(이ㅇㅇ 등 2명)가 총기와 실탄을 2003년 3월 감천항에서 필리핀인으로부터 미화 1,000달러를 주고 구입한 것으로 밝혀지면서 총기밀매의 본거지로 부각되었다. 그에 앞서 2001년 부산시내 모 여관에서 러시아 여성에게 스페인제 공기권총을 발사한 러시아 선원도 권총을 상의 주머니에 넣고 감천항을 빠져 나왔다고 진술한 바 있고, 러시아 고철을 대량으로 수입하던 국내업자도 고철 속에 다량의 총기류를 함께 섞어 수입했다는 진술로 볼 때 많은 양의 러시아 권총이 국내에 이미 유통되고 있다는 것을 알 수 있다. 이러한 총기 밀반입 현황은 아래 도표와 같다.

《표 15》 총기 밀반입 현황

연번	적발일시·장소	밀반입경로	압수품목	비고
1	1992.10.8. 북구 주례동	감천항	권총 1, 실탄 82	내국인
2	1993.6.28. 부산 사하구	감천항	권총 1, 실탄 92	판매시도
3	1993.10.7. 부산 사하구	감천항	권총 1, 실탄 9	보안검색
4	1994.8.29. 부산 남구	감천항	권총 1, 실탄 100	내국인

---

28) 부산시 사하구 감천동에 소재한 감천항은 항 내수면적이 5,224,000㎡(158만평)로 해안선 길이가 12.7㎞이며 총 9개 부두(중앙부두, 1~7부두, 다대부두) 43개 선석의 접안능력을 갖고 있다. 감천항 보안울타리 길이는 7,729m로 연안 부두 앞 70m는 미설치구역(개인 사유지 70m, 선기조합 1,000m 등 총 1,140m)으로, 정문 출입초소 9개소(비상초소 22개소)와 3,646개의 보안등이 설치되어 있다. 감천항 1일 출입인원은 약 2,000여 명이고 1일 출입차량도 1,600대에 이르며, 2013년 한해 컨테이너 처리량이 29,152TEU(부산 전체의 0.17%)이며, 이 중 잡화가 12,279,126톤(44.7%)이다. 2013년 한해 입·출항 선박은 12,492척으로 1일 34척에 달한다. 무역거래로는 수산물 도매시장을 통한 어획물 하역 및 화물(컨테이너등)반출입이 주류이며, 섬유, 철강, 화공 생산품, 시멘트, 기계, 어패류 순으로 물동량이 거래되며, 항구주변에는 러시아 여성 접대부를 포함하여 내·외국인 여성을 고용한 유흥주점(마돈나, 돌핀, 라두카, 스마크, 스레스챠호프, 그로리아, 메제리자, 알렉산드)이 영업 중이다. 그리고 평소 60여 척의 러시아 선박이 수산물 하역과 선박 수리 차 입항하는 감천항과 조선수리소 일원에는 주요 출입구에 철조망이 설치되었으나 2m 높이의 담장만 넘으면 곧바로 외부와 연결되어 있어 사전에 약속을 하고 심야시간대에 대기하고 있다가 담장위로 비닐에 싼 마약이나 총기를 집어던져도 경비원이 발견하기 어려울 정도이다.

5	1994.9.10. 부산 중구	남외항	권총 6, 실탄 292	판매시도
6	1995.3.3. 부산 중구	불상	권총 1, 실탄 55	화교
7	1995.7.8. 부산 남구	용호부두	권총 2, 실탄 200	판매시도
8	2001.11.7. 부산 동구	감천항	공기권총 1, 납탄 6	폭행에 사용
9	2003.4.17. 부산 영도구	불상	권총 2	청부살인
10	2012.3.11. 부산 영도구	한진중공업	공기권총 1	호신용
11	2013.9.8. 부산 사하구	감천항	공기권총 2	호신용
12	2014.11.1. 부산 사하구	감천항	공기권총 1	호신용
13	2015.2.3. 부산 사하구	감천항	가스분사기 1, 가스탄 4	호신용

※ 부산지방경찰청 외국인 범죄대책 자료(2018년 8월).

마약과 관련된 범죄로, 러시아에서는 대마의 단순 흡연이 가벼운 벌금형이어서 죄의식을 크게 느끼지 못하는 러시아 선원들이 국내 상륙 후 대마를 흡연하는 경우가 종종 발생한다. 그러나 장기체류자나 불법체류 선원들이 돈벌이 목적으로 마약을 밀반입하거나 우즈베키스탄을 비롯한 외국인근로자를 상대로 대마를 판매하는 발생건수나 검거인원은 해마다 줄지 않고 있다. 주요 마약사범 검거현황은 다음 도표와 같다.

《표 16》 마약 사범 검거현황

연번	검거일시	마약종류	사 건 내 용	비고
1	2001.9.3	대마·혜쉬쉬	마약밀매 '씨마바소' 일당 8명 검거	외사
2	2001.12.6	대마	성매매여성 등 5명 검거	〃
3	2004.5.4	메스케치논	마약판매 조직 12명 검거	〃
4	2005.10.8	대마	대마흡연 4명 검거	〃
5	2009.5.18	혜쉬쉬	2억 상당 헤시시 밀반입 5명 검거	마수대
6	2012.2.13	대마	불법체류 러시아선원 4명 검거	외사
7	2012.7.9	혜쉬쉬	국내최대 신종마약 밀반입	〃

※ 부산지방경찰청 외국인 범죄대책 자료(2013년 12월).

3. 러시아 극동지역 한인 교포와 수산마피야 활동

(1) 러시아 극동지역 범죄 실태

1991년 말 소비에트 연방 해체와 더불어 옐친의 급진적인 시장경제로의 체제전환과 그 과정에서 연방권력이 약화되고 지방정부의 권력이 강화되자 극동 마피야가 활개 치기 시작했다. 중앙지역에서 멀리 떨어진 극동지역의 경제상황은 러시아 평균보다 훨씬 밑 돌았고, 경제적으로 빈곤해진 극동지역 군, 경찰 출신들은 직·간접으로 마피야조직에 동참했다. 특히 극동지역은 부패가 더욱 만연해 마약과 수산물, 목재 및 고가의 금속제품과 다이아몬드 불법거래가 극성을 부렸고, 연해주의 경우 블라디보스톡이나 나호뜨카의 범죄발생률은 러시아 내에서 최고 수준이었으나 범죄 검거율은 극히 낮았다. 극동지역 마피야조직의 두드러진 범죄특징은 광산물, 수산물, 임산물, 희귀동물의 불법거래로, 중국과 지리적으로 긴 국경을 맞대고 있어 밀입국 및 밀수가 주된 범행이다. 특히 극동 연해변강주의 블라디보스톡, 나호뜨카, 보스토치니, 자루비노 항구에서 우리나라를 비롯해 일본, 중국, 북한과 커넥션이 이루어져 수산물, 목재, 마약, 무기, 도난차량, 인신매매가 중점적으로 이루어지고 있으며, 특히 일본 야쿠자조직은 극동 마피야조직과 연계해 일본의 고급 도난차량을 블라디보스톡 항으로 반입하고 있다.[29]

(2) 연해주 및 사할린 한인교포

프리모르스키(Примóрский)라 불리는 러시아 연해주는 중국과 조선민주주의인민공화국 함경북도(라선 특급시), 그리고 동해에 접해 있어 국경 길이가 3,000km 이상이며, 블라디보스톡(613,400명) 나호뜨카(174,600명) 우수리스크(156,000명) 아르톰(111,500명) 등 주요 도시가 있다. 사할린(Сахалúнская)주는 사할린 섬과 쿠릴 열도를 관할하는 지역으로, 러시아인 84.3%(460,778명), 한국인 5.41%(29,592명), 우크라이나인 4.0%(21,831명)과 그 외 길랴크족, 아이누족, 모르도바인, 타르족, 일본인 등이 소수(6.29%)를 차지한다.

사할린 한인교포에 대한 연구는 1970년대 중반 이후이다. 일본식 명칭인 가라후토(樺

---

29) REF/RL, 1999.4.12자.
　　이러한 국내 사례로는 국내 차량의 해외 인지도가 높아지자 러시아 극동 마피야와 연계한 국내 차량명판 위조책(18명)들은 2011년 4월부터 6월까지 부산, 대구 등 전국을 돌며 노후차량 차대번호를 위·변조하는 방법으로 자동차 700여 대를 러시아로 불법수출하여 14억 원 상당의 부당이득을 취하였다. 이들은 수출차량 통관시 세관심사 및 러시아 관세법상 중과세를 피하기 위해 전국의 자동차 매매상을 통해 연식이 오래된 버스를 헐값에 구입하여 차량 엔진룸의 차대번호와 운전석 하단에 부착된 차대명판을 조각기계(cnc기)를 이용하여 위·변조하였다.

太)를 한국식으로 음차해 화태라 불리는 사할린은 1935년 일본 미쯔비씨·미쓰이 상사의 요청에 따라 조선총독부가 상당수의 조선인들을 동원함으로써 사할린 강제동원이 본격화되었다.30) 공산권에 대한 정보가 차단된 시기 한국으로 귀한을 희망하는 이들이 KBS로 4,500여 통의 편지글이 방송된 내용을 분석31)한 자료에 의하면 1939~1941년 사이 가장 많은 수의 한인들이 사할린 작업장에 투입되었고 해방 후 현지 억류된 사람들 중 남한 출신이 38,000명(출신도별로는 경상도 70%, 충청도 20%, 그 외 다른 지역 10%)으로, 제2차 세계대전 종전과 더불어 일본인들은 귀환했으나 러시아 영토로 편입된 남사할린 지역과 쿠릴열도의 한인들은 정치적 원인으로 인해 장기 억류상태에 놓이게 되었다.32) 한국전쟁 직후 사할린 한인의 귀환문제에 대해 협의를 시작했으나 미군 측에서 한인귀환에 난색을 표해 송환문제를 거론하지 못했고, 소련 측도 당시 한인들을 억류할 의사를 갖지 않았으나 남한 출신자가 다수를 차지하고 있어 무국적자로 전락한 한인들은 사할린에서 차별적인 대우를 받으며 생활하다가 1990년 9월 한−러 수교 이후 사할린 한인 교포의 모국방문이 이루어져 새로운 국면을 맞이하게 되었다.33) 사할린 한인의 특징은 한인 1세대에 비해 2, 3세대는 모국에 대한 동질감 인식정도와 언어구사력, 역사 및 문화에 대한 지식정도가 약하다. 2009년 1월 부산시 기장군 정관지역에 126명의 사할린 한인 귀환자들을 처음으로 수용한 이후 주로 한인 2세들이 국내에 정착해 생활하고 있으며, 상당수 귀환자들은 현지에서 한글교육을 받았고 전문직으로 종사한 활동경험도 있으나 귀국 이후에는 경제적 곤란과 가족에 대한 그리움이 점차 부각되고 있다.34)

(3) 극동 마피야 부산 진출과 국내 활게 시장 장악

러시아 극동지역 수산업체로는 토르마레(가명)프로덕트, 사할린모레프로덕트, 마가단모레프로덕트, 캄차트르이브프롬, 사할린르이브프롬이 있다. 이들 극동지역 대형수산회사는 어선과 수산물 가공선을 보유하고, 항구에도 자체 가공회사를 운영하고 있어 가공선에서 세척, 가공, 동결이 이루어져 냉동 운반선을 이용해 국외로 가공품을 운송하는 시스템을 갖추고 있다.

30) 현규현, 『재소한인의 사적 고찰』, 해외교포문제연구소편(교포정책자료), 1972, p168.
31) 장민구, "사할린(화태)악류동포 실태에 관한 연구", 동국대학교 행정대학원 석사논문, 1977, pp. 9−14.
32) 방일권, "한국과 러시아의 사할린 한인 연구(연구사의 검토), 동북아 역사논총, 2012, p396.
33) 박종효, "제2차 세계대전 이후 러시아연방 사할린과 한인문제", 한국정치외교사학회, 2010, pp. 45−61.
34) 배수한, "영주귀국 사할린 동포의 거주실태와 개선방향(부산 정관 신도시 이주자 중심으로), 국제정치연구, 13(2), 2010, pp.279−308.

러시아 수산마피야가 개입된 국내 범죄로는, 1999년 7월 러시아 극동지역 마피야 중 간두목 트로피모프 발레리가 부산에서 한-러무역을 구실로 위장무역회사를 개설하여 거 점구축을 시도하다 적발되었고, 2002년 러시아 수산마피야 예브게니는 선하증권을 비롯해 선박서류를 위조하여 내국인 수산물 수입업자로부터 7억 3천만 원을 편취하기도 했다. 2002년 살해된 마가단주 주지사 트스베트코프(Tsvetkov) 피살사건도 국내진출 이권을 둔 극동지역 수산마피야 간의 충돌이었고, 2002년 5월 사할린 해안경비대장 가모프(Vitaly Gamov)는 사할린스크 아파트에서 활게 조업권을 두고 다툼을 벌이던 수산마피야 행동대원 이 던진 폭탄에 사망했으며, 2003년 3월 부산 영도의 아파트에서 러시아 극동지방 마피아 조직인 야쿠트파와 뻬드라코프파가 북태평양 수산물 조업을 둘러싸고 알력을 벌이던 중 뻬 드라코프파가 야쿠트파 두목 나우모프 바실리를 살해하기도 했다. 이 사건 직후 공범 9명 중 총책과 실제 저격범을 포함한 핵심인물들은 이미 국외로 도주했고, 국내에 머무르던 용 의자 2명을 체포해 수사를 사실상 종결했다.

러시아 극동지역은 북태평양 해안선을 끼고 있어 각 연방주체인 연해주, 사할린, 캄차 트카, 코랴크, 마가단, 추코트카 해안에서 불법포획한 수산물을 일본이나 한국으로 불법수 출하고 있다. 우리나라 국민이 즐겨 찾는 활게(킹크랩)의 경우 수입 초기에는 극동지방 활 게 포획량이 공식적으로 연간 5만 5천 톤이라 했으나 실제 포획량은 15만 5천 톤에 달했 다.[35] 캄차카 해역 활게의 불법어획으로 2000년 3만 6천 톤이던 생산량이 2010년 5,600톤 으로 급감했으며 상황이 악화되자 러시아 정부는 '2020 수산업 발전구상'을 통해 불법어업 을 강력히 단속하겠다고 공표한 후 2007년 4월 푸틴 대통령도 연방의회 연설에서 '외국어 선에 대한 어획쿼터 할당 제한 가능성'을 언급한 이후 그 해 5월 30일 농업부가 활게 수출 을 금지했다.[36]

2007년 '한-러 수산물 불법교역 방지 협정'에 따라 국내 활게 수입이 금지되자 활게 수입업자들이 캄차카해상에서 불법어획한 활게를 러시아 정부의 검역과 수출 절차 없이 불 법으로 극동 수산마피야를 통해 수입하였다. 우리나라는 2002년부터 러시아산 활게 수입이 급격히 증가하기 시작하여 2008년 한해 동안 활·신선·냉동제품을 포함해 약 8천 톤(4천 8백만 달러)의 왕게와 9천 5백 톤(4천 2백만 달러)의 대게를 강원도 동해항과 묵호항을 통해 수입했고, 2009년 한해 1만 7천 톤 가량을 수입하는 등 국내에는 연간 1조 원 가량의 활게 시장이 형성되어 있다.

강원도 동해항으로 수입되는 왕게(king crab)와 대게의 90%가 러시아 캄차카산이며

---

35) RIA, Novosti, 2007.12.13자.

36) 정명생·임경희·정명화·강형덕·이은화, "전략적 FTA추진대비 수산부문 대응전략(러시아편)", 한 국해양수산개발원, 2008.

모두 블라디보스톡을 통해 수입하고 있다. 블라디보스톡에 본사를 둔 러시아 수산회사 토르마레는 강원도 동해시 소재 북평산업단지 내 독립 보세창고인 ○○수산을 통해 활게를 독점 유통하고 있으며 내국인 바지사장을 내세워 사업자 등록을 하여 활게를 들여와 국내에 공급하고 있다.

4. 러시아 극동 마피야 부산지역 거점형성과 활동

(1) 에르게이(AERGEI, 가명) 활동과 극동 마피야 연계실태

1) 에르게이(AERGEI) 부산 진출과 부동산 매입

한국계 러시아 교포 2세인 에르게이(AERGEI)[37]는 러시아 나호뜨까 세관감시원 출신으로, 1990년대 후반 나호뜨까 마피야 두목 예브게니 로마노프, 전 FSB[38]간부, 극동세관 공무원 등과 공모하여 '필리그림'이라는 무역회사를 설립하여 중국으로부터 육류와 생활용품을 밀수하면서 러시아 극동지역에 48개 자회사를 운영하였다. 그는 1991년부터 부산지역에 무역관계로 왕래하다 알고 지내던 내국인과 친분관계를 맺은 후 1999년에 한·러 합작회사인 '인테그랄'을 설립하여 자신이 러시아 극동지역 전 세관원이라는 신분을 이용하여 중국에서 육류를 비롯한 생필품을 수입한 후 부산을 환적 화물항으로 이용하여 러시아로 수출하였고, 내국인 동업자 명의의 '퍼시픽 인터내셔널'이라는 해운회사(중구 초량동교원공제회관 내)도 만들어 화물운송을 대행하면서 막대한 이익을 남겼다. 또한 2002년 3월에 '주식회사 메르디안 해운'을, 같은 해 5월에는 '주식회사 퍼시픽 인터내셔널 해운'이라는 명의의 법인을 설립하여 위장무역을 통해 막대한 부를 축척해 부산의 호텔 인수자금을 형성하였다.

그가 가족과 함께 한국 국적을 취득한 시기는 2006년 11월로, 국적을 취득할 당시 부

---

37) 에르게이(AERGEI)는 현재 부산의 모 아파트에 거주한다고 알려져 있으나 실제 주거지는 외국과 국내를 오가며 생활한다. 2007년 부산 유명호텔을 매입하여 같은 교포 2세인 그의 가족이 운영하다가 국내 경기악화로 2008년 12월에 호텔 매각결정을 하고 1,400억 원(금융권 부채 600억 원)에 호텔을 매물로 내 놓았다는 설이 나돌고 있기는 하나 구체적으로 매각한다는 언급은 없다. 에르게이(AERGEI)가 소유한 부동산으로는 부산 외에도 싱가포르와 태국에 호텔을 소유하고 있다고도 하며 정확한 규모는 아직 알려져 있지 않다.

38) 구(舊)소련 정보부인 KGB는 연방대외정보청(SVR), 연방보안청(FSB), 연방국경경비청(EPS), 연방통신정보국(FAPSI) 등 4개 부처로 분리됐다. 하지만 체첸 사태 등으로 정보 강화의 필요성이 제기되자 1995년 옐친 대통령은 현재의 연방보안국(FSB)이라는 이름으로 조직을 바꾸면서 기능을 강화했고, 푸틴 대통령은 2003년 3월에 국경수비대(EPS)와 도·감청 업무를 담당하는 연방통신정보국(FAPSI)를 연방보안청(FSB)으로 통합시켰다. 이에 따라 러시아의 정보기구는 국내를 담당하는 FSB와 해외담당의 SVR(연방대외정보국)로 이원화됐다.

산 유명호텔 외에도 공원주변 주차장 부지를 비롯해 상가 및 아파트를 그의 가족명의로 구입했다. 2006년 12월부터 러시아 연방 검찰청에서 그가 중국을 비롯한 해외사업에서 밀수를 통해 막대한 부를 축적하였고, 그가 속한 극동 밀수 마피야조직이 러시아 극동지역 고위 공무원들의 묵인 아래 엄청난 액수의 밀수범죄에 연루되었다는 정황을 포착하고 수사에 착수하였다. 그렇게 볼 때 그가 가족과 함께 한국 국적을 취득한 시점이 러시아 연방검찰청의 수사가 개시된 시점과 맞물려 있어 우리나라 국적을 취득한 것이 국내에 투자목적이라기 보다 러시아 연방검찰청의 수사를 피하기 위한 도피 및 범죄자금 은닉을 위한 위장투자로 추정된다.

2) 에르게이(AERGEI)의 극동 마피야 배후인물

러시아가 중국산 육류 수입을 금지하자 에르게이(AERGEI)는 중국에서 수입한 육류를 한국에서 다시 재포장하여 원산지를 캐나다나 아르헨티나 산(産)으로 위조해 러시아로 수출해 왔다. 그는 전직 연해주 주의원이자 마피야 두목인 겐나지 릭삭과 연합하여 2004년부터 중국산 생활용품과 육류를 부산으로 수입하여 원산지를 바꾸는 방법으로 월 평균 수천 개에 달하는 컨테이너 량을 환적화물로 재 포장한 후 나호뜨카, 그로제꼽스끼, 우수리스크, 하바롭스크, 사할린 세관을 통해 러시아로 밀수출했다.[39) 밀수출된 컨테이너 1개당 미화 5,000~7,000달러의 운송비를 받고 그 중 1,000~2,000달러는 러시아 극동지역 고위 공무원들을 상대로 로비해 왔는데, 전 극동세관장 '무라쉬코'와 현 세관장 '바흐쉐짠'이 이들 조직과 공모한 사실이 발각되면서 극동지역 최대 밀수범죄 스캔들로 알려졌고, 사건전말은 밝혀지지 않은 채 현직 극동세관장 '바흐쉐짠'만 뇌물수수 혐의로 직위해제되어 재판에 회부되었다.

부산지역 유명호텔을 인수한 것을 비롯해 수산 및 해운회사를 설립하여 러시아 극동 마피야 거점을 형성한 그가 처음부터 극동 마피야 범죄조직과 연계된 것은 아니었다. 1990년대 초, 러시아에서 제빵공장을 인수해 한국과 중국에서 식료품을 수입하면서 밀수조직에 가담하게 되었고, 연해주 주의원 출신이자 밀수조직 두목이던 겐나지 릭삭[40)과 연계하면서 극동지역 최대 밀수조직으로 성장했다. 그는 밀수를 위해 필요에 따라 주요 관직을 매수해

---

39) 2006년 당시 밀수에 사용된 컨테이너 선박은 안베이, 미스 툰구스, 막스, 라브라도르, 이스트윈드, 스트링사쿠라, 라라-에스, 판첸, 라르크, 광천, 코랄시, 인동, 아시아사메트, 하오슌, 윤동, HH홍콩, 드림, 이리에드윈드, 핀발 등이다.

40) 전 연해주 주의원 출신으로 90년대 초반부터 블라디보스톡 제빵공장을 인수해 부를 축적하면서 우수리스크지방 중심으로 밀수조직을 결성했다. 2005년 블라디보스톡 전 시장 '니꼴라예프'의 수산회사인 '뚜르니프'를 인수하고, '니꼴라예프' 보드가드 출신이자 마피아조직 '바울' 조직원이던 '알렉산드르 코즐로프'가 다른 밀수조직을 결성해 살해당하자 청부살인한 혐의를 받고 있어 현재 인터폴 수배로 해외도피중이다.

고위 공무원들을 이용했으며, 2004년 이후 그의 배후인물로 지목되는 핵심인물로 크리사노프(전 극동세관장, 릭삭과 같은 공산당원 출신, 사망), 무라쉬코(전 극동세관장, 릭삭의 로비로 세관장 승진), 바흐쉐챤(전 극동세관장 무라쉬코 해임 후 취임) 등 수십 명에 달한다.[41] 에르게이(AERGEI)는 세관, FSB, 경찰에 걸쳐 전 방위로 로비를 해왔고, 전 FSB 연해주지부장, 러시아 연방본부 세관장 등 모스크바 출신 고위급 인사를 영입해 극동 최대 규모의 밀수조직을 결성하였기에 배후 및 연계인물들이 그가 속한 조직의 이익금으로 생활하고 있다.

3) 에르게이(AERGEI)와 연해주 최대 마피야조직과의 연계 실태

바울(BAUL)은 1990년대 러시아 연해주 최대 마피야조직 두목으로, 1996년 요트에서 스쿠버다이빙을 하다 의문의 사고로 사망하였으나 현재까지도 사고가 아닌 청부살인 의혹이 제기되고 있다. 당시 바울은 부산출신 사업가(김○규, 사망)와 수산물 거래를 해 왔고 수하에 4명의 핵심참모와 격투기 및 권투선수 출신 마피야 조직원도 300명이나 거느렸다. 바울의 핵심참모는 블라디보스톡 전시장 니꼴라예프(별칭, 곰돌이푸우), 전 연해주 주지사 다르킨, 전 연해주 항만국장이자 현 연해주 어업협회장 글로토프, 러시아 연방농수산부 고문 아르센체프 등이며, 이들이 러시아 연해주의 정치·경제 전 분야를 장악하였다. 블라디보스톡 전 시장 니꼴라예프는 바울의 자금담당으로 바울 사망 후 '뚜르니프'라는 수산회사를 인수받아 한국과 일본으로 수산물을 밀수출해 부를 축적하였고, 전 연해주 주지사 다르킨은 2004년 7월 블라디보스톡 첫 민선 시장으로 당선(선거 전날 유력후보가 살해됨)된 후 2007년

---

41) 그의 배후이자 조직을 보호해 주는 또 다른 주요 인물로는, 츄삔(극동세관 심사국장), 피알꼽스끼(극동세관 국장), 예브게니 베르트(우수리스크 세관장), 한국인 교포 '강'(사할린세관 출신으로 우수리스크 세관 근무), 키셀료프(전 우수리스크 세관장), 까르포프(우수리스크 부세관장), 드미트리옌코(그로제꼽스끼 세관국장), 라토르구예프(우스리스크 마피야 두목, 별명 '라스토르구이'), 블라지미르 흐멜('릭삭'의 최측근, 마피야 두목), 데니스 빠블로프(전 마피야 조직원, 운동선수 출신, '릭삭'의 최 측근), 하르꼽스끼(주지사 고문, 별명 '그레베쯔', 블라디보스톡 마피야 두목), 블라지미르 꼬그쩨프(전 KGB 출신) 등이 있다. 그리고 에르게이의 정치권 배후인물로, 콘드라토프(전 FSB 연해주 지부장), 유리 알레쉰(FSB 연해주 지부장, '콘트라토프' 수하), 알렉세이 림스키(전 FSB 요원), 가브릴로프(전 FSB 요원으로 극동세관 대령), 루끼야노프(FSB 나호뜨까 지부장), 예리스꼽스까야(전 FSB 연해주 지부 정보요원), 보리스 구찐(전 러시아연방세관 부세관장), 바닌(전 러시아연방 세관국장), 골로스꼬꼬프(극동세관장), 불랴르(극동 부세관장), 올렉 예리스꼽스끼(전 극동세관 출신), 바쉬코(그로제꼽스끼 세관장), 꼬틀랴로프(나호트까 세관장), 띄센코(나호뜨까 세관 제1부국장), 림스끼(나호뜨까 세관 부국장), 바차예프(연해주경찰청장), 쉐벨료프(연해주경찰청 경제범죄수사국장), 아바꾸미야츠(연해주파견 연방검사관), 바비꼬프(나홋까 운송검찰청 검사), 세르게이 먀즈('빽엔코' 회사 대표), 세르게이 뽀뽀프('무라쉬코' 극동세관장의 측근), 모길렙스끼(릭삭의 측근), 예브게니 로마노프(나홋까 최대 마피야조직 두목), 겐나지 싀르쫍('릭삭'과 '에르게이'의 합작회사 '이스트레일' 대표) 등이 있다.

2월에 공금유용과 직권남용으로 기소되어 현재 해외 도피 중이다. 국내에 부동산을 다량 보유하고 밀수에도 적극적인 한국계 교포 에르게이(AERGEI)가 연해주 전 주지사 다르킨의 지원으로 러시아 극동지역에서 밀수를 용이하게 해 왔고, 나호뜨까 최대 마피아조직 두목인 예브게니 로마노프와 밀접히 연계되어 있어 부산에 체류하는 러시아 극동 마피야 조직에 대해 직·간접으로 영향력을 행사하고 있을 것으로 추측된다.[42]

(2) 부산 진출 러시아 수산회사

1) 러시아 수산회사 토르마레(가명) 부산지역 진출 배경

러시아 수산회사 토르마레(가명)는 러시아 블라디보스톡에 본사를 두고 연해주 일대에서 어획한 수산물을 우리나라에 수출하고 있는 수산기업으로 부산과 강원도 동해에 사무소를 두고 있다. 토르마레 회장 토르뮤(가명)는 러시아 연방상원의원 콘트라토프 루슬란과 공동으로 토르마레를 설립하여 토르뮤는 수산업을, 콘트라토프는 항만을 각각 맡아 운영하고 있으며, 러시아 연방수산청장 끄라이니가 토르마레의 비공식적 지분을 소유하고 있다. 러시아 연방상원의원인 콘트라토프 루슬란의 부친이 연해주 FSB 전 지부장이던 2000년대 초반 한국계 교포2세 사업가이자 러시아 연해주 나제진스까야지역 의회 의장인 박 발렌틴에게서 선박을 갈취해 토르마레를 설립하면서 수산업에 뛰어들었다. 러시아의 활게 조업지역은 연해주지역과 마가단(캄차트카, 사할린 포함)지역으로, 2007년 한국과 러시아가 불법조업방지협약(IUU)을 체결 후 2010년 7월에 들어 러시아 연방은 극동지역에 활게 쿼터를 연 3,000톤 배정하였고 토르마레가 공식 쿼터를 확보하여 한국에 독자 수출하고 있다. 토르마레 회장 토르뮤는 1990년대 연해주지역 최대 마피야조직 두목인 바울의 직계 수하로 활동했던 자이고 현재는 사업가로 변신하여 러시아 극동수산업협회 회장으로도 활동하고 있다.

2) 토르마레와 한국계 교포 2세 발렉의 이권다툼

발렉(가명)은 러시아 사할린주 네벨스크시 출신으로 같은 한국 교포들과 함께 '달플란트'라는 수산회사를 설립해 마가단(캄차트카)지역 활게 쿼터를 확보하였다. 발렉이 마가단 캄차트카지역 활게 쿼터를 확보한 배경에는 2008년 홍콩에 본사를 두고 부산에도 사무소를 설립한 퍼시픽안데스 그룹 회장인 러시아계 미국인 곤트마헤르 아르카디가 러시아 캄차트카 해역에서 불법조업하여 그 어획물을 미국을 비롯해 일본과 한국으로 불법수출하고 있다는 관련 자료를 FSB에게 넘겨주고 그 대가로 마가단지역 활게 쿼터를 확보하였다고 전한다. 러시아 연방상원의원 콘트라토프 루슬란과 토르마레 회장 토르뮤는 같은 고향 로스

---

42) Народное Вече (러시아 극동지역 범죄주간지), '06.12.28자.

토프 출신으로, 토르마레가 2009년부터 러시아 정부로부터 연해주지역에 이어 극동지역 전체 활게 쿼터를 확보하기 위해 마가단지역 활게 쿼터를 확보한 한국 교포 2세 발렉에게 3,000만 달러에 마가단 어획쿼터 사업권을 넘기라는 제안을 했다. 토르마레는 자사의 연해주지역 조업선박이 부족해 극동지역에 산재한 여러 수산회사에 쿼터당 6달러에 판매하던 실정이어서 더 많은 수익을 올리기 위해 조업선박을 20척 이상 보유한 발렉의 달플로트 인수가 절실한 상황이었다. 이에 발렉이 거절하자 토르마레 회장 토르뮤는 러시아 연방수산청에 발렉이 운영하는 수산회사 달플로트에 대해 불법조업과 탈세 및 돈 세탁 혐의로 고발했다. 발렉은 한국계 기업사냥의 피해자라며 러시아 수사기관의 표적수사를 중단하도록 모스크바 고위층을 상대로 로비활동을 전개하였고 러시아 사법기관의 수사를 피해 일본과 한국을 오가며 도피중이다. 2012년 9월 러시아 연방수산청은 활게 밀수출을 근절한다는 명분으로 프롤레타르스키(PROLETARSKIY)[43]를 연방수산청 부산주재원으로 파견하였다. 이에 대해 부산지역 일부 활게 수업업자들은 극동지역 수산시장을 장악하기 위한 크라이니 청장과 토르뮤 회장이 프롤레타르스키를 부산에 파견하였고 그 이면에는 한국계 교포 2세 발렉에 대한 한국 내 활동을 감시하기 위한 것이라는 주장도 제기된다.

(3) 러시아 교포 2세 발렉 국내 활동

사할린 출신의 한국계 러시아 교포 2세 발렉은 북태평양 연안에서 킹크랩을 불법조업하기 위해 관련 공무원을 매수하고, 압류된 선박을 싸게 매입하여 선적을 세탁하였으며, 캄차카 해역에서 활게를 불법어획한 후 한국과 일본에 수출하여 부를 축척한 교포 2세로 사할린 출신 수산마피야 두목이다. 그는 2010년 러시아에서 경쟁 수산업자를 청부살해한 혐의로 인터폴 수배를 받자 모국인 한국으로 도피하여 미화 50만 달러를 투자해 부산 동구 초량동에 수산업체인 ○○○트랜스를 인수하면서 영주비자(F-5)를 신청하였고, 러시아에서 수배가 해제되자 국내 복귀해 합법적인 사업을 추진하였다. 그가 강원도 동해시에 ○○ 수산을 설립하여 영주(F-5)비자 취득을 위해 절차를 진행 중이던 2012년 11월 캄차카지역 킹크랩 조업권을 불법 배정받은 혐의로 러시아 검찰에서 수사가 진행되자 그는 해외로 도피하면서 국내에 입국하지 못했다. 이에 토르마레 회장 토르뮤는 강원도 동해시에 설립

---

43) 프롤레타르스키(PROLETARSKIY)는 연해주 경찰 출신으로 토르마레의 주재원으로 2010년 12월부터 동해에 상주하다 연방수산청 한국 부대표로 부산에 파견되었다. 그는 토르마레의 처남으로 부산에서 활동하는 러시아 수산관련 인물들은 그가 연방수산청장 크라이니의 배경과 토르마레 회장 토르뮤 및 전 연해주 주지사 다르킨 인맥으로 부산에 파견되었다고 추측하고 있다. 한국의 러시아 활게 수입업체는 프롤레타르스키(PROLETARSKIY)로부터 활게 물량을 확보하기 위한 로비활동을 벌이고 있다.

한 ○○수산을 인수하면서 러시아 극동지역 활게는 부산에 진출한 토르마레가 휩쓸어 독점 운영체제로 전환했다. 러시아 수사기관에서 토르뮤의 제보에 따라 일본에 체류 중이던 발렉에 대한 불법조업, 탈세, 돈 세탁 혐의 및 범죄조직 수괴 혐의로 일본 정부의 협조를 받아 2012년 3월 도쿄에 소재한 그의 사무실과 거처로 추정되는 여러 곳을 압수수색하였으나 범죄조직 연루와 관련된 혐의점은 발견하지 못했다.

(4) 퍼시픽 안데스 그룹과 부산진출 러시아 수산마피야와의 연계 실태

퍼시픽안데스(PasificAndes)그룹은 러시아계 미국인 꼰뜨라헤르 아르카디(Arkdi)가 1997년 홍콩에서 설립한 수산회사로, 러시아 쿠릴열도의 오호츠크해 및 베링해의 배타적경제수역에서 불법조업한 어획물을 퍼시픽안데스 소속 운반선 라하(RAHA)를 통해 미국 시애틀에 소재한 글로벌 피싱을 비롯해 중국 대련항 및 한국의 부산항으로 수출하면서 순이익으로 연 148억 루블 상당을 벌어들였고, 블라디보스톡에서 용선(일종의 리스 선박)을 구매해 본격적으로 수산물 교역을 시작한 이래 홍콩·상하이 은행을 통해 선박 리스를 위한 채무변제도 마무리 했다.[44] 러시아 정보부(FSB)에서 교포 2세 발렉의 제보로 퍼시픽 안데스의 불법어로 혐의를 잡고 밀거래를 수사하여 관련자 3명을 구속하였으며, 실소유주인 아르카디는 국적이 미국인 관계로 미국 정부에 송환을 의뢰하였으나 성사되지 못하였다.[45] 퍼시픽 안데스를 통해 우리나라에 수산물을 수입하는 업체는 부산시 동구 초량동에 사무실을 두고 있는 ○○○스타로, 부산사무소에는 내국인과 러시아에서 파견된 감독관이 근무하고 있다. 퍼시픽안데스 회장인 아르카디는 부산에 진출한 러시아 수산업체 토르마레와 밀접한 거래를 하고 있고, 러시아 연해주 어업 협회장(ARPP) 드미트리 그로토브(Glotov)와도 연계하여 수산물 불법어획과 밀수출을 꾀하고 있다. 홍콩에 사무실을 둔 퍼시픽 안데스가 불법으로 어획하는 양은 세계 수산물 시장의 1~2%를 점유하는 양으로, 2011년 3월 아르카디의 지시를 받은 에르게이와 다르미노브(Darminov)는 러시아 정보부(FSB)요원을 고용해 불법어획한 활게 2,600톤을 캄보디아산으로 둔갑시켜 부산항을 통해 수입한 뒤 사할린산으로 서류를 위조하여 환적화물로 다시 홍콩으로 밀수출하였다.[46] 퍼시픽안데스그룹이 러시아 캄차트카해역에서 어획한 수산물은 홍콩 최대 범죄조직이자 세계 최대 범죄조직인 신의안조직이 퍼시픽안데스의 수산물을 독점 수입하고 있다. 신의안조직은 홍콩에 들여오는 수산

---

44) Лелюхин С.Е. "Китайская организованная преступность на ДВ России", Владивостокский центр исследования организованной преступности, 2011.
45) 이와 관련하여 러시아 극동 관영 방송에서 부산 초량동 현지 사무실을 취재하기도 했다.
46) 국내의 경우도 같은 수법이 사용되었다. 2012년 1-7월 간 러시아 캄차카해역에서 불법어획한 활게(킹크랩 등)를 제3국(시에라리온)의 페이퍼컴퍼니 명의로 원산지를 둔갑시켜 728톤(시중가 약 350억 원)을 수입판매한 국내 유통업자를 부산지방경찰청 국제범죄수사대에서 검거한 바 있다.

물에 대해 서류를 위조하여 원산지를 사할린으로 속여 통관하고 있으며 고가어종은 홍콩에서 높은 가격으로 판매된다.[47)]

---

47) 신상철, "러시아 극동 마피야의 부산지역 수산물 유통관련 범죄활동에 관한 연구", 한국공안행정
   학회보 23(2호), 2014.

CHAPTER 04

베트남 범죄조직

제 1 절 베트남 범죄조직 형성과정

1. 국내 베트남 범죄 실태와 다문화사회

(1) 국내 베트남 범죄 실태

국내에 다문화사회가 도래하면서 베트남계 이주민에 의한 범죄가 여러 유형에서 나타나고 있다. 2000년부터 수도권과 산업공단을 중심으로 조직화·광역화되어 활동하던 베트남계 범죄조직은 2009년 이후에는 조직원 수가 급격히 증가하면서 전국화 되었다. 국내에 입국한 일부 베트남 출신 결혼이주여성은 내국인 남편과 공모해 베트남 현지 범죄조직과 연계하여 위장결혼업소를 차려놓고 가족초청이나 취업미끼 위장입국을 주도하고 있다. 또한 베트남계 범죄조직은 도박장 운영을 비롯해 환치기, 마약밀매, 국적세탁, 차량절도 등 각종 범죄에 개입하고 있는데, 특히 공단지역이나 자국인들이 다수 거주하는 지역을 중심으로 도박장을 운영하면서 결혼이주여성을 끌어 들여 도박장을 찾는 자국인 남성들을 상대로 성매매도 알선하고, 도박자금을 빌려준 뒤 원금뿐만 아니라 엄청난 이자를 받아 낸다. 이들은 돈을 받아내기 위해 당사자는 물론 가족들까지 협박하며, 끝까지 받아내지 못할 경우 신체의 일부라도 절단한다. 이러한 범죄수법은 미국에서 활동하는 베트남계 범죄조직의 본류인 본투킬(Born to Kill, 일명 BTK gang)의 특징으로, 이 수법이 유럽지역과 캐나다 및 호주에 정착한 베트남계 범죄조직에게 그대로 전해졌고, 우리나라에서 활동하는 베트남계 범죄조직에게도 전수되었다. 국내에서 활동하는 베트남계 범죄조직원 등 범죄를 목적으로 입국하는 이주외국인의 국내입국 차단을 위해 자국에서 범죄조직원으로 활동한 전과자에 대해 철저한 입국심사와 국내 입국 후 이들의 동선 관리가 강화되어야 하며, 국내에 정착한 대다수 다문화가정의 안정적인 정착을 위해 반다문화 정서 즉, ‘제노포비아(외국인 혐오증)’현상이 확산되지 않도록 정부차원의 해결방안이 요구된다.

(2) 국내 외국인 거주현황과 다문화범죄

1990년 5만 명에 불과하던 국내 외국인 체류자 수가 2018년 12월 현재 2,141,919명으로 매년 지속적인 증가추세에 있다. 이에 따라 다인종·다문화가 공존하는 국내 외국인 노동자 밀집지역에는 도박, 마약 등과 관련된 외국인 범죄조직의 활동도 지속적으로 증가하고 있으며, 배타적이고 폐쇄적인 성격으로 인해 불법체류자나 자국인 범죄자들을 숨겨주는 은신처가 되고 있다. 특히 베트남계 범죄조직은 최근 들어 그 세력이 엄청난 속도로 성장하고 있으며 호치민·하노이 등 출신지별로 세력을 규합해 경북·대구와 부산·경남 등 전국으로 뻗어 나가면서 전형적인 범죄조직의 성향을 띠기 시작했고 주로 도박장 운영과 성매매관련 사업으로 조직운영자금을 확보한다.

2017년 10월 기준, 체류 외국인의 국적별 비중을 살펴보면, 중국 47.4%(101만 1237명), 베트남 7.8%(16만 6956명), 미국 7.1%(15만 2343명), 태국 5.8%(12만 4657명), 우즈베키스탄 2.9%(6만 2027명) 등의 순이다. 베트남의 경우, 미국을 제치고 중국에 이어 두 번째로 체류외국인이 많은 국가가 되었다.[1] 또한 외국인등록자는 1,165,842명, 외국국적동포 국내 거소신고자는 404,917명, 단기체류자는 564,290명이며, 외국인 유학생은 137,211명, 내국민의 배우자는 154,765명 외국국적동포 거소신고자는 404,917명으로 나타났으며, 그 중 베트남 국적의 체류외국인은 2016년 약 14만 명에서 2017년 약 16만 명으로 1년 사이에 14%로 증가하는 추세를 보이고 있다.

2017년 외국인 범죄의 동향은 살인 및 강도를 비롯한 지능범죄, 교통범죄는 줄어든 반면 강간 및 마약범죄가 증가하고 있는 특징을 보이고 있으나, 감소의 폭이 크지 않아 특별한 요인을 찾기는 어렵다. 그러나 증가 추세를 보이고 있는 범죄 중 마약범죄에 대하여는 관심을 기울일 필요가 있을 것으로 보인다. 또한 국내에 체류 중인 외국인이 인터넷을 통하여 자국의 마약 공급책과 연락하여 국제우편 등으로 국내 밀반입하는 사례가 늘고 있

---

1) 베트남은 2005년 38,902명으로 중국 282,030명, 미국 103,029명, 일본 39,410명에 이어 4위였으나, 2006년 54,698명으로 중국 382,237명, 미국 108,091명에 이어 3위, 2016년에 149,384명으로 중국 1,016,607명에 이어 2위로 부상하였다.

고, 국내 유통되고 있는 마약의 대부분은 해외로부터 밀반입된 것으로 파악되고 있다.[2] 일본의 경우 경시청에서 발표한 2014년 일본 내 외국인(영주권자 등 제외)에 의한 형사범죄는 전년대비 1.3% 감소한 15,215건으로, 검거 인원은 8.1% 증가한 10,689명이었다. 검거자의 국적별로 보면 중국인이 4,382명으로 전체의 41%를 차지했고, 그 뒤를 이어 베트남인이 1,548명이었다.[3] 국내 체류 외국인 피의자 수에서도 나타난 바와 같이 베트남인이 관련된 범죄는 급격히 늘어나고 있으며 중국인 다음으로 많은 범죄에 가담하고 있다.

2. 베트남계 범죄조직의 생성배경과 활동

(1) 베트남계 범죄조직의 생성배경

'베트남삼합회'라 통칭되는 베트남계 범죄조직의 생성배경은 1960년대와 70년대 초 베트남에 휘몰아 친 전쟁에 그 기원을 두고 있다. 1975년 4월 공산주의자들에 의해 남베트남 수도인 사이공이 함락되자, 수백 만 명에 달하던 비공산당 계열의 베트남인들은 보트피플이 되거나 주변국가로 밀입국하는 방법으로 베트남을 떠났다. 100만 명이 넘는 베트남 난민들은 공해상의 위험을 감수하며 미국, 캐나다, 호주, 홍콩, 프랑스, 독일, 영국 등 부유한 나라에 재정착하였다. 하지만 정착과정에서 대다수의 난민들은 현지 국가의 법을 준수하면서 생활하였으나 일부 난민들은 자국인들로 구성된 새로운 범죄조직을 결성하거나 해당 국가 범죄조직원으로 가입했다. 이것이 가능했던 이유는 난민촌에서 생활하던 베트남인들 중 일부는 남베트남군에 소속된 군인들이었고, 이들 중 일부는 베트남에서 마약밀매에도 관여한 경험이 있어 정착지에서 어려움 없이 범죄조직원으로 활동할 수 있었다. 그리고 베트남과 중국 국경지대에 살고 있던 또 다른 난민이던 중국계 베트남인도 다수 포함되어 있어 이들은 현지의 중화권 삼합회 조직원이 되었다. 이와 같이 정착국의 난민캠프는 베트남 군인출신 일부와, 베−중 국경지역에서 넘어온 중국계 베트남인으로 구성된 삼합회조직 등 두 부류가 현지 베트남 난민촌을 장악하였고, 베트남 전쟁으로 부모를 잃은 고아 소년들을 범죄조직에 영입한 후 현지에서 생활하는 자국인들을 대상으로 상권을 보호한다는 명분하에 협박과 갈취를 일삼았다.

구미각국에서 베트남계 범죄조직이 중국 화교권의 '삼합회' 이름을 따 '베트남삼합회'로 통칭되는 이유는 삼합회라는 전통적인 위상 때문이 아니라 중국 화교권 삼합회조직이 베트남인들을 삼합회 조직원으로 자주 고용했었던 것에서 찾아볼 수 있다. 즉, 중국 화교권

---

2) 치안정책연구소, 2018 치안전망, pp.217−219.
3) 日本 警察白書(2014).

삼합회조직은 베트남계 조직원들을 '마자이(馬子)'라 부르면서 말단 조직원이나 유통책으로 이용하였다. 즉, 화교권 삼합회조직은 베트남계 마자이(馬子)들이 노동대가도 싸고, 지시한 일들도 잘 처리해 주었기에 이들을 청부살인이나 마약운반 같은 위험한 일들은 시켰고, 이용가치가 없으면 언제든지 버릴 수 있었다. 하지만 베트남계 마자이들은 고국에서 전쟁으로 핍박받았고, 중국 화교권 삼합회조직이 자신들을 이용하기만 하고 가치가 없으면 버린다는 사실을 알고 난 이후부터 미국의 대도시에서 호주, 유럽에 이르기까지 기존 화교권 삼합회조직과 마약루트를 비롯해 각종 이권을 놓고 혈전을 벌이기 시작했다. 이렇게 하여 해당국에 정착한 베트남계 범죄조직으로는 미국 사회에 뿌리를 내린 본투킬(Born to kill)을 비롯해 레드 드래건(Red Dragon), 사이공 카우보이(Saigon cowboy), 선더 타이거즈(thunder Tigers) 등이 있고, 호주에서는 '5T'라 불리는 베트남계 범죄조직이 등장하여 자신의 앞길을 가로막는 자라면 현지 정부관리도 죽이는데 개의치 않을 정도로 악랄했다. 특히 미국에 진출한 본투킬은 베트남 이주민이라는 혈연과 지연을 통해 빠르게 현지 사회에 파고들어 로스엔젤레스에서 유럽의 파리, 베를린 등 여러 대도시에 하부조직을 만들어 현재까지 활동하고 있다.4)

(2) 국외 베트남계 범죄조직의 활동

1) 미국

미국에서 동남아시아계 범죄조직의 활동에 대해 처음으로 언론에서 초점이 맞춰진 곳이 베트남계 범죄조직이었다. 1988년 본투킬을 시작으로 베트남계 범죄조직이 점점 중무장하여 미국 전역에서 마약과 도박에 깊숙이 개입한 이후 1992년 미국 상원의 분과위원회 보고에서도 베트남계 범죄조직은 잦은 이동을 통해 조직을 보호하고, 단기간에 걸쳐 영역을 확보하였으며, 미국의 주요 도시에 하부조직을 구축해 자신들만의 비밀조직을 형성하였다고 보고되었다.5)

미국에서 가장 왕성하게 활동하면서 조직운영 체계가 확고한 본투킬(Born to Kill, 일명 BTK gang)은 그 명칭이 베트남 전쟁 당시 미군의 철모에 쓰인 글자 'Born to Kill'에서 유래되었다.6) 본투킬은 1988년 미국 뉴욕(New York)의 차이나타운을 중심으로 순수 베트남 이민자 1세대로 조직되었다. 결성 초기 조직원들의 나이는 15세에서 35세에 걸쳐 있었고 일부 조직원들은 고등학교 재학 당시 일진 출신도 있었다. 이들은 주로 식당이나 가게주인

---

4) Southwell David, 『조폭연대기』, 추미란 옮김, 이마고, 2008, p.183.
5) T. J. English, Born to Kill: America's Most Notorious Vietnamese Gang, and the Changing Face of Organized Crime, William Morrow & Co., 1995.
6) Lorch Donatella, "Face of Organized Crime", William Morrow & Co., 1990.

을 상대로 강도 행각을 일삼다가 1990년에 들어 세력이 커져 조직원이 80여 명으로 불어났고, 1992년 10월에 조직원이 200여 명으로 늘어나 뉴욕의 차이나타운은 물론 뉴 저지주와 캘리포니아 및 텍사스까지 진출했다.[7] 이 조직은 명확한 계층 구조와 엄격한 규율로 인해 중국계 베트남인들로 구성된 여타 조직보다 더 견고하게 조직을 운영하여 이때부터 본격적으로 언론에 등장했다.[8]

  본투킬에 의한 미국 내 범행은 수 없이 많다. 특히 컴퓨터 칩을 절취하여 각종 고급 자료를 훔쳐 내어 고가에 넘겼고, 어린 학생들을 상대로 총기를 판매한 것은 미국 언론에서도 크게 보도된 바 있다.[9] 가장 최근의 범죄 사례는 인터넷 뱅킹을 이용한 거액의 신용카드 해킹 사건을 들 수 있다. 2013년 6월 본투킬 조직원 11명이 총책(두이 하이 트롱)의 지시하에 2억 달러(약 2,234억 원) 규모의 다국적 신용카드 해킹을 시도한 사건은 베트남계 범죄조직에 의한 최대의 금융해킹 사례이다. 미국 연방수사기관은 범죄행위를 저지른 조직원 개개인을 적발하기 쉽지 않아 국제범죄조직과 공모했을 가능성을 열어두고 있으나 이들의 범행수법으로 보아 다른 베트남계 범죄조직이나 해커집단과 연계되었다고 보고 있다. 현재 미국, 캐나다 일원에서 활동하고 있는 본투킬은 조직원만 해도 6,000여 명에 이르며, 주요 범죄활동은 마약 및 무기 밀매, 위조, 청부살인, 보호비 갈취, 공갈, 자금세탁, 도박장 운영, 성매매, 강도, 사기 등이다. 특히 카지노나 그들이 운영하는 사설 도박장에서 돈을 빌려준 뒤 원금뿐만 아니라 고리대금으로 엄청난 이자를 받아 내고, 빌려준 도박자금을 갚지 않으면 납치 폭행하거나 가족을 협박하여 돈을 받아내며, 끝까지 받지 못할 때는 신체의 일부를 절단하는 악랄한 수법을 동원한다. 미국에서 활동하는 중국계 삼합회인 비룡방[10]과는 우호적이라 양 조직은 연합체를 구성하여 마약밀매를 하고 있으나 약간의 거리를 두고 활동하고 있다. 하지만 또 다른 중국계 범죄조직인 유령의 그림자[11]와는 얽히기

---

7) The Knight Ridder Tribune. 2008.5.19자.
8) The New York Times, 1992.10.24자. 1992년 8월에 갈취로 7명의 조직원이 경찰에 체포되면서 실체가 드러났다. 이 사건으로 대부분의 조직원이 10년의 형을 선고받았지만 두목인 Thai는 40년 형을 선고받았다.
9) The Sun Herald, 1998.6.30자(Vietnamese Gangs on the Rise in Biloxi).
10) New York Times, 1994.11.22자. 플라잉 드래곤(Flying Dragons, 飛龍幫)은 1980년대 중반 미국 뉴욕 차이나타운에서 중국인과 베트남인으로 구성된 범죄조직이다. 주요범죄는 마약 밀매, 강탈, 강도, 폭행, 강도, 절도, 납치 및 살인 등이며, 라이벌조직은 '유령의 그림자(Ghost Shadows)'이다. 이 조직은 주로 마약밀매를 통해 조직기반을 굳혔고, 조직원들이 중국에서 이주한 동향출신으로 조직 체계가 아주 굳건해 외부에는 잘 알려지지 않은 조직이다. 현재 홍콩, 캐나다, 호주 등에 하부조직이 있다.
11) The New York Times, 1991.1.6자. 유령의 그림자(鬼影幫, Ghost Shadows)는 '安良堂(전신 安良工商會)' 두목이던 Wing Yeung Chan이 1971년 대만, 홍콩, 말레이시아 등지에서 온 이민자들을 끌어 모아 조직을 결성하여 1980년대와 1990년대에 걸쳐 뉴욕 차이나타운에서 활동하던

싫어할 정도로 적대 관계이다.

2) 캐나다

보트피플로 캐나다에 온 베트남 이민자들은 출신 지역별로 모여 커뮤니티를 형성하여 그들만의 독특한 상권을 이루었으나, 안정된 직업을 가질 수 없는 베트남 2세들은 마약과 폭력에 쉽게 노출되었다. 또한 전과자로 전락한 이들은 절도, 강도, 마약밀매, 매춘 등을 통해 점차 세력권을 확보하는 등 크고 작은 조직이 등장하여 자연스럽게 활동하면서 범죄조직으로 영역을 굳혔다. 캐나다에 정착한 베트남 이민자 가운데 이러한 범죄조직을 결성하여 크게 성장할 수 있었던 배경에는 정착 초기 이민자 집단에서 자국인들의 상권을 보호한다는 구실하에 자국인들이 운영하는 술집, 식당, 이발소, 당구장 등 영업장을 중심으로 보호비 갈취를 일삼다가 조직규모가 확대되자 스포츠단체로 위장하여 프로축구 경기를 비롯한 경기장 도박, 카지노, 고리대부업에 파고들어 조직운영자금을 확보하였고, 시간이 갈수록 이러한 주 수입원을 놓고 다른 국가 출신 범죄조직과 끊임없는 쟁탈전을 벌이면서 조직이 성장했다. 더구나 예전에 비밀리 운영했던 도박장이 경찰 단속으로 위험에 노출되자 법적으로 허가된 카지노 주변에서 도박자금 대출이라는 신규영업으로 전환하여 도박에서 돈을 잃은 사람에게 돈을 빌려준 뒤 원금뿐만 아니라 48시간에 10%라는 엄청난 이자도 떼어 내었다. 그들은 돈을 받아내기 위해 자동차와 집은 물론 사업체까지 빼앗았고, 가족들까지 협박하여 목적을 이루었으며, 끝까지 받아내지 못할 경우 신체의 일부라도 절단하는 악랄한 조직으로 변모했다.[12] 현재 캐나다 토론토에서 활동하는 베트남계 범죄조직은 중국계 삼합회와 크고 작은 세력다툼을 계속 벌이고 있으며 최근에 들어서도 폭력 수위는 수그러들지 않는다. 그 이유는 보트피플을 중심으로 한 베트남계 1세대 조직이 현지에 정착하여 새로운 세력으로 부상한 이후 그 2세와 3세들이 조직을 이어 받아 새로운 젊은 피로 신세력을 형성하였고 그 세력도 막강해졌기 때문이다. 현재 캐나다 토론토를 중심으로 활동하는 베트남계 범죄조직의 대표적인 그룹은 미국에 본부를 둔 본투킬(Born to kill)지부를 비롯해, 식보(Sic Bo), 빅서클 보이스(Big Circle Boys) 등 세 개 그룹이 현지의 상권을 나누었으나 최근에 들어 베트남계 10대와 20대로 구성된 신흥 세력인 노피어(No Fear)라는 조직이 등장해 영역을 놓고 기존세력과 쟁탈을 벌이고 있다.[13]

중국계 범죄조직으로, 중국계 삼합회조직의 하나인 플라잉 드래곤(Flying Dragons, 飛龍幇)과 쌍벽을 이루었다. 이 조직은 보스턴, 뉴올리언즈, 휴스턴, 시카고 등에서 강탈, 납치, 살인, 갈취, 마약밀매와 불법도박을 일삼았다.

12) Bloemraad, Irene, Becoming a Citizen, 『Incorporating Immigrants and Refugees in the United States and Canada』, University of California Press, 2006, pp.168-175.

13) Schneider, Stephen, 『It's Raining Corpses in Chinatown, Iced: The Story of Organized

3) 호주

호주에서 본격적인 아시아 이민의 물꼬를 튼 주인공도 베트남 보트피플이다. 베트남의 공산화라는 격동의 현대사 속에 남부 베트남인 수십만 명은 국외 탈주를 시도했고 이 가운데 10만여 명이 호주에 정착했다.[14] 현재 호주 카브라마타[15]에 정착한 베트남 이민자들은 1세대 정착자를 비롯해, 바르게 성장해 주류사회에 진출한 1.5세대와, 난민 자녀로서 질곡의 성장기를 거쳐 마약사범이나 범죄조직원으로 변신한 1.5세대에 이르기까지 다양한 구성원들로 이루어져 있다. 호주에서 활동하는 베트남계 범죄조직은 강도를 비롯해 사기, 도박장 운영, 납치, 협박, 차량 절도, 첨단 기술 도용, 매춘, 마약밀매, 주거침입절도 등의 범죄를 저지르고 있으며 가끔 정치적 테러도 자행한다.[16] 1992년 호주의 빅토리아주 경찰은 베트남계 범죄조직이 호주 남부지역에서 마약과 강도 등 범행에 적극 가담하고 있으며, 특히 중국계 삼합회조직이 확보한 헤로인 밀매수송을 맡아 외국에서 들여오는 헤로인은 베트남계 범죄조직의 손을 거쳐야만 유통된다고 언급한 바 있다.[17]

호주에 정착한 베트남계 가운데 '5T'[18]로 불리는 범죄조직은 호주의 카브라마타 지역에 기반을 두고 호주 전역에 걸쳐 마약과 도박 그리고 성매매 여성을 공급하고 있다. 이 조직은 칼이나 총기 등 흉기로 무장하여 범죄에 가담하면서 영역을 확보하였다. 호주 내 마약밀매의 경우 5T조직이 퀸즐랜드를 새로운 거점으로 삼아 여러 지역에 걸쳐 마약 유통로를 확보하여 루마니아 조직이나 레바논 딜러들과도 거래하고 있으며, 호주로 밀반입되는 헤로인의 15%는 5T조직이 직접 관리하면서 베트남 여성들을 마약 유통책이나 소매상으로 활용한다. 또한 베트남계 2세 청소년들을 브리즈번 서쪽 교외의 헤로인 유통지역을 맡겨 5T조직원으로서 책임감도 부여하기에 더욱 비밀이 유지 되도록 조직을 운영한다. 5T조직의 마약밀매는 30~40명으로 구성된 소조직의 행동대장이 직접 해당 지역을 지휘하는데 이들 소조직은 순수한 자국인으로 구성된 베트남 계열과, 베트남에서 태어난 중국인 계열, 그리고 라오스·캄보디아인으로 구성된 범인도차이나 계열로 나누어져 있으며, 현재 호주 전역에 걸쳐 그 지부를 두고 있을 정도로 세력이 막강해져 중국계 삼합회도 함부로 그 영역을 파고들지 못하고 있다. 이와 같이 호주에서 발생되는 5T조직에 의한 범죄는 다문화사

Crime in Canada』, John Wiley & Sons, 2009, pp.477-478.

14) Sydney Morning Herald, 2008.3.14자.

15) 카브라마타(Cabramatta)는 호주 시드니 남부에 위치한 지역으로 호주 최대의 베트남타운이 형성되어 있다. 특히 이곳은 노상에서 마약거래가 이뤄지거나 권총발사사건이 일어나는 곳이다

16) 5T조직은 자신의 앞길을 가로막는 자라면 현지 정부관리도 죽이는데 개의치 않아 1994년에 호주 국회의원을 살해한 바 있다.

17) Australian Bureau of Statistics, 2003.

18) 5T는 틴(Tinh, 사랑), 티엔(tiền, 돈), 투(tù, 감옥), 토이(tôi, 범죄), 토(thù, 복수) 등을 가리킨다.

회가 형성된 이후 나타난 사회환경의 변화로 특징될 수 있다.

(3) 국내 베트남계 범죄조직의 생성배경과 활동

1) 우리나라 베트남 난민(보트피플)의 등장

우리나라에 보트피플이 처음 등장한 것은 1975년 5월 23일 화물선 쌍용호가 베트남 전쟁 난민 215명을 태우고 입항하면서부터이다. 이들은 1977년 해상에서 구조된 2차 난민과 함께 1,550명이 구(舊)부산여자고등학교에 마련된 임시 구호본부에 수용되어 머물다가 그해 9월 부산시 서구 괴정동의 외국인수용소로 옮겨졌고, 1977년 9월에 해운대구 재송동의 부산 난민보호소에 수용되었다. 그 후 1985년 11월 광명 87호가 96명을 추가로 구조해 부산항으로 입항한 이후 국내에 머물던 마지막 난민 150명이 뉴질랜드에 영구 정착하면서 1993년 1월 부산의 월남 난민보호소는 역사 속으로 사라졌다.[19] 난민보호소가 폐쇄되던 당시 부산 난민보호소에 머물던 145명(남 94, 여 51)의 출신 국적을 보면 베트남 출신자는 11명(약 8%)에 불과했고, 중국계가 134명(92%)이었다. 이들 중국계 베트남 난민은 중−월 전쟁 시 추방된 다수의 베트남 거주 화교와, 소수의 중국 남부 광동성 출신의 경제난민 이었다.[20]

2) 국내 베트남계 범죄조직의 활동

국내에서 활동하는 베트남계 범죄조직은 제조공장의 노동자나 선원노동자로 입국한 근로자 출신들로 2000년 이후부터 수도권과 지방의 공단지역을 중심으로 활동했다. 활동 초기에는 소규모 조직이었던 것이 2009년 이후부터 조직원 수가 급격히 증가하면서 전국화 되었다. 현재 국내에서 활동 중인 베트남계 범죄조직은 수도권에 거점을 둔 구 월맹출신의 '북방파(하노이파)[21]'와 구 월남지역의 '남방파(호치민파)' 그리고 부산·경남에 거점을 둔 '하이세우파'로 구분된다. 특히 '하노이파'는 베트남 북부 하노이 출신을 주축으로 결성된 범죄조직으로, 베트남 현지 하노이에서 넘어온 일부 범죄조직원을 포함해 불법체류자, 베트남 이주노동자 등으로 구성되어 있다. 이들은 총책(두목), 중간 간부, 행동대원, 유인책

---

19) 마지막 베트남 난민들이 출국할 당시 필자는 난민보호소 치안담당을 맡고 있었다. 당시 난민보호소의 치안상황을 보면, 다수의 난민들이 수영구 팔도시장에서 상인들이나 행인들을 상대로 강, 절도를 일삼았고, 난민보호소 내에서 도박을 즐겼다.

20) 노영순. "바다의 디아스포라, 보트피플", 「디아스포라 연구」, 7(2). 2013. pp.75−108.

21) '하노이파'라 불리는 조직명은 베트남계 범죄조직의 정확한 명칭은 아니다. 경찰 등 수사기관에서 사건과 관계된 범죄조직원을 검거하여 조사하는 과정에서 다수의 출신이 하노이어서 하노이파라 부르게 되었다. 사실 범죄 수사 과정에서 조직원 하나하나 세분하여 심도 있게 조사해 보면 정확한 조직구성과 체계를 파악할 수 있지만 우리나라 수사기관 종사자의 언어상 문제와 베트남 내부 결사체에 대한 지식이 부족해 조직도를 파악하기는 어려운 실정이다.

(베트남 여성) 등으로 체계가 구축되었고 전국에 9개 지부와 200여 개 점조직을 갖추었으며, 수도권과 전국 산업단지 주변을 중심으로 거점을 형성하여 순수 조직원만 700~800명에 이른다.[22]

하노이파 조직원 대부분의 출신지는 베트남 응애안지역이다. 응애안(NghêAn, 義安)은 중북부 해안가에 위치한 곳으로, 베트남 전쟁 당시 호치민의 고향이자 북부 공산당 추종세력이 많아 미군의 공습으로 지역이 초토화되기도 해 주민들의 응집력이 대단히 강하다. 이러한 생활환경이 열악한 탓에 사람들도 거칠고 인색하여 이해관계를 따지는 등 계산적이어서 조금만 손해를 봐도 단체로 몰려가 행패를 부리는 등 다른 지역 사람들과 불화를 자주 일으켜 베트남 내에서조차 응애안지역 사람들과 사귀기 꺼릴 정도다. 현재 국내에서 활동하는 베트남계 범죄조직원 상당수가 응애안 출신들이고 사업장을 이탈한 베트남 근로자들도 응애안지역 출신이 많다. 이와 같이 국내에서 활동하는 베트남계 범죄조직원 중 상당수가 근로자로 입국한 노동자 출신이었고 일부는 선원으로 입국한 노동자였다.[23] 국내 입국한 노동자 출신을 포함한 베트남계 범죄조직에 의한 범죄는 지난 2008년 365명에서 2009년 674명으로 1년 간 84.7% 급증하였다.[24]

제 2 절 베트남 범죄조직의 국내 범죄유형 분석

1. 위장결혼알선

배출－흡인 이론은 결혼이주를 포함한 모든 유형의 이주를 설명하는데 적용되는 가장 일반적이고 고전적인 이론으로, 이에 따르면 송출국의 배출요인과 수용국의 흡인요인이 서로 상호작용하면서 결혼이주가 발생한다는 것이다.[25] 2010년 당시 국내에 거주하는 결혼

---

22) 일요시사에서 탐사보도한 베트남계 범죄조직은 5개 파로 보도했으나 실제 활동하는 조직은 하노이파를 비롯해 호치민파와 하이세우파 등 3개 조직이다.

23) 2012년 8월까지 고용허가제로 입국한 국내 체류자 수는 234,295명으로, 업종별 미등록체류율은 제조업이 13.4%로 가장 낮고, 건설업 16.1%, 농업 15.6%이나 외국인 선원노동자는 29.9%로 가장 높다. 이는 선원노동자의 근로조건이 타업종에 비해 아주 열악하다는 것을 간접적으로 보여주는 것으로, 외국인선원제로 입국하여 연근해 어선에 승선한 외국인선원의 사업장 이탈률은 전국 평균 28%이며 제주도 서귀포지역은 평균을 훨씬 상회한 37%, 강원지역은 42%에 이른다.

24) 신상철, "외국인(중국, 베트남, 인도네시아) 선원노동자 근로환경과 범죄에 대한 연구", 아시아연구, 17(1), 2014.

이주여성의 국적별 현황을 보면, 베트남 35,355명(25%), 중국 35,023명(25%)으로 두 국가로부터 이주한 여성들이 전체 결혼이주여성의 절반을 차지했다.[26] 특히 위장결혼알선은 한국 내 베트남 이주결혼여성과 베트남 노동자 증가와 밀접한 관련이 있는 외국인범죄 중 하나로, 내국인이 주체가 되거나 베트남 이주여성이 베트남계 범죄조직과 공모하고 있어 그 피해가 가장 심각하다.

《사례》 국제결혼 중개업체를 통해 베트남 여성들을 입국시킨 사례[27]

　　베트남 출신 결혼이민여성은 내국인 남편과 공모하여 베트남 여성 4명을 고용해 2008년 6월부터 무등록 국제결혼 중개업소를 설립한 후 한국으로 결혼이주를 희망하는 베트남 여성들을 상대로 1인당 1만 6,000달러(한화 약 1,900만 원)의 알선료를 받고, 이 돈의 일부를 위장결혼한 한국인 남성에게 주고 베트남 여성을 한국에 입국시키는 수법으로 3억 원의 부당이익을 챙긴 사례.

《사례》 결혼이주여성을 성매매 알선 및 강요 사례

　　국내 입국을 희망하는 베트남 여성을 내국인 남성과 위장결혼시킨 뒤 입국한 베트남 여성을 자신이 운영하는 이발소와 남성휴게실 등에서 성매매를 알선하고 화대 수천만 원을 챙긴 사례.[28]

　　베트남 결혼이주여성은 내국인 남편과 공모해 국내에서 유흥업소를 차려놓고 자국 출신 여성들이 불법체류자이거나 결혼목적으로 입국하여 가출하였다는 신분상의 약점을 악용해 유흥업소 내에서 성매매를 강요했고 위장결혼도 알선한 사례.

※ 사례 분석

　　이 사건은 국내 체류 베트남출신 결혼이주여성이 직접 무등록 국제결혼 중계업소를 차려 조직적으로 범행을 한 전형적인 사례이다. 국제결혼을 중개하는 업체는 내국인이 주체가 되거나 베트남계 위장결혼 알선조직과 공모하여 범행을 한다. 이들은 입국을 희망하는 베트남 여성에게 1명당 2,000만 원을 받아 위장결혼 상대인 내국인 남성들에게 혼인신고 대가로 1인당 300만 원을 지불하였고 베트남에서 매춘관광도 시켜주었다. 이 조직은 위장결혼을 성사시키기 위해 주변 노숙자나 신용불량자 그리고 만성질환자, 전과자 등을 포섭해 혼인신고서와 부동산 임대차계약서 등 혼인신고에 필요한 서류를 만들어 베트남 현지에서 여성들과 혼인신고를 한 후 서울과 경기, 경북, 울산 등지에 일자리

---

25) 김지영·최훈석, "결혼이주여성의 인권침해실태 및 대책에 관한 연구", 「한국형사정책연구원 연구총서(11-01)」 2011, pp.43-44.
26) 법무부 출입국통계연보, 2010.
27) 충북경찰청 국제범죄수사대 보도자료, 2013.10.16.
28) 서울경찰청 위장결혼 수사 보도자료(2014).
　　이 조직은 내국인 남성들에게 선금 1,300달러를 주고 베트남 여성을 한국 남성과 현지에서 위장결혼시킨 뒤 국내로 입국시켜 하루 10여 명과 성매매를 시켰다.

를 구해주었다. 더구나 이들은 결혼이주여성으로 입국한 베트남 여성을 중간 모집책으로 삼아 다단계식으로 조직을 운영하면서 행정사 사무실에서 통·번역 일을 하던 베트남계 결혼이주여성을 통해 위장결혼에 필요한 재직증명서, 범죄경력증명서 등을 위조했다.

베트남에서 위장결혼으로 입국하는 여성들 대부분은 한국에 오기 전 가출방법과 한국에서 해야 할 행동들을 교육받고 입국하는 일명 기획이혼 이민자들이다. 기획이혼을 염두해 둔 구체적인 사례를 보면, 베트남계 여성이 가담한 국제결혼 중개업체는 우리나라로 입국한 베트남 위장결혼 여성들에게 우리나라의 '가정폭력대처법'을 설명하면서 이혼을 유도했다. 이들은 주로 나이가 많거나 지능이 떨어지는 남편을 만나 입국한 후 잠자리를 거부하거나 정상적인 가정생활을 하지 않은 채 사소한 일들을 만들어 남편의 폭력을 유도한 후 '외국인 여성 쉼터'에 기거하면서 그 곳의 도움으로 이혼을 준비했다. 특히 한국인 남편으로 하여금 폭행과 폭언을 유도하는 분위기를 조성하고, 남편이 화를 내면서 고함치는 소리와, 매일 밤 변태적인 성행위를 강요한 내용을 녹음하여 법정에 제출하기도 했다. 이는 한국 남편과의 결혼 결격사유 및 이혼의 사유가 되기에 남편의 재산을 위자료로 뜯어내기 위한 수단으로 이용된다. 이렇게 이혼이 성사되면 위장결혼여성은 거액의 위자료를 받아 챙기고 받은 위자료의 30%는 베트남계 범죄조직에게 전달된다.[29] 이른바 '범죄목적 입국형 범죄'로 분류되는 이 수법은 입국 당시부터 한국에서 특정 범죄를 행할 목적으로 입국하는 경우이다. 위의 사례에서 볼 수 있듯이, 돈을 쉽게 벌 수 있다는 꼬임에 넘어가 국제결혼을 위장해 불법입국한 베트남 여성들은 주로 도박장이나 유흥업소 등에 넘겨진다.

2. 도박

《사례》 경기도 일대 베트남 도박 '속디아' 사례[30]
    베트남 이주노동자 웬녹(남) 등 5명은 자신들이 개설한 도박장에서 수억 원대 도박판을 벌여 돈을 딴 동료 이주노동자를 흉기로 위협해 2차례에 걸쳐 1천 90만원을 빼앗는 등 수천 만 원을 갈취한 사례.[31]

《사례》 전국구 활동 베트남 '속디아'도박 사례[32]
    불법체류자인 자국 노동자들을 상대로 일명 '속디아'라는 도박장을 운영하면서 도박자금을 빌려주고 고리대금을 받아 왔으며, 빌린 도박자금을 갚지 못하는 자국인에게 공갈·협박을 가한 사례.

---

29) 서울지방경찰청 국제범죄수사대 '외국인 위장결혼 수사' 보도자료(2013.11.15.자).
30) 경기 시흥경찰서 보도자료, 2005.3.20자.
31) 이들은 경기도 시흥시 정왕동과 신천동, 미산동 등지 원룸에 도박장을 개설한 뒤, 인근 시화·반월공단 등지에서 근무하는 베트남 이주노동자들을 대상으로 판돈 1억 원대의 '속디아' 도박판을 벌였고, 검거 당시 도박에 가담한 베트남 노동자 20명은 모두 불법체류자였다.
32) 충북경찰청 국제범죄수사대 보도자료.

《사례》 베트남 도박 '쑈소'(XO SO, 일명 베트남 로또) 사례[33]

　　베트남에서 매일 추첨하는 복권인 '쑈소'(XO SO)를 모방하여 국내 공단지역에서 자국인들을 상대로 도박장을 운영하고, 외국환거래도 하면서 70억 원 상당을 불법취득한 사례.

사례 분석

　　국내 베트남 이주민 사이에 유행하는 베트남 도박 유형은 '속디아'(XOC DIA, 또는 낙디아) '쑈쑈', '풍(PUNG)', 바까이(BACAY) 등으로 분류할 수 있다.[34]

　　도박피의자들은 이주노동자로 입국한 도박전문조직으로, 공단 인근지역 건물을 임대하여 자국 노동자들을 상대로 도박장을 개장하였다. 이들은 10~15명의 조직원이 한 조를 이루어 50여 명이 도박을 할 수 있는 건물을 임대해 도박장으로 사용하였고, 5명 내외의 조직원들은 10명 정도가 도박을 할 수 있는 곳을 담당하면서 도박장 건물 주변과 출입구, 내부에 폐쇄회로(CCTV)를 설치해 출입자들을 24시간 감시하였다.

　　이 사례[35]의 도박 전문조직은 대포차를 이용해 전국 공단지역을 돌아다니며 도박장을 찾는 자국인 고객에게 연 500%가 넘는 이자로 도박자금을 빌려준 뒤 갚지 않으면 납치 폭행하거나 본국의 가족을 협박하여 돈을 받아내었다. 이들 조직은 총책(두목), 중간간부, 행동대원, 유인책(베트남 여성) 등으로 역할이 분담되었고 베트남 여성 1~3명이 반드시 조직원으로 끼어 있었다. 여성 대부분은 한국 남성과 결혼한 이주여성으로, 남자 조직원이 '우리와 같이 일하면 많은 돈을 번다'고 유혹해 조직원으로 가입시켰다. 이렇게 유인된 베트남 여성들은 도박장을 찾는 자국 남성을 상대로 5만~10만 원의 화대를 받고 도박장에서 성매매도 하였다. 이외에도 내국인과 결혼한 베트남 이주여성은 자신의 집에 도박장을 차려 한 판당 100만여 원의 판돈을 걸고 베트남 도박인 '풍'을 주도했는데, 도박장을 차려 운영하면서 이용료(일명 '대라')로 개인당 2만 원을 받았고 음료수와 과일을 판매하면서 판돈이 떨어지면 현금 인출을 해주고 수수료까지 챙긴 사례도 있다.

---

33) 경북경찰청 국제범죄수사대 보도자료(2010.11.4).

34) '속디아'는 흰색과 빨간색이 칠해진 원형 딱지(낙디아라 불림)와 주사위(속디아) 4개를 그릇에 넣고 돌려 뒤집어 각 색에 1인당 1~2만 원을 걸고 많은 색이 나오는 쪽이 이기는 방식이며, '쑈소'는 베트남식 복권(한국식 로또)으로 국내의 인터넷을 통하여 당첨 여부 확인이 가능하다. 이 방식은 특별상 및 1위부터 7위까지 구분하여 선택한 0~9까지의 숫자(23, 35, 42, 55, 77) 중 마지막 2자리에 당첨되면 베팅금액의 4배에서 최고 70배를 주기로 하고 최소 2만 원 이상 돈을 걸도록 하는 도박이다. 그리고 우리나라 결혼이주여성들 사이에 유행하는 '풍'은 트럼프카드 52매를 이용하여 카드 9매씩 나누어 가진 후 순차적으로 같은 숫자, 같은 무늬를 모두 바닥에 내려놓거나 숫자의 합이 적은 사람이 승리하는 방식으로 7명이 한 조를 이뤄 한 판당 1만 원에서 50만 원 정도를 걸고 하는 카드게임의 일종이다. 바까이는 국내에는 유행하지 않지만 베트남 내에서는 인기 있는 도박으로, 카드 40장을 나눠 3장의 합이 10에 가까운 사람이 승리하는 도박이다.

35) 위 사례의 주인공은 '응웬 트롱 쿠'다. 그는 베트남에서도 알려진 조직폭력배로, 베트남인 10명과 함께 범죄조직을 결성하여 도박장을 개장한 뒤 자국인들의 송금사업권을 확보하기 위해 흉기로 상대조직원의 왼쪽 손가락을 자르는 등 수차례에 걸쳐 4천 여 만원을 뜯어내었다.

국내에서 활동하는 베트남계 도박전문조직은 도박장뿐만 아니라 대도시의 유흥주점업에도 진출했다. 이들이 운영하는 수도권의 유흥주점은 종업원 모두가 베트남 이주여성이며 주 이용고객은 베트남 남성들이다. 이들이 운영하는 유흥주점은 도박장과 연결되어 도박장을 출입하는 사람들을 상대로 성매매도 한다.

3. 국적세탁

《사례》 국적세탁 범죄 사례36)

인터넷에 '대출카페'를 만들어 급전이 필요한 내국인 미혼여성과 남성을 모집하여 가짜 부모로 삼아 병원 직인과 의사 도장을 위조하여 베트남 불법체류자 부모에게서 태어난 신생아를 내국인이 낳은 아이인 것처럼 출생증명서 등 허위 서류를 꾸며 관할 행정기관에 신고하여 국적을 취득한 후, 내국인 부모 호적에 허위로 입적된 신생아 명의의 대한민국 여권을 발급받아 2011년 11월부터 출생한 신생아 1명당 1,200만원을 받는 등 모두 34명의 신생아를 한국 국적으로 바꿔주고 5억여 원을 챙긴 사례.

※ 범죄 유형 분석

국내에서 활동하는 베트남계 국적세탁 전문조직은 자국인이 불법체류하다 낳은 아이를 우리나라 국적으로 세탁해 주고 있다. 일부 한국인 父와 베트남 母가 국제 결혼하여 자녀를 출산한 후 혼인 파경 등으로 베트남 母가 자녀를 양육하기 위해 베트남에 있는 친정에 데려다 놓는 경우도 나타났지만37) 경찰에서 적발한 사례 중 국내에 결혼이민이나 단순노무(불법체류자 포함) 등으로 입국한 베트남 여성이 자국 남성과 사실혼 관계에서 출산한 아동을 국제 결혼한 다른 베트남 여성의 자녀로 허위 출생 신고한 사례(일명 '호적세탁')도 있다.

위 사건은 응우앤조직이 벌인 범행사례로, 국내에 불법체류 중인 베트남인 사이에서 출생한 신생아는 자국대사관에 출생신고가 되지 않아 한국에서의 양육이 불가능해 베트남 가족에서 보낼 목적으로 범행을 했다. 이들은 경찰 수사를 피하기 위해 신생아를 출국시킨 뒤 베트남에서 허위 사망신고서를 가져와 사망신고까지 했는데, 이러한 조직적인 범죄가 가능했던 것은 보증인을 세우거나 출생신고를 할 때 서류만 받고 전산에 기록하

---

36) 경기지방경찰청 수사 보도자료(2013.11.12).
37) 부산 해운대경찰서 보도자료(2013).
　　국외이송 약취의 범죄사실 중 대표적인 사례를 보면,
　　(가). 피의자 도티○우는 2011 6.22. 고소인 남○환과 혼인신고를 하고 생활해 오면서 2012. 7.4. 의사능력이 없는 유아인 남○준을 공동친권자 고소인의 동의 없이 국외 이송할 목적으로 미리 남○준의 여권을 발급받은 후 고소인 부친 남○승에게 "친구집에 다녀오겠다"고 거짓말을 하고 고소인과의 사이에서 태어난 8개월 피해자 남○준을 업고 나가 국외에 이송할 목적으로 의사 능력이 없는 피해자 남○준을 약취하였고,
　　(나). 피의자는 2013.2.24. 21:10경 부산 김해국제공항 국제선 출국장에서 약취한 피해자 남○준을 피의자와 함께 탑승하여 베트남 하노이로 출국하여 약취자 남○준을 국외로 이송하였다.

지 않는 사회제도의 맹점을 이용했다. 이외에도 내국인 여성이 베트남 불법체류 부부의 부탁으로 돈을 받고 베트남인 불법체류 부부가 출산한 신생아를 마치 자신의 친자인 것처럼 속여 출생신고한 뒤 상당기간 양육수당까지 지급받았고, 신생아 명의의 여권을 발급받아 신생아를 공항을 통해 베트남으로 출국시키는 등 국적을 세탁한 동일 사례는 수없이 많다.

국적세탁 범죄는 국가의 출산 장려 정책을 무너뜨리는 중대한 범죄로, 이러한 사례가 국내에 불법체류하는 다른 외국인 젊은 동거인들에게도 범죄수법이 그대로 전수될 수 있고, 국내에서 출생신고 된 신생아는 간단한 이름과 출생지 등을 제외한 자세한 인적사항이 기록되지 않아 향후 국제범죄조직원으로 신분을 위장해 입국하는데 악용될 소지도 있을 것으로 예상된다.

4. 차량절도

《사례》 차량절도 범죄 사례[38]

베트남 차량절도 피의자 뷰(ban, 남, 당시 25세), 응웬(Nguyễn, 남, 당시 26세), 쯔엉(Jjeueong, 여, 26세) 등은 비전문취업비자(E-9)로 입국하여 공단 등지에서 근로자들로 일하다 차량절취를 공모한 후 국내 중고차 매매 시장에서 대포 차량을 헐값에 구입하여 자국인에게 차량을 판매하고 이를 다시 절취하는 수법으로 범행한 사례.

※ 범죄 유형 분석

외국인에 의한 차량절도는 대개 10~20대의 젊은 층에 의해 저질러지며 특히 타범죄를 저지르기 위한(마약 운반 등) 수단인 경우가 많고 가장 조직적으로 이루어지기에 절도범죄 중 피해규모가 가장 크다. 또한 범죄속성상 초범보다 장물처분 경로 등을 잘 알고 있는 동종 전과자들이 주로 관여한다.

베트남에서 차량절도 전문조직원으로 활동하다 입국한 뷰는 공범인 응웬과 범죄를 공모한 후 결혼이주여성 쯔엉을 끌어들여 전국의 중고차 매매시장에서 헐값으로 구입한 대포차량을 페이스북(Facebook)에 광고하여 판매하였다. 그리고 위치찾기기능이 내포된 문자메시지를 발송해 차량을 구입한 사람의 위치를 확인한 후 미리 가지고 있던 보조열쇠로 판매한 차량을 다시 절취하는 수법을 썼다. 주범인 뷰는 절취한 차량을 다시 판매하기 위해 자국인 피해자나 국내 수사기관의 추적을 피하고자 본인의 휴대전화 유심

38) 부산지방경찰청 외사과 국제범죄수사대 수사 보도자료(2014.7.11).
이들의 첫 범행은 2014년 4월에 경남 통영의 고속터미널 앞에서 페이스북 광고를 보고 차량을 구매한 베트남인 피해자에게 NF쏘나타 차량을 현금 335만 원에 인도한 후 다시 문자메시지를 보내 페이스북(facebook) 위치찾기기능을 활용해 피해자의 위치를 파악한 다음 김해시 지내동의 '지내경전철 역' 부근에 주차되어 있던 피해자 차량을 미리 복제한 열쇠로 잠금을 해제한 후 차량을 절취했다. 이런 방법으로 부산, 경남, 광주등지에서 수회에 걸쳐 차량절취를 일삼았다. 특히 무면허인 이들이 범행 전후 촬영한 동영상에 그들의 실력을 과시할 목적으로 고속도로에서 시속 200Km 이상의 속력으로 과속운행을 한 사실도 확인했다.

칩 3개를 번갈아 사용하면서 차량 판매·광고 및 구매자를 물색했다. 공범인 응웬은 구매자에게 차량을 인도한 후 다시 차량을 절취하였고, 결혼이주여성 쯔엉은 피해자들에게 페이스북으로 채팅을 유도해 피해자 위치를 파악하는 등 바람잡이 역할을 했다. 이들은 차량을 절취하기 위해 각자 역할을 분담하였고, 신분노출을 감추기 위해 대포차량 판매대금 전액을 현금으로 받았다. 또한 이들은 체류기간이 경과된 자국인 불법체류자 만을 골라 범행했는데, 이는 피해자들이 차량 도난피해를 당하여도 쉽게 수사기관에 신고를 하지 못할 것이라는 약점을 최대한 이용했다. 이는 페이스북(facebook)의 위치찾기기능을 활용한 사례로, 판매한 차량을 쉽게 발견해 절취하였기에 유사범죄로 이어질 가능성도 있을 뿐만 아니라 국내에 장기 체류하면서 국내 사정을 훤히 익힌 다른 외국인 범죄자에게도 이런 수법이 전수될 것으로 보인다.

5. 마약밀매

《사례》 베트남산 마약 '납다' 밀매 사례[39]

　　베트남에서 마약조직원으로 활동하다 입국한 피의자들은 베트남 산 마약 '납다'를 샴푸통 안에 밀봉한 상태로 국제우편을 통해 공급받아 국내 귀화한 또 다른 베트남계 결혼이민여성을 유통책으로 삼아 경기도 안산시와 경남 김해시 등 베트남 노동자들이 많이 거주하는 지역의 유흥가에서 자국인 노동자나 유흥업소여성들을 상대로 베트남산 마약 납다를 밀거래 한 사례.

《사례》 베트남 마약 '툭락' 밀매 사례[40]

　　베트남 이주노동자로 입국한 피의자들은 베트남인들이 집단 거주하는 수도권 공단지역과 베트남인들이 즐겨 찾는 유흥업소 등에서 자국인들을 상대로 신종 마약인 '툭락'을 판매하고 성매매도 알선하면서 투약한 사례.

※ 범죄 유형 분석

　국내 체류하는 베트남인들을 상대로 베트남산 마약을 밀반입해 판매하고 있는 베트남계 마약조직은 불법체류 중이거나 유흥가에서 일하는 베트남인들을 상대로 엑스터시의 일종인 '툭락'(MDMA)이나 '납다'를 판매하고 있다. 툭락은 신종 베트남 마약으로, 메스암페타민 종류인 납다와 함께 국내 체류하는 베트남인들이 즐겨 사용하는 마약이다. 국내에서 판매되는 '툭락'이나 '납다'를 복용하면 노래가 듣고 싶고 신체접촉 욕구가 강해져 환각작용을 일으키는 등 청소년들 사이에 '기분 좋아지는 약' 또는 '포옹마약'으로 불리는데, 환각과 환청작용은 물론 자해행위를 하는 등 부작용이 있는 약물이다. 최근 들어 베트남인들이 집단 거주하는 공단지역의 유흥업소에는 신종 베트남산 마약을 밀반입

---

39) 경남경찰청 국제범죄수사대 보도자료(베트남산 마약 밀반입 판매조직 적발), 2011.4.11자.
40) 인천경찰청 마약수사대 보도자료(2009.6.3자).

하거나 투약하는 사례가 급증하고 있으며 국내에서 활동하는 베트남계 마약조직은 서울·인천·대구 등 주요 거점 지역에 총책을 둔 '점조직' 형태로 운영한다.

6. 환치기

《사례》 대포통장 이용 환치기 사례[41]

베트남에서 결혼이주여성으로 입국한 피의자 쩐티○○ 등은 베트남 현지 환치기 조직과 공모해 현지 공모자 명의로 통장을 개설한 후 송금을 희망하는 베트남 노동자들에게 송금할 돈을 받아 ATM기를 통해 입금된 돈을 현금으로 인출하여 다시 환치기 계좌로 1만 달러씩 베트남 은행계좌로 송금하는 수법으로 베트남 노동자들부터 1,422회 걸쳐 36억 원을 받아 불법으로 외환거래를 해주고 100달러당 3,000원의 수수료를 받아 챙긴 사례.

《사례》 수출업자 환치기 사례[42]

베트남 이주노동자로 입국한 피의자 까오○○ 등은 국내 각 지역별로 환치기 모집책을 조직한 뒤, 국내 베트남 이주노동자로부터 베트남으로 송금할 대금을 받고 자국인 중고차 수출업자를 통해 중고자동차 대금으로 지불한 후 현지 수입업자로 하여금 베트남 화폐로 자국의 근로자 가족에게 송금 및 전달해 주는 수법으로 700억 원대 무등록 외국환거래를 한 사례.

※ 범죄 유형 분석

국내에서 활동하는 환치기조직의 국·내외 송금수법은 '차명계좌 이용'과 '지급금액 차액정산' 등으로 나누어진다. '차명계좌 이용'은 조직규모가 작은 가족형 환치기조직에서 주로 사용하고, '지급금액 차액정산'은 조직규모가 큰 국제범죄조직, 밀수조직 등에서 사용된다. 최근에는 정상적인 증권투자로 위장해 증권계좌를 이용하는 수법과, 계좌를 이용하지 않고 브로커가 직접 대금을 전달하는 신종형태가 등장하였다. 또한 비밀번호 및 도장과 함께 통장을 전달하는 방식과, 증여성 송금을 통해 5만 달러 이하로 소액 분산 송금하는 방식 등 다양한 형태로 진화되고 있다.[43]

수출업자 환치기 사례는 경기, 경남 등 베트남 노동자들이 밀집하여 거주하는 지역에서 환치기 모집책을 조직하여 중고 자동차 수출입업자 등을 상대로 700억 원 상당의 불법 외환거래를 알선하고 14억 원의 부당이득을 챙긴 베트남계 환치기 조직의 사례이다. 이 조직은 국내 총책인 까오○○의 지시 아래 2008년 1월부터 2011년 5월까지 경기·경남·충청·전남지역 등 지역별 환치기 모집책을 조직한 후 베트남 근로자들로부터 송금

41) 대구경찰청 국제범죄수사대 보도자료(2014.11.10자).
42) 경북경찰청 보도자료(700억 원대 환치기 베트남인조직 검거, 2011.7.7자).
43) 조병인·박광민·최응렬·김종오, "국내거주 외국인의 조직범죄 실태와 대책 연구", 「한국형사정책연구원 연구총서(10−03)」, 2010, pp.110−111.

의뢰받은 돈을 국내 중고차 수출업자에게 자동차 매매대금으로 지불하고, 베트남 현지 환치기 총책은 중고차 수입업자로부터 받은 수입대금을 베트남 전달책을 통해 수취인에게 전달하는 방법으로 2만여 회에 걸쳐 700억 원대 무등록 외국환거래위반(속칭 환치기)을 했다.[44] 이들은 국내 체류 베트남 근로자들로부터 불법으로 양도받은 통장계좌를 이용하면서 송금액의 2%를 수수료로 챙겼고 총책과 지역모집책이 각각 1%씩 나눠 가졌다.

국내·외에 거주하는 가족끼리 공모하여 불법으로 외환 거래를 한 '가족형 환치기' 조직 사례도 있다. 이들은 불법체류자가 낀 가족형 조직으로, 불법체류자인 베트남계 조직원은 자국에 거주하는 동생과 공모해 국내 베트남 근로자 모임에서 알게 된 근로자들 명의로 환치기용 계좌를 개설한 후 2002년 10월부터 2009년 3월까지 1,919억 원 상당을 환치기했다.[45] 국내에서 활동하는 베트남계 환치기 조직은 베트남 은행시스템의 미비로 외국환 거래 시 수수료도 비싸고 불편한 점이 많다는 것과, 국내 베트남 근로자들이 외국은행 이용을 꺼린다는 점을 악용하였다.

7. 취업미끼 불법입국

《사례》 취업미끼 불법입국[46]

베트남 이주여성 피의자는 또 다른 베트남 결혼이주여성을 국내 모집책으로 삼아 취업을 위해 한국 입국을 희망하는 자국인들을 국내 다문화가정의 친지인 것처럼 호적등본 등 관련 서류를 위조해 베트남 여성을 불법입국시켜 사례비조로 1인당 1,200만 원을 받는 등 총 12억 원을 챙긴 사례.

《사례》 가족초청 불법입국[47]

베트남 결혼이주여성 피의자는 한국인 남성과 결혼해 한국 국적을 취득한 후 베트남 현지의 범죄조직과 공모해 베트남 결혼이주여성이나 불법체류자들을 상대로 가족이나 친지를 초청해 국내에 취직시켜 주겠다고 속여 수천 만 원의 금품을 가로챈 사례.

※ 범죄 유형 분석

가족초청 불법입국 사례의 주인공은 누엔ㅇ(여, 당시 25세)이다. 누엔ㅇ는 베트남 현지 밀입국 조직과 공모해 한국과 베트남을 오가며 조직적이고 계획적으로 각각 역할

---

44) 경북지방경찰청 국제범죄수사대 보도자료(2011.7.7자).
45) 서울본부세관 보도자료(2009.4.1자).
46) 부산경찰청 보도자료(가족위장 베트남인 100명 허위초청 조직 적발, 2011.7.1.자).
47) 경주경찰서 보도자료(한국초청 미끼 베트남 위조 사기조직 적발, 2011.6.14자).
　　누엔티는 공모자인 쩐구억이 위조서류를 분담하고 많은 돈을 가져가자 본인이 직접 서류를 받아 공모자 쩐구억에게 넘겨주지 않고 계약금만 편취했다. 이와 같은 방식으로 전국에 걸친 결혼이주여성이나 불법체류 피해자는 수십 명이 넘었다.

을 분담하여 결혼이주여성과 불법체류자에게 접근했다. 누엔티는 불법이 들통 나도 신고할 수 없는 불법체류자의 약점을 악용해 국내에서 합법체류가 가능한 비자를 발급해 주겠다고 접근해 자국인을 상대로 계약금 명목으로 수천만 원을 편취했다. 더구나 사기 당한 것을 알게 된 국내 베트남 피해자들과 베트남 현지 가족들이 피해 금액과 서류를 요구하면 베트남 현지 폭력배를 동원해 협박까지 했다.

이외에도 2007년 말 위장결혼을 통해 한국에 온 베트남 결혼이주여성은 한국으로 입국하려는 베트남 여성 4명에게 국내에 거주하는 베트남 여성의 가족·친척으로 위장해 1인당 1만 4,500달러(1,700만 원)를 받고 여권을 위조하여 불법입국시키기도 하는 등 한국에 취업을 원하는 베트남 여성을 대상으로 한 취업미끼 알선 사례는 곳곳에서 나타난다.

국내 거주 외국인 범죄에 대한 언론의 보도내용을 보면 그 특성상 독자의 호기심과 사회적 분위기를 환기시키기 위한 목적에서 다소 과장된 내용을 기사화하는 경우가 있다. 하지만 국내 베트남계 범죄조직에 의한 범죄사실에 대해 언론에서 보도한 내용은 경찰관서의 수사보도 자료나 해당 사건 실무자와의 면담에서 확보한 범죄사실과 거의 일치했다. 이러한 사실은 국내 범죄환경이 이주외국인 노동자의 증가와 함께 외국의 기존 범죄집단이 유입되었거나, 우리나라에서 자생된 외국인 범죄조직 자체가 거대화 되면서 외국에서 유입된 범죄조직과 연계하고 있으며, 경우에 따라서는 국내 범죄조직과의 연계가능성도 배제할 수 없다는 측면을 말해주고 있다.

우리 사회는 매우 빠른 속도로 다인종·다문화 사회로 진입하고 있다. 베트남계 범죄조직이 국내에서 자생하면서 성장할 수 있었던 요인에는 서울과 수도권에서 국내 토착 폭력조직이 활동하지 않는 외국인 공단지역을 중심으로 영역을 확보하였고, 국내 폭력조직과 영역을 놓고 싸움을 벌이지 않았던 것이 주요 원인의 하나로 지적할 수 있다. 게다가 자국인 노동자의 급료를 송금해 주는 환치기나 도박장 사업에 뛰어들어 조직규모를 확대했으며, 최근에는 무역업에도 뛰어들어 국내 중고차를 수출하는 사업가로 변신해 활동하는 등 세력이 커진 베트남계 범죄조직이 다른 동남아계 범죄조직보다 우위를 선점했다고 볼 수 있다. 더구나 베트남계 범죄조직은 성매매나 도박장 운영 등 불법사업을 하다 자국인들끼리 이권 다툼으로 각종 사건에 휘말리면 한국을 떠나버리면 그만이라는 생각이 팽배하며, 후일에 다시 들어올 때 신분 세탁을 하면 된다고 생각한다. 또한 대부분의 수익사업이 자국민을 대상으로 하고 있기에 자국인 피해자들도 불법체류 등 신분적 약점이나 보복을 우려해 신고에 소극적이어서 실체 파악에 어려움이 있는 것도 베트남계 범죄조직이 국내에서 생성되고 발전할 수 있는 주요인으로 볼 수 있다.[48]

---

48) 신상철, "국내 베트남 범죄조직의 범죄유형분석", 한국경찰학회보 17(5), 2015.

국제범죄론

PART 2

국제범죄조직 수사와 인간안보

국제범죄조직 수사와 특수수사기법

> ## 제 1 절 국내 외국인범죄 현황과 실태

외국인범죄는 '범죄의 주체가 내국인이 아닌 외국인, 즉 외국국적을 소지한 사람에 의하여 행해진 범죄로서 대한민국의 영토 내에서 대한민국의 형벌 법규에 위배되는 행위를 한 경우'를 말한다. 다시 말해 외국인범죄란 '대한민국 국적을 가지지 아니한 자로서 대한민국 영토 내에서 저지른 형법적인 불법행위'로, 여기에는 내국인에 대한 공격행위와 외국인 간의 법익침해 행위를 포함 한다. 그리하여 외사범죄 수사의 대상인 외국인범죄는 주로 국내 체류 외국인에 의한 외국인범죄와, 내국인의 외국관련 범죄를 포함하는 것으로, 성질상 국제성 범죄에 속하지 않는 범죄를 말하며, 여기에는 외국인에 의한 국내 형법위반사범을 비롯하여 출입국관리법 등 각종 외사관련 특별법규 위반사범 등이 해당된다.

1. 외국인범죄 현황

(1) 국내 외국인범죄 실태

2017년 10월 기준, 체류 외국인의 국적별 비중을 살펴보면, 중국 47.4%(1,011,237명), 베트남 7.8%(166,956명) 미국 7.1%(152,343명), 태국 5.8%(124,657명), 우즈베키스탄 2.9%(62,027명) 등의 순이며, 베트남의 경우, 미국을 제치고 중국에 이어 두 번째로 체류 외국인이 많은 국가가 되었다.[1] 2017년 10월 기준, 외국인등록자는 1,165,842명, 외국국적동포 국내 거소신고자는 404,917명, 단기체류자는 564,290명이며, 외국인 유학생은 137,211명, 내국민의 배우자는 154,765명으로 나타났다. 중국국적의 체류 외국인은 2016년 1,016,607 명에서 2017년 10월 현재 1,011,237명으로 소폭 감소하였으나, 한국계 중국인(조선족 등)은 지속적으로 증가하고 있는 추세를 보이고 있다. 베트남 국적의 체류 외국인은 2016년 약 14만 명에서 2017년 약 16만 명으로 1년 사이에 14%로 증가하는 추세를 보이고, 태국 국 적의 체류 외국인도 비슷한 추세의 증가를 보이고 있으며, 러시아 국적의 체류 외국인의 경우 2013년 1만 2천 명에서 현재 4만 7천 명으로 지속적 증가세를 보이고 있다.[2]

체류하는 외국인이 빠르게 증가함에 따라 외국인범죄도 증가하고 있다. 2012년 144만 명이였던 체류 외국인이 2016년 204만 명으로 42% 증가하였고, 외국인범죄자는 2012년 2 만 4천 명에서 2016년 4만 3천 명으로 79% 증가하였다. 국적별 외국인범죄 비율은 2017 년 9월 기준, 중국 55%(15,400명), 태국 7%(1,822명), 러시아 3%(841명), 미국 5%(1,413명),

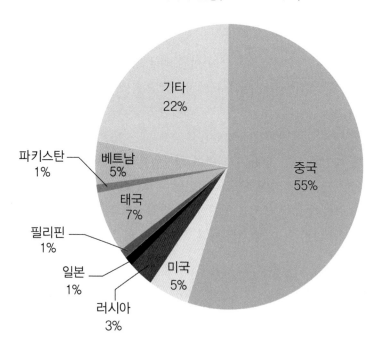

국적별 외국인 피의자 현황(2010~2017. 8)

---

1) 베트남은 2005년 38,902명으로 중국 282,030명, 미국 103,029명, 일본 39,410명에 이어 4위였 으나, 2006년 54,698명으로 중국 382,237명, 미국 108,091명에 이어 3위, 2016년에 149,384명 으로 중국 1,016,607명에 이어 2위로 부상했다.
2) 치안정책연구소, 2018 치안전망.

베트남 5%(1,469명) 순으로 나타나고 있다.3)

2017년 외국인범죄의 동향은 살인 및 강도를 비롯한 지능범죄·교통범죄는 줄어든 반면, 강간 및 마약범죄가 증가하고 있는 특징을 보이고 있다. 특히 마약범죄의 증가요인으로는 국내 체류 중인 외국인이 인터넷을 통하여 자국의 마약 공급책과 연락하여 국제우편 등으로 국내 밀반입하고 있어 국내 유통되는 마약의 대부분은 해외로부터 밀반입된 것으로 파악되고 있다.4)

(2) 불법체류 외국인범죄

최근 무비자 입국 허가를 받거나 관광 목적으로 국내에 들어와 불법체류하는 외국인이 10년 사이 3배 이상 증가했다.5) 2017년 8월 기준으로 무비자나 관광객으로 국내에 입국해 불법체류한 외국인은 모두 95,718명으로, 전체 불법체류자(235,697명)의 약 40% 가량을 차지하고 있으며, 2016년 한해 82,357명보다 13,361명 더 많은 수치이다. 이 같은 방법으로 불법체류 중인 외국인은 10년 전인 지난 2008년 2만 5천 명과 비교하면 3.5배나 넘게 늘어난 규모이며, 이는 외국인 관광객의 무비자 관광 허용이 증가했기 때문이다. 특히, 2014년 1월 1일부터 한국과 비자(사증)면제협정을 맺은 러시아 국적의 체류 외국인이 급격하게 증가하였고, 이들 국적의 범죄자가 늘어나고 있다. 러시아 국적 체류 외국인이 2013년 12,804명에서 사증 면제협정 이후 2017년 10월 47,451명으로 약 3만 5천 명이나 증가하였고, 피의자도 2013년 257명에서 2017년 9월 841명으로 2배 이상 증가하는 추세를 보여 2016년 9월 대비(626명)의 경우 34.3%나 증가하였다. 무비자로 국내에 입국한 후 불법체류한 외국인 증가는 결국 외국인범죄 증가와 결부되는데, 경찰청 국내 외국인 피의자 검거현황 자료에 의하면, 2013년 26,663명, 2014년 30,684명, 2015년 38,355명, 2016년 43,764명으로 지속적으로 증가하고 있다. 특히, 태국, 필리핀 등 무비자 확대를 추진 중인 나라에서 두드러진 증가세를 보여 정부가 외국인 관광객 유치를 위해 무비자 관광을 허용한 것을 악용한 것이 주된 원인으로 분석된다. 따라서 불법체류자들로 인한 범죄 증가의 억제를 위해 비자제도의 개선이 필요한 실정이다.6)

---

3) 2017 경찰백서.
4) 치안정책연구소, 2018 치안전망, pp.217~219.
5) 금태섭 의원 보도자료(2017.10.15, 강제퇴거자 등 출입국사범 대폭 증가, 작년 15만 명 넘어).
6) 치안정책연구소, 2018 치안전망, pp.220~221.

《표 17》외국인 피의자 국적별 현황(단위: 명)

구분 연도	계	중국	미국	일본	러시아	필리핀	태국	파키스탄	베트남	기타
2013	26,663	15,121	1,947	211	257	387	656	249	1,908	5,927
2014	30,684	17,870	1,916	208	387	461	1,362	243	1,943	6,294
2015	38,355	22,898	1,884	279	470	520	1,869	279	2,267	7,889
2016	43,764	23,879	2,033	215	851	721	3,349	400	2,623	9,693
2016.9	32,893	17,830	1,481	168	626	576	2,499	285	2,079	7,349
2017.9	27,859	15,400	1,413	196	841	313	1,822	215	1,469	6,190
전년 대비	−15.3%	−13.6%	−4.6%	16.9%	34.3%	−45.7%	−27.1%	−24.6%	−29.3%	−15.8%

출처: 경찰청 경찰백서(2017).

2. 외국인범죄 분류 및 추세

(1) 침해법익상 분류

1) 개인적 법익에 관한 범죄
외국인에 의한 살인이나 강간, 상해, 폭력 등 인격적 법익에 관한 죄 및 절도, 강도, 사기 등 재산적 법익에 관한 범죄를 말한다.

2) 국가적 법익에 관한 범죄
외국인 간첩, 산업스파이, 범죄단체조직, 공무집행방해 등 국가적 법익을 해치는 범죄를 말한다.

3) 사회적 법익에 관한 범죄
외국인에 의한 통화·유가증권 위조, 방화, 마약사범, 외국환관리법위반사범, 출입국관리법 위반사범 등 사회적 법익을 해치는 범죄를 말한다.

(2) 태양(態樣)상 분류

1) 국제성 범죄
국제협약에서 규정하고 있는 범죄와 인적·장소적으로 두 개 국가 이상에 관련되어 있는 범죄로, 국제간첩, 국제테러, 국제조직범죄, 자금세탁, 마약밀매, 총기밀매, 인신매매 등 인류의 건강·존엄성·국제신용을 해치는 국제적·조직적 범죄를 말한다.

2) 외국인 형사범

외국인에 의한 살인, 강도, 절도, 강간 등 국내 형법위반 범죄 및 한미행정협정 대상자의 범죄를 말한다.

3) 외사사범(外事事犯)

내·외국인을 불문하고 출입국관리법, 여권법, 외국환관리법 등 외사관련 특별법규 위반사범을 말한다.

(3) 체류형태별 분류

1) 거류외국인 범죄

외국인등록 대상이 되는 외국인에 의한 범죄 및 외국인등록 대상에서 제외되지만 국내에 91일 이상 장기체류하는 외국인에 의한 범죄를 말한다.

2) 체류 외국인 범죄

관광, 방문 등의 목적으로 90일 이하 단기간 국내에 체류하거나, 외국인 등록대상이 아닌 외국인에 의한 범죄이다.

3) 불법체류자 범죄

출입국관리법 등을 위반하여 국내에 불법적으로 체류하고 있는 외국인에 의한 범죄를 말한다.

4) 한미행정협정 대상자 범죄

주한미군, 군속, 초청계약자와 그 가족 등 한미행정협정의 대상이 되는 외국인에 의한 범죄를 말한다.

5) 외국인의 국외범

국내에 체류하지는 않으나 대한민국의 국익을 해치고 대한민국 사회의 안녕·질서를 위협하는 범죄로서 해외교포, 해외거주 외국인(국제범죄조직원 등) 등의 범죄를 말한다.

(4) 통계상 분류

1) 경찰통계

경찰청에서 매년 발간하는 「경찰통계연보」상의 '외국인 범죄' 분류는 절도·폭력·성범죄·지능범·과실범(교통사고 등)·경제범·보안사범·출입국관리사범·국가보안법·기타 등 10

개 항목으로 되어 있다.

2) 법무부통계

검찰청에서 발간하는 「범죄분석」의 '외국인범죄 검찰처리인원'상의 외국인범죄 분류[7]는 형법범으로, 절도·사기·횡령·강도·폭행·상해·도박 및 복표와, 기타 특별법범의 관세법·도로교통법·외국환관리법·교통사고처리특례법·기타 등으로 구성되어 있다.

(5) 국내 외국인범죄 추세

1) 외국인 형사범

최근 드러나고 있는 외국인범죄의 양상은 단순폭행이나 절도 등 일회성·돌발성 범죄가 아니라 다분히 계획적·조직적인 양상을 보이고 있다. 2017년 외국인범죄 동향은 살인 및 강도를 비롯한 지능범죄, 교통범죄는 줄어든 반면 강간 및 마약범죄가 증가하고 있는 특징을 보인다.

2) 일반 외사범죄

외사사범은 불법체류자가 증가하면서 출입국관리법위반사범이 급증하는 현상을 보이고 있다. 불법체류자 문제는 단순히 국내에 불법으로 체류하는 데서 그치지 않고 위장취업이나 위장결혼을 위한 여권·비자 등 각종 문서위조 등을 주선해 주는 국내·외 알선조직이 생겨나는 것은 물론, 최근에는 외국인 근로자들이 근로조건개선 등을 요구하며 시위를 벌이는가 하면, 국내·외 인권단체들과 연계하여 조직적으로 대정부 압력단체화하는 경향까지 나타나고 있다. 또한 불법체류자들이 주로 3D 업종에 취업하고 있는 관계로 열악한 근로조건, 임금체불, 산업재해 보상 문제, 인권유린 문제 등이 자주 발생하여 자칫 외교적 문제로까지 비화할 가능성이 있다.

3. 외국인범죄 수사의 기본자세 및 유의사항

국제화·개방화로 인해 국제 간 교류가 활발해 지면서 외국인의 국내 체류가 늘어나고 외국인이 관련된 범죄도 증가하여 이제 외국인범죄는 중요한 치안 요소가 되었다. 이러한 외국인이 관련된 범죄사건, 이른바 섭외사건(涉外事件)[8]의 처리는 자칫하면 외교문제로 비

---

7) 검찰청에서 발간하는 「범죄분석」의 '외국인범죄 검찰처리인원' 통계자료는 전국 각급 수사기관(검찰, 경찰, 특별사법경찰)에서 범죄사건을 수사하면서 작성, 전산입력한 각 범죄통계원표(발생통계원표, 검거 통계원표, 피의자통계원표)를 토대로 범죄현상을 분석한 것이다.

8) '섭외사건'이란 자국 영토 내에서 자국 또는 자국민과 외국 또는 외국인과의 사이에 발생한 형사

화될 요소를 내포하고 있는 만큼 국제법규와 국제관습, 국내관계법규와 처리절차를 정확히 숙지하여 신중하게 처리할 것이 요구된다.

(1) 기본자세

1) 외국인의 문화와 언어 차이 인식

외국인을 상대로 수사할 때에는 외국인은 우리나라 언어로 통하기 어렵고 우리나라 형사절차에 관하여 잘 알지 못하며 우리와 생활양식·의식·관습 등이 다르기 때문에 특히 주의를 기울여야 한다.

2) 통역인 선정

외국인에 대한 수사를 할 때는 미리 통역인을 선정하여 심문사항에 관하여 통역인과 상의하고 통역인이 준수하여야 할 사항을 주지시키는 등 사전에 수사 준비를 철저히 하여야 한다. 통역은 경찰 등 수사기관과 사건관계인의 의사소통을 가능하게 하는 연결고리이다. 즉 통역인은 수사를 돕는 수사기관의 중요한 보조자이므로 통역인과 사전에 심문사항 등에 관하여 충분히 상의하고 준비하여야 효과적인 수사가 가능하고 시간과 노력을 절약할 수 있다. 하지만 통역인은 수사기관의 편에 서서 통역을 하는 것이 아니고 중립적인 위치에서 통역하여야 하므로 수사기관의 편이라고 생각하고 심문사항 이외의 수사기밀사항이나 피의자 등에 대한 개인적 의견을 함부로 말하여서는 아니 된다. 수사기밀이나 개인적 의견이 통역인을 통하여 외부로 유출되거나 피의자가 알게 된다면 수사에 곤란을 초래함은 물론 정당한 사건처리도 부당처리라는 비난을 받을 우려가 있다. 외국인 피의자를 심문하는 도중에는 통역인이 수사기관의 편에 있다는 인상을 줄 수 있는 사담이나 친밀감 표시 등은 가급적 삼가 하여야 하며, 그러한 인상을 주는 것 자체가 사건관계인에게 수사의 공정성에 의심을 품게 할 빌미를 제공할 수 있다.

3) 외국인 관련 법령 준수 및 인권보호

형사소송법 및 외국인과 관련된 제법령 등 인권보장을 위한 여러 규정을 엄격히 준수하여야 한다. 피의자의 권리보호를 위해 형사소송법상 보장된 변호인선임권 및 진술거부권의 고지, 구속시 범죄사실 및 구속이유의 고지나 구속 영장의 제시, 공소장 등본의 송달 등 여러 규정을 준수하는 외에 '영사관계에관한비엔나협약'에 따라 혐의사실을 영사기관에 통고하고 영사기관과의 접촉·통신을 허용하여야 한다.

사건을 통틀어 일컫는 말로, 외국인이 피의자 또는 피해자인 사건, 기타 외국인 또는 외국이 관계된 사건을 가리키며 '범죄수사규칙 제12장 특칙의 제4절 외국인 등 관련 범죄에 관한 특칙'에 규정되어 있으며, 실무상으로는 보통 '외국인범죄'라는 용어로 사용되고 있다.

4) 외국인에 대한 선입관 및 편견 지양

외국인에 대해서도 자국민과 똑같이 엄정·공평하게 대하고 외국인에 대한 편견을 버려야 한다. 일반적으로 우리는 어떤 사람의 국적, 피부색, 종교 등과 연관된 선입관 내지 편견을 알게 모르게 가지고 있는 경우가 많다(예컨대 선진국의 화이트칼라 계층 사람은 정직하고 도덕적이며 개발도상국의 블루칼라 출신은 거짓말을 잘하고 비신사적이라는 등의 편견). 이러한 편견은 우리가 일상 생활하는 과정에서 저절로 형성된 것이어서 수사과정에서 자신도 모르게 표출하기 쉬우므로 특히 주의하여야 한다. 수사기관이 이러한 편견을 가지고 있다는 것을 피의자나 사건관계인 등이 부지불식간에 느끼게 될 경우 아무리 사건을 엄정, 공평하게 처리하여도 피의자나 사건관계인으로부터 부당하게 처리하였다는 비난을 면할 수 없게 되고 이러한 편견으로 인하여 애초부터 수사방향을 잘못 잡거나 사건처리를 잘못할 수도 있다.

5) 증거확보에 대한 노력

피의자가 부인하는 것을 당연한 것으로 받아들여 다른 증거를 확보하도록 노력하여야 한다. 외국인 피의자는 우리나라 법체계나 형사절차에 대하여 잘 알지 못하고 있기 때문에 가능한 범죄혐의를 부인하려는 경향이 강하다. 실무상으로 혐의를 부인하는 자는 대체로 자기의 과오를 뉘우치지 아니하는 죄질이 나쁜 자로 분류되나, 외국인의 경우 혐의를 부인하는 것이 당연한 권리로 인식하고 부인 여부가 죄질과는 상관이 없다고 생각하기 때문이다. 외국인범죄를 수사할 때에는 피의자가 혐의를 부인할 것을 전제로 수사계획을 수립하고 부인에 대비하여 참고인을 확보하는 등 만반의 준비를 갖추어야 한다. 외국인 피의자가 명백한 사실을 부인하더라도 당연한 것으로 받아들이고 결코 흥분할 필요가 없다.

6) 공평·공정한 수사 진행

형사사법절차에 있어서 우리나라를 대표하는 외교관이라는 자세로 수사에 임하여야 한다. 경찰 등 수사기관에 와서 조사를 받는다는 것은 그 사람의 생애 가운데 결코 작은 일이 아니며 특히 외국인이 남의 나라에서 수사 대상자로서 소환되어 조사를 받는다는 것은 일생에서 큰 사건이므로 그 인상은 오랫동안 지워지지 아니한다. 외국인이 수사기관에서 부당한 대우를 받아 불유쾌한 감정을 가지고 있다면 우리나라를 떠난 이후에도 우리나라에 대하여 좋은 감정을 가질 리 없고 우리 형사사법제도에 대하여 비난할 것이다. 외국인을 수사하는 경찰 등 수사기관은 당해 외국인에 대하여 우리 형사사법기관의 대표자라는 생각을 가지고 절도·품위 있는 자세로 공평·공정하게 사건을 처리함으로써 외국인이 수사결과에 흔쾌히 승복할 수 있게 하여야 한다.

(2) 외교관의 법적지위에 따른 일반적 유의사항

1) 외교관 및 준외교관(準外交官)

주한 외국대사, 공사, 참사관, 1·2·3등 서기관, 각급 주재관 및 그 가족으로서 외교통상부장관이 발급한 외교관 신분증 소지자를 말한다. 이들 외교직원 및 그 가족은 '외교관계에 관한 비엔나협약'의 적용을 받는데 관련되는 규정은 다음과 같다.

① 제29조(외교관 신체의 불가침)

  ㉮ 외교관은 어떠한 형태의 체포나 구금도 당하지 아니한다.

  ㉯ 접수국은 상당한 경의로써 외교관을 대우하고 그의 신체·자유 또는 품위에 대한 침해를 방지하기 위하여 모든 적절한 조치를 취해야 한다.

② 제30조(외교관의 주거·서류·통신·재산 등의 불가침)

③ 제31조(외교관의 면제)

  ㉮ 접수국의 형사재판관할권으로부터 면제

  ㉯ 접수국의 민사재판 및 행정재판관할권으로부터 면제된다. 단, 접수국의 영역 내에 있는 외교관의 개인부동산에 관한 소송은 예외이다.

④ 제37조(외교관 가족의 특권)

외교관의 세대에 속하는 가족으로 우리나라 국민이 아닌 경우 외교관과 동일한 특권을 향유한다.9)

2) 외교사절단의 사무 및 기술직원과 그 가족

대사관에 근무하는 직원으로서 외교관이 아닌 공무원이며 외교통상부장관이 발급하는 특별신분증 소지자를 말한다. 동 협약 제37조 제2항(외교관 이외의 직원의 특권)의 규정에 근거하여 사무 및 기술직원은 각자의 세대에 속하는 가족과 더불어 외교관과 동일한 특권을 향유한다. 단, 비공무 중의 행위는 민사 및 행정재판관할권으로부터 면제되지 않는다.

---

9) 유의사항으로,
  ① 어떠한 경우에도 본인의 의사에 반하여 체포·동행·억류할 수 없다.
  ② 외교관이 범법행위를 하였을 경우에는 먼저 외교관 신분증의 제시를 요구하여 신분을 확인한다.
  ③ 상황을 충분히 설명하여 자발적으로 동의·협조하는 경우에는 자술서를 작성하게 하거나 간단한 진술을 청취하고, 협조를 거부할 때에는 외교통상부를 통하여 진술 또는 상황을 청취할 수 있도록 인적사항·범죄개요 등 필요사항의 확인을 의뢰한다.
  ④ 외교관의 신원확인 전 동행 또는 자의로 출두하였을 경우라 하더라도 예우에 유의하여 결례가 되지 않도록 처리한다.
  ⑤ 외교관 관련 사건 발생 시에 신속히 보고한다.
  ⑥ 외교관의 가족이 범죄를 범한 경우에도 외교관과 동일한 절차에 의해 처리한다.

3) 외교사절단의 서비스직원 및 개인사용인

주한 외교사절단의 운전사·요리사 등 단순노무에 종사하는 구성원으로서 우리나라 국민이 아닌 자이며 외교통상부장관이 발급하는 특별신분증 소지자이다. 이들도 동 협약 제37조 제3, 4항에 규정된 특권을 향유하여 공무수행 중의 범죄에 대하여서만 재판관할권이 면제된다. 비공무수행 중의 범죄에 대하여도 사절단의 직무를 부당하게 방해하지 않는 방법으로 재판권을 행사해야 한다. 또한 이들의 공관 외에서의 범죄는 현행범인의 경우 이외에는 사절단의 동의 없이 체포·억류할 수 없으며, 현행범인으로 체포하였을 경우 인적사항·범죄개요 등을 신속히 보고하고, 계통을 통하여 해당 공관에 통보한다. 또한 이들은 외교특권은 없으나 외교사절단의 필수 종사원임을 감안하여 처리에 신중을 기하여야 한다.

4) 주한 국제기구·기관의 소속직원 및 그 가족

주한 국제기구·기관의 정규직원과 기술·문화협정에 의해 입국한 기술자, 강사 등 전문가와 국제기구의 전문요원 및 그 가족으로서 외교통상부장관이 발급한 특별신분증 소지자로, 범죄발생 시 외교관에 준하여 처리한다.

5) 영사

주재국과의 통상증진, 경제·문화협력, 자국민 보호 등을 목적으로 파견된 공무원으로 총영사, 영사, 영사대리 등이며, '영사관계에 관한 비엔나협약'에 근거한다. 영사는 외교사절이 아니므로 외교사절과 같은 외교특권을 향유하지 못하며 국제협약이나 조약상의 권리를 가지는데 불과하지만, 대부분의 영사업무가 외교공관에 의하여 수행되고 있으므로 영사의 범죄는 외교관에 준하여 처리한다.

① 영사관사의 출입

영사관사는 불가침지역으로서, 영사기관의 장 또는 그가 지정한 자의 동의나 파견국 외교공관장의 동의가 없는 한 출입할 수 없는 장소이므로 수사상 영사관사의 출입이 필요한 때에는 반드시 사전에 그 동의를 얻어야 한다.

② 영사기관원 중 영사관원과 사무직원의 '영사직무수행 중에 행한 행위'와, 명예영사관원의 '영사직무수행 중에 행한 행위'에 대해서는 우리나라에 재판권이 없으므로 내사 또는 수사과정에서 그와 같은 사실이 밝혀지면 내사종결 또는 수사종결 절차에 따라 종결한다. 영사기관원 중 영사관원은 영사직무수행과 관련 없이 범행한 경우라 할지라도 중대한 범죄의 경우를 제외하고는 체포되거나 구속되지 아니하는 특권을 향유하고 있으므로 이 점을 유의하여 영사관원의 체포 또는 구속은 특히 신중을 기하여야 한다.

③ 체포 또는 구속 시 통고

영사직원과 명예영사관원을 체포 또는 구속한 때에는 즉시 경찰서장 명의로 통고서를 작성하여 영사기관장 또는 명예영사기관장에게 그 사실을 통고하여야 한다. 영사기관원과 명예영사기관원을 피의자나 참고인으로 조사할 때에는 그들이 공적(公的) 직책상 받아야 할 적절한 예의를 갖추고 피의자로서 체포 또는 구속될 경우를 제외하고는 영사직무의 수행에 지장이 없도록 최대한 신속하게 처리하여야 한다.

(3) 일반 외국인범죄

1) 대상

우리나라에서 90일 이상 거주하는 거류 외국인과, 방문·관광 등을 목적으로 90일 이내의 기간 동안 일시 체류하는 체류 외국인으로서 외교사절·준 외교사절 또는 한미행정협정 대상자 이외의 외국인을 말한다.

2) 지위

일반 외국인은 조약 및 국제법상으로 인정되는 사항을 제외하고는 내국인과 동일하게 경찰권, 재판권을 포함한 대한민국의 주권에 복종해야 한다.[10]

3) 자국 영사와의 면담권 및 출입규제

외국인범죄자를 경찰관서에 동행하였을 경우에는 지체 없이 자국의 주한 영사와 면담을 원하는지의 여부에 관하여 문의한 후 면담을 원하는 경우 지체 없이 주한공관에 통보하여 면담에 지장이 없도록 편의를 제공해야 하고, 면담을 원하지 않는 경우 그 사실을 반드시 진술서에 기록하여야 한다. 또한 범죄혐의자가 해외로 도피할 우려가 있는 경우 신속히 출입국관련 규제조치를 취하여 수사 및 재판권을 확보하여야 한다.[11] 신병이 확보된 피의

---

10) 유의사항으로, 일반 외국인은 속지주의 원칙에 의해 우리나라의 형사소송 절차에 따라 처리함을 원칙으로 한다. 다만, 관계 국제법규나 조약 또는 협약이 있는 경우 이를 우선 적용할 것을 고려해야 한다. 먼저 대상자가 소지한 여권의 제시를 요구하여 여권상의 사진이 본인인가의 여부를 확인한 후 국적·성명·생년월일·여권번호·입국일자·입국목적·비자의 종류와 기간·국내 체류지 및 외교특권자 여부를 확인하고 자해(自害) 또는 피해자로부터의 가해(加害)를 방지하기 위해 신병보호에 유의해야 한다.

11) 범죄수사를 위해 필요한 경우 법무부장관에게 출국금지(내국인) 및 출국정지(외국인)를 요청 가능하다.(출입국관리법 제4조, 제29조) 출입국관리법 제29조의2(외국인 긴급출국정지) ① 수사기관은 범죄 피의자인 외국인이 제4조의6 제1항에 해당하는 경우에는 제29조 제2항에도 불구하고 출국심사를 하는 출입국관리공무원에게 출국정지를 요청할 수 있다. ② 제1항에 따른 외국인의 출국정지에 관하여는 제4조의6 제2항부터 제6항까지의 규정을 준용한다. 이 경우 '출국금지'는 '출국정지'로, '긴급출국금지'는 '긴급출국정지'로 본다.(본조신설 2018.3.20.)

자에 대한 출국정지 조치는 사건종결 시까지로 사건종결 전에 미리 출국하는 경우를 방지하여야 하며, 범죄 후 도피하여 소재가 불명 된 경우에 신속히 출국정지 조치하여 출국단계에서 신병을 확보할 수 있도록 하여야 한다.

4) 관계기관 협조

출입국관리사무소, 검찰 등 관계기관과 원활한 정보교환·수사공조·증거의 수집과 공소유지를 위하여 긴밀하게 협조하여야 한다.

제 2 절 외국인 피의자 수사절차

1. 외국인범죄 수사 요령

(1) 초동조치 및 단계별 수사방법

1) 외국인 신원확인

112신고 출동 및 검문검색 등 외국인 사건을 처리하는 경우 폴리폰 또는 KICS 등을 이용하여 외국인 체류정보 검색을 통해 신원을 정확히 확인한다.

2) 국내 체류 외국인 구분

장기체류 외국인은 90일을 초과하여 국내에 체류하는 외국인으로, 관할 출입국관리사무소에 외국인 등록하여 외국인 등록번호를 부여하고 있다. 취업비자를 받은 근로자, 재외동포, 대학교 유학생 등이 이에 해당한다. 단기체류 외국인은 90일 이하 국내 체류 외국인으로, 입국심사 외 별도 등록절차를 거치지 않는다. 관광객, 국제행사 참석자 등 단기방문객이 이에 해당한다.[12]

외국인의 신원을 정확하게 확인하기 위해 신분증 제출 요구 및 외국인 체류정보 조회 결과를 비교하여 동일인 여부 등 확인하며, 장기체류 외국인이 외국인 등록번호를 모르거

---

12) '폴리폰'으로 현장에서 외국인 체류정보 등을 즉시 확인가능하다. 외국인 체류정보 모바일 조회 시스템을 활동하여 장기체류 외국인의 경우 등록번호, 단기체류 외국인은 영문성명(3글자 이상), 생년월일(1개월 간격), 성별을 입력하여 성명 체류기간 등 외국인 체류정보 및 수배 여부 등을 조회할 수 있다. 그리고 'KICS' 등 경찰관서 내부망 PC를 이용하거나 KICS 내 '법무부 정보검색'을 통해 성명 체류기간 등 외국인 체류정보 조회가 가능하다.

나 특정이 어려운 경우 관할 출입국관리사무소에 전화 또는 공문발송을 통해 외국인 등록번호를 확인한다. 외국인은 출입국관리공무원이나 권한 있는 공무원이 그 직무수행과 관련하여 여권 등의 제시를 요구하면 여권 등을 제시하여야 한다.[13)]

(2) 외국인 피의자 체포

외국인을 체포 검거할 경우 2인 이상 경찰력을 확보하여 현장 상황을 사전에 파악하는 등 철저한 준비로 피의자 도주 및 안전사고를 방지한다. 수배자나 불법체류자의 경우 도주 자해가능성이 있으므로 체포 후 경찰차량을 이용하여 신속하고 안전하게 경찰관서까지 호송하고, 외국인 피의자를 현행범체포, 긴급체포, 체포영장 등에 의해 체포하는 경우, '미란다 원칙 고지' 등 형사소송법상 적법절차를 준수한다. 체포 시 국어 또는 영어로 미란다 원칙을 고지하고, 필요 시 지체 없이 영문 번역본 제시 및 통역 App 등을 이용하여 재고지 한다.[14)]

체포확인서 및 신체확인서를 작성하여 피의자 서명 또는 기명날인을 받고 변호인 가족 등에 대해 체포통지서를 발송하며, 외국인 피의자 체포 시 반드시 소지품 및 착의에 흉기 소지 여부를 면밀히 검사하고 안전에 유의하며, 흉기 소지시 폭력행위등처벌에관한법률위반 등을 적용하여 처벌한다.[15)]

---

13) 출입국관리법 제27조(여권 등의 휴대 및 제시), 성명, 생년월일, 여권번호 등으로 외국인 등록번호 확인이 가능하다. 외국인은 경찰관의 여권 등 신분증 제시 요구에 따를 의무가 있다.
출입국관리법 제98조(벌칙) 다음 각 호의 어느 하나에 해당하는 사람은 100만 원 이하의 벌금에 처한다. 1. 제27조에 따른 여권 등의 휴대 또는 제시 의무를 위반한 사람
▸ 여권 등 신분증 미소지 외국인 업무처리 지침(외사수사과 '17.2.28.)
① 관광객 등 외국인이 과실 또는 무지 등을 이유로 신분증을 휴대하지 않았으나, 경찰관의 요구에 응하여 인적사항을 스스로 밝히고 본인으로 신원 확인된 경우 ⇨ 신원이 확인된 경우 처벌의 실효성이 없으므로 여권 외국인등록증 등을 휴대하도록 안내 및 계도 후 귀가 조치
② 주취 언어소통 문제 등으로 현장에서 신원확인을 할 수 없는 경우 ⇨ 경찰관서로 동행 후 외국인의 진술, 소지품 등으로 신원 확인 후 귀가조치 ⇨ 신원관련 진술을 계속하여 회피하는 등 여권 등 미소지 휴대 고의가 인정되는 경우 출입국관리법위반 혐의로 처벌
③ 신분증을 미소지한 외국인이 자신의 인적사항을 밝히기를 거부하거나 허위 인적사항을 진술하는 등 경찰의 신원확인 요구를 거부하는 경우 ⇨ 3회 이상 신원확인을 요구하고, 비협조 시 출입국관리법위반 혐의로 처벌될 수 있음을 고지 ⇨ 계속하여 거부하는 경우 신분증 미휴대 제시 고의가 인정되므로 경찰관서로 동행(현행범체포 또는 임의동행)하여 출입국관리법위반 혐의로 처벌
14) 폴리폰(정보안내 → 미란다 원칙 고지) 활용하여 영어·중국어·일본어 등 16개 언어로 살인, 강도, 폭행, 사기 등 33개 죄종의 미란다 원칙 고지 가능하다.
15) 흉기소지관련법률 : (폭처법 제7조) 흉기 기타 위험한 물건을 휴대·제공 등 3년 이하 또는 300만 원 이하 벌금. 경범죄처벌법 제3조 제1항 제2호, 흉기의 은닉 휴대, 범칙금 8만원
관련 판례, 정당한 이유 없이 폭력범죄에 공용될 우려가 있는 흉기를 휴대하고 있었다면 다른

(3) 외국인 피의자 등 조사

1) 통역

외국인 피의자나 관계자가 한국어로 통하지 않는 경우 통역인을 참여시켜 한국어로 피의자신문조서(통역)나 진술조서(통역)를 작성하며,[16] 조사에 앞서 통역요원에 대해 통역의 공정성과 정확성 등에 대해 사전 교양한다. 또한 필요에 따라 외국어의 진술서를 작성하게 하거나 제출받을 수 있으며, KICS에 통역인 각서를 작성 후 수사기록에 편철하고, 조사 완료 후 조서 말미에 통역인의 기명날인 또는 서명을 받는다.

2) 외국인 피의자 등 조사 시 유의사항

외국인을 조사하기 전에 여권 등 신분증 및 KICS의 외국인 체류정보 조회를 통해 인적사항, 체류자격 기간, 수배 여부 등을 정확히 확인한다.[17] 외국인 피의자의 본국 주소, 외국에서의 범죄경력 유무, 국내 입국시기 및 체류기간·목적, 영사통보 여부 등을 피의자 신문조서에 기재한다.[18]

심야조사(자정~06시)는 원칙적으로 금지되어 있다. 다만 예외적으로 규칙에 열거된 합리적인 이유[19]가 있는 경우에 한하여 필요최소한도로 허용된다. 조사도중 자정을 넘기는 경우에도 예외 사유에 해당되는지를 반드시 확인한 후 조사를 진행하여야 하고, 사유가 없

구체적인 범죄행위가 없다 하더라도 그 휴대행위 자체에 의하여 폭처법 제7조에서 규정한 죄의 구성요건을 충족(2007도 2439)

16) KICS上 '수사공조' ⇨ '통역요원 현황' 메뉴 선택, 통역가능 언어권 연락처 등 조회하여 통역요원을 확보, 심야 공휴일 등 긴급한 경우에도 통역이 원활히 제공될 수 있도록 평소 언어능력 경험을 겸비한 통역요원을 언어권별로 사전 확보한다.

17) '17년 4월, 서울 ○○상점에서 화장품을 절도한 외국인 피의자 대상 신원을 조회하지 않고 진술하는 정보만 입력, 허무인 상대로 피의자 조사 및 KICS 입력한 사례가 있다.

18) 범죄수사규칙 제243조(외국인 피의자에 대한 조사사항)는 ① 국적, 출생지와 본국에 있어서의 주거, ② 여권 또는 외국인등록 증명서 그 밖의 신분을 증명할 수 있는 증서의 유무, ③ 외국에 있어서의 전과의 유무, ④ 대한민국에 입국한 시기, 체류기간, 체류자격과 목적, ⑤ 국내 입·출국 경력, ⑥ 가족의 유무와 그 주거 등을 조사토록 규정했다. 외국인 조사 시 언어·풍습·문화·종교 등 상이점을 고려하되, 국적·인종·종교 등을 이유로 불이익이 발생하지 않도록 주의하고, 불필요한 오해나 인권침해 사례가 없도록 유의해야 한다.

19) 범죄수사규칙 제56조의 2('18.8.13 개정)
　　1호 : 자정 이후에 조사하지 않으면 피의자 석방을 불필요하게 지연시킬 수 있는 경우
　　2호 : 사건의 성질상 심야조사를 하지 않으면 공범자의 검거 및 증거수집에 어려움이 있거나 타인의 신체, 재산에 급박한 위해가 발생할 우려가 있는 경우
　　3호 : 피의자를 체포 한 후 48시간 이내에 구속영장을 신청하기 위해 불가피한 경우
　　4호 : 공소시효가 임박한 경우
　　5호 : 기타 사유로 피의자·피해자 등 조사대상자 또는 그 변호인의 '요청'이 있는 경우 등이다.

다면 추후 조사일정을 조정하여야 한다. 특히 예외사유 제5호의 경우 수사기관이 편의적으로 동의를 유도하여 심야조사를 진행할 우려가 있어 조사대상자의 '요청'을 명확히 하고, 요청자의 자필 요청서를 받아 기록에 첨부하여야 한다. 하지만 요청의사가 모호하거나, 이미 장시간 조사가 진행되어 피조사자의 건강에 무리가 예상되는 경우, 계속 조사하여도 재출석이 필요한 경우 등은 심야조사를 지양하여야 한다.[20]

3) 외국인 피의자 수사자료표 작성

현재 외국인 지문정보 공유시스템이 완료되어 '경찰청–법무부' 간 정보공유를 통해 운영되는 e–CRIS, AFIS를 활용하여 외국인 피의자 조사시 동일인 여부 확인 및 수사자료표를 작성하여 입력한다. 2016년 9월부터 법무부가 보유한 모든 지문정보를 공유함으로써 e–CRIS, AFIS 등을 통해 외국인 피의자 신원확인이 가능하다.[21]

【e-CRIS】활용 시 : 외국인 피의자 조사 시 라이브스캐너를 통하여 피의자 지문 채취 및 대상자 동일인 여부 조회를 통해 신원 확인하고, 장기체류 외국인은 10지 모두 등록되어 있어 내국인과 동일하게 검색할 수 있으며, 단기체류 외국인은 10지를 채취 조회하여 확인 가능하다.

> e–CRIS시스템으로 외국인 피의자 지문채취 ➡ 생년월일 등 입력, 법무부 지문 호출
> ➡ 법무부 지문과 피의자 지문 대조 ➡ 일치·불일치 즉시 확인

【AFIS】활용 시 : 절도 등 범죄현장에서 외국인 추정 유류지문을 발견 시 이를 채취하여 경찰청 과학수사관리관실 범죄분석과(자료운영계)에 요청, 법무부 D/B검색을 통하여 신원확인 및 대상자 특정[22]

---

20) 국가인권위원회는 경찰관이 조사 중 피의자에게 폭언을 하고 부득이한 사유 없이 밤샘조사를 한 것은 헌법 제101조에 보장된 인격권 및 휴식권 등 피의자의 인권을 침해한 것으로 판단했다 ('04.6.18).

21) e–CRIS(Electronic Criminal Record Identification System, 전자수사자료표시스템) : 수사기관이 피의자 지문으로 본인확인 및 수사자료표 작성·전송 등 수사기록 관리 시스템
AFIS(Automated Fingerprint Identification System, 지문자동검색시스템) : 지문을 활용하여 범죄현장 유류지문, 신원불상자, 변사자 등의 신원을 확인하는 시스템

22) 주요 사례 : '15년 4월, 시화호에서 토막난 시체 발견하였으나 피해자의 신원을 확인하지 못하다가 시체에서 지문을 확보, 장기체류 외국인 지문검색을 통해 피해자 신원 특정하여 남편인 중국인 김○○ 조기 검거에 기여

경찰서·지방청경찰청(범죄분석과에 유류지문 송부) ➡ 경찰청 → 법무부(AFIS시스템를 통해 법무부 지문 호출) ➡ 법무부 → 경찰청(일치율 높은 지문(20개) 회신) ➡ 경찰청(지문 대조 및 신원 특정, 의뢰관서 통보)

4) 출국정지 등 조치

피의자가 외국인으로 확인되었으나 검거하지 못한 경우, 신속히 출국정지 등 조치를 검토한다. 범죄수사를 위해 필요한 경우 법무부장관에게 출국금지(내국인) 및 출국정지(외국인)를 요청한다.(출입국관리법 제4조, 제29조)[23]

출국정지 사유	기 간	필요 서류
범죄수사를 위해 출국정지가 필요한 외국인	10일 이내	검사 수사지휘서 ※ 지휘서는 항상 기본 포함
도주 등 특별한 사유가 있어 수사진행이 어려운 자	1월 이내	체포영장
소재를 알 수 없어 기소중지결정 된 자	3월 이내	기소중지결정문
기소중지 결정되어 체포·구속영장 발부된 자	영장유효기간 내	기소중지결정문, 체포·구속영장

외국인 피의자 수사 시, 죄질·피의자·체류기간·출입국 기록 등을 고려하여 출국정지 요청 여부를 신속히 판단한다. 범죄가 중한 경우 해외로 도주할 우려가 높으므로 반드시 출국정지 조치를 한다.[24] 출국정지는 경찰서에서 지방청 경찰청을 경유하여 법무부(출입국심사과)에 요청한다.[25]

---

23) 외국인은 영문이름·성별·생년월일로만 규제, '개인별 출입국 현황'상 기재된 영문철자(띄어쓰기 포함)·생년월일과 동일한지 여부 유의

24) 주요 사례 : '15년 9월, 경기도 여주에서 농장주를 살해하고 현금 5천 8백만 원을 강취한 우즈벡인 불법체류자 2명이 범행 후 5일만에 우즈벡으로 출국하여 도주한 사례가 있다.

25) 출입국 규제는 해외도피 우려 있는 자는 신속히 출국을 규제하여 수사 및 재판권 확보와, 사건 종결시까지 출국 정지시키고, 범죄 후 소재불명 된 자는 출국시 검거하기 위한 것으로, 소명자료(출입국조회, 수사기록 등)을 첨부, 지방청(수사1계) 경찰청 경유 법무부 출입국심사과로 요청한다.

    ○ 내국인의 경우 출국금지(출입국관리법 제4조 출국금지업무처리규칙 제5조), 범죄혐의로 수사를 받고 있거나 기소중지된 자이며, 외국인의 경우 출국정지(출입국관리법 제29조 외국인출국정지업무처리규칙 제4조), 사형·무기·장기 3년 이상의 죄에 해당되어야 한다. 그 대상자는 ① 범죄의 수사를 위하여 그 출국이 부적당하다고 인정되는 자, ② 형사재판에 계속 중인 자 ③ 징역형 또는 금고형의 집행이 종료되지 아니한 자, ④ 벌금 1,000만 원 이상, 세금 5,000만 원 이상을 납부하지 아니한 자, ⑤ 그 밖에 대한민국의 이익이나 공공의 안전 또는 경제 질서를 해할 우려가 있어 그 출국이 부적당하다고 법무부령이 정하는 자 등이다.

(4) 외국인 피의자 공통 심문사항(訊問事項)

외국인 피의자는 원칙적으로 내국인과 동일하게 처리(속지주의)한다.[26] 다만 외국인이기 때문에 수사단계별 처리사항(영사기관에 통지 등)과, 신분별(외교관의 면책특권 등) 유의사항을 숙지하면서 국제화 시대에 걸 맞는 치안서비스를 제공한다. 또한 외국인 피의자를 신문할 때에는 시종일관 진지하고 전문적인 태도로 임하되 친절함과 공정성을 잃지 말아야한다.

1) 신문 전 고지사항
㉠ 자기소개

신문에 들어가기 전에 먼저 자신이 사건을 담당하는 경찰관임을 밝힌다.

㉡ 통역인 소개

신문에 관여하는 통역인을 소개한다. 통역인의 자격은 통역능력이 있으면 충분하고 구체적인 제한은 없다. 통역인은 중립적인 입장에서 수사관과 피의자 사이에 필요한 언어소통을 보조하는 역할을 하며, 외국인 피의자에게 통역인이 중립적인 입장에 있다는 점을 고지하는 것은 피의자로 하여금 부당한 조사를 받고 있다는 인식을 불식시키기 위해 중요하다. 외국인 피의자신문조서상의 통역인 기명 또는 서명 날인은 조서의 형식적 요소 중 하나이다. 실무상 외국인 피의자를 신문할 때에는 비록 조사관이 외국어에 능통하다 하더라도 반드시 통역인을 참여시키고 있는데 이는 조서의 신용성과 임의성 등 증거능력을 유지하고 피의자로 하여금 공정한 조사를 받고 있다는 생각을 가질 수 있도록 하기 위한 것이다. 간혹 외국인 피의자가 한국어에 능통하여 한국어로 조서를 받는데 문제가 없다고 판단될 경우 외국인 피의자라 하더라도 통역 없이 한국어로 조사하는 경우도 있다.

2) 진술거부권 고지

진술거부권을 고지한다. 외국인 피의자 중에는 진술거부권이나 묵비권에 해당하는 법률용어를 이해하지 못하는 피의자도 있을 수 있으므로 구체적으로 진술거부권의 내용이 무엇인지, 어떻게 행사하는 것인지, 불이익은 없는지 등에 관하여 구체적으로 설명할 필요가 있다.

3) 변호인선임권 고지

체포당시 경찰관으로부터 변호인 선임권이 있음을 고지받았다 하더라도 이를 충분히 이해하지 못하였을 수 있으므로 변호사 선임권과 선임방법, 선임의 효력, 국선변호인제도

---

26) 형법 제2조(국내범) 본법은 대한민국 영역 내에서 죄를 범한 내국인과 외국인에게 적용한다.

등에 관하여 구체적으로 설명하여야 한다. 피의자가 우리나라에 아는 변호사가 없다며 변호인 선임을 부탁하는 경우 경찰관이 직접 변호사를 소개해 줄 것이 아니라 피의자가 속한 나라의 영사관 또는 변호사회에 연락하여 해결하는 것이 바람직할 것이다.

4) 여권 등 신분증명서 소지 및 진정성 여부

여권을 소지하고 있는지 물어보고, 소지하고 있다면 인적사항 등을 밝히기 위해 여권사본이 필요하다는 점을 설명한 뒤 여권사본을 기록에 첨부하고, 소지하고 있는 여권이 정상적으로 발급된 것인지를 물어보고 확인한다. 여권을 확인할 때에는 피의자가 진술한 인적사항과 여권의 기재내용이 일치하는지를 대조해야 함은 물론 위조여권이 아닌 지의 여부도 반드시 확인한다. 여권은 그 명칭과 종류가 다양하지만 대한민국이 인정하는 것은 수교국이 발급한 여권(Passport), 여행증명서(Travel Document), 난민여행증명서(Refuge Travel Document), 외국인여권(Alien Passport), UN 또는 UN전문기관이 그 대표나 직원에게 발급하는 통행증(Laisses-Passer) 등이다. 여권은 유효기간이 경과되지 아니한 것으로서 훼손되지 않았을 경우에만 유효한 것으로 인정된다.

5) 체류자격

체류자격을 물어보고 여권에 있는 사증(査證)이나 입국허가(체류허가) 시 스탬프로 날인해 주는 입국 심사인에 찍혀 있는 체류자격을 비교 확인한다.

6) 외국인등록 여부 확인

등록대상인 외국인인 경우 외국인등록을 하였는지 여부를 질문하고, 등록하지 않았다면 등록하지 않은 사유를 질문하며, 등록하였다면 외국인등록증을 소지하고 있는지, 소지하고 있다면 이를 제시해 줄 것을 요구한다.

7) 조서의 작성

범죄사실에 관한 본격적인 조서를 작성하기 전에 그 취지를 통역인을 통하여 외국인 피의자에게 알려줄 필요가 있다. 외국인 피의자는 그가 이해하지 못하는 한국어로 갑자기 조서를 작성할 경우 불안을 느끼거나 수사기관을 불신할 수 있기 때문이다. 형사소송법상 조서 등 서류에는 진술자가 기명날인 또는 서명날인하도록 되어 있으나 외국인의 경우는 서명만으로 이를 대신할 수 있다. 그러나 이 규정은 외국인에 대해 날인 또는 무인(拇印)을 금하는 취지는 아니므로 서명·무인할 것을 권하는 것은 무방하다.

2. 외국인범죄 수사 절차

(1) 외국인범죄 수사 요령

1) 외국인범죄사건의 취급 및 규칙

외국인범죄사건의 수사에 관하여는 조약·협정 기타 특별한 규정이 있을 때에는 동 규정에 의하고, 없을 때에는 일반적인 범죄수사규정에 따르며, 외국인범죄사건의 수사에 있어 국제법과 국제조약에 위배되는 일이 없도록 유의하여야 한다. 또한 외국인범죄사건 중 중요한 범죄에 관하여는 미리 경찰청장에게 보고하여 그 지시를 받아 수사에 착수하여야 한다. 다만, 급속을 요하는 경우에는 필요한 처분을 한 후 신속히 경찰청장의 지시를 받아야 한다.

2) 조사와 구속에 대한 주의

외국인의 조사와 구속에 있어서는 언어·풍속과 습관의 차이를 고려하여야 한다.[27]

3) 피의자심문조서의 기재사항

외국인이 피의자인 경우에는 피의자신문조서 중 일반적인 기재사항 이외에 다음의 사항을 명백히 해두어야 한다.

① 국적·출생지와 자국에서의 주거
② 여권 또는 외국인등록증명서 기타 신분증명서의 유무
③ 외국에 있어서의 전과의 유무
④ 대한민국에 입국한 시기·체류기간·체류자격과 목적
⑤ 자국을 퇴거한 시기
⑥ 가족의 유무와 그 주거

4) 조서의 작성과 번역문 첨부

외국인 피의자, 기타의 관계자가 한국어로 의사소통을 할 수 없는 경우 통역인으로 하여금 통역하게 하고 한국어로 조서를 작성하여야 하며 필요한 때에는 외국어로 진술서를 작성하게 하거나 외국어의 진술서를 제출하게 한다. 외국인이 구술로서 고소·고발이나 자

---

27) 유치장 입감 시 신체검사로 인한 모욕이나 수치심이 유발되지 않도록 최대한 배려한다. 신체검사실을 이용, 외부에 노출되지 않은 장소에서 유치인이 가운을 착용한 상태로 신속한 신체검사 실시한다. 또한 일과표·접견·준수사항 등 고지로 입감 피의자 불편 최소화(피의자유치및호송규칙 제7조)하고, 문화적 차이 등을 적극 고려하여 가급적 아국인과 외국인 간, 생활관습·민족감정 등으로 분쟁소지 있는 외국인 간 분리 입감한다(외국인방 5개관서 설치운영, 용산·금천·남대문·영등포·구로서).

수를 하려 하는 경우에도 이에 준한다. 그리고 외국인에 대하여 구속영장 기타의 영장에 의한 처분을 할 때에는 되도록 외국어로 된 번역문을 첨부하여야 한다.

5) 외국인 신분확인

대한민국에 체류하는 외국인은 여권이나 외국인등록증명서 등 신분을 확인할 수 있는 증명서를 항상 휴대해야 하며, 출입국관리공무원 또는 경찰관 등이 그 직무를 수행함에 있어 여권 등의 제시를 요구할 때에는 이를 제시하여야 하는데 이를 외국인에 대한 신분확인 이라 한다. 경찰관은 모든 외국인범죄를 수사함에 있어 먼저 이러한 신분증명서의 제시요 구를 통해 당해 외국인의 인적사항, 법적지위, 체류자격, 체류기간, 기타 관계사항을 판단 할 수 있게 된다.[28] 따라서 외국인의 신분확인은 외국인사건 취급에 있어 가장 기본적이고 도 중요한 사항이다. 대한민국에 체류하는 일반 외국인이 휴대할 수 있는 신분증명서는 여 권, 선원수첩, 외국인입국허가서, 외국인등록증 또는 상륙허가서 등이며, 이를 항상 휴대하 고 경찰관이 제시를 요구할 때에는 이에 응하여야 한다.[29]

6) 체포의 고지와 변론기회 부여

일반 외국인의 체포절차는 영사기관에의 통보 등을 제외하면 내국인의 경우와 거의 같지만, 한국어를 이해하지 못하는 경우가 대부분이므로 수사의 각 단계에서 통역이 필요 하다. 특히 외국인 중에는 인권의식이 민감한 경우가 많으므로 체포를 했을 경우에는 범죄 사실의 요지, 묵비권, 변호인선임권 등 피의자의 각종 권리사항의 고지를 철저히 이행하여 야 한다. 또한 외국인을 체포했을 때에는 그가 이해할 수 있는 언어로 변명의 기회를 부여 하여야 하는데, 특수한 외국어를 사용하는 외국인이거나 심야 등의 이유로 통역인을 확보 하기 어려운 경우에는 우선 한국어나 영어로 이를 부여하고 수사기관이 각종 권리의 고지 나 변명의 기회를 부여하는 조치를 취했음을 내용으로 하는 수사보고서를 작성한 뒤, 가능 한 빨리 통역인을 확보하여 이를 이행하고 피의자로부터 확인서를 받아 사건기록에 함께 편철한다.[30]

---

28) 김종옥, 『미연방수사국 범죄수사원칙』, 도서출판 태봉, 2006.
29) 단, 17세 미만의 외국인인 경우에는 신분증명서를 휴대하지 않아도 된다.
30) 체포·구속 단계 미란다 원칙 고지 : 영장에 의한 외국인 체포뿐만 아니라 영장 없이 외국인을 긴급체포하는 경우에도 반드시 체포(구속) 이유, 변호인의 도움을 받을 수 있는 권리, 진술을 거부할 수 있는 권리 등을 명확히 고지해야 한다.
 − 영사기관에 통보 및 연락할 수 있는 권리 고지, 외국인 피의자를 체포한 경우에는 『영사관 계에관한비엔나협약』에 따라 관계국 영사 내지 외교담당자(영사기관)에게 체포(구속)사실 통 보 및 피의자에게 영사기관과 접견·교통을 요청할 수 있음을 고지하고, 피의자가 관계국 영 사 내지 외교담당자(영사기관)에 통보를 요청한 경우에는 지체 없이 체포(구속)사실 통보한다.

영사기관 통보요청 확인서

領事機關 通報要請確認書

0000.00.00

Confirmation of Request for Notification to the Consulate

被逮捕者 姓名	擔當警察官 所屬, 階級, 姓名
	소속관서 ○○과 ○○팀 계급 성명 印

　　당신은 귀국에서 파견된 영사관원에게 체포된 사실을 통보·요구할 권리 및 대한민국의 법령 내에서 위 영사관원에게 편지를 보낼 권리를 가지고 있습니다.

　　You have the rights to demand us to notify an official in the consulate dispatched by your government that you are arrested and to send a letter to the official pursuant to relevant laws of Republic of Korea.

　　당신이 원하는 항목의 ( )에 ∨표를 한 후, 끝으로 공란에 국명을 기입하고 서명해 주십시오.

　　Choose one between the following alternatives and mark it with ∨ in the parenthesis. Finally write your nationality(country of origin) and sign underneath.

　　나는 자국 영사관원에 대한 통보를 요청합니다.

　　I request you to notify an official in the consulate of my country that I am arrested. ( )

　　나는 통보를 요청하지 않습니다.

　　I do not request you to notify. ( )

( ) 국　　명 Nationality(Country of Origin)	( ) 피체포자 서명 Signature

---

※ 注意: 국명확인은 여권 또는 외국인 등록 증명서에 의할 것

通　　報　　書

0000.00.00

　　본직은 다음과 같이 상기의 외국인을 체포한 것을 영사관에 통보하였음

　　(1) 통보일시 : 0000.00.00. 00:00

　　(2) 통보대상 영사기관 :

　　　　　　　　소속관서 ○○과 ○○팀   계급   성명   印

※ 송치서류에 복사본을 편철할 것

322 PART 2 국제범죄조직 수사와 인간안보

(2) 영사기관 통보 및 접견권 보장

1) 영사기관 통보

경찰관서 사건 담당자(수사 형사 교통 여청 등)는 외국인을 체포 구속하는 경우 외국인 피의자에게 자국 영사관 통보 및 영사 접견교통권 등 조력을 받을 수 있는 권리가 있음을 고지해야 한다. KICS상 '영사기관 통보요청 확인서'를 열람시키고 통보를 원하는 경우 지체 없이 KICS상 '영사기관 체포 구속 통보서'를 작성 출력하여 해당국 영사기관에 지체 없이 FAX 통보한다.31)

또한 구속된 외국인에 대해

① 해당국 영사기관에 신병구속사실의 통보를 요청할 수 있고,

② 대한민국 법률의 한도 내에서 해당 영사기관과 접견·교통할 수 있음을 고지32)해야 하며, 피의자가 구속사실의 통보를 요청하는 때에는 지체 없이 이를 해당 영사기관에 통보해야 하고, 이를 거부하는 때에는 통보할 의무가 없지만 영사기관과의 관계를 고려하여 통보하여도 무방하다.33)

2) 국가별 즉시통보조치 등

중국인·러시아인의 경우 해당 국가와의 영사협정에 의거하여 피의자의사와 무관하게 반드시 해당국 영사기관에 체포 구속 사실을 통보해야 하며, 중국인의 경우 4일 이내, 러시아인의 경우 지체 없이 체포 구속사실을 통보한다. 외국인 변사사건이 발생한 경우에도 내국인 변사사건과 동일한 방법으로 진행하되 지체 없이 외국인 사망사실을 해당국 영사기관에 FAX로 통보한다. 그리고 KICS상 '영사기관 사망통보서' 작성 및 통보하여 수사기록에 편철한다.

---

31) KICS상 '영사기관 통보요청 확인서', '영사기관 체포구속 통보서'는 수사기록에 원본을 편철하고, 사본을 별도 보관할 필요는 없다. 중국인의 경우 KICS상 영사기관 통보서가 다른 외국인의 영사기관 통보서와 상이하므로 주의해야 한다.

32) 영사관계에 관한 비엔나협약 제36조.

33) 2015년 11월 경찰은 나이지리아인 A씨를 절도혐의로 구속하였으나, A씨는 무죄를 강조하며 자신이 구속되어 있는 사실을 나이지리아 영사에게 통보해 줄 것을 경찰과 검찰에 요구하였지만 경찰과 검찰은 위 요청을 묵살하고 구속, 구속 12일 후 A씨의 인적사항을 도용한 같은 나이지리아인 B씨가 위 절도범의 진범으로 타경찰서에서 검거되어 A씨는 누명을 벗고 인권위에 진정서 제출, 인권위는 '헌법 제12조 제5항과 경찰청 및 법무부 훈령에 따라 외국인을 체포 구속할 경우 우리나라 주재 본국 영사기관에 통보할 수 있고 위 요청이 있으면 지체 없이 통보해야 함'에도 불구하고 경찰과 검찰이 이를 어겼다며 경찰과 검찰에 주의경고하고 직무교육 실시한 바 있다.

3) 국적별 통보의무와 통보사항

2개 이상의 외국의 국적을 가진 이중국적자인 경우, 해당 피의자가 희망하는 영사관에 통보하거나 해당 영사관 모두에 통보하고, 무국적자인 경우 원칙적으로 통보의 의무는 없지만 해당 피의자가 외국정부 발행의 여권을 소지하고 있고 본인이 희망할 경우에는 여권 발행국 영사관에 통보한다. 또한 영사관계가 없는 외국인의 경우 '영사관계에 관한 비엔나 협약' 체약국의 국민이라 하더라도 우리나라와 영사관계가 없는 국가의 국민인 외국인 피의자에 대해서는 통보할 필요가 없다.

국적별 통보사항으로는
○ 피체포자의 국적, 성명 및 생년월일
○ 체포일시
○ 유치장소
○ 죄명 및 피의사실의 요지
○ 수사관서 및 수사담당자의 직책과 성명이며, 영사관에의 통보사항은 통보요청확인서 및 통보장 부본을 수사기록에 편철한다.

4) 영사관의 접견·교통권과 제한

영사관은 해당 국민인 피의자와 접견하거나 통신·접촉할 수 있으며 그를 위해 변호인을 알선할 수 있다. 영사관의 접견·교통권은 대한민국 법령의 범위 내에서 인정되기 때문에 형사소송법 등이 정한 제한에 따라야 한다. 또한 해당 피의자가 명시적으로 접견을 희망하지 않을 때에는 영사관의 접견을 삼가야 하므로 영사관의 접견신청에 응할 필요가 없다. 그러나 이 경우에도 피의자의 방어권을 부당히 침해한다는 의혹을 남기지 않기 위해 피의자의 접견희망 여부를 확실히 확인해야하며, 명백히 희망하지 않을 때에는 '영사관과의 접견에 관한 의사확인서'를 작성, 첨부할 필요가 있고, 영사관이 이를 요구할 때에는 부본을 교부해 주어야 한다. 또한 외국인피의자가 접견을 희망하는 경우에는 그 편의를 제공해야 하지만 형사소송법상의 규정, 유치장의 질서유지, 증거인멸방지 등을 위해 다음과 같은 제한을 할 수 있다.
① 접견의 일시, 장소, 시간의 지정
② 접견시 경찰관이나 통역인의 입회

(3) 피의자 심문조서의 작성

1) 신상관계사항 기재요령

외국인 피의자의 신문조서를 작성할 때는 일반적인 조사사항 이외에 범죄수사규칙 제243조에 정한 사항도 조사하여 조서상에 명백히 해 두어야 함은 이미 언급한 바와 같으며 신문조서상의 신상관계 각 항목 란의 구체적 기재사항은 다음과 같다.

① 성명

한자(漢字)를 사용하는 중국인 피의자는 한국어로 읽히는 대로 성명을 기재하고 여권 등에 기재된 한자명을 괄호 안에 병기(倂記)한다.[34] 그 이외의 자에 대해서는 알파벳을 사용하여 통상 First Name, Middle Name, Last Name(Family Name)의 순(順)으로 한국어로 읽히는 대로 기재하고 여권 등에 기재된 성명을 영문으로 괄호 안에 기재하되 성은 알파벳 대문자로 기재하는 것이 좋다.[35] 그러나 그 중에는 성을 앞에 두고 이름을 뒤에 쓰는 국가[36]도 있으므로 이런 경우에는 성을 알파벳으로 기재하는 외에 성에 밑줄을 그어서 구분하는 것이 바람직하다. 해당 외국인이 사용하는 가명(假名, Alias)이나 별명(別名, Also Known As: AKA)이 있을 경우에는 성명 란에 함께 기재한다.

② 주민등록번호

주민등록번호 란(欄)에는 생년월일만 기입하면 된다. 생년월일은 양력으로 기재하되 연호를 사용하는 일본, 또는 이란력·이슬람력을 사용하는 이슬람교도의 경우에는 이를 서력으로 환산하여 기재한다.

③ 직업

현 직업을 기재하되 군인의 경우는 소속과 계급 등 될 수 있는 한 구체적으로 기재한다.

④ 거주

주거는 본국의 주거가 아닌 한국 내 주소를 기재하는 란(欄)이므로 한국 내의 주거 또는 숙소를 기재한다. 관광 등으로 단기체류하면서 호텔 등에 숙박하는 자는 호텔명과 호실(號室), 주소를 기재하면 된다. 일정한 주거가 없이 여관, 여인숙 등을 전전하여 주거의 안정이 없는 자에 대해서는 주거의 양태, 등록의 여부, 거주의 안정성, 피의자의 연령, 가족

---

34) 중국인의 경우 한어병음자모로 기재되어 있어 그 정확성이 요구된다. 예를 들면 장(張, Zhang)과 강(Jiang)은 발음이 비슷하여 혼동되기 쉽다.
35) 예컨대 John(名) Doh(중간명) Kennedy(姓)라는 이름의 외국인이라면 John Doh KENNEDY 또는 John D. KENNEDY(또는 KENNEDY, John Doh 나 KENNEDY, John D.)라고 써야 한다.
36) 일본, 베트남, 싱가포르, 캄보디아, 헝가리 등.

관계, 재산상태 등 제반사정을 종합적으로 판단하여 주거 또는 주거부정으로 기입한다. 노숙(露宿)하는 자는 주거부정으로 기입하여야 한다.

⑤ 본적

본적 란은 국적으로 고치고 정식국명을 기재한다.

⑥ 전과(前科) 및 검찰처분관계

대한민국 내에서의 전과는 물론 본국을 포함한 외국에서의 전과도 사실관계가 파악되면 처분국가에 따라 구분하여 빠짐없이 기재한다.

⑦ 상훈(賞勳)·연금관계

피의자가 대한민국에서 훈장·연금을 받고 있는 경우에만 기입하며 본국에서 받은 사실은 경력 란에 기재한다.

⑧ 병역

병역에 복무한 사실을 진술하는 경우 국가에 관계없이 기재한다.

⑨ 교육

대한민국과 외국에서의 교육경력을 구분하여 기재하되 외국은 학교제도가 다르므로 몇 년제 인가를 괄호 속에 기재한다.

⑩ 경력 및 기타

대한민국과 외국에서의 주요 경력을 구분하여 기재한다. 그리고 소유재산의 경우 대한민국의 통화단위에 기초한 금액으로 환산하여 기재한다. 특히 절도피의자의 경우에는 재산 및 월수입에 관해 자세히 기재하여야 한다. 종교는 있으면 기재하고, 대한민국과 외국에서의 정당·사회단체 가입 여부를 구분해서 기재한다. 또한 여권 또는 외국인등록증명서의 유무나, 그 발행연월일, 발행자, 발행 장소 등도 기재하며, 본국을 출국한 날짜와 대한민국에 입국한 공항(항구), 이용 항공기(선박)의 편명, 체류자격(목적), 체류기간 및 체류예정기간, 출국예정일 등을 기재하고, 입국하기 전 경유한 외국이 있었는지의 여부도 기재한다.

2) 심문조서 기재사항

① 진술거부권 고지

진술거부권을 충분히 고지하지 않아 자백의 임의성이 부정되는 사례가 있으므로 이를 피의자가 이해할 수 있는 방법으로 분명히 고지하여야 한다. 특히 조사에 익숙하지 않은 통역인을 통해 조사할 때에는 통역인이 피의자의 권리내용을 잘 이해하지 못하는 경우가 많아 사전에 통역인에게도 피의자에게 보장된 권리내용을 충분히 교양해 둘 필요가 있다.

② 통역인의 사용

한국어로 의사소통을 하는데 지장이 없는 외국인 피의자를 제외하고는 반드시 통역인을 통해 조서를 작성하여야 한다. 한국어로 의사소통이 가능한 외국인피의자라 하더라도 간단한 일상회화 정도만 가능하고 법률적인 지식이 부족한 경우에는 통역인을 활용해야 한다. 피의자의 한국어 의사소통능력 여부는 피의자의 언어능력, 체류기간, 참고인 등의 진술, 정황 등을 참고하여 조사자가 판단한다. 진술내용의 핵심적인 부분에 대해서는 그 표현에 세심한 주의를 기울여 기재하고 경우에 따라서는 피의자의 모국어를 그대로 기재한 후 그 의미를 한국어로 설명하는 방법으로 기재하거나 피의자가 모국어로 작성한 진술서 또는 도면 등을 첨부할 필요도 있다.

③ 간결성

가능한 평이한 언어로 간결하게 기재한다. 외국인이 쉽게 이해할 수 없는 난해한 표현이나 장문(長文)은 나중에 수사관이 임의로 작성했다는 오해를 받을 수 있다.

④ 진술상황

사건의 핵심부분을 강조하거나 조서의 진실성을 강조하기 위해 진술시 피의자의 태도 등을 기재하여 진술내용뿐만 아니라 진술시의 상황에 관한 진실성을 확보하는 것도 필요하다.

⑤ 확인

조서작성이 끝나면 통역인을 통해 피의자에게 조서를 읽어 주었다는 요지를 기재하고 통역인의 서명날인을 요구해야 한다. 외국인 피의자의 경우 서명만으로 서명날인을 대신할 수 있다.[37] 그리고 조서내용이 한국어로 되어 있기 때문에 피의자가 나중에 조서내용을 부정하면서 서명을 거부할 때에는 이를 무리하게 강요하지 말고 통역인이 진술내용을 해당외국어로 번역한 서면을 열람 또는 읽어준 후 그 서면에 서명하게 하던가, 아니면 피의자 자신이 진술의 중요부분에 대해 자필 진술서를 작성토록 한 후 이에 서명을 요구하는 방법이 있지만 이때에도 한국어 조서와 똑같은 내용임을 설명하여 서명을 받도록 노력해야 한다. 이러한 노력에도 불구하고 서명을 거부할 때에는 서명을 거부한 이유와 위와 같은 조치를 취했다는 요지를 조서말미에 기재해 두거나 수사보고로 대체한다.

---

37) 외국인의 서명날인에 관한 법률(1958년 7월 12일 법률 제488호로 공포).
법령의 규정에 의하여 서명·날인(기명날인도 포함한다) 또는 날인만을 하여야 할 경우 외국인은 서명만으로써 이에 대신할 수 있음을 규정한 법률이다. 서명에 있어서 제도의 차이에서 비롯되는 불편을 없애기 위한 것으로, 그 외국인이 서명날인의 제도를 가지는 국가에 속하는 때에는 제외된다.

⑥ 통역인의 서명날인

조서작성자의 직책, 성명 뒤에 통역인의 서명날인을 받는다.

⑦ 2개 국어를 사용했을 경우

특수한 언어를 사용하는 피의자조사 등 부득이하게 2명의 통역인을 통해 조서를 작성했을 경우에는 공정성을 확보하기 위해 중간의 언어로 조서를 작성한다.

3) 사건송치 시 유의사항과 여죄(餘罪)

외국인 피의자를 신병 송치할 때에는 검찰에서도 통역인 확보 등의 준비가 필요하기 때문에 송치일 전에 미리 피의자의 국적·성명·성별·생년월일, 여권 등 신분증명서의 유무, 피의자가 사용하는 외국어, 영사관에의 통보사항, 사건의 개요, 송치일과 송치방법 등에 관해 연락을 해두는 것이 좋다. 그리고 외국인 피의자를 검거했을 때 출입국관리법위반 등 여죄가 있는 경우가 많기 때문에 여죄에 대해서도 수사할 필요가 있다. 특히 최근에는 여권위조사범이 증가하고 있어 피의자가 소지한 여권 기타 신분증명서가 진정한 것인지에 관해 철저하게 확인해야 한다.

3. 외국인범죄 수사상 문제점

(1) 피의자 조사

외국인 피의자는 한국어를 이해하지 못하는 경우가 대부분이므로 피의자 또는 외국인 참고인의 조사·진술청취 등에 있어 통역인을 확보하는 것이 큰 문제이다. 그 중에서도 최근 수요가 많아지고 있는 아시아계 언어 통역인의 경우 대도시권에서는 어느 정도 해결이 가능하지만 지방에서는 절대적으로 부족한 곳이 많다. 또한 외부 통역인의 경우 야간이나 휴일에 사건이 발생하였을 때 활용이 곤란하고, 형사절차에 관한 지식의 불충분하여 적절한 통역이 어려움 등의 문제점이 지적되고 있다. 뿐만 아니라 피의자와 직접 대화하는 것이 아니라 제3자인 통역인을 통해 조사해야 하므로 더 많은 시간과 노력이 필요하다.

그리고 생활습관이나 문화, 형사절차가 상이한 외국인 피의자에 대하여 충분히 배려해야 한다는 점도 수사의 곤란을 초래하는 요인이 되고 있다. 피의자에게 보장된 변호인선임권, 진술거부권 등 형사소송법상 모든 권리의 고지는 당해 피의자가 이해할 수 있는 방법과 내용으로 고지되고 있는지, 피의자가 이를 이해하고 있는지, 피의자 진술조서는 진술내용과 일치하는지, 오역(誤譯)은 없었는지 등이 쟁점이 되어 통역인 또는 조사관이 증인으로 출정하는 사례가 늘고 있다.

(2) 피의자 소재확인 등

1) 소재확인

외국인은 일반적으로 주거가 일정하지 않은 경우가 많고 범죄 피의자의 경우 더욱 그러하므로 소재확인이 매우 곤란하다. 또한 외국인이 피해자나 참고인이 되는 경우에도 불법취업, 불법체류가 발각될 것을 염려하여 피해를 당하고도 신고하지 아니하거나 주거를 바꾸어 버리는 등 경찰에 대한 협력을 기피하는 경향을 보일 수 있다. 이러한 요인들이 외국인범죄를 잠재화시키고 특히 사건 관계자가 외국인뿐인 경우에는 이러한 경향이 더욱 강하게 나타난다. 결국 피해자나 참고인 등의 조사를 뒤로 미루는 결과 나중에는 사건 관계인의 소재불명으로 사건을 처리하지 못하게 되는 경우가 발생하기도 한다.

2) 신원확인

피의자의 국적·성명 등을 확인할 경우 호적제도가 정비되어 있지 않은 국가나 여권 발급수속이 비교적 엄격하지 않은 국가에서 발행된 여권 중에는 위조되었거나 타인 명의로 취득한 것도 있어 피의자의 신원확인에 상당한 어려움을 겪을 수 있으며, 심지어 검거한 외국인 피의자의 지문을 조회한 결과 현재 소지하고 있는 여권의 명의인과 다른 성명으로 과거에 한국에서 검거된 사실이 판명되는 경우도 발생하고 있다. 이는 검거 당시 본인 성명으로는 재입국이 불가능하기 때문에 자국에서 타인 명의를 도용하거나 위조여권을 입수하여 입국하였기 때문이다. 또한 정식여권이나 위조여권으로 입국한 후 공항에 마중 나온 브로커 등에게 여권을 빼앗겨 여권이 없는 상태로 체류하고 있는 외국인들도 상당수 있어 여권의 발견과 신원확인에 상당한 시간이 걸린다.[38]

3) 치고 빠지기(hit and run)수법

피의자가 범행 후 자국이나 국외로 도주하는 경우가 빈번하게 발생하고, 특히 외국의 직업적 범죄조직 구성원이 피의자인 경우(국제범죄조직원)에는 더욱 그러하기에 신병확보에 어려움이 많다. 최근 검거된 국제범죄조직의 구성원인 피의자들은 수사기관에서 신원확인

---

38) 일본의 경우, 파키스탄인 남자에 의한 살인사건에서 피의자가 소지하고 있던 여권의 생년월일과 피의자 수사단계에서 진술한 연령이 모두 20세로 확인되어 성인사건으로 공소제기된 사건이 있었는데, 공판단계의 변호인 진술에서 "여권에 기재되어 있는 출생연도는 모국에서 여권을 신청할 때 위조한 것으로 피의자는 미성년자"라는 주장이 제기되어 인터폴을 통하여 조회를 요청한 바 파키스탄은 출생증명서 정도는 발행되고 있으나 호적제도가 정비되지 않아 피의자의 생년월일을 특정할 수 없었기 때문에 '의심스러울 때에는 피고인의 이익으로'라는 법 원리에 따라 소년사건으로 다루어진 예도 있다.

이 불가능할 정도로 단기체류를 반복하거나 범죄조직으로부터 사전에 범행수단, 범행지, 체포시 행동요령 등에 관하여 구체적인 지시를 받고 입국(일명 범죄목적형 입국)하여 단기간 내에 계획적으로 범행을 감행한다거나, 도난·위조 신용카드를 이용하여 수사기관이 인지하기 어려운 수법으로 새로운 카드를 만들어서 범행하는 등 더욱 지능화되고 있어 피의자를 조기에 적발하고 신병을 확보하기가 극히 곤란하다. 또한 외국인 피의자의 신병인도에 관하여 각국의 법체제가 상이하여 원칙적으로 일단 한국에서 도주한 외국인 피의자의 신병을 한국 수사기관이 다시 확보하기는 많은 시간과 노력이 요구된다.

(3) 경찰공조상 문제점

1) 공조에 따른 시간적 손실

피의자, 참고인 등 사건관계자가 외국인인 경우 자국 내에서의 범죄경력, 여권의 진위 여부, 인적사항 등 정보를 입수하기 위해 인터폴이나 외교경로, 또는 파견경찰(코리안 데스크)과의 직접적 접촉을 통해 의뢰하여야 하므로 시간적으로나 내용면에서 제한을 받을 수밖에 없어 시간적 낭비가 많다.

2) 제도가 미비한 국가와의 공조

호적제도, 주민등록제도 조차 없는 나라도 있고, 있더라도 제대로 정비되어 있지 않아 신원조사 등 공조를 의뢰하더라도 수사에 도움이 되지 않는 경우가 많다.

3) 상이한 경찰제도

외국인범죄 수사에 있어 국내 수사만으로는 완결할 수가 없어 증거 및 정보의 수집, 국외도주 피의자에 대한 소재확인 등에 있어 외국경찰기관과의 공조를 필요로 하는 경우가 많다. 따라서 경찰기능이나 절차 등을 달리하는 외국과의 수사협력에 있어서는 그 나라 특유의 지식, 수법이 요구됨과 동시에 수사의 성패가 상대국의 협력 여부에 의존해야 한다는 어려움이 있다.

제 3 절 국제범죄조직 수사

1. 외국인범죄 대책

(1) 수사체제의 강화

1) 통역체제 정비

피의자진술이 중요한 증거로 되고 있는 형사소송제도상 수사단계에서 통역인을 확보하여 필요한 조사 등을 실시하여야 하므로 통역인을 필요로 할 때 필요한 통역인을 적시에, 원활하게 확보할 수 있어야 한다. 특히 경찰 수사에 있어서 수사비밀의 유지, 수사절차 및 조사요령 등에 정통한 전문통역인의 확보가 필요하므로 경찰관들 중에서 자격이 있는 자들을 대상으로 필요한 교육을 통해 통역요원을 확보하는 것이 바람직하다. 경찰내부 통역요원의 양성은 범죄의 국제화에 대응할 수 있는 핵심적 요건 중의 하나이므로 통역요원 양성에 관한 시책의 지속적인 추진과 그 범위의 확대에 필요한 예산확보에도 관심을 가져야 한다.

2) 일선 국제범죄수사 전담체계 정비

외국인범죄 수사에는 수사활동의 각종 단계에서 국제수사공조, 협력에 관한 전문적 지식이나 외국의 수사실무, 국제범죄정세 등에 관한 지식과 외국어 능력이 필요 불가결하다. 국제화·개방화 시대를 맞이하여 외국인범죄의 능동적·효과적 대응을 위해 1급 경찰관서나 외국인노동자 밀집지역 경찰서에 외사수사기능을 정비하고 전담수사요원의 증원과 수사요원의 전문화를 포함하는 외사수사 기능강화가 요구된다.

3) 외국인 실태 파악

효율적인 수사활동을 위해 수사대상에 관한 기초자료의 수집이 필수적인 요소이다. 특히 국내 체류 외국인의 경우 국내를 자유로이 돌아다니거나, 외국인 동료들끼리 숙식을 같이하면서 외부인과의 접촉을 피하는 경향이 강하기 때문에 그 실태를 파악하는 것이 쉽지 않다. 외국인이 관련된 강력사건 발생시 사건관계자에 대한 기초자료가 없어 수사에 어려움을 겪는 경우가 많다. 이를 위해 사전에 수사, 정보, 생활안전 등 여타 경찰기능과의 유기적인 협조로 관내 외국인 거주상황 및 동향 등에 관한 자료를 수시로 수집·체계화하여야 한다.

(2) 국제범죄조직에 의한 대책

1) 정보수집체제 완비

외국의 직업적 범죄조직에 의한 범죄에 대해 초동수사가 승부를 좌우한다고 해도 과언이 아니다. 따라서 평소부터 국제범죄 추세를 수시로 파악하여 실제로 범죄가 발생하였을 때 당해 범죄가 국제범죄조직에 의한 것인가를 적절히 판단할 수 있는 능력과 지식을 배양해야 한다. 그리고 이들 범죄자들의 목표가 될 우려가 있는 인물이나 장소에 대해 홍보활동을 강화하고, 동시에 인터폴 또는 주변국 경찰기관 등에서 수배한 인물의 출·입국 상황에 대해 평소 관심을 가져야 한다. 이러한 인물의 입국사실을 지득(知得)한 경우 접촉 인물·체류장소·활동 등에 대한 정보를 입수하고, 아울러 범죄조직원이 자주 이용하는 호텔 등 숙박업소의 관계자들과 긴밀히 협조하여 외사경찰에 알릴 수 있도록 하는 시민친화 홍보활동도 요구된다.

2) 초동수사의 철저

국제범죄 조직원은 범행 후 즉각 해외로 출국하였다가 사건이 가라앉으면 다시 입국하여 범행을 저지르는 형태를 반복하는 사례가 많다. 따라서 범죄를 인지한 경우 초동수사 요령에 따라 교통기관·숙박시설 등에 대한 수배·잠복·검문검색 등을 조속히 실시함과 동시에 사안에 따라서는 인접 지역을 포함한 광역 긴급배치 및 홍보 등 초동수사활동을 강화해야 한다. 피의자의 국외도주를 저지하는 최후의 장소는 바로 국제공항(空港)·항만(港灣)이므로 항상 이러한 장소에 대한 조속한 수배와 긴급배치에 유의하는 것도 필요하다.

3) 증거에 의한 수사

외국인 피의자는 일반적으로 권리 의식이 강하고 범행을 부인하는 경우가 많으며 질문사항 외에는 자발적으로 진술하는 자가 별로 없다. 언어의 장벽이나 한국의 형사재판제도에 관한 지식 부족이 그 원인이라고 생각되지만 증거물·목격자와 같은 참고인 발견 등 가능한 증거자료 수집에 노력하여 피의사실 부인에 대항할 수 있을 정도의 치밀한 수사에 힘써야 한다. 비록 언어장벽이 있는 외국인 피의자라 할지라도 사건에 대한 수사관의 열의와 기백과 열정은 상대방에게 전달되는 것이므로 강한 신념을 가지고 수사에 임하여야 한다.

4) 외국 수사기관과의 공조

외국인 피의자뿐만 아니라 근래 들어 내국인 피의자들도 범행 후 국외로 도피하고 있는 사례가 많아지고 있는 현실임을 감안할 때 외국인범죄의 효과적인 수사를 위해서 인터폴과 같은 국제형사공조기구 및 각국 수사기관과의 공조강화와 치안한류를 넓게 전파하여 이를 활용하는 방안도 강구해야 한다.

2. 국제범죄조직 수사의 한계

(1) 조직원 수사

범죄를 직접 실행한 하급조직원을 검거하더라도 그 구성원들의 대부분이 조직관계에 대해 침묵으로 일관하여 조직의 실체, 모의 내용, 상부선의 가담여부, 범행지시 여부 등 범죄조직 자체에 관한 정보는 파악하기 어려워 직접 실행자만을 처벌하는 결과에 그치는 것이 대부분이다.

(2) 피해자 조사

조직범죄의 피해자들은 범죄조직으로부터의 계속적인 위협과 보복에 대한 두려움, 또는 자신의 치부(恥部) 등으로 인해 피해를 당하고도 신고를 회피하거나 수사기관에 대한 협조를 기피하는 경우가 많아 피해자 조사를 통한 범죄입증이 어렵다.

(3) 증인확보의 어려움

조직범죄 사건의 증인들은 대부분 범죄조직 관련자들이거나 반대 조직원 또는 조직의 피해자들이므로, 이들이 범죄조직의 수사에 관련하여 진술하였더라도 조직원들의 회유, 매수, 협박 때문에 재판단계에서 다른 증언을 하거나 진술 자체를 부인하는 경우가 많다.

(4) 비호세력의 존재

조직범죄의 배후에 있는 비호세력들은 수사담당자들의 활동을 위축시키고 증인을 회유·협박하거나 검거대상 조직원들에게 정보나 피난처를 제공하는 등 수사자체를 어렵게 하는 경우가 많다.

3. 국제조직범죄 수사요령

(1) 조사대상과 범위선정

1) 대상 범죄조직에 대한 대략적인 계보와 조직구성, 구성원 동향 등에 관한 기본자료를 토대로 자체 정보분석을 거친 다음, 일차적인 조사대상을 선정하고 그 조직의

계보도를 작성하는 등 조사범위를 한정한다.

2) 수사대상 조직원들에 대해 범죄경력조회 및 주민조회를 실시하고 학력, 경력, 교우관계, 배회처 및 생계수단 등을 파악한 뒤, 대상자의 수사 및 재판기록, 송치서류 등도 면밀히 분석하고 이때 드러난 공범관계자도 특히 유의하여 동일한 방법으로 분석 작업을 실시한다.

3) 개인별 카드를 작성하여 중요사항을 기록 유지한다.

(2) 대상자 정보수집

1) 대상 조직원에 대한 과거 형사사건기록을 검토하고, 과거사건 이후 현시점까지 수집된 정보를 토대로 새로운 시각에서 과거사건의 동기 등을 면밀히 분석하여 새로운 단서 파악에 주력한다.

2) 여타 조직과 관련된 사건기록을 통하여 치료비 지급과정, 합의과정, 변호사 선임과정 등을 면밀히 검토하여 조직의 상부선, 고문, 자금책 등을 파악한다.

3) 조직원을 구속 수감할 때 접견부를 검토하여 접견자의 인적사항과 접견내용 등을 확인한다.

4) 대상 범죄조직이 빈번하게 출입하는 유흥업소 등의 장소와 종업원에 대한 조사를 통해 조직원의 인적사항, 위계질서, 회합의 빈도 및 조직행사 등을 파악한다.

(3) 대상자 동향파악

1) 수집된 자료를 토대로 조직원별 연고선을 파악하되, 연고선의 소재지, 거주자 인적사항, 전화번호 등을 빠짐없이 알아내고, 유력한 연고선에 대해서는 조직원이 나타날 경우 즉보할 수 있는 체제를 확보한다.

2) 핸드폰, 인터넷IP 등에 대한 통화감시와 착발신 추적을 통해 통화상대방에 대한 소재를 파악하고, 소유차량의 등록번호를 확인하여 차량수배를 하거나 추적대상차량에 전파송신장치를 부착하여 차량을 미행하는 등의 방법으로 동향을 감시한다.

(4) 조직원 검거

1) 검거 대상자에 대해 조사에서 차지하는 비중, 검거의 난이도, 조사 보안의 효율성, 조사순서 등을 면밀히 검토하여 검거순서를 정하는 등 검거계획을 수립한다.

2) 검거 시 가능하면 검거사실이 외부로 새어나가지 않도록 유의하고, 가급적이면 동시다발적으로 검거하여 다른 조직원들의 도피를 방지하며, 필요한 기간 동안 검거

사실에 대한 보안을 유지한다.

3) 최근 들어 범죄조직들이 총기, 도검 등으로 무장하여 점차 흉포화되는 경향을 보이고 있으므로, 검거요원들에 대해서는 반드시 반항을 제압할 수 있는 경찰무기를 지급하여 불의의 사태에 대비하도록 조치한다.

(5) 조사 시 유의사항

1) 조사사항 사전검토

조사에 앞서 철저한 사전준비를 통해 조사 대상자에게 조사관이 그들의 동향에 관해 많은 것을 알고 있다는 인식을 심어줄 필요가 있으며, 그들의 입장을 이해한다는 점도 보여줄 필요가 있다.

2) 심리적인 항복유도

조사 대상자로 하여금 자신이 어떠한 내용을 진술하느냐 보다 수사관으로부터 어떠한 평가를 받느냐가 더 중요하다는 인식을 심어주어 조사에 협조토록 유도한다.

3) 조사에 응할 명분 부여

조직원으로 하여금 조사에 협조하게 하기 위해 자신의 범행을 자백하거나 타인의 범행을 제보함으로써 자신의 행동을 정당화시킬 수 있는 명분을 부여한다.

4) 조직에 대한 신뢰분쇄(信賴粉碎)

자신의 사건을 조직차원에서 수습해 주길 기대하는 조직원에 대해 조직차원의 보장이 얼마나 현실성이 없는 것인가를 절실히 느낄 수 있는 조치를 강구하여 조직에 대한 신뢰를 무너뜨린다.

5) 자백에 의한 증거확보

조사 대상자가 재판과정에서 진술을 번복할 것에 대비하여 자연스러운 상태에서의 자백장면 녹화나 자신만의 경험으로 알 수 있는 사실을 담은 자술서를 기재토록 하는 방법을 강구한다.

4. 국제조직범죄 수사대책

(1) 수사요원의 전문화와 전담기구 설치

국제조직범죄에 대한 사전 정보뿐 아니라, 유래와 내막, 수사대상, 조직의 현황, 기존 범죄유형과 사법처리 결과 등 조직범죄의 실체에 관해 지속적으로 정보를 축적하고 새로운 수사기법을 개발해 나갈 수 있는 전문화된 수사요원이 필요하고, 이들의 장기근무를 장려할 수 있는 대책을 마련함으로써 국제범죄수사 전문가를 양성해야 한다. 또한 국제조직범죄의 효율적인 수사를 위해서는 전국적인 차원의 수사공조뿐만 아니라 수사기관 상호간의 공조와 유관기관과의 협조를 원활하게 할 수 있는 조직범죄 수사전담 기구를 설치하되, 경찰·검찰·국세청·관세청 등 관련기관에서 유관업무에 종사하는 전문인력을 이 기구에 모아 원 소속 부서와는 별도의 지휘체계 아래 국제조직범죄에 대한 정보수집에서 재판단계에 이르기까지 전 단계를 일사불란하게 처리할 수 있도록 하는 이른바 'Task Force'형 국제범죄 수사조직이 요구된다.

(2) 정보관리체계 정비

국제조직범죄 수사를 위해 지속적인 정보 수집과 조직의 계보, 개별 범죄조직의 활동내역, 비호세력과의 관계, 조직원의 신상 및 조직 내에서의 위치 등은 물론, 기존조직의 와해와 새로운 조직의 결성, 조직의 분화, 국제적 연계 등과 같은 정보를 별도로 자료화하여 관리하여야 한다. 또한 축적된 자료는 전산화하여 유관기관이 공유할 수 있도록 해야 한다.

(3) 적극적인 수사자세

조직범죄로 검거되는 하급조직원의 경우 조직의 보호를 위해 범행을 축소시키거나 자신의 단독 범행임을 주장하는 경우가 많으므로 범행의 수법, 범행가담자 등을 면밀히 살펴 범죄조직이 개입한 혐의점이 있는지 밝혀야 한다. 또한 범죄조직을 비호하는 세력의 존재 여부, 조직의 운영자금원 등에 대한 조사도 반드시 병행해야 하며, 범죄사실이 드러난 조직원은 철저한 추적수사로 반드시 검거하고, 조사 시에도 조직의 실체, 조직 내에서의 위상, 범행동기와 수법 등에 관한 면밀한 조사가 필요하다. 증거확보 이전에 증인이 범죄조직의 회유나 협박에 굴복하여 자신의 진술을 번복할 경우에 대비하여 증거보전절차를 적극적으로 활용하는 등 집요하고 전문적인 수사 자세를 견지해야 한다.

(4) 피해자 및 증인 보호대책 강구

범죄조직을 수사하는 데에 있어 가장 효과적인 방법의 하나는 피해자나 참고인 또는 피의자 등으로부터 수사기관에 대한 협조를 얻는 것이다. 그러나 조직범죄의 구성원인 피의자나 범죄의 피해자, 참고인 등은 조직으로부터의 보복이 두려워 협조를 거부하는 경우가 많고, 심지어 협조적인 태도를 보이는 자에게 실제로 보복테러를 가하는 경우도 있어 수사 및 재판과정에서 수사기관이 곤란을 겪는 경우가 많다. 그러므로 특히 국제범죄조직과 관련된 사건에서는 피의자·피해자·참고인 등에 대한 강력한 보호조치를 강구할 필요가 있다. 현재 특정강력범죄의처벌에관한특례법 등에서 신변보호, 보도금지, 보복범죄 가중처벌 등의 보호장치를 마련하고 있으나 내용이 미흡하다. 그러한 이유에서 미국의 증인보호제도(Witness Protection System)와 같이 수사에 협조하는 중요 인물에 대해서는 신원을 위장해주고, 직장을 보장해 주거나 형을 감해 주는 등 보다 강력한 보호대책을 강구해야 할 것이다.

제 4 절   국제범죄조직 수사의 특수수사기법

1. 조직범죄의 특수수사기법

조직범죄는 일반범죄와 달라 조직구성원의 맹목적 충성, 조직원에 대한 신분보장적 보상원칙, 조직 배반자에 대한 잔혹한 보복, 엄격한 내부규율의 지배를 특징으로 한다. 또한 내부적으로 은밀한 모의를 통해 계획적으로 이루어지는 범죄가 조직내부에서 차상층으로 연결되지 않고 하층으로 지시되는 특징이 있기에 그 전모를 밝혀내기가 쉽지는 않다. 이러한 이유에서 조직범죄에 대해 특수한 고도의 전문성과 수사기법이 도입되어야 한다. 조직범죄에 대한 특수수사기법에는 여러 가지가 있으나 본 교재에서는 통제배달, 함정수사, 통신수사, 잠입수사 등에 대해 설명하도록 하겠다.

(1) 주요 선진국의 특수수사기법

1) 미국

미국에서는 1968년 '총괄적 범죄규제 및 가로안전법' 제3장(이른바 Titel Ⅲ)에서 범죄수사목적의 통신감시 등에 관하여 처음으로 법제화되었고, 이는 미 연방법전 제18편 제119장 제2510조부터 제2522조에 걸쳐 규정되어 있다. 현대의 전자적 통신수단에 대해서는 1986년 '전자통신프라이버시법'과 1994년 '법집행을 위한 통신지원법'을 제정하여 적용하고 있으며, 유선 및 구두 통신의 경우 전자적 감시대상이 되는 범죄를 열거하고, 법정형이 장기 1년 이상의 자유형으로 규정되어 있는 연방의 중죄를 전자적 감시대상으로 하고 있다.

특수한 방법으로 잠입수사가 본격적으로 활용되기 시작한 것은 1970년대로, 이의 사용에 신중을 기하기 위해 1981년 법무부장관 지침형태로 잠입수사에 관한 규정을 두게 되었다. 2002년 새로이 규정된 'FBI의 잠입수사에 관한 법무부장관 지침'이 적용되며,[39) 잠입수사에 필수적인 비밀정보원의 활용에 관해서는 2002년 '비밀정보원의 활용에 관한 법무부장관의 지침'은 범죄수사와 형사소추를 함에 있어 연방법무부 집행기관과 연방소추기관이 비밀정보원을 활용하는데 적용된다.[40)

2) 독일

독일은 통제배달에 대한 법적규정 즉 '형사절차 및 범칙금절차에 관한 규정'에서 조직범죄에 대한 특수수사기법을 찾아볼 수 있다. 이 지침 제29조 b에 의하며 다른 방법으로는 마약, 무기, 도품 및 장물의 불법적인 운반, 수입 및 수출에 관련된 범죄의 배후인물을 비밀리에 확정할 수 없거나 분배경로를 발견할 수 없는 때에 통제배달이 예외적으로 허용된다. 또한 범죄수사를 위한 감청 및 전자적 감시 등에 대해 1968년 처음으로 법제화 되었고, 1992년 7월 '조직범죄방지법' 및 1994년 10월 '범죄방지법' 개정을 거쳐 현재의 형사소송법 제100조 a부터 제101조에 통신감시와 기술적 수단의 사용에 대해 규정하고 있다. 그리고 잠입수사에 관해서는 1983년 연방재판소에서 특별히 위험하고 해명하기 어려운 범죄에 대해서는 잠입수사관의 투입이 필요하고 법적으로 허용된 것이라고 판시한 바 있다. 현재에는 수사방법으로 '중한도청'이 도입되어 기술적 수단의 사용이 잠입수사관이라는 '살아있는' 수단을 대체할 수 있게 되었다.[41)

또한 최근 급증하고 있는 범죄조직에 의한 온라인거래를 보다 효과적으로 수사하기 위해 형사소송법 제100조 b에 일정한 조건하에서 현장에서 찾은 컴퓨터 등을 통하지 않고서도 온라인을 통해 기술적 수단의 투입으로서 피혐의자에 의해 사용되는 컴퓨터 등 정보기술적 시스템에 침입하여 관련 데이터를 수집할 수 있게 하였고, 통신감청도 독일 형사소송법 제100조 a의 개정을 통해 온라인 수색의 방식으로 할 수 있게 되었다. 이러한 온라인 수색과 통신감청에 관한 논의는 그 동안 범죄수사의 관점에서 뿐만 아니라 범죄예방의 관

---

39) 미연방수사국(FBI)은 1908년 7월 26일 당시 법무장관이었던 찰스 J. 보나파르트가 청설하였고 현재 FBI 본부(국장, Robert S. Muller)는 워싱턴 D.C.에 소재한다. 미국 내에 80여 곳의 지부와 해외의 75곳에서 30,000여 명의 요원들이 각 부서에서 근무하고 있으며, 특히 스페셜 에이전트(Special Agent)라 불리우는 특별 조사요원 11,400여 명은 국가안보에 관한 범죄에서부터 테러리즘과 유괴, 그리고 수표 위조에 이르기까지 미 연방법이 부여하는 260여 영역에 걸쳐 관할권을 가지고 해당 범죄행위를 조사하고 있다. FBI 한국지부(지부장, Matthew Moon)는 주한 미 대사관 내에 위치하고 3명의 요원들이 미국이나 미국인과 관련된 범죄, 특히 조직범죄, 마약 및 테러에 관한 정보수집을 하며, 1999년 체결된 한·미 간 범죄인 인도협정에 관한 공조업무도 담당하고 있다. 지난 2008년 7월 26일 워싱턴에서 FBI 창설 100주년 행사가 개최되었다.
40) 임웅 외, 『조직범죄와 형사법』, 법문사, 2004, p.201.
41) 임웅 외, 전게서, p.203.

점에서 진행되어 왔는데, 독일의 몇몇 주는 이러한 배경하에서 해당 수사를 위한 근거규정을 마련하였으나 독일 연방헌법재판소의 결정에 의해 이 규정이 헌법에 합치하지 않는다는 판단을 받았다. 독일 연방헌법재판소는 해당 수사의 필요성은 인정하면서도 이를 통해 발생될 수 있는 관련자의 기본권침해 방지를 위한 대책 마련을 요구하였고 2017년 독일 형사소송법 개정은 이러한 요구가 반영되었다. 특히 독일 연방헌법재판소는 온라인 수색에서 기본권을 정당하게 제한하기 위해서는 기본법 제10조에서 도출되는 "정보적 자기결정권"의 제한보다 더욱 엄격한 기준에 따라야 하며 그간의 입법적 시도는 이러한 기준을 충족하지 못하였다고 판단하였다.[42] 특히 독일의 온라인 수색과 같은 규정은 우리에게 없으며 전자적 방식에 의한 통신감청도 마찬가지이다. 따라서 독일에서 입법화된 형사절차의 효율화와 실무 적합성에 대한 논의도 이루어져야 할 것이다.

3) 일본

일본은 통제배달에 관해 1992년 '국제적인 협력하에서 규제약물에 관한 부정행위를 조장하는 행위 등을 방지하기 위한 마약 및 향정신약관리법 등 특례에 관한 법률'에서 일부 규정하여 시행되고 있다. 특수수사방법으로 도청을 포함하는 전자적 감시와 관련하여 종래 수사기관은 법관이 발부하는 검증영장을 가지고 이를 행하는 것이 가능하였고, 최근에 들어서도 전화 등을 이용한 각성제 밀매행위에 대처하기 위해 특정의 밀거래 전용전화에 걸려오는 통신의 내용을 도청·녹음하는 것을 허가하는 검증영장이 발부되는 사례가 늘어나고 있다. 검증영장에 의한 통화의 도청에 관해 헌법이 보장하는 통신의 비밀을 침해할 뿐 아니라 영장주의의 기본적 요청인 대상의 특정이 곤란하다는 이유로 위헌이라는 논란도 있었지만 몇몇 하급심재판에서 이를 적법한 것으로 인정해 왔고 최고재판소 판례도 검증영장에 의해 실시된 전화통화 내용의 도청은 적법하다고 판시하였다.[43] 그리고 잠입수사 및 함정수사에 대해 마야류 및 총기류의 불법거래에 효과적으로 대처하기 위한 경우에만 한정적으로 인정하고 있다. 즉, 마약류 단속을 위한 잠입 및 함정수사의 법률적 근거는 '마약 및 향정신성약단속법' 제58조에서 찾을 수 있고, 그 외 '총포도검류소지등단속법' 제27조 제3항, 제45조 제58조 등에서도 간접적으로 함정수사의 허용규정을 읽을 수 있다.[44]

---

42) 허황, "최근 개정된 독일 형사소송법 제100조b의 온라인수색과 제100조a의 소스통신감청에 관한 연구", 형사법의 신동향, 제58호, 2018.
43) 最決 平成 11.12.16. 刑集 53권 9호, 1327면.
44) 임웅 외, 『조직범죄와 형사법』, 법문사, 2004, p.204.

2. 통제배달(Controlled Deliveries)기법

(1) 개요

통제배달은 불법물품이 한 국가 내 또는 여러 국가에 걸쳐서 우편배달이나 사람에 의해 운반되는 것을 묵인하고 수사기관이 이를 감시함으로써 불법물품을 수령하는 마약거래자들이나 범죄조직을 알아내기 위한 수사기법이다. 다시 말해 통제배달이란 마약이나 총기 등 금제품의 부정거래가 행해지는 경우 이를 감독하는 기관이 그 사정을 알면서 바로 검거하지 않고 감독기관의 감시하에 당해 금제품의 운반 등을 허용·추적하여 부정거래의 관련자를 특정하여 일거에 검거하려는 특수한 수사방법을 의미한다.[45]

국제조직범죄에 대한 유엔협약에서는 통제배달은 범죄를 조사하거나 범행에 참가한자를 수사하기 위한 목적으로 관할기관의 감시하에 그 정을 알면서 불법적이거나 또는 의심스러운 위탁물을 어느 한 국가나 다수국가의 영역에서 반출하거나 그 영역을 통과 또는 그국내로 반입하는 수사방법을 의미한다고 규정되어 있다(동 협약 제2조 (i)호). 이 규정에 의하면 국제조직범죄와 관련한 통제배달에는 통제된 반출·통과 및 반입이 있음을 알 수 있다. 통제된 반출은 관할기관의 철저한 감시하에서 마약이나 총기 등 금제품을 내국에서 외국으로 가져나가는 불법적인 운송을 말하고, 통제된 통과는 관할기관의 감시하에 외국에서부터 내국을 거쳐 제3국에 불법적으로 운송하는 것이며 통제된 반입은 관할기관의 감시 하에 외국에서 내국으로 들어오는 불법적 운송을 의미한다.

통제배달(controlled delivery)은 1998년의 '마약 및 향정신성물질의 불법거래방지에 관한 국제연합협약'에서 처음 등장하였고, 2000년 '국제연합 초국가적 조직범죄 방지 협약'과 2003년 '국제연합 부패방지협약'에서도 계속 다루어져 왔으며, 유럽연합에서는 '셍겐협정이행협약'에서 처음으로 규정되었다. 통제배달은 다양한 조직범죄수사 등 사용에 확대되었지만 유럽에서는 인신매매범죄 등 수사에는 허용하지 않는 것이 일반적이다. 왜냐하면 이 경우의 통제배달 수사는 피해자의 신변에 위험을 초래할 수 있기 때문이다.

그리고 사람이 직접 운반하기보다 국제우편 및 소포를 통해 국내로 들여오는 마약사건의 경우 통제배달 수사기법이 종종 사용되고 있다. 마약이 들어있는 우편물의 이동경로를 따라 실제 반입자를 추적하여야만 이를 수입하고자 했던 범인들을 검거할 수 있기 때문이다. 최근에는 통제배달의 전 단계에서 세관직원이 압수·수색영장 없이 국제우편물을 개봉한 후 시료를 채취한 행위가 적법한지, 수사기관이 압수·수색영장 없이 통제배달 수사기법을 활용한 것이 불법이 아닌지에 대해 통제배달 수사기법과 관련된 일련의 과정에 영장

---

45) 이경렬, 국제조직범죄에 대한 통제배달기법의 활용, 형사정책연구, 2004, pp.245-276.

주의를 관철하려는 학자들은 세관에서의 해당 우편물의 검사과정 자체를 강제수사인 압수·수색으로 보거나 수사기관이 마약을 확보한 사실 자체를 강제수사인 압수로 보아 이에 대한 영장을 발부받지 아니한 채 배달한 것 자체가 위법하다는 견해를 제시하고 있다. 그러나 세관 통관절차에서의 검사는 수사개시 이전단계로서 이에 대하여 형사소송법적 잣대를 일률적으로 적용하기에는 어려운 점이 있고, 통제배달 수사기법은 용어자체로도 수사기관의 압수를 전제로 하지 않을 뿐만 아니라 '마약류의 분산을 방지하기 위하여 충분한 감시체제가 확보되어 있는 마약류범죄의 수사'기법이기 때문에 배달과정에서의 수사기관의 마약확보를 강제수사인 압수로 보기에는 어렵다는 견해도 있다.[46]

(2) 통제배달의 유형

1) 위장수사와 통제배달 수사기법 유형

어느 지역 또는 외국으로 불법물품의 배달이 용이하도록 은밀하게 조종하거나 혹은 수사관이 직접 배달하는 유형

2) 불법물품 반입이나 반출을 허용하는 유형

불법물품이 어느 한 국가에서 다른 국가로 운반되는 것을 수사기관이 인지하고서도 이를 허용하는 유형

3) 마약이 국내에 유입되고 다시 외국으로 반출되는 것을 허용하는 유형

마약운송의 경유지로 이용되는 경우 공조수사의 필요에 의해 불법물품이 통과되도록 허용 하는 경우

(3) 통제배달의 장·단점

1) 장점

접선자, 조직망, 자금원 및 기타 관련자를 확보할 수 있으며, 마약 등 밀매경로에 관한 정보를 확보할 수 있다는 점과, 이를 통해 범죄조직의 자산까지도 몰수할 수 있는 기회가 생겨 증거의 양적·질적 확보가 가능해진다는 점에서 중요한 수사기법이다. 또한 국제공조수사인 경우 2개국 이상이 참가하여 서로 협력해야 하기 때문에 새로운 정보와 지식의 상호교환이 가능하고 관련 직원 간의 인간관계를 지속적으로 유지하게 하여 협조의 지속성이 유지될 수 있다는 장점이 있다.

---

46) 예상균, "마약수사에서의 통제배달기법 고찰: 마약류관리에관한법률위반사범 중 밀수범죄와 관련하여", 법과 정책연구 15권 2호, 2015, pp.665-689.

2) 단점

수사과정에서 물품을 잃어버리거나 수사관이 피해를 입을 가능성이 있으며, 마약운반책에게 의심을 받지 않도록 짧은 시간 안에 마약의 대부분을 압수하고 대체물품을 은닉해야 하나 정교하게 은닉되어 있으면 사실상 불가능하므로 분실시 대안이 없다. 그리고 넓은 감시활동에 따라 많은 인원이 필요하며 예산의 소요가 많다는 점과, 마약밀매조직의 간부급은 하역이나 유통 현장에 나타나지 않는 경우가 많아 현장에서 검거할 수 있는 자는 말단 조직원뿐이고 밀매조직의 상층부 검거라는 효과는 반감되므로 꼭 필요한 경우에만 통제배달 실시한다.

(4) 고려 사항

우선 목적지가 통제배달을 직접 수행하는 수사관이 쉽게 접근할 수 있는 장소인가를 파악하고, 시간적으로 통제배달을 시행할 충분한 시간이 있어야 하기에 '항공속달'은 예정된 시간 내 통제배달 실행이 곤란한 경우가 있어 통제배달 시에는 반드시 수송회사의 차량, 제복, 기타 사용 장비 등을 이용하여야 하므로 수송회사와 협조하며, 관계 기관 간 공조할 경우 실시 배경, 예측 결과 등을 상세히 알려주어 자발적인 협조가 이루어지도록 해야 한다.

(5) 필수요소

가능한 담당 수사관이 직접하고 운송회사 직원에게 위탁해서는 안 되며, 부득이 탁송회사가 물품수송을 담당할 경우 손실발생에 대한 책임한계를 상호 결정한다. 그리고 물품수령인의 신원사항·주소·전과·주소지·시설 등을 사전 확인하고, 배달 집행요원과 차량은 배달 종료 후 즉시 현장을 이탈하여 검거 시에는 현장에 없어야 한다. 또한 집행 및 수색과정에서 통제배달과 연계된 정보(배달 전후)를 주의 깊게 조사하여 입수된 정보는 최초 담당 수사요원에게 통보하여 추가 조사를 실시한다.

국내의 폭력조직은 중국의 흑사회성조직을 비롯해 일본의 야쿠자, 러시아 마피야, 홍콩·대만의 흑사회 등 기업형 국제범죄조직과는 달리 주로 유흥업소 등에 대한 금품갈취 등 전통적인 폭력행사를 위주로 하여 마약류범죄에 관여하는 것을 금기시하였으나 최근 들어 폭력조직의 운영자금 조달루트였던 유흥업소, 사행성오락실, 사채업, 도박장 등에 대한 검·경의 집중 단속으로 자금조달이 원천적으로 차단되자 조직운영자금 확보를 위해 마약밀매에 적극적으로 개입하고 있으며, 일부 폭력조직은 일본의 야쿠자 등 국제범죄조직 및 국내 마약밀매조직과 연계하여 마약 밀거래뿐만 아니라 마약정보제공자나 수사기관원을 살해하는 등 보복범죄도 서슴지 않고 있다. 따라서 체계적인 명령·지휘계통과 상당수의 조직원을 거느린 폭력조직이 마약범죄에 개입하게 되면 마약류의 급속히 확산뿐 아니라 이들 폭력조직 또한 외국의 기업형 범죄조직과 같은 거대 폭력조직으로 발전할 가능성도 있어 이에 대한 발본색원 차원의 철저한 대비책이 요구된다.

우리나라의 경우 1998년 유엔협약의 체약국으로서, 통제배달 수사의 기초를 '마약류불법거래방지에관한특례법'에 두고 있으며, 대법원도 2013년 통제배달 수사와 관련된 판결선고[47]를 통해 마약류불법거래방지에관한특례법은 통제배달을 적극적으로 규정하고 있지는 않지만, 일정한 요건하에 마약류 등이 반출 또는 반입될 수 있게 규정하여 위 수사를 가능하게 한 것으로 보고 있다.

이러한 대법원의 통제배달에 대한 판례는 수사의 적법성과 관련한 일정한 기준을 정립하였다고 볼 수 있다. 즉, 2013년 판결은 관세법에 근거한 행정조사 논리로 해당 수사를 적법하게 보았다는 점이 특색이며, 2017년 판결은 허용되지 않는 통제배달의 사례를 처음으로 정립하였다는 점에서 의의가 있다. 이와 같이 통제배달 수사기법의 등장 배경과 국제적 활용도에 비추어 볼 때, 향후 해당 수사기법과 관련된 쟁점이 많아질 것으로 예상되기에 통제배달 수사의 적법기준을 보다 구체화할 필요가 있다.

(6) 함정수사와의 구별

수사기관이 범죄의 존재를 알면서 통제배달을 실시하는 것은 함정수사에 해당한다는 의문이 제기될 수 있다. 그렇지만 통제배달은 이미 수행 중에 있는 범죄의 진행과정을 감

---

47) 2013.9.26. 선고 2013도7718 판결.
세관 직원은 국제우편물에 대한 엑스선 검사를 하던 중 이상한 물건을 발견하였고, 이에 영장 없이 해당 물품의 성분분석을 통해 마약류임을 확인하였다. 이후 수사기관은 영장 없이 통제배달(라이브 방식)을 통하여 피고인을 검거하였다. 이 사안에서 대법원은 관세 직원이 우편물을 대상으로 행한 '개봉, 시료채취, 성분분석 등의 검사'를 관세법에 근거한 행정조사라고 보아 영장이 요구되지 않는다고 하였다. 또한 '통제배달 과정에서 수사관이 사실상 해당 우편물의 점유를 확보한 것' 관련하여, '이는 수취인을 특정하기 위한 특별한 배달방법에 해당하므로 강제처분으로서의 압수라고 볼 수 없다'라고 보았다.
대법원 2017.7.18. 선고 2014도8719 판결에서 해당 판결의 사실관계는 다음과 같다. 검사는 '피고인이 항공특송화물편으로 필로폰을 수입하려 한다'는 정보를 입수하고, 미국 수사당국과 인천공항세관의 협조로 통제배달 방식으로 범인을 검거하고자 하였다. 세관공무원은 해당 화물을 자신의 사무실로 가져왔고, 필로폰을 발견하였다. 검찰수사관은 영장 없이 위 마약류 등을 세관공무원으로부터 임의제출 방식으로 넘겨받은 후 대체 화물을 통한 통제배달(클린 방식)을 하였다. 이 사안에서 대법원은 '수출입물품에 대한 통관 등을 목적으로 조사를 하는 경우(2013년 대법원 사안)'와 '처음부터 구체적 범죄사실에 대한 증거수집을 목적으로 특정한 물품을 개봉하여 검사하고 그 점유를 취득한 행위'는 구분되어야 한다고 보았다. 그리고 후자의 경우는 범죄수사인 압수 또는 수색에 해당하기에 영장이 필요하다고 판단하였다.

시하여 가장 효과적인 시기에 범행자를 검거하는 것에 불과하고, 범인에 대해 기회를 제공하거나 범의를 유발하는 요소를 전혀 포함하고 있지 않다는 점에서 함정수사와는 구별된다고 보아야 한다. 즉 수사방법에 대한 위법성 유무의 판단에 관한 중요한 자료로서 함정수사는 범인에 대한 기회제공 및 범의유발의 유무라는 주관적인 측면이 강하지만,[48] 통제배달의 경우 수사기관에 의한 사회악의 창출이라는 요소를 전혀 포함하고 있지 않기 때문에 객관적인 측면이 중요한 판단자료가 된다.

(7) 마약류 사범에 대한 통제배달 사례

국제마약 사범에 대한 통제배달기법 성공 사례로 '콜롬비아산 코카인 밀수입 사건'을 들 수 있다.[49]

1) 사건개요

피의자 로드리게스 외 1명은 콜롬비아 보고타시에서 콜롬비아인 윌리암으로부터 코카인 5Kg 시가 200억 원 상당을 검은색 프라스틱 가방의 2중벽 안에 은닉되어 있는 것을 인수받은 후 한국으로 밀수입하기 위하여 경유지인 미국 LA공항에서 한국행 비행기를 탑승하려다가 1998년 11월 6일 22:00경 미국 LA세관에서 적발되어 동 물품을 한국으로 밀반입 하려다가 예비에 그쳤으나 미국 세관의 통제배달에 의하여 한·미·일 합동수사로 1998년 11월 12일 검거되었다.

2) 수사단서

1998년 11월 7일 미국 관세청으로부터 정보를 입수, 미국 세관과 마약청(DEA)[50] 및

---

48) 대법원 판례에서는 함정수사의 위법성에 대한 판단기준을 범죄자에게 사전범의가 있었는지의 여부를 유일한 기준으로 삼아 이른바 '기회제공형 함정수사'는 적법하지만, '범의유발형 함정수사'는 위법하다는 미국 연방대법원(Sorrels v. United States, 287 U.S. 435(1932))의 다수의견과 견해를 같이 하고 있다(대법원 1982.6.8, 82도884; 대법원 1992.10.27, 92도1377; 대법원 1994.4.12, 93도2535). 학계의 견해도 위와 같은 대법원의 견해를 별다른 문제제기 없이 수용하고 있는 것이 현실이다. 함정수사에 대한 입법론적 주장으로서는 조국, "함정수사의 위법성 기준과 법적 효과에 대한 재검토", 형사법연구 제14호, 한국형사법학회, 2000년, 67면 이하, 특히 87면; 손동권, "조직범죄에 대한 현행 입법대책과 개선방향", 비교형사법연구 제5권 제2호 특집호, 한국비교형사법학회, 2003.12, 535면 이하.

49) 관세청, "국제범죄와 특수조사실무", 2003, pp.103-104.

50) 美마약단속국(DEA)은 1973년 기존의 법무부, 복지부 내의 마약단속부서를 통폐합, 법무부산하 독립청으로 발족하여 2018년 현재 약 1만여 명 이상의 요원(특별수사관 5천여 명, 기타정보관, 원료물질 및 처방약물수사관, 외국인 수사관 등)이 마약범죄 및 원료물질 관련 테러, 조직범죄, 자금세탁 등의 업무에 종사하며 한국을 포함 전 세계 63개 국가에 87개소 사무실을 운영하며, 美마약단속국(DEA)은 유럽, 중남미 등 전 세계를 6개 지역국으로 나누어 6명의 지역 국장이 각 지역을 관할하고 1년 예산은 약 4조 원 가량이다. DEA극동지역국(DEA Far East Regional

일본 경시청 등과 국제 공조하여 통제배달 수사를 실시하였다.

3) 통제배달 내용

- 범인체포 및 통제배달 개시
- 1998년 11월 8일 김포공항도착 대한항공 012기편으로 미국 LA세관에서 본 건 통제배달을 위해 미 세관직원 2명이 피의자를 호송하여 범인체포 및 동 코카인을 압수하였으며,
- 동 피의자를 김포공항 앞 에어포트호텔 211호에 투숙시켜 기초심문 및 한국 내 접선자 체포를 위해 콜롬비아 보스인 윌리암 및 핵타와 수회 국제전화를 접촉 시도 하였으나 실패
- 계속 잠복근무 중 1998년 11월 10일경 본건 관련자 헤르만으로부터 동 물품을 전달받기 위해 일본인을 보내주겠다는 전화에 의거 일본에 있는 관련 피의자 하라다를 한국으로 입국시켜 검거
- 하라다 진술내용을 일본 경시청에 통보함과 동시에 같은 해 11월 13일 일본 나고야로 재차 통제배달을 실시하여 일본 경시청에서 콜롬비아인 주범 헤르만을 검거

4) 수사상 어려움

- 주범 헤르만을 일본에서 체포하기 전에 국내 조간신문 가판에 보도내용이 기사화되어 자칫 주범을 놓칠 뻔 함.
- 본 건 관련자들은 운반책으로 위조여권을 소지하고 있고 철거하게 점조직으로 되어있어 수사에 어려움이 있었으며, 남미산 코카인 밀수출경로는 콜롬비아 보고타를 출발 상파울루 경유 미국 LA공항 등에서 T/S하여 한국과 일본으로 반입되고 있음을 확인한 사건으로 최초의 한·미·일 마약 통제배달 사례 수립

5) 통제배달 기법에 대한 평가

통제배달은 마약 등 규제물품의 밀수조직에 효과적으로 대처하기 위한 독자적 수사기법으로서의 지위를 차지하고 있다.

Office)은 DEA청장(DEA Administrator) 직속으로, 한국, 방콕, 중국, 홍콩, 말레이시아, 필리핀, 베트남, 미얀마, 싱가폴, 일본, 라오스, 호주 등 12개국에 사무실을 운영하고 있으며 동아시아 지역 24개국을 관할하며, 극동지역국 사무실은 방콕 미 대사관 내 있으며 한국지국 사무실(지국장 포함 4명 이상 근무)은 서울 미 대사관 내에 있다. DEA 한국지국은 1966년 미 법무부 소속 마약국 한국지국으로 개설되어 1973년 DEA 한국지국으로 명칭이 변경되어 현재에 이르고 있다.

3. 함정수사기법

(1) 의의

함정수사(entrapment)란 약물범죄나 조직범죄와 같이 은밀히 이루어지는 범죄를 수사하기 위해 수사기관이나 그 의뢰를 받은 자가 신분을 숨긴 채로 범인에게 범죄를 권유하고 실행을 기다려 범인을 체포하고 필요한 증거를 수집하는 것을 말한다.[51] 즉 보통 수사기관이나 수사기관의 의뢰를 받은 자가 범죄를 교사하거나 방조한 후에 그 실행을 기다렸다가 범인을 수사 및 공소 제기하는 수사방법이다.

함정수사는 본래 범죄의사를 가지지 아니한 자에게 범의를 유발케 하여 범죄를 교사하는 형태인 범의유발형 함정수사와 이미 범죄의사를 가진 자에게 범죄의 기회를 제공하여 범죄를 방조하는 형태인 기회제공형 함정수사 등 두 가지 유형으로 구별하고 있지만 범죄를 수사하고 방지하여야 할 책임이 있는 국가의 수사기관이 오히려 함정을 만들고 이를 이용하여 범인을 만들어 냄으로써 수사의 신의칙에 반한다는 점에서 비판을 받고 있으며 더구나 수사기관의 입장에서는 수사실적을 위해 함정수사가 더욱 교묘하고 점점 과도하게 행해지고 있다는 비판까지 받고 있는 실정이다.[52] 이와 같이 함정수사는 수사기관이나 그 의뢰를 받은 자가 신분을 숨긴 채로 범인에게 범죄를 권유하고 실행을 기다려 범인을 체포하고 필요한 증거를 수집하는 것으로, 사인이 수사기관과 직접적인 관련 없이 타인에게 단순히 수차례 반복적으로 범행을 부탁했을 뿐 수사기관이 사술이나 계략 등을 사용했다고 볼 수 없다면 설령 그로 인해 타인에게 범의가 유발됐더라도 위험한 함정수사에 해당하지 않는다.[53]

(2) 함정수사의 범위

학설과 판례는 수사기관이 타인에게 범죄를 실행하게 한 경우를 모두 함정수사로 보

---

51) 형사소송법 제199조: 수사에 관하여는 그 목적을 달성하기 위하여 필요한 조사를 할 수 있다(수사의 합목적성이라는 관점에서 다양한 수사방법을 허용).

52) 이창현, "판례를 통해 본 함정수사와 그에 대한 비판적 고찰", 동아법학(59), 2013, pp.31-75.

53) 대법원 2009.10.21. 선고 2009도7114 판결. 이전의 판례 가운데에도 전자제품회사의 보관창고에서 물품반출업무를 담당하는 자가 회사 사원의 물품 밀반출행위를 적발하기 위해 회사에 밀반출행위를 사전에 알리고 그 정확한 증거를 확보하기 위하여 그 사원의 부탁을 받은 전자대리점을 경영하는 자의 밀반출행위를 묵인한 사안에 대해 "… 소위 함정수사라 함은 본래 범의를 가지지 아니한 자에 대하여 수사기관이 사술이나 계략 등을 써서 범죄를 유발케 하여 범죄인을 검거하는 수사방식을 말하는 것이므로 … 이는 이른바 함정수사에 비유할 수는 없는 것"이라고 판시함으로써 유사한 입장을 보인 것이 있다.

지 않고, 타인의 범의를 유발한 경우만 함정수사로 본다. 소위 함정수사라 함은 본래 범의를 가지지 아니한 자에 대하여 수사기관이 사술이나 계략 등을 써서 범죄를 유발케 하여 범죄인을 검거하는 수사방법을 말하는 것이므로, 범의를 가진 자에 대하여 범행의 기회를 주거나 범행을 용이하게 한 것에 불과한 경우에는 함정수사라고 말할 수 없다. 함정수사의 개념요소로 ① 범인들이 아직 범의를 가지지 아니할 것, ② 수사기관이 사술이나 계략 등으로 범죄를 유발케 하여 범인을 검거할 것[54] 등이 있다.

(3) 함정수사의 필요성

사회가 발전함에 따라 범죄는 조직적이고 지능적이며 반복적으로 행해지고 있으며, 국가·사회적으로 그 미치는 해약이 매우 커다란 것임에도 불구하고 종래의 전통적인 수사방법으로는 검거 및 증거수집이 어려운 범죄유형이 늘어가고 있다. 수사기관이 종래의 사후대응적 수사방법에서 벗어나 보다 적극적이고 사전대응적 대책을 강구하지 않을 수 없는 상황에 이르게 되어 함정수사의 필요성은 더욱 증대되고 있다.

하지만 당사자 상호간의 의사합치로 은밀하고 교묘하게 진행되는 조직범죄의 경우 사후에 대응하는 방식으로는 수사의 실효성을 확보하기 어렵고 일정한 한도 내에서 피의자를 미리 수사의 대상으로 끌어들이는 방법을 사용하는 것이 불가피한 경우도 있어 일반적인 수사의 사후대응이 아니라 일정한 범죄적 성향을 가진 잠재적 범인에 대한 사전대응적 수사로서의 함정수사가 필요한 시점이다. 이와 같이 함정수사는 사전대응적 대책에서 향후 발생할 가능성은 매우 높지만 아직 발생하지 않은 범죄에 대한 수사로서 그 범죄내용 및 대상을 수사기관이 정할 수 있는 일종의 표적수사라고 할 수 있다. 이에 함정수사의 허용 범위 명확화에 대한 필요성이 제기된다.

조직범죄, 특히 마약사범의 경우 한 사람에 대한 단속 내지 수사가 상선 또는 하선으로 계속 이어질 수 있는 가능성이 높기 때문에 마약사범에 대한 수사를 타범죄와 다른 측면에서 바라볼 수밖에 없는 이유는 결국 공적 인정의 문제에서 비롯된다. 즉 마약사범 수사의 경우 투약자가 있다면 판매자가 있다는 것이고 소량 판매자가 있다면 도매상이 있다는 말이며 도매상이 있다는 것은 수입업자가 있다는 의미이다. 그러나 마약사건의 특수성이 위법한 함정수사를 정당화시킬 수는 없으며, 오히려 음지에서 이루어졌던 공적 거래와 관련된 부조리한 관행들을 이제는 과감히 제거하고 제도권 내에서 마약수사가 이루어지게 하는 것이 요구되는 시대가 왔다고 볼 수 있다. 또한 함정수사는 특정 대상자를 상대로 하

---

54) 이미 범죄의사를 가진 자에게 범행기회만을 제공하는 경우는 함정수사가 아니고 따라서 항상 적법한 것으로 보게 되는 문제가 있다. 이런 취지에서 함정수사를 함정교사와 함정방조로 구분하여 양자를 모두 포함하는 것으로 보는 학자도 있다.

기에 범죄내용이 정해진 표적수사라고 판단할 여지도 있지만 함정수사 자체가 불법인가라는 문제도 발생한다.

(4) 함정수사의 이론적 쟁점

형사소송법 제199조에 규정된 '수사의 목적을 달성하기 위해 필요한'이라는 조문은 범죄수사에 있어 목적달성을 위해 필요한 범위 내에서만 수사가 가능하다는 의미의 '상당성'이라는 표현을 사용한다. 이와 관련하여 피의자를 속여서 범죄로 유인하는 함정수사를 허용할 것인지 여부가 문제되며, 이미 소개한 것처럼 종래의 통설과 판례는 함정수사가 어떤 유형에 해당하는지에 따라 획일적으로 그 적법성 내지 정당성을 판단해 왔다.[55]

(5) 대상범죄의 한정문제

함정수사를 어디까지 한정할 것인가 하는 점에서 수사의 합목적성에서 볼 때 은밀한 가운데 교묘하게 이루어지는 모든 범죄에 대해서 함정수사를 널리 인정할 필요가 있다.[56] 독일의 판례는 정보원이나 위장수사관을 투입하는 것은 마약거래와 같이 특히 위험하고 해명하기 어려운 범죄에 대처하기 위해서 필요하고 또한 허용된다고 명시하고 있으며, 학자들도 대개 '인적 결합을 기초로 한 조직적 범죄 또는 직업적 범죄'에 한정하고 있다.

우리나라에서는 수사의 신의칙과 관련하여 함정수사가 허용될 수 있는 대상범죄를 마약범죄, 뇌물범죄 및 조직범죄에 한정하고, 재산범죄나 폭력범죄의 경우에는 허용되지 않는다는 견해[57]와, 피해자 없는 범죄, 보이지 않는 범죄 및 합의적 범죄와 같은 증거포착이 어려운 범죄에 한정해야 한다는 견해 등이 있다. 이와 같이 대상범죄에 대한 범위 설정이 어려움에도 불구하고 형사소송법에서 이를 일률적으로 규율하는 데에는 한계가 있을 것이다. 또한 대상범죄를 한정한다 하더라도 지나치게 그 범위를 넓게 인정하는 경우에 비례의

---

55) 그리고 이러한 논의를 토대로 ① 함정수사에 기한 체포·구속이 적법한가, ② 함정수사를 수단으로 획득한 수사자료·증거를 토대로 기소한 경우에 그 기소는 적법·유효한가, ③ 함정수사로 획득한 증거물을 증거로 사용해도 좋은가, ④ 법원은 함정에 빠진 피고인에게 유죄판결을 해도 좋은가 하는 점을 논의해왔다. 심희기·양동철, 『쟁점강의 형사소송법』, 삼영사, 2009, p.146.

56) 실제로 판례 가운데, 노래방의 도우미 알선 영업 단속 실적을 올리기 위하여 그에 대한 제보나 첩보가 없는데도 손님을 가장하고 들어가 도우미를 불러낸 사안에 대한 음악산업 진흥에 관한 법률위반사건(대법원 2008.10.23. 선고 2008도7362 판결), 특가법상 뇌물사건(대법원 2008.3.13. 선고 2007도10804 판결), 절도사건(대법원 2007.5.31. 선고 2007도1903 판결), 자가용버스의 유상운송행위와 같은 여객자동차운수사업법 위반사건(대법원 1994.4.12. 선고 93도2535 판결), 보건범죄 사건(대법원 1992.10.27. 선고 92도1377 판결), 변호사법 위반사건(대법원 1982.3.9. 선고 81도2765 판결) 등 다양한 범죄에 대해 함정수사를 허용하고 있다.

57) 백승민·정웅석, 『형사소송법』, 2008, p.395.

원칙에 반하는 문제가 생길 수도 있다.

(6) 법적 효과에 대한 쟁점

함정수사가 위법한 경우 이를 토대로 수집한 증거는 위법하게 수집된 증거로서 증거로 사용할 수 없다는 점에서 학설이 일치하고 있다.[58] 하지만 함정수사를 통해 기소된 사건의 소송법상 처리에 대해서는 학설이 대립하고 있다.[59] 실무에서는 함정수사 자체가 상대방의 행위를 처벌하는데 영향을 미치지 않는다고 하여 유죄판결설을 취한 경우도 있지만[60], 대부분의 학설은 상대방의 가벌성을 배제하기 위해 위법한 함정수사에 따른 범죄에 대해서는 공소기각판결설, 면소판결설, 무죄판결설 등을 주장하고 있다. 이러한 학설들 모두 함정에 빠진 자를 법적으로 구제하는 데에는 함정수사로 얻은 증거에 대해 증거능력을 배제하는 것만으로는 미흡하고 가벌성 자체를 배제해야 한다고 보는 점에서는 일치하지만, 그 구체적인 이론구성에 있어서는 상당한 차이를 보이고 있다. 이러한 논의상황하에서 함정수사에 대한 규제를 입법화하는 경우 위법한 함정수사는 법률의 규정에 반하는 수사방법으로서 형식재판에 의하여 당해 사건에 대한 소송을 종결해야 한다는 결론에 이르게 되어 더 이상 법적 효과에 대한 다양한 논의를 하기 어렵게 된다. 그리고 결과적으로 법치국가 원리나 사건의 실체적 측면에 대한 고려라는 관점에서 다양하게 주장되고 있는 무죄판결설이나 면소판결설의 입지를 축소시키는 결과로 될 수 있다.

(7) 대법원 판결로 본 함정수사

우리 대법원은 종래 소위 함정수사라 함은 본래 범의를 가지지 아니한 자에 대하여 수사기관이 사술이나 계략 등을 써서 범죄를 유발하게 하여 범죄인을 검거하는 수사방법을 말하는 것이므로 범의를 가진 자에 대하여 범행의 기회를 주거나 범행을 용이하게 한 것에 불과한 경우에는 함정수사라고 할 수 없다[61]라는 취지로 판시함으로써 전통적인 분류방식으로서의 범의유발형 함정수사만이 함정수사이면서 위법한 수사방식이라고 판단하였다. 그 후 본래 범의를 가지지 아니한 자에 대하여 수사기관이 사술이나 계략 등을 써서 범의를 유발케 하여 범죄인을 검거하는 함정수사는 위법함을 면할 수 없고 이러한 함정수사에 기

---

58) 다만 신의칙에 반하는 정도가 경미하면 증거의 허용성을 부인할 정도인가를 판단하여 증거배제 여부를 결정해야 한다는 견해도 있다. 그러나 최근 유럽인권재판소도 1998년 Castro사건(Case of Teixeira de Castro v. Portugal)에서 공익을 이유로 경찰 유인 결과로 얻어진 증거를 사용하는 것은 허용되지 않는다는 취지의 판결을 내린 바 있다.

59) 박광민, "함정수사의 규제", 성균관법학 제7호, 1996, p.54.

60) 김진환, "함정수사에 의하여 수집한 증거", 고시계, 1989, p.97.

61) 대법원 1983.4.12. 선고 82도2433 판결.

한 공소제기는 그 절차가 법률의 규정에 위반하여 무효인 때에 해당한다 할 것이지만 범의를 가진 자에 대하여 단순히 범행의 기회를 제공하는 것에 불과한 경우에는 위법한 함정수사라고 단정할 수 없다는 취지로 판시하기도 하고,[62] 범의를 가진 자에 대하여 단순히 범행의 기회를 제공하거나 범행을 용이하게 하는 것에 불과한 수사방법은 경우에 따라 허용될 수 있음은 별론으로 하고 본래 범의를 가지지 아니한 자에 대하여 수사기관이 사술이나 계략 등을 써서 범의를 유발케 하여 범죄인을 검거하는 함정수사는 위법함을 면할 수 없다[63]고 판시함으로써 전통적인 분류방식으로서의 기회제공형 함정수사라 하더라도 반드시 적법한 수사라고 할 수는 없다고 판단하였다.

함정수사 개념과 관련된 대법원의 태도는 ① 범의유발형 수사만이 함정수사로서 위법하다는 것이고, ② 범행의 기회를 제공하거나 범행을 용이하게 하는 것에 불과한 수사방법은 위법한 함정수사라고 단정할 수 없다거나 경우에 따라 허용된다는 것이다. 또한 구체적인 사건에 있어서 위법한 함정수사에 해당하는지 여부는 해당 범죄의 종류와 성질, 유인자의 지위와 역할, 유인의 경위와 방법, 유인에 따른 피유인자의 반응, 피유인자의 처벌 전력 및 유인행위 자체의 위법성 등을 종합하여 판단하여야 한다는 기준을 제시하였는데 결국 함정수사는 곧 위법수사라는 태도이므로 함정수사 자체가 허용되지 않는다는 취지로 보인다.[64]

하지만 최근 들어 범인검거가 쉽지 않은 사례들, 예를 들어 조직범죄와 대규모 테러범죄 등에 대해 효율적으로 대처하기 위해서 빈번히 함정수사의 방법을 사용한 수사가 행해지고 있다. 따라서 이러한 수사가 이루어진 경우의 법적 효과, 즉 피고인에게 어떤 판결을 내릴 것인지가 중요한 문제로 부각되고 있어 소송조건의 기준과 범위에 대한 논의가 필요하다 할 것이다. 이 기준에 따라 검토해 보면, 위법한 함정수사가 있는 경우 수사의 전 과정을 종합적으로 검토해야 한다는 점에서 소송장애사유에 해당한다고 볼 수 없다. 따라서 위법한 함정수사가 있는 경우에는 소송조건의 관점에서 뿐만 아니라 실정법의 관점에서 볼 때에도 형식판결을 할 수 없고 실체 판결을 진행해야 한다. 물론 이 경우 위법한 함정수사에 의해 획득한 증거의 증거능력은 부정되어야 한다.[65]

---

62) 대법원 2007.5.31. 선고 2007도1903 판결.
63) 대법원 2008.10.23. 선고 2008도7362 판결.
64) 예상균, "마약수사에서의 함정수사기법 고찰," 한양법학, 28(4), 2017, pp.233–249.
65) 신상현, "위법한 함정수사의 법적 효과에 대한 재검토," 법학논총, 29(2), 2016, pp.213–246.

4. 통신수사기법

(1) 통신수사의 개념과 법적 근거

1) 통신수사의 개념

통신수사란 수사기관이 수사를 하는 과정에서 통신을 보호하는 법규에 따라 통신제한조치, 통신사실확인자료, 통신자료를 수집하여 용의자와 피의자 또는 피고인의 통신내용이나, 통신사실 혹은 가입자의 인적사항을 확인하고, 이를 정황증거로 활용하거나 수사의 구체화를 위한 수사방법을 말한다. 통신수사의 유형에는 통신제한조치, 통신사실확인자료, 통신자료가 있다. 통신비밀보호법상의 통신제한조치에는 우편물의 검열, 전기통신의 감청이 있다. 우편물의 검열은 우편물에 대하여 당사자의 동의 없이 이를 개봉하거나 기타의 방법으로 그 내용을 지득 또는 채록하거나 유치하는 것을 말한다. 전기통신의 감청이란 전기통신에 대하여 당사자의 동의 없이 전자장치·기계장치 등을 사용하여 통신의 음향, 문언, 부호·영상을 청취·공독하여 그 내용을 지득 또는 채록하거나 전기통신의 송·수신을 방해하는 것을 말한다. 따라서 인터넷상의 비공개 개시내용, 음성사서함 등의 내용을 지득·채록하는 것은 감청의 유형에 해당하며, 실시간 착발신 추적자료의 경우는 그 내용의 지득이 아니므로 통신사실확인자료에 해당한다.

통신사실확인자료란 통신비밀보호법과 동법 시행령에 규정되어 있다. 통신비밀보호법상의 통신사실확인자료에는 가입자의 전기통신일시, 전기통신 개시·종료시간, 발착신·통신번호 등 상대방의 가입자 번호, 사용도수 등이 있다. 동법 시행령에 따르면 컴퓨터 통신·인터넷의 사용자가 전기통신을 이용한 사실에 관한 컴퓨터 통신·인터넷 로그기록, 정보통신망에 접속된 정보통신 기기의 위치를 확인할 수 있는 발신기지국 위치자료(실시간 발신·착신 전화번호 추적도 통신사실확인자료에 해당), 컴퓨터 통신·인터넷의 사용자가 정보통신망에 접속하기 위하여 사용하는 정보통신기기의 위치를 확인할 수 있는 접속지 추적자료 등이 있다. 다만 특정시간, 특정 유동IP를 통신사업자에게 제시하고 가입자 정보만을 요구하는 경우와 이용자의 성명·주민등록번호·주소·가입 또는 해지일자에 관한 자료는 통신자료에 해당하므로 경찰관서장 명의의 공문으로 제공요청이 가능하다.

통신자료란 전기통신사업법 제54조 3항에 따라 이용자의 성명, 주민등록번호, 주소, 가입 및 해지일자(변경일자, 일시중지 일자 포함), 전화번호, ID가 있다. 이는 정보수사기관의 장(예를 들면 경찰서장) 명의의 공문으로 통신사업자에게 자료를 요청하면 이에 응하여야 한다. 이 통신자료는 검사나 판사의 허가 없이 정보수사기관이 독자적으로 획득하여 수사에 활용할 수 있다.

2) 통신수사의 법적 근거

통신수사의 법적 근거는 통신비밀보호법(시행령, 시행규칙 포함), 형사소송법 제199조 제2항 1호, 동법 제272조 제1항 2호, 경찰관직무집행법 제8조 제1항 3호, 전기통신사업법 제54조 4항이 있다. 통신비밀보호법은 통신 및 대화의 비밀과 자유에 대한 제한은 그 대상을 한정하고 엄격한 법적 절차를 거치도록 함으로써 통신비밀을 보호하고 통신의 자유를 신장하기 위해 제정한 법으로 1993년 12월 27일 법률 제4650호, 전문 18조와 부칙으로 구성되어 있으며, 시행령과 시행규칙이 있다.

국제범죄조직 수사절차에서 통신수사 방법은 그 대상에 따라 크게 송수신이 완료된 전기통신에 대한 압수·수색, 실시간 전송되고 있는 통신에 대한 감청, 전기통신을 한 사실에 대한 자료 그리고 전기통신에 가입한 가입자의 정보 등 네 가지로 나누어 볼 수 있다. 조직범죄에 대한 통신수사 방법 또한 그 대상, 통신수사의 절차, 통신수사 후의 조치(통지의무, 열람·등사 등), 전기통신사업자의 협조의무 등에서 각각 차이를 보이고 있으며, 특히 통신수사에 협조하는 사업자의 경우 전기통신사업법상의 규정도 적용받지만 개인정보법상의 개인정보처리자의 지위도 갖게 되며, 정보통신망법상의 정보통신서비스 제공자에도 속하게 되기에 관련 법률들의 관계도 주의 깊게 살펴볼 필요가 있다.[66]

3) 통신수사 법제개선

국제범죄조직 수사기법 가운데 통신수사는 그 중요성과 활용도가 나날이 높아지고 있으며 그 범위도 계속 확대되고 있다. 통신자료를 포함한 모든 통신관련 정보를 수사기관이 적법하게 수집하기 위해서는 통신의 자유, 개인정보자기결정권, 적법절차 원칙과 영장주의, 비례의 원칙 등 헌법상 기본권 침해 여부가 중요한 척도가 된다. 통신자료의 영장주의 적용을 위한 법제개선은 신속한 범인 검거와 피해자 보호에 대한 해결방안 없이 법원의 실질적 심사가 담보될 것이라는 기대가능성도 낮으므로 현실적으로 곤란하다. 다만 조회 대상자에 대한 통지와 관련하여서는 적어도 수사의 대상이 된 가입자에 한하여 공범 수사 등에 차질이 없는 범위 내에서 통지하도록 관련법을 개정하는 것이 필요하다.

'수사의 필요성'만 규정하고 있는 통신사실확인자료의 수집 요건은 범죄혐의의 개연성 수준을 높이기보다는 '사건과의 관련성'에 대한 요구를 강화하고 미국의 '특정선별용어' 개념을 도입하여 적어도 '연속적인 통화내역기록'에 대한 허가 시에는 보다 강화된 법적 통제를 하도록 관련 규정을 개선하는 방안을 검토해야 한다. 기지국 수사의 경우 기존의 통신

---

66) 이원상, "수사절차에서 통신자료 활용에 따른 쟁점 고찰", 형사소송 이론과 실무, 7권 1호, 2015, pp.70－98.

사실확인자료와 차별화할 정도로 침해정도가 높다거나 법적 성격이 다른 것이 아니므로 현행법 규정을 유지하고 사후통지는 부작용이 높아 보여 부정적인 입장으로, GPS 위치정보는 엄격한 절차적 통제하에서 범죄수사 목적으로도 활용할 수 있도록 입법적 보완이 필요하다. 감청의 경우 국가안보 목적으로 사용되는 경우가 극히 드물어 국가보안법 또는 테러방지법에 규정된 범죄에 대한 수사목적으로만 제한하자는 주장은 타당하다고 보이나, 현재 기술적으로 불가능한 이동통신에 대한 감청의 경우 전기통신사업자의 감청설비 구비 의무를 법적으로 규정하는 것이 바람직하다.[67]

(2) GPS 위치추적기 활용 수사 사례[68]

1) 도박범죄조직 수사 사례[69]

피의자들은 사설마권 관리방식의 인터넷을 기반으로 네트워크 연결이 가능한 컴퓨터 시스템을 설계·제작하여 전국단위로 하부총판들을 모집하고, 각 총판들이 개별 발매한 사설마권을 서로 공유해 유통할 수 있는 가칭 '코코아'라는 신종 사설경마 컴퓨터 프로그램을 제작하여 총판과 도박행위자들에게 제공하였다. 이와 관련된 첩보를 입수하고 공범과 하부총판들의 관련 증거자료를 확보하기 위해 피의자들이 사용하는 운영사무실을 특정하여 체포영장을 발부받은 후 피의자들이 사용하는 차량 2대에 대해 GPS 위치추적기를 활용하고자 법원에 압수수색검증영장을 신청, 영장 발부 후 GPS 위치추적기에 따라 대상차량의 위치를 추적하여 피의자를 검거하였다.

2) 차량 대출사기조직 수사 사례[70]

피의자 등은 자동차 할부금융사의 저당권 설정 등으로 인해 정상적인 방법으로는 수출을 할 수 없는 차량을 러시아 등 해외로 밀수출하는 알선책으로, 불상의 제3자에게 속칭 '대포차'로 처분하여 현금을 마련하고자 하는 대출의뢰인들을 모집한 후, 자동차 할부금융사를 속이고 자동차 할부금을 대출받아 차량을 구입하여 위와 같이 구입한 차량을 정상 중고차로 부활시켜 처분하는 등의 방법으로 약 3억 원의 차량할부 대출금을 편취하였다. 이와 관련된 첩보를 수집과 동시에 피의자들이 해외로 밀수출할 대포차량의 조달을 제의하면서 며칠 후 특정날짜에 최소한 10여 대 이상의 차량을 밀수출할 것이며 다른 업자들도 이번 범행에 동참할 것이라는 첩보를 재차 입수한 후 GPS 위치추적기를 위장 거래한 차량에

---

67) 김지온, "통신수사 절차의 개선방안에 대한 법적 연구", 고려대학교 석사학위논문, 2017.
68) 국내 GPS 위치추적기 활용,사례는 드물다. 위 사례는 일선 경찰 수사관을 대상으로 전수 조사하여 확보한 사례 내용을 간추린 것이다.
69) 2017년 울산지방경찰청 사이버범죄수사대 수사,사례.
70) 2014년 인천지방경찰청 수사 사례.

부착하여 피의자에게 인도하고 이를 추적하고자 법원에 압수수색검증영장을 신청, 법원에서 압수수색영장이 발부되면서 위장거래 차량의 GPS 위치정보를 추적하여 피의자를 검거하였다.

3) 보이스피싱조직 수사 사례[71]

보이스피싱조직 총책 박○○은 중국과 필리핀 등지에 하부조직원들을 보내 보이스피싱조직을 구성하고 범행을 주도했다. 총책 박○○는 수사기관의 추적을 피해 도피 중에 있고, 자신의 측근 류○○에게 모든 범행을 지시하고 류○○가 게이트키퍼 역할을 하며 하부조직원을 관리하고 접선하였다. 이에 범행은신처를 파악하기 위해 류○○의 휴대전화에 대한 기지국 위치추적과 함께 류○○의 차량에 GPS단말기를 부착하여 정확한 위치정보를 수집하기 위해 압수수색검증영장을 신청하였고, 압수수색검증영장이 발부되어 추적을 개시, 중국으로 도주한 류○○를 검거하였다.

5. 잠입수사기법

잠입수사기법은 국제화되고 있는 조직범죄에 대처하기 위한 효과적인 수사기법의 하나로서 제시되고 있으나 그 논의가 매우 제한적이다. 2000년 유엔협약에서 정한 특수수사기법으로서의 잠입수사는 협의의 잠입수사로서, 조직범죄에 대한 수사를 목적으로 수사관이 신분을 위장하여 범죄단체에 소속되어 정범 또는 공범으로서 범죄의 실행행위에 참가하여 범죄자의 신원을 확인하고 범행에 대한 증거를 수집하는 활동이라고 할 수 있다. 잠입수사 대상 범죄는 범죄조직에 의해 행해진 살인, 고문 및 야만적 행위, 약취 및 유인, 재물손괴, 절도, 사기, 무기밀매, 불법입국 등의 범죄와, 일반적인 마약류밀매, 인신매매, 매춘영업, 통화위조, 테러리즘, 범죄단체조직, 자금세탁 등이 있다.

(1) 잠입수사의 필요성

잠입수사가 조직범죄를 수사하는데 매우 효과적이라는 것은 일반적인 인식이다. 하지만 잠입수사가 헌법이 보장하는 국민의 기본권을 심각하게 침해하는 것은 물론 그 타당성에 대해서도 의문이 있으나 넓은 의미에서 잠입수사라고 할 수 있는 함정수사에 대한 대법원의 판례가 이미 존재하고 마약류사범을 수사하기 위하여 잠입정보원을 투입하는 것은 지극히 전통적이고 일반적인 수사방식이라 할 수 있어 잠입수사가 국가적 법익을 해하는 범죄나 조직범죄의 수사에 대하여 가지는 효용성을 포기할 수 없다면, 잠입수사를 허용하는

---

71) 2015년 전남지방경찰청 수사 사례.

법적 근거를 마련하는 것도 필요할 것이다.

형사소송법 제195조에 수사는 특정한 범죄가 저질러졌다는 혐의가 존재할 때 개시할 수 있다고 규정되어 있다. 그러나 조직범죄가 일반화된 오늘날 범죄조직의 실체를 밝혀내고, 조직계보를 통해 두목급의 범죄를 입증하기 위해서는 위장된 신분의 수사관이 범죄조직에 들어가 범죄조직의 구성원이나 그 주변인물을 정보원으로 포섭하여 조직의 핵심사항에 대한 정보를 수집하는 잠입수사가 매우 효율적이다. 이러한 필요에 따라 범죄조직에 대한 수사에서 잠입수사 허용의 문제가 강력하게 요구되고 있으며, 이러한 잠입수사는 이미 발생한 범죄뿐 아니라 장차 범죄의 형사소추를 목적으로도 수행될 수 있는 전단계수사로서의 특징도 갖는다. 즉 잠입수사는 범죄가 아직 발생하지 않았어도 그 전 단계에서 표적이 되고 있는 위험인물이나 위험집단에 대한 정보를 수집·저장하여 재판절차에서 이들을 증거물로 제출하여 범죄인을 형사소추하는 것을 목적으로 하는 특성을 지닌다.[72]

이미 혐의가 존재하는 범죄의 형사소추를 목적으로 한 잠입수사는 임의수사인가 강제수사인가가 문제된다. 이때 잠입수사는 기본권에 대한 침해적 성격 때문에 강제수사로 이해된다. 독일에서도 잠입수사는 강제처분의 일종으로 취급되며 따라서 범죄에 대한 국가형벌권의 실현과 헌법상 개인의 기본권 보호와 조화를 위해 잠입수사 요건을 엄격히 제한하고, 사법적 통제를 가하는 방식으로 잠입수사를 허용하는 것이 타당하다고 할 것이다.

(2) 외국의 잠입수사 제도

1) 미국의 잠입수사

비교법적 관점에서 미국의 잠입수사 기법은 조직적 범죄의 수사대책으로서 비밀정보원, 정보협력자 및 잠입수사관(Undercover Employees)을 활용하고 있는데, 잠입수사가 조직적 범죄에 대한 특수한 수사방법으로 본격적으로 활용된 것은 1970년대부터 이다. 현재는 일반범죄, 범죄수익 및 테러에 관한 법무장관의 수사지침을 수행하기 위하여 2002년 제정된 'FBI의 잠입수사활동에 관한 법무장관지침(The Attorney General's Guidelines on Federal Bureau of InvestigationUndercover Operations)'이 잠입수사에 적용된다.

여기서 잠입수사란 잠입수사원에 의한 일정 기간에 걸친 일련의 잠입활동(FBI직원 또는 이와 공동하는 연방, 주 또는 지방의 다른 법집행 기관직원에 의한 가공성명 또는 위장신분의 사용을 동반한 수사활동)을 동반하는 수사를 말한다. 잠입수사에 필수적인 비밀정보원의 활용에 관해서는 2002년의 '비밀정보원의활용에관한법무장관의지침(The Attorney General's Guidelines regarding the use of Confidential Informants)'에서 상세하게 규정하고 있다. 즉 비밀정보원

---

72) 이동명, "潛入搜査의 許容性과 法的 根據", 고시계 49권, 2004, pp.67-75.

이란 중죄에 해당하는 범죄활동에 관한 유익하고 신뢰할 수 있는 정보를 연방의 법집행기관에 제공하는 자 또는 장래 그러한 정보의 제공을 법집행기관이 기대할 수 있는 자이며, 그들 가운데 장래 공판에서 증언할 것을 합의한 자를 '협력증인'이라 규정했다. 조직적인 범죄수사에 있어 이러한 잠입수사나 비밀정보원을 이용하는 경우 잠입수사원이나 비밀정보원 자신이 위법한 행위에 관여할 수밖에 없는 사태가 발생할 것을 예상할 수 있는데 이들 지침에서 그러한 위법행위를 허용하는 요건과 절차에 대하여도 규정하고 있다.[73] 수사실무에서는 잠입수사기법을 조직적 마약류사범에 대한 특수한 수사기법으로 활용하고 있으나 아직 학계에서는 그 전반에 대한 논의는 미약한 수준에 그치고 있다.

2) 독일의 잠입수사

독일의 경우 입법과정에서 잠입수사관이 범죄행위에 관여할 수 있는지 여부를 둘러싸고 논란이 있었다. 이에 대한 명문규정은 존재하지 않지만 개정 형사소송법은 이를 인정하지 않는다는 취지로 이해할 수 있다. 독일에서는 형사소송법 근거규정에 따라 '경찰법(Polizeigesetz)' 제24조와 제25조에 잠입수사관과 비밀정보원에 대한 규정을 두고 있으며, 각 주(Land)마다 '조직범죄수사 시 검찰과 경찰의 협조에 대한 주 법무장관·법무위원과 내무장관·내무위원의 일반기준', '주 법무장관·법무위원과 내무장관·내무위원의 정보원의 요청과 중재자와 형사절차에서 잠입수사관 투입요구에 관한 일반기준'을 마련하여 운영하고 있다.[74] 모든 잠입수사관이 사전적 성격의 수사에 종사하지 않는다 하더라도 잠입수사관은 사전수사로서의 특성을 나타낼 수 있다. 독일 조직범죄대책법의 입법 당시 형사소송법에 잠입수사관 등의 예방적수사를 규정하는 것에 대하여는 학자·변호사는 물론[75] 경찰실무가를 포함한 논자들의 비판이 적지 않았다.[76] 즉 사법경찰과 행정경찰의 역할을 혼동하여 형사소송이 예방 사법화할 수 있다는 우려가 표명되었다.

3) 프랑스의 잠입수사

프랑스는 마약류 유통과 관련하여 위장구매를 내용으로 하는 통제배달의 기법이 법제화된 이래로 조직범죄 적발을 위한 잠입수사 기법을 도입하였고, 최근에는 인터넷을 이용

---

73) 도중진, "범죄수사에 있어서 잠입수사관제도의 도입 여부: 독일의 잠입수사관 투입제도를 중심으로", 중앙법학 15권, 2013, pp.169-195.

74) '통일경찰법모범초안개정예비초안(VEMEPolG)' 제8c조 제2항 제3호(독일 연방과 주정부의 법무장관과 내무장관 그리고 이들 부서의 참의원들에 의하여 기초된 "형사소추의 범위에서 정보원과 고정정보원 및 잠입수사관의 투입요청을 위한 공동행정지침"이 규정되어 있다).

75) Kraus, Sicherheitsstaat und Strafverteidigung, StV1989, S.324 ; Strate, Stellungnahme des Strafrechtsausschlusses des DeutschenAnwaltsvereins, StV 1992.

76) Lisken, Über Aufgabe und Befugnisse derPolizei im Staats des Grundgesetzes, ZRP 1990, S.19f.

한 조직범죄에 대처하기 위하여 사이버상에서의 잠입수사 기법도 도입하였다. 프랑스에서 함정수사라는 용어는 이미 그것이 불법이며 허용되지 않는 수사기법이라는 법적 평가가 내재되어 있다. 이처럼 잠입수사는 그 본질에 있어서 수사관이 신분을 속여 비밀스럽게 행동한다는 점에서 함정수사와 공통점을 가지고 있으며, 다만 잠입수사가 범행의 결의를 초래하거나 단순히 범행을 실행하는 자의 범행의사를 강화하여 달리 범행을 범하지 않았을 자로 하여금 범행을 하도록 이끄는 경우에는 위법한 함정수사로 평가된다.77)

    프랑스 대법원은 프랑스 사법당국이 수색을 통하여 미국 당국의 함정수사 이전에 이미 피고인이 아동포르노그래피의 영상을 보유하고 있었다는 것을 밝혀낸 경우에 있어서도 마찬가지로 함정수사라는 불법적인 수사에 후속된 절차에 기인한 것이므로 그러한 수색을 통하여 수집된 증거는 무효라고 하였다. 이처럼 프랑스 대법원은 외국 수사기관이 범죄를 적발하기 위하여 불법 인터넷 사이트를 개설하여 범인의 접속을 유도한 것은 허용되지 않는 함정수사로 본 것이다.

    프랑스에서 잠입수사의 적법성이 인정되기 위해서는 잠입수사의 결정과 관련된 요건 이외에 잠입수사의 집행요건이 충족되어야 한다. 우선, 잠입수사에 관한 프랑스 법제의 특징은 잠입수사를 직접 실행하는 사법경찰관리와 별도로 잠입수사의 조정관(coordonnateur) 역할을 수행하는 사법경찰관을 두어 잠입수사관의 익명성을 보장하고 보복 등 위험으로부터 수사관을 보호하는 동시에 소송절차에서 나타나는 반대신문권 보장과 잠입수사에 대한 수사기관의 내부적 통제를 확보하도록 하고 있다(제706−81조 제2항). 이에 따라 잠입수사관은 데크레(decrêt)에 의하여 특별히 자격을 부여 받은 국립경찰 또는 군 경찰에 소속된 사법경찰관리 및 세관공무원에 의해서만 수행될 수 있다(형사소송법 데크레 제15−1−3조). 이러한 자격부여는 조직 내부 차원에서 아그레망을 필요로 하며, 이는 사전에 중앙수사국장이 관련 교육을 이수하고 잠입수사를 수행하기에 적합하다고 판단되는 수사관들을 소속 경찰행정청에 제청을 하는 절차에 의한다(데크레 제15−1−3조).78) 잠입 사법경찰관리는 가명으로 활동하며, 만일 신원을 누설한 경우에는 경죄로서 처벌되며, 그 누설로 인하여 잠입수사관 또는 배우자, 자녀 및 직계존속 등에 대한 사망, 폭행의 결과가 발생한 경우 가중처벌된다(제706−84조). 또한 모든 잠입수사는 수사의 조정을 담당하는 사법경찰관의 책임하에 행해져야 하며, 소송서류에는 잠입수사관의 실명이 나타나지 않고 조정관인 사법경찰관 실명만 나타낸다. 조정관은 잠입수사관 및 이 수사관의 임무수행에서 도움을 받은 자의 안전에 위험을 초래함이 없이 범죄의 적발에 엄격하게 필요한 요소들을 포함하는 보고서를

---

77) Jean Pradel, 『Procedure penale』, Cujas, 2008, pp.372−373.
78) Serge Guichard & Jaques Buisson, 『Procédure pénale』, LexisNexis, 2013, p.788.

작성하고, 해당 사건과 관련하여 소송절차에서 조정관이 증인자격으로 출석하여 진술한다 (제706 – 81조 제1항, 제2항 및 제3항).[79]

(3) 함정수사와 잠입수사 구분과 주체

1) 함정수사와 잠입수사 구분

함정수사는 수사기관 또는 그 하수인이 신분을 숨기고 범죄혐의자에게 범죄를 교사 또는 방조한 후 실행을 기다려 혐의자를 체포하는 수사기법으로 특히 마약범죄, 밀수범죄, 매매춘 등 범죄조직에 의하여 행해지는 범죄에서 많이 사용되는 수사기법임에 대하여, 잠입수사는 범죄사실 자체를 알기 어렵고 피해자의 증언이나 증거확보를 위한 협조자를 구하기 어려운 경우에 위장, 속임수, 범죄발생의 유혹 등의 방법을 동원하여 행하는 사전적 성격의 수사기법이다. 그러나 함정수사나 잠입수사가 모두 신분을 위장하는 수사기법이라는 측면을 강조하는 경우에는 수사기법의 실제 사용에 있어 차이가 나는 것은 아니기 때문에 함정수사를 잠입수사의 개념 안에 포섭하여도 무리는 없을 것이다. 하지만 '범의유발형 함정수사'의 경우 잠입수사관이나 비밀정보원(V – Person)의 형사책임문제와 관련하여 미수의 교사는 구성요건적 결과발생에 대한 인식·인용이 없으므로 고의가 탈락되어 불가벌이라는 견해가 우리나라의 통설적 입장이며, 따라서 함정교사(agent provocateur, Lockspitzel)도 기수의 고의가 없기 때문에 교사자의 가벌성은 부정된다고 할 것이다.

2) 잠입수사의 주체

잠입수사는 정보원의 투입을 통하여 수행된다. 일반적으로 잠입수사를 위한 정보원의 투입형태는 크게 수사기관 종사원이 아닌 자와 수사기관의 결합 형태와, 수사기관이 수사관의 신분을 위장하여 범죄조직에 침투시켜 정보를 수집하거나, 조직의 와해를 도모하는 형태로 존재한다.

정보원은 수사기관 종사원이 아닌 자가 수사기관에 정보를 제공하는 형태로 단순정보원과 고정정보원으로 구분된다. 단순정보원(Informant)은 개별 사건에 한하여서만 형사소추기관의 익명성 보장을 조건으로 정보를 제공할 준비가 되어 있는 자로 규정된다. 이에 비해 수사기관과 고정적이고 지속적인 연결 형태를 의미하는 고정정보원은 형사소추기관의 종사원이 아니면서 범죄의 규명을 위해 익명성을 유지한 채 지속적으로 형사소추기관을 뒷받침할 준비가 되어 있고, 그의 신원은 원칙적으로 비밀에 부쳐지는 자라고 할 수 있다.

---

79) 김택수, "조직범죄 대처를 위한 잠입수사기법의 허용성과 법적 체계", 경찰법연구 제14권 제1호, 2016.

(4) 잠입수사로 획득한 증거의 지위

잠입수사로 획득한 증거가 과연 소송절차상 증거능력을 가질 수 있는가의 여부는 잠입수사가 적법하게 수행되었는가, 아니면 위법하게 수행되었는가에 따라서 달라지게 된다. 적법한 잠입수사로 획득한 범죄에 대한 증거물은 법정에서 그것의 증거능력을 인정받는 데에 아무런 문제가 없다고 할 것이다. 그러나 영장주의원칙에 반하거나 비례의 범위를 벗어난 위법한 잠입수사로 획득한 증거의 증거능력은 위법수집증거배제법칙과 관련하여 커다란 논란의 소지를 지니고 있다. 대법원은 실체적 진실발견이라는 측면에 중점을 두고, 위법하게 수집한 증거의 증거능력을 인정하고 있고, 학설은 헌법에서 규정되고 있는 적정절차와 인권보장 그리고 위법수사의 억지를 이유로 위법수집증거배제법칙을 긍정하여야 한다는 점에 견해가 일치하고 있다. 하지만 전 단계 수사를 목적으로 하는 잠입수사는 그 자체가 원천적으로 현행 형사소송법상 일반적 수사개시의 원칙을 위반하는 것으로서 절대적으로 허용될 수 없기 때문에 이것을 통하여 획득한 증거는 위법수집증거배제 법칙에 해당되어 증거능력이 없다고 할 것이나, 예외적으로 적법한 절차에 근거한 잠입수사를 수행하는 과정에서 우연히 지득된 정보가 미래의 형사소송절차에서 범죄를 입증하는 증거물로 사용되는 것은 허용된다고 할 것이다. 왜냐하면 이것은 잠입수사뿐만 아니라 통상의 범죄수사가 필연적으로 지니고 있는 부차적인 기능이기 때문이다.[80]

---

80) 이동명, "潛入搜査의 許容性과 法的 根據", 고시계 49권, 2004, pp.67-75.

인간안보이론과
초국가범죄조직

제 1 절   인간안보이론

　　안보(安保)란 외부의 위협이나 침략으로부터 국가를 보호하는 행위로, 오늘날 안보는 과거 군사력 위주의 전통적인 국가안보 개념에서 벗어나 인간의 생명과 존엄을 중시하는 '인간안보'의 새로운 패러다임으로 바뀌었다. 즉 인간안보는 1994년 유엔개발계획의 인간개발보고서에서 처음 제시되었으며 '공포로부터의 자유'와 '결핍으로부터의 자유'를 초점으로 삼고 있다.

　　인간안보는 국가안보와 주권을 강조하는 국가중심적 체계가 아니라 인간의 생활을 하는 기본적 욕구를 충족하는 가운데 존엄과 안전을 인정하는 인간중심적 체계이며, 국익보다는 공통의 가치에 기반을 두고 있는 개념이다. 또한 국제질서 내에서 국가에 비해 상대적으로 저평가되어 온 인간 그 자체에 대한 안전보장을 의미하며, 궁극적으로 인간의 기본적 자유, 즉 공포로부터의 자유와 결핍으로부터의 자유를 추구하는 가치중심적 개념이기도 하다. 하지만 인간안보의 개념을 폭넓게 볼 때 개인의 선택권을 안전하고 자유롭게 행사할 수 있고, 나아가 오늘의 선택기회가 장래에 상실되지 않을 것이라는 확신을 가지게 하는 것으로, 기아, 질병, 억압, 테러 등 위협으로부터의 안전과, 가정·직장·공동체 내에서의 생활양식의 급격하고 유해한 파괴로부터 보호받는 것으로, 기후·식량·에너지의 자연안보, 원자력·사이버의 기술안보, 경제·종교·정치사회·해양의 사회안보, 이주와 난민문제의 인구안보 그리고 질병의 보건안보 등으로 나눌 수 있다. 또한 1994년 유엔개발계획의 인간개발보고서에는 인간안보의 특징을 다음과 같이 설명하고 있다. 즉 인간안보는 전 세계 어느 나라 사람에게나 보편적인 문제이며(보편성), 인간안보의 위협요소는 국경 안에 국한된 것이 아니라 전 세계적인 문제로 상호의존적이며(상호의존성), 인간안보는 사후적 대처보다 사전적 예방이 더욱 효과적이며(사전예방성), 인간안보는 인간중심적(인간중심성)이다.

1. 인간안보 개념논의

인간안보 개념은 1994년 유엔개발계획(United Nations Development Programme: UNDP)의 '인간개발보고서(Human Development Report: HDR)'에서 그 동안의 안보개념들이 인간 개인의 안전보다는 국가안보와 과도하게 연결되어 있었다는 점을 지적하고, '공포로부터의 자유(freedom from fear)'와 '궁핍으로부터의 자유(freedom from poverty)'로 정의되는 인간안보의 중요성을 강조하면서 시작되었다.[1] UNDP에 의해 제시된 '인간안보'는 이전의 안보개념이 외부의 침략으로부터 국가를 보호하는 국가중심적 사고방식인 '국가안보'에 대응하여 제안된 것으로, 국제정치에서 국가중심 사고를 넘어 범세계적이고 인류 보편적 사고로 일상생활 속 안보를 개념화한 것이다.

인간안보 논의의 초창기부터 과도한 국제이주는 지구적 인간안보를 위협하는 요인으로 제시되어왔다. 안보의 새로운 관점을 제시한 UNDP의 보고서는 "인구증가와 빈곤 심화의 명확한 결과는 국제이주의 증가이다"라고 명시하고 있을 정도로 국제이주는 그 자체가 인간안보를 위협하는 요인이자 여타의 지구적 인간안보 위협과 밀접한 관련이 있다는 인식을 내포하고 있다. 자기가 태어난 국가를 떠나 살고 있는 전 세계 인구는 약 3%이며, 이는 역으로 절대 다수(97%)의 사람들은 자기가 태어난 곳에서 일생을 보낸다는 의미이기도 하다.

(1) 안보의 두 가지 관점

안보에 대한 관점은 두 가지로 나타난다. 하나는 외부의 침략이나 위해 요인으로부터 국가의 주권과 영토, 국민의 생명과 재산을 보호한다는 경성안보 논리인 전통적 군사력 중심의 국가안보이고, 다른 하나는 탈냉전 이후 적정 수준의 인간다운 삶을 구현하기 위해 정치, 경제, 사회, 문화, 보건, 환경적 요건들을 총체적 관점에서 조망하는 글로벌 시대의

---

1) United Nations Development Programme (UNDP), Human Development Report (HDR), 1994, Shahrbanou Tadjbakhsh and Anuradha M. Chenoy, Human Security: Concepts and Implications. London: Routledge, 2007, pp.15 – 16, p.24.

안보개념인 연성안보 논리로 구분할 수 있다.[2]

전통적 논리의 안보는 외부 군사적 위협에서 주권과 국가의 영토적 통합성을 보호하는 국가안보(national security)가 핵심이다. 하지만 인간안보의 중요성을 공론화시킨 유엔개발계획(UNDP 1994)의 '인간개발보고서'에서 안보의 초점을 국가로부터 인간으로 전환하여 다양한 위협으로부터 인간의 생명과 재산, 기본권을 보호하는 것을 핵심 의제로 삼고 있다.

인간안보는 본질적으로 일상생활을 위협하는 위험 요인들로부터 사람들을 보호하는데 관심을 가진 개념으로, 위협 요소들이 인위적이든 자연적이든, 국가 외부에 있든 내부에 있든, 직접적이든 구조적이든 상관없이 인간안보를 규정하는 현상으로 간주된다.[3] 이러한 인간안보 개념에 대한 비판과 불일치하는 관점에도 불구하고 인간안보 개념의 유용성과 가치는 적정 수준의 인간다운 삶을 지향하는 글로벌사회의 인권, 환경, 개발, 분배, 정의 등과 관련된 연계 영역들을 기존의 안보와 이어주는 교량과 조정의 가능성에서 발견할 수 있다.

인간안보에 관한 보고서들은 공통적으로 인간안보 증진을 위한 국제적인 협력을 강조한다. 지구화로 인한 국가 간 상호의존이 심화되는 상황에서 한 지역의 인간안보 상황은 다른 지역과 연결될 수밖에 없다는 맥락에서 인간안보를 개인의 문제를 넘어 지역, 국가, 그리고 국가 간 관계를 연결하는 문제로 간주하는 것이다. 예를 들어, '인간개발보고서(Human Development Report: HDR)'는 기아, 공해, 질병, 마약거래 그리고 테러리즘 같이 인간안보를 훼손하는 요인들은 더 이상 한 국가 내의 문제가 아니라 다른 국가에 영향을 미칠 수밖에 없는 지구적 차원의 문제로 명시하고 있다.[4] 특히, 인간안보 침해상황에 보다 적극적으로 개입해 문제해결을 시도하려는 의도는 2001년 12월 캐나다 정부가 임시 구성한 '개입과 국가주권에 관한 국제위원회(ICISS)' 보고서인 '보호할 책임(Responsibility to Protect: R2P)'에 명시되어 있다. 보고서는 냉전 종결로 인해 전통적인 국가 간 분쟁이 감소하고 그 대신 내전이 점증하면서 대량학살과 인종청소 등의 반인륜적 범죄행위가 증가하고 있음을 지적하고, 이를 방지하기 위해 유엔헌장에 따른 군사적 개입가능성까지 열어두고 있다.[5]

---

2) 김용신, "인간안보 개념의 시민교육적 위계구조 분석", 국제지역연구, 19(4), 2016, pp.51–69.

3) Stephen R. Nagy, "Building a Human Security–based Framework for the Protection of Migrants in Northeast Asia," International Studies Review 14, No.2, 2013, p.63.

4) 박홍서, "자유주의 통치성의 출현과 인간안보, 국제정치논총, 52(3), 2012, pp.57–82.

5) ICISS, "The Responsibility to Protect," Ottawa: International Development Research Center, 2001, pp.5–31.

(2) 인간안보의 중요성

냉전종식 이후 국가와 국가 간 전면적인 국제전이 벌어질 가능성은 크게 감소한 반면, 인종적·문화적·종교적 갈등요인으로 내전이 급증하면서 그에 의한 대량학살, 강간, 난민 사태와 같은 위기상황은 지구촌의 심각한 위협으로 대두되었다. 이러한 다양하고 새로운 위협들은 단순히 종래의 국방이나 정치적 안보와 같은 전통적인 안보 개념으로서는 주권국 가내 개인이나 그룹의 안보를 보장할 수 없다는 인식이 확산되면서 안보의 논점이 국가적 차원에서 개인적 수준으로 전환되거나 확대되어야 한다는 '인간안보'의 중요성이 대두되었 다.6)

인간안보 개념은 안보의 궁극적 대상을 인간(human being)으로 환원시켜 파악함에 따 라 인간의 안위를 위협하는 모든 사안을 안보위협 요인으로 간주한다. 따라서 국가가 개인 을 가장 잘 보호할 수 있다는 전제하에 국가에 대한 위협을 개인에 대한 위협과 동일시하 는 기존의 안보개념과 구별한다. 이와 같이 인간안보는 전통적인 군사적 안보위협 요인 이 외에 인간 개개인의 안위에 영향을 미치는 모든 정치, 경제, 사회, 문화적 사안까지도 안보 의 측면에서 바라보며 안보개념을 매우 폭넓고 다양하게 인정한다. 또한 개인 안보를 국가 안보보다 우선시한다는 개념이기 때문에 인간의 평화를 해칠 수 있는 모든 요소를 안보위 협의 요인으로 보며 여기에는 군사적인 위협뿐만 아니라 경제적 고통으로부터의 자유, 삶 의 질, 자유와 인권보장 등이 포함된다. 냉전종식 후 일어난 분쟁의 대부분은 내전의 형태 로 나타나고 있으며, 그 최대 피해자는 군인이 아닌 민간인이라는 점 때문에 이 개념이 크 게 떠올랐으며 실제로 대인지뢰금지협약, 국제형사재판소의 설립을 위한 조약 등을 채택하 는데 있어 큰 역할을 하였다고 평가된다.

지구환경의 변화에 따른 경작지의 유실, 내전 혹은 전쟁, (난)개발 등은 대량의 난민과 망명 신청자(asylumseekers)를 발생시키는 원인이 된다. 이들에게 있어 본국에 머무른다는 것은 곧 생명의 위험에 적나라하게 노출되는 것이기 때문에 이주 이외에는 달리 선택의 여 지도 없다. 결과적으로 본국에서의 기아, 종족갈등, 이웃국과의 전쟁, 불평등, 환경악화, 사 회불안 등에 따른 인간안보의 위기는 국경을 넘는 인간의 이주를 촉진함으로써 인간안보와 이주의 관련성을 더욱 분명하게 드러낸다. 즉 일국에서의 인간안보 위기는 단지 국경 내에 머무르는 것이 아니라 위기에 처한 인간의 이주를 추동함으로써 위기의 글로벌화로 이 어진다.

---

6) 이신화, "분쟁지역, '인간안보'의 중요성", 동아일보(2007.8.10자).

(3) 인간안보 7요소

1994년 유엔개발계획의 보고서는 인간안보의 개념을 정립하여 이론적 논의와 확산에 기여했다. 이에 따르면 인간안보는 7개 요소들로 구성된다. 즉, 경제안보, 식량안보, 건강안보, 환경안보, 개인안보, 공동체안보, 정치안보들이다. 아울러 '공포와 결핍으로부터의 자유'를 인간안보의 개념으로 정리하여 외교정책의 주요 쟁점이 되었고, 1999년 G8에서 이를 '다양한 인간안보 위협에 대한 다양한 위협에 맞서 싸울 것'을 밝힌 바 있다.

인간안보의 등장은 군사력 강화를 통한 국민국가의 영토적 안보를 확보하기 위한 수많은 노력, 희생과 비용이 인간 삶의 조건과 질을 향상시키는데 실패했음을 역설적으로 보여준다.[7] 인간안보는 전통적 안보개념을 확대하는 대안적 성격을 가지며, 대안적 가치 또는 규범이 서구의 가치와 신념에서 비롯될 경우 아시아 국가들은 고유의 정치, 경제, 사회적 조건들로 말미암아 이들의 즉각적 수용보다는 소극적 거부 또는 적극적 저항을 불러온다. 아시아적 가치를 통해 인권 개념에 관한 아시아적 맥락이 강조되는 대목이다.

(4) 국제이주와 인간안보

이주를 전통적 안보와 인간안보의 관점에서 살펴볼 때 이주의 여러 가지 유형 즉 이민, 난민, 유학, 밀입국, 장·단기 이주, 순환이주 등에 따라 이주가 야기하는 인간안보의 문제는 그 시각이 다를 수 있다. 탈냉전 이후 안보개념이 군사적 위협에 대응한 생존에서, 삶에 위해를 가할 수 있는 잠재적·초국가적 위협으로부터 사회를 보호하는 것으로 변화되면서 국제이주는 안보적 요인으로 취급될 수 있었다.[8]

이주의 안보를 언급할 때, 이주에 따른 안보위협 증대의 대상과 주체는 세 가지 측면에서 살펴볼 수 있다. 먼저, 이주민 개인 혹은 집단이 안보위협의 대상(혹은 주체)이 될 수 있는가, 둘째, 주류 집단이 포함된 사회가 그 대상 혹은 주체가 될 수 있는가, 셋째, 국가 자체가 안보위협의 대상이 될 수도 있는가이다. 이주 정책의 세 가지 측면, 즉 출입국관리, 체류관리, 이민자 정책에서 살펴보면 이주민 개인과 집단, 국가, 주류 집단은 모두 안보위협의 대상이자 주체로 등장할 수 있다. 국가 공동체는 '위험한 이주자'로부터 안보위협에 노출될 수도 있지만 더 많은 경우 이주민에 대한 안보를 위협하는 주체로서 기능한다. 예를 들면 2001년 9·11 테러 이후 서구에서는 국제적 난민협약이나 인권협약에 의해 제한되기는 하지만 외국인을 국가안보의 잠재적 위협 요인으로 간주하는 형태로 이민법과 난민법

7) 김형종, "동아시아 공동체와 인간안보", 국제관계연구, 19(2), 2014, pp.103−135.
8) Savitri Taylor, "Migration and Human Security in the Asia-Pacific Region," Global Change, Peace & Security, Vol. 19, No. 3, 2007, p.171.

등 출입국과 관련된 법을 개정하였다.9) 그리고 외국인에 대한 인식 자체의 부정적 변화와 함께 많은 국가들은 국경통제를 강화하기 위해 국가 간 협의를 진행하거나 긴 국경을 따라 방어벽을 설치하는 등 많은 노력을 기울여왔다. 국경통제 강화가 이주하고자 하는 사람들을 더욱 고통스럽게 만든 것은 사실이지만 국경통제를 위한 국가들의 주력이 일반적으로 성공했다고 평가하기는 어렵다. 국경통제를 강화하고자 하는 서구 국가들을 위시한 국민국가의 이러한 조치를 회피하여 이들 국가에 입국하고자 하는 외국인의 실랑이가 여전히 지속되고 있으며, 이러한 현실은 수많은 인명 피해를 동반하는 비극적인 사태를 낳고 있다.10)

(5) 불법체류와 인간안보

미등록체류자는 국가의 규범을 위반한 것이라고 할 수 있다. 그들의 규범 위반은 "해당 국가의 기본적 가치에 대한 위협으로 인식되고 그러한 측면에서 국가안보에 대한 위협으로 간주"될 수도 있다.11) 그러나 이러한 인식은 자칫 장·단기 체류 외국인을 잠재적 우범자로 오인할 수 있는 가능성이 있기 때문에 이에 대한 언급은 조심스럽게 다루어져야 하며, 그러한 언급과 인식도 매우 제한적으로 인정되어야 할 필요가 있다. 그럼에도 불구하고 외국인범죄는 체류 외국인의 증가에 따라 점차 늘어나는 경향이 있으며, 이는 합법·비합법 체류의 경계를 가로질러 오히려 그러한 부정적 행위는 체류가 불안정한 미등록체류자보다는 그렇지 않은 경우가 더 빈번하게 나타난다. 우리나라에서는 외국인에 의한 범죄가 국적자의 범죄에 비해 크게 다루어지면서 과장되는 측면이 있다. 그러한 관행적 보도는 외국인 차별과 혐오, 심한 경우 제노포비아(xenophobia)로 비화될 수 있다.

이주민이 일반적으로 처한 객관적 현실과는 별도로 이주 수용국 혹은 사회가 이주민 내지는 소수인종을 어떠한 근거에서 평등하게 대우하고, 구조적 차별과 폭력으로부터 보호해야 하는가 하는 규범 윤리적 질문이 제기될 수 있다. 그것은 이익의 관점, 정의 내지는 인간 평등성의 관점에서 주장될 수 있을 것이다. 반 이민과 반 이민자 정서에 기대고 있는 극우정당의 영향력 확대 또한 이주민의 집단적 안보를 저해하는 요소이다.

극우정당의 출현은 그 자체로 소수자와 주류 간의 갈등의 표현이라고 할 수 있다. 이

---

9) A. Baldaccini, "Introduction," in Elspeth Guild and Anneliese Baldaccini (eds.), Terrorism and the Foreigner: A Decade of Tension around the Rule of Law in Europe(Leiden: Martinus Nijhoff Publishers), 2007.

10) Maria Jimenez, Humanitarian Crisis: Migrants Deaths at the U.S.—Mexico Border(ACLU and CNDH), 2009.

11) Myron Weiner, "Security, stability, and international migration," International Security, Vol. 17, No. 3, 1992, p.110.

들은 난민의 문제와 부담에 초점을 두기도 하고, 경제적 이주자를 위험(insecurity)의 원천으로 비방하기도 한다.[12] 난민이 테러의 원천으로 이미지화되는 것에서 나타나는 바와 같이 '외국인'은 국가안보를 위기에 빠뜨리는 것은 물론 주류의 일자리와 노조의 교섭력을 악화시키는 요인으로 묘사된다.

미등록체류자가 경험할 수 있는 인간안보의 위험은 합법적 이민자보다 훨씬 심각하다. 이들은 말 그대로 무권리 상태에 있으며, 언제든지 체포와 구금, 추방의 위험에 직면해 있다. 미등록체류자는 '불법체류'라는 불리한 처지로 인해 직장에서 임금, 노동환경, 휴식, 산재 등 노동자의 정당한 권리와 대우를 요구할 수 없으며, 단속과정에서 신체적 위해와 상해를 당하는 경우도 자주 있다. 이주를 국가안보와 직접 연계시키는 '이주의 안보화(securitization of migration)'보다는 이주민, 원주민을 구분하지 않고 인간 그 자체의 안보를 중시하는 인간안보의 관점에서 국제이주를 논하는 것이 규범적으로 보다 바람직한 관점이라고 하겠다.[13]

2. 동아시아지역 인간안보

인간안보 개념을 '공포로부터의 자유'와 '궁핍으로부터의 자유'라고 규정할 때 먼저 고려할 사항은 '공포로부터의 자유'라고 볼 수 있다. 왜냐 하면 공포로부터의 자유는 사람들이 어떤 압제로부터 자유로워서 자유로운 삶을 영위할 수 있는 기초가 되기 때문이며, 이러한 자유를 바탕으로 개인의 창의성이 발휘되어 물질적 가치를 보다 원만하게 획득할 수 있기 때문이다. 즉, 공포로부터의 자유는 인간의 생명이라는 최고의 가치와 관련이 있으며 궁핍으로부터의 자유는 인간 삶의 질에 관계된다고 할 수 있다.

동아시아에서 인간안보 개념을 논의할 때 몇몇 국가들은 궁핍으로부터의 자유에 대해서는 수용적이나 공포로부터의 자유에 대해서는 매우 거부적이다. 왜냐하면 후자는 자유주의적 의미의 인권과 그에 따른 인도주의적 개입의 문제와 관련이 있기 때문이다.[14] 안보와 위협이라고 하는 것은 결국 개인의 생명에 대한 안전과 위협의 문제이므로 전통적인 국가

---

12) Elspeth Guild, "Understanding security and migration in the twenty-first century," In Elspeth Guild, Security and Migration in the 21st Century, Cambridge: Polity Press, 2009.
13) 이용승, 국제이주와 인간안보. 국제관계연구, 19(2), 2014, pp.137-169.
14) Evans Paul, "Asian Perspectives on Human Security: A Responsibility to Protect?," A Paper Presented for International Conference on Human Security in East Asia organized by UNESCO, Ilmin International Relations Institute of Korea University, and Korean National Commission for UNESCO on 16-17 June 2003 in International Conference Hall, Korea Press Center, Seoul, Korea, 2003, p.53.

안보도 결국 국가 구성원으로서 개인 또는 시민의 생명보호를 의미한다고 할 수 있다. 따라서 인간안보론은 안보에 대한 주제의 막연한 확대가 아니라 그 핵심을 다루고 있는 것이라 할 수 있다.

(1) 동(남)아시아 테러조직과 인간안보

동아시아 지역 국가들의 인간안보는 초국경적 특성을 갖는 비전통적 안보문제에 대한 대응과정으로 나타난다. 특히, 이주, 테러, 환경 등 지역적 차원의 대응을 필요로 하는 이슈들이 그 중심에 있고, 지리적으로 인접한 동아시아 국가들 간 사회경제적 발전 격차로 인해 역내 이주가 많이 발생하며 그 형태 또한 매우 다양하게 나타난다.

동아시아는 이주자들의 유출국과 유입국의 측면에서 볼 때 동아시아에 공존하는 지역적 특수성을 갖고 있다. 거의 모든 역내 국가들이 정치·경제·사회적 이유로 이주를 엄격하게 통제함에 따라 불법이주가 발생하고 있으며 그 과정에서 물리적 가해, 정신적 학대, 경제적 또는 성적 착취가 발생하고, 특히 여성과 어린이가 더욱 인간안보의 취약성에 노출되어 있다.

아시아 지역 난민은 약 2천만 명으로, 이주관련 불법밀입국(human smuggling)과 인신매매(human trafficking) 등 잠재적 인간안보 위협에 노출된 다수가 동아시아에 분포한다. 국제협약의 서명과 같은 국제적 수준의 노력에도 불구하고 개별 국가차원의 자발적 참여는 매우 제한적으로 이뤄지고 있는데, 이는 해당 국가가 이주에 대해 인간안보차원을 외면한 채 자국의 정치·경제적 이해관계만 고려한 결과[15] 2001년 9·11테러 이후 미국은 동남아시아에 대해 보다 적극적 전략으로 전환하였다. 이는 9·11테러 범행단체로 규정한 알카에다(Al Qaeda)와 조직적 연계를 갖는 동남아시아 지역에서 활동하는 제마야이슬라미야(JI)의 소행으로 추정되는 일련의 테러 공격이 발생하였기 때문이다. 미국은 동남아시아를 대테러 전쟁의 제2전선으로 규정한 바 있고 2003년 말 기준 JI 조직원 약 200여 명이 구속되었으며,[16] 태국 남부 무슬림, 필리핀 남부 무슬림들이 각각 중앙정부와 종족적·종교적 갈등과 탄압을 겪으며 수차례의 합의와 평화결의가 무산되는 과정에서 테러조직의 출현과 확대에 기여할 가능성이 높아졌고, 태국 남부 말레이 무슬림 유혈사태의 경우 2004년 이후 약 4,000여 명 이상이 사망하는 등의 인명피해를 낳았다. 그리고 필리핀 남부를 근거로 활동하는 민다나오 이슬람 해방전선(MILF)과 아부샤아프(Abui Sayyaf) 등도 오랜 기간 역내 갈

---

15) Jacqueline Joudo Larsen, "Migration and People Trafficking in Southeast Asia," Trends & Issues in Crime and Criminal Justice, No. 401, 2010, pp.3－5.

16) Aldo Borgu, "Combating Terrorism in East Asia－A Framework for Regional Cooperation," Asia－Pacific Review, Vol. 11, No. 2, 2004, p.40.

등으로 인해 테러조직화 가능성을 내포하고 있다.

동남아시아에서의 테러 위협은 급진 이슬람 무장 세력과 연계되어 있다. 이는 단지 종교적 문제이기보다 식민지 유산인 정치적 국경획정으로 인한 종족적 정체성과 종교적 자유, 공동체의 자율권 침해에 따른 민족주의 운동의 성격을 띠고 있다. 이와 같이 동아시아 테러리즘은 민간인에 대한 무분별한 공격에 따른 희생뿐 아니라 테러조직 검거를 위한 예방적 조치들에 의한 일반 시민의 개인적 안보까지 위협할 수 있다는 것을 의미한다.

(2) 아세안 안보협력 논의

중-아세안 간 비전통적 안보 협력에 관한 공동선언문 채택 이전에 이미 지역차원에서 개별 현안에 대한 다양한 협력이 모색된 바 있다. 2000년 아세안-중국 마약류에 관한 협동 계획이 채택되어 중국, 라오스, 미얀마, 태국이 참여했고, 특히 아세안 차원에서는 1997년 초국경적 범죄에 관한 장관급회의를 개최했으며, 2001년에는 대 테러리즘에 대한 공동대응을 위한 선언이 채택되기도 했다. 기존 비전통적 안보분야에서의 아세안 차원의 장관급 협력논의는 2002년 중국-아세안공동선언에서 보듯이 동아시아 안보협력의 기초토대로 수용되었고, 2003년 아세안-일본 정상회의에서도 테러, 해적, 초국경적 문제대응을 위한 안보협력방안을 논의한 바 있다.[17]

동아시아 국가들의 인간안보에 대한 관심은 지역차원의 유일한 다자간 안보협의체로서 아세안지역포럼(ARF) 등에서 논의되기도 한다. 23개 국가 및 국제기구 담당자들이 참여하는 아세안지역포럼은 유럽 등 다른 지역의 안보제도화와 비교할 때 아직 실효성 면에서 크게 미치지 못하는 것은 사실이나 연례 외무장관회의 등을 꾸준히 개최함으로써 재난구호 등과 같은 인간안보 주제를 포함하여 신뢰구축방안, 평화유지활동, 수색구조, 예방외교 그리고 비확산 문제 등 지역의 다양한 안보 주제들을 논의해 가고 있다. 또한 아세안지역포럼은 그 운영에 있어 비정부 민간연구기관들(Track II)과도 지속적인 협력을 추구하고 있는데, 그 대표적인 것이 '아세안지역포럼'과 '아·태 안보협력이사회(Council for Security Cooperation in Asia-Pacific: CSCAP)'의 협력을 들 수 있다. 특히 CSCAP는 안보문제에 대한 연구와 그에 기초한 정책건의를 통해 정부차원(Track I)의 안보협의를 촉진·지원하는 역할을 수행하고 있다. 즉, '아·태 안보협력이사회'는 민간연구기관으로서는 드물게 연구그룹(working group)이 정부 간 기구인 '아세안지역포럼(ARF)'의 '회기간회의(Inter-sessional Support Group Meeting)'와 연동하여 회의를 개최함으로써 민간전문가들의 의견과 건의를

---

17) ASEAN, "Press Statement The Chairperson of the ASEAN+China Summit, the ASEAN+Japan Summit, the ASEAN+Republic of Korea Summit, and the ASEAN-India Summit Bali, Indo-nesia, 8 October 2003," 2003.

전달하는 형식을 통해 협력하고 있다. 이처럼 다양한 협의체나 학술적 대화를 통해 인간안보의 개념을 지역 국가들 사이에 확산시켜 나가는 것은 동아시아지역의 장기적인 인간안보 협력에 커다란 기여를 할 것이다.

(3) 중국의 인간안보

중국은 인간안보 용어 자체를 회피하는 경향이 있어 인간안보라는 용어보다는 비전통안보라는 용어를 선호한다. 그리하여 중국 내에서 인간안보 내용으로서 비전통적 위협이라는 주제하에서 경제적 불평등, 환경, 질병, 에너지, 마약 등의 문제들을 중요하게 다루기는 하지만 시민 및 정치적 권리를 포함하는 인권문제는 다루지 않는다. 중국이 공산당 일당지배체제를 유지하고 있는 상황에서 그 체제문제에 대한 논의를 금기시하는 이유는 내부적으로 티벳, 신장 등 소수민족의 탄압문제를 가지고 있기 때문에 나타나는 현상으로 볼 수 있다.[18] 같은 맥락에서 탈북자들이 중국에 들어오는 경우 북한으로 강제송환함으로써 국제사회의 비판을 초래하고 있기도 하다. 다만 중국의 영향력 있는 지식인들은 이러한 문제를 우회적으로 표현하는데 예를 들면 "중국의 통치체제는 이러한 비전통안보 문제들의 위기에 대하여 적절하지 못한 것으로 믿는다"는 것이다.[19]

현대 중국인의 이주역사를 볼 때 중국인들이 제일 먼저 진출한 지역은 러시아 극동지역이다. 최근 한 여론조사에서 극동지역에 사는 러시아인의 47%가 극동지역 영토가 중국에 합병될 가능성이 있다는 결과가 있다. 또한 중국은 우리나라의 외국인 거주 1위 국가이며 매년 난민신청자도 1위이다. 이는 중국의 신 이민 프로젝트가 대일본 및 한반도 전략적 차원에서 추진되고 있다. 우리 정부는 제주도에 5억 원 이상 투자하면 영주권을 주다보니 제주도의 중국인 불법 체류자가 8,500여 명에 달하고 외국인 범죄가 54.4% 증가하였으며, 범죄자의 70%가 중국인이다 보니 제주도 치안문제를 중국공안이 담당하겠다는 정책이 논의되기도 했다.

1995년 중국 정부가 공식 발표한 '신 이민 프로젝트'에는 향후 중국의 이민정책의 목적과 방향이 명확히 드러난다. 개혁개방정책 이래 중국대륙을 떠나 해외에 거주하는 신 이민자들이 꾸준히 늘고 있으며 이들은 현재 화교사회에서 중요한 세력으로 부상하였고 이들은 미국과 유럽을 포함한 서구 선진국에서 친 중국 세력을 이루는 근간이 될 것이며, 세계 각지에 퍼져 있는 신 이민자들의 네트워크를 통해 중국의 영향을 확대하고 친 중국 세력의 근간을 다지고자 하는 의도를 숨기지 않는다. 이는 중국의 팽창주의로 인해 세계 곳곳과

18) 신상철, "중국 신장 위구르지역 테러조직에 대한 연구", CHINA연구(15호), 2013.
19) 오영달, "동아시아 지역안보협력의 모색 : 인간안보 패러다임을 중심으로", 유라시아연구 7(2), 2010, pp.153－178.

갈등을 빚을 때 이들이 중국 정부의 지원군 역할을 할 수 있다.

(4) 일본의 인간안보

일본은 인간안보에 대해 광의의 개념으로 정의하여, "자연환경의 악화, 인권 침해, 국제조직 범죄, 불법마약, 난민, 빈곤, 반인륜적 지뢰매설, 에이즈 같은 질병 등과 같이 인간의 생존, 일상생활 그리고 존엄성을 위협하거나 이러한 위협에 대응하기 위한 모든 노력들을 강화시키는 방안들을 포괄하는 것"으로 해석하고 있다.[20]

일본은 인간안보 문제에 있어 동북아시아에서 학문과 정책적인 면에서 가장 활발한 모습을 보여준다. 일본은 1998년 인간안보에 위협이 되는 빈곤, 인권유린, 환경파괴, 소규모 전쟁의 확산, 마약과 인신매매, 전염병, 난민과 국내유민 문제에 대한 대응을 강조하면서 유엔사무국에 인간안보신탁기금을 설치하였고, 2003년 4월 이 기금에 188억 엔(미화 1억 7천 2백만 달러)을 기탁하면서 일본 외교부는 인간안보를 개인들에 초점을 두는 개념으로 언급하였다.

이러한 이해는 일본의 강한 시민사회 활동의 기초를 형성한다. 인간안보는 일본 외교정책의 중요한 요소를 형성하고 있는데 일본 정부의 세계문제부(Department of Global Issues)에서 이 업무를 담당하고 있다.[21] 일본의 안보주창론자로 친 동맹 현실주의자, 친 동맹 자유주의자, 독립지향적인 민족주의자 그리고 인간안보 신봉자 등 네 주류가 있다고 볼 때 인간안보 신봉자들은 주로 개발도상국의 빈곤, 기아, 인구 그리고 환경오염 문제 등에 주로 관심을 갖는다.[22]

일본의 외국인에 대한 반감 증대와 다문화에 대한 수용문제에서 인간안보는 일본의 민족주의와 미묘하게 결부되어 있다. 일본이 잃어버린 20년이라는 장기불황을 겪으면서 저임금 고위험 직종을 외국인 노동자들이 잠식하고, 평생직장 개념이 붕괴한 젊은 세대가 그 사회적 불만을 이주 외국인 노동자나 오래전부터 일본 사회에 있었던 재일 한국인에게 전가하면서 심해지더니 3.11 동일본대지진을 계기로 더욱 심각해졌다. 북한에 대한 일본 국

---

20) 전웅, "국가안보와 인간안보", 『한국정치논총』제44집 1호, 한국국제정치학회, 2004, p.34.

21) Toshiya Hoshino, "Implementing 'Comprehensive Collective Security': Toward the Policy Integration of Peace Building and Human Security," in Proceedings of the Fifth Japan-Korea Seminar on "Security in North-East Asia and Japan-Korea Cooperation," Co-sponsored by Japan Association for United Nations Studies and Korean Academic Council on the United Nations System on 15-16 September 2005 at the United Nations University, Tokyo, 2005, pp.237-238.

22) Akaneya Tatsuo, 'Japan', in Paul B. Stares (Ed.), The New Security Agenda: A Global Survey, Tokyo: Japan Center for International Exchange, 1998, pp.185-186.

민들의 감정이 납북자 문제로 예민한 시점에 동일본 대지진은 외국인 혐오 현상에 박차를 가하였고 민단의 재일 한국인을 북한과 동일시하는 분위기가 고조되었으며 최근 일본의 SNS 흐름 등을 감안하면 오히려 일본의 여러 가지 문제를 한국(특히 재일 한국인)이나 중국 등 외국인에 의한 것으로 돌리는 경향이 심해지고 있다.

일본은 단일민족국가관을 강하게 유지해온 국가로 외국인 노동자의 유입 없이 경제성장을 이룩한 국가였기에 외국인에 대해 매우 배타적이고 폐쇄적인 정책으로 일관해 왔다. 하지만 가속되는 세계화·다문화화·다민족화로 인한 일본 사회는 2000년대 들어 저출산·고령화로 인구감소와 노동인구의 부족을 채우기 위해 외국인에 대한 의식의 변화가 나타나기 시작했으나 아직도 국민적 동일성의 강화와 그에 대한 국민적 공감의 확산은 상대적으로 그 사회의 소수자 문제를 도외시하는 경향을 보이고 있다.

앞으로 일본 사회의 저출산·고령화는 피할 수 없는 문제이며 인간안보의 하나인 공포로부터의 안전뿐만 아니라 궁핍으로부터의 자유도 포함되기 때문에 외국인과의 갈등 문제는 방치하기 어렵다. 또한 동일본대지진을 거치면서 재점화된 외국인에 대한 혐오, 민족주의의 그릇된 형태로의 재부상은 21세기 현대사회가 불가피하게 다문화와 공생을 강요한다는 점에서 앞으로 잠재적인 일본 사회의 위험 요소가 될 가능성이 존재한다.[23]

3. 한반도와 인간안보

최근 국내 외국인 이주민의 증가는 지식과 문화의 교류가 촉진되고 발전됨으로써 국제적인 협력 네트워크를 형성할 수 있는 기반이 된다는 점에서 긍정적 측면이 있으나, 다국적·다문화사회의 갈등 노출, 범죄연루, 지식과 기술정보의 유출과 같은 부작용도 초래한다. 이는 글로벌 사회가 주는 순기능적 교류 이면에 무분별한 외국문화의 유입으로 인한 우리 사회의 갈등야기와 위험증폭의 역기능적 요소가 내재되어 있다는 것을 말해준다. 또한 생활안전의 관점에서 볼 때, 다문화사회의 인간안보(human security)는 다문화 구성원이 일상생활에서 존엄성과 건강을 확보하고 사회활동의 발전에 필요한 안전욕구를 충족시킬 수 있도록 문화생활을 위협하는 모든 요소들에 대한 안전 환경이 보장되도록 하는 모든 과정을 의미한다고 할 수 있다. 한국의 인간안보에 대한 개념도 학계와 정부의 정책결정자들 사이에서 활발히 논의된 바 있고 특히 김대중 정부에 들어 북한에 대한 적극적 지원이 담긴 새로운 안보개념의 맥락에서 인간안보를 주제로 국제회의를 개최한 바도 있다.

국내에 다문화사회가 도래하면서 중국·베트남을 비롯한 동아시아 이주민에 의한 범죄

---

23) 김용민, "일본의 인간안보(人間安保)", 아태연구, 19(3), 2012, pp.141－171.

가 여러 유형에서 나타나고 있다. 2000년부터 수도권과 산업공단을 중심으로 조직화 광역화되어 활동하던 동아시아 범죄조직은 2009년 이후에는 조직원 수가 급격히 증가하면서 전국화 되었다. 국내에 입국한 일부 베트남 출신 결혼이주여성은 베트남 현지 범죄조직과 연계하여 위장결혼업소를 차려놓고 가족초청이나 취업미끼 위장입국을 주도하고, 일부 조직은 도박장 운영을 비롯해 환치기, 마약밀매, 국적세탁, 차량절도 등 각종 범죄에 개입하고 있다. 인간안보 시각에서 볼 때 국내에서 활동하는 베트남계 범죄조직원등 범죄를 목적으로 입국하는 이주외국인의 국내입국 차단을 위해 자국에서 범죄조직원으로 활동한 전과자에 대해 철저한 입국심사와 국내 입국 후 이들의 동선관리가 요구되는 대목이기도 하다.

오늘날 지구촌 전체 인구의 15%에 해당하는 10억 명이 국내 및 국제이주자들이고, 난민을 포함한 강제이주자도 6,530만여 명에 달한다.24) 유엔난민기구(UNHCR)가 발표한 2015년 말 기준, 난민을 포함한 전 세계 강제이주자는 6,531만 명이며, 난민지위에 관한 국제협약상 공식적으로 인정된 난민은 2,130만 명으로 제2차 세계대전 이후 최대의 난민위기를 맞이하고 있다. 특히 내국인과 이주민의 갈등문제는 범죄와 자생테러발생 등 사회 불안정을 가져오게 되며, 이주의 빈도와 규모뿐만 아니라 유동성, 복합성, 비정규성이 커지면서 이주민 관리나 난민대처문제가 국내외적으로 외교문제로 이슈가 되고 있기도 한다.

우리나라도 난민문제에 있어 예외는 아니다. 2015년 예멘에서 수니파 정부군과 시아파 후티 반군 사이 내전이 일어 28만여 명이 예멘을 떠났다. 그 중 일부 난민은 무사증 입국이 가능한 말레이시아로 갔다 현지 체류기간 연장이 막히자 무사증 입국이 가능한 제주도로 밀려오게 되면서 2018년 6월 예멘인 561명이 제주도에 입국했고, 이 가운데 519명이 난민신청을 하면서 우리나라의 난민문제가 본격적으로 거론되기 시작했다. 2018년 4월 현재 국내 난민신청자는 5,436명으로 2017년 난민신청자(9,942명)의 55%에 해당한다.25) 지난 2014년 난민신청자는 2,896명인데 비해, 2015년 5,711명, 2016년 7,541명, 2017년 9,942명으로 해마다 2,000여 명 이상이 늘고 있다.

---

24) United Nations High Commissioner for Refugees(UNHCR), Global Trends: Forced Displacement in 2015(Geneva: UNHCR, 2016).
25) 출입국외국인정책 통계월보(2018년 4월).

제 2 절   초국가범죄조직론

1. 초국가범죄조직 개념해석

(1) 초국가범죄조직 개념 정의

초국가범죄조직은 1975년 제네바에서 개최된 제5차 유엔범죄방지회의에서 "초국가적 및 국가적 차원에서의 범죄양상 변화"(Changes in Forms and Dimensions of Criminality: Transnational and National)라는 주제를 통해 논의되었다. 여기에서 초국가적 범죄란 '하나의 범죄행위가 여러 국가의 실정법을 위반하거나 또는 다른 국가에까지 영향을 끼친다면 초국가적 범죄현상에 해당된다'고 개념을 설명했다.[26] 이는 종전의 국제범죄와 다른 양상을 보이는 초국가범죄조직의 존재를 주목한 것으로, 이 후 1990년대에 들어와 미국의 범죄학자와 일군의 국제정치학자들 사이에서 집중적으로 논의되었고, 유엔마약범죄사무국 (UNODC)은 2000년 이탈리아 팔레모에서 개최된 '초국가적 조직범죄에 대응하기 위한 유엔협약(United Nations Convention against Transnational Organized Crime)' 제3조 2호에서 초국가범죄조직에 대해 다음과 같이 개념을 정립했다.

1) 범죄행위가 1개국 이상에서 행해지는 경우
2) 한 국가 내에서 범죄행위가 행해졌지만 그 모의, 준비 및 실행행위 등이 다른 국가에서 이루어진 경우
3) 한 국가 내에서 범죄행위가 행해졌지만 그 범죄행위에 한 개 이상의 국가에서 활동하는 범죄조직이 개입된 경우
4) 한 국가 내에서 범죄행위가 발생했지만 그 영향력이 실질적으로 다른 국가에 파급되는 경우

(2) 초국가적 범죄 개념 논의

여러 학자들에 의해 제기된 초국가적 범죄의 개념은 다음과 같다.

미국의 M. Cherif Bassiouni[27]는 초국가적 범죄를

① 최협의의 개념으로 구성요건과 소추, 처벌의 절차가 조약 또는 국제관습법에 의하

---

26) Mueller, "Transnational Crime", Definitions and Concepts, 2001, p.13.
27) M. Cherif Bassiouni, International Crime Law Conventions and Their Penal Provisions, NewYork: Transnational Publishers, 1997, p.3.

여 직접 규정되어 있는 국제법상의 범죄,

② 협의의 개념으로 해적, 항공기 탈취, 인신매매 등과 같은 형법적용에 있어서 이른
바 세계주의의 대상이 되는 범죄,

③ 광의의 개념으로 내국에서 범죄를 저지른 경우 또는 내국인이 외국에서 범죄를 저
지른 경우 등,

④ 최광의의 개념으로 범죄의 실행행위는 물론이고 범죄의 수사, 재판, 형의 집행 등
모든 형사사법 과정에서 사건의 전부 또는 일부가 국제적 관련성을 가지는 범죄라
구분했다.

일본의 하타노리보오(波多野里望)와 오가와 요시히코(小川芳彦)28)는 초국가적 범죄를
다섯 가지로 개념정의를 하였다.

① 국제법이 직접 또는 간접적으로 규율하는 범죄

② 국제사회의 보호법익을 침해하는 범죄

③ 국제법상 처벌의 의무가 부과되는 범죄

④ 조약 등 실정 국제법에서 국제법상 범죄라고 명시적으로 규정된 범죄

⑤ 국제재판소에 제소하여 재판할 수 있는 범죄

이상과 같이 정의된 국제범죄 또는 초국가적 범죄의 개념은 다음과 같이 정리할 수
있다.

1) 범죄의 구성요건과 소추 및 처벌절차가 관습 국제법이나 조약에 직접 규정되어 있
는 범죄 등으로 정의할 수 있다.29)

2) 조약 등 실체적인 국제법에서 '국제법상의 범죄'라고 명시적으로 규정되어 있는 범죄

3) 국제법이 규율하는 범죄

4) 형법적용에 있어 세계주의 대상이 되는 범죄

5) 국내에서 형사소추하기 위하여 외국의 협력을 필요로 하는 범죄

6) 범죄의 실행·수사·재판·형 집행 등 모든 형사사법과정에서 사건의 전부 또는 일
부가 국제적 관련성을 가지는 범죄

그러나 실무상에서 사용되는 초국가적 범죄는 실행행위는 물론이고 범죄의 수사·재

---

28) 山本草二, "國際法", 東京 有斐閣, 2000, pp.121－122.
29) 이영란, "한국의 국제범죄의 실태와 대책," 형사정책, 제12권 제2호, 2000, pp.263－264.

판·형 집행 등 모든 형사사법과정에서 사건의 전부 또는 일부가 국제적 관련성을 가지는 범죄라고 비교적 넓게 정의한다. 이는 국제범죄가 증가하는 상황에서 관련국가의 주권을 보호하고 범죄자의 인권을 보호하면서 동시에 범죄를 효율적으로 진압할 수 있다는 관점에서 적절한 개념 정의라고 보여진다.[30]

(3) 초국가범죄조직 현상

초국가범죄조직의 등장은 개별 주권국가의 통제를 받지 않고 국경을 넘어 활동할 수 있는 초국가적 범죄환경이 조성된 것을 의미한다. 이는 지역적 규모의 조직범죄가 초국가적 양상 또는 그에 해당하는 규모로 발전할 수 있는 여건이 이미 조성되었음을 말해줌과 동시에 다국적 기업 또는 초국가적 기업처럼 범죄이익을 위해서 세계 어디로든 활동 반경을 넓혀간다는 것을 의미한다. 이와 같이 초국가적 범죄는 우리 사회에서 일어나고 있는 초국가적 현상이 반영된 범죄로, 범죄를 통해 한 나라 또는 여러 국가의 국경을 넘나들게 되는 현상을 수반하고 있다. 예를 들어 범죄의 준비, 실행 그리고 이를 통해 획득한 장물의 처리, 실행 후 도주, 은닉 등 범죄를 구성하는 본질적 요소들이 국경을 초월하는 현상을 띠게 됨을 의미한다. 시간적, 공간적으로 국경을 넘나드는 범죄는 사회의 안전 내지 안보를 위해서 형사소추 기관으로 하여금 초국가적인 활동을 하지 않을 수 없게 만든다. 초국가적 범죄는 범죄행위의 주체와 객체가 현실 및 가상공간에서 국경을 넘나들며 초국가적 현상으로 생긴 기회를 범죄목적에 이용하거나 활용하고, 그래서 그 진압과 통제에 어느 한 나라 사법기관의 국제적 또는 초국가적 공동협력이 요구되는 범죄행위를 의미한다.

초국가적 범죄 형태는 다양한 종류의 크고 작은 범죄들로 구성된 포괄적 의미의 범죄이다. 즉 마약 및 총기밀매, 인신매매, 밀입국, 자금세탁을 비롯한 범죄와, 테러에서 담배밀매, 사이버범죄, 산업폐기물 등 환경범죄에 이르는 여러 형태의 범죄를 포괄한다.[31] 또한 초국가적 범죄는 국제범죄조직에 의해 행해진다. 왜냐하면 국제범죄조직의 본질적 요소인 '조직'은 하나의 범죄가 시간, 장소 그리고 지역이라는 물리적 제약을 쉽게 극복할 수 있는 여건을 갖추었기 때문이다.

1994년 11월 이탈리아 나폴리에서 개최된 국제조직범죄 세계각료회의에서 채택된 '국제 조직범죄에 대한 나폴리 정치선언 및 국제 조직범죄에 대한 세계행동계획'(Naples Political Declaration and Global Action Plan against Organized Transnational Crime)이나 2000년 11월 유엔총회에서 '유엔국제조직범죄방지협약'(이른바 본협약)은 초국가적 범죄조

30) 김동권, "동북아 '신안보' 위협으로서의 초국가적 범죄와 역내 국가 간 경찰협력", 고려대학교 정책대학원 석사학위논문, 2008, pp.30-31.
31) Reuter Petrie, "Transnational Organized Crime", Summary of a Workshop, 1999, p.8.

직에 효과적으로 대응하기 위한 국제사회의 공동 노력을 잘 보여주고 있다.[32]

2. 초국가범죄조직 특성

(1) 범죄활동 공간의 다양성

20세기 중반 이후 이데올로기의 대립으로 국경의 명확화, 통신의 제한, 사회적 상호통제에 의해 초국가적 범죄는 발전과정에 제약이 따랐다. 하지만 냉전의 종식과 함께 범죄자들은 상품, 서비스, 자금의 흐름을 따라 국경에 구애받지 않고 이동하면서 범죄기회를 가지게 되고 그 기회를 범죄목적에 이용하게 되었다. 즉 유럽에서 도난당한 자동차들의 상당수가 다른 대륙에서 발견되고 우리나라에서 도난당한 차량들이 러시아나 동남아시아로 대량 밀반출되고 있는 현상은 그 좋은 예이며, 2003년에 부산 영도에서 발생한 러시아 극동 수산마피야조직 간 이권다툼에 의한 살인사건은 우리나라도 더 이상 초국가적 범죄의 안전지대가 아니라는 사실을 입증해 준다.

실제 초국가적 차원의 범죄조직 간 상호 연대도 이루어지고 있다. 부산 칠성파조직을 이끈 이○○이 일본 야쿠자 사카우메구미 두목 카네야마 코사부로와 의형제잔을 주고 받는 등 본격적인 회동이 이루어졌고, 60여 명으로 구성된 대만계 보이스피싱 조직이 국내에 콜센터를 차려놓고 다국적(대만, 중국, 한국) 보이스피싱 범죄를 행한 사례도 발생하였다. 또한 다문화사회가 도래한 국내에서 활동 중인 외국인 폭력조직은 이미 국내 폭력조직과 공조체계를 형성하고 있는 등 국경 없는 초국가적 범죄의 등장과 발전은 이제 비현실적인 문제가 아니라 각국의 수사기관들이 초국가적으로 맞서 싸워야 하는 현실의 문제로 다가왔다.

(2) 인터넷 활용기법의 첨단화

초국가범죄현상을 가속화시킨 대표적인 요인은 인터넷의 발달이다. 인터넷은 지리적으로 다른 공간에 있는 범죄자들과 손쉽게 상호연계할 수 있을 뿐만 아니라 개인정보의 불

---

32) 신의기, "국제조직범죄방지협약의 국내 이행방안 연구", 한국형사정책연구원, 2005, pp.56-68.
　　유엔조직범죄방지협약 본협약은 글로벌화의 급속한 진전에 수반하여 최근 복잡하고 심각해지는 국제조직범죄를 효과적으로 방지하기 위한 국제사회의 협력을 촉진시키는 것을 그 목적으로 하고 있다. 조직범죄단체 가입의 범죄화, 범죄수익 세탁의 범죄화, 부정부패의 범죄화 및 방지책, 법인의 책임, 범죄수익의 몰수 및 국제협력, 재판권, 범죄인 인도 및 사법공조, 공동수사 및 특별한 수사방법, 형사소추절차의 이송, 사법방해의 범죄화, 증인보호와 피해자보호 및 구조, 법집행기관의 협력을 촉진하기 위한 조치, 조직범죄에 대한 정보의 수집 및 교환 등 41개의 조항으로 규정하고 있다.

법수집은 물론 컴퓨터 해킹, 자금세탁, 사이버테러 등 매우 광범위하게 이용된다. 특히, 공항, 철도, 금융시스템 등이 컴퓨터망으로 연결되어 있어 사이버테러는 새로운 국가안보의 위협 요인으로 등장했다. 그에 반해 범죄자들은 수사기관의 추적을 상대적으로 쉽게 피할 수 있고, 나아가 개별 국가들 간에 존재하는 기술적 격차를 이용하여 추적 자체가 매우 어려워 범죄자들은 법적·제도적으로 인터넷을 이용한 사이버범죄에 대한 처벌규정이 제대로 마련되어 있지 않은 국가에 범죄 근거지를 마련함으로써 수사기관의 추적을 더욱 어렵게 하고 있다.[33]

초국가범죄조직은 인터넷 사이트를 통한 마약밀매와 거래 대금의 지불도 e-gold, digicash, western union 등 익명성을 전제로 한 거래방식을 선호하고 있어 초국가적, 전 지구적 범죄활동을 더욱 용이하게 만들고 있으며, 사이버 뱅킹과 주식거래, 사이버 도박 등을 통해 전 지구적 차원에서 실시간대로 국제적 자금이동을 실행할 수 있게 되었다. 또한 사이버 공간, 특히 익명이 보장되고 검열도 피할 수 있는 다크 웹(Dark Web) 등을 통해 각국에 흩어져 있는 범죄자와 범죄조직들이 전 지구적인 차원에서 테러, 국제마약거래, 무기밀매, 돈 세탁, 인신매매, 사이버 범죄 등을 행할 수 있는 보다 용이한 범죄환경이 조성되었다고 볼 수 있다.

(3) 초국가적 네트워크(Transnationale Netzwerke)와 조직분화

초국가적 범죄조직은 현대화된 사회구조의 네트워크를 형성하고 있다. 독일 연방범죄수사청(BKA)은 오늘날 범죄조직은 과거의 위계질서가 존재는 하지만 조직 내 행동대원들 간에는 다양한 형태의 수평적 협력활동이 이루어지고 있음을 지적한 바 있다. 보이스피싱 범죄조직의 경우 콜센터팀, 수금팀, 대포통장 개설팀, 신상정보 수집팀 등 철저히 분업화되어 있고, 그 활동도 전주는 대만, 콜센터는 중국, 영업은 한국에서 이루어지는 등 전형적인 초국가적 네트워크 형태를 구축하고 있다. 이는 초국가적으로 네트워크화 된 범죄조직은 국경초월을 위한 시간적·공간적 한계를 비교적 쉽게 극복하고, 새로운 범죄환경에 유연하게 대처할 수 있다는 장점을 가지고 있기 때문이며, 네트워크화 된 조직구조가 주는 독자적 생존능력은 수사기관에 의한 조직구성원 검거 등과 같은 손실에 구애받지 않고 범죄활동을 지속해 나갈 수 있게 만들기 때문이다.[34] 대체로 마약거래, 무기밀매, 인신매매, 돈세탁, 사이버 범죄, 해적 등의 행위들은 생산지와 중간 경유지, 최종 소비지 그리고 피해자와 공격자 등이 여러 국가를 동시에 아울러는 초국가적 네트워크에 의해 작동되고 있다.

---

33) 황문규, "초국가적 범죄의 개념과 우리나라 경찰의 대응 방향", 경찰학연구 11(4), 2011, pp. 95-129.

34) Williams, "Transnational Criminal Networks", 2001, p.72.

그렇기 때문에 초국가 네트워크와 관련된 범죄조직들에 의해 가해지는 정치적·경제적·사회적 위협이나 공격은 대체로 복수의 국가단위에서 동시에 일어나고 있으며,[35] 범죄구성원 간 결속력이 느슨한 수평적 관계는 수사기관이 범죄자 색출을 함에 있어 그 배후자 및 공모자를 파악하기 어렵게 만든다. 이러한 초국가적 범죄네트워크 구축에는 다문화도래에 따른 이주민의 증가도 한몫 하고 있다. 이들은 민족적·문화적 그리고 종교적 유대감과, 정주국에서의 사회적 차별 혹은 낮은 생활수준을 극복하기 위한 대안적 수단으로 초국가적 범죄네트워크에 등장하게 된다.

3. 한반도 주변 초국가범죄조직

우리나라 주변의 국제범죄는 21세기형으로 급속히 진화하고 있다. 우리나라를 둘러싸고 있는 초국가범죄조직으로 중국 흑사회성조직, 홍콩·마카오의 흑사회, 일본 야쿠자, 러시아 마피야가 있다. 특히 러시아 극동 마피야는 연해주 및 사할린에 거주하는 교포 2세와 현지 마피야 조직원들이 서로 연계하여 국내 연고자들을 통해 거점을 모색한 후 우리나라에 투자하거나 영주(F-5)비자를 취득하여 입국한 후 표면적으로는 수산업이나 해상 무역업에 종사한다고 하면서 실질적으로는 밀수나 마약을 통해 제2차 범죄를 일으키고 있어 우리나라가 극동 러시아와 중국 홍콩을 오가는 각종 범죄의 중간 경유지가 되고 있다. 홍콩·마카오의 흑사회, 러시아의 마피야 등 국제범죄조직은 국내 호텔과 기업체를 인수하면서 한국으로 진출하여 합법적인 사업으로 국내에 체류하면서 사업 확장을 위해 국내 폭력조직과 연계가능성을 배제할 수 없는 현실에 놓이게 되었다. 다시 말해 우리나라를 둘러싸고 있는 중국 본토의 흑사회, 홍콩·마카오의 흑사회, 일본의 야쿠자, 러시아 마피야 등 주변 강대국의 국제범죄조직과 동남아시아 범죄조직이 수시로 우리나라를 출입하면서 국내 연고자들을 통해 거점을 모색하고 있다. 즉 한반도 지역이 초국가범죄조직의 활동 근거지라는 점과, 마약의 생산과 유통, 소비의 중심지역으로 이용되고 있다는 점이며, 더 심각한 것은 북한이 정권차원에서 초국가적 범죄에 개입하고 있다는 것은 초국가적 범죄와 관련하여 우리나라가 동북아지역의 가장 중요한 인간안보 이슈로 거론된다고 볼 수 있다.

북한이 초국가적 조직범죄와 관련하고 있다는 사실은 단순한 범죄적 관점의 문제가 아니라 동북아 국제질서에 중대한 영향을 미치는 안보변수로 작용하고 있다. 북한은 외화벌이의 수단으로 마약을 대량 생산·유통하고 위조지폐를 제작·유통하는 등 국가차원에서

---

35) 윤민우, 김은영, "전쟁 양식의 진화로서의 21세기 국제테러리즘과 초국가범죄조직에 대한 이론적 접근", 한국테러학회보 5(1), 2012, p.71.

초국가적 범죄에 개입하고 있다. 북한의 마약 제조·밀매는 1970년대 말부터 나타나기 시
작하여 1990년대 말까지 해외에서 40여 건이 적발되었다. 1980년 이집트 주재 북한 공관
원이 외교행낭을 통해 헤로인 400kg을 밀반입하려다 적발된 사례 등을 볼 때 북한 정부차
원의 마약 제조·밀매 가능성을 짐작할 수 있다.[36] 1997년 북한산 필로폰이 일본에서 처음
으로 적발된 이래 북한관련 마약밀매는 총 26건이 적발되었고 미 국무부는 1998년 처음으
로 북한의 마약상황을 발표하면서 지금까지 북한을 마약생산 및 우려국(a country of
concern)으로 지목하였다. 이는 북한이 국가주도(stare–directed trafficking)하에 국제사회의
감시를 피하기 위해 범죄조직을 대리인으로 이용하는 간접적인 마약밀매를 하고 있다고 추
측할 수 있다.

　　북한의 마약제조·밀매는 중국의 범죄조직이나 일본의 야쿠자 등 국제 범죄조직과도
연계되어 있으며, 1980년대 이후 위조지폐 제작 및 유통과 불법 자금세탁에도 깊이 관여하
고 있다. 사례를 보면, 1998년 4월 북한의 노동당 고위간부가 러시아 블라디보스톡에서 3
만 달러의 미국 위조달러를 환전하다 체포되었는데 그의 신분은 노동당 국제부 부장겸 김
정일 비자금 담당 서기였다.[37] 이 사건은 북한이 국가 또는 정부 차원에서 대규모로 위폐
를 제작·유통하고 있거나 적어도 북한 정부의 묵인하에 이루어지고 있음을 단적으로 보여
주는 사례이다. 이렇듯 북한이 마약이나 무기밀매를 통해 조성한 불법자금을 마카오 은행
을 통해 불법적으로 세탁하여 관리하고 있어 2007년 3월 미국 재무부가 북한의 불법자금
세탁 혐의를 받고 있는 마카오 소재 방코델타아시아(BDA)와의 모든 거래를 금지토록 하는
금융제재 조치를 하였고, 북한에 의한 마약, 담배, 위폐 등의 밀매와 위조는 초국가적 범죄
조직인 일본의 야쿠자, 러시아의 마피야, 아일랜드 해방군(IRA)의 테러리스트는 물론 이란,
리비아, 파키스탄, 시리아 등 군부와 연계되어 행해지고 있다는 보도[38]로 볼 때 북한의 초
국가적 범죄가 광범위하게 이루어지고 있음을 알 수 있다.

---

36) U.S. News & World Report(1999.2.8.자).
　　미국·한국·일본 등 정보기관과 귀순자 증언을 인용하여 북한은 경제난으로 인한 식량부족 등을
　　극복하기 위해 국가차원에서 6,800ha 규모의 양귀비를 재배하여 연간 44t 이상의 아편을 생산하
　　여 해외로 밀매하고 있다.
37) 러시아 경찰에 체포 당시 범인은 주 모스크바 북한대사관 무역참사부 소속 이문무(외교관여권
　　소지)라고 밝혔으나 조사결과 노동당 국제부 부장겸 김정일 비자금 담당 서기인 길재경으로 확
　　인되었다.
38) The Times(2006.10.11.자). 미 재무부가 의회에 제출한 보고서에 따르면 초정밀 위조달러(일명
　　'수퍼노트')가 북한 정권의 통제와 동의하에 이뤄지고 있으며, 1989년 이후 약 5천만 달러의 슈
　　퍼노트가 적발되었고 북한이 위조지폐로 벌어들인 수익은 연간 1,500~2,500만 달러 이상으로
　　추정되고 있다. 그리고 2005년 8월 미국 연방수사국(FBI), 법무부, 이민국 등의 수사요원들은
　　국제범죄조직의 일원으로 위장하여 중국 등에서 북한과 연계한 짝퉁담배 및 위조약품 유통, 마
　　약거래, 위조위폐 유통 등에 연루된 범죄자 80여 명을 검거하여 기소한 바 있다.

북한의 담배밀수 금액은 연 10억 달러(약 1조 1,300억 원)이다. 이러한 금액은 북한산 담배와 담배 원료, 주류를 해외에 불법판매한 중국 무역회사 다롄천보국제물류(다롄 선 문 스타 인터내셔널)와 싱가포르 자회사 신에스엠에스를 미국 재무부에서 관련 증거를 제시하였다는 데서 찾아볼 수 있다. 다롄 선 문 스타와 싱가포르 자회사는 북한산 담배와 주류를 중국·싱가포르·홍콩·태국·베트남·인도네시아 등에 공급하고 있는데, 신에스엠에스는 북한 남포항에서 싣고 나온 화물을 다롄을 경유하면서 선적 서류를 위조하는 수법을 썼다.

다롄천보국제물류는 아시아지역 판매 총 본부로 북한 노동당의 현금 수입원이다. 연간 10억 달러의 담배밀수 수익은 2016년 북한산 석탄 수출액과 맞먹는 금액으로, 북한은 1990년대부터 말버러·던힐 같은 유명 브랜드로 위조된 담배를 생산해 왔다. 이러한 현금은 북한 정권 비자금 관리를 담당하는 노동당 39호실의 주 수입원으로, 위조담배의 최대 생산지였던 중국이 2001년 세계무역기구(WTO)에 가입하면서 북한이 주요 생산국으로 급부상했다. 현재 미국 내 북한산 말버러 위조담배 적발 건수는 2002~2005년 사이 1,300배 늘었다.[39]

북한의 초국가적 범죄와 관련한 대량살상 무기의 확산가능성도 있다. 최근 미국의 대북 경제제재로 인해 북한경제가 악화되어 대량 살상무기(WMD)나 생화학·방사능무기(CBRN) 등이 테러조직이나 불량국가에 유입될 가능성이 높아지고 있으며, 실제로 북한의 핵과 미사일 문제가 이란 등 국제 테러조직과 연계되어 있다는 의혹이 지속적으로 제기되고 있다. 이렇듯 국제범죄 조직을 비롯해 북한 정부차원에서 이루어지고 있는 마약밀매, 무기밀거래, 정밀 위조지폐 및 담배 유통과 같은 초국가적 범죄는 21세기 동북아 국제관계의 중요한 문제일 뿐 아니라 향후 상당기간 비군사적 안보영역 중 핵심적인 이슈로 등장할 것이다.

4. 초국가조직범죄 대응주체와 대응방안

(1) 대응주체

새로이 등장한 인간안보 개념은 안보대상의 확대를 가져왔고 초국가범죄조직의 출현으로 기존 안보기관의 존재이유가 점차 희미해져 새로운 환경변화에 따른 역할 모색으로 이어질 것이다. 오늘날 초국가조직범죄는 21세기가 직면한 여러 위협들 가운데 하나임을 부인하기는 어렵다. 초국가적 범죄를 단순히 범죄학의 범주에서 경찰 등 수사기관이 주도적으로 다룰 것인지, 아니면 국가안보 차원에서 대응해 나가야 할 문제인가는 각국의 사정에 따라 그리고 수사기관의 권한과 역량에 따라 다르다고 할 수 있으나 분명한 것은 범죄

---

39) 미 재무부 해외자산통제국(OFAC) 보도자료(2018.8.17자).

의 양상이 점점 초국가적으로 발전하고 있으며, 국제사회의 공동대응이 필요하다는 점이다.

초국가적 범죄를 어느 기관에서 주도적으로 다룰 것인가의 대응주체를 놓고 볼 때, 관련된 정부기관으로 국정원, 검찰, 경찰 등이 있지만 초국가적 범죄환경에 적극적이고 능동적이며 선도적인 역할을 해 온 경찰에게 이에 상응한 권한을 부여해야 한다고 생각한다. 왜냐 하면 인터폴 창설과 헌장에 명시된 바와 같이 국제성 범죄 내지 초국가적 범죄의 진압과 통제는 인터폴의 임무이며 이를 달성하기 위한 국제적 협력이 가장 잘 되어있는 조직이 경찰이기 때문이다. 독일 경찰이 수사절차에서 독자적인 위상을 구축할 수 있었던 것은 초국가적 조직범죄 등 새로운 양상을 보이는 범죄수사에서 현실적으로 적용하고 있는 경찰의 다양한 전문수사기법들을 검찰에서 당해낼 수 없었기 때문이며, 독일연방수사청을 중심으로 한 경찰 차원의 긴밀한 국제협력활동이 적지 않은 역할이 있었다.

(2) 대응방안

국내에서 활동하는 초국가범죄조직원 등 범죄를 목적으로 입국하는 이주외국인의 국내입국 차단을 위해 자국에서 범죄조직원으로 활동한 전과자에 대해 철저한 입국심사와 국내 입국 후 이들의 동선 관리가 강화되어야 한다. 이를 위해 국내 체류 이주노동자나 불법체류자 등 외국인에 의한 조직범죄의 효율적 수사를 위해 제한적인 함정수사를 허용하는 한편 이를 수사할 수 있는 전문화된 수사요원도 요구된다. 또한 외국인 밀집지역으로 지정된 곳에는 범죄예방과 외국인 주거환경 개선을 위해 CCTV와 보안등 그리고 안심벨을 설치하는 등 슬럼화 방지를 위한 지원이 대폭 확대되어야 하며 우리 사회가 다문화사회로 전환하는 과정에서 발생되는 외국인범죄는 외국인 이주민들을 몰아내야 한다는 '제노포비아(외국인 혐오증)'현상으로 나타날 수 있기에 국내에 정착한 대다수 다문화가정의 안정적인 정착을 위해 반다문화 정서가 확산되지 않도록 정부차원의 해결방안도 마련되어야 할 것이다.

그리고 정부 관련 부처(금융감독원, 국가정보원, 경찰 등)의 실질적인 공조방안도 요구된다. 먼저 초국가범죄조직에 의한 불법자금 수사를 위해 금융감독원은 조세피난처 외환계좌의 금융거래 감독을 통해 국내은행에 계설된 파나마 등 조세피난처 회사명의 외환계좌에 대한 금융거래 감독을 강화하여 초국가범죄조직과 관련된 의심계좌에 대해서는 관계기관과 공조수사를 진행함으로써 범죄조직의 해외 불법자금 세탁 루트를 차단해야 한다. 또한 초국가적 형사사법체계를 구축해 실질적으로 수사할 수 있는 기능을 가진 아시안폴(Asian Police)을 설립하여 해외 대규모 범죄조직에 대한 데이터베이스를 구축함과 동시에 인터폴 적색수배서가 국내법과 똑같은 효력을 발휘할 수 있도록 관련 규정을 명문화해야 한다. 이러한 경찰의 국제협력, 즉 인터폴활동과 관련하여 특히 검토되어야 할 부분은 인터폴 적색수배서의 효력 문제이다. 현재 우리나라는 초국가적 범죄대응에 있어 인터폴 전용통신망(I-24/7)을 통해 신속하면서도 전 세계 194개 회원국에 배포되는 인터폴 적색수배서를 적극 활용하고 있으나 인터폴 적색수배서에 관하여는 법적인 강제규정을 두고 있지 않다. 그 결과 우리나라에서 인터폴 적색수배자가 발견되면 이들에 대해 동향을 관찰하거나 출입국 시에 추방조치를 취하는 것 이외 긴급인도조치를 위한 인신구속을 할 수 없다는 문제가 발생한다. 이를 위해 국제형사사법공조법 또는 범죄인인도법 등 관련 법규에 인터폴적색수배서의 법적 효력이 규정되어야 한다.[40]

인간안보 차원의 불법입국자에 대한 대책으로 외국과 연계된 국경초월범죄(조직범죄, 마약밀매 행위, 테러범죄, 자금세탁범죄 등) 및 시장질서 저해행위(부정경쟁행위 등)에 대하여 효율적이고 민첩하게 대처할 수 있는 체계를 갖추어야 한다. 테러범죄와 관련된 출입국 관리의 핵심은 입국금지, 출국정지 등의 명령 자체에 있다고 하기 보다는 실질적으로 테러범행의 위험이 있는 자의 입국과 테러범죄 혐의자의 출국을 막는 데에 있다. 아무리 입국이 금지된 자라 하더라도 현실적으로 여권위조 등의 방법으로 얼마든지 입국이 가능하며, 입국금지조치가 테러범행의 위험이 있는 모든 자들에 관하여 빠짐없이 취해지기는 어려운 실정이다. 따라서 현실적인 출입국 심사과정에서 그 대상자가 테러범행의 위험이 있는지 여부 또는 테러범죄 혐의자인지 여부를 충실히 확인할 수 있어야 하고, 충실한 확인작업을 위해서는 출입국 심사기관과 테러담당기관과의 긴밀한 협조가 매우 중요하다.[41]

우리나라의 경우 검찰과 경찰은 수사권은 있으나 초국가적 범죄에 대한 인적자원이나 대외정보력이 부족하다. 국가정보원은 대외정보력은 확보했으나 관련 수사권이 없으며, 관세청은 일부 보세구역에 한정하여 제한된 마약관련 수사권만 있다. 따라서 인간안보에 중대한 위협을 줄 수 있는 특정한 초국가적 범죄조직의 활동에 대해 정보기관을 포함한 법집행기관과의 중앙집권적인 통합정보의 필요성과, 이들 기구를 통합적으로 통제하고 명령할 수 있는 통합형 수사체제를 구축하여 정보 및 명령계통이 일원화된 수사기관의 설립이 요구된다. 이를 위해 국제기관 간의 공조를 통해 한반도 주변국 수사기관들과 정보를 교환하여 실질적인 단속역할을 강화하는 방향으로 국제공조가 이루어져야 한다.

마지막으로 한반도 주변은 세계 3대 초국가적 범죄조직이 상존하는 지역으로 가까운 장래 북한 정권이 붕괴된다면 탈냉전 후의 동유럽이나 러시아와 비슷한 혼란이 야기되거나 될 수 있어 이에 대한 철저한 준비가 필요하다. 국제적인 조직범죄는 단시일 내에 우발적

---

40) 신상철, "국외도피사범 실태 및 국내송환 해결방안 연구", 한국경찰학회보 18(1), 2016.
41) 도중진, "국가 간 인적 교류에 따른 국경초월범죄에 대한 효율적 대응방안", 원광법학 제32(1), 2016, pp.121-141.

으로 이루어지는 범죄가 아니라 거대한 조직의 힘을 배경으로 지속적으로 이루어지는 범죄이기에 이에 효율적으로 대처하기 위해서는 범죄조직에 대한 정보를 지속적으로 수집·축적하고 새로운 수사기법을 개발해 나갈 수 있는 전문화된 수사요원이 요구된다.

참고문헌

【경찰백서 및 통계연보】

2019 치안전망, 경찰대학 치안정책연구소.
2018 치안전망, 경찰대학 치안정책연구소.
2018 경찰청 경찰백서.
2018 출입국 외국인정책 통계월보 9월호(한국계 포함).
2018 법무부 출입국외국인정책 통계연보.
2017 출입국·외국인정책 통계연보.
2003 관세청, 국제범죄와 특수조사실무.

【국내 단행본】

권기헌, 『정책학 강의』, 박영사, 2017.
김기준, 『국제형사법』, 박영사, 2017.
김동희, 『행정법 Ⅰ』, 박영사, 2017.
김동희, 『행정법 Ⅱ』, 박영사, 2017.
김순태·장영민 공저, 『형법총론』, 한국방송통신대학 출판부, 2007.
김영신, 『대만의 역사』, 지영사, 2001.
김종길·하상군·조성택, 『경찰학개론』, 대영문화사, 2013.
김종옥, 『미연방수사국 범죄수사원칙』, 도서출판 태봉, 2006.
김연태·서정범·이기춘, 『경찰법연구』, 세창출판사, 2009
김하열, 『헌법강의』, 박영사, 2017.
김현택, 『붉은 광장의 아이스링크』, 한국외국어대학교출판부, 2008.
김형중, 『경찰학총론』, 청목출판사, 2009.
류병운. 『국제법(제3판)』, 형설출판사. 2016.
박상기·손동권·이순래, 『형사정책』, 한국형사정책연구원, 2015.
박중훈 외 10명, 『비교정치행정』, 박영사, 2017.
백승민·정웅석, 『형사소송법』, 2008.
손동권, 『형법각론』, 율곡출판사, 2010.
손영호, 『미국의 총기문화』, 살림, 2013.

손재영, 『경찰법』, 박영사, 2017.

오영근, 『형법각론』, 박영사, 2017.

오영근, 『형법총론』, 박영사, 2017.

오홍엽, 『중국 신장: 위구르족과 한족의 갈등』, 친디루스, 2009.

이상안, 『사회질서론』, 대명출판사, 2002.

이상우, 『전쟁과 국제질서』, 국제정치학강의, 박영사, 2005.

이석우, 『한미행정협정연구』, 서울: 민, 1995.

이영남, 『경찰행정학』, 대영문화사, 2014.

이재상, 『형법각론』, 박영사, 2008.

이장희, 『한-미 주둔군 지위협정(SOFA) 범죄에 대한 경찰 초동수사 개선방안』, 아시아사회과학연
    구원, 2007.

이종화, 『경찰외사론』, 경찰대학, 2012.

이철우·이희정 외 8인, 『이민법』, 박영사, 2017.

이희수, 『지중해 문화기행』, 일빛, 2003.

일본사학회 지음, 『아틀라스 일본사』, 사계절, 2013.

임웅 외, 『조직범죄와 형사법』, 법문사, 2004.

임도빈, 『개발협력시대의 비교행정학』, 박영사, 2017.

임준태, 『범죄예방론』, 대영문화사, 2009.

임준태, 『범죄예방론』, 도서출판 좋은세상, 2001.

정인섭, 『조약법강의』, 박영사, 2016.

정인섭, 『한국법원에서의 국제법 판례』, 박영사, 2017.

정인섭, 『신국제법강의』, 박영사, 2018.

정승환, 『형사소송법』, 박영사, 2017.

조규철, 『외사경찰론』, 진영사, 2015.

전대양·박동균·김종오, 『5G시대와 범죄』, 박영사, 2017.

조철옥, 『현대범죄학』, 대영문화사, 2008.

조철옥, 『범죄수사학 총론』, 21세기사, 2009.

허경미, 『현대사회와 범죄』, 박영사, 2017.

홍정선, 『신경찰행정법 입문』, 박영사, 2017.

한국해양수산연수원, 2011, 「외국인 선원 고용실태보고서」, 국토해양부, 2012.

한양대학교 글로벌다문화연구센타, 「어업 이주노동자 인권상황 실태조사」.

현규현, 『재소한인의 사적 고찰』, 해외교포문제연구소편(교포정책자료), 1972.

마크 엘빈 저, 이춘식·김정희·임중혁 공역, 『중국역사의 발전형태』, 신서원, 1996.

마샤 글레니 지음, 이종인 역, 『맥마피아』, 책으로 보는 세상, 2008.

宮崎学, 『야쿠자, 음지의 권력자들』. 강우원용 역. 이다미디어. 2008.

D·E 카플란·알렉두보로 지음, 홍성표 옮김, 『야쿠자』, 예지원, 1998.

미야자키 마나부, 강우원용 옮김, 『야쿠자, 음지의 권력자들』, 이다미디어, 2008.

David Southwell, 『조폭연대기』, 추미란 옮김, 이마고. 2008.

石井威望, 『나니와부시(浪花節)와 技術革新』, 일본의 메아리, 1983.

【국내논문】

김용민, "일본의 인간안보(人間安保)", 아태연구, 19(3), 2012.

김용신, "인간안보 개념의 시민교육적 위계구조 분석", 국제지역연구, 19(4), 2016.

김정훈, "러시아 극동지역 조직범죄와 마약범죄에 관한 현황적 분석", 한국 시베리아 연구, 13(2). 2009.

김종철·최민영·김일수, "인신매매 방지 및 인신매매 피해자 보호를 위한 법제화 연구", 형사정책 연구원 연구총서, 2012.

김지영·최훈석, "결혼이주여성의 인권침해실태 및 대책에 관한 연구", 한국형사정책연구원 연구총 서(11-01), 2011.

김진환, "함정수사에 의하여 수집한 증거", 고시계, 1989.

김택수, "조직범죄 대처를 위한 잠입수사기법의 허용성과 법적 체계", 경찰법연구 4(1), 2016.

김현주, "해상 불법이민자의 국제법적 보호와 규제", 국제법학회논총, 60(4), 2015.

김형종, "동아시아 공동체와 인간안보". 국제관계연구, 19(2), 2014.

김희자·이병렬, "농촌사회의 전근대성과 농축산이주노동자에 대한 인신매매적 인권침해", 다문화사 회연구, 10(1), 2017.

김해출, "효과적인 마약수사 방안연구", 국외훈련보고서(캐나다), 경찰청, 2003.

도중진, "범죄수사에 있어서 잠입수사관제도의 도입여부: 독일의 잠입수사관 투입제도를 중심으로", 중앙법학 15권, 2013.

도중진, "국가 간 인적 교류에 따른 국경초월범죄에 대한 효율적 대응방안", 원광법학 제32(1), 2016.

박광민, "함정수사의 규제", 성균관법학 제7호, 1996.

박종효, "제2차 세계대전 이후 러시아연방 사할린과 한인문제", 한국정치외교사학회, 2010.

박홍서, "자유주의 통치성의 출현과 인간안보. 국제정치논총, 52(3), 2012.

방일권, "한국과 러시아의 사할린 한인 연구(연구사의 검토), 동북아 역사논총, 2012.

배수한, "영주귀국 사할린 동포의 거주실태와 개선방향(부산 정관 신도시 이주자 중심으로), 국제정 치연구, 13(2). 2010.

신상철, "시진핑 평전(習近平 評傳)", CHINA연구(8), 2010.

신상철, "韓·中·日 3國의 범죄조직 개념에 대한 비교 연구", CHINA연구(13), 2012.

신상철, "중국 흑사회성질범죄조직(黑社会性质犯罪组织)에 대한 고찰(개념과 해석을 중심으로)", 경찰학연구 1권(1호), 2010.

신상철, "중국 흑사회성질범죄조직의 특징에 대한 고찰", 아시아연구13(2), 2010.

신상철, "중국 범죄조직의 기원과 발전과정", 중국학(36호), 2010.

신상철, "중국 신장 위구르지역 테러조직에 대한 연구", CHINA연구(15호), 2013.

신상철, "한국 폭력조직의 일본 야쿠자 문화추종 연구", 아시아연구 16(3호), 2013.

신상철, "외국인(중국, 베트남, 인도네시아) 선원노동자 근로환경과 범죄에 대한 연구", 아시아연구 17(1), 2014.

신상철, "재일 한국인 야쿠자 활동과 대응방안 연구", 한국동북아논총 19(2호), 2014.

신상철, "러시아 극동 마피야의 부산지역 수산물 유통관련 범죄활동에 관한 연구", 한국공안행정학회보 23(2호), 2014.

신상철, "일본 야쿠자 폭력범죄 유형 분석과 국내유입 대응방안 고찰", 일본공간 16권, 2014. 신상철, "러시아 극동지역 중국 삼합회 활동 연구", 중국과 중국학 (26), 2015.

신상철, "국내 베트남범죄조직의 범죄유형분석", 한국경찰학회보 17(5), 2015.

신상철, "국외도피사범 실태 및 국내송환 해결방안 연구", 한국경찰학회보 18(1), 2016.

신상철, "대만 보이스피싱 조직 국내활동 분석", 아시아연구 21(3), 2018.

신상현, "위법한 함정수사의 법적 효과에 대한 재검토". 법학논총, 29(2), 2016.

신의기, "국제조직범죄방지협약의 국내 이행방안 연구", 한국형사정책연구원, 2005.

안형도·윤덕룡, "국제금융거래를 통한 자금세탁의 사례분석과 대응방안", 한국조세연구원 정책연구, 2003.

오창식, "중국경찰 행정 자유재량권 연구", 법학연구, 59(2), 2018.

오영달, "동아시아 지역안보협력의 모색: 인간안보 패러다임을 중심으로", 유라시아연구 7(2), 2010.

예상균, "마약수사에서의 통제배달기법 고찰: 마약류관리에관한법률위반사범 중 밀수범죄와 관련하여", 법과 정책연구 15(2), 2015.

예상균, "마약수사에서의 함정수사기법 고찰", 한양법학, 28(4), 2017.

윤민우, 김은영, "전쟁 양식의 진화로서의 21세기 국제테러리즘과 초국가범죄조직에 대한 이론적 접근", 한국테러학회보 5(1), 2012.

이건수·조윤오, "프로파일링 시스템을 활용한 국제인신매매 수사에 관한 연구", 사회과학 연구, 22(3), 2015.

이경렬, 국제조직범죄에 대한 통제배달기법의 활용. 형사정책연구, 2004.

이동명, "潛入搜査의 許容性과 法的 根據", 고시계 49권, 2004.

이병렬·김희자, 예술흥행비자(E-6) 소지 이주여성에 대한 인신매매행위 대응정책의 문제점과 개선방안. 동북아 문화연구, 50, 2017.

이신화, "인구, 이주, 난민안보의 '복합지정학' 지구촌 신흥안보의 위협과 한반도에의 함의," 아세아연구, 60(1), 2017.

이영란, "한국의 국제범죄의 실태와 대책," 형사정책, 제12권 제2호, 2000, pp.263~264.

이원상, "수사절차에서 통신자료 활용에 따른 쟁점 고찰", 형사소송 이론과 실무, 7(1), 2015.

이용승, "국제이주와 인간안보", 국제관계연구, 19(2), 2014.

이창현, "판례를 통해 본 함정수사와 그에 대한 비판적 고찰", 동아법학(59), 2013.

장세용, "미국-멕시코 국경지대와 밀입국자", 역사와경계, 91, 2014.

장인호, "헌법상 민간부문 총기관리·감독의 의미와 미국의 민간부문총기 관리·감독 현황 및 시사점", 미국헌법연구, 26(1), 2015.

장준오·추경석·최경식, "성적 착취를 위한 국제인신매매(미국과 한국을 중심으로 한 예비연구)",연구총서 09-26-01, 한국형사정책연구원, 2009.

장준오, "밀입국의 실태와 대책: 한국과 중국", 형사정책연구원 연구총서, 2005.

전웅, "국가안보와 인간안보", 한국정치논총, 제44집 1호, 2004.

정명생·임경희·정명화·강형덕·이은화, "전략적 FTA추진대비 수산부문 대응전략(러시아편)", 한국해양수산개발원, 2008.

조병인·박광민·최응렬·김종오, "국내거주 외국인의 조직범죄 실태와 대책 연구", 「한국형사정책연구원 연구총서(10-03)」. 2010.

조성권, "국제범죄 대응정책 연구논총(일본 야구자의 변화와 한국의 대응책)", 국가정보원, 2006.

최응렬·송봉규, "범죄조직의 대체송금시스템(환치기)에 관한 연구", 韓國公安行政學會報 第37號. 2009.

황문규, "초국가적 범죄의 개념과 우리나라 경찰의 대응 방향", 경찰학연구 11(4), 2011.

허황, "최근 개정된 독일 형사소송법 제100조b의 온라인수색과 제100조a의 소스통신감청에 관한 연구", 형사법의 신동향, 제58호, 2018.

【국내 학위논문】

신상철, 『중국 흑사회성질범죄조직 연구』, 부산대학교 박사학위논문, 2011.

김동권, "동북아 '신안보' 위협으로서의 초국가적 범죄와 역내 국가 간 경찰협력", 고려대학교 정책대학원 석사학위논문, 2008.

김지온, "통신수사 절차의 개선방안에 대한 법적 연구", 고려대학교 석사학위논문. 2017.

장민구, "사할린(화태)악류동포 실태에 관한 연구", 동국대학교 행정대학원 석사논문, 1977.

하춘호, "불법 대체송금시스템(환치기)에 대한 국민의 인식도 분석 및 대응방안 연구", 고려대학교 행정대학원 석사학위논문, 2005.

【보도자료 및 기타 자료】

경북경찰청 국제범죄수사대 보도자료, 2010.11.4.

경기지방경찰청 수사 보도자료, 2013.11.12.

경남경찰청 국제범죄수사대 보도자료(베트남산 마약 밀반입 판매조직 적발), 2011.4.11

부산지방경찰청 국제범죄수사대 보도자료(2016.7.20자)

충북경찰청 국제범죄수사대 보도자료, 2013.10.16.

출입국외국인정책 통계월보 2018년 4월.

국제이주기구 보고서(IOM, 2005: No. 19).

세계 마약인구(UNODC 통계), 2017.

미 국무부 인신매매보고서, 2017.6.27.

미 재무부 해외자산통제국(OFAC)보도자료, 2018.8.17.

필리핀 수사국(National Bureau of Investigation) 반인신매매과(Anti-Human Trafficking Division) 2005년 2월 발표자료.

【외국 단행본 및 논문】
《영미권》

A. Baldaccini, "Introduction," in Elspeth Guild and Anneliese Baldaccini (eds.), Terrorism and the Foreigner: A Decade of Tension around the Rule of Law in Europe (Leiden: Martinus Nijhoff Publishers), 2007.

Akaneya Tatsuo, 『The New Security Agenda: A Global Survey, Tokyo』, Japan Center for International Exchange, Japan in Paul B. Stares (Ed.), 1998.

Bertil. Lintner, 『Blood Brothers: The Criminal Underworld of Asia』, New York: Palgrave Macmillan, 2003.

Bloemraad, Irene. Becoming a Citizen, 『Incorporating Immigrants and Refugees in the United States and Canada』, University of California Press, 2006.

Borgu, Aldo. "Combating Terrorism in East Asia—A Framework for Regional Cooperation." Asia-Pacific Review, Vol. 11, No. 2, 2004.

Chan, L. K. C, 『China, Britain and Hong Kong 1895-1945』, Hong Kong Chinese University Press, 1990.

Chin, Ko-Lin, 『Organized Crime, Business, and Politics in Taiwan』, New York : M. E Sharpe, 2003.

Chu Yiu Kong, 『The Trade as Business』. Routledge London and New York, 2000.

David, Ownby, 『Chinese Hui and the Early Modern Social Order: Evidence from Eighteenth-Century Southeast China" David Ownby and Mary Somers Heidhuse, eds, "Secret Societies Reconsidered: Perspectives on the Social History of Modern South China and Southeast Asia』, Armonk: M. E. Sharpe, 1993.

David. Southwell, 『The History of Organized Crime』, Carlton Books, 2006.

Donatella Lorch. 『Face of Organized Crime』, William Morrow & Co. 1990.

English, T. J. 『Born to Kill: America's Most Notorious Vietnamese Gang, and the Changing Face of Organized Crime』, William Morrow & Co. 1995.

Fairbank. J. K, 『China : A New Hisyory』, Harvard University Press, 1992.

Glenn E. Curtis, Seth L. Elan, Rexford A. Hudson, Nina A. 『Transnational activities of Chinese crime organization』, A Report Prepared by the Federal Research Division, Library of

Congress under an Interagency Agreement with the United States Government, 2003.

Guy Puyraimond, 『Le Gelaohui et les incidents anti-etrangers de 1891』. Paris: Maspero, 1970.

Guild, Elspeth. 『Understanding security and migration in the twenty-first century." In Elspeth Guild. Security and Migration in the 21st Century』, Cambridge: Polity Press, 2009.

Jacqueline Joudo Larsen, "Migration and People Trafficking in Southeast Asia," Trends & Issues in Crime and Criminal Justice, No. 401, 2010.

Kimberly, L. Thachuk, 『Transnational Threats: Smuggling and Trafficking in Arms, Drugs, and Human Life』, Westport, C T, Praeger, 2007.

Luigi Barzini, 『The Italians』, Touchstone, Reprint edition, 1996.

Murray. D. H, and B. 『Qin, The Originn of the Tiandihui; The Chiness Triads in Legend and History』, stanford, CA; Stanford University, 1994.

Maria Jimenez, Humanitarian Crisis: Migrants Deaths at the U.S.-Mexico Border(ACLU and CNDH), 2009.

Mueller, "Transnational Crime", Definitions and Concepts, 2001.

M. Cherif Bassiouni, International Crime Law Conventions and Their Penal Provisions, NewYork: Transnational Publishers, 1997.

Myron Weiner, "Security, stability, and international migration," International Security, Vol. 17, No. 3, 1992.

Paul Evans, "Asian Perspectives on Human Security: A Responsibility to Protect?," A Paper Presented for International Conference on Human Security in East Asia organized by UNESCO, Ilmin International Relations Institute of Korea University, and Korean National Commission for UNESCO on 16-17 June 2003 in International Conference Hall, Korea Press Center, Seoul, Korea, 2003.

Robert Alvarez, "Borders andbridges: exploring a new conceptual architecture for (U. S.-Mexico) border studies", Journal of Latin American and Caribbean Anthropology 17-1, 2012.

Robert I. Friedman, 『Red Mafiya』, Berkley, 2002.

Roth, P. Mitch, 『Organized Crime, Prentice Hall. Upper Saddle River』, New Jersey Columbus, Ohio, 2010.

Savitri Taylor, "Migration and Human Security in the Asia-Pacific Region," Global Change, Peace & Security, Vol. 19, No. 3, 2007.

Schneider, Stephen. 『It's Raining Corpses in Chinatown. Iced: The Story of Organized Crime in Canada』, John Wiley & Sons. 2009.

Smith, J. Paul, 『Human Smuggling: Chinese Migrant Trafficking and the Challenge to America's Immigration Tradition』, Center for Strategic and International Studies, 1997.

Stephen Handelman, 『Comrade Criminal: Russia's New Mafiya』 Yale University Press, 1997.

Stella Dong, 『Shanghai, 1842-1949: The Rise and Fall of a decadent City』, New York, Morrow, 2000.

Tony Payan, 『The drug war and the U.S.-Mexico border: The state of affairs, in Jane Juffer ed, The Last Frontier: The Contemporary Configuration of the U. S.-Mexico Border』 Duke University Press, 2006.

Toshiya Hoshino, "Implementing "Comprehensive Collective Security": Toward the Policy Integration of Peace Building and Human Security," in Proceedings of the Fifth Japan-Korea Seminar on "Security in North-East Asia and Japan-Korea Cooperation," Co-sponsored by Japan Association for United Nations Studies and Korean Academic Council on the United Nations System on 15-16 September 2005 at the United Nations University, Tokyo, 2005.

Williams, "Transnational Criminal Networks", 2001.

Nagy, Stephen R. "Building a Human Security-based Framework for the Protection of Migrants in Northeast Asia." International Studies Review 14, No.2, 2013.

Kraus, Sicherheitsstaat und Strafverteidigung, StV1989, S.324 ; Strate, Stellungnahme des Strafrechtsausschlusses des DeutschenAnwaltsvereins, StV 1992.

Lisken, Über Aufgabe und Befugnisse derPolizei im Staats des Grundgesetzes, ZRP 1990, S.19f.

Jean Pradel, 『Procedure penale』, Cujas, 2008.

Serge Guichard & Jaques Buisson, 『Procédure pénale』, LexisNexis, 2013.

United Nations High Commissioner for Refugees(UNHCR), Global Trends: Forced Displacement in 2015(Geneva: UNHCR, 2016).

United Nations Development Programme(UNDP), Human Development Report(HDR), 1994, Shahrbanou Tadjbakhsh and Anuradha M. Chenoy, Human Security: Concepts and Implications. London: Routledge, 2007.

United Nations Department of Economic and Social Affairs 2016.

International Organization for Migration. 2017.

Reuter Petrie, "Transnational Organized Crime", Summary of a Workshop, 1999,

Financial Action Task Force on Money Laundering, Report on Money Laundering Typologies, 1999-2000.

ICISS, "The Responsibility to Protect" Ottawa: International Development Research Center, 2001.

ASEAN, "Press Statement The Chairperson of the ASEAN+China Summit, the ASEAN+Japan Summit, the ASEAN+Republic of Korea Summit, and the ASEAN-India Summit Bali, Indo-nesia, 2003.10.8.

《중화권》

賈宏宇, 『中國大陸黑社會組織犯罪與對策』, 中國共産黨 党校出版社, 2006.

康树华, 『当代有组织犯罪与防治对策』, 中国方正出版社, 1998.

康树华, 『犯罪学, 历史'现状'未来』, 群众出版社, 1998.

康树华, 『有组织犯罪透视』, 北京大学出版社, 2001.

康树华, 『有组织犯罪透视』, 北京大学出版社, 2007.

高铭暄, 『刑法学 (新编本)』, 北京大学出版社, 2008.

高铭暄 · 馬克唱. 『刑法学 (新编本)』, 北京大学出版社, 2009.

高一飞, 『有组织犯罪专论』, 中国政法大学出版社, 2000.

赵秉志, 『世纪大劫案：张子强案件及其法律思考-中国内地与香港刑事管辖权冲突问题』, 中国方正
　　出版社, 2000.

赵秉志, 『扰乱公共秩序罪』, 中国人民公安大学出版社, 1999.

赵文林, 『旧中国的黑社会』 华夏出版社, 1987.

周育民 · 邵雍, 『中国帮会史』 上海人民出版社, 1996.

周良沱, 『黑社会性质的组织』, 李忠信『黑社会性质犯罪问题研究』, 中国人民公安大学出版社, 叶高
　　峰 · 刘德法, 『集团犯罪对策研究』, 北京：中国检察出版社, 2001.

蔡少卿, "關于哥老會的源流問題", 南京大學學報, 13(12), 1982, p.1.

易熙峰, 『中國黑道幫會』, 大衆文藝出版社, 2008.

叶高峰 · 刘德法. 『集团犯罪对策研究』, 北京：中国检察出版社, 2001.

王勇禄 · 林宁 · 刘艳华, 『查办黑社会性质组织犯罪的有关问题探讨』, 法律出版社, 2001.

陆学艺, 『当代中国社会阶层研究』, 社会科学文献出版社, 2006.

陆学艺, 『当代中国社会阶层研究』, 社会科学文献出版社, 2002.

李福成, 『中国人民共和国刑法问答』, 人民法院出版社, 1997.

孙谦, 『国家工作人员职务犯罪研究』, 法律出版社, 1997.

张明楷, 『刑法学 (下)』, 法律出版社, 1997.

秦宝琦, 『洪门真史』 (修订本), 福建人民出版社出版, 2004.

何秉松, 『有组织犯罪研究』, 中国法制出版社, 2002.

何秉松, 『有组织犯罪研究』, 中国法制出版社, 2008.

甘清华, "论我国黑社会性质组织犯罪的特征与形成原因", 江西公安专科学院学报, 94(3), 2005.

马霞, "黑社会性质组织犯罪的性质ʹ成因及对策分析", 固原师专学报, 27(4), 2003.

尚仲佳, "當代 中國社會問題透視(主要4大犯罪研究)", 中國社會研究所, 2006.

沈威, 徐晋雄, 陈宇, "网络时代跨境电信诈骗犯罪的新变化与防治对策研究(以两岸司法互助协议之
　　实践为切入点)", 实证研究, 第2期, 2017.

杨莉, "我国黑社会性质犯罪的文化成因研究", 中国人民公安大学学报, 101(1), 2003.

杨郁娟, "黑社会性质组织犯罪的特点", 上海公安高等专科学校学报, 13(5), 2003.

王云良, "黑社会性质组织犯罪案件侦办思路", 江苏警官学院学报, 21(5), 2006.

王天奬, "十九世紀下半期中國的秘密社會", 歷史研究, 1963.

任志中·周蔚, "惩治黑社会性质组织犯罪的难点及立法思考", 广西政法管理干部学院学报, 17(4), 2002.

李永升, "黑社会性质组织犯罪的特征和认定", 江苏警官学院学报, 18(1), 2003.

张德寿, "浅析黑社会性质组织犯罪概念及特征", 『云南警官学院学报』, 60(3), 2006.

张丽霞·赵红星, "新形势下有组织犯罪的特点及其对策", 河北法学, 23(10), 2005.

陈建新, "关于侦办黑社会性质组织犯罪案件的思考", 攀枝花学院学报, 20(2), 2003, p.26.

田宏杰, "包庇 纵容黑社会性质组织罪研究", 湖南公安高等专科学校学报, 2001.

赵可, "简论黑社会性质犯罪", 政法学刊, 18(2), 2001.

周蓝蓝, "黑社会性质组织犯罪的原因及治理对策研究", 重庆大学学报, 9(2), 2002.

储槐植, "刑事政策：犯罪学的重点研究对象和司法实践的基本指导思想", 福建公安高等专科学校学报, 1999.

孙茂利, "中国有组织犯罪的原因分析和趋势预测", 青少年犯罪研究, 1996.

熊清毅·王汉清, "防范和打击黑社会性质组织犯罪的战略措施", 公安研究, 1999.

黄京平·石磊, "论黑社会性质组织的法律性质和特征", 刑事法学, 2002.

臺灣 檢察廳 事件番號: 106년도정자24957호, 사건명: 사기, 발생일자: 2017년 8월 10일.

臺灣 刑法(2015년 12월 31일 최신 개정판)

李修安, 犯罪学(两岸跨境犯罪之治理), 2016(第2期)

台湾地区 "刑法" 第41条："犯最重本刑为五年以下有期徒刑以下之罪, 而受到六月以下有期徒刑或拘役之判决, 且无难收矫正之效或难以维持法秩序者, 可以用新台币1000元, 2000元, 或3000元 折算一日刑期"

《일본》

日本 警察白書(組織犯罪大策), 2017.

警察庁刑事局組織犯罪対策部 薬物銃器対策課, "平成25年 上半期の薬物·銃器情勢", 2013.

猪野健治, 『暴力團壞滅」論 ヤクザ排除社會の行方』, 筑摩書房, 2010.

猪野健治, 『ヤクザと日本人』, 筑摩書房, 1993.

猪野健治, 『高裁の判断で守りの組織へ勢力図を変える山口組の盃外交--'国策'裁判でやくざ社会に変化』. 筑摩書房, 2007.

飯干晃一, 『山口組三代目 1野望篇』, 德間書店, 1982.

飯干晃一, 『ネオ山口組の野望』, 角川書店, 1994.

飯干晃一, 『仁義なき戦い』, 角川書店, 1980.

飯干晃一, 『仁義なき戦い 決戦篇』, 角川書店, 1980.

飯干晃一, 『六代目山口組完全データBOOK』, Mediax Co., 2008.

飯干晃一, 『六代目山口組光安克明幹部と二代目親和会吉良博文会長との五分義兄弟盃』, 六代目山口組完全データBOOK, 2008.

尾形鶴吉, 『本邦侠客の研究』, 1933.

高橋 敏, 『博徒の幕末維新』, 筑摩書房, 2004.

長谷川昇, 『博徒と自由民権』, 平凡社, 1995.

木村錦花, 『興行師の世界』, 青蛙房, 1957,

松島靜雄・中野卓, 『日本社會要論』, 東京大學出版會. 1961.

井上淸, 『米騒動の研究(1-5)』, 有斐閣, 1959.

服部龍二, 『広田弘毅―「悲劇の宰相」の実像』, 中央公論新社(中公新書), 2008.

宮崎滔天・萱野長知・北一輝, 『アジア主義者たちの声』, 書肆心水, 2008.

宮崎正弘, 『シナ人とは何か 内田良平の '支那観'を読む』, 展転社, 2009.

村串仁三郎, 『日本炭鑛賃勞動史論』. 時潮社, 1978.

麥留芳, 『個體與集體犯罪 - 系統犯罪學初探』, 巨流圖書公司, 1992.

『沖縄県警察史 第3巻 (昭和後編) 』, 沖縄県警察史編さん委員会編, 2002.

山平重樹・高橋晴雅, 『実録 残侠 三代目会津小鉄 図越利一 稀代の侠客編』, 竹書房, 2004.

山平重樹, 『ヤクザ大全 この知られざる実態』, 幻冬舎, 1999.

宮崎学・山田一成, 『-鉄 KUROGANE- 激闘ヤクザ伝 四代目会津小鉄 高山登久太郎』, 竹書房,
    2008.

正延哲夫, 『波谷守之の半生 最後の博徒』, 幻冬舎, 1999.

溝口敦, 『撃滅 山口組vs一和会』, 講談社, 2000, p.208.

武光誠, 「律令太政官制の研究」, 吉川弘文館, 1999年(平成11年)発行, 2007年(平成19年)増訂.

正延哲士・天龍寺弦・松田一輝, 『実録 義侠ヤクザ伝 侠道 高橋徳次郎』, 竹書房, 2006.

中野幡能, 『八幡信仰』, 塙書房, 1985.

山本草二, 『國際法』, 東京 有斐閣, 2000,

小野友道. 『いれずみの文化誌』. 河出書房新社, 2010.

津田左右吉, 『文学に現われたる我が国民思想の研究』, 洛陽堂, 1921.

安田三郎(やすださぶろう), 『原典による社会学の歩み』, 講談社, 1974.

姫岡勤, 『義理の觀念とその社會學的基礎』, 高山書院, 1944.

大下英治, 『首領 昭和闇の支配者 三巻』, 大和書房(だいわ文庫), 2006.

土井泰昭, 『実録 剛胆ヤクザ伝 竹中組組長 竹中武』, 竹書傍, 2008.

城山三郎, 『総会屋錦城』, 文藝春秋新社, 1959.

高杉良, 『金融腐蝕列島』, 角川書店, 1997.

城山三郎, 『総会屋錦城』, 文藝春秋新社, 1959.

杉本哲之, 『実録「取り立て屋」稼業 元サラ金マン懺悔の告白』, 小学館, 2008.

Peter B・E Hill, 『ジャパニーズ・マフィア ヤクザと法と国家』, 田村未和訳, 三交社, 2007.

松村貞雄, 『辛亥革命在陝西』, 日本駐漢口總領事館情報節録, 1912.

『実話時報』, 竹書房, 組織暴力の実態, 2008.3

『実話時代』, "五代目酒梅襲名披露御芳名録", 2012.6.

『実話時報』, 侠への鎮魂歌 双愛会会長 塩島正則, 2011.12.

《러시아》

Лелюхин С.Е. "Китайская организованная преступность на ДВ России", Вл адивостокский центр исследования организованной преступности, 2011.

Баранник И.Н. Транснациональная организованная преступность и сотр удничество правоохранительных органов российского Дальнего Вос тока и стран АТР в борьбе с ней(криминологические аспекты): дис. ка нд. юрид. наук/И.Н. Баранник. - Владивосток, 2006.

【외국 주요언론 및 기타】

AsiaNews, 2016. 3. 16.자.

BBC News, 2007. 4. 6자

Global Times, 2017. 12. 8.자.

L.A Times, 2006. 4. 24자(Keefe, Patrick Radden, "The Snakehead: The criminal odyssey of Chinatown's Sister").

South China Morning Post 2015. 11. 11자.

The Straits Times Interactive, 2005. 2. 7자.

The Wall Street Journal, 2015. 6. 11자.

U.S. News & World Report, 1999. 2. 8자.

新华社, 2016. 4. 13자(我国首次从非洲大规模押回电信诈骗犯罪嫌疑人).

臺灣警政统计通报, 2016. 5. 15자(数据来源于台湾地区内务主管部门警政全球资讯网的每年).

中国青年报, 2016. 5. 15자(蔡长春, 涉马来西亚电信诈骗案32 台湾嫌犯均已认罪).

新华社, 2016. 5. 12자(我国首次从非洲大规模押回电信诈骗犯罪嫌疑人).

联合报, 2016. 4. 14자(林政忠, 电信诈欺从重求刑, 第A10版)

臺灣 聯合報, 2018. 6. 15자.

南方都市報 2016. 4. 18자.

東方日報, 2010. 9. 25자.

蘋果日報, 2007. 10. 31자.

中國經濟網, 2010. 8. 21자.

自由時報, 2007. 5. 11자.

新聞快訊(警政署刑事警察局), 2009. 1. 7자.

三立新聞, 2017. 9. 26자.(統促黨成員9成來自竹聯幫,警大動作掃酒店斷金流).

聯合報, 2010. 3. 20.자(四海幫春酒 陣仗嚇到警察).

中國時報, 2010. 11. 5자.

彰化縣政府全球資訊網, 2008. 1. 29.자.

人民公安报, 2001. 8. 11.자(朱显有, "黑社会犯罪遏制战略").

読売新聞. 2011. 11. 17자(延暦寺, 山口組の参拝拒否…歴代組長の位牌安置).

読売新聞. 2012. 12. 27자(工藤会・道仁会・誠道会特定指定, さっそく封じ込め).

読売新聞. 2012. 10. 17자(ロケットランチャー所持疑いで再逮捕, 工藤会親交者か).

毎日新聞. 2013. 6. 11자(暴力団: 道仁会と九州誠道会が抗争終結宣言).

毎日新聞, 2008. 4. 14자(火炎瓶放火, 九州誠道会系事務所焼, 会長継承に関係か).

毎日新聞, 2010. 2. 24자(指定暴力団, 稲川会の角田会長が病死).

産経新聞. 2013. 2. 5자(組員に'指詰め'強要゛容疑の組長ら逮捕).

日本経済新聞, 2012. 11. 2자(札幌市厚別区の「マルキタ水産」に対する特定商取引法違反での摘発).

RIA, Novosti, 2007. 12. 13자.

RIA, Novosti, 2004. 1. 16자.

Львов О. Этнокриминал-Новое или давно известное//Иркутская Губерния 2005. 6. 8자.

Из сексуального рабства в Китае Елену вызволила мать//Комсомольская правда 2006. 11. 18자.

Народное Вече(러시아 극동지역 범죄주간지). '06.12.28자.

찾아보기

저자약력

신상철(申尙澈)

경찰대학 경찰학과 교수

학력 및 경력
부산대학교 국제학박사
부산 해운대경찰서, 동래경찰서 외사담당
부산지방경찰청 외사과, 공항분실, 해항분실 정보수사담당
부산대학교 중국연구소 전임연구원(국제범죄)
부산대학교 사회과학연구원 객원연구원(국제범죄)
부산대학교 강사(학부, 대학원)
한국아시아학회 편집위원
한국동북아학회 이사
한국경찰학회 이사

저서 및 논문
외사경찰론, 경찰대학, 2018
국제범죄론, 경찰대학, 2018

【논문】
중국 흑사회성질범죄조직(黑社会性质犯罪组织)에 대한 고찰(경찰학연구), 2010
중국 흑사회성질범죄조직의 특징에 대한 고찰(아시아연구), 2010
중국 범죄조직의 기원과 발전과정(중국학), 2010
중국 신장 위구르지역 테러조직에 대한 연구(CHINA연구), 2013
한국 폭력조직의 일본 야쿠자 문화추종 연구(아시아연구), 2014
중국어선 불법조업에 대한 대응방안 연구(해사법연구), 2014
외국인(중국, 베트남, 인도네시아) 선원노동자 근로환경과 범죄에 대한 연구(아시아연구), 2014
재일 한국인 야쿠자 활동과 대응방안 연구(한국동북아논총), 2015
러시아 극동 마피야의 부산지역 수산물 유통관련 범죄활동에 관한 연구(한국공안행정학회보), 2015
일본 야쿠자 폭력범죄 유형 분석과 국내유입 대응방안 고찰(일본공간), 2015
러시아 극동지역 중국 삼합회 활동 연구(중국과 중국학), 2015
국내 베트남범죄조직의 범죄유형분석(한국경찰학회보), 2015
국외도피사범 실태 및 국내송환 해결방안 연구(한국경찰학회보), 2016
경찰의 초동조치와 한미SOFA협정문 쟁점사항 연구(경찰학연구), 2018
대만 보이스피싱 조직 국내활동 분석(아시아연구), 2018

【서평】 시진핑 평전(習近平 評傳), 중국연구소, 2011
【연구동향】 韓·中·日 3國의 범죄조직 개념에 대한 비교 연구, 중국연구소, 2013

국제범죄론

초판 발행	2019년 2월 28일
지은이	신상철
펴낸이	안종만
편 집	우석진
기획/마케팅	오치웅
표지디자인	조아라
제 작	우인도 · 고철민
펴낸곳	(주) 박영사
	서울특별시 종로구 새문안로3길 36, 1601
	등록 1959. 3. 11. 제300-1959-1호(倫)
전 화	02)733-6771
f a x	02)736-4818
e-mail	pys@pybook.co.kr
homepage	www.pybook.co.kr
ISBN	979-11-303-0746-6 93350

정 가 26,000원